DICTIONNAIRE NATIONAL

DES

CONTEMPORAINS

Contenant les Notices

DES MEMBRES DE L'INSTITUT DE FRANCE,
DU GOUVERNEMENT ET DU PARLEMENT FRANÇAIS,
DE L'ACADÉMIE DE MÉDECINE
ET DE TOUTES LES PERSONNALITÉS VIVANTES, FRANÇAISES OU DEMEURANT EN FRANCE,
QUI SE SONT FAIT CONNAÎTRE PAR LEUR ACTION DANS
LES LETTRES, LES SCIENCES, LES ARTS, LA POLITIQUE
L'ARMÉE, LES CULTES, L'INDUSTRIE, L'ADMINISTRATION, ETC.

OUVRAGE RÉDIGÉ ET TENU A JOUR
PAR UN GROUPE D'ÉCRIVAINS, SAVANTS, ARTISTES ET HOMMES POLITIQUES

SOUS LA DIRECTION DE

C.-E. CURINIER

TOME PREMIER

PARIS
OFFICE GÉNÉRAL D'ÉDITION
DE LIBRAIRIE & D'IMPRIMERIE
2, rue Rotrou, 2. — (Place de l'Odéon)

Tous droits de reproduction et de traduction réservés.

DICTIONNAIRE NATIONAL

DES

CONTEMPORAINS

Principaux collaborateurs de ce volume :

MM. **Frédéric LOLIÉE**, lauréat de l'Institut, auteur du *Dictionnaire des Ecrivains et des Littératures* (adopté par le Ministère de l'Instruction publique et par la Ville de Paris).
A. LAGOGUEY, ancien directeur de l'Ecole Normale secondaire spéciale, ancien proviseur de Lycée, ancien membre du Conseil supérieur de l'Instruction publique.
Georges BRUNEL, professeur à l'Institut Radiographique de France, directeur des *Nouvelles Scientifiques*, secrétaire général de l'*Encyclopédie populaire du XXe Siècle*.
Henri d'OSMONS, licencié ès lettres, homme de lettres.
Albert PETRELLE, licencié en droit, homme de lettres.
NICOL d'ESFAUSSAIES, homme de lettres.
Jules CURINIER, licencié ès lettres, professeur de l'Université.
Ch. d'HELVIE, homme de lettres.
G. de BRUGELINES, homme de lettres.
Max MONNIER, publiciste scientifique.
Etc...

C.-E. CURINIER
Directeur

Georges BERTE
Administrateur

PARIS. — Imprimerie de l'OFFICE GÉNÉRAL D'ÉDITION, DE LIBRAIRIE ET D'IMPRIMERIE. — 2, rue Rotrou (Place de l'Odéon). — PARIS

DICTIONNAIRE NATIONAL

DES

CONTEMPORAINS

Contenant les Notices

DES MEMBRES DE L'INSTITUT DE FRANCE,
DU GOUVERNEMENT ET DU PARLEMENT FRANÇAIS,
DE L'ACADÉMIE DE MÉDECINE
ET DE TOUTES LES PERSONNALITÉS VIVANTES, FRANÇAISES OU DEMEURANT EN FRANCE,
QUI SE SONT FAIT CONNAÎTRE PAR LEUR ACTION DANS
LES LETTRES, LES SCIENCES, LES ARTS, LA POLITIQUE
L'ARMÉE, LES CULTES, L'INDUSTRIE, L'ADMINISTRATION, ETC.

OUVRAGE RÉDIGÉ ET TENU A JOUR
PAR UN GROUPE D'ÉCRIVAINS, SAVANTS, ARTISTES ET HOMMES POLITIQUES

SOUS LA DIRECTION DE

C.-E. CURINIER

TOME PREMIER

PARIS
OFFICE GÉNÉRAL D'ÉDITION
DE LIBRAIRIE & D'IMPRIMERIE
2, rue Rotrou, 2. — (Place de l'Odéon)

Tous droits de reproduction et de traduction réservés.

PRÉFACE

En publiant ce *Dictionnaire National des Contemporains* nous croyons être utile aux historiens futurs, qui y trouveront des renseignements précis sur notre époque, en même temps qu'aux personnes curieuses d'observer et de suivre le mouvement moderne, intellectuel et social, de notre pays. Toute la vie publique de la France contemporaine est, en effet, résumée dans cet ouvrage, où une notice biographique et analytique est consacrée à chacune des personnalités vivantes, françaises ou résidant en France, connues par leurs œuvres, leur talent ou leur situation dans la **Politique**, les **Lettres**, les **Arts**, les **Sciences**, les **Cultes**, l'**Armée**, l'**Administration**, l'**Industrie**, etc.

Ces biographies sont établies avec les documents officiels et des renseignements puisés aux sources les plus certaines, toujours communiqués aux personnages en cause et contrôlés ensuite avec le plus grand soin. Elles sont rédigées de façon à mettre les faits sous les yeux du lecteur, clairement et impartialement, sans parti pris d'aucune sorte.

Quand une œuvre, un acte, un évènement, ont donné lieu à des appréciations opposées, nous avons toujours pris soin d'exposer les différents jugements du public ou de la critique, résumant le débat avec le souci de ne servir ni ne léser aucun intérêt particulier et de ne manifester aucune préférence politique, religieuse, littéraire, artistique ou autre. Nos lecteurs ont ainsi une notion d'ensemble, succinte, mais exacte et impartiale, de l'œuvre et de la carrière des hommes célèbres ou notables, accompagnant la nomenclature chronologique des faits et la liste complète des travaux de chacun.

Nous nous sommes aussi efforcés de rendre ce recueil le plus complet possible. C'est ainsi qu'il contient, outre les notices des personnages célèbres ou très connus, celles d'autres hommes que leurs fonctions, autant que leurs mérites, signalent à l'attention du public, ainsi que celles de personnalités dont la notoriété n'est pas retentissante ; mais qui se sont désignées cependant à la curiosité des lettrés, sinon de tout le monde, par des travaux ou des actes intéressants.

Les articles contenus dans ce recueil ne sont pas classés alphabétiquement ; ils ont été rédigés et imprimés à mesure que les renseignements concernant chaque nom ont pu être rassemblés et contrôlés. Libéré ainsi de toute contrainte systématique, le *Dictionnaire National des Contemporains* peut, jusqu'à sa dernière page, donner les notices de personnes mises brusquement en lumière, soit par une élection, soit par le succès d'une œuvre artistique ou littéraire, soit pour toute autre cause, et forme un recueil biographique vraiment complet et à jour au moment même de son achèvement. Ce résultat n'a pu être obtenu jusqu'ici par aucun des dictionnaires alphabétiques de biographie contemporaine qui ont précédé celui-ci, paralysés par l'obligation de mettre chaque nom à sa place.

On comprend, en effet, que, si l'ordre alphabétique est naturellement indiqué pour un ouvrage dont, d'avance, le plan général peut être arrêté et tous les chapitres limités, il n'en saurait être de même, — si l'on ne veut s'exposer à faire œuvre incomplète, — dans une publication ayant pour objet de mentionner la part prise par chacun au mouvement de la vie publique et d'enregistrer, en suivant ses brusques et fréquentes évolutions, les incessantes transformations de la société contemporaine.

D'ailleurs, pour guider ses recherches, le lecteur trouve dans chaque volume un **Index alphabétique** ; le dernier volume contient un **Index général** de tous les noms cités dans l'ouvrage, mentionnant en outre *les faits nouveaux survenus depuis la publication des notices* et faisant suivre ainsi au recueil, jusqu'au jour de son achèvement, la marche des événements. Le *Dictionnaire National des Contemporains* peut donc être aussi aisément consulté qu'un recueil alphabétique et il a sur lui l'avantage très important de demeurer plus longtemps proche de l'actualité.

Une œuvre d'histoire ou de biographie doit être impartiale et complète ; nous croyons avoir réuni ces conditions essentielles dans cet ouvrage. Nous espérons donc qu'il sera favorablement accueilli du public, en raison des services que nous le croyons appelé à rendre aux chercheurs actuels, comme aux historiens futurs.

C.-E. CURINIER.

INDEX ALPHABÉTIQUE

DES NOTICES CONTENUES

DANS LE

TOME PREMIER

DU

DICTIONNAIRE NATIONAL DES CONTEMPORAINS

A

Adam (M⁺ Edmond), écrivain	49
Algola (Louis), écrivain	334
Alcan (M⁺⁺). — Voir Vicomtesse Nacla.	
Allain-Targé (F.-H.-R.), ancien ministre	57
Allègre (V.-G.), sénateur	228
Allombert (F.), député, littérateur	306
Alvès de Veiga (A.-M.), homme politique	131
Amillet. — Voir Rebeux (Paul).	
Amoëdo (Oscar), médecin	273
André (Edouard), architecte-paysagiste	340
Anthime-Ménard (P.-L.), député	228
Antioche (M.-F.-F., comte d'), historien	168
Arbois de Jubainville (Henri), de l'Institut	208
Arenberg (A.-L.-A. prince d'), député	64
Arène (Emmanuel), député	35
Ariel (Lea d'). — Voir Creze du Foy (M⁺⁺).	
Armez (Louis), député	209
Arnous (M.-G.-L.-E.), député	292
Astruc (Zacharie), sculpteur	316
Attanoux (Bernard d'), explorateur, écrivain	59
Aucoc (J.-L.), jurisconsulte, membre de l'Institut	57
Audren de Kerdrel. — Voir Kerdrel.	
Aulan (François, comte d'), député	189
Aymé, baron de la Chevrelière (Charles), député	187

B

Baertsoen (Albert), peintre	95
Balny d'Avricourt (L.-F., comte), diplomate	287
Balsan (Charles), député	285
Baraduc (D⁺ A.-A.), médecin	196
Barbedette (P.-H.), sénateur	36
Barbier de Meynard (C.-A.-C.), orientaliste, membre de l'Institut	48
Barbier Saint-Hilaire (Ernest), avocat	176

Barillet (Léon), peintre	240
Barthe (Marcel), sénateur	61
Baudeau (G.-P.-C.), sénateur	66
Baudin (Pierre), député	216
Baudot (J.-E.-A. de), architecte	52
Beaupoil de St-Aulaire. — Voir St-Aulaire.	
Beauquier (Charles), député	48
Beauvais (Léontine), artiste chorégraphique	316
Beer (Frédéric), sculpteur	262
Bel (J.-M.), ingénieur, explorateur	111
Bengy-Puyvallée (comte Georges de), ingénieur	259
Bengy-Puyvallée (Pierre de), peintre	186
Benjamin (Ernest), écrivain	55
Bergerat (Emile), écrivain	33
Bergeron (D⁺ E.-J.), médecin (de l'Académie de médecine)	60
Bernard (Gustave), sénateur	53
Berne-Bellecour (E.-P.), peintre	53
Bernhardt (M⁺⁺ Sarah), artiste dramatique	25
Bernstamm (Léopold), statuaire	314
Berr (Emile), journaliste	159
Bernex (Paul), écrivain	178
Berthelon (E.-J.), artiste-peintre	247
Bertheroy (Jean). — Voir Jean Bertheroy.	
Bigot (M⁺⁺ Charles), écrivain	70
Binger (capitaine L.-G.), explorateur	45
Bischoffsheim (Raphaël), député, membre de l'Institut	220
Bisson (Alexandre), auteur dramatique	36
Bizarelli (Louis), député	39
Blanchard (D⁺ Raphaël), membre de l'Académie de médecine	257
Blanchard (A.-T.-M.), graveur, membre de l'Institut (décédé)	53
Blowitz (Opper de), journaliste	303
Boissier (Gaston), membre de l'Institut	44
Boisoncourt (Général A.), ancien sénateur	42
Bonheur (M⁺⁺ Rosa), peintre	49
Bonheur (Isidore), sculpteur	50
Bonnefille (F.-A.-J.), sénateur	82
Bonnier (née Ortolan). — Voir Zari.	
Bonnet (D⁺ Léon), médecin	291
Bonvalois (Maurice). — Voir Mars.	
Barriglione (A.-F.), sénateur	257
Bouctot (Georges), député	163
Boudenoot (L.-C.-F.), député	209
Boulard (Edouard), publiciste	271

Bouhy (Jacques), artiste lyrique 215
Bouillier (Francisque), professeur (de l'Institut) . . 44
Bouguereau (William), peintre (de l'Institut) . . 197
Bourély (Paul), avocat, publiciste 59
Bourgeat (J.-M.-L.), sénateur 215
Bourget (Paul), écrivain (de l'Académie française). 65
Bontmy (Emile), publiciste (de l'Institut). . . . 37
Brau de Saint-Paul de Lias (Xavier), explorateur. 297
Brazza (comte Savorgnan de), explorateur. . . . 33
Bridgman (F.-A.), peintre. 152
Brisson (duc de Cessé), agronome. 87
Broglie (duc de) écrivain (de l'Académie française). 241
Broglie (prince de), député 242
Brun (Lucien), sénateur inamovible (décédé). . . 10
Brunet (Louis), publiciste 142
Brunetière (Ferdinand), écrivain (de l'Académie française). 13
Brye (L.-M.-A., comte de), général de division . . 184
Bucquoy (Dr M.-E.-J.), membre de l'Académie de médecine 76

C

Cabart-Danneville (C.-M.), sénateur 40
Cadet de Gassicourt (Dr C.-J.-E.), membre de l'Académie de médecine 21
Caliban. — Voir Bergerat (Emile).
Carlos-Lefebvre. — Voir Lefebvre (Charles).
Caspari (Edouard), ingénieur 332
Castellane (V.-A.-E.-H., comte de), archéologue . 468
Cazauvieilh (René), député 182
Cazin (J.-C.), peintre 29
Chadois (Colonel de), sénateur inamovible . . . 32
Champsaur (Félicien), écrivain 265
Chantegret (Jean), sénateur 243
Chapotot (Grégoire), peintre 319
Chapuy (Henri), avocat, publiciste 339
Charpin (Albert), peintre. 343
Chaudordy (Comte de), ancien ambassadeur . . 20
Chauveau (J.-B.-A.), vétérinaire, membre de l'Institut 84
Chenu-Lafitte (P.-A.-R.), économiste 39
Chiplex (Charles), architecte 295
Christophle (Albert), député 249
Clairin (Georges), peintre 41
Clamageran (J.-J.), sénateur 232
Claudinon (Georges), député 184
Clémenceau (Georges), ancien député 21
Clermont-Ganneau (C.-Simon), orientaliste (de l'Institut) 23
Cluseret (Gustave), député 37
Cochery (Adolphe), sénateur 289
Cochery (Georges), député 290
Cochin (Denys), député 277
Cochin (Henry), député 277
Cochin (Amable), poète 278
Colignet (Mme C.-J.), moraliste et historien. . . 164
Colin (Paul), peintre 303
Colmet de Nanterre (E.-L.-A.), jurisconsulte (de l'Institut) 19
Comerre (L.-F.), peintre 52
Compayré (Gabriel), ancien député 42
Coppée (François), écrivain (de l'Académie française). 240
Coquart (G.-E.), architecte (de l'Institut) 193
Corbin (Colonel Charles), écrivain 189
Cordelet (A.-L.), sénateur 88
Cornil (Dr A.-V.), sénateur, médecin (de l'Académie de médecine) 203
Corroyer (E.-J.), architecte (de l'Institut) 85
Cosin de Beauregard (Marquis de), historien (de l'Académie française) 233
Couriet (Gustave), ingénieur 299
Croiset (M.-J.-A.), helléniste (de l'Institut) . . . 32
Cros (Dr Antoine), médecin 266
Crouslé (F.-L.), littérateur 208

Cross du Puy (Mme dite Léa d'Ariel), écrivain . . 50
Cunéo d'Ornano (Gustave), député 46
Cuverville (Jules, vicomte de), explorateur . . . 84
Cuvillon (L.-R. de), peintre. 94

D

Dabot (Henri), avocat 267
Dablin P.-V.), archéologue 286
Darboux (J.-G.), doyen de la Faculté des Sciences (de l'Institut) 28
Dareste de la Chavanne (R.-M.-C.), jurisconsulte (de l'Institut) 31
Dargent (Yan'), peintre 84
David (Claude), architecte 207
Davout (Général), grand chancelier de la Légion d'honneur 68
Dayraud (Ferdinand), ancien député 328
Debat-Ponsan (E.-B.), peintre 27
Deblenne (Mlle Noémi), sculpteur 46
Decourcelle (Pierre), auteur dramatique 88
Dehérain (P.-P.), chimiste (de l'Institut) 24
Delaborde (Henri comte), peintre et historien (de l'Institut) 25
Delaunay (Dr S.-B.-E.), médecin 150
Delavaud (L.-C.-M.), géographe 171
Delobeau (L.-A.), sénateur 275
Delecho (J.-E.-M.), membre de l'Institut 89
Delombre (Paul), ministre du Commerce et de l'Industrie 225
Delon-Soubeiran (Jules), député 181
Delpech-Cantaloup (Jules), député 207
Demelin (Dr Lucien), médecin 295
Demesse (Henri), romancier 311
Demôle (C.-E.-E.), sénateur 27
Denis (Gabriel). — Voir Gabriel-Denis.
Denormandie (L.-J.-E.), sénateur 225
Desnoyery (Adolphe, dit). — Voir Ramery (d')
Deprez (Marcel), ingénieur (de l'Institut) 94
Dérhéréé-Desgardes (P.-M.-S.), député 262
Deschy (Paul), journaliste 87
Deshrouses (Jean), peintre 337
Deschamps (Philippe), collectionneur 318
Deschanel (Emile), sénateur 312
Deschanel (Paul), président de la Chambre des députés 313
Desjardins (A.-A.), magistrat (de l'Institut) . . . 100
Develle (Edmond), sénateur 27
Develle (Jules), député 29
Devès (Paul), sénateur 252
Devins (L.-A.), député 224
Didier (Adrien), graveur 296
Didon (le R. P. Henri), prédicateur et écrivain . 69
Dieulafoy (Dr Georges), membre de l'Académie de médecine 117
Dieulafoy (M.-A.), ingénieur (de l'Institut) . . . 117
Dieulafoy (Mme Jane) 118
Doby (l'abbé), collectionneur 270
Dodds (A.-A.), général 85
Domergue (B.-F.), musicien 215
Dompierre d'Hornoy (Vice-amiral de) 226
Dorian (Mme Tola), écrivain 336
Doumer (Paul), gouverneur général de l'Indo-Chine. 32
Dreyfus (Abraham), écrivain 34
Drouet (J.-T.), sénateur 234
Drumont (Edouard), journaliste 93
Dubois (Paul), directeur de l'École des Beaux-Arts (de l'Institut) 12
Dubois (Théodore), directeur du Conservatoire national (de l'Institut) 196
Dubuisson (L.-C.-A.), député 200
Duchesne (l'abbé), archéologue (de l'Institut) . . 120
Duclaux (P.-R.), chimiste (de l'Institut) 205
Ducretet (E.-A.), électricien 288

Dufeuille (Eugène), publiciste. 328
Dufour (E.-F.), député 194
Dumas (Julien), député 227
Dumon (J.-B.-A.), sénateur inamovible . . . 29
Dupuis (J.-B.-A.), député 235
Dupuis (E.-L.), peintre 4
Duplay (D' S.-E.), membre de l'Académie de médecine 104
Dupuy (Charles), président du Conseil des ministres 3
Durand-Gréville (M⁸⁶). — Voir Henry-Gréville.
Duret (Théodore), historien 291
Dusolier (Alcide), sénateur. 206

E

Emelen (Mlle M.-L.), artiste lyrique 343
Empis (D' Simonis), membre de l'Académie de médecine 108
Emery (Adolphe d'), auteur dramatique (décédé) 71
Ephrussi (Charles), critique d'art 70
Epry (Charles), écrivain 190
Espeuilles (Général marquis d'), ancien sénateur 300
Espeuilles (Comte d'), ancien député 2
Etienne (Eugène), député 2

F

Fabius de Champville (Gustave), publiciste . 343
Fabre (Joseph), sénateur 121
Fabre d'Envieu (l'abbé Jules), écrivain . . . 320
Fabre des Essarts (L.-E.J.), écrivain 46
Fantin-Latour (I.-H.-J.-T.), artiste peintre. . 132
Faure (Félix), président de la République (décédé). 1
Favre (Jules), homme de lettres 254
Faye (E.-L.), sénateur, ancien ministre . . . 101
Fénal (N.-J.-T.), député 192
Ferrere (Prosper), député. 198
Ferry (Charles), député. 329
Feydeau (Georges), auteur dramatique . . . 273
Flers (Pierre-Léon), auteur dramatique . . . 195
Erratum. — M. Flers est, par erreur, nommé Louis dans la notice. Il faut lire Léon.
Folleville de Bimorel (Daniel de) 234
Forest (François), député 190
Foucart (P.-F.), érudit (de l'Institut) 108
Fouillée (Alfred), philosophe (de l'Institut) . 115
Fouqué (F.-A.), géologue (de l'Institut) . . . 115
Fouquier (Henry), publiciste, ancien député 177
Fournès (René), de l'Opéra 230
Fournés-Veraand (M⁸⁶), peintre 231
Fournier (D' J.-A.), membre de l'Académie de médecine 120
Foveau de Courmelles (D' F.-V.), publiciste scientifique 210
Frébault (D' Ch.-F.), ancien député 94
Frémiet (Emmanuel), statuaire (de l'Institut) 193
Freaneau (A.-F.), sénateur 92
Friedel (Charles), chimiste (de l'Institut), (décédé) 19
Froment-Maurice (François), conseiller municipal de Paris 6

G

Gabriel-Denis, député 183
Gaiffe (Adolphe), écrivain 79
Galot (Jules), député 190
Ganderax (Louis), écrivain 40
Gardy (E.-B.), peintre-décorateur 47

Gariel (D' C.-M.), médecin et physicien (de l'Académie de médecine) 24
Garrido (Edouard), écrivain 55
Garnier (Charles), architecte (de l'Institut), (décédé) 9
Garnier (Gustave), député 213
Garros (Paul de), romancier 175
Gasq (Paul), sculpteur 292
Gatti (Antoine), peintre 264
Gaudry (J.-A.), paléontologiste (de l'Institut) 147
Gauthier de Clagny (Albert), député 229
Gauthiez (Pierre) écrivain 138
Gavini-Savary (A.-A.-F.-H.), sénateur . . . 173
Gay (Joseph), administrateur 302
Gayrard-Pacini (Mme), professeur de chant . 335
Gazon (Louis), publiciste 62
Gebhardt (N.-E.), littérateur (de l'Institut) . 116
Gervais (A.-A.), vice-amiral 17
Gillet (D' Henri), médecin 158
Girard (Jules), écrivain et professeur (de l'Institut) 114
Glasson (E.-D.), jurisconsulte (de l'Institut) . 112
Gombet (Claude), ingénieur 212
Gourd (Alphonse), député 214
Gourdon de Genouillac (N.-J.-H.), héraldiste, romancier et historien (décédé) 141
Grandidier (Alfred), géographe (de l'Institut) 244
Grandlieu (Philippe de). — Voir Lavedan (Léon).
Graux (Georges), député 252
Gréard (Octave), vice-recteur de l'Université de Paris (de l'Académie française) 9
Grévy (Général Paul), sénateur 7
Grévy (Albert), sénateur 8
Grisenko (Nicolas), peintre 175
Grivart (Louis), sénateur 143
Gromier (Paul), écrivain 47
Guebhard (Mme). — Voir Séverine.
Guénesse (J.-B.), député 272
Guerne (Comtesse de), cantatrice mondaine . 327
Guède (Charles), député 100
Guilbert (Mme Yvette), artiste lyrique . . . 320
Guillemet (J.-B.), peintre 249
Guyot-Dessaigne (J.-F.-E.), député 253
Guyot-Lavaline (J.-B.-C.), sénateur 14
Gyp (Comtesse de Martel, dite), écrivain . . 53

H

Hankmann (L.-A.-J.), peintre, musicien . . . 35
Halais (C.-E.), écrivain 238
Hamy (D' Ernest), membre de l'Institut . . 129
Hanlon (S.-H.), sénateur 305
Henner (J.-J.), peintre (de l'Institut) 17
Henrique (Léon), écrivain 100
Henry-Gréville (Mme Durand, dite), écrivain 133
Herbette (Jules), ancien ambassadeur 74
Herbette (Louis), conseiller d'État 74
Hérisson (M.-S.), sénateur 239
Hervieu (Paul), écrivain 111
Heuzey (L.-A.), archéologue (de l'Institut) . 61
Homolle (J.), membre de l'Institut, directeur de l'École d'Athènes 104
Houdaille (Emmanuel), écrivain 319
Huget (L.-A.), sénateur 293
Hugues (Clovis), député 205
Hugues Le Roux. — Voir Le Roux.
Humbert (Ferdinand), artiste peintre 139
Huon de Penanster (C.-M.-P.), sénateur . . 72

I

Isaac (P.-A.), sénateur 329
Isambert (Gustave), député 135

J

Jaccoud (D' F.-S.), membre de l'Académie de médecine 143
Jacquet (Achille), graveur (de l'Institut) 136
Jacquet (Jules), graveur 136
Jaluzot (Jules), député 283
   Erratum. — Page 284, 14ᵉ ligne, après « chemin de fer », supprimer la fin de la phrase et remplacer par : « il a demandé le timbre « gratuit pour les soldats (timbre militaire), « et la création d'un timbre unique pour « tous les usages ».
Janty (A.-E.-C.), architecte 106
Jean Bertheroy, romancier 208
Jouve (Henry), musicien 38
Jouve (Mme), professeur au Conservatoire . . 39

K

Kaempfen (Albert), directeur des Musées nationaux 229
Kerdrel (Audren de), sénateur 169
Kerjégu (J.-M.-A. Monjaret de), député 260
Klotz (L.-L.), député 220
Korta (D' Henri), publiciste scientifique 86
Krauss (Mme Gabrielle), cantatrice 79
Krauss (Philippe), député 199

L

Labbé (D' Léon), sénateur (de l'Académie de médecine) 12
Lubleho (E.-C.-D.), sénateur 307
Lacaze-Duthiers (F.-J.-H. de), zoologiste (de l'Institut) 3
La Chevrelière (Baron de). — Voir **Aymé.**
Lacour (Paul), écrivain 90
Lafenestre (Georges), membre de l'Institut . . 237
La Ferronnays (marquis de), député 297
Lafon (René), écrivain 219
Laforge (T.-E.), musicien 47
La Gandara (Antonio de), peintre 340
Laloge (P.-F.-M.-S.), député 183
La Lyre (Adolphe), peintre 91
Lami (Stanislas), sculpteur 279
Lancereaux (D' Etienne), médecin (de l'Académie de médecine) 97
Lanessan (de), député, ancien gouverneur général de l'Indo-Chine 153
Langlé (Fernand), écrivain, chimiste 78
La Porte (J.-R.-A. de), député 308
Larroumet (Gustave), membre de l'Institut . 75
Lasserre (Maurice), député 211
La Tour-du-Pin-Verclause (Comtesse de), musicienne 86
Laurens (Jean-Paul), peintre (de l'Institut) . . 15
Laurent de Rillé (F.-A.), compositeur de musique 77
Lavedan (Léon), publiciste 118
Lavedan (Henri), littérateur (de l'Académie française) 118
La Villette (E.-V.-A.-M. de), peintre 362
Lavisse (Ernest), historien (de l'Académie française) 105
Le Barillier (Mme Berthe). — Voir **Jean Bertheroy.**
Lechevallier (F.-E.), député 219
Lecomte (Charles), comp. de musique 43
Lecomte (Maxime), sénateur 141
Le Dentu (D' J.-L.-A.), chirurgien (de l'Académie de médecine) 18

Lefebvre (Charles, dit Carlos), peintre 168
Legeay (Baron Jules), publiciste 235
Lefèvre (A.-A.), sénateur 133
Léouzon-le-Duc (C.-H), écrivain 310
Lépine (Louis), ancien préfet de police 41
Le Provost de Launay (Louis), sénateur 260
Leroux (D' A.-H.-C.), médecin 222
Le Roux (Hugues), écrivain 107
Leroy-Beaulieu (Anatole), membre de l'Institut 148
Leroy-Beaulieu (Paul), membre de l'Institut . 148
Leplieu (T.-M.-J.), général 81
Lesplany (marquis de), député 188
L'Estourbeillon de la Garnache (Marquis de), député, écrivain 293
Levêque (J.-C.), membre de l'Institut 134
Lévis-Mirepoix (Comte de), député 246
Levy (Maurice), ingénieur (de l'Institut) 20
Lévy-Dhurmer (Lucien), peintre et sculpteur 187
Leygue (Raymond), député 307
Leygue (Honoré), député 306
Lhermitte (L.-A.), peintre 114
Lion (J.-F.), ingénieur 279
Litvinne (Felia), cantatrice 224
Lollée (Frédéric), écrivain 323
Longnon (Auguste), membre de l'Institut . . . 140
Loti (Pierre), écrivain (de l'Académie française) 41
Louis (Mme la baronne Salal, dite), peintre . 278
Loubet (Emile), président de la République (élu le 18 février 1899) 217
Luchaire (Achille), membre de l'Institut . . . 138
Ludre (Comte de), agronome 54
Lure (Victor), sénateur 139

M

Magne (Napoléon), député 161
Magne (Alfred), peintre 170
Magne (Mme Alfred). — Voir **Richard** (Hortense).
Mahy (François de), député, ancien ministre 172
Maignan (Albert), peintre 130
Maille (Comte de), sénateur 284
Maizeroy (René), romancier 109
Malartre (Comte de Maurs de), écrivain 171
Malherbe (D' A.), médecin 250
Malot (Hector), écrivain 201
Manaut (Frédéric), ingénieur 331
Marcère (Gustave de), sénateur 245
Marchesi (Mme), cantatrice 256
Maréchal (Henri), compositeur de musique . 100
Maret (Henry), député, publiciste 163
Mars, dessinateur 213
Martel de Janville (Comtesse de). — Voir **Gyp.**
Marty (J.-A.), ancien député 281
Mascart (E.-E.-N.), physicien (de l'Institut) . . 305
Maspero (G.-C.-C.), membre de l'Institut . . . 131
Massieu (Mme Isabelle), exploratrice 108
Mathey (Louis), député 95
Maurange (D' Gabriel), médecin 85
Maymac (Gabriel), député 295
Méaulle (Fortuné), peintre 145
Meaux (Vicomte de), ancien ministre 201
Méline (Jules), député, ancien président du conseil des ministres 62
Mellerio (André), écrivain 237
Mendès (Catulle), écrivain 119
Mène (D' E.), médecin, écrivain scientifique . 195
Mercié (Antonin), statuaire (de l'Institut) . . . 224
Merson (Luc-Olivier), peintre (de l'Institut) . 230
Méry (Henri), médecin 120
Meyer (Paul), D' de l'Ecole des Chartes (de l'Institut) 153
Milliard (Edouard), sénateur 143
Millevoye (Lucien), député 218
Million (Louis), député 105
Milne-Edwards (Alphonse), naturaliste (de l'Institut)

Miomme (Gabriel), député. 182
Mistral (Frédéric), poète provençal. 16
Moinech (Comte Vandalin), philanthrope . . 150
Moineau (M.-A.), peintre-décorateur. 327
Molènes (D' Paul de), médecin 40
Monier (Frédéric), sénateur 221
Monnier (Marcel), explorateur 322
Montagne (Edouard), écrivain (décédé) . . . 58
Montépin (Xavier de), littérateur 67
Morcrette-Lacieve (Louis), député 179
Morillet (J.-B.-L.), député. 7
Mouliérat (Jean), artiste lyrique 287
Mounet-Sully (Jean), artiste dramatique . . . 97
Mounet (Paul), artiste dramatique 98
Munier-Jolain (Julien), avocat et littérateur 162
Murat (Joachim Comte), ancien député . . . 91
Muteau (Alfred), député 185

N

Nacla (Vicomtesse), écrivain 51
Naquet (Alfred), chimiste, ancien député . . 173
Nion (François de), écrivain 130
Noël (Edouard), écrivain 181
Normand (A.-N.), architecte (de l'Institut) . 77
Normand (Charles), architecte et archéologue 78
Nourrisson (J.-F.), membre de l'Institut . . . 132

O

Ogé (Pierre), sculpteur 331
Ohnet (Georges), écrivain 124
Ollivier (Emile), ancien ministre (de l'Académie française) 165
O'Henrey. — Voir Richard O'Henrey.
Orsans (Cunéo d'). — Voir Cunéo d'Orsans.
Ortmans (Fernand), littérateur 131
Ouvré (A.-F.), député 243

P

Pagat (Henri), écrivain 55
Palai (Baronne), voir Lotus.
Paladilhe (Emile), compositeur de musique (de l'Institut) 99
Papin (Louis).— Voir Piconis (Paul).
Papelier (P.-A.), député 258
Paris (Gaston), administrateur du Collège de France (de l'Institut) 116
Pascal (Léonce), député 184
Pascal (J.-L.), architecte (de l'Institut) . . . 197
Passy (Frédéric), économiste (de l'Institut) . 172
Pauliat (Ulysse), sénateur 338
Pauliat (Louis), sénateur 315
Pelletan (Camille), député 457
Perret (Paul), écrivain 239
Périllier (Jules), député 223
Perrier (Edmond), membre de l'Institut. . . 149
Peytral (P.-L.), sénateur, ministre des Finances. 185
Picot (Georges), membre de l'Institut 157
Pimodan (Gabriel duc et marquis de), écrivain. 326
Piconis (Louis Papin, dit), littérateur 186
Piot (Edme), sénateur 274
Pioz (Jacques), député 275
Planchon (Gustave), D' de l'École supérieure de pharmacie (de l'Ac. de médecine) . . . 217
Poincaré (Henry), membre de l'Institut. . . 135
Poincaré (Raymond), député 394
Poinstelin (A.-E.), peintre 188
Pomereu (comte de), député 162
Pouceruae (F.J.-H.), graveur 317
Poubelle (Eugène-René), diplomate, ancien préfet de la Seine 18

Pouchet (D' Gabriel), professeur de l'Académie de médecine 29
Pozzi (D' Samuel), sénateur (de l'Ac. de médecine). 341
Prache (Laurent), député 261
Prémesnil. — Voir Regnault de Prémesnil.
Pritchard (C.-E.), compositeur de musique . 144
Prunier (L-L.), chimiste, pharmacien, membre de l'Académie de médecine 84
Puech (Denys), sculpteur 321
Puymaigre (comte de), écrivain 263
Pujol (P.-L.). — Voir Flers.

Q

Quesnay de Beaurepaire (Jules), ancien magistrat, écrivain 65

R

Rachou (Henri), peintre 182
Rambaud (Alfred), sénateur (de l'Institut). . 161
Ramel (Comte Fernand de), député 339
Rane (Arthur), sénateur 180
Ravier (L.-A.), membre de l'Institut. 135
Ravaisson-Mollien (J.G.F.L.), membre de l'Institut 144
Rebous (Paul), poète 64
Reclus (Elisée), géographe et sociologue . . 101
Reclus (Elie), géographe 101
Reclus (Onésime), écrivain 101
Reclus (E.-A.-E.), marin et voyageur 101
Reclus (D' Paul), membre de l'Académie de médecine 102
Regnault de Prémesnil (Charles), écrivain . 301
Reille (Baron Xavier), député 196
Renault (Léon), avocat, ancien préfet de police, ancien sénateur 107
Renouard (Paul), peintre 4
Réville (Albert), historien, professeur 103
Réville (Marc), avocat, publiciste 103
Rey (A.-E.G.), voyageur et archéologue . . . 179
Rey-Reize (H.-M.), baron, écrivain, collectionneur 167
Richard (M"" Alfred Magne, née Hortense), peintre-miniaturiste 170
Richard O'Henrey, écrivain 106
Richepin (Jean), écrivain 121
Rigail (Pierre de), publiciste espagnol . . . 176
Rigail (M"" Mercédès de), musicienne . . . 176
Rieter (Léon), écrivain 82
Rivière (François), peintre 339
Robert-Fleury (Tony), peintre 196
Robin (Maurice), chimiste 332
Roch (Gustave), député 125
Rochefort (Henri), écrivain 123
Rochegrosse (Georges), peintre 152
Rocquain (Félix), membre de l'Institut . . . 152
Rod (Edouard), écrivain 83
Rodrigues-Richard (Severo), peintre 258
Rossi (Lucius), peintre 183
Rouland (Eugène), économiste (de l'Institut) 324
Rouland (Alexis), administrateur 325
Rouland (Edmond), écrivain 325
Rostopchine (Comtesse Lydie), écrivain . . 278
Rothschild (Henri, baron de), docteur en médecine. 178
Roty (Oscar), graveur (de l'Institut) 125
Rouille de Rouville (R.-A. de), D' de la C" de Suez 158
Roujon (Henry), littérateur, D' des Beaux-Arts 234
Rouland (André-Julien), ... 317
Erratum. — Dans la notice, le prénom de Gustave est, par erreur, attribué à M. Rouland. Ce prénom doit être remplacé par celui de *Julien*, sous lequel est connu l'honorable député.
Rousse (Edmond), avocat (de l'Académie française) 156
Rouvel (Théophile), sénateur (de l'Institut). 137
Rouville (de). — Voir Rouille de Rouville.
Roux (D' P.-P.-E.), sous-directeur de l'Institut Pasteur (de l'Académie de médecine) . . . 13

— 8 —

Reybet (Ferdinand), peintre 223
Roy de Loulay (Louis), député 169
Royer (Clément de), avocat 5
Rueff (Jules), armateur 110

S

Saba (E.-L.J.), député (décédé) 211
Sabran Pontevès (Jean comte de), ancien officier, écrivain 80
Sain (Édouard), peintre 165
Saint-Aulaire (Comte de), écrivain 62
Saint-Geniès (V'° de). — Voir Richard O'Monroy.
Saint-Marceaux (C.-R. de Paul de), sculpteur 236
Saint-Martin-Valogne (M.-E.-A. du), député 301
Saint-Quentin (Gabriel de), comp. de musique 131
Saisy (Hervé de), sénateur 155
Sal (Léonce de), sénateur 265
Samarine (M™ de), peintre et littérateur . . 162
Sarah-Bernhardt. — Voir Bernhardt (Sarah).
Savorgnan de Brazza. — Voir Brazza.
Schlumberger (Gustave), membre de l'Institut 140
Schneider (Eugène), député 187
Scholl (Aurélien), écrivain 23
Sébline (C.N.), sénateur 49
Senart (E.-C.M.), orientaliste (de l'Institut) .
Serres (Louis de), compositeur de musique . 143
Severine (M™ Guebhart, née Caroline Remy, dite) 34
Sorondai de Boissieu (Louis), peintre . . . 327
Sézille des Essarts (A.-J.-P.), peintre . . . 314
Sirbain (Mlle Hélène), artiste lyrique . . . 334
Siret (César), député 333
Solages (Marquis Ludovic de), député . . . 177
Solesmière (Eugène de), compositeur de musique 248
Sollier (D' Paul), médecin 271
Sollier (M™), docteur en médecine 272
Sortais (L.-M.-H.), architecte 51
Sous de la Croix (H.-F.-E. comte du), émailleur d'art 147
Sully-Prudhomme (R.-F.), poète (de l'Académie française) 106

T

† Taillandier (H.-A.J.), député 245
Talon (J.-L.), sénateur 5
Tardiveau (A.-E.-A.), publiciste 102
Tarnowsky (Michel de), sculpteur 176
Tassin (Pierre), sénateur 159
Teisserenc de Bort (Edmond), sénateur . . 281
Thevenet (Marius), sénateur, ancien ministre . 123
Thivier (Eugène), sculpteur 306
Thomas (Gabriel), sculpteur (de l'Institut) . 73

Thomasset (R.-E.), vice-amiral 309
Thompson (M™ Fanchon), cantatrice 324
Thomson (C.-A.), sculpteur 251
Thorel (J.-B.), sénateur 235
Tilloreau (Théodore), chimiste 124
Tiraux (Louis), sénateur . . . .
Titeux (Colonel J.-F.E.), écrivain, peintre . 98
Tournée (Albert), écrivain 190
Tournabot (baron). — Voir Maisonroy.
Trenchant (Charles), administrateur 262
    Errata. — Page 283, ligne 34, après le mot « réunion », lire : *annuelle des anciens élèves du collège.* — Ligne 36, lire : *Allocutions prononcées* (au pluriel). — Ligne 38, lire *1893* au lieu de *1895*.
Trarieux (Ludovic), sénateur, ancien ministre . 81
Troimaux (Eugène), écrivain 54
Turigny (Jean), député 147

V

Vaillant (Edouard), député 149
Van Gelder (D' Georges), médecin 63
Van Tieghem (P.-E.-L.), membre de l'Institut 135
Vapereau (Gustave), écrivain 119
Vaudremer (J.-A.-E.), architecte (de l'Institut) 16
Vayres (Léonce), peintre 151
Veiga (de). — Voir Abreu de Veiga.
Véron (Pierre), écrivain 60
Viand (Julien). — Voir Loti (Pierre).
Vibert (Georges), peintre 122
Vigier (comte), écrivain 87
Villéon. — Voir La Villéon.
Vincent (Max), avocat 336
Viollet (Paul), membre de l'Institut . . . 139
Vogüé (Melchior V'° de), écrivain (de l'Académie française), ancien député . . . 204

W

Waddington (Charles), membre de l'Institut 127
Waliszewsky (Casimir, comte), écrivain . . . 154
Weil (Henri), membre de l'Institut 142
Wickersheimer (Ch.-E.), ingénieur, ancien député 335
Wickham (G.-P.J.), philanthrope 311
Wilson (Daniel), député 191
Witt (Conrad de), député 212

Y

Yvette Guilbert. — Voir Guilbert.

Z

Zari (M™ Remmler, née Ortsman, dite), écrivain 200
Zeller (Jules), membre de l'Institut . . . 154
Ziem (F.-F.-G.-P.), peintre 156

DICTIONNAIRE NATIONAL

des

CONTEMPORAINS

FAURE (Félix-François)

Sixième président de la République française, né à Paris le 30 janvier 1841. Fils d'ouvriers, il fut d'abord élève chez les frères de la Doctrine à Paris, puis à Beauvais ; il entra ensuite au collège communal de cette ville et fut, de là, mis à l'Ecole Pompée à Ivry ; dans ces divers établissements, le jeune homme ne fit que des études primaires et commerciales. Envoyé ensuite à Amboise, pour apprendre pratiquement le métier de tanneur, M. Félix Faure vint, en 1863, s'établir au Havre, où il créa et conduisit à la prospérité une maison d'armateur.

Conseiller municipal le 6 août 1870, M. Félix Faure devint adjoint au maire du Havre après le 4 septembre ; il fut nommé ensuite commandant du 6e bataillon de mobiles de la Seine-Inférieure et amena, du Havre à Paris, des secours contre les incendies de la commune. Révoqué, en 1874, par le ministère de Broglie, de ses fonctions d'adjoint, il se consacra entièrement à celles de juge au tribunal de commerce, de membre, puis président de la Chambre de commerce, de consul de Grèce au Havre et à diverses œuvres philanthropiques, de secours mutuels et d'enseignement, au développement desquelles il avait pris, dès l'origine, une part efficace.

Candidat à la députation, en 1876, dans la 2e circonscription du Havre, il échoua ; mais il fut élu en 1881, par 5,876 voix, contre 5,675 à M. Le Vaillant du Douët, député sortant, monarchiste.

Réélu : en 1885, sur la liste républicaine de la Seine-Inférieure, par 80,559 voix sur 149,546 votants ; en 1889, dans son ancienne circonscription, avec 7,771 suffrages, contre 5,313 à M. Anselme, monarchiste ; en 1893, sans concurrent, par 10,048 suffrages. Il a toujours pris une part active aux travaux du Parlement, s'intéressant tout particulièrement aux questions d'affaires.

En 1882, M. Félix Faure fut l'un des fondateurs de la Ligue des Patriotes ; à plusieurs reprises, il a été sous-secrétaire d'État aux Colonies : dans les ministères Gambetta (14 novembre 1881), Ferry (21 février 1883), Brisson (6 avril 1885) et Tirard (12 décembre 1887).

C'est grâce à M. Félix Faure, en partie, que fut opérée la réforme des tarifs de chemins de fer. Il a occupé, d'ailleurs, une place importante dans la plupart des grandes commissions, où il se faisait remarquer par la clarté de sa parole et une haute compétence des affaires.

Il était vice-président de la Chambre lorsqu'il prit, dans le cabinet Dupuy, le portefeuille de la Marine (31 mai 1894). Il refusa, à ce moment, de laisser poser sa candidature à la présidence de la Chambre.

Après la démission si brusque et si inattendue de M. Casimir-Périer, l'Assemblée nationale, réunie en Congrès le 17 janvier 1895, pour désigner un président de la République, donna, au second tour de scrutin, 440 voix à M. Félix Faure, qui fut élu, contre 361 à M. Henri Brisson.

La première année du Septennat de M. Félix Faure fut marquée par le succès de nos armes à Madagascar et une cordialité de plus en plus accentuée dans les relations extérieures de la France.

Au premier cabinet constitué par M. Félix Faure et présidé par M. Ribot (26 janvier 1895), succéda, le 3 novembre, le ministère de M. Léon Bourgeois qui démissionna à la suite du refus du Sénat de voter

1

les crédits demandés par le gouvernement pour le corps d'occupation de Madagascar et fut remplacé par le ministère Méline (29 avril 1896).

A la fin de 1895, les journaux avaient révélé qu'un avoué, membre de la famille de Mme Faure, mort depuis longtemps, avait été frappé de condamnations judiciaires, et une vive campagne fut menée, dans une certaine partie de la presse, sur ce sujet, contre le chef de l'Etat. Ces attaques cessèrent bientôt sans avoir produit d'autre résultat que d'accroître la sympathie générale pour la personne du président.

En octobre 1896, M. Félix Faure reçut, officiellement et en grande pompe, à Cherbourg et à Paris, l'empereur et l'impératrice de Russie; cette visite fut accueillie avec enthousiasme dans notre pays.

L'année 1897, inaugurée par le renouvellement partiel du Sénat (3 janvier), qui amena à la Chambre Haute une plus grande majorité de républicains, a compté d'autres faits importants relatifs à la politique générale ou à l'action personnelle du chef de l'Etat; mentionnons : le réveil de l'affaire de Panama, motivé par les révélations d'Arton, à la suite desquelles plusieurs députés et anciens parlementaires furent poursuivis et tous acquittés par le Jury; l'explosion d'un engin sur le passage du président, au retour du Grand-Prix (13 juin), attentat sans résultat, qui fut suivi de plusieurs autres, aussi infructueux, et dont les auteurs n'ont jamais été retrouvés ; le voyage de M. Faure en Russie (18 au 31 août), qui marque une date importante dans la politique extérieure de la France, l'alliance avec la Russie ayant été officiellement proclamée par les chefs des deux pays, dans un toast, à bord du *Pothuau*, à Cronstadt (26 août); la campagne pour la révision du procès Dreyfus, capitaine d'artillerie condamné pour trahison, en 1894, par un conseil de guerre jugeant à huis-clos, que l'on prétendit victime d'une erreur et pour la défense duquel une agitation considérable dut être créée dans le pays.

En 1898 eut lieu le renouvellement général de la Chambre (8 et 22 mai). Mis en minorité le 14 juin, sur un ordre du jour lui demandant de gouverner exclusivement avec les républicains, le cabinet Méline fut remplacé par un ministère Brisson (28 juin), qui tomba, à son tour, à propos de l'affaire Dreyfus (25 octobre). M. Félix Faure chargea alors M. Charles Dupuy de former un cabinet, que celui-ci constitua avec des éléments de conciliation républicaine.

Chevalier de la Légion d'honneur depuis 1871, M. Félix Faure est devenu grand maître de l'Ordre par son avènement à la première magistrature de l'Etat. Il a reçu, depuis, un nombre considérable de décorations et de dignités étrangères.

ETIENNE (Eugène)

Député et ancien sous-secrétaire d'Etat, né à Oran (Algérie) le 15 décembre 1844. Fils d'un officier qui prit part à la conquête de l'Algérie, il entra, ses études terminées, dans le commerce. Successivement employé, puis chef de maison, il parvint rapidement à se créer une situation honorable. C'est ainsi qu'il se trouvait à la tête d'une importante entreprise de transit à Marseille, quand, en 1869, Gambetta se présenta dans cette ville aux élections pour le Corps législatif. M. Etienne fut, pendant cette période, le lieutenant du célèbre tribun et noua avec lui d'étroites relations d'amitié, qui se continuèrent jusqu'à la mort de celui-ci.

En 1878, Gambetta, qui avait pressenti les brillantes qualités administratives de M. Etienne, le fit nommer inspecteur général des Chemins de fer de l'Etat, fonctions qu'il conserva jusqu'au moment où, sollicité de se présenter dans la première circonscription d'Oran, il fut élu député, par 2,242 voix, contre 1,842 données à M. R. Cély (août 1881).

Inscrit, dès son arrivée au Palais-Bourbon, au groupe de l'Union républicaine, M. Etienne soutint de ses votes la politique de Gambetta et celle de Jules Ferry; prêta son concours à la préparation de l'expédition du Tonkin, fut rapporteur des budgets de l'Algérie, des Colonies et de la Guerre et fit preuve d'une très grande compétence dans les questions coloniales et de chemins de fer.

Nommé secrétaire de la Chambre en 1882, il garda ces fonctions jusqu'en 1887.

Successivement réélu député d'Oran : en 1885, au scrutin de liste, par 10,954 voix; en 1889, au scrutin d'arrondissement, par 6,050 voix, contre M. Sevray-Mauvrac, boulangiste ; en 1893, par 7,010 suffrages, sans concurrent, et en 1898, par 7,175, contre 4,130 à M. le Dr Mauran, radical antisémite, M. Etienne a pris une part active à tous les travaux de la Chambre, soit comme rapporteur, soit comme membre des commissions du Budget, des Colonies, des Travaux Publics et de l'Armée.

Entre temps, il a été vice-président de la Chambre des députés de 1893 à 1895, sous-secrétaire d'Etat aux Colonies, une première fois dans le cabinet Rouvier (7 juin 1887), puis en 1889 dans le ministère Tirard;

Il conserva ces hautes fonctions dans les ministères successifs jusqu'en 1892.

Pendant le long séjour au sous-secrétariat des Colonies de M. Etienne, le domaine extérieur de la France fut presque quadruplé. On lui doit en outre l'organisation des services coloniaux, telle qu'elle est actuellement, organisation qui a permis de faire de cette administration un ministère indépendant.

L'éminent député d'Algérie a prononcé de nombreux et remarquables discours à la tribune du Palais-Bourbon, notamment sur les colonies françaises et l'Algérie ; il est l'auteur du projet de loi concernant l'armée coloniale et de l'abrogation de la loi de 1889 sur les naturalisations en Algérie.

Membre de la Gauche progressiste de la Chambre des députés et président du Groupe colonial, M. Etienne se déclare nettement protectionniste.

LACAZE-DUTHIERS (Félix-Joseph-Henri de)

ZOOLOGISTE, membre de l'Institut et de l'Académie de Médecine, né à Montpezat (Lot-et-Garonne) le 15 mai 1821. Il fit ses études médicales à Paris, où il se fit bientôt un nom par ses recherches sur les zoophytes.

En 1854, M. de Lacaze-Duthiers fut nommé professeur à la Faculté des Sciences de Lille ; en 1862, il fut chargé d'une mission scientifique dans la Méditerranée, dont il expliqua le but dans une brochure publiée sous le titre : *Histoire naturelle du corail* (1862). Maître de conférences à l'Ecole normale en 1864, professeur de zoologie en 1865, professeur au même titre à la Faculté des Sciences de Paris en 1868, il a été élu membre de l'Académie des Sciences, en remplacement de Lorget, le 31 juillet 1871.

M. de Lacaze-Duthiers a établi, en 1875, un laboratoire zoologique à Roscoff, sur la côte bretonne ; plus tard, un autre plus important à Banyuls (Pyrénées-Orientales). Il a été élu membre de l'Académie de Médecine le 18 mai 1886.

On doit à M. de Lacaze-Duthiers : une *Histoire de l'organisation et du développement des mœurs et des rapports zoologiques du dentale* (1858) ; *Histoire naturelle du corail* (1863) ; le *Monde de la mer et ses laboratoires* (1889) ; il a fait également paraître un grand nombre de travaux importants dans les *Archives de Zoologie expérimentale*, qu'il a fondées.

M. de Lacaze-Duthiers, chevalier du 15 août 1864, promu officier en 1879, est commandeur de la Légion d'honneur depuis le 31 décembre 1887.

DUPUY (Charles-Alexandre)

DÉPUTÉ, président du Conseil des ministres, né au Puy le 5 novembre 1851. Il est le fils d'un huissier de la préfecture de la Haute-Loire et d'une gérante de bureau de tabac. Ses études classiques achevées au lycée local, il y devint maître d'études, puis fut nommé professeur de philosophie à Nantua (1871), Aurillac (1872 à 1874), Auch (1875), Le Puy (1876 à 1879), Saint-Etienne (1879 à 1880).

A cette époque, M. Dupuy quitta le professorat pour l'administration universitaire et devint inspecteur d'académie dans la Lozère, puis dans le Calvados, enfin vice-recteur en Corse.

Il se fit porter, exerçant encore ces fonctions, sur la liste républicaine de la Haute-Loire, au renouvellement législatif général de 1885 et se vit élu par 36,038 voix sur 70.699 votants, au 2° tour de scrutin. Pendant cette première législature, M. Dupuy prit part à de nombreuses discussions d'affaires, aux débats de la loi scolaire et de la loi militaire ; il déposa une proposition tendant à faire nommer les instituteurs par les recteurs au lieu des préfets.

Réélu en 1889, par 10,201 suffrages contre 7,451 à M. La Batie, révisionniste, dans la première circonscription du Puy, le député de la Haute-Loire, après avoir été notamment membre de la commission du budget et rapporteur de celui de l'Instruction publique, fut appelé, à la formation du cabinet Ribot, le 7 décembre 1892, au ministère de l'Instruction publique. Il conservait les mêmes fonctions dans le deuxième cabinet Ribot, le 1er janvier 1893. Puis, ayant eu l'habileté de se faire passer aux yeux de beaucoup pour l'« homme indispensable », il remplaçait bientôt son collègue, M. Ribot, à la présidence du Conseil (4 avril 1893), avec le portefeuille de l'Intérieur.

Le mois suivant, éclatèrent des troubles sérieux au quartier latin, à la suite d'une manifestation d'étudiants trop vigoureusement réprimée par la police. Les faubourgs ouvriers, bientôt, semblèrent vouloir faire cause commune avec les Ecoles. En pleine effervescence, M. Dupuy fit fermer la Bourse du travail, et l'on eut la crainte, un moment, qu'exaspérée par les provocations d'une autorité mal exercée, l'émeute ne prît des proportions inquiétantes.

Enfin, le gouvernement, cédant à la pression de l'opinion publique, remplaça le préfet de police, et le calme revint ; mais l'on reprocha à cette occasion, à M. Dupuy, d'avoir montré plus de fermeté que d'habileté.

Peu après, le gouvernement dont M. Dupuy était le chef procédait aux élections générales pour le renouvellement de la Chambre (août 1893). Inclinant à droite sa politique, il favorisa les candidatures des monarchistes « ralliés, » avec une préférence que les républicains « de la veille » ne lui pardonnèrent pas aisément. Il fut réélu lui-même député du Puy, sans concurrent. En octobre 1893, le ministère présida aux fêtes données en l'honneur de l'escadre russe à Toulon et à Paris. Le 25 décembre 1893, M. Dupuy et ses collègues étaient mis en minorité. M. Casimir-Périer, alors président de la Chambre, ayant été appelé à former un cabinet, M. Dupuy fut élu à sa place au fauteuil présidentiel.

Quelques jours après, l'anarchiste Vaillant lançait dans la salle des séances du Palais-Bourbon une bombe, dont les éclats blessèrent quelques députés. Cet odieux attentat, dont les conséquences furent heureusement peu graves, interrompit, comme on le peut penser, les délibérations et jeta dans l'assemblée une bien compréhensible perturbation. Le premier moment de stupeur passé, M. Charles Dupuy, avec beaucoup de sang-froid, engagea ses collègues à reprendre leurs travaux, en disant : « Messieurs, la séance continue », parole à laquelle on essaya de faire un sort glorieux.

Le 31 mai 1894, M. Dupuy reprit la présidence du Conseil, avec le portefeuille de l'Intérieur.

Le 24 juin suivant, la France apprenait avec une stupéfaction douloureuse l'assassinat du président Carnot à Lyon ; les critiques adressées alors au gouvernement à propos de la surveillance insuffisante organisée autour de la personne du chef de l'Etat furent d'une violence extrême, et surtout dirigées contre M. Dupuy.

Au Congrès, M. Charles Dupuy posa sa candidature à la suprême magistrature ; il n'obtint que 97 voix contre M. Casimir-Périer. A la demande du nouveau président de la République, le ministère resta en fonctions.

Le deuxième cabinet Dupuy fit voter par les Chambres l'expédition de Madagascar, préparée par le général Mercier, ministre de la Guerre, et la loi contre les menées anarchistes.

La démission du ministère, en date du 14 janvier 1895, entraîna celle de M. Casimir-Périer, qui fut remplacé à la présidence de la République par M. Félix Faure.

M. Dupuy reprit alors son siège à la Chambre, où il ne joua aucun rôle actif jusqu'à la fin de la législature. Il fut réélu député de la 1re circonscription du Puy, le 8 mai 1898, par 12,145 voix, sans concurrent.

Après la chute du cabinet Brisson (25 octobre 1898), M. Ch. Dupuy revint au pouvoir comme président d'un ministère qu'il constitua avec des éléments de conciliation républicaine ; il prit lui-même le portefeuille de l'Intérieur (5 novembre). Ce cabinet, dès son arrivée aux affaires, cédant aux instances pressantes de l'Angleterre, et pour éviter un conflit avec cette puissance, dut ordonner l'évacuation de Fashoda, petite ville sur le Nil, dont un de nos compatriotes, le capitaine Marchand, avait pris possession au nom de la France.

Le député de la Haute-Loire a publié, en 1892, un *Livret de Morale*, destiné aux écoles régimentaires ; il a collaboré à une publication hebdomadaire intitulée : le *Certificat d'études* et à diverses autres publications pédagogiques.

M. Ch. Dupuy est officier de l'Instruction publique, grand'croix de l'ordre de Saint-Alexandre Newsky et de l'Osmanié et décoré de divers autres ordres étrangers.

RENOUARD (Charles-Paul)

PEINTRE et dessinateur, né le 5 novembre 1845 à Courcheverny (Loir-et-Cher). Peu favorisé de la fortune, M. Paul Renouard était, à vingt ans, garçon de magasin.

Traversant un jour par hasard une salle de peinture du Louvre et émerveillé, le jeune homme sentit sa vocation. Quittant son emploi, il entra à l'Ecole des Beaux-Arts, dans l'atelier de Pils, qui s'intéressa à lui (1868). Pendant son séjour à l'Ecole, il fit, pour vivre, de la peinture en bâtiments et des couvercles de boîtes d'allumettes ; puis Pils ayant eu besoin d'aide pour les travaux de décoration qu'il avait à faire, le prit bientôt avec lui. Jusqu'en 1875, il suivit son maître et entra avec lui à l'Opéra de Garnier, où il travailla aux plafonds ; une fois dans la place il ne l'abandonna pas ; il trouva un grenier dans l'immense bâtiment et en fit un atelier qu'il n'a plus jamais quitté.

M. Renouard a donné, depuis cette date, au *Paris illustré* et à l'*Illustration*, toutes ces saisissantes apparitions de danseuses dont il fit également une série d'eaux-fortes aquateintées (1875 à 1880). Pendant la même période, il fréquenta aussi beaucoup le Palais de Justice, la Bourse, le Palais-Bourbon, et fit paraître, dans les mêmes journaux, une série de dessins et de croquis représentant des personnages connus. Mais, mécontent de la façon dont ses œuvres étaient reproduites par les journaux français, et sollicité par différents grands illustrés de l'Etranger, il entra comme dessinateur au *Graphic* en 1884 ; il a publié dans ce journal anglais de remarquables séries qui ont été reproduites par des procédés artistiques, dans leur grandeur d'exécution ; ce sont : la *Royal academy*, série de portraits au crayon, achetée par l'Etat pour le Musée du Luxembourg (1885) ; les *Prisons* (1887) ; *Monaco* (paru en supplément), série de croquis de joueurs fort impressionnants (1889) ; les *Institutions de Bienfaisance* (1889-1893) ; les *Enfants* (1896-1897) ; le *Jubilé de la Reine d'Angleterre* (1897), etc.

Depuis 1890, l'éminent artiste travaille à une suite de dessins dont il a fait des eaux-fortes intitulées : *Le mouvement, le geste et l'expression chez les animaux*. Cette série, publiée par planches, sorte de cours gradué de dessin d'animaux, est exécutée d'une façon bien personnelle, par un artiste qui voit simplement et reproduit fidèlement ce qu'il sent.

On a vu, en outre, de M. Paul Renouard au Salon des Champs-Elysées : *Pendant la représentation*, croquis d'acteurs (1877) ; la *Rue*, dessins à la plume ; le *Petit quadrille à l'Opéra*, 2 dessins (1878) ; la *Salle des Fêtes du Trocadéro pendant la construction*, dessin fait pour le journal l'*Art* ; *Petits Chats* (1879) ; l'*Armurier de l'Opéra*, aquarelle (1881) ; *Enfants assistés* (1883) ; les *Copistes du Louvre* ; l'*Invalide* (1886) ; le *Jury du Conservatoire* (1887) ; l'*Ecole des Beaux-Arts à Londres* (1888) ; *En Irlande* (1889). Au Salon du Champ de Mars il a donné : *Croquis de danse, M. Renan, Une noce d'ouvriers, Habitués de café* (1892) ; *A Londres*, les *Enfants de l'Est, la Prière, Problème, Leçon de couture, Refuge de l'Armée du Salut, la Musique dans James Park* (1893) ; *A la Chambre des Députés* (1894) ; *Collection de dessins* pour le *Graphic* (1896) ; portraits de MM. Pavie, Binger, Bonvalot et 10 dessins (1897).

Depuis les *Dames du Louvre*, que l'*Art* publia, jusqu'aux dessins pour la galerie de M. Coquelin et au *Portrait de M. Delcassé* ; dans ces croquis instantanés, où M. Paul Renouard excelle, comme dans ces eaux-fortes scintillantes de lumière et cependant d'un trait si sobre ; et, d'autre part, dans ses toiles, si recherchées des amateurs et brossées de si personnelle manière, cet éminent artiste a su fixer les trois aspects de la vie ambiante : le mouvement, le geste et l'expression.

M. Paul Renouard fait partie de la Société des Artistes français et de la Société nationale des Beaux-Arts. Il a été fait chevalier de la Légion d'honneur le 14 juillet 1893.

ROYER (Clément de)

Avocat, né à Paris le 4 novembre 1844. Il est le fils aîné de M. de Royer (1808-1877), qui fut garde des sceaux, vice-président du Sénat, premier président de la Cour des comptes, et grand-croix de la Légion d'honneur. Après de solides études au Lycée Louis-le-Grand, M. Clément de Royer se consacra à l'étude du droit et conquit le doctorat devant la Faculté de Paris en 1870. Secrétaire de la Conférence des Avocats de 1870 à 1872, il prononça, à cette époque, un discours remarqué sur les *Mémoires de Beaumarchais*. Lors de la campagne franco-allemande, il s'engagea, pour la durée des opérations, dans les régiments de marche et participa aux actions de Montretout, de Champigny et de Buzenval.

En 1871, devenu chef du cabinet de son père, premier président de la Cour des comptes, M. Cl. de Royer contribua pour une large part à la reconstitution des services d'archives de cette cour.

En 1873, il fut nommé substitut du procureur de la République à Chartres, puis occupa les mêmes fonctions à Versailles en 1877.

L'exécution des décrets du 29 mars 1880, rendus contre les congrégations religieuses, mit fin à sa carrière de magistrat. Adversaire d'un acte qui lui parut porter atteinte à la liberté de conscience et à la liberté de domicile, il démissionna par une lettre de protestation très énergique, qui fut publiée à ce moment.

Au barreau de Paris, où il a repris depuis ce temps sa place, M. Clément de Royer a plaidé dans un grand nombre d'affaires criminelles et civiles importantes. Il est avocat de la Société d'Assurances mutuelles mobilières et immobilières de la Seine.

Comme homme politique, M. de Royer s'est créé une situation considérable dans le parti conservateur et plus particulièrement plébiscitaire. En 1885, il fut porté sur la liste conservatrice aux élections générales législatives dans le département de la Seine et obtint plus de cent mille voix. Au renouvellement de 1889, fait au scrutin d'arrondissement, candidat dans la première circonscription d'Yvetot (Seine-

Inférieure), il réunit 5,145 voix contre 6,525 à l'élu M. Lechevallier, député sortant. Il échoua également en 1893 et en 1898, dans la même circonscription et toujours contre le même adversaire.

Conseiller municipal de St-Clair-sur-les-Monts (Seine-Inférieure), membre ou président de plusieurs associations locales de bienfaisance et de mutualité ; propriétaire, depuis la mort de sa mère, du château de la Pimprenelle, situé à la côte de Grâce, près Honfleur, et des domaines qui y touchent, possesseur aussi dans l'arrondissement d'Yvetot, d'autres importantes propriétés rurales, M. Clément de Royer s'occupe avec sollicitude des questions agricoles et industrielles qui intéressent la Normandie et il a, dans toutes les communes de la Seine-Inférieure et du Calvados, une légitime influence et une grande popularité.

Membre de la Société hippique et de la Société des Agriculteurs de France, M. Clément de Royer est aussi membre du Comité consultatif du *Nouvelliste de Rouen* et préside, depuis la fondation (1886), le comité de direction de la *Revue de la France Moderne*.

TALOU (Jean-Léon)

SÉNATEUR, né à Francoulis (Lot) le 15 août 1835. Après avoir accompli ses études classiques au lycée de Cahors avec Gambetta, dont il fut plus tard l'ami, il suivit les cours des Facultés de Droit de Toulouse et de Paris, prit sa licence et acheta une charge d'avoué près le tribunal civil de Cahors.

Mêlé de bonne heure aux luttes politiques locales, M. Talou combattit énergiquement le régime impérial et devint, en 1870, conseiller municipal de Cahors, comme candidat de l'opposition. L'année suivante il était nommé conseiller général du Lot ; mais, en 1874, après une lutte des plus vives, il échoua contre M. Depeyre, ancien ministre. Il revint à l'assemblée départementale en 1880.

Six ans après, M. Talou était réélu au conseil général, contre M. le comte Murat fils, et il triomphait du comte Joachim Murat père, député sortant, aux élections législatives du 22 septembre 1889, par 7,375 voix contre 5,841. Ce résultat inespéré fut une véritable victoire politique dans le département du Lot, qui était jusque-là considéré comme le fief électoral de la famille Murat.

Nommé de nouveau député de la première circonscription de Cahors, en 1893, par 6,651 voix, contre 5,588 à M. Bourdin, avocat, conservateur, et 135 à M. Bessières, horticulteur, socialiste, M. Talou a, de ce jour, fait partie du groupe radical de la Chambre, avec lequel il n'a cessé de voter.

Membre de diverses commissions, il a présenté plusieurs rapports remarqués ; il s'est surtout occupé de questions financières et de réformes judiciaires.

Porté sur la liste radicale du département du Lot, avec MM. de Verninac et Pauliac, lors du renouvellement partiel du Sénat, en janvier 1897, il fut élu sénateur, en même temps que ses amis, contre les candidats de la lite conservatrice, MM. E. Rey, le général Combarieu et Calmon. Inscrit au groupe démocratique du Luxembourg, l'honorable sénateur du Lot est franchement protectionniste.

M. Talou est chevalier de la Légion d'honneur depuis janvier 1885.

FROMENT-MEURICE (Henri-Théodore-Marie-François)

INDUSTRIEL, conseiller municipal de Paris, né dans cette ville le 17 octobre 1863. Petit-fils de Froment-Meurice, argentier de la ville de Paris, fils de Emile Froment-Meurice, le célèbre orfèvre, il accomplit ses études classiques au lycée Fontanes et ses études de sciences au collège Stanislas. Admissible à l'Ecole Polytechnique en 1883, il fit son volontariat l'année suivante et fut ensuite élève à la Faculté de Droit.

Mêlé de bonne heure aux luttes de la politique, M. François Froment-Meurice prit part, sous la direction de son père, président alors du comité conservateur du VIIIᵉ arrondissement de Paris, aux élections législatives de 1885. Sollicité de se présenter au Conseil municipal dans le quartier de la Madeleine, il fut élu à une forte majorité, en remplacement de M. Amédée Dufaure, devenu député de l'arrondissement d'Etampes (27 avril 1890).

Vivant dans l'atmosphère laborieuse de l'industrie et du commerce, écrivait-il alors, je sais qu'il n'est pas de sage administration sans l'esprit d'économie. Je ferai tous mes efforts pour arrêter l'augmentation incessante des dépenses municipales et éviter de nouveaux impôts qui en seraient la conséquence inévitable.

Réélu, le 16 avril 1893, et en 1896, M. Froment-Meurice est membre, depuis 1890, de la Commission des Finances et, depuis leur création, des commissions du Vieux Paris, du Métropolitain et de celle chargée d'étudier les moyens de circulation à travers Paris ;

il a fait de remarquables rapports sur le budget des dépenses de l'Octroi, au personnel duquel il a fait obtenir le travail de huit heures, et sur l'emploi du legs Rampal, destiné à faciliter l'existence et le développement des associations ouvrières.

Monarchiste et catholique convaincu, il s'emploie, de concert avec ses collègues à quelque opinion qu'ils appartiennent, à la solution de toutes les questions parisiennes.

M. Froment-Meurice est lieutenant d'artillerie de réserve depuis 1887.

MORILLOT (Jean-Baptiste-Léon)

Député, né au château d'Etrépy (Marne) le 19 juillet 1838. Fils d'un ingénieur des mines, M. Léon Morillot appartient, par sa mère, à la famille de Chavigné, l'une des plus anciennes du Perthois (Marne). Il fit ses études au collège Stanislas, où il fut, en 1865, lauréat du concours général. Il obtint ensuite le doctorat en droit et, en 1867, devint auditeur au Conseil d'Etat. En cette qualité, M. Morillot remplit successivement les fonctions de sous-chef du service des sections étrangères à l'Exposition universelle de Paris en 1867, puis de secrétaire adjoint de la commission française à l'Exposition d'Amsterdam en 1869, enfin de secrétaire de la commission d'enquête parlementaire sur le régime économique de la France en 1870. Il était chef-adjoint du cabinet du ministre de l'Instruction publique et des Beaux-Arts lorsqu'éclata la guerre Franco-Allemande. Il prit part à la défense de Paris comme mobilisé.

De 1869 à 1874, M. Morillot accomplit divers voyages scientifiques en Belgique, en Angleterre, en Hollande, en Allemagne, en Egypte, en Algérie, en Corse et en Tunisie. A son retour définitif en France, il se consacra à l'exploitation agricole de sa propriété de Bussemont (Marne), et fut nommé administrateur de la Compagnie des mines de Roche-la-Molière et Firminy (Loire), que son père avait longtemps dirigées.

Maire de la commune de St-Lumier-la-Populeuse depuis 1874, et délégué cantonal, il fut élu, en 1886, membre du Conseil général de la Marne pour le canton de Thiéblemont, et, lors des élections générales législatives de 1889, député de l'arrondissement de Vitry-le-François, par 6,269 voix, contre 5,142 à M. Guyot, radical. Il a été réélu depuis: en 1893, par 6,167 voix contre 4,787 à M. Tautet, radical, et en 1898, par 6,294 voix, contre 4,985 au même adversaire.

M. Léon Morillot est inscrit, à la Chambre, au groupe républicain progressiste, au groupe agricole et au groupe de politique extérieure et coloniale. Membre de diverses commissions, parmi lesquelles celle de la réforme administrative, de la chasse, du code rural et la Commission agricole, il a été rapporteur, au groupe agricole, des projets de loi sur les Halles de Paris et sur la représentation agricole et, à la Chambre, de la loi sur la chasse. Il est l auteur d'un projet de loi sur la reconstitution de la petite propriété en France, ainsi que d'un projet de loi sur la chasse, la destruction des animaux nuisibles et la conservation des oiseaux utiles à l'agriculture.

L'honorable député de la Marne est un protectionniste modéré.

On doit à M. Léon Morillot, la publication d'un important ouvrage sur la *Condition des enfants nés hors mariage, en Europe et spécialement en France, dans l'antiquité, au moyen-âge et de nos jours* (1865).

Membre du comité de l'Afrique française, de la Société de Géographie de Paris, de la Société française des habitations à bon marché et de la Société des Sciences et Arts de Vitry-le-François, M. Morillot est dignataire d'un grand nombre d'ordres étrangers.

GRÉVY (Paul-Louis-Jules)

Sénateur et général, né à Mont-sous-Vaudrey (Jura) le 5 septembre 1820. Il est le frère cadet de M. Jules Grévy, président de la République (1877-1891). Entré à l'Ecole polytechnique en 1841 et sorti, deux ans après, officier d'artillerie, il fit campagne en Algérie, en Crimée et en Italie, comme capitaine; fut promu chef d'escadron le 3 février 1864, lieutenant-colonel le 17 août 1870, colonel le 17 août 1871 et général de brigade le 30 décembre 1875. Après avoir commandé l'artillerie du 4ᵉ corps d'armée au Mans, puis la brigade du 19ᵉ corps, il fut nommé général de division le 18 février 1880, et mis à la retraite en novembre 1885.

M. Paul Grévy entra tardivement dans la politique, le 15 août 1880, comme sénateur du Jura, élu par 516 voix (655 votants), contre 19 à M. Gagneur et 14 au général de Geslin, en remplacement de M. Tamisier. Le général Grévy se plaça à la gauche du Sénat, et sans prendre jamais une part active aux délibérations, vota avec la gauche républicaine, notamment pour les lois sur la presse, sur le droit de réunion, pour la réforme du personnel judiciaire, pour le divorce, pour les crédits du Tonkin, pour l'expulsion des princes, etc.

Réélu, le 5 janvier 1886, par 494 voix (880 votants), il se prononça pour la nouvelle loi militaire, le rétablissement du scrutin d'arrondissement (13 février 1889), contre le boulangisme, etc. Réélu encore, le dernier de la liste, au renouvellement triennal du Sénat en 1897, il a été membre et vice-président de la Commission sénatoriale de l'Armée.

Le général Grévy a été décoré en 1855, promu officier en 1859, commandeur en 1871 et grand officier de la Légion d'honneur le 29 décembre 1882. Il a été membre du Conseil de l'Ordre.

GRÉVY (Jules-Philippe-Albert)

Sénateur inamovible, ancien gouverneur général de l'Algérie, frère du précédent, né à Mont-sous-Vaudrey (Jura) le 23 août 1824. Il suivit les cours de la Faculté de Droit de Paris, s'inscrivit d'abord au barreau de cette ville, puis à celui de Besançon, où il devint bâtonnier de l'ordre.

Collaborateur du journal le *Doubs* et chef de l'opposition dans ce département, M. Albert Grévy combattit le plébiscite. Ses opinions républicaines le firent désigner par le gouvernement de la Défense nationale, le 6 octobre 1870, comme commissaire général dans les départements du Doubs, du Jura et de la Haute-Saône ; mais il abandonna bientôt ce poste et, aux élections du 8 février 1871, il fut élu, le 1ᵉʳ sur 6, par 36,910 voix (53,131 votants), représentant du Doubs à l'Assemblée nationale. Il siégea à la gauche républicaine, dont il devint le président, soutint le gouvernement de M. Thiers, prit part à nombre de discussions importantes, fut rapporteur de la loi de répartition des indemnités accordées pour faits de guerre, de la Commission d'enquête sur les agissements bonapartistes (affaire Girerd), du projet de loi sur la presse et sur la levée de l'état de siège. Il s'appliqua à assurer, entre les diverses fractions de la minorité de gauche, l'adoption d'une ligne de conduite qui devait aboutir au vote des lois constitutionnelles et s'associa à ce vote après avoir combattu le gouvernement du 24 mai et s'être prononcé contre le septennat, l'état de siège, la loi des maires, le ministère de Broglie, etc.

Aux élections législatives du 20 février 1876, M. A. Grévy, candidat dans la 1ʳᵉ circonscription de Besançon, fut élu par 6,985 voix contre 2,053 données à M. Bolland. Il présida la Gauche républicaine pendant un an, fut vice-président de la Commission du budget de 1877, fit partie de plusieurs autres commissions, et présida celle de révision et de modification des lois sur la presse.

L'un des 363 adversaires du ministère Fourtou-de-Broglie et réélu, le 14 octobre 1877, par 8,282 voix, contre 1,579 à M. Boysson d'Ecole, candidat officiel, il fut, dès la réunion de la Chambre nouvelle, nommé membre de la Commission d'enquête électorale, soutint le cabinet Dufaure, se prononça pour les lois Ferry sur l'enseignement et, par un décret en date du 15 mars 1879, reçut la direction civile et politique de l'Algérie.

Ce premier essai de gouvernement civil, au profit du frère du président de la République, dans notre principale colonie, fut l'objet des critiques les plus vives. M. Albert Grévy rencontra plus d'une difficulté dans l'exercice de sa mission. A la nécessité de réprimer, en mai 1879, une insurrection de Kabyles à Batna, s'ajoutèrent de fréquents conflits avec l'autorité militaire, conflits qui eurent maintes fois leur écho à la tribune parlementaire.

En 1880, M. A. Grévy quitta le Palais-Bourbon pour le Sénat, ayant été élu sénateur inamovible en remplacement de Crémieux, décédé, par 152 voix (sur 159 votants).

Il siégea à la gauche sénatoriale, autant que le lui permirent ses fonctions de gouverneur ; répondit à la Chambre (1881), comme commissaire du gouvernement, à l'interpellation de M. Thomson sur l'incarcération arbitraire d'arabes de la province de Constantine, fut attaqué (30 juin), par M. Jacques, pour avoir favorisé par incurie l'insurrection du Sud oranais, et vit sa situation de gouverneur notablement diminuée par les décrets de rattachement du 6 septembre suivant, qui lui enlevaient la plupart de ses attributions en rattachant chacun de ses services au ministère compétent. Il fut remplacé comme gouverneur civil de l'Algérie, le 26 novembre 1881, par M. Tirman.

Au Sénat, M. Albert Grévy a fait partie de la Commission des Finances, de celle des Chemins de fer et a été président de la Commission d'organisation coloniale. Il a voté notamment : pour le divorce, pour l'expulsion des princes, la nouvelle loi militaire, le rétablissement du scrutin d'arrondissement (1889) ; s'est abstenu sur la procédure à suivre au Sénat, contre le général Boulanger, etc.

Depuis plusieurs années, les *Tables officielles* n'ont plus mentionné aucune intervention de lui.

GARNIER (Jean-Louis-Charles)

ARCHITECTE de l'Académie nationale de Musique, membre de l'Institut, né à Paris le 6 novembre 1825. Après avoir passé par l'Ecole spéciale de dessin, il entra en 1842 à l'Ecole des Beaux-Arts, où il eut pour professeurs MM. Léveil et Hippolyte Lebas. Six ans plus tard, il remportait le grand prix d'architecture sur ce sujet : *Un Conservatoire pour les arts et métiers*.

Il partit alors en Grèce et, en 1852, dans l'île d'Egine, tenta la restauration polychrome du temple de Jupiter Panhellénien, dont les plans furent exposés au Salon de 1853, et deux ans après, à l'Exposition universelle; il publia sur le même sujet, en 1856, dans la *Revue archéologique*, un mémoire explicatif.

Revenu à Paris, en 1854, M. Charles Garnier fut attaché aux travaux de la tour Saint-Jacques-la-Boucherie, sous la direction de M. Ballu. En 1861, il prit part au concours ouvert pour l'érection d'une nouvelle salle d'Opéra à Paris, remporta le prix à l'unanimité des suffrages, et fut chargé de diriger l'exécution de son projet.

Nous n'entrerons pas dans la description de ce monument, que la photographie et la gravure ont fait connaître dans le monde entier; les travaux, qui en furent à plusieurs reprises ralentis par l'insuffisance de crédits et, en 1870-71, par les événements de la guerre étrangère et civile, ne furent terminés que le 5 janvier 1875.

Pour la construction de l'Opéra, on bouleversa le plus beau quartier de Paris; une somme formidable fut dépensée pour les expropriations et l'artiste put, dit un de ses biographes, « prodiguer les millions sans mesure pour entasser, selon sa fantaisie, toutes les richesses de tous les arts à la fois ».

Cependant l'architecture de cet édifice donna lieu à de nombreuses critiques : au point de vue artistique, on a reproché à M. Garnier le luxe criard de la façade principale, dans laquelle il a prodigué l'or et recherché ainsi des effets de goût discutable; on a jugée insuffisante la hauteur totale du monument par rapport à son développement. L'acoustique de la salle est aussi défectueuse. On a dit encore que cette œuvre ne répondait pas aux espérances que l'on pouvait fonder sur une dépense totale de 49 millions 500,000 francs.

Dans une publication somptueuse, le *Nouvel Opéra*, commencée dès 1876, et continuée depuis, M. Garnier essaye, sans y parvenir toujours, de réfuter toutes les objections élevées contre son œuvre qui, malgré les imperfections qu'on lui reproche, est, somme toute, un chef-d'œuvre.

Il a construit en outre le théâtre de la Terrasse et la Maison de Jeux à Monaco, l'hôtel du Cercle de la Librairie, à Paris, l'Observatoire de Nice, les constructions de l'*Habitation Humaine*, à l'Exposition universelle de 1889 et, en 1896, le nouveau magasin de décors de l'Opéra, sis boulevard Berthier.

M. Charles Garnier, à qui l'on doit deux ouvrages relatifs à ses travaux d'architecture : *Monographie de l'Observatoire de Nice* (1890) et l'*Habitation Humaine* avec M. Ammann (1891), s'est produit dans des genres différents avec : *A travers les Arts*, causeries (1869), le *Théâtre* (1871), *Patembois*, un acte en vers (1886), et le *baron de Grochaminet*, en collaboration avec Ch. Muller; il a aussi collaboré au *Temps*, au *XIXe Siècle*, au *Gaulois*, à la *Gazette des Beaux-Arts*, etc.

Après avoir obtenu une médaille de 3e classe en 1857, et une de 1re classe en 1863 pour ses envois aux Salons, il reçut la décoration de la Légion d'honneur en 1864, promu officier en 1875, commandeur en 1889, il est grand-officier depuis 1895. Il a été élu membre de l'Académie des Beaux-Arts le 14 mars 1874, en remplacement de Baltard.

GRÉARD (Vallery-Clément-Octave)

ÉCRIVAIN, administrateur, membre de l'Académie française, vice-recteur de l'Université de Paris, né à Vire (Calvados), le 18 août 1828, date exacte, bien que différente de celles données par les *Dictionnaires* Larousse, Vapereau et d'autres biographes.

Entré à l'Ecole Normale en 1849, il fut reçu successivement agrégé, puis docteur ès lettres avec des thèses qui furent très remarquées : *De litteris et litterarum judicio quid censuerit L. Annæus Seneca* et *De la morale de Plutarque*. Il professa, dès lors, les classes supérieures de lettres à Metz, à Versailles, puis à Paris.

Inspecteur de l'Académie de Paris, M. Gréard fut délégué à l'Hôtel-de-Ville pour la direction de l'enseignement primaire en 1865. Promu peu de temps après inspecteur général et appelé à la direction du même enseignement au ministère de l'Instruction publique (1871), il fut relevé de ses fonctions par M. Batbie, le 11 octobre 1873, et reprit la direction de l'enseignement primaire de la Seine. En 1876, il refusait la nomination de secrétaire général de l'Instruction publique pour conserver son service, qu'il améliora profondément.

Le 11 février 1879, M. Gréard fut appelé aux hautes fonctions de vice-recteur de l'Académie de Paris, et nommé inspecteur général honoraire. Il consacra, dès ce moment, son activité et son incontestable autorité à l'organisation des méthodes nouvelles intéressant les enseignements secondaire et supérieur de son ressort, sans se désintéresser des travaux confiés aux grandes commissions du ministère de l'Instruction publique.

En 1883, il refusa un siège de sénateur inamovible qui lui était offert, pour continuer la tâche qu'il s'imposa dès sa nomination de vice-recteur et sut mener à bonne fin : extension des lycées de garçons, création des lycées de jeunes filles, restauration de la Sorbonne et développement de l'enseignement supérieur. Le sentiment des mêmes devoirs décida M. Gréard à refuser encore en 1887 la proposition qui lui fut faite de réunir entre ses mains, au ministère de l'Instruction publique, la direction de l'enseignement supérieur et celle de l'enseignement secondaire.

Titulaire en 1874 du prix Halphen, que lui décerna l'Académie des sciences morales et politiques, « comme étant la personne ayant le plus contribué par ses efforts à propager l'instruction primaire, » M. Gréard se vit proclamé, trois ans plus tard, dans un Congrès général de l'enseignement primaire, « le premier des instituteurs de France », par Jules Ferry, alors ministre de l'instruction publique.

Elu membre de l'Académie des sciences morales et politiques en remplacement de l'économiste Armand Husson, le 16 mai 1875, il a été aussi élu membre de l'Académie française, le 18 novembre 1886, en remplacement de M. de Falloux. Reçu par M. le duc de Broglie, le 19 janvier 1888, c'est lui qui se trouva chargé de recevoir, le 18 décembre 1891, M. de Freycinet, alors président du Conseil des ministres, successeur d'Emile Augier. Il a été également appelé à recevoir, en 1896, M. Jules Lemaitre et M. Anatole France.

M. Gréard a publié, outre ses thèses de doctorat déjà citées, les ouvrages suivants : une traduction des *Lettres d'Héloïse et Abélard* (1870, in-18, 2ᵉ édition 1875, in-8) ; un *Précis de littérature* (1875, in-18, 9ᵉ édition, 1887) ; l'*Enseignement secondaire des filles* (1883, in-8, 3ᵉ édition) ; un choix d'*Extraits des lettres, avis, entretiens, etc., sur l'éducation, de Mᵐᵉ de Maintenon* (1884, in-18, 3ᵉ édition 1887) ; l'*Education des femmes par les femmes* (1886, in-18, 3ᵉ édition 1890), première série d'études et de portraits comprenant : Fénelon, Mᵐᵉ de Maintenon, Mᵐᵉ de Lambert, J.-J. Rousseau, Mᵐᵉ d'Epinay, etc., *Edmond Schérer* (1890, in-18, 2ᵉ édition 1891), étude de biographie psychologique sur les transformations philosophiques et religieuses du célèbre critique ; *Prévost-Paradol*, étude de critique morale et littéraire, insérée dans le *Centenaire* publié, en 1889, par le *Journal des Débats* ; *Meissonnier, sa vie et son œuvre* (1896, in-8). On lui doit de plus d'importants recueils de documents historiques et de mémoires sur l'enseignement public en France : la *Législation de l'instruction primaire* (1874, 3 vol. gr. in-8, 2ᵉ édition 1889) ; *Rapports sur l'enseignement primaire à Paris et dans le département de la Seine*, notamment celui qui a été rédigé pour l'Exposition universelle de 1878 (1878, in-folio, 2ᵉ et 3ᵉ édition, 1879) ; *Education et Instruction*, embrassant l'enseignement primaire, secondaire et supérieur (1887), 4 vol. in-18, 2ᵉ édition 1889).

M. Gréard, promu officier de la Légion d'honneur le 7 août 1870, commandeur le 20 novembre 1880, grand officier le 20 décembre 1884, grand-croix en 1896, est membre du Conseil de l'ordre depuis 1880.

BRUN (Henri-Louis-Lucien)

SÉNATEUR inamovible, avocat, né à Gex (Ain), le 2 juin 1822. Il suivit les cours de la Faculté de droit de Paris et poussa ses études jusqu'au doctorat. Puis il alla à Lyon où il se fit inscrire au barreau. Il y devint bâtonnier de l'ordre des avocats.

Les élections du 8 février 1871 l'appelèrent au Parlement. Elu représentant de l'Ain, à l'Assemblée nationale, il alla siéger à droite et se plaça bientôt à la tête du parti monarchiste et catholique. Dans toutes les discussions importantes, il défendit ses idées avec éloquence et surtout avec énergie.

M. Lucien Brun se prononça contre le retour du Parlement à Paris, fit une opposition acharnée au gouvernement de M. Thiers, vota le septennat en 1873, réclama, par une proposition déposée le 15 juin 1874, le rétablissement de la monarchie, combattit vivement la constitution de 1875, etc.

En 1873, M. Lucien Brun avait été l'un des agents les plus actifs des tentatives faites en vue d'une restauration monarchique. Au mois d'octobre, il se trouvait à Salzbourg, auprès de M. le comte de Chambord, lorsque M. Chesnelong s'y rendit pour offrir le trône au prince, en retour d'une adhésion au programme politique élaboré par la droite. Le chef de la branche aînée des Bourbons refusa de rentrer dans la capitale autrement qu'abrité sous les plis du drapeau blanc.

M. Lucien Brun ne se reporta pas aux élections qui suivirent. Il reprit sa place au barreau de Lyon et devint professeur à l'Université catholique de cette ville.

Le 17 novembre 1877, il fut élu sénateur inamovible par le Sénat. Il siège, à la Chambre haute, à l'extrême droite et vote avec ce groupe. Il a pris la parole notamment dans les discussions de questions d'enseignement, sur l'article 7, la loi sur le rétablissement du divorce, la loi militaire ; toutes les propositions touchant aux prérogatives de la religion trouvèrent en lui un ardent adversaire.

On possède de M. Lucien Brun, un ouvrage, le résumé de ses leçons à la Faculté libre de Lyon, et intitulé : *Introduction à l'étude du Droit* (1879).

Le Pape Pie IX a fait M. Lucien Brun grand'croix de Saint-Grégoire-le-Grand.

LÉPINE (Louis-Jean-Baptiste)

OUVERNEUR général de l'Algérie, ancien préfet de police, né à Lyon, le 6 août 1846. Ses études classiques terminées, et une fois pourvu des baccalauréats ès-lettres et èssciences, il vint à Paris pour y faire une deuxième année de rhétorique au lycée Louis-le-Grand. Rentré à Lyon, en 1869, après un séjour de deux ans aux universités d'Heidelberg et de Berlin, il prit ses premières inscriptions de droit ; mais, dès la déclaration de guerre, en 1870, il abandonna la Faculté pour s'engager dans le 16e régiment de marche (Mobiles du Rhône).

Devenu rapidement sergent-major, il rendit un galon pour entrer, comme sergent, dans l'une des compagnies d'éclaireurs volontaires, choisi par le colonel Denfert-Rochereau parmi les hommes de troupe de la garnison de Belfort. Pendant le siège de cette ville, il fut blessé au cours d'une sortie tentée pour enlever aux Prussiens le village de Bavilliers. M. Lépine fut décoré, le 19 avril 1871, de la médaille militaire, pour sa belle conduite pendant la campagne.

La paix signée, il retourna à Paris compléter ses études de droit, puis revint à Lyon se faire inscrire comme avocat au barreau de cette ville, auquel il resta attaché du 5 mars 1873 au 31 décembre 1877.

A cette date, il débuta dans la carrière administrative, en qualité de sous-préfet de La Palisse, d'où il passa successivement à Montbrison (1879), à Langres (1880), et à Fontainebleau (1881).

Nommé, en 1885, préfet de l'Indre, M. Lépine fut appelé à Paris, au mois de novembre de cette même année, comme secrétaire général de la Préfecture de Police. Pendant ces fonctions administratives, qu'il occupa MM. Gragnon, Bourgeois (1887), puis Lozé (1888), étant préfets de police, il créa la maison départementale de Nanterre, qui peut contenir 4,000 hospitalisés et réorganisa celle de Villers-Cotterets. Lors des échauffourées boulangistes, il commanda luimême les services d'ordre, dans les affaires du café Riche, du Cirque d'Hiver, du Tivoli-Vauxhall, de la place de la Concorde, etc.

A la manifestation de la gare de Lyon (7 juillet 1887), organisée au départ du général Boulanger pour Clermont-Ferrand, le secrétaire général de la Préfecture, avec cent hommes seulement, put tenir tête à plus de dix mille manifestants. La situation était critique et périlleuse. Grâce à l'énergie et à l'habileté de M. Lépine, cependant, la foule ne put, comme elle en avait l'intention, gagner les grands boulevards, d'où elle aurait inévitablement envahi l'Elysée, et les plus graves évènements furent ainsi conjurés.

En 1891, M. Lépine devint préfet de la Loire ; durant les deux années qu'il demeura à la tête de ce département, il eut à intervenir dans les fréquents conflits entre patrons et ouvriers ; il fut assez heureux pour prévenir, au bout de quelques jours de négociations, une grève de 3,000 ouvriers à Rive-de-Gier et mettre fin, en même temps, à une grève de 5,000 métallurgistes qui, dans la même localité, avait duré près de trois mois.

Nommé préfet de Seine-et-Oise, le 3 juillet de la même année, il était appelé, huit jours plus tard, à remplacer M. Lozé à la Préfecture de Police.

A ce moment, toutes relations entre le Conseil municipal et le préfet de police étaient complètement rompues, à la suite des troubles du quartier Latin. Le nouveau préfet avait donc, tout d'abord, un rôle de conciliation à remplir et son attitude, à l'égard des élus de la Ville, était difficile. M. Lépine entra aussitôt en pourparlers avec le président du Conseil municipal, et les rapports furent rétablis après un vote émis dans la séance du 6 novembre 1893. Le 21 décembre suivant, le budget de la Préfecture de Police que, depuis longtemps, le Conseil refusait de discuter, fut voté et depuis cette époque, il n'a cessé de l'être.

M. Lépine, durant son passage à la Préfecture de

Police, réalisa certaines réformes, telles que la réorganisation complète de la Police municipale ; la création de nouveaux services, notamment la direction des recherches, le service d'identité judiciaire, etc. Il réussit à conserver avec le Conseil municipal de Paris, de courtoises relations.

Le 1er octobre 1897, M. Lépine fut nommé gouverneur général de l'Algérie, en remplacement de M. Cambon, envoyé comme ambassadeur à Washington.

Chevalier du 14 juillet 1886, officier de 1893, M. Lépine, depuis le 1er janvier 1896, est commandeur de la Légion d'honneur.

DUBOIS (Paul)

STATUAIRE et peintre, membre de l'Institut et directeur de l'Ecole des Beaux-Arts, né à Nogent-sur-Seine (Aube) le 18 juillet 1829. Il ne se destinait pas, tout d'abord, à la sculpture, mais au barreau, où sa famille eut désiré le voir entrer. Il fit, en effet, des études de droit très complètes ; mais en 1856, il entrait dans l'atelier de M. Toussaint et, de 1859 à 1862, voyagea en Italie, étudiant les maîtres anciens à Rome, Naples, Florence, etc.

Les débuts de M. Paul Dubois aux Salons annuels, peu remarqués, ne faisaient pas prévoir ses succès futurs. Nous rappellerons : un *Portrait* et un *Buste d'enfant* (1857); un *Médaillon*, marbre (1859); *Saint-Jean-Baptiste*, *Narcisse au Bain* (1863) ; *Saint-Jean enfant* (1864) ; *Le Chanteur Florentin au XV° siècle* (1865) ; *La Vierge et l'Enfant Jésus* et diverses autres œuvres, à l'Exposition universelle de 1867.

De cette époque à 1873, M. Paul Dubois ne fit aucun envoi au Salon. En 1873, il exposa une *Ève naissante*, statue en plâtre, aux formes gracieuses, mais à la tête sans expression ; en 1874, *Narcisse*, statue en marbre, de peu d'originalité ; mais, en 1875, les bustes de *Henner* et du *Dr Parrot*, un *Enfant* ; en 1878, *Paul Baudry* et, enfin, à l'Exposition universelle de cette même année, le *Tombeau du général Lamoricière*, une des plus remarquables compositions modernes, assurèrent le renom de l'artiste. Puis, vinrent successivement : le buste en marbre de *Pasteur*, pour un brasseur de Copenhague (1880) le buste de *Cabanel* (1882); *Le Connétable Anne de Montmorency*, pour le château de Chantilly ; le buste de *Charles Gounod* (1886); *Jeanne d'Arc*, statue équestre pour la ville de Reims ; le buste de *Bonnat* (1889) ; le buste de *Pasteur*, en bronze, pour l'Institut (1890).

Depuis cette date, M. Paul Dubois n'a plus exposé de sculpture ; mais il envoie à chaque salon annuel des portraits parmi lesquels on doit mentionner : ceux de *Ses enfants* (1876) et celui de Mme *P. M.* (1877). Au Salon de 1896, il a exposé les portraits de Mme *la vicomtesse de M.* et Mme *J. C.* ; en 1897, *Portrait de Mme R. G.*

Il a aussi souvent envoyé des dessins : *Le Christ mort*, d'après le tableau de Sébastien del Piombo ; *Tête de Madone*, d'après la fresque de Léonard de Vinci ; *Adam et Ève*, d'après la peinture à fresque de Raphaël ; la *Madeleine*, d'après le tableau d'André del Sarte.

Nommé conservateur au musée du Luxembourg, en 1873, M. Paul Dubois a remplacé M. Guillaume, comme directeur de l'Ecole des Beaux-Arts, le 30 mai 1878. Il avait été élu membre de l'Académie des Beaux-Arts, en remplacement de Perraud, le 30 décembre 1876.

Il a obtenu, pour la sculpture, une médaille de 2°. classe en 1863, la médaille d'honneur en 1865, une médaille de 2° classe à l'Exposition universelle de 1867, une médaille d'honneur au Salon de 1876 et une autre à l'Exposition universelle de 1878.

Décoré de la Légion d'honneur en 1867, il a été promu officier en 1874, commandeur en 1886, grand officier en 1889 et grand-croix en 1896.

LABBÉ (Léon)

CHIRURGIEN, membre de l'Académie de Médecine, sénateur, né au Merlerault (Orne) le 29 septembre 1832. Ses études faites à Paris, il apprit la médecine. Interne à l'hôpital de Caen (1857), interne aux hôpitaux de Paris (1860), il fut reçu docteur en 1861, agrégé en 1863 et médecin du bureau central des hôpitaux (1864).

Attaché à la Salpêtrière (1865), à l'hôpital du Midi (1867), à Saint-Antoine (1868), La Pitié (1872), Lariboisière (1880), puis à Beaujon, M. le docteur Labbé a été élu membre de l'Académie de Médecine le 16 mars 1880.

Comme chirurgien, M. le docteur Labbé s'est signalé par une opération dite de la « gastrotomie », autour de laquelle on fit grand bruit, et qui a eu pour résultat l'extraction d'une fourchette de l'estomac d'un jeune homme.

Il a écrit : *De la Coxalgie*, thèse d'agrégation (1863) ; *Traité des tumeurs bénignes du sein* (1876) ; *Leçons de clinique chirurgicales professées à l'hôpital des cliniques* (1876); *Traité des fibromes de la paroi abdominale* (1888).

Candidat républicain, dans le département de l'Orne, aux élections sénatoriales du 14 avril 1892, il fut élu par 506 voix contre 410 données à deux candidats monarchistes.

Au Sénat, il n'est intervenu que dans quelques discussions relatives à des questions professionnelles de médecine et d'hygiène.

M. Labbé est commandeur de la Légion d'honneur depuis 1891.

BRUNETIÈRE (Marie-Ferdinand)

ÉCRIVAIN, critique, conférencier, membre de l'Académie Française, né à Toulon le 19 juillet 1849. Il commença ses études à Marseille, vint les terminer au lycée Louis-le-Grand et, s'étant présenté sans succès aux examens de l'Ecole normale supérieure, se consacra à la littérature.

Une étude sur le livre de M. Wallon : *Saint-Louis et son temps*, insérée dans la *Revue des Deux-Mondes*, attira sur lui l'attention (1875); la notoriété qu'il acquit ensuite dans les lettres lui fit ouvrir les portes de l'Enseignement, et il fut nommé, en 1886, maître de conférences de langue et littérature françaises à l'Ecole normale.

M. Brunetière a réuni en deux volumes des articles de revues et des études détachées, remarquables par l'absolutisme et l'âpreté de la critique, ainsi que par la variété des sujets traités, ce sont : *Etudes critiques sur l'histoire de la littérature française*, ouvrage couronné par l'Académie (1880). Il a donné, ensuite : la *Littérature française au moyen-âge*; *Pascal, Mme de Sévigné, Racine, Molière, etc.* (1880); *Nouvelles études critiques sur la littérature française : les Précieuses, Bossuet et Fénelon, Massillon, Marivaux, La direction de la librairie sous Malesherbes, Goliani, Diderot*, ouvrage couronné par l'Académie française; une édition annotée des *Sermons de Bossuet* (1882); le *Roman naturaliste* (1883), couronné par l'Académie française ; *Histoire et littérature* (1885); *Questions de critique* (1890); *Nouvelles questions de critique; L'évolution des genres dans la littérature* (1891); *Les époques du théâtre français* (1892); *L'évolution de la poésie lyrique en France au XIXe siècle* (1894); *Etudes de littérature contemporaine* (1895); *Nouveaux essais de littérature contemporaine* (1896); l'*Idée de Patrie* (1897) ; *Manuel de l'histoire de la littérature française* (1898).

Collaborateur de la *Revue des Deux-Mondes*, dont il devint directeur en 1893, en remplacement de M. Buloz fils, il a, en cette qualité, maintenu, sans y apporter de changements notables, les anciennes traditions de cet organe littéraire. Il a aussi collaboré à la *Revue Bleue*.

Les conférences de M. Brunetière ont eu un certain retentissement, notamment celle qu'il prononça en 1894, et dans laquelle il affirma « la banqueroute de la science ». Il en a donné de nombreuses et sur maints sujets, en France, ainsi qu'en Amérique, dans un voyage accompli en 1897.

Jadis darwiniste délibéré, dit M. Jules Lemaître, il est depuis quelques années en coquetterie avec le surnaturel et fait des avances aux religions confessionnelles de France et d'ailleurs.

A la fin de 1897, M. Debout, auteur d'une tragédie intitulée *Frédégonde*, fit un procès à la *Revue des Deux Mondes* et à M. Brunetière pour avoir abusé du droit de critique sur son œuvre. Un jugement, déclarant que la *Revue* n'avait pas outrepassé son droit, débouta le plaignant de sa demande.

M. Brunetière a été élu membre de l'Académie française le 8 juin 1893. Il est chevalier de la Légion d'honneur depuis 1887.

ROUX (Pierre-Paul-Emile)

MÉDECIN, sous-directeur de l'Institut Pasteur, né à Confolens (Charente), le 17 décembre 1853. Fils d'un principal de collège, il commença ses études dans l'établissement dirigé par son père à Confolens, et les continua à Aurillac et au Puy; il prit ses premières inscriptions de médecine à l'Ecole préparatoire de Clermont-Ferrand. A Paris, où il vint ensuite, il fut aide de clinique à l'Hôtel-Dieu, puis préparateur de M. Duclaux, chargé d'un cours de chimie biologique à la Sorbonne.

Reçu docteur en médecine, avec une thèse fort remarquée *Sur la rage*, il devenait, dans le même temps, préparateur de l'illustre Pasteur, qui admit le jeune docteur à ses fameuses recherches sur les maladies charbonneuses et rabiques et l'atténuation des virus.

Devenu chef de service à l'Institut Pasteur, M. le docteur Roux y continua ses études expérimentales qui l'amenèrent bientôt à de personnelles et très importantes découvertes. La plus intéressante, et sans doute la principale, est celle de la toxine diphtérique, faite en commun avec M. Yersin, et qui fut le point de départ de nombreux travaux sur les poisons microbiens. Les mémoires sur cette matière ont préparé la découverte des antitoxines par Behring et Kitasato.

Le docteur Roux a surtout étudié la préparation de l'antitoxine diphtérique par la méthode de Behring et démontré la valeur pratique du sérum antidiphtérique.

A la suite d'une communication sur ce sujet au Congrès de Buda-Pest, la nouvelle médication fut acceptée avec enthousiasme, et des souscriptions publiques, aidées de subventions de l'Etat, permirent d'organiser à l'Institut Pasteur un service spécial pour la production normale de ce sérum, dont l'usage a abaissé la mortalité de la diphtérie de 50 à 12 pour 100.

On a, du docteur Roux, outre sa thèse déjà mentionnée, des études, publiées, dans les *Annales de l'Institut Pasteur*, et parmi lesquelles on peut citer : La *Vaccination charbonneuse des lapins*, avec M. Chamberland ; l'*Immunité de la septicémie* et l'*Immunité contre le charbon*, avec le même; la *Diphtérie*, avec le docteur Yersin (3 mémoires); *Etudes sur la rage*, etc.

Le 27 octobre 1894, l'Académie des Sciences morales et politiques décernait à M. le docteur Roux le prix Audiffred de 12,000 francs, « pour son dévoue-« ment à la science ».

Le 16 décembre de la même année, déjà officier de la Légion d'honneur depuis 1892, le docteur Roux était promu commandeur pour « services excep-« tionnels rendus à la science et à l'humanité ». En juin 1896, il fut nommé, en remplacement de son maitre Pasteur, associé libre de l'Académie de médecine. En décembre de la même année, il accepta l'ordre allemand de la Couronne royale, décoration qui, offerte à Pasteur, avait été refusée par l'illustre savant.

GUYOT-LAVALINE (Jean-Baptiste-Charles)

SÉNATEUR, né le 15 juillet 1827, à Vic-le-Comte (Puy-de-Dôme). Dans sa famille, s'était perpétuée une charge de notaire depuis plus de deux siècles et son père en avait été le dernier titulaire. Dès le début de l'Empire, M. Guyot-Lavaline se fit remarquer par ses opinions libérales et on le vit s'associer aux campagnes du parti de l'opposition dans le Puy-de-Dôme. En 1856, il était élu conseiller général pour le canton de Vic. Nommé maire de sa ville natale, il se voyait, en 1865, révoqué de ces fonctions par le gouvernement impérial.

L'avènement de la République au 4 septembre, 1870, rappela M. Guyot-Lavaline aux fonctions de maire. Il devint, en 1874, vice-président du Conseil général du Puy-de-Dôme, dont il n'avait d'ailleurs pas cessé de faire partie et dont il a été ensuite le président.

Les républicains de son département, à la mort de M. Mège, lui offrirent la candidature au Sénat. L'élection eut lieu le 5 janvier 1879 et M. Guyot-Lavaline fut élu à une forte majorité. Il se fit inscrire au groupe de la Gauche républicaine et accorda son concours à toutes les propositions de loi destinées à fonder et à affermir la République ; citons, notamment, les lois sur l'enseignement, sur la presse, sur le droit de réunion, sur l'expulsion des princes et la nouvelle loi militaire, en faveur desquelles il s'est prononcé.

M. Guyot-Lavaline, réélu sénateur du Puy-de-Dôme en 1882 et en 1891, a été, depuis, secrétaire de la Chambre-Haute.

SÉVERINE (Mme GUEBHARD, née RÉMY, dite)

JOURNALISTE, femme de lettres, philanthrope, née à Paris, le 27 avril 1855.

Présentée en 1880 à Jules Vallès, réfugié en Belgique, lors d'un voyage qu'elle fit avec sa famille à Bruxelles, elle ne tarda pas à embrasser les idées politiques du célèbre écrivain révolutionnaire et, après l'amnistie (1881), commença à travailler avec lui. C'est ainsi qu'elle collabora au *Réveil*, au *Gil Blas* (sous le pseudonyme d'Arthur Vingtras), à la *France*, au *Matin* et aux romans du *Bachelier* et de l'*Insurgé*.

En 1883, après avoir signé une quinzaine d'articles sous son propre nom, elle débuta sous le pseudonyme de Séverine au *Cri du Peuple*, fondé par Jules Vallès, commandité par le docteur A. Guebhard, professeur agrégé de médecine, qu'elle épousa en 1885.

A la mort de Vallès, en 1885, le *Cri du Peuple* continua sa publication sous la direction du « Comité des Cinq » ; mais, l'année suivante, Mme Séverine devint directrice de cet organe quotidien et employa toute son énergie à lutter contre les divers groupes et les nombreuses coteries du parti socialiste. Elle chercha, en même temps, à faire disparaître le ton violent que certains rédacteurs s'obstinaient à maintenir à cette feuille. Elle épuisa, dans cette lutte, les 300,000 francs de la commandite et dût céder, en 1888, son journal aux blanquistes.

A partir de ce moment, Mme Séverine n'a cessé de plaider la cause des malheureux et des faibles et de dévoiler au grand jour toutes les misères sociales.

Elle a ainsi écrit, pendant de longues années, au *Gil Blas* (sous le pseudonyme de Jacqueline), au *Gaulois* (Renée), au *Matin*, au *Figaro*, à l'*Eclair*, au *Journal*, à l'*Echo de Paris*, à la *Fronde*, à la *Revue Internationale* et à divers journaux étrangers.

Lors de la terrible catastrophe de Saint-Etienne en 1890, Mme Séverine se rendit sur les lieux et fit preuve d'un réel courage en descendant, entre deux explosions, dans le puits de Villebœuf, à 600 mètres de profondeur. Ensuite, elle ouvrit, au bénéfice des victimes de leurs familles, une souscription, dans le *Gaulois*, qui rapporta 48,000 francs.

Mettant à profit la publicité des importants journaux auxquels elle collabora, elle fit souvent appel, dans leurs colonnes, à la charité publique en faveur de diverses œuvres de bienfaisance et des malheureux qui sollicitaient son concours. A cet effet, elle avait institué un service de visiteurs, de pharmaciens et de médecins dans chaque quartier de Paris, organisation qui lui permettait de venir rapidement en aide aux infortunes qu'on lui signalait. Mme Séverine a ainsi distribué aux pauvres et aux nécessiteux de Paris plus d'un demi-million, venu à elle de toutes les mains.

En 1885, une candidature législative avait été offerte par le Comité féminin de Paris à Mme Séverine. « Je suis restée trop femme, écrivait-elle à ce propos dans le *Cri du Peuple*. Si je ne répugne pas à l'idée du martyre, je ne me sens point du tout le goût de la candidature. Il y a longtemps que, dans la lutte sociale, j'ai choisi mon poste de combat. Je préfère être à l'ambulance qu'à la tribune ; je ne réclame de la révolution que ma part de dévouement, de douleur et de danger. »

Mme Séverine a publié en librairie : *Pages rouges*, (1893) ; *Les Notes d'une Frondeuse*, dans lesquelles est retracé l'historique du Boulangisme (1894) ; *Les Pages mystiques*, où elle traite la question de *Louis XVII* et relate sa fameuse interwiev avec le Pape Léon XIII (1892), entrevue qui fit sensation par le récit de l'accueil qui lui fut fait par le Saint-Père et par l'exposé des opinions du Souverain-Pontife sur les questions d'actualité qu'elle lui avait soumises (1895) ; *En marche*, un volume sur l'anarchie (1896). On annonce encore d'elle : deux livres à l'usage de la jeunesse : *Tricyclard et Bécancau* (illustré par Caran d'Ache) ; *Mes chiens* (illustré par Steinlen) ; *La Ceinture de Paris* (Fontainebleau, Compiègne, Cernay, etc.), avec de nombreuses photographies prises par elle-même.

LAURENS (Jean-Paul)

Peintre d'histoire et décorateur, membre de l'Institut, né à Fourquevaux (Haute-Garonne), le 30 mars 1838, non, comme le dit le *Dictionnaire Vapereau*, d'un père cultivateur, mais fabricant de charrues et uniquement de cet instrument, métier perdu depuis la transformation du matériel agricole.

Elève de Villemsens à l'Ecole des Beaux-Arts de Toulouse et de Léon Cogniet et Bida, à Paris, le jeune artiste débuta au salon de 1863 avec la *Mort de Caton d'Utique*.

Depuis, M. J.-P. Laurens a exposé : la *Mort de Tibère* (1864) ; *Hamlet* (1865) ; *Après le bal* (1866) ; « Moriar » ; *Jésus et l'Ange de la Mort* ; *Portrait de l'Auteur* ; le *Souper de Beaucaire*, dessin (1867) ; *Vox in deserto* ; *Portrait de M. Ferdinand Fabre* (1868) ; *Jésus guérissant un démoniaque* ; *Hérodiade et sa fille* (1869) ; *Jésus chassé de la synagogue* ; *Saint Ambroise instruisant Honorius* ; *La mort du duc d'Enghien* ; *Le Pape Formose et Etienne VII* (1872) ; *La piscine de Bethsaïda*, placée au musée de Toulouse (1873) ; *Saint Bruno refusant les présents de Roger, comte de Calabre*, musée de la Ville de Paris (1874) ; *Excommunication de Robert-le-Pieux* ; l'*Interdit*, placé au musée du Havre (1875) ; *François de Borgia devant le cercueil d'Isabelle-la-Catholique* et son *Portrait de la galerie des Uffizi*, à Florence (1876) ; *L'Etat-major autrichien devant le corps de Marceau*, un de ses grands succès (1877). En 1878 l'excellent peintre envoyait à l'Exposition universelle tous les tableaux qu'il avait exposés depuis 1872. Aux salons suivants, on vit de lui : *Bernard Délicieux délivrant les emmurés de Carcassonne* (1879), musée du Luxembourg ; le *Bas Empire* ; *Honorius*, acquis par M. Van der Bilt, le milliardaire américain (1880) ; *Les derniers moments de Maximilien, empereur du Mexique* (1882), musée de Moscou (Russie) ; *Le Pape et l'Inquisition* ; les *Murailles du Saint-Office* (1883) ; *Vengeance de Urbain VI* (1884) ; *Faust* (1885) ; *Le grand Inquisiteur chez les rois catholiques* (1886), est en Amérique ; *L'Agitateur du Languedoc*, pour le musée de Toulouse (1887) ; *Ophélia* ; *Mounet-Sully dans Hamlet* (1888) ; *Les hommes du Saint-Office* (1889), au musée du Luxembourg ; *Les Sept troubadours fondateurs des jeux floraux* (1890) ; la *Voûte d'acier*, pour l'Hôtel-de-Ville (1891) ; la *Liseuse* (1892) ; *Saint Jean Chrysostôme* (au Musée de Toulouse) ; la *Petite de Bonchamps* (1893) ; la *Muraille* ;

1218; des dessins (1895); les *Otages*; *Irène* (1896); *Portrait de Jean Laurens*; le *Lauraguais*, panneau décoratif destiné à la Salle des Illustres, au capitole de Toulouse (1897).

Il faut encore ajouter à cette œuvre déjà considérable et dont la plupart des titres sont justement célèbres : la *Mort de Sainte-Geneviève*, la belle fresque du Panthéon ; le *Plafond de l'Odéon* ; six panneaux représentant l'*Affranchissement des Communes*, pour la salle Etienne-Marcel, à l'Hôtel-de-Ville ; *Un tournoi au XIV° siècle*, carton pour une tapisserie des Gobelins ; six esquisses-aquarelles représentant des *Scènes de la vie de Jeanne d'Arc*, dont trois également exécutées pour les Gobelins, et d'importantes compositions pour la très luxueuse édition de l'*Imitation* (Quantin, 1875), pour les *Récits Mérovingiens* d'Augustin Thierry (Hachette, 1875 à 1883), et pour le *Faust* de Goethe (Jouaust, 1889).

M. Jean-Paul Laurens a été nommé membre de l'Académie des Beaux-Arts le 4 avril 1891, en remplacement de Meissonnier. Il a été choisi comme président de la Société des Artistes français, en 1898, succédant à M. Bonnat.

Il a obtenu une médaille en 1869, une première médaille en 1872 et la médaille d'honneur en 1877. Il est officier de la Légion d'honneur.

MISTRAL (Frédéric)

Poète provençal, né à Maillane (Bouches-du-Rhône), le 8 septembre 1830. Il fit de très bonnes études à Nyons et à Avignon, fut licencié en droit et retourna chez lui, où il s'appliqua à rénover la poésie provençale.

Son premier poème et son chef-d'œuvre, *Mirèio* (Mireille) (1859), fut médaillé par l'Académie française en 1861 ; il en a tiré le livret d'un opéra, *Mireille*, mis en musique par Gounod, joué au Théâtre lyrique, puis à d'autres théâtres (1864-1865), et qui eut un très grand succès.

M. Mistral fut ensuite un des collaborateurs assidus de la *Revue félibréenne*, dans laquelle il fit paraître *Calendeou, pouëmo nouveau (1867) ; Lis Isclos d'or*, (les îles d'or, 1875). Il a écrit en outre : *Lou trésor dou félibrige* (1879) ; *Nerto*, nouvelle (1884) ; *La Reine Jeanne*, tragédie provençale en vers (1890) ; *Les secrets des bêtes* ; *Le poème du Rhône*, en 12 chants (1897), et un *Dictionnaire des divers dialectes de la langue d'oc moderne*.

M. Mistral a obtenu le prix Halphen (1884), à l'Académie française et le prix Jean Reynaud de 10,000 fr. (1890), sur la présentation de l'Académie des Inscriptions et Belles Lettres.

Chevalier de la Légion d'honneur en 1863, il a été promu officier en 1897.

VAUDREMER (Joseph-Auguste-Emile)

Architecte, membre de l'Institut, né à Paris, le 6 février 1829. Elève de Blouet à l'Ecole des Beaux-Arts, il obtint, dès 1854, le grand prix de Rome.

M. Vaudremer a exposé depuis des dessins fort appréciés et des plans de monuments élevés aujourd'hui, notamment : l'*Intérieur de la Librairie de Sienne* et l'*Intérieur de l'église de St-Marc* (1866) ; l'*Intérieur de la chapelle Palatine à Palerme* (1869) ; les *Vues de Capri et de Viterbe* (1870) ; restauration de la façade latérale de l'église St-Germain l'Auxerrois (1878) et projet de construction d'un Hôtel-de-Ville, à Paris, classé 4°, qui reçut la prime de 10,000 fr.

Parmi les principales constructions qu'il a fait édifier, on peut citer : la *Maison d'arrêt et de correction de la Santé* (1865-1885), l'*Eglise St-Pierre de Montrouge* (1873), le *Groupe scolaire* de la rue d'Alésia, l'*Eglise Notre-Dame*, à Auteuil (1883) ; le *Temple protestant*, rue Julien-Lacroix, à Paris ; l'*Evêché* de Beauvais, le *Lycée de jeunes filles*, à Montauban (1884-1887) ; le *Lycée Molière*, à Paris (1885-1888) ; le *Lycée Buffon* (1885-1890) ; le *Lycée* de Grenoble (1885-1886) ; la *Nouvelle église grecque*, rue Bizet (1890-1894) et un très original hôtel privé, rue Chardin (1895-1896).

M. Vaudremer, qui a été architecte des diocèses d'Agen et de Beauvais, est inspecteur général des édifices diocésains. Il fut nommé le 22 mars 1879, en remplacement de M. Duc, membre de l'Académie des Beaux-Arts.

Il est membre du Conseil supérieur des prisons, des Conseils supérieurs des Beaux-Arts, d'Architecture de Paris et de l'Exposition universelle de 1900, enfin, membre de divers Jurys et de la Commission des Monuments historiques.

Après avoir obtenu différentes médailles aux expositions annuelles, et la décoration d'officier de l'Instruction publique, puis celle de chevalier de la Légion d'honneur, il a été promu officier de ce même ordre en 1882.

GERVAIS (Alfred-Albert)

VICE-AMIRAL, né le 19 décembre 1837, à Provins (Seine-et-Marne). Entré à l'Ecole navale en 1852, il en sortit, en 1854, comme aspirant, et fit son premier voyage dans la Baltique. En 1858, il fut nommé enseigne; en 1862, lieutenant de vaisseau; puis il fut officier d'ordonnance des commandants de l'escadre des côtes de l'Afrique orientale et de l'Afrique occidentale (1864-1870). Pendant la guerre franco-allemande, il contribua à la défense de Paris, sous le commandement de l'amiral La Roncière Le Noury et fut, à l'affaire de la Gare-aux-Bœufs, mis à l'ordre du jour, ce qui lui valut, le 23 janvier 1871, le grade de capitaine de frégate.

Comme commandant d'un transport à destination de la Nouvelle-Calédonie, le capitaine Gervais, grâce à un procédé qu'il innovait, gagna une quinzaine de jours sur la durée habituelle du trajet; ce succès le fit dès lors classer au nombre de nos bons officiers de marine et, peu de temps après, en 1879, il fut nommé capitaine de vaisseau, puis attaché naval à Londres.

Il obtint, en 1880, le commandement de la *Triomphante*, dans l'escadre de l'Océan pacifique; devint, en 1882, membre du Comité des travaux de la Marine et du Comité hydrographique; reprit le service actif en 1884, comme commandant du *Duperré*, puis fut adjoint au Conseil d'amirauté et devint, en 1886, chef d'État-major et directeur du cabinet de l'amiral Aube, ministre de la Marine; il occupa plus tard les mêmes fonctions auprès de l'amiral Krantz.

Le 9 septembre 1887, il était promu contre-amiral et le 26 décembre 1889, il prenait le commandement de l'escadre du Nord.

M. Gervais fut désigné, en 1891, pour aller dans la Baltique, où le peuple russe nous manifesta ses profondes sympathies. L'escadre, composée du *Marengo* portant le pavillon amiral, de la *Lance*, du *Requin*, du *Marceau* que désirait visiter le czar, du *Furieux*, du *Surcouf* et de nombreux torpilleurs, rencontra dans le golfe de Finlande l'escadre du grand-duc Alexis.

Le czar, la czarine et un nombreux état-major visitèrent, à Cronstadt, le *Marengo* et le *Marceau*, qui fut l'objet d'une attention toute particulière.

De ce jour, le rapprochement des deux nations fut plus intime et, suivant l'expression d'un diplomate anglais, « la triple alliance oscilla sur sa base ». L'ovation de Cronstadt n'était que le prélude de toutes celles qui accueillirent nos marins dans l'intérieur de la Russie et des témoignages d'amitié qu'ont depuis échangé les gouvernements russe et français.

Après sa visite à Cronstadt, l'escadre de l'amiral Gervais se rendit en Angleterre, à Portsmouth, sur l'invitation expresse de la reine Victoria; elle y fut aussi l'objet d'une brillante réception.

Peu après, M. Gervais fut promu vice-amiral et désigné pour prendre la direction du service de l'état-major général au ministère de la Marine, en remplacement de l'amiral Vigne (février 1892). Il a quitté ce poste pour prendre le commandement de l'escadre de la Méditerranée en 1896. L'année suivante, il retourna en Russie, accompagnant dans son voyage M. Félix Faure.

L'amiral Gervais, décoré en 1860, promu officier en 1870, commandeur depuis 1888, est grand-officier de la Légion d'honneur depuis 1897.

HENNER (Jean-Jacques)

PEINTRE, membre de l'Institut, né à Bernwiller (Alsace) le 5 mars 1829. Il commença ses études de dessin au collège d'Altkirch, sous la direction de M. Gutzwiller (1843-1844), puis vint à Paris et, en 1848, entra à l'Ecole des Beaux-Arts, où il eut successivement pour professeurs Gabriel Guérin, Drolling et Picot.

Une courte maladie le contraignit de retourner au pays natal où il se fortifia dans l'art de peindre. De retour à l'Ecole, il remporta, en 1858, le prix de Rome, avec *Adam et Eve retrouvant le corps d'Abel*.

A Rome, le jeune artiste sut profiter de l'expérience et des conseils d'Hippolyte Flandrin, dont il fut l'élève et l'ami jusqu'à la mort; il peignit là, pour le musée de Colmar, quatre toiles remarquées: *Madeleine pénitente*, le *Christ en prison*, *Jeune Romaine* et *Jeune Baigneuse endormie*.

Revenu en France, M. Jean-Jacques Henner débuta au Salon de 1863 avec sa *Jeune Baigneuse endormie* et les portraits de *Victor Schnetz* et de l'*Architecte Joyau*, qui, tout de suite, attirèrent sur lui l'attention générale. Les œuvres exposées depuis ont consolidé sa réputation naissante et l'ont classé au nombre des meilleurs peintres modernes.

Les tableaux de cet artiste plaisent surtout par le sentiment expressif des physionomies et l'effet produit par le contraste voulu de l'éclat des figures avec le milieu sombre d'où elles se détachent. Ce procédé si personnel est la marque caractéristique de son talent.

On doit à M. Henner : la *Chaste Suzanne* (1865), acquise par l'Etat ; *Jeune fille*, la *Baronne de J.* (1866) ; *Biblis changée en source*, le *Premier Président D. d'A.* (1867) ; *la Toilette*, Mme *F. D.* (1868) ; *Femme couchée* (1869) ; *Alsacienne* (1870), toile popularisée par la gravure et dont l'original fut offert à Gambetta par un comité de dames alsaciennes ; *Idylle* (1872), acquise par le Musée du Luxembourg ; le *Général Chanzy* (1873) ; *Madeleine dans le désert*, étude magistrale où l'auteur précise ses qualités de clair-obscur ; le *Bon Samaritain* (1874) ; *Naïade*, M. *Picard* (1875) ; le *Christ mort*, Mme *Karakéhia* (1876) ; *Saint Jean-Baptiste*, le *Soir* (1877) ; le *Christ mort*, la *Madeleine* (1878) ; *Portrait de M. Hayem*, les *Nymphes au Bain*, à l'Exposition universelle de la même année ; *Eglogue*, une des toiles les plus appréciées de l'artiste ; *Jésus au Tombeau* (1879) ; la *Fontaine*, le *Sommeil* (1880) ; la *Source, Saint Jérôme* (1881) ; *Bara* (1882) ; la *Femme qui lit, Religieuse en prière*, placée au musée de Nancy (1883) ; le *Christ au Tombeau, Nymphe qui pleure* (1884) ; une autre *Madeleine, Fabiola* (1885) ; *Orpheline, Solitude* (1886) ; une *Créole, Hérodiade* (1887) ; *Saint Sébastien* (1888) ; *Prière, Martyre* (1889) ; un *Christ*, aujourd'hui à la Cour de cassation (Exposition universelle de 1889) ; *Mélancolie* (1890) ; « *Pietà* », *Pleureuses* (1891) ; le *Général de R., Etude* (1892) ; *Portrait de* Mme *S., Dormeuse* (1893) ; *Lola et Portrait* (1894) ; *Portrait de* Mme *F. D.*, la *Femme du Lévite Ephratn* (1895) ; le *Christ au Tombeau, Portrait de M. Carolus Duran* (1896) ; *Portraits de* Mlle *H. F.* et de *Madeleine M.* (1897).

A cette série des ouvrages qui, chaque année, accroissent la célébrité de l'artiste, on peut ajouter un grand *Paysage* animé (1886), actuellement chez M. Poirrier, sénateur, et un grand nombre d'études et de portraits, parmi lesquels ceux de MM^{mes} Scheurer-Kestner, Valery-Radot, Pasteur, la comtesse d'Eu, la princesse Amédée de Broglie, Paul Dubois, de Beausacq (comtesse Diane), etc.

Ce peintre éminent a été élu, en 1889, membre de l'Académie des Beaux-Arts en remplacement de Cabanel.

M. Henner a obtenu trois rappels de médaille (1863, 1865 et 1866), qui placèrent l'artiste hors concours, et la 1re médaille à l'Exposition de 1878. Il a été nommé chevalier de la Légion d'honneur en 1873 et promu officier le 10 juillet 1878.

LE DENTU (Jean-Louis-Auguste)

CHIRURGIEN, membre de l'Académie de Médecine, né à La Basse-Terre (Guadeloupe) le 25 juin 1841. Il fit ses études classiques à Paris.

Interne des hôpitaux, reçu docteur en 1868, agrégé en 1869, attaché à la Salpêtrière en 1870, puis à Saint-Louis et à l'hôpital Necker, chirurgien du bureau central des hôpitaux en 1872, M. le docteur Le Dentu fut élu membre de l'Académie de Médecine en 1889 et professeur de clinique à la Faculté de Paris, le 1er octobre 1890.

On doit à ce professeur, outre ses leçons et plusieurs communications sur ses travaux, les ouvrages suivants : *Recherches anatomiques et Considérations physiologiques sur la circulation veineuse du pied et de la jambe* (1868) ; *Des anomalies du testicule* (1869) ; *Traité des maladies des voies urinaires* (1880, en collaboration avec M. Voillemier) ; *Affection chirurgicale des reins* (1889) ; *Du traitement des affections inflammatoires des annexes de l'utérus* ; *Etudes de clinique chirurgicale* (1892). Il publie en outre, avec M. le Dr P. Delbet, un *Traité de chirurgie clinique et opératoire* (1895-1898).

Chevalier de la Légion d'honneur depuis le 15 octobre 1871, M. le docteur Le Dentu a été promu officier en 1897.

POUBELLE (Eugène-René)

DIPLOMATE, ancien préfet de la Seine, descendant d'une vieille famille normande, déjà connue au XVIe siècle, lors des guerres de religion, né à Caen le 15 avril 1833. Entré d'abord comme élève au collège de la cité natale, où il fit de brillantes études, il prit, une fois bachelier, ses inscriptions à la Faculté de droit de cette même ville, passa les examens de licence, et, au concours de doctorat, obtint la première médaille d'or.

Désirant se consacrer à l'enseignement du droit, M. Poubelle concourut avec succès pour l'agrégation en 1859. Chargé, dès cette même année, d'un cours à la Faculté de Caen, il fut, peu de temps après, envoyé en disgrâce à Grenoble, à cause des idées républicaines qu'il avait affirmées en refusant de signer l'adresse de félicitation destinée à l'empereur Napoléon III, à l'occasion de la paix de Villafranca.

Attaché ensuite à la Faculté de Toulouse, M. Poubelle devint professeur titulaire de la chaire de Code civil et sa réputation, déjà grande, de juriste, lui valut d'être nommé membre de l'Académie de Législation.

Il s'engagea, au moment de la guerre Franco-Allemande, dans la batterie de l'Ecole polytechnique, comme simple artilleur. Au Bourget, à Buzenval, à Champigny, il se battit vaillamment et, le 8 février 1871, il fut décoré de la médaille militaire, pour action d'éclat.

La paix signée, M. Poubelle se disposait à rejoindre son poste de professeur, lorsque, sur la présentation de M. de Rémusat, alors ministre des Affaires étrangères, M. Thiers, qui créait un personnel, le nomma préfet de la Charente, le 1er avril 1871.

Après avoir successivement administré les départements de l'Isère (1872) et de la Corse (1873), il démissionna, le 24 mai de la même année, refusant ainsi de prêter son concours à la politique du maréchal de Mac-Mahon, et vint occuper de nouveau sa chaire à la Faculté de droit de Toulouse. Il prit une part active aux luttes politiques de cette époque et, le 29 janvier 1878, après l'élection de M. Grévy à la présidence de la République, il fut appelé à la préfecture du Doubs. En 1879, il remplaça à Marseille le préfet, M. Tirman, nommé gouverneur général de l'Algérie.

Il atteignit enfin le sommet de la carrière préfectorale par sa nomination à la préfecture de la Seine, en 1883. La situation était alors très tendue entre le Conseil municipal de Paris et l'administration ; les prédécesseurs de M. Poubelle, n'ayant point su concilier la dualité de leurs fonctions rivales de maire central, représentant la commune et d'administrateur départemental, n'avaient fait que passer. Grâce à son habileté et à sa finesse diplomatique, M. Poubelle put, durant son séjour à la préfecture de la Seine, affronter les plus tumultueuses tempêtes municipales sans compromettre son autorité ni froisser l'ombrageuse susceptibilité des élus communaux de la ville de Paris.

Excellent administrateur, M. Poubelle a droit à la reconnaissance de la capitale, surtout pour la part qu'il a prise à son assainissement et l'on a pu dire qu'il est jusqu'ici le « grand préfet » de la troisième République.

Le 23 mai 1896, M. Poubelle fut nommé ambassadeur près du Saint-Siège, en remplacement de M. Lefebvre de Béhaine.

Officier de la Légion d'honneur en 1883, commandeur depuis 1886, M. Poubelle est aussi décoré de plusieurs ordres étrangers.

COLMET de SANTERRE (Edouard-Louis-Armand)

JURISCONSULTE, membre de l'Institut, né à Paris le 26 janvier 1821. Ayant suivi, après de brillantes études, les cours de la Faculté de Droit de cette ville, il fut reçu docteur le 8 juillet 1845. Professeur suppléant en 1850. M. Colmet de Santerre fut nommé professeur titulaire de droit civil le 1er septembre 1865, et doyen de la Faculté de Droit de Paris le 15 novembre 1887. Il fut admis à l'Académie des Sciences morales et politiques le 15 novembre de l'année suivante.

On doit à M. Colmet de Santerre l'achèvement de la publication commencée par son maître, Antoine Demante : *Cours analytique de Code civil*, comprenant: *Donations et Testaments, Obligations, Contrats de mariage, Vente, échange et louage, Contrats divers et Inscriptions, Privilèges et Hypothèques*, etc., etc. (1848 à 1896). Il a écrit lui-même un *Manuel élémentaire de Droit civil* (1884-1888, 2e édit. 1895).

Chevalier en 1872, M. Colmet de Santerre est officier de la Légion d'honneur.

FRIEDEL (Charles)

CHIMISTE, membre de l'Institut, né le 12 mars 1832 à Strasbourg, où il fit ses études classiques. Venu à Paris en 1852 pour suivre les cours de la Faculté des Sciences, M. Friedel y fut reçu licencié ès sciences physiques. Il continua l'étude de la chimie sous la direction de Wurtz, devint conservateur des collections minéralogiques de l'Ecole des Mines et obtint le grade de docteur en 1869. Nommé professeur de minéralogie à la Faculté des Sciences le 21 mars 1876, il passa à la chaire de chimie organique le 24 décembre 1884.

Les recherches de M. Friedel portent sur les combinaisons organiques et sur les propriétés chimiques de diverses espèces minérales. On a de lui : une *Notice sur la vie et les travaux de M. Ch.-Ad. Wurtz* (1885); *Cours de chimie organique professé à la Faculté des Sciences de Paris. I. Série aromatique ; II. Série grasse* (1887); *Cours de Minéralogie* (1893). Il publie de plus un *Deuxième supplément au Dictionnaire de chimie* de Wurtz (1898, 32 fasc.).

Ce savant fut élu membre de l'Académie des sciences, le 1er juillet 1878, en remplacement de Regnault. Décoré de la Légion d'honneur le 11 août 1869, il fut promu officier le 31 décembre 1887.

LÉVY (Maurice)

INGÉNIEUR, membre de l'Institut, né à Ribeauvillé (Alsace) le 28 février 1838. Entré à l'Ecole polytechnique en 1856, deux ans après il passait à l'Ecole des Ponts-et-Chaussées. Répétiteur à l'Ecole polytechnique en 1861-1862, il prit du service actif comme ingénieur en 1863.

En 1867, M. Maurice Lévy se fit recevoir docteur ès sciences. La même année il obtenait la médaille d'or aux Annales des Ponts et chaussées et, plus tard, l'Académie des Sciences lui décerna le prix Dalmont et le prix Poncelet.

Pendant la guerre de 1870, M. Maurice Lévy fut chargé, par le gouvernement de la Défense nationale, de la direction de l'artillerie départementale.

Nommé, successivement, remplaçant au Collège de France en 1874, professeur à l'Ecole centrale en 1875, examinateur d'admission à la même école en 1876, suppléant au Collège de France en 1877, membre de la Commission du nivellement général de la France en 1879 et, enfin, professeur au Collège de France en 1885, M. Maurice Lévy avait été promu ingénieur de 1re classe en 1874 et ingénieur en chef des Ponts et chaussées en 1880.

Il a été membre du Congrès des Electriciens et de la Commission nommée pour le choix des unités électriques en 1881. Il a présidé la Société philomatique.

Le 31 décembre 1883, M. Maurice Lévy fut admis à l'Académie des Sciences, au fauteuil de M. Bresse et, depuis 1886, il est membre de l'Académie royale des Sciences de Rome.

En 1888, M. Maurice Lévy inaugura un système de traction des bateaux par câbles aériens, qui fonctionne à titre d'essai de Joinville-le-Pont à Saint-Maurice, et qui consiste en un câble sans fin, constamment entretenu en mouvement par de puissantes machines à vapeur, permettant aux bateaux de s'y accrocher à volonté et de parcourir ainsi 4 kilomètres à l'heure. Malheureusement, jusqu'à ces temps derniers, ce mode de traction n'a pas fonctionné d'une manière pratiquement satisfaisante.

Outre le système de halage funiculaire, M. Maurice Lévy est l'inventeur du siphon dans lequel le collecteur de Bercy franchit le canal Saint-Martin (pont Morland à Paris).

Auteur de : *La statistique graphique et ses applications à l'art des constructions* (1874, 2e éd., 1887) ; *Sur le principe de l'énergie* (1888) ; *Etude des moyens de traction des bateaux : le hâlage funiculaire* (avec M. G. Pavie, 1894), M. Maurice Lévy a publié un grand nombre de mémoires sur la cinématique, la mécanique, la physique mathématique, la géométrie, l'analyse, dans les *Comptes-rendus de l'Académie des Sciences*, le *Journal de l'Ecole polytechnique*, le *Journal des mathématiques pures et appliquées*, etc.

M. Maurice Lévy est, depuis 1879, officier de la Légion d'honneur. Il est aussi officier de l'Instruction publique.

CHAUDORDY (Jean-Baptiste-Alexandre DAMAZE Comte de)

DIPLOMATE, ancien député, ancien ambassadeur, né à Agen (Lot-et-Garonne) le 4 décembre 1827. Se destinant à la carrière diplomatique, il entra, à vingt-et-un ans, au ministère des Affaires étrangères. En 1850, il fut envoyé, comme attaché d'ambassade, à Rome, puis successivement, comme secrétaire, à Weimar, à Madrid, à Copenhague, à Carlsruhe. Il devint, en 1862, sous-chef du cabinet du ministre ; en 1866, sous directeur du cabinet et il fut nommé, l'année suivante, ministre plénipotentiaire. Il était l'un des directeurs des Affaires étrangères, quand il fut désigné pour représenter ce département auprès de la délégation de Tours, en septembre 1870. Il protesta, avec une énergie patriotique, contre les excès des envahisseurs, et publia plusieurs circulaires en réponse à des notes de M. de Bismarck, à propos de prétendues violations de la convention de Genève.

Le 8 février 1871, le département de Lot-et-Garonne l'élut représentant à l'Assemblée nationale, où il prit place à droite.

Nommé ambassadeur près la Confédération suisse le 6 décembre 1873, M. de Chaudordy fut envoyé en cette même qualité en Espagne le 5 septembre 1874. En 1876, quand se produisirent en Orient les complications qui devaient amener la guerre, l'ambassade de Constantinople fut offerte au comte de Chaudordy, qui la refusa. Il accepta néanmoins de se rendre, avec M. de Bourgoing, en qualité d'ambassadeur extraordinaire, à la conférence de Constantinople, où il se fit remarquer par son esprit de conciliation. Après l'échec de cette conférence, il alla reprendre ses fonctions à Madrid. Des considérations politiques devaient déterminer sa mise en disponibilité, le 18 décembre 1878.

Le ministère Gambetta le choisit comme ambassadeur à Saint-Pétersbourg, le 27 décembre 1881 ; mais il n'eut pas le temps d'occuper ce poste, ayant donné sa démission le 16 février suivant, lors de la chute du « grand ministère ». Il fut remplacé par l'amiral Jaurès.

Il est membre de la Commission des archives diplomatiques au ministère des Affaires étrangères.

M. de Chaudordy a publié : *La France à la suite de la guerre de 1870-71* (1887) ; *Etat politique de a nation française* (1888) ; *La France en 1889* (1889).

Le comte de Chaudordy, chevalier de la Légion d'honneur de 1863, est commandeur de cet ordre depuis 1876. Il a reçu de nombreuses décorations de puissances étrangères.

CADET de GASSICOURT (Charles-Jules-Ernest)

ÉDECIN, membre de l'Académie de médecine, né à Paris le 31 octobre 1826. Son père, savant thérapeute, lui inspira le goût des études médicales. Interne des hôpitaux en 1851, il fut reçu, en 1856, docteur en médecine avec une thèse intitulée : *Recherches sur la rupture des kystes hydatiques du foie à travers la paroi abdominale et dans les organes voisins.*

Au concours de 1865, il fut nommé médecin du Bureau central et, en 1869, il était mis à la tête d'un service à l'hospice des Incurables ; il passa, en 1872, à l'hôpital Saint-Antoine et, enfin, en 1874, à l'hôpital Trousseau (Enfants malades).

Atteint par la limite d'âge, en 1891, M. Cadet de Gassicourt est médecin honoraire de l'hôpital Trousseau ; il est membre de la Société anatomique, de la Société médicale des hôpitaux, de la Société thérapeutique, de la Société clinique, etc.

Elu, le 4 juin 1890, membre de l'Académie de médecine (section de pathologie médicale), en remplacement de M. Roger, M. Cadet de Gassicourt fut désigné comme secrétaire annuel en 1892.

M. Cadet de Gassicourt a fondé la *Revue mensuelle des maladies de l'enfance*. Il a fait paraître le résumé de ses leçons à l'hôpital Trousseau, en 3 volumes, publiés de 1880 à 1884, sous ce titre : *Traité clinique des maladies de l'enfance*. Dans ce travail, M. Cadet de Gassicourt a traité, avec une grande compétence, la partie thérapeutique. Il a tracé des règles de traitement assez précises pour être facilement applicables, assez souples pour s'adapter aux divers cas et aux diverses formes des maladies.

L'Académie des Sciences a accordé, en 1885, le prix Montyon à cet ouvrage, qui a eu, depuis, une deuxième édition.

Dans un travail dont il donna lecture à la séance annuelle de l'Académie de médecine du 15 décembre 1891, intitulé : *Coup d'œil sur la médecine française au XIXe siècle*, le docteur Cadet de Gassicourt proposait, pour éviter la contagion dans les hôpitaux, l'établissement de chambres d'isolement pour les malades douteux. Sa proposition rencontra l'unanime approbation de ses collègues et a été mise en pratique.

M. le docteur Cadet de Gassicourt est chevalier de la Légion d'honneur depuis 1871.

CLÉMENCEAU (Georges-Benjamin)

UBLICISTE, ancien député, né à Mouilleron-en-Pareds (Vendée) le 28 septembre 1841. Ses classes terminées à Nantes, il vint à Paris, en 1865, pour étudier la médecine et fut reçu docteur en 1869.

Au 4 septembre 1870, il fut nommé maire du XVIIIe arrondissement de Paris, et l'une de ses premières mesures fut de prescrire l'instruction laïque dans son arrondissement.

Démissionnaire le 31 octobre, il fut réélu le 5 novembre et, le 8 février 1871, fut envoyé, comme représentant de la Seine, à l'Assemblée nationale. Il y repoussa les préliminaires du traité de paix.

Après l'exécution des généraux Lecomte et Clément Thomas (18 mars), lors du jugement des assassins, M. Clémenceau fut accusé d'avoir laissé s'accomplir les choses, en n'intervenant pas aussitôt qu'il aurait pu le faire. Une déposition de M. Langlois parvint à dissiper ce soupçon.

Porté aux élections municipales du 26 mars, il ne fut pas élu. Il s'associa aux essais de conciliation entre le gouvernement de Versailles et la Commune, puis il donna sa démission de maire et de représentant ; mais il resta membre du Conseil municipal de Paris, dont il fut nommé président en 1875.

M. Clémenceau fut élu, aux élections générales du 20 février 1876, pour la nouvelle Chambre des députés, dans le XVIIIe arrondissement de Paris. Il prit place à l'extrême gauche et se prononça pour l'amnistie pleine et entière. Il fit partie du bureau, à plusieurs reprises, comme secrétaire. Au 16 mai, 1877, il fut l'un des 363. Réélu le 14 octobre, il fut désigné, dès le début de la législature, comme membre du « Comité des dix-huit » chargé de diriger la résistance de la majorité républicaine aux entreprises que pouvait faire craindre le cabinet présidé par M. le général de Rochebouët. Il demanda la mise en accusation des ministres du 16 mai (mars 1879).

Le 1ᵉʳ janvier 1880, il fonda le journal la *Justice*, dont il est resté longtemps le directeur.

Aux élections générales du 21 août 1881, M. Clémenceau fut doublement réélu dans le xviiiᵉ arrondissement de Paris, partagé en deux circonscriptions. Il se porta en outre dans l'arrondissement d'Arles et y fut élu, au scrutin de ballottage, sans concurrent. Il opta pour la 2ᵉ circonscription du xviiiᵉ arrondissement.

Chef de l'extrême gauche, M. Clémenceau soutint toutes les propositions émanant de ce groupe et principalement la révision totale de la Constitution. Il prit part aux discussions sur tous les projets importants, et surtout combattit la politique de M. Jules Ferry. Il contribua à la chute de son cabinet et appuya la demande de mise en accusation contre ses membres. Aux approches des élections générales de 1885, M. Clémenceau entreprit une campagne en règle contre le parti opportuniste et forma des listes radicales dans beaucoup de départements. Lui-même se porta dans plusieurs. Dans le Puy-de-Dôme, il fut battu ; dans le Var et dans la Seine, il fut élu. Il opta pour le Var.

M. Clémenceau combattit à la tribune les crédits demandés pour le Tonkin. Le vote de ces crédits à une majorité douteuse ayant été suivi de la dislocation du cabinet Brisson, le chef de l'extrême gauche déclara ne pas vouloir entrer au pouvoir.

Ce fut l'appui qu'il donnait alors au général Boulanger qui fit accepter celui-ci pour le portefeuille de la guerre (janvier 1886), et il resta d'accord avec le général dans les diverses phases de la lutte contre les chefs du parti opportuniste.

Lors de la crise présidentielle qui aboutit à la démission de M. Jules Grévy, il se déclara hautement contre la candidature de M. Jules Ferry et, pour la conjurer, se rattacha à celle de M. Sadi Carnot, qui fut élu (3 décembre 1887).

Quand le général Boulanger organisa la coalition de républicains d'extrême gauche et de conservateurs monarchistes, M. Clémenceau se sépara de lui ; il combattit ensuite sa candidature, depuis l'élection partielle du général à Paris, le 27 janvier 1889, jusqu'aux élections générales du 22 septembre de la même année. Dans l'intervalle, il donna son adhésion au ministère formé par M. Floquet le 3 avril 1888. Il fut alors porté lui-même comme candidat à la présidence de la Chambre et obtint 168 voix, contre 168 données à M. Méline, ainsi nommé par le bénéfice de l'âge.

Aux élections générales du 22 septembre 1889, faites au scrutin uninominal, M. Clémenceau fut élu dans l'arrondissement de Draguignan.

Dans la séance de 29 janvier 1891, à propos de l'interpellation sur l'interdiction de *Thermidor*, drame de M. Sardou, à la Comédie-Française, il fit à la tribune cette déclaration devenue fameuse, « que la Révolution est un bloc dont on ne peut rien détacher, rien rejeter » ; aux adversaires du Tribunal révolutionnaire, il rappela que, « en politique, il n'y a pas de justice », et il termina par ces mots : « Si le gouvernement ne fait pas son devoir, les citoyens feront le leur ». Un peu plus tard, à propos de l'interpellation sur le maintien en prison de M. P. Lafargue, candidat socialiste à la députation dans une circonscription de Lille, M. Clémenceau, considéré jusque-là comme le protecteur du cabinet Freycinet-Constans, déclara que l'alliance formée, sous le nom de concentration républicaine, entre la république radicale et socialiste, qu'il représentait, et les républicains opportunistes, était désormais rompue ; il combattit, sans succès d'ailleurs, l'ordre du jour approuvant la conduite du ministère en cette affaire (31 octobre 1881) et revint à son système préféré : l'opposition habituelle au gouvernement en fonctions, quel qu'il fût.

Les révélations produites, à la fin de 1892, sur les rapports de M. Clémenceau avec Cornélius Herz et le baron de Reinach, à propos des scandales de Panama, portèrent à sa popularité un coup funeste. Aussi, au renouvellement général législatif de 1893, fut-il battu dans sa circonscription par son concurrent, M. Jourdan.

En 1898, M. Clémenceau prit une part très active à la campagne entreprise en faveur de la révision du procès Dreyfus, en compagnie de MM. Scheurer-Kestner, Zola, etc.

M. Clémenceau avait publié, avant de s'adonner tout entier à la politique : *De la Génération des éléments anatomiques* (ouvrage médical, 2ᵉ édit.) et une traduction de J. Stuart Mill, sur *Auguste Comte et le Positivisme* ; il a donné depuis, chez l'éditeur Charpentier : la *Mêlée sociale*, en 1894 ; le *Grand Pan*, en 1895 ; *Les plus forts*, roman, en 1898. Il a fondé et longtemps dirigé le journal la *Justice* et il a collaboré à un grand nombre d'autres feuilles, telles que le *Journal*, la *Dépêche* de Toulouse, l'*Aurore*, etc.

CLERMONT-GANNEAU (Charles-Simon)

ORIENTALISTE, membre de l'Institut, né le 19 janvier 1846. Son père, le sculpteur Ganneau, s'est fait connaître par des essais de création d'une religion philosophique.

Élève de l'Ecole des langues orientales et reçu licencié ès lettres, M. Clermont-Ganneau fut attaché, comme drogman, au consulat de Jérusalem en 1867, puis à l'ambassade de Constantinople en 1873. Chargé d'une mission scientifique en Palestine, l'année suivante, il retrouva une pierre qu'il crut avoir appartenu au temple de Salomon et découvrit aussi une stèle qui offre la plus ancienne inscription scientifique connue. En 1870, il avait déterminé l'emplacement de la ville de Geser.

Nommé vice-consul à Jaffa le 31 octobre 1880, M. Clermont-Ganneau revint à Paris en mars 1882, comme secrétaire-interprète pour les langues orientales, et fut promu au grade de consul de 1re classe le 1er décembre 1886.

Correspondant de l'Académie des Inscriptions et Belles-Lettres depuis 1880, il en a été élu membre titulaire le 1er mars 1889, en remplacement de P. Riant.

M. Clermont-Ganneau a publié : *Histoire de Calife le pêcheur et du Calife Haroun-el-Rechid*, texte turc avec traduction (1869) ; *La stèle de Mesa, roi de Moab, 896 avant Jésus-Christ*, lettre au comte de Vogüé (1870) ; *La Palestine inconnue* (1875) ; *Sur une inscription arabe de Basra relative aux croisades* (1876) ; *Le dieu Satrape et les Phéniciens dans le Péloponèse* (1877) ; *L'authenticité du Saint-Sépulcre et le tombeau de Joseph d'Arimathie* (1877) ; *Sur un monument phénicien apocryphe du cabinet impérial de Vienne* (1877) ; *Mythologie iconographique* (1878) ; *Etude d'archéologie orientale* (1880) ; *Origine perse des monuments araméens d'Egypte* (1881) ; *Sceaux et Cachets israélites, phéniciens et syriens* (1883) ; *les Fraudes archéologiques en Palestine* (1885) ; *Recueil d'archéologie orientale* (1885) ; *L'Epigraphie et les Antiquités sémitiques en 1891* (1892) ; *Etudes d'archéologie orientale* (1896) ; *Les Tombeaux de David et des Rois de Juda* (1897) ; plus différents *Rapports officiels* sur divers points particuliers de ses missions.

M. Clermont-Ganneau est chevalier de la Légion d'honneur depuis le 1er mars 1875.

SÉBLINE (Charles-Nicolas)

SÉNATEUR, ancien préfet, né le 4 juin 1846 à Saint-Pellerin (Manche). A peine sorti du lycée Saint-Louis, il faisait son apprentissage politique comme secrétaire de Léonor Havin, directeur du *Siècle* : on sait quelle importance avait, sous l'Empire, cet organe des opinions libérales. Aussi, plusieurs des individualités qui y avaient été attachées devaient-elles jouer un rôle actif lors du renversement du régime impérial et son remplacement par le gouvernement républicain.

M. Sébline fut nommé à vingt-quatre ans, dès le 4 septembre 1870, secrétaire général du département de la Manche. Après avoir passé, avec les mêmes fonctions, par les départements de l'Eure et de l'Aisne, il fut nommé préfet des Pyrénées-Orientales, puis de Vaucluse.

Révoqué par le gouvernement du 16 mai, il rentra dans l'administration sous le ministère Dufaure en 1877, en qualité de préfet de l'Aisne.

Il donna sa démission à la suite de l'échec subi, dans son département, par la liste républicaine modérée, aux élections générales du 5 octobre 1885, et, le 4 avril 1886, se présenta devant les électeurs sénatoriaux de l'Aisne, comme candidat républicain, au siège rendu vacant par la mort de M. de Saint-Vallier.

M. Sébline obtint la majorité ; mais il n'y avait pas six mois qu'il avait résilié ses fonctions administratives et il n'avait pas atteint l'âge réglementaire -- quarante ans -- exigé par la loi. Son élection fut donc annulée.

Le 16 mai suivant, les électeurs du département furent appelés à un nouveau scrutin : M. Sébline obtint une majorité encore plus compacte. Mais si la première des causes d'annulation n'existait plus, il s'en fallait de quelques jours que le nouvel élu comptât ses quarante ans. Nouvelle annulation. Le troisième scrutin, le 11 juillet 1886, confirma les précédents et M. Sébline, remplissant alors toutes les conditions exigées par la loi, vint prendre place au Luxembourg.

Il a été réélu, le 7 janvier 1894, par 777 voix, le troisième sur quatre.

Le sénateur de l'Aisne siège au centre gauche et a pris la parole à différentes reprises, notamment, en 1887, contre la convention commerciale conclue avec la Grèce et dans les discussions sur les questions économiques et agricoles. Il s'est déclaré contre la loi militaire en vigueur et contre le renouvellement des traités de commerce ; il a demandé l'augmentation des droits protecteurs de l'agriculture et de l'industrie. Il a été membre de nombreuses commissions. En économie politique, il est très nettement protectionniste.

M. Sébline est officier de la Légion d'honneur et de l'Instruction publique, et commandeur de la Couronne de fer d'Italie.

GARIEL (Charles-Marie)

MÉDECIN, ingénieur, physicien, membre de l'Académie de médecine, né à Paris le 9 août 1841.

Il fit ses études au collège Chaptal et prit ses premières inscriptions de médecine. Mais il ne tarda pas à abandonner la Faculté pour préparer ses examens d'entrée à l'Ecole polytechnique ; il y fut reçu en 1861.

A sa sortie, nommé ingénieur des Ponts et Chaussées, il se fit rapidement connaître par de remarquables travaux et fut choisi comme secrétaire de l'Association française pour l'avancement des sciences et secrétaire adjoint de la Commission des annales des Ponts et Chaussées.

Dans le même temps, M. Gariel avait repris l'étude de la médecine. Reçu docteur en 1869, il concourut cette même année, avec un plein succès, à l'agrégation pour la médecine et pour la physique.

Il fut appelé à l'Ecole des Ponts et Chaussées, comme professeur de physique en 1876, et comme professeur de chimie en 1879.

Promu au grade d'ingénieur en chef en 1881, il a été élu membre de l'Académie de médecine en 1882 et président de la Société de médecine publique et d'hygiène professionnelle pour l'année 1886 : à ce titre, il a concouru à l'organisation de l'Exposition de l'hygiène urbaine.

En 1887, il fut choisi comme professeur de physique médicale à la Faculté de médecine de Paris.

La même année, l'Association française pour l'avancement des sciences le nommait rapporteur général des congrès et conférences de l'Exposition de 1889, à l'organisation desquels il concourut puissamment.

Auteur de nombreux articles techniques d'une haute valeur, insérés dans la *Nature*, l'*Annuaire scientifique* et le *Dictionnaire encyclopédique des sciences médicales*, M. le docteur Gariel a publié en librairie : *Des phénomènes physiques de l'audition* ; *Sur l'ophtalmoscope* (1869); *Nouveaux éléments de physique médicale* (1870, avec Desplats) ; *Appareils Schémas pour l'exposition des lois et phénomènes de l'optique élémentaire* (1876) ; *Traité pratique d'électricité* (1882-1886) ; *Physique* (1888) ; *Etudes d'optique géométrique* (1889) ; *Cours de physique médicale* (1893). Il a, en outre, collaboré aux *Annales des Ponts et Chaussées*, et dirigé, en 1878, la publication du *Recueil des travaux scientifiques de Léon Foucault*.

Chevalier de la Couronne royale d'Italie en 1882, commandeur de l'ordre militaire de Notre-Dame de la Conception de Villaviciosa en 1887, officier de l'Instruction publique en 1885, chevalier de la Légion d'honneur en 1880, il est officier de cet ordre depuis 1889.

DEHERAIN (Pierre-Paul)

CHIMISTE, membre de l'Institut, né à Paris en 1830. Reçu docteur ès sciences en 1860, M. Deherain fut nommé professeur de chimie à l'Ecole centrale d'architecture, puis appelé au même titre à l'Ecole d'agriculture de Grignon ; aide-naturaliste pour la culture au Muséum en 1872, il y fut nommé professeur de physiologie végétale le 10 janvier 1880. Il a été élu, en remplacement de Boussingault, membre de l'Académie des Sciences, le 12 décembre 1887.

Il a publié : *Chimie et physique horticoles* (1854); *Recherches sur l'emploi agricole des phosphates* (1860) ; *Eléments de chimie* (1867-1870) ; *Cours de chimie agricole professé à l'Ecole d'agriculture de Grignon* (1889) ; *Travaux de la station agronomique de l'Ecole d'agriculture de Grignon* (1889 et 1892); *Traité de chimie agricole* (1892) ; *La nitrification dans la terre arable* ; *Le travail du sol et la nitrification* (1894) ; *Cultures dérobées d'automne; Science et Agriculture : les Engrais, les Ferments de la terre* (1895) ; *Plantes de grande culture* (1897). Il a aussi rédigé, de 1865 à 1870, un *Annuaire scientifique*.

M. Deherain a été fait chevalier de la Légion d'honneur en 1875 et promu officier le 29 octobre 1889.

DELABORDE (Henri Comte)

PEINTRE et historien d'art, membre de l'Institut, né à Rennes le 2 mai 1811. Il est fils du général Delaborde (et non de Laborde, comme on l'écrit souvent par erreur), qui fut créé comte par Napoléon en 1808.

M. le comte Henri Delaborde fut élève de Paul Delaroche et exposa un certain nombre de tableaux d'histoire et de paysages : *Agar dans le désert*, qui est au musée de Dijon (1836); la *Conversion de saint Augustin*, acquis par l'Etat (1837); la *Mort de Monique* (1838, qui reparut à l'Exposition universelle de 1855); *Prise de Damiette*; les *Chevaliers de Saint-Jean de Jérusalem*, pour les galeries de Versailles (1841 et 1845); *Dante à la Verna* (1847); la *Passion du Christ*, à la cathédrale d'Amiens (1848), etc. Ces tableaux valurent à leur auteur une 2ᵉ médaille en 1837 et une 1ʳᵉ en 1847.

En avril 1855, M. Delaborde entra au cabinet des estampes de la Bibliothèque impériale, avec le titre de conservateur-adjoint, et devint ensuite conservateur sous-directeur de ce département. Il a été admis à la retraite au mois d'août 1885.

Il avait été élu membre libre de l'Académie des Beaux-Arts en 1868; il remplaça Beulé, en 1874, dans ses fonctions de secrétaire perpétuel, qu'il conserva jusqu'en mars 1898, où il démissionna et fut remplacé par M. G. Larroumet.

Le comte Henri Delaborde a collaboré à la *Revue des Deux-Mondes*, à la *Gazette des Beaux-Arts*, etc. Il a publié en volumes quelques-uns de ses articles, sous les titres de : *Etudes sur les Beaux-Arts en France et en Italie* (1864) et *Mélanges sur l'Art contemporain* (1866, in-8°). On lui doit en outre : une édition des *Lettres et Pensées* d'Hipp. Flandrin, accompagnées du catalogue de l'œuvre du maître (1865); un travail sur *Ingres, sa vie, ses travaux, sa doctrine*, d'après ses manuscrits et ses lettres (1870); le *Cabinet des Estampes de la Bibliothèque nationale*, notice historique (1875); *La Gravure, précis élémentaire de son origine, de ses procédés et son histoire* (1882); *La Gravure en Italie avant Marc-Antoine, 1452-1550* (1883); *L'Académie des Beaux-Arts depuis la fondation de l'Institut de France* (1891, petit in-8°) ; des *Discours* et des *Eloges* lus aux séances académiques, etc. Il a rédigé un grand nombre de notices de l'*Histoire des peintres* et signé, avec M. Ch. Blanc, le volume consacré à l'Ecole bolonaise.

Chevalier en 1860, officier en 1870, M. le comte Delaborde est commandeur de la Légion d'honneur.

SARAH BERNHARDT (Mᵐᵉ Rosine BERNARD, dite)

ARTISTE dramatique, née à Paris le 23 octobre 1845. Fille d'une juive hollandaise et d'un père catholique, elle fut baptisée et élevée dans un couvent. Entrée au Conservatoire en 1860, elle fut élève de Provost et de Samson et remporta un deuxième prix de tragédie en 1861 et un deuxième prix de comédie en 1862.

Mᵐᵉ Sarah Bernhardt débuta au Théâtre-Français cette même année 1862, dans le rôle d'*Iphigénie*. Ses débuts passèrent inaperçus. Engagée ensuite au Gymnase, elle y joua dans le *Père de la Débutante* et dans *Un mari qui lance sa femme*, de R. Deslandes, y resta peu de temps et quitta momentanément le théâtre.

On la revit en 1866, à la Porte-Saint-Martin, dans la *Biche au Bois*; puis, grâce à la protection de M. Camille Doucet, elle fut engagée à l'Odéon, où elle tint des rôles très différents, tels que ceux d'Armande, des *Femmes savantes*; d'Anna Damby, de *Kean*; de Cordelia, du *Roi Lear*. Sa beauté, la pureté de son organe, que l'on appela plus tard le « voix d'or, » aidèrent à la manifestation de son talent et, dans le rôle de Zanetto, du *Passant*, de M. Coppée, elle obtint, aux côtés de Mᵐᵉ Agar, un vrai triomphe. Ce succès fut dépassé encore lorsqu'elle interpréta la reine d'Espagne, dans *Ruy-Blas*, et elle signa un traité avec la Comédie-Française, avant d'avoir terminé son engagement au théâtre de l'Odéon, auquel un dédit de 5,000 francs fut payé (1872). Pendant le siège de Paris, elle avait concouru à l'organisation d'une ambulance à l'Odéon.

Mᵐᵉ Sarah Bernhardt, à la Comédie, eut : comme premier rôle, *Mademoiselle de Belle-Isle*, où elle ne répondit pas aux espérances qu'elle avait fait concevoir (1873). Mais ses brillantes qualités éclatèrent dans *Phèdre*, où elle joua d'abord Aricie, et plus tard, Phèdre elle-même. Elle interpréta ensuite : *Andromaque*, *Zaïre*, qui fut un de ses triomphes, le *Sphinx*, la *Fille de Roland*, *Rome vaincue*, le *Mariage de Figaro*, où elle retrouva, sous le travesti de Chérubin, le succès de sa création de Zanetto, et enfin *Hernani*, dans lequel son interprétation du personnage de Dona Sol lui valut une touchante lettre de

4

Victor Hugo et la plaça définitivement au premier rang des artistes contemporains. Elle créa ou reprit d'autres rôles moins importants, et fut admise au sociétariat en 1875.

Citons, parmi ses principales interprétations depuis ce moment : Mistress Clarkson dans l'*Etrangère*, où elle fut admirable ; elle joua ce rôle avec une telle passion qu'elle dût prendre plusieurs mois de repos ; elle les employa à développer son talent naissant de statuaire (1876). A sa rentrée elle joua : *Andromaque*, puis *Hernani* (1877) ; Alcimène, dans *Amphitryon* ; *Zaïre*, le *Sphinx* (1878) ; la Reine, dans *Ruy-Blas*, qui lui fournit un de ses plus beaux triomphes (1879).

A ce moment, Mme Sarah Bernhardt s'attira des remontrances de l'Administration de la Comédie-Française, à propos de tentatives faites en dehors du théâtre, pour appeler l'attention sur elle par le déploiement d'une activité universelle ou par l'excentricité de son genre de vie. Un voyage que fit la Comédie-Française à Londres apporta une trêve à ce désaccord.

Mme Sarah Bernhardt eut quelque peine à conquérir la faveur du public anglais. D'abord froidement accueillie au théâtre de Sa Majesty, elle trouva, dans l'*Etrangère*, l'occasion d'un très vif succès qui devint bientôt de l'engouement.

Rentrée à Paris, elle reprit le cours de ses triomphes avec ses anciens rôles ; mais elle échoua en 1880, dans le rôle de Clorinde, de l'*Aventurière*, qui, de l'avis général, ne convenait pas à son genre de talent. Mécontente, elle démissionna brusquement et quitta Paris. Un procès lui fut intenté, qui prononça sa déchéance comme sociétaire, autorisa la saisie de son fonds de réserve au théâtre et la condamna à 100,000 francs de dommages-intérêts envers la Comédie-Française.

La « grande artiste, » comme on s'est plu, non sans raison, à l'appeler, retourna en Angleterre, puis fit une tournée aux Etats-Unis, sous la conduite d'un imprésario du pays, à des conditions de prix extraordinairement avantageuses pour elle. Elle parcourut ensuite le midi de la France, l'Italie, le Danemark, la Russie, etc. Au cours de ses voyages elle rencontra M. Jacques Damala, qui joua avec elle et qu'elle épousa à Londres en 1882.

Mme Sarah Bernhardt prit, à ce moment, au nom de son fils Maurice, la direction du théâtre de l'Ambigu, où elle fit débuter son mari dans les *Mères ennemies*. Elle-même créa au Vaudeville le rôle de *Fédora*, dans la pièce de ce nom, de M. Sardou (1882).

En 1883, elle acheta le théâtre de la Porte-Saint-Martin, y reprit *Froufrou*, la *Dame aux Camélias*, etc. ; y créa Jemma dans *Nana Sahib*, de M. Richepin, qui, pour la circonstance, se fit acteur dans sa propre pièce. M. Victorien Sardou écrivit alors pour elle le drame historique à grand spectacle de *Théodora* (1884), qui eut plus de 300 représentations consécutives, puis la *Tosca* (1887). Entre temps, Mme Sarah Bernhardt avait fait une autre tournée à Londres et un second voyage en Amérique, où elle avait obtenu, comme précédemment, de grands succès de gloire et d'argent.

Elle créa ensuite aux Variétés le rôle de *Léna*, dans la pièce en cinq actes de ce nom, tirée du roman de M. Philips (1889) et, à la Porte-Saint-Martin, celui de *Cléopâtre*, dans un nouveau drame à grand spectacle et avec musique, de MM. Sardou et Moreau. Elle avait, quelques mois plus tôt, paru sur ce même théâtre dans une reprise solennelle de *Jeanne d'Arc*, drame lyrique de MM. Jules Barbier et Ch. Gounod (1890).

En 1893, Mme Sarah Bernhardt prit la direction du théâtre de la Renaissance, où elle a donné de nouvelles preuves de son incomparable talent, fait de grâce féminine, de passion et d'éternelle jeunesse, dans les créations qu'elle y a faites : *Les Rois*, *Izéïl*, *La Femme de Claude*, *Gismonda*, *Magda*, *Lorenzaccio*, la *Princesse lointaine* et la *Samaritaine*, d'Ed. Rostand ; les *Mauvais Bergers*, d'O. Mirbeau ; *Lysiane*, de R. Coolus, etc. Elle a eu le mérite d'y appeler, pour la faire connaître au public parisien, sa rivale italienne, Eléonora Duse, et y a donné, en 1898, l'œuvre du poète italien Gabriel d'Annunzio : la *Ville morte*.

Elle a toujours continué ses tournées à l'étranger.

La vie privée de Mme Sarah Bernhardt a été très bruyante. Notre rôle ne s'étendant pas à ce sujet, nous mentionnerons seulement, à cause de son retentissement, la querelle de l'artiste avec Mme Marie Colombier, à laquelle le public fut initié par un procès et des brochures, pleines de passion et de malveillance publiées alors contre elle.

Mme Sarah Bernhardt a écrit une relation de voyage aérien : *Dans les nuages, impressions d'une chaise* (1878), compte-rendu d'une ascension en ballon, et une pièce en un acte, l'*Aveu*, jouée à l'Odéon le 27 mars 1888.

Elle s'est fait connaître aussi comme sculpteur, et a envoyé aux Salons des œuvres auxquelles on accorde un certain mérite. Nous citerons : *Après la tempête*, groupe plâtre d'un effet pathétique (1876); Mme *L. Abbema*, buste (1879); *le Sergent Hoff*, buste (1880); *Coquelin*, buste ; *Ophélie*, bas-relief (1881); *Mars enfant*, buste en marbre (1885), et divers autres bustes. Elle a fait aussi de la peinture et a exposé, en 1880, un tableau : *La Jeune fille et la Mort*.

Mme Sarah Bernhardt a obtenu pour la sculpture une mention honorable en 1876. Elle est officier d'Académie.

DEMÔLE (Charles-Etienne-Emile)

SÉNATEUR, ancien ministre, né à Charolles (Saône-et-Loire) le 22 mars 1828.

Inscrit au barreau de cette sous-préfecture, M. Demôle fit de l'opposition à l'Empire, fut candidat aux élections législatives de 1869, puis à celles de 1871 et échoua les deux fois. Il posa encore sa candidature aux élections sénatoriales dans Saône-et-Loire, le 5 janvier 1879, et fut élu par 542 voix sur 690 votants. Au renouvellement triennal du 8 janvier 1882, il fut réélu, le deuxième sur trois, par 551 voix, et, en 1891, par 975 voix sur 1,322 votants.

Au Sénat, M. Demôle est inscrit à l'Union républicaine, dont il a été président. En 1884, il fut rapporteur du projet de loi sur l'organisation municipale, ainsi que de la loi électorale qui a augmenté le nombre des électeurs pour la Chambre haute ; il le fut aussi, au commencement de 1885, de la loi sur le scrutin de liste.

L'honorable sénateur fut appelé, le 16 avril 1885, au ministère des Travaux publics, en remplacement de M. Sadi Carnot, qui passait aux Finances. A la fin de décembre, il donna sa démission avec tout le cabinet Brisson ; mais il rentra, comme ministre de la Justice, dans le cabinet reconstitué par M. de Freycinet le 7 janvier 1886, qui subsista jusqu'au 4 décembre suivant.

Depuis, M. Demôle a pris une part très active aux travaux de la Chambre haute. Membre de la Haute Cour chargée de juger, en 1889, le général Boulanger, il a été réélu en cette qualité jusqu'en 1892, où il fut désigné comme vice-président. Il a été élu à plusieurs reprises vice-président du Sénat. Il fut l'un de ceux qui, dans cette assemblée, firent une opposition acharnée au ministère Bourgeois (3 novembre 1895 au 21 avril 1896).

DEBAT-PONSAN (Edouard-Bernard)

PEINTRE, né à Toulouse le 25 avril 1847. Elève de Cabanel, M. Debat-Ponsan débuta au Salon de 1870, avec : le *Récit de Philéas* et *Au sortir de la carrière*. Depuis, on a vu de lui : le *Premier deuil* (1874); la *Fille de Jephté* et le *Gué* (1876); *Saint Paul devant l'Aréopage* (1877); *Une porte du Louvre le jour de la Saint-Barthélemy* (1880); *Paysannerie* (1888); *Trio champêtre* (1889); *Midi* et *Dans ma serre* (1890); *Jeunes bœufs* (1891); *A la Saint-Roch* (1892); *Avril* (1893); *Lauriers-roses*; la *Couronne de Toulouse*, plafond (1894); les *Deux coqs* (1895); *Visite au sculpteur* (1896); le *Sillon* (1897).

On doit, en outre, de très nombreux portraits à M. Debat-Ponsan, la plupart exposés aux simples initiales et quelques autres au nom du modèle. Parmi ces derniers, un *Portrait équestre du général Boulanger*, qui avait figuré au Salon de 1887, fut d'abord admis à l'Exposition universelle, en 1889, puis retiré par ordre; M. Debat-Ponsan, jugeant que son exposition se trouvait désorganisée, refusa la médaille de bronze que lui décerna le jury.

Cet artiste avait obtenu une médaille de 2e classe en 1874 ; il est chevalier de la Légion d'honneur depuis 1881.

DEVELLE (Louis-Charles-Edmond)

SÉNATEUR, né le 6 avril 1831, à Bar-le-Duc (Meuse) où il s'établit avocat.

Membre du Conseil général de la Meuse, pour le canton de Revigny, M. Develle se présenta, dans l'arrondissement de Bar-le-Duc, à l'élection législative partielle du 6 avril 1879, pour le remplacement de M. Grandpierre, démissionnaire, et fut élu, par 11,724 voix, sans concurrent.

Aux élections du 21 août 1881, il fut réélu, dans le même arrondissement, par 12,293 voix, également sans concurrent. A la Chambre, il siégea à l'Union républicaine.

Candidat à l'élection sénatoriale partielle de la Meuse, en remplacement de M. Vivenot, décédé, et élu, le 25 janvier 1885, par 550 voix contre 288 données au candidat monarchiste, son mandat fut confirmé, au renouvellement triennal du 5 janvier 1888, par 739 voix sur 860 votants, ainsi qu'en 1897, où il obtint 761 voix.

Au Sénat, M. Edmond Develle fait partie de la Gauche et de l'Union républicaines ; il est membre de la Haute-Cour ; il a été membre et rapporteur de diverses commissions (Armée, Finances, etc.); mais il est rarement intervenu dans les débats politiques.

L'honorable sénateur de la Meuse est président du Conseil général de ce département et président de la Société des Agriculteurs de l'arrondissement de Bar-le-Duc.

DEVELLE (Jules-Paul)

Député, ancien ministre, frère du précédent, né à Bar-le-Duc le 12 avril 1845. Nommé, en 1873, sous-préfet de Louviers, et préfet de l'Aube en 1875, il fut révoqué après le 16 mai 1877.

Aux élections législatives du 14 octobre suivant, M. Develle se présenta dans l'arrondissement de Louviers (Eure), contre M. Raoul Duval, député sortant. Elu par 8,250 voix, contre 7,893 données à son concurrent, il se fit inscrire à la Gauche républicaine de la Chambre. Le 13 février 1879, il devint sous-secrétaire d'Etat au ministère de l'Intérieur, qu'il quitta à la démission de M. de Marcère, le 4 mars suivant.

Réélu, le 21 août 1881, par 8,791 voix, contre 7,307 données au même concurrent, il reprit le sous-secrétariat de l'Intérieur dans le cabinet Freycinet du 31 janvier 1882, et le conserva jusqu'à la chute du ministère le 7 août 1882. Il fit partie, durant cette législature, de l'Union républicaine.

Aux élections du 4 octobre 1885, au scrutin de liste, M. Develle se présenta dans l'Eure et la Meuse. Il se désista, dans l'Eure, au second tour, et fut élu, dans la Meuse, au scrutin de ballottage, le troisième sur cinq, par 37,970 voix sur 70,528 votants.

Nommé, le 14 novembre, vice-président de la Chambre, M. Develle prit le portefeuille de l'Agriculture dans le cabinet formé par M. de Freycinet le 7 janvier 1886. Il le garda dans le ministère Goblet, du 11 décembre 1886 au 30 mai 1887.

Aux élections du 22 septembre 1889, faites au scrutin uninominal, il se présenta dans l'arrondissement de Bar-le-Duc et fut élu, au scrutin de ballottage, par 10,310 voix, contre 7,286 données à M. Madelin, candidat monarchiste. M. Develle fut appelé de nouveau au ministère de l'Agriculture dans le cabinet formé par M. de Freycinet le 17 mars 1890. Démissionnaire, avec tout ce ministère, dans la crise du 18 février 1892, il reprit le même portefeuille, dans le cabinet Loubet (27 février au 7 décembre 1892).

Il revint aux affaires, comme ministre des Affaires étrangères, dans le 2e cabinet Ribot (1er janvier au 5 avril 1893), conserva son poste dans le ministère Dupuy qui suivit, et démissionna le 1er décembre 1893.

M. Develle fut réélu dans sa circonscription, en 1893, par 13,691 voix, sans concurrent.

A la Chambre, il a contribué à l'établissement des tarifs de douane, s'est spécialement occupé de la préparation d'un projet de loi concernant les syndicats agricoles, et des diverses questions intéressant l'agriculture. Il est protectionniste.

DARBOUX (Jean-Gaston)

Doyen de la Faculté des Sciences de Paris, membre de l'Institut, né le 14 août 1842 à Nîmes, où il commença ses classes, qu'il acheva au lycée de Montpellier.

Reçu, en 1861, le premier à l'Ecole polytechnique et à l'Ecole normale supérieure, M. Darboux opta pour cette dernière, devint agrégé en 1864 et resta attaché à l'Ecole normale comme préparateur. Docteur ès sciences mathématiques en 1866, il fut nommé professeur au lycée Louis-le-Grand, puis maître de conférences à l'Ecole normale supérieure, suppléa M. Bertrand dans sa chaire de physique mathématique au Collège de France et M. Chasles à la Faculté des Sciences, et succéda à ce dernier comme professeur titulaire de géométrie supérieure. Il devint le doyen de cette Faculté en 1889.

M. Darboux a été élu membre de l'Académie des Sciences le 3 mars 1884, en remplacement de Puiseux.

Ce savant a publié de nombreux mémoires de mathématiques, insérés dans divers recueils, principalement dans les *Comptes-rendus de l'Académie des Sciences*. Il convient de mentionner dans le nombre ceux portant les titres suivants : *Sur les théorèmes d'Ivory, relatifs aux surfaces homofocales du second degré* (1873) ; *Sur une classe remarquable de courbes et de surfaces algébriques et sur la théorie des imaginaires* (1873) ; *Mémoire sur l'équilibre astatique* (1877) ; *Sur le problème de Pfaff* (1882), etc. Il a publié en outre : *Application de l'algèbre à la géométrie de Bourdon* (1872) ; un *Recueil de leçons sur la théorie générale des surfaces et les applications géométriques du calcul infinitésimal* (1887-1888, 1894-1896). Il a entrepris une édition des *Œuvres* de Fourier (1890,

t. I-II) et a annoté les *Leçons de cinématique* de Kœnigs (1897).

Décoré de la Légion d'honneur en 1879, M. Darboux a été promu officier en 1892.

DUMON (Jean-Baptiste-Augustin)

SÉNATEUR inamovible, né à Agen le 20 septembre 1820. Entré à l'Ecole polytechnique en 1839, il sortit dans l'artillerie de terre en 1841, et donna sa démission d'élève sous-lieutenant la même année.

M. Dumon, qui est propriétaire de vignobles dans le département du Gers, maire de Séailles, et fut pendant plusieurs années, conseiller général pour le canton d'Eauze, posa sa candidature à l'Assemblée nationale, le 8 février 1871, et fut élu par 59,621 voix.

Il siégea à l'extrême droite et appuya toutes les propositions des légitimistes catholiques intransigeants; il signa celle du duc de La Rochefoucauld tendant au rétablissement de la monarchie et repoussa les lois constitutionnelles. Dans une lettre rendue publique, il affirma son attachement absolu au comte de Chambord et au drapeau blanc. Il fut cependant compris dans la liste des gauches pour les élections des sénateurs inamovibles et nommé, au troisième tour de scrutin, par 350 voix sur 690 votants (11 décembre 1875). Il prit place dans les rangs de la droite, vota la dissolution de la Chambre au 16 mai 1877, combattit les ministères républicains, appuya le mouvement boulangiste et, sans intervenir personnellement dans les débats de la Chambre-haute, appuya de ses votes la politique conservatrice.

CAZIN (Jean-Charles)

PEINTRE, né à Samer (Pas-de-Calais) en 1840. Elève de M. Lecoq de Boisbaudran, il séjourna en Angleterre, où il étudia les maîtres de l'école préraphaélique. C'est de Londres qu'il fit, en 1876, son premier envoi au Salon, le *Chantier*, fragment d'un projet de décoration peint à la cire.

M. Cazin a envoyé depuis aux Salons annuels : en 1877, la *Fuite en Egypte*; en 1878, le *Voyage de Tobie*; en 1879, le *Départ*, variante de la *Fuite en Egypte* et l'*Art*, fragment de plafond; en 1880, un autre *Tobie* (placé au musée de Lille) et *Agar et Ismaël*, une de ses meilleures toiles (placée au musée du Luxembourg); en 1881, *Souvenir de fête*; en 1883, *Judith sortant des murs de Béthulie*; en 1888, la *Journée faite*, sujet contemporain.

A partir de 1890, cet artiste exposa ses œuvres au Salon du Champ-de-Mars, où l'on a vu de lui de nombreux tableaux et notamment : *Voyageurs*; l'*Eté*; *Moisson* et *Un soir*, peintures, et une sculpture : *Femme de marin*, masque bronze (1890); 11 tableaux, parmi lesquels : *Soir de novembre*; *Minuit*; l'*Etude*, panneau décoratif (1891); la *Maison de Socrate*; *Novembre*; *Lever de lune*; *M.-sur-M.*, des « *Misérables* »; *L'ours et l'amateur des jardins*, panneau décoratif, et 5 autres tableaux (1892); 8 tableaux, dont : *Ruines du camp de Boulogne* (1894); *Le 14 juillet à la campagne*; *Ruines de l'ancien port de Wimereux* et 8 autres toiles (1896); *Temps d'orage*; *Le Matin*; *La cloche*, etc. (1897).

M. Cazin, en outre, s'est occupé de l'organisation de plusieurs autres expositions, notamment de celle de l'Union des Arts décoratifs, en 1882.

Cet artiste a obtenu une médaille d'argent en 1880. Décoré de la Légion d'honneur, le 13 juillet 1882, il a été promu officier le 24 octobre 1889.

Mᵐᵉ Cazin (née Marie Guillet), sa femme, après avoir fait de la peinture, s'est adonnée à la sculpture et a exposé des œuvres appréciées. Elle a obtenu une médaille de bronze à l'Exposition universelle de 1889.

POUCHET (Anne-Gabriel)

MÉDECIN, professeur, membre de l'Académie de Médecine, né à Paris le 11 août 1851, d'une famille bretonne. Il commença ses études en province et les termina à Paris. Licencié ès sciences en 1877, M. Gabriel Pouchet suivit les cours de l'Ecole de médecine de Paris, où il obtint une bourse de doctorat pour les années 1877, 1878 et 1879.

Entre temps, il fut préparateur du cours d'hygiène de M. Bouchardat (1878), préparateur de chimie biologique, avec M. Armand Gautier (1879) et, l'année suivante, docteur en médecine avec une thèse intitulée : *Contribution à l'étude des matières extractives de l'urine*.

Nommé successivement chef-adjoint pour la chimie au laboratoire de clinique des maladies cutanées et syphilitiques (professeur Fournier, 1882), expert près les tribunaux, agrégé de pharmacologie, membre de la Société de médecine publique et d'hygiène professionnelle (1883) et de la Société de médecine légale (1885), dont il fut vice-président en 1890 et 1891, auditeur près le Comité consultatif d'hygiène publique de France (1885), puis membre titulaire (1887), membre du comité de rédaction des *Annales d'hygiène publique et de médecine légale*, directeur du laboratoire du Comité consultatif d'hygiène publique de France, chargé du cours de chimie médicale à la Faculté de médecine de Paris, correspondant de la Société de médecine légale de Belgique, membre de la Société française de dermatologie et de syphiligraphie, depuis sa fondation (1889), professeur de pharmacologie à la Faculté de médecine de Paris (1892), il est correspondant de l'Académie des Sciences de Lisbonne, a été élu membre de l'Académie de Médecine, en remplacement de M. Schutzemberger, en 1897 et président de la Société thérapeutique de Paris en 1898.

Comme professeur à la Faculté de médecine, les cours de M. Gabriel Pouchet ont porté sur l'étude des médicaments et de leur action pharmaco-dynamique. Il a institué à l'École de médecine de Paris un enseignement, à peu près négligé jusque-là et cependant très en faveur dans les Universités étrangères, qui consiste à mettre à contribution les données fournies par la chimie, l'histoire naturelle, la physiologie, la clinique, pour chercher à élucider le mode d'action des substances actives sur l'organisme, et posséder ainsi une base rationnelle et scientifique pour l'intervention thérapeutique. Ses leçons, dont quelques-unes ont été d'abord publiées dans le *Progrès médical*, le *Journal des praticiens*, le *Bulletin général de thérapeutique*, etc., doivent former un recueil de 5 volumes comprenant : la Pharmacographie, la Pharmacognosie et la Pharmacodynamie des substances médicamenteuses. M. Pouchet a, en outre, complété cet enseignement magistral par des conférences pratiques très goûtées des élèves et qui obtiennent un grand et légitime succès.

M. le docteur Gabriel Pouchet est l'auteur d'importants travaux de chimie pure, de chimie biologique, de chimie appliquée à la pharmacologie, à la toxicologie, à la médecine légale et à l'hygiène, notamment : *Action de l'acide nitrique sur la Paraffine : produits divers qui en résultent* (1874) ; une série d'*Études sur les méthodes d'analyse des produits industriels* (de 1874 à 1877) ; *Recherche du plomb dans les organes d'un homme mort d'intoxication saturnine* (1879) ; *Des transformations des matières albuminoïdes dans l'économie* (1880) ; *Analyse d'une salive de stomatite mercurielle* ; sur un *Procédé de destruction totale des matières organiques pour la recherche des substances minérales toxiques* (1881-1882) ; *Propriétés générales des Aldéhydes* ; sur une *Substance hydro-carbonée retirée des poumons des phtisiques* ; *Recherches sur les Ptomaïnes et les composés analogues* (1883) ; sur les *Modifications qui se reproduisent dans la composition chimique de certaines humeurs sous l'influence du choléra épidémique* (mention honorable du prix Bréant, à l'Académie des Sciences, 1885) ; sur une *Substance alcaloïdique extraite des bouillons de culture du microbe de Koch* ; *Empoisonnement arsénical déterminé par l'allaitement* (rapport médico-légal, en collaboration avec le professeur Brouardel, 1885) ; *Accidents provoqués par l'abus du seigle ergoté — Avortements multiples — Mort avec gangrène des extrémités* ; sur un cas de *Mort par inhalation de protoxyde d'azote* (rapport médico-légal, avec M. le professeur Brouardel, inséré dans le *Traité de médecine légale, de jurisprudence médicale et de toxicologie*) ; *Recherches sur le mécanisme de l'action thérapeutique et l'action toxique des acides chrysophanique et pyrogallique* (1886) ; *Matières extractives, Ptomaïnes et Leucomaïnes — leur rôle en pathologie générale* (1886) ; sur les *Conditions de développement et de conservation du bacille typhique* ; *Influences perturbatrices apportées par les ptomaïnes dans les résultats de l'expérimentation physiologique en toxicologie : Application à la recherche de la vératrine* (1887) ; *Étude sur l'hygiène des ouvriers dans les fabriques d'allumettes* ; *Intoxication accidentelle par l'oxyde de carbone* (Rapport médico-légal, avec M. le professeur Brouardel) ; sur les *Combinaisons du phénol monoatomique avec le mercure et le calomel et sur leur emploi en thérapeutique* (1888) ; *Intoxication accidentelle par l'atropine — Question de responsabilité pour le médecin et le pharmacien* ; *Intoxications multiples par l'arsenic — Relation médico-légale de l'affaire Pastré-Beaussier* (avec le professeur Brouardel) ; *Recherches du sang dans les expertises médico-légales* ; sur *Quelques symptômes de l'intoxication arsenicale aiguë et chronique* et sur les *Modes et la durée de l'élimination hors du corps humain de l'arsenic et de ses composés* (avec le professeur Brouardel) ; *Accidents causés par les substances alimentaires d'origine animale contenant des alcaloïdes toxiques* (avec MM. Brouardel et Loye, 1889) ; *Étude critique sur les procédés d'épuration et de stérilisation des eaux de boisson* (1891) ;

La strontiane au point de vue de l'hygiène, son emploi dans la raffinerie du sucre et le déplâtrage des vins (1892).

Les recherches de ce savant ont été l'objet de communications aux académies des Sciences et de Médecine, aux sociétés de Médecine légale, de Thérapeutique, de Dermatologie et de Syphiligraphie, ou ont paru dans la *Revue scientifique*, le *Moniteur scientifique*, la *Revue de Médecine*, les *Annales de Dermatologie et de Syphiligraphie*, le *Bulletin de la Société de Biologie*, les *Archives de Physiologie*, le *Bulletin de la Société anatomique*, les *Annales d'hygiène publique et de médecine légale*, le *Recueil des travaux du Comité consultatif d'hygiène publique de France*, la *Revue d'hygiène et de police sanitaire*, etc.

Il a aussi donné dans le *Dictionnaire encyclopédique des Sciences médicales*, les articles: *Empoisonnements — Poisons — Ptomaïnes — Toxicologie*; dans le *Traité de médecine légale, de Jurisprudence médicale et de Toxicologie* (en collaboration avec Legrand du Saulle et Georges Berryer) le chapitre XVII (pages 1146 à 1260), toute la *Toxicologie* et les *Applications de la chimie et de la micrographie à la médecine légale* (2 chapitres) ; dans l'*Encyclopédie d'hygiène et de médecine publique*, les chapitres : *Aliments et Alimentation*.

M. le docteur Gabriel Pouchet est chevalier de la Légion d'honneur depuis 1892.

DREYFUS (Abraham)

JOURNALISTE et auteur dramatique, né à Paris le 20 juin 1847. M. Abraham Dreyfus débuta sous les pseudonymes de « Monsieur Josse », « Chose et Machin », « Nimporteki », « Dupont des Arts », etc., par des articles humoristiques et fantaisistes dans la *Vie Parisienne*, la *Revue littéraire*, l'*Illustration*, le *Gil Blas*, le XIXe *Siècle*, la *Revue bleue*, etc. Tout en continuant sa collaboration à ces journaux et à d'autres, il écrivit pour le théâtre.

Les œuvres données à la scène, avec des succès inégaux, par M. Abraham Dreyfus, portent les titres suivants : *Un Monsieur en habit noir*, comédie en un acte (Vaudeville 1872) ; *Potage à la bisque*, comédie en un acte (1873) ; la *Revue des Deux-Mondes*, revue de commencement d'année, en trois actes, avec M. Clairville (1875) ; *Mariages riches*, comédie en trois actes (1876) ; *Chez elle*, comédie en un acte, avec M. Ch. Narrey (1877) ; *Pour sauver jeune femme du monde*, comédie en un acte (1878) ; la *Gifle*, comédie en un acte ; la *Victime*, comédie en un acte (1880) ; le *Klephte*, comédie en un acte, une de ses meilleures pièces ; l'*Institution Sainte-Catherine* (Odéon, décembre 1881) ; *Battez Philidor*, op.-com. un acte, musique de Dutacq (1882) ; *Un crâne sous une tempête*, saynète (1884) ; *Une rupture* ; *Après la noce*, comédie un acte (1885) ; *En attendant M. Baudichon*, comédie un acte ; la *Buvette du Pré*, comédie un acte (1888) ; *De 1 à 3 heures*, comédie un acte (1891).

La plupart de ces pièces ont été jouées sur les théâtres de Paris, notamment à la Comédie-Française ; d'autres n'ont été représentées qu'en province ou à l'étranger. L'auteur en a réuni plusieurs en volume sous le titre : *Jouons la comédie*, avec une *Causerie sur la comédie de société* (1887). Il a publié en outre : *Scènes de la vie de théâtre*, nouvelles et l'*Incendie des Folies-Plastiques*.

M. Abraham Dreyfus est chevalier de la Légion d'honneur depuis 1889.

DARESTE de la CHAVANNE (Rodolphe-Madeleine-Cléophas)

JURISCONSULTE et magistrat, membre de l'Institut, né à Paris le 26 décembre 1824. Élève de l'École des Chartes, en 1845, il fit en même temps son droit, fut reçu docteur en 1847, et se fit inscrire, en 1851, avocat au Conseil d'État et à la Cour de Cassation. Il est devenu conseiller à cette cour en 1877.

Auteur de divers travaux de droit, M. Dareste de la Chavanne a été élu membre de l'Académie des Sciences morales et politiques le 6 juillet 1878, en remplacement de Valette.

Il a publié: *Essai sur François Hotman* (1850 ; *De la Propriété en Algérie, commentaire de la loi du 17 juin 1851* (1852, nouv. édit. 1863) ; *Code des pensions civiles* (1854) ; *Étude sur les origines du contentieux administratif en France* (1855) ; *La Justice administrative en France* (1862) ; *Du Prêt à la grosse chez les Athéniens* (1867) ; le *Traité des lois de Théophraste* (1870) ; *Une loi éphésienne du premier siècle avant notre ère* (1877) ; les *Inscriptions hypothécaires en Grèce* (1884) ; *De la Prescription en droit civil* ; le *Leggi di Gortyna e le altre iscrizioni archaiche cretesi* (1894) ; il est encore l'auteur de traductions annotées des *Plaidoyers civils* de Démosthène (1875) ; des *Plaidoyers politiques* du même (1879) et d'autres traductions. Il a collaboré au *Recueil des Inscriptions juridiques grecques* et fut, en 1855, un des fondateurs de la *Revue historique du droit français et étranger*.

M. Rodolphe Dareste est officier de la Légion d'honneur.

CHADOIS (Marie-Antoine-Marie-Gabriel-Paul) de

FFICIER, sénateur inamovible, né à Saint-Barthélemy (Lot-et-Garonne) le 12 mars 1830. Officier à 21 ans, il démissionna, comme capitaine, à la suite de son mariage avec Mme de Ségur, en 1867. Il reprit du service à la guerre de 1870-71, et fut nommé chef de bataillon des mobiles, puis colonel, fit en cette qualité la campagne d'Orléans, fut blessé à la bataille de Coulmiers et porté à l'ordre du jour.

Aux élections générales pour l'Assemblée nationale, il fut nommé représentant de la Dordogne par 80,152 suffrages. Il siégea au centre gauche, affirma d'abord prudemment, puis plus nettement, ses convictions républicaines, combattit, sous le gouvernement du 24 mai, les tentatives de restauration monarchique, et prit une part active aux discussions des lois militaires. Après le vote des lois constitutionnelles, il fut élu sénateur inamovible, comme candidat des gauches, par 348 voix sur 690. Il prit place au centre gauche du Sénat, combattit le mouvement du 16 mai et est intervenu quelquefois dans les discussions militaires et budgétaires.

Ancien conseiller général de la Dordogne, pour le canton de Sigoulès, M. le colonel de Chadois a été promu officier de la Légion d'honneur le 9 janvier 1871.

DOUMER (Paul)

NCIEN député, gouverneur général de l'Indo-Chine, né à Aurillac le 22 mars 1857. Il étudia le droit à Paris ; reçu licencié, il collabora à plusieurs journaux et fut choisi pour chef de son cabinet par M. Floquet, élu président de la Chambre des députés, en 1885.

En 1888, M. Doumer se présenta comme candidat de la gauche radicale, dans le département de l'Aisne, à une élection partielle et fut élu député, le 8 avril, au scrutin départemental. Non réélu aux élections du 22 septembre 1889, faites au scrutin d'arrondissement, il se porta dans l'Yonne, le 25 octobre 1890, en remplacement de M. René Laffon, député de la 1re circonscription d'Auxerre, décédé, et fut élu, au ballottage, par 7,711 voix, contre 5,144 données à M. Denormandie, avoué à Paris, candidat de la droite républicaine, et 207 à M. Ringuier. Son mandat fut renouvelé, dans la même circonscription, aux élections générales du 20 août 1893, par 7,675 voix contre 5,755 obtenues par M. Denormandie.

A la Chambre, M. Doumer proposa, avec M. Cavaignac, un projet d'impôt sur le revenu, comme contre-projet au budget de 1895 (1894). Appelé, le 3 novembre 1895, au ministère des Finances, dans le cabinet présidé par M. Bourgeois, il reprit ce projet, contre lequel se prononcèrent un grand nombre de Conseils généraux de France pendant leur session, et qui ne fut pas adopté par la Chambre. Il démissionna avec le ministère, à la suite du refus par le Sénat de voter les crédits pour nos troupes à Madagascar, le 21 avril 1896.

M. Doumer abandonna son siège au Parlement en janvier 1897, ayant été nommé gouverneur général de l'Indo-Chine par le ministère Méline, qu'il avait combattu comme député.

CROISET (Marie-Joseph-Alfred)

ELLÉNISTE, membre de l'Institut, né à Paris le 5 janvier 1845. Il fit ses études classiques aux lycées Saint-Louis et Louis-le-Grand, entra à l'Ecole normale supérieure en 1864 et en sortit en 1867, agrégé des lettres.

Nommé professeur de rhétorique dans divers lycées de province, puis au collège Stanislas et au lycée Louis-le-Grand, maître de conférences à la Faculté des lettres de Paris et professeur d'éloquence grecque à la même Faculté, M. Croiset fut élu membre de l'Académie des Inscriptions et Belles-Lettres, en remplacement de Bréchillet-Jourdain, le 3 décembre 1886.

Il a publié : ses thèses de doctorat ès lettres : *De Personis apud Aristophanum* et *Xénophon, son caractère et son talent* (1873), cette dernière couronnée par l'Académie française en 1874 ; la *Poésie de Pindare et les lois du lyrisme grec* (1880, 2e édit. 1896) ; *Leçons de littérature grecque* (1884) ; *Histoire de la littérature grecque* (1887 à 1895, 5 vol., en collaboration avec son frère) ; une *Grammaire grecque* (1893) ; une édition classique de la *Première lettre d'Ammæus*, de Denys d'Halicarnasse ; des *Morceaux choisis* et le 1er vol. d'une grande édition de Thucydide, etc.

M. Alf. Croiset est officier de la Légion d'honneur.

BERGERAT (Auguste-Emile)

Poète, auteur dramatique, chroniqueur et critique d'art, né à Paris le 29 avril 1845. Il commença ses études chez les P. Jésuites et les termina au lycée Charlemagne.

Encouragé par un de ses maîtres, J. Thiénot, le jeune Bergerat, encore sur les bancs du collège, écrivait déjà des vers et des pièces de théâtre. A vingt ans, il fit représenter à la Comédie-Française une comédie en un acte et en vers : *Une Amie* (1865), que la critique accueillit avec bienveillance, à cause de la jeunesse de l'auteur ; puis il fit jouer un drame en trois actes : *Père et Mari*, au Théâtre Cluny en 1870.

En 1871, pendant le siège de Paris, M. Bergerat publia des poésies patriotiques, entre autres le *Maître d'École* et les *Cuirassiers de Reichshoffen* qui, réunies avec d'autres, sous le titre : *Poèmes de la Guerre*, ont eu plusieurs éditions.

M. Bergerat épousa, en 1872, Mlle Estelle Gautier, seconde fille de Théophile Gautier. A ce moment, il collaborait au *Gaulois* et au *Bien public* ; il entra en 1874 au *Journal officiel*, pour y faire les Comptes-rendus artistiques. Il a, depuis, écrit dans un grand nombre de journaux, soit sous son nom, soit sous des pseudonymes, dont le plus connu est celui de « Caliban », des chroniques, des fantaisies critiques et littéraires d'un genre bien personnel, d'une ironie mordante, souvent paradoxale, et remarquables par la virtuosité d'un style abondant en néologismes, dont certains ont trouvé place dans le langage courant. Il a donné dans les périodiques, avant leur publication en volumes, quelques-uns de ses romans. Mentionnons sa collaboration au *Figaro*, au *Voltaire*, au *Jour*, à la *France*, au *Gil-Blas*, à l'*Echo de Paris*, à l'*Eclair*, au *Journal*, etc.

M. Bergerat a beaucoup écrit pour le théâtre ; mais il y a rarement fixé le succès. Citons parmi ses pièces : *Ange Rosani*, drame en 3 actes, avec M. Armand Silvestre (Vaudeville, 1873) ; *Séparés de corps*, comédie en un acte (même théâtre, 1874) ; le *Nom*; *Herminie*, com. 5 actes (1883) ; la *Nuit bergamasque*, tragi-comédie, en trois actes, jouée au Théâtre-Libre (1887) ; *Premier baiser*, comédie, un acte (Comédie-Française, 1889) ; *Myrane*, étude dramatique, trois actes (Théâtre-Libre, 1890) ; *Enguerrande*, drame lyrique, tiré d'un poème de lui, par M. Wilder, musique de Chapuis (Opéra-Comique, 1892) ; *Manon Roland*, drame, 5 actes, vers, avec C. de Sainte-Croix (Comédie-Française) ; le *Capitaine Fracasse*, comédie héroïque, 5 actes, vers, d'après Th. Gautier (Odéon, 1896). On connaît encore de lui les pièces suivantes, non représentées : *Gil Blas*, cinq actes, avec d'Artois et G. Duval ; *Gautier d'Aquitaine*, opéra, 4 actes, avec C. de Sainte-Croix ; *Plus que Reine*, pièce 5 actes et 7 tableaux, reçue à la Renaissance (1898).

Il a publié, sous le pseudonyme de « Caliban » ou sous son nom : le *Faublas malgré lui* (1883) ; *Bébé et Cie* (1884) ; *Mes Moulins* (1885) ; le *Viol* (1886) ; le *Livre de Caliban* (1887) ; *Figarismes de Caliban* (1888) ; l'*Amour en République*, étude sociologique (1889) ; le *Rire de Caliban* (1890) ; *Soirées de Calibangrève* (1892) ; la *Chasse au Mouflon* ; le *Chèque* (1893) ; la *Vierge* (1894) ; le *Cruci Va-i-en-Guerre* (1898).

On lui doit aussi des ouvrages de critique artistique : *Peintures décoratives du foyer de l'Opéra* (1875) ; *Théophile Gautier peintre* (1877) ; *Théophile Gautier, entretiens, souvenirs, correspondance* (1879) ; le *Salon de 1892*, et plusieurs préfaces à des catalogues de tableaux.

Plusieurs fois couronné par l'Institut et la Société des Gens de Lettres (prix Calmann Lévy et Chauchard), M. Emile Bergerat est chevalier de la Légion d'honneur.

BRAZZA (Pierre-Paul-François-Camille Comte SAVORGNAN de)

Explorateur, officier et administrateur, né le 26 janvier 1852, en rade de Rio-de-Janeiro, à bord de la *Vénus*, et inscrit aux actes de l'état-civil de Rome. Son nom de famille réel est « de Brazza Savorgnani ». Il lui donna une tournure moins italienne en le disposant autrement.

Elève des Jésuites à Paris, le jeune de Brazza, recommandé par le père Secchi à l'amiral Montaignac, obtint, en 1868, l'autorisation d'entrer à l'Ecole de marine de Brest, à titre étranger. En 1870-1871, il prit part aux opérations de la flotte française dans la mer du Nord et sur les côtes d'Algérie. De 1872 à 1874, officier d'ordonnance de l'amiral du Quillio, il le suivit dans les eaux américaines, ensuite au Cap, et enfin au Sénégal et au Gabon. A son retour, il demanda ses lettres de naturalisation et fut promu enseigne de vaisseau auxiliaire en 1875.

M. de Brazza fut, la même année, chargé d'aller explorer le Haut-Ogoué, dans l'Afrique équatoriale ; il s'embarqua au mois d'août, avec M. Noël Ballay, médecin, et M. Marche, naturaliste. Arrivés au Gabon, ils remontèrent ensemble l'Ogoué jusqu'au Lopé ; puis M. de Brazza se dirigea seul vers le Sud-Est et découvrit l'Alima, qu'il ne reconnut pas d'abord pour un affluent du Congo ; il retrouva aux cataractes de Djaumé ses compagnons, qui, de leur côté, avaient poussé d'importantes reconnaissances ; obligés par l'hostilité des naturels de changer leur itinéraire, ils le dirigèrent vers le Nord, trouvèrent la Licona, affluent du Zaïre, et rentrèrent le 30 novembre 1878 au Gabon, après avoir supporté de grandes privations et de multiples tribulations.

Pour achever l'œuvre qu'il avait commencée et la rendre profitable au commerce français ; se rendant compte, en outre, que le commerce anglais tirait parti, à ce moment déjà, des découvertes de Stanley dans l'Afrique équatoriale, M. de Brazza comprit qu'il fallait ouvrir la voie la plus directe du cours supérieur du Congo à l'Océan, par l'intermédiaire de l'Alima et de l'Ogoué. Il obtint une nouvelle mission des ministères de l'Instruction publique et des Affaires étrangères, avec le docteur Ballay ; il fut, en même temps, promu enseigne de vaisseau, le 14 septembre 1879, et mis par le ministre de la Marine à la disposition du Comité français de l'Association africaine.

Les deux explorateurs, embarqués le 27 décembre 1879, remontèrent du Gabon au cours supérieur de l'Ogoué. M. de Brazza fonda à plus de 800 kilomètres dans l'intérieur, la station française de Franceville ; puis il se dirigea vers Stanley-Pool par le pays des Batakès, en parcourant environ 500 kilomètres. Le suzerain de ce pays, Makoko, signa, le 10 septembre 1880, un traité aux termes duquel il plaçait ses états sous notre protectorat et nous concédait un territoire à notre choix pour l'établissement d'une station qui serait le point de départ d'une route d'accès dans cette contrée. Le 3 octobre, une seconde convention ratifiait la prise de possession du territoire compris entre les rivières de Djoué et d'Impila. Dans ce territoire, près de Ntamo, M. de Brazza établit une nouvelle station, à laquelle la Société de Géographie donna le nom de Brazzaville.

M. de Brazza continua la découverte du pays, qu'il descendit jusqu'à Landassa, puis le laissant à la garde du sergent Malamine et de trois hommes, il s'embarqua pour la France, où il arriva dans les premiers jours de juin 1882.

A son retour, malgré les attaques aussi injustes que passionnées de son rival Stanley, l'explorateur reçut l'accueil le plus chaleureux : la Société de Géographie lui attribua une médaille d'or, le Conseil municipal de Paris en fit autant et l'Académie des Sciences lui décerna, l'année suivante et pour la seconde fois, le prix Delalande-Guerineau. Il avait déjà reçu, en 1879, de la Société de Géographie italienne, dont il est membre, une médaille d'or.

La Chambre des députés ratifia, le 28 novembre 1882, le traité conclu par M. Savorgnan de Brazza avec le roi Makoko. Un autre vote des Chambres mit à sa disposition un crédit de 1,275,000 francs, qui devait être, l'année suivante, complété par un crédit de 780,000. Nommé, en outre, lieutenant de vaisseau le 15 février 1883, chargé du commandement du transport l'Oluma, affecté au service de la mission de l'Ouest africain, M. de Brazza partit encore une nouvelle fois, toujours avec le docteur Ballay, et aborda dans la baie de Punta-Negra. Il établit une série de stations bien approvisionnées et s'efforça de faire reconnaître partout l'autorité de la France, malgré les difficultés semées sur son passage par les agents de l'Association internationale du Congo. Après le traité de 1885, réglant la délimitation des possessions des Européens dans l'Afrique centrale, il revint encore une fois à Paris et reçut, le 23 avril 1886, le titre de commissaire général du Congo et du Gabon, avec pleins pouvoirs pour toutes nos possessions de l'Afrique équatoriale, moins quelques établissements placés sous la dépendance du gouverneur du Sénégal. Son courageux et dévoué compagnon, le docteur Ballay, lui était adjoint comme lieutenant-gouverneur.

Le nouveau gouverneur et le ministère de la Marine ne furent pas tout d'abord parfaitement d'accord ; mais les quelques difficultés soulevées étant aplanies, M. de Brazza, après avoir embarqué à Bordeaux, le 8 février 1887, à bord du paquebot l'*Equateur*, le personnel qui l'accompagnait, le rejoignit à Lisbonne, et se rendit au Congo, où il trouva la colonie dans une certaine perturbation. Aussitôt arrivé, il entreprit un voyage dans l'intérieur pour ramener le calme dans le pays troublé. Malade, il dut revenir à Paris.

Rentré à son poste l'année suivante, il y continua son œuvre de colonisation et en est revenu en 1897, date où il abandonna définitivement ses fonctions et ses voyages.

M. de Brazza est commandeur de la Légion d'honneur.

HAAKMAN (André-Joseph-Léon)

PEINTRE, musicien, poète, né à St-Germain-en-Laye le 25 décembre 1859. Se destinant d'abord à la marine, il fit, trois ans, des études spéciales au collège de Rochefort-sur-Mer ; mais le jeune homme, d'un caractère indépendant, épris d'art, abandonna bientôt ce but. Il fit un court séjour à Bruxelles et y fut l'élève du pianiste Vieuxtemps, frère du célèbre violoniste ; revenu ensuite à Paris, il étudia la peinture et reçut les conseils de Jules Dupré.

Entre temps, M. Léon Haakman se faisait entendre dans les grands concerts de Bruxelles et de Londres. Ces auditions le firent considérer à l'égal des plus réputés virtuoses.

En 1892, il se révéla comme peintre à l'Union libérale des Artistes français, où il exposa plusieurs toiles et notamment la *Rafale*, qui fut un succès.

En 1893, M. Léon Haakman fit une première exposition personnelle de ses œuvres sous le titre : l'*Epopée de la mer*, que la critique accueillit avec grand faveur.

Il présenta, écrivit M. Roger Millès dans l'*Evènement*, une suite de marines d'une impression puissante; il y a là, sous des ciels chargés d'orage, de tohubohuantes vagues et de furieux paquets de mer d'un saisissant effet...

La deuxième exposition de M. Léon Haakman, qui eut lieu à la galerie Georges Petit, en 1898, a confirmé cette impression. Les *Barques*, un *Pêqueux*, étude, *St-Adresse*, *Falaises (Dieppe)*, la *Seine à Rouen*, et diverses études de la mer ont inspiré ces lignes au même critique :

La *Barque rouge*, *Bourrasque*, l'*Aube*, les *Isolés*, sont des pages d'une belle élévation de pensée en même temps qu'elles traduisent des effets vrais, avec vérité. M. Léon Haakman s'est joué de grandes difficultés dans les harmonies claires et il en a triomphé. Ses barques marqueront certainement dans son œuvre.

Impressionniste convaincu, mais d'un dessin serré, M. Léon Haakman a soutenu ses théories picturales dans l'*Art international*, dont il fut rédacteur en chef.

Il a produit musicalement : *Wandah*, symphonie, musique et poème en vers libres, et d'autres compositions diverses.

ARÈNE (Emmanuel)

DÉPUTÉ, né à Ajaccio le 1ᵉʳ janvier 1856. Ses études commencées à Marseille et achevées à Aix, il vint faire son droit à Paris, où il devint secrétaire d'Edmond About, qui l'admit au *XIXᵉ Siècle*. Il collabora ensuite au *Paris*, à la *République Française*, au *Matin*, à l'*Eclair*, etc. Ecrivain agréable et spirituel, ses articles, soit qu'ils traitent de politique ou de sujets différents, sont fort appréciés.

M. Emmanuel Arène fut, à 25 ans, élu conseiller général de la Corse pour le canton de Zicavo (1880) ; l'année suivante, il se présenta à la députation comme candidat républicain, dans l'arrondissement de Corte, au siège rendu vacant par suite de l'option de M. de Choiseul pour Melun. Il fut élu par 6,672 voix contre 2,711 données à M. Paschal Grousset. Depuis, M. Arène n'a pas cessé d'être réélu dans sa circonscription : en 1855 (après l'invalidation de l'élection première), en 1889 et 1893 ; cette dernière fois par 4,293 voix, contre 3,513 à M. Rocassera, rallié.

A la Chambre, le député de la Corse s'inscrivit à l'Union républicaine, fut un ardent défenseur de la politique opportuniste en général et de celle de M. Jules Ferry en particulier. Il prêta son concours à tous les ministères modérés. Il a été membre et rapporteur de plusieurs commissions et est intervenu dans de nombreux débats. Il a fait partie du bureau de la Chambre comme vice-président (1884-88). Il fit une vive campagne contre le mouvement boulangiste et fut rapporteur de la demande en autorisation de poursuites déposée contre les députés membres de la Ligue des Patriotes (1889).

En août 1884, M. Emmanuel Arène avait eu un démêlé retentissant avec MM. Granet, député, et E. Judet, journaliste, qu'il accusait avoir détourné une dépêche à lui adressée de Corse. M. Judet répondit en reprochant à M. Arène son attitude, qu'il disait intéressée, à l'égard de la compagnie concessionnaire des services postaux entre le continent et la Corse. Un duel, où M. Arène fut légèrement blessé, termina cette polémique. Le député de la Corse fut encore mêlé à l'affaire du journaliste Saint-Elme et du préfet de Trémontels. Plus tard, en 1892, il fut l'objet d'une poursuite à propos de l'affaire du Panama et bénéficia d'une ordonnance de non-lieu.

Ses polémiques de presse et autres ont valu au député de la Corse plusieurs duels.

En outre de ses articles de journaux, on ne connaît de M. E. Arène qu'un volume de nouvelles : *Le dernier bandit* (1887).

BISSON (Alexandre-Charles-Auguste)

AUTEUR dramatique, né le 9 avril 1848 à Briouze (Orne). Venu à Paris en 1869, il entra au ministère de l'Instruction publique comme rédacteur ; mais attiré vers la littérature et le théâtre, il donna sa démission.

M. Alexandre Bisson a fait représenter sur diverses scènes des vaudevilles, comédies et opérettes, qu'il écrivit seul ou en collaboration, et qui se font remarquer généralement par l'esprit des mots et surtout des situations. Citons : *Quatre coups de canif*, vaudeville en 1 acte (Folies-Marigny, 1873) ; le *Chevalier Baptiste*, comédie en 1 acte, avec M. André Sylvane (Gymnase, 1874) ; le *Vignoble de M*ᵐᵉ *Pichois*, comédie en quatre actes, avec le même (théâtre Scribe, 1874) ; *Un voyage d'agrément*, comédie en 3 actes, avec E. Gondinet (Vaudeville, 1881) ; *Un lycée de jeunes filles*, opérette-vaudeville en 4 actes (théâtre Cluny, 1881, reprise avec succès au théâtre de la Renaissance en 1890) ; *115, rue Pigalle*, comédie en 3 actes (Cluny, 1882, reprise au Palais-Royal en 1891) ; *Ninetta*, opéra-comique en 3 actes, avec M. Alfred Hennequin, musique de M. Raoul Pugno (Renaissance, 1882) ; le *Député de Bombignac*, comédie en 3 actes (Théâtre-Français, 1884) ; le *Cupidon*, vaudeville en 3 actes (Palais-Royal, 1884) ; le *Moûtier de Saint-Guignolet*, opérette en 3 actes (Galeries St-Hubert, à Bruxelles, 1885) ; *Une mission délicate*, comédie en 3 actes (Renaissance, 1887) ; le *Roi Koko*, vaudeville en 3 actes (même théâtre, 1887) ; les *Surprises du divorce*, comédie 3 actes, avec M. Ant. Mars, son plus éclatant succès (Vaudev. 1888) ; *Feu Toupinel*, comédie 3 actes (même théâtre, 1890) ; le *Sanglier* (même théâtre, 1890) ; les *Joies de la paternité*, comédie 3 actes, avec Vast-Ricouard (Pal.-Royal, 1891) ; la *Famille Pont-Biquet*, comédie 3 actes (Vaudev., 1892) ; le *Véglione*, comédie 3 actes, avec A. Carré (Palais-Royal, 1893) ; l'*Héroïque Le Cardunois*, com. 3 actes (Variétés, 1894) ; *Un coup de tête*, comédie 3 actes, avec Sylvane (Pal.-Roy., 1894) ; *M. le Directeur*, comédie 3 actes, avec F. Carré (Vaudev., 1895) ; *Disparu !* vaudeville 3 actes, avec Sylvane (Gymnase) ; les *Erreurs du Mariage*, pièce 3 actes (Nouveautés, 1896) ; *Jalouse*, com. 3 actes (Vaud., 1897) ; le *Contrôleur des wagons-lits*, pièce 3 actes (Nouveautés, 1898).

De 1874 à 1890, M. Bisson a signé seul certaines pièces pour lesquelles il avait un collaborateur, M. Sylvane.

M. A. Bisson a collaboré en outre aux ouvrages suivants de M. Théodore de Lajarte : *Grammaire de la musique* (1879) ; *Petit Traité de composition musicale* (1881) ; *Petite Encyclopédie musicale* (1881-1885, deux volumes). Il a aussi publié deux comédies de salon dans le *Magasin des Demoiselles*.

M. A. Bisson est officier de l'Instruction publique et chevalier de la Légion d'honneur.

BARBEDETTE (Pierre-Hippolyte)

CRITIQUE musical et sénateur, né à Poitiers le 7 mars 1827. Il entra dans la magistrature comme juge au tribunal civil de La Rochelle ; il se démit de ces fonctions en 1870, pour se livrer à la critique d'art et à des travaux sur l'histoire de la musique.

M. Barbedette collabora au journal le *Ménestrel*, et certaines études qu'il y a publiées ont été éditées ensuite, savoir : *Beethoven, esquisse musicale* (1849, 2ᵉ édit. 1870) ; *Chopin, essai de critique musicale* (1861, 2ᵉ édit. 1869) ; *Ch.-M. Weber, sa vie et ses œuvres* (1862, 2ᵉ édit. 1874) ; *F. Schubert, sa vie, ses œuvres, son temps* (1866) ; *Félix Mendelssohn,—Bartholdy* (1869) ; *Chants populaires de la Pologne* (1870) ; *Stephen Heller* (1876).

A ce moment, la politique attira M. Barbedette, qui, rallié à la République, se présenta aux élections générales pour la Chambre des députés, en février 1876, dans l'arrondissement de La Rochelle, où il échoua avec 8,034 voix contre 9,441 obtenues par M. Fournier, bonapartiste. Il ne fut pas plus heureux aux élections du 14 octobre 1877, qui suivirent la dissolution, n'obtenant que 9,430 voix contre 9,954 données au même concurrent. Mais l'élection de M. Fournier ayant été invalidée, M. Barbedette triompha cette fois de son concurrent, le 14 juillet, avec 9,523 voix contre 8,368. Il fut réélu, le 21 août 1881, par 11,495 voix, sans concurrent.

Le 25 janvier 1885, inscrit sur la liste républicaine de la Charente-Inférieure, M. Barbedette fut élu sénateur de ce département, par 546 voix sur 1,036 votants. Au renouvellement général de 1894, il fut encore une fois battu ; mais il retrouva son siège après le décès de M. le Dr Moinet, à l'élection partielle qui eut lieu le 22 septembre de la même année, où il obtint 523 voix sur 999 votants.

A la Chambre comme au Sénat, M. Barbedette a généralement voté avec la majorité opportuniste.

BOUTMY (Émile)

PUBLICISTE, membre de l'Institut, né à Paris le 13 avril 1835. Fils de l'un des fondateurs de la *Presse*, ses études terminées, le jeune homme débuta dans ce journal par des articles de politique et de littérature, puis il suivit Emile de Girardin à la *Liberté* en 1866.

Appelé par M. Emile Trélat à concourir à la fondation de l'Ecole spéciale d'architecture, M. Boutmy y professa le cours d'histoire des civilisations et celui d'histoire comparée de l'architecture. Il s'est principalement occupé de la création de l'Ecole libre des Sciences politiques, qu'il dirige, et où il a longtemps fait le cours d'histoire constitutionnelle comparée.

Elu membre libre de l'Académie des Sciences morales et politiques, en mai 1880, en remplacement de Léon Say, il est devenu membre titulaire en mars 1898.

M. Emile Boutmy a publié : *Introduction au cours d'histoire comparée de l'architecture* (1869); *Philosophie de l'architecture en Grèce* (1870); *Observations sur la réforme de l'enseignement supérieur* (1877); *Etudes de droit constitutionnel : France, Angleterre, Etats-Unis* (1885); le *Développement de la constitution et de la société politique en Angleterre* (1887); *Recrutement des administrateurs coloniaux* (1895); *Philosophie de l'Architecture en Grèce*, reparue sous le titre : *Le Parthénon et le génie grec* (1897).

Décoré en 1871, M. Boutmy est officier de la Légion d'honneur.

CLUSERET (Gustave-Paul)

ANCIEN officier, député, peintre, né à Paris le 13 juin 1823. Fils d'un colonel d'infanterie, il entra en 1843 à Saint-Cyr et en sortit sous-lieutenant. Lieutenant en 1848, M. Cluseret faisait partie de la garde mobile lors de la Révolution ; il se fit remarquer par l'ardeur avec laquelle il conduisit le 23e bataillon dont il était le chef, à l'attaque des barricades, ce qui lui valut, le 28 juillet suivant, la croix de la Légion d'honneur. En 1850, lors du licenciement de la garde mobile, il rentra, comme simple lieutenant, dans le 55e de ligne et fut mis en non-activité en 1851, avant le coup d'Etat.

En 1854, M. Cluseret demanda à reprendre du service ; il fut envoyé dans un bataillon de chasseurs à pied, puis attaché aux bureaux arabes et nommé capitaine en 1855. Après la deuxième expédition de Kabylie, il fut nommé substitut du commissaire impérial près le conseil de guerre de Blidah.

M. Cluseret quitta l'armée régulière en 1858 pour s'attacher à Garibaldi, avec lequel il fit la campagne de l'indépendance italienne. Nommé lieutenant-colonel après la prise de Capoue, il fut, après la conquête de la Sicile et de Naples, versé avec son grade à l'état-major général de l'armée d'Italie. Il donna sa démission en 1861 pour prendre du service en Amérique, au moment de la guerre de Sécession, dans l'armée du Nord. Il fut aide de camp de Mac Clellan, dans le corps d'armée où le comte de Paris et le duc de Chartres servaient comme capitaines. Nommé colonel, puis général sur le champ de bataille, après la victoire de Croskeys, il obtint, en dehors des formalités légales ordinaires, la naturalisation américaine. Durant les hostilités, il avait été condamné à mort pour avoir émancipé des esclaves en Virginie, avant la proclamation de Lincoln. La guerre finie, il fonda, à New-York, un journal pour soutenir la candidature à la présidence du général Frémont (1864).

M. Cluseret, devenu le champion de toutes les révolutions, revint en Europe, après l'élection du général Grant, pour participer à l'insurrection fénianne en Irlande, où l'on prétend que, sous le nom d'Aulif, il mena l'attaque du château de Chester (1867). Condamné à mort pour ce fait, contre lequel il a toujours protesté, il parvint à s'échapper, revint en France et publia, dans le *Courrier Français*, des articles sur la *Situation aux Etats-Unis*. En 1868, ses articles dans l'*Art*, nouveau journal fondé par lui, lui valurent une condamnation ; pendant sa détention à Sainte-Pélagie, il se lia avec les chefs de l'Internationale.

L'attitude révolutionnaire de M. Cluseret, jusque-là peu indiquée, s'accentua alors. De violents articles contre l'armée, publiés en 1869, dans la *Démocratie*, le *Rappel* et la *Tribune*, le firent arrêter une seconde fois ; mais, comme il était naturalisé citoyen américain, le ministre des Etats-Unis le réclama et l'obligea à quitter la France. En 1870, pendant le procès de l'Internationale, une lettre de M. Cluseret fut produite aux débats, annonçant déjà la chute de l'Empire. « Ce jour-là, écrivait-il, nous devons être prêts, Paris sera à nous où Paris n'existera plus ».

M. Cluseret s'empressa de rentrer à Paris aussitôt après le 4 septembre 1871 ; il publia dans la *Marseillaise* un article intitulé : « La réaction, » si violent contre le gouvernement de la Défense nationale, que son apparition provoqua les protestations énergiques de la population et de son directeur lui-même, M. Henri Rochefort. Il se rendit à Lyon, où il prit part au soulèvement du 28 septembre. Au commencement de novembre, il passa à Marseille où, grâce aux conflits de MM. Esquiros et Gent, il installa une Commune révolutionnaire et se proclama un instant chef militaire du Sud de la France.

Candidat aux élections du 8 février 1871, pour l'Assemblée nationale, M. Cluseret obtint dans la Seine 21,191 voix seulement sur 328,970 votants. Après l'insurrection du 18 mars, il se porta aux élections de la Commune, le 26 mars, mais ne fut pas élu. Par contre, le gouvernement insurrectionnel le nomma délégué à la guerre. Elu membre de la Commune le 16 avril, il fut nommé membre de la seconde commission exécutive, mais il fut révoqué et mis en état d'arrestation le 1er mai, sous l'accusation d'entretenir des relations avec les agents de M. Thiers, et pour l'abandon du fort d'Issy.

L'entrée des troupes dans Paris le fit sortir de Mazas ; il reçut l'hospitalité d'un prêtre pendant cinq mois, réussit à quitter Paris en novembre, se réfugia en Angleterre et passa de là en Amérique. Le conseil de guerre le condamna à mort, par contumace, le 30 août 1872. C'était la troisième fois que pareille condamnation le frappait.

Rentré en France en 1881, M. Cluseret publia, dans la *Commune* et la *Marseillaise* des articles qui lui attirèrent presque aussitôt une condamnation à deux ans de prison et trois mille francs d'amende, pour excitation de l'armée à la désobéissance (26 janvier 1881). Il quitta de nouveau la France, pour n'y revenir qu'en 1884.

Pendant quelques années, il se consacra exclusivement à la peinture et fit une exposition publique de 120 de ses tableaux et pastels.

En 1888, une élection législative partielle ayant lieu dans le département du Var, M. Cluseret se porta comme « candidat révolutionnaire », en déclarant dans ses professions de foi, « une guerre acharnée au parlementarisme et au parti radical clémenciste ». Il fut élu au scrutin de ballottage par 14,840 voix sur 17,000 votants. Son élection fut validée, malgré les discussions auxquelles avait donné lieu, dans la presse, la question de sa nationalité. Au renouvellement législatif du 22 septembre 1889, il se présenta dans la deuxième circonscription de Toulon et fut élu, au scrutin de ballottage, par 5,601 voix, contre 3,738 données à M. Georges Serre, monarchiste, et 3,009 à M. Edmond Magnier, directeur du journal l'*Evénement*. En 1893, candidat dans la même circonscription, il y fut réélu par 5,458 voix, contre 5,288 à M. Vivien, radical socialiste, au scrutin de ballottage.

A la Chambre, M. Cluseret siège à l'extrême gauche. Il s'est occupé notamment des questions militaires, budgétaires, commerciales et de mutualité.

M. Cluseret a publié, outre de nombreux articles de journaux : l'*Armée et la démocratie* (1869) et des *Mémoires sur le second siège de Paris*, où il fait l'apologie de la Commune (1887).

On cite de lui, comme peintre, quelques envois aux Salons, notamment : *Lever de soleil sur la route de Kliat-Hane* ; *Portrait de Mme P.-L.* (1888) ; *Route d'Hyères à la Crau*, Var, et *Yldiz, palais du Sultan* (1890). Depuis cette dernière année, il n'a plus exposé.

JOSSIC (Henry)

COMPOSITEUR de musique, né à Brest le 5 juillet 1865. Il fit ses études de droit et obtint la licence ; mais il ne persévéra pas dans cette voie et se consacra à l'art musical.

Sans passer par le Conservatoire, M. Jossic fut l'élève de M. Théodore Dubois et de Guiraud, et reçut plus tard des conseils de Chabrier.

M. Henry Jossic a composé plusieurs morceaux de musique de chambre, parmi lesquels nous citerons : un *Quatuor* pour instruments à cordes et piano ; une *Sonate* pour piano et violoncelle ; une *Sonate* pour piano et violon (édités chez Lemoine). Il est également l'auteur d'un certain nombre de morceaux de piano et des mélodies exécutées à la Société Nationale, sur des poèmes d'Ephraïm Michaël, publiées chez Lemoine, et sur des poèmes de Jean Moreas, l'auteur du *Pèlerin passionné*, éditées chez Quinzard. Comme musique d'orchestre, on connaît encore de lui un *Poème symphonique* et on annonce un *Poème pour piano et orchestre* (1898).

Mme JOSSIC (née Madeleine JÆGER)

PIANISTE et professeur de solfège au Conservatoire, femme du précédent, née à Mennecy (Seine-et-Oise).

Mlle Madeleine Jæger entra au Conservatoire à l'âge de sept ans et obtint six premiers prix: la première médaille de solfège; le premier prix d'harmonie, classe Lenepveu; le premier prix d'accompagnement, classe Bazile; le premier prix de piano, classe Duvernoy; le premier prix de contrepoint et le premier prix de fugue, classe Guiraud. Elle est la première femme ayant obtenu ce nombre de récompenses depuis la fondation du Conservatoire.

Mlle Jæger a épousé, en 1892, le compositeur Henry Jossic.

Auteur d'intéressantes mélodies éditées chez Dupont, et de musique religieuse inédite exécutée dans différentes maîtrises, Mme Jossic se consacrant à la virtuosité, s'est principalement produite aux concerts Lamoureux et a joué aux concerts d'Harcourt, à la Société des compositeurs, à la Société Nationale des concerts, etc. Elle a fait quelques tournées en province et à l'étranger, où son talent fut très apprécié, notamment à Nancy, Bordeaux, etc., à Bruxelles, Londres (aux concerts organisés par M. Lamoureux à Queens'hall), etc.

Mme Jossic est professeur de solfège au Conservatoire depuis 1896. Elle est officier d'Académie depuis le 1er janvier 1894.

BIZARELLI (Louis)

DÉPUTÉ, né à Saint-Florent (Corse) le 25 juillet 1830. Docteur en médecine en 1860, il s'établit au Grand-Serre (Drôme) et devint conseiller général de ce canton.

Une élection partielle, le 4 septembre 1879, dans la 2e circonscription de Valence, ouvrit à M. Bizarelli la Chambre des députés, où il siégea à l'Union républicaine. Réélu, le 21 août 1881, par 12,115 voix, sans concurrent, il fit partie de la gauche radicale. Porté sur la liste républicaine unique du département de la Drôme aux élections du 4 octobre 1885, il fut encore élu, le dernier, par 43,018 voix sur 73,721 votants. Aux élections au scrutin d'arrondissement du 22 septembre 1889, il se porta dans la 2e circonscription de Valence et fut nommé, au premier tour, par 9,835 voix contre 7,951 données à M. Bonnet, également candidat radical. En 1893, il fut réélu par 11,537 voix, sans concurrent. Il est questeur de la Chambre depuis 1894.

A la Chambre, le député de la Drôme a été membre de diverses commissions. Il a accordé son appui à la politique coloniale; il s'est prononcé pour le scrutin uninominal, contre le boulangisme et a voté généralement avec le parti radical dans les questions de principe.

CHENU-LAFITTE (Paul-Auguste-Roger)

AGRICULTEUR-VITICULTEUR, économiste, né à Bordeaux (Gironde) le 7 avril 1864.

Fils d'un négociant exportateur bien connu dans le Midi, il fit de brillantes études au lycée Condorcet de Paris et se destinait à l'Ecole polytechnique, lorsque la mort de son père l'obligea tout à coup à prendre la suite des affaires de celui-ci.

Possesseur, dans le Midi et la Gironde, d'importants vignobles de différents crus renommés, tels que ceux des châteaux de Mille-Secousses et de Rider, M. Chenu-Lafitte a reçu de nombreuses récompenses à toutes les expositions régionales, comme viticulteur; il est aujourd'hui hors concours.

Membre de la Société des Agriculteurs de France et de la Société d'Agriculture de la Gironde, M. Chenu-Lafitte est correspondant délégué de ces deux sociétés, fondateur et membre du conseil d'administration du grand Syndicat de viticulture de la Gironde. Il est aussi membre du Conseil supérieur de la Croix-Rouge, placé sous le haut patronage du président de la République et qui compte dans son sein les personnalités les plus considérables.

Il a publié nombre d'articles techniques sur les questions économiques, viticoles et agricoles, dans les périodiques de la Gironde.

M. Chenu-Lafitte, qui habite dans le quartier de Passy, à Paris, où il a passé la plus grande partie de sa jeunesse, y ayant toujours eu des attaches de famille, s'occupe des intérêts spéciaux de ce quartier, ainsi que de politique générale; il se déclare partisan de la République progressiste modérée et soutient le programme de l'Union libérale.

Il a épousé, en 1894, Mme Péan, fille de l'illustre et regretté chirurgien, l'un des plus célèbres du siècle.

GANDERAX (Louis)

Homme de lettres, critique d'art, né à Paris le 25 février 1855.

Entré à l'Ecole normale supérieure (1873) et reçu le premier à l'agrégation des lettres (1876), il quitta l'enseignement pour la littérature, collabora à l'*Univers illustré* (1878) ; au *Parlement* (1879-81) ; à la *Revue hebdomadaire* (1892-94). Entre temps, il fit le Salon de 1886 à la *République française* et à la revue *Les Lettres et les Arts* ; il publiait, en outre, des chroniques et des contes dans la *Vie parisienne*, la *Revue illustrée*, le *Gaulois*, le *Figaro*, etc.

M. Ganderax a donné au théâtre : *Miss Fanfare*, en collaboration avec M. Emile Krantz (1881) ; *Pepa*, en collaboration avec Henri Meilhac (Comédie-Française, 1888).

Depuis 1894, il est directeur de la *Revue de Paris*.

M. Ganderax a été fait chevalier de la Légion d'honneur le 1ᵉʳ janvier 1890.

MOLÈNES (Jean-Jacques-Paul de)

Médecin, né à Paris le 3 septembre 1857, neveu de l'écrivain du ce nom bien connu.

Reçu interne des hôpitaux en 1880, il eut pour maîtres MM. Brouardel, Lannelongue, Besnier, Mesnet, etc., et obtint en 1884, une médaille d'or du ministère de l'Intérieur, pour son dévouement pendant l'épidémie cholérique. Cette même année, il passait brillamment son doctorat avec une thèse sur l'*Erythème polymorphe*, couronnée par la Faculté de médecine.

M. le docteur Paul de Molènes s'est fait connaître par de nombreuses publications, généralement insérées dans les *Bulletins de l'Académie de médecine*, les *Annales de Dermatologie*, les *Archives générales de médecine*, etc. Il faut citer, parmi ses communications, celles sur la *Leucoplasie buccale*, qui obtint le prix Daudet à l'Académie de médecine, et de savantes monographies sur : les *Maladies de la peau*, la *Syphilis*, les *Dermites produites par la teinture d'arnica*, l'*Eczéma de la langue*, l'*Action de l'iodure de potassium à hautes doses sur l'organisme*, etc.

On lui doit en outre un ouvrage important sur le *Traitement des affections de la peau* (2 vol. 1894, parus dans la collection Charcot-Debove), etc.

Membre de la Société de thérapeutique, de la Société médicale, de la Société d'hygiène publique, et médecin du lycée Carnot, M. le docteur Paul de Molènes est officier d'Académie.

CABART-DANNEVILLE (Charles-Maurice)

Sénateur, ancien député, né à Paris le 24 juin 1846. Elève de l'Ecole forestière, il fut nommé, en 1869, garde général des forêts à Bar-le-Duc où, au début de la guerre, il établit une correspondance secrète entre les gardes forestiers pour le signalement de la marche de l'ennemi. A Paris, où il vint ensuite comme lieutenant au régiment forestier, il subit le siège.

M. Cabart-Danneville quitta l'administration en 1874 ; il se fit recevoir licencié ès-sciences mathématiques et devint professeur à l'Ecole Turgot. Propriétaire dans la Manche, il se fit inscrire sur la liste républicaine de ce département aux élections générales, en 1885, et échoua avec toute cette liste. Il se représenta dans l'arrondissement de Cherbourg aux élections du 22 septembre 1889, faites au scrutin uninominal, et fut élu, au scrutin de ballottage, par 9,489 voix contre 5,884 données à M. Liais, candidat conservateur, député sortant. Il fut encore réélu, en 1893, par 9,374 voix contre 3,995 à deux concurrents.

Lors du renouvellement sénatorial du 3 janvier 1897, M. Cabart-Danneville se porta dans la Manche et fut élu, le deuxième, sénateur de ce département, par 1,035 voix sur 2,000 votants.

Au Parlement, M. Cabart-Danneville a joué un rôle actif. Il vote avec la gauche et a été membre de plusieurs commissions. Il est intervenu dans un grand nombre de questions intéressant les finances, l'agriculture, l'enseignement, le budget, etc.

La plupart de ses biographes disent que M. Cabart-Danneville a été décoré de la Légion d'honneur en 1870 pour faits de guerre. C'est une erreur : l'honorable sénateur n'a aucune décoration.

PIERRE LOTI (Louis-Marie-Julien VIAUD, dit)

ÉCRIVAIN, ancien officier de marine, membre de l'Académie Française, né à Rochefort (Charente-Inférieure) le 14 janvier 1850. Issu d'une des plus anciennes familles protestantes de cette ville, il y fit ses études, puis entra dans la marine en 1867 et fit ses premières campagnes dans l'Océan Pacifique. Nommé aspirant de 1re classe le 15 août 1870, il fut promu enseigne de vaisseau le 26 juin 1873 et lieutenant le 24 février 1881. Il fit avec éclat la campagne du Tonkin, fut appelé à Rochefort alors que les hostilités n'avaient point cessé, et repartit bientôt pour l'Extrême-Orient. Il a été compris, en mars 1898, dans une mesure collective de réduction des cadres et placé alors dans la réserve de la Marine.

Au cours de ses voyages comme officier de marine, M. Julien Viaud fit un assez long séjour à la cour de la reine Pomaré, dans l'île de Taïti. Cette souveraine, ne parvenant pas à prononcer les syllabes françaises du nom de son hôte, nomma celui-ci « Loti », nom d'une fleur océanienne. C'est là l'origine de ce pseudonyme, aujourd'hui célèbre. Toutefois, M. Pierre Loti débuta dans les lettres par *Asiyade* (1877), prétendu extrait des « notes d'un lieutenant de la marine anglaise au service de la Turquie, le 10 mai 1876, tué sous les murs de Kars le 27 octobre 1877 », paru sans nom d'auteur. Il a donné depuis successivement : *Rarahu*, idylle polynésienne (1880), reparue dans la suite sous le titre de : le *Mariage de Loti*; *Fleurs d'ennui*, souvenirs d'album suivis de : *Pasquala Ivanovitch*; *Voyage au Monténégro*; *Suléima* (1882); *Mon frère Yves*, roman qui obtint un succès des plus notables (1883); les *Trois Dames de la Kasbah*, conte oriental (1884); *Pêcheurs d'Islande*, étude à la fois exacte et poétique des gens de mer, qui obtint à l'Académie Française le prix Vitet et fut traduite en allemand par la reine Elisabeth de Roumanie, connue en littérature sous le nom de Carmen Silva ; *Madame Chrysanthème*, étude de mœurs japonaises qui eut plusieurs éditions illustrées (1887); *Japoneries d'automne* (1889); *Au Maroc*, récit des impressions de l'auteur, qui fit partie d'une ambassade envoyée au sultan de ce pays (1890); le *Roman d'un enfant* (même année), où l'on a voulu voir une sorte d'autobiographie; le *Livre de la pitié et de la mort* (1891); *Fantôme d'Orient* (1892); *Matelot* (1891), autres scènes de la vie des gens de mer ; le *Désert*; *Jérusalem*; la *Galilée* (3 vol. 1895), relations d'un voyage de l'auteur; *Ramuntcho* (1897); *Figures et choses qui passaient*, notes et critiques (même année), etc.

Plusieurs de ces livres ont été l'objet d'adaptations mises à la scène, notamment : *Pêcheurs d'Islande*, pièce en 8 tableaux, musique de M. Guy Ropartz (Eden, 1892).

M. Pierre Loti a collaboré à divers journaux et revues : le *Figaro*, la *Nouvelle Revue*, la *Revue de Paris*, etc.

M. Pierre Loti, de qui l'on doit louer les qualités d'observation et de sentiment, et le style, qui est celui d'un poète, a été élu membre de l'Académie Française le 21 mai 1891, tandis qu'il se trouvait sur le *Formidable*, en rade d'Alger.

Chevalier de la Légion d'honneur depuis 1887. M. Pierre Loti a été fait officier de ce même ordre en 1898.

CLAIRIN (Jules-Victor-Georges)

PEINTRE, né à Paris le 11 septembre 1843. M. Clairin reçut les conseils de Picot et de Pils, et fut, à l'Ecole des Beaux-Arts (1861), le condisciple de Henri Regnault, qu'il accompagna plus tard en Bretagne, en Espagne, au Maroc et sur le champ de bataille de Buzenval.

On a vu de M. Clairin les tableaux suivants aux Salons annuels de la Société des Artistes français : *Épisode du conscrit de 1813* (1866) ; *Brûleuses de varech en Bretagne*; *Pilleurs de la baie des Trépassés* (1868); les *Volontaires de la liberté*, épisode de la révolution espagnole de 1868 (1869); *Portrait de Mme Sarah Bernhardt* (1871), qui fut très commenté ; le *Massacre des Abencérages à Grenade*; *Un conteur arabe à Tanger* (1874) ; *Portraits* (1877) ; *Moïse* ; le *Fils de cheik* (1878); *Froufrou*; *Brûleuses de varech à la pointe du Raz* (1882) ; *Après la victoire, ou les Maures en Espagne* (1885); les *Funérailles de Victor Hugo* (1887); *Philippe IV et l'infante entrant dans la cathédrale de Burgos*; *Mounet-Sully dans le rôle d'Hamlet* (1888); *Intérieur d'église à Florence* (1889); *l'Armée française dans l'église Saint-Marc à Venise* (1890); *Espagne en 1523*, *Guerre des Communeros* (1891); *Portrait*; *Devant le palais ducal, Venise* (1892); *Portraits de Sarah Bernhardt dans* « *Cléopâtre* » *et de Rose Caron dans* « *Salammbô* » (1893); *La dernière messe*; *Fantasia au Maroc* (1894); *Aouled Naïl au bain*; *Procession à Venise* (1895); *Sœurs de charité sur la lagune* et *Convalescents rentrant*, Venise

(1896); *Une entrée du temple de Louqsor pendant l'inondation*; *Soldats français aux ruines du temple de Karnak*, Egypte (1897).

M. Clairin a travaillé à la décoration de l'escalier de l'Opéra, que Pils fut empêché d'achever par la maladie; il y a fait aussi des plafonds et des panneaux. Il a encore collaboré à la décoration du casino de Monte-Carlo.

Les œuvres de cet artiste se font remarquer par l'habileté et la précision du dessin, le coloris brillant et l'originalité de la conception. On lui a reproché la sécheresse des mouvements de ses personnages et le manque d'harmonie entre les ombres et les lumières de ses tableaux; mais ces remarques n'empêchent point la critique et le public de faire généralement bon accueil à ses toiles.

Titulaire d'une médaille de 3ᵉ classe en 1882, d'une de 2ᵉ en 1885, d'une médaille d'argent à l'Exposition universelle de 1889, décoré de la Légion d'honneur en 1888, M. Clairin a été promu officier en 1897.

BOISSONNET (André-Denis-Alfred)

GÉNÉRAL et ancien sénateur, né à Sézanne (Marne) le 19 décembre 1812.

Fils du maréchal de camp baron Boissonnet, il entra à l'Ecole polytechnique le 14 novembre 1832, en sortit, deux ans après, avec le grade de lieutenant du génie et fut successivement promu lieutenant le 1ᵉʳ octobre 1836, capitaine le 25 novembre 1840, chef de bataillon le 5 février 1855, lieutenant-colonel le 25 janvier 1860, colonel le 12 août 1864 et général de brigade le 27 octobre 1870.

M. Boissonnet fit de brillantes campagnes en Algérie, à Rome et en Crimée où, aide de camp du général Bizot, il fut blessé en entraînant une colonne d'assaut à Malakoff et, une seconde fois, dans la tranchée. Sa belle conduite le fit nommer officier de la Légion d'honneur; en 1867, il fut promu commandeur.

Il commandait en second l'Ecole polytechnique, au moment de la guerre de 1870; il quitta ce poste pour devenir, dans l'armée du Rhin, chef d'état-major général du génie. Il assista aux divers combats livrés sous les murs de Metz et fut fait prisonnier à la capitulation de cette ville, après avoir insisté, jusqu'au dernier moment, pour tenter une sortie désespérée.

Conseiller général dès 1856, le général Boissonnet se présenta comme candidat à l'Assemblée nationale, dans la Marne, lors d'une élection partielle, en 1873. Il se porta comme partisan des institutions et des idées politiques libérales et religieuses. Il échoua, après une vive lutte, contre M. Alph. Picart, candidat républicain.

Lors des élections sénatoriales du 30 janvier 1876, il fut nommé sénateur de ce département, le premier sur deux, par 396 voix sur 750 électeurs. Il prit place au centre droit et vota avec la majorité monarchique. Membre du groupe spécial des sénateurs constitutionnels, il fut, lors de la scission de ce groupe, aux premiers jours de mars 1878, un de ceux qui ne furent pas d'avis de pousser à l'extrême la résistance à la politique républicaine du cabinet Dufaure. Il ne fut pas réélu au premier renouvellement triennal du 5 janvier 1879.

Il a présidé, pendant plusieurs années, le Conseil général de la Marne, dont il a été membre durant trente ans; mais depuis 1886, il s'est définitivement retiré de la vie politique.

M. le général Alfred Boissonnet est vice-président de la Société de secours aux blessés que préside le général Davout.

Décoré de la Légion d'honneur le 20 juillet 1849, il a été promu grand officier le 18 décembre 1874. Il est, en outre, titulaire de plusieurs ordres étrangers.

COMPAYRÉ (Jules-Gabriel)

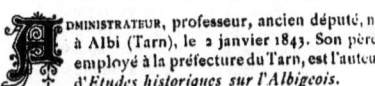

ADMINISTRATEUR, professeur, ancien député, né à Albi (Tarn), le 2 janvier 1843. Son père, employé à la préfecture du Tarn, est l'auteur d'*Etudes historiques sur l'Albigeois*.

M. Gabriel Compayré acheva à Paris, au lycée Louis-le-Grand, ses études, commencées en province. Entré à l'Ecole normale en 1862, reçu agrégé de philosophie en 1866, il professa successivement aux lycées de Pau, de Poitiers et de Toulouse puis, ayant pris le diplôme de docteur en 1873, il fut nommé professeur suppléant à la Faculté des Lettres de cette ville, où il devint titulaire en 1876. Chargé, dès l'ouverture de l'Ecole normale supérieure d'institutrices à Fontenay-aux-Roses (1880), d'un cours de pédagogie, il fut, à la même époque, membre des diverses commissions relatives à l'enseignement primaire et des principaux jurys d'examen pour la collation des nouveaux grades.

Candidat républicain, aux élections législatives générales du 21 août 1881, dans l'arrondissement de Lavaur, et élu par 7,014 voix, contre 6,236 données à M. Daguilhon-Pujol, député sortant bonapartiste,

— 43 —

. M. Compayré, à la Chambre, s'occupa activement des discussions relatives à l'instruction publique.

Porté aux élections générales du 4 octobre 1885, sur la liste républicaine du Tarn, il fut élu, le cinquième sur six, par 47,630 voix sur 93,932 votants. Nommé, le 14 novembre 1885, secrétaire de la Chambre, membre de la Commission du Budget et rapporteur de celui de l'Instruction publique, il s'acquit, à la Chambre, une grande notoriété par sa compétence dans les questions d'enseignement.

M. Compayré se représenta dans l'arrondissement de Lavaur, aux élections du 22 septembre 1889, faites au scrutin uninominal, et échoua au scrutin de ballottage avec 6,950 voix, contre 7,425 obtenues par M. Poulié, conservateur.

Nommé, en 1890, recteur de l'Académie de Poitiers, M. Compayré a été envoyé en la même qualité à celle de Lyon en 1895.

Ses principales publications sont : ses thèses de doctorat (*De Ramundo Sebondo ac de Theologiæ naturalis libro*, et *Philosophie de David Hume*, 1873), dont la seconde fut couronnée par l'Académie Française ; une *Histoire critique des doctrines de l'éducation en France* (1879, 7ᵉ édit. 1898), qui obtint le prix Bordin au concours de l'Académie des sciences morales et politiques de 1877. On lui doit aussi une traduction française de la *Logique* de Bain (1876). Il a écrit, pour les écoles primaires, des *Éléments d'éducation civique* (1881), ouvrage répandu à plusieurs centaines de mille exemplaires, malgré une bruyante condamnation prononcée par la congrégation de l'Index le 8 janvier 1883. Il a publié encore, dans le même ordre d'études : *Instruction civique* (1883) ; *Histoire de la pédagogie* (1884) ; *Cours de pédagogie théorique et pratique* (1885) ; une édition du *Rapport de Condorcet sur l'organisation de l'instruction publique* ; un choix de *Pensées de Loke sur l'éducation* ; l'*Évolution intellectuelle et morale de l'enfant* (1893), couronné par l'Académie Française) ; *Yvan Galle*, livre de lecture courante (1894, couronné par l'Académie des sciences morales et politiques). La plupart de ces ouvrages ont été traduits en plusieurs langues. On lui doit aussi des articles insérés dans les revues et journaux, notamment dans la *République Française*, des *Rapports*, etc.

Décoré depuis le 12 juillet 1880, M. G. Compayré a été promu officier de la Légion d'honneur en 1895.

LECOCQ (Alexandre-Charles)

OMPOSITEUR de musique, né à Paris le 3 juin 1832. Lauréat du Conservatoire (1850-1852), il se consacra d'abord au professorat et enseigna le piano.

En 1857, M. Ch. Lecocq fit représenter aux Bouffes-Parisiens une pièce reçue au concours : le *Docteur Miracle*. Il donna ensuite aux Folies-Marigny et aux Folies-Nouvelles un certain nombre de pièces qui furent bien accueillies : le *Baiser à la porte*, *Liline et Valentin*, les *Ondines au champagne*, le *Cabaret de Ramponneau* ; puis, au Palais-Royal : le *Myosotis* (mai 1866). Il trouva un réel et grand succès avec *Fleur de Thé*, opérette-bouffe en 3 actes (Athénée Comique, avril 1868), qui eut plus de cent représentations ; ensuite, il fit jouer les *Cent Vierges*, opéra-bouffe en 3 actes (Bruxelles 1871, reprise à Paris, aux Variétés, 1872) ; la *Fille de Madame Angot*, opérette-bouffe en 3 actes, représentée pour la première fois à Bruxelles le 4 décembre 1873, puis aux Folies-Dramatiques le 21 février 1875, où elle tint l'affiche pendant quinze mois consécutifs ; qui, par la suite, donna lieu à d'innombrables reprises à Paris, en province et à l'étranger, et qui est bien l'un des plus beaux succès de théâtre du siècle.

M. Lecocq a produit, en outre, une série d'œuvres musicales sur des livrets de MM. Halévy, Meilhac, Nuitter, Beaumont, Chivot, Duru, Vanloo, etc., qui furent jouées à la Renaissance, aux Nouveautés, aux Bouffes-Parisiens et aux Folies-Dramatiques. Parmi ces œuvres, nous citerons : *Giroflé-Girofla* (Renaissance, 1874) ; les *Prés Saint-Gervais* (Variétés, 1874) ; le *Pompon* (Folies-Dramatiques, novembre 1875) ; la *Petite Mariée* (Renaissance, novembre 1875 et, au même théâtre ; *Kosiki* (octobre 1876), la *Marjolaine* (février 1877), et le *Petit Duc* (janvier 1878) ; la *Camargo* (1878) ; la *Petite Mademoiselle* (avril 1879) ; la *Jolie Persane* (octobre 1879) ; *Janot* (janvier 1881) ; le *Jour et la Nuit* (novembre 1881) ; le *Cœur et la Main* (Nouveautés, 1882) ; la *Princesse des Canaries* (Fol. Dram., 1883) ; l'*Oiseau Bleu* (janvier 1884) ; *Plutus* (Op. Com., 1884) ; les *Grenadiers de Montcornette* (Bouffes, 1887) ; la *Volière* (Nouveautés, 1888) ; *Ali-Baba* (Alhambra de Bruxelles, 1887, Eden, 1889) ; l'*Égyptienne* (Fol. Dram., 1890) ; *Nos bons Chasseurs* (Nouv. Théât., 1894) ; *Ninette* (Bouffes, 1896).

M. Lecocq a écrit en outre vingt-quatre compositions intitulées : *Miettes musicales*, des mélodies et des chansonnettes : *Lettre d'une cousine à son cousin, A Ninon, Fables de la Fontaine*, etc., et deux opéras-comiques non représentés : le *Chevrier* et *Renza*.

M. Ch. Lecocq est chevalier de la Légion d'honneur depuis le 1ᵉʳ janvier 1894.

BOISSIER (Marie-Louis-Gaston)

LITTÉRATEUR et professeur, membre de l'Institut, secrétaire perpétuel de l'Académie Française, né à Nîmes le 15 août 1823. Il commença ses études au lycée de cette ville et les acheva à Sainte-Barbe et à Louis-le-Grand, à Paris.

M. Gaston Boissier entra à l'Ecole normale en 1843 ; reçu agrégé des classes supérieures en 1846, il fut nommé professeur de rhétorique à Angoulême, puis à Nîmes, où il exerça dix ans. Docteur en 1856, il fut appelé à Paris, l'année suivante, comme professeur suppléant de rhétorique au lycée Charlemagne. Chargé bientôt de suppléer M. Havet au Collège de France, dans la chaire d'éloquence latine (1861), puis nommé maître de conférences à l'Ecole normale (1865), il fut appelé, la même année, à suppléer Sainte-Beuve, pour le cours de poésie latine.

M. Gaston Boissier a été élu membre de l'Académie Française, le 8 juin 1876, en remplacement de Patin, et nommé secrétaire perpétuel de cette assemblée en remplacement de Camille Doucet (1895). Il a été également admis à l'Académie des Inscriptions et Belles-Lettres, en remplacement de Léon Renier, le 22 janvier 1886. Il a épousé une fille d'Eugène Burnouf.

M. Gaston Boissier a publié : le *Poète Attius et Plaute*, thèses de doctorat (1856) ; une *Etude sur Terentius Varron* (1859), qui obtint le prix Bordin à l'Académie des Inscriptions et Belles-Lettres ; *Cicéron et ses amis*, étude sur la société romaine au temps de César (1866, 2ᵉ édit. 1872, 3ᵉ édit. 1892, 4ᵉ édit. 1896, ouvrage couronné par l'Académie Française) ; la *Religion romaine d'Auguste aux Antonins* (1874, 2ᵉ édit. 1878) ; *L'Opposition sous les Césars* (1875, 2ᵉ édit. 1885) ; *Promenades archéologiques, Rome et Pompéi* (1880) ; *Nouvelles promenades archéologiques, Horace et Virgile* (1886, 2ᵉ éd. 1895) ; *Madame de Sévigné* (dans la collection des classiques français, 1887) ; la *Fin du Paganisme* (1894). On lui doit aussi plusieurs séries d'articles d'histoire ou de critique littéraire dans la *Revue des Deux-Mondes*, la *Revue de l'Instruction publique*, etc.

Décoré de la Légion d'honneur en 1863, il a été promu officier le 15 janvier 1879, commandeur le 21 décembre 1888 et grand-officier en 1896.

BOUILLIER (Francisque)

PROFESSEUR, membre de l'Institut, né à Lyon le 12 juillet 1813. Il commença ses études au collège Stanislas de Paris, les acheva à Lyon, fut admis à l'Ecole normale en 1834 et reçu le premier, en 1837, à l'agrégation de philosophie.

Nommé professeur de philosophie à Orléans, M. Bouillier fut reçu docteur en 1839, avec une thèse intitulée : *La légitimité de la faculté de connaître*. Professeur à la Faculté de Lyon la même année, il obtint, en 1841, avec son *Histoire du cartésianisme*, le prix de l'Académie des Sciences morales et politiques, qui, l'année suivante, l'admit comme correspondant.

M. Bouillier a été membre du Conseil municipal de Lyon de 1846 à 1848. Nommé doyen de la Faculté à la fin de cette dernière année, il devint, en 1856, président de l'Académie impériale de cette ville. Il a été inspecteur général en 1865, membre du Conseil de l'Instruction publique le 18 août 1866, et directeur de l'Ecole normale supérieure le 24 octobre 1867. Il abandonna ces fonctions, en 1872, pour reprendre celles d'inspecteur général de l'Enseignement secondaire. Il a été mis à la retraite, avec le titre d'inspecteur général honoraire, le 10 février 1879.

M. Bouillier a été élu membre de l'Académie des Sciences morales et politiques, le 11 décembre 1875, en remplacement de Rémusat.

Il a publié : *Histoire et critique du cartésianisme* (1842), développement de son mémoire couronné ; *Théorie de la raison impersonnelle* (1845) ; *Histoire de la philosophie cartésienne* (1854, 2ᵉ édit. 1867) ; *De l'unité de l'âme pensante et du principe vital* (1858) ; *Du principe vital et de l'âme pensante*, etc. (1862) ; *Du plaisir et de la douleur* (1865, 3ᵉ édit. 1885) ; *De la conscience en psychologie et en morale* (1872) ; *Morale et progrès* (1875) ; *L'ancien conseil de l'Université et le projet de loi de M. Ferry* (1879) ; *l'Université sous M. Ferry* (1881) ; la *Vraie conscience* (1882) ; *Etudes familières de psychologie et de morale* (1884) ; *Nouvelles études familières* (1887) ; *Questions de morale pratique* (1889) ; *Notions d'histoire et de philosophie* (1895) ; *Souvenirs d'un vieil universitaire* (1897). Il a traduit de l'allemand : *De la religion dans les limites de la raison*, de Kant (1842), avec M. Lortet ;

Méthode pour arriver à la vie bienheureuse, de Fiehte (1845); et *Nouveaux essais sur l'entendement humain*, de Leibnitz (1885). Il a collaboré à la *Liberté de penser*, au *Dictionnaire des sciences philosophiques*, d'Ad. Franck, etc.

Décoré de la Légion d'honneur le 6 mai 1846, il a été promu officier le 14 août 1867.

BINGER (Louis-Gustave)

XPLORATEUR, publiciste, administrateur, officier, né à Strasbourg, le 14 octobre 1856. Après avoir fait de solides études classiques en Alsace, il s'engagea volontairement, le 15 octobre 1874, au 20° bataillon de chasseurs à pied et non dans l'infanterie de marine, comme le dit M. Vapereau, dans son *Dictionnaire des Contemporains*. Plus tard, il passa dans ce corps et y devint sous-lieutenant au 4° régiment, le 10 octobre 1880, lieutenant, le 25 mai 1883 ; il fut nommé capitaine, le 19 juin 1888 et démissionna en 1893.

Resté, pendant ces huit années consécutives, dans nos possessions africaines, il prit part à plusieurs expéditions. M. Binger profita de son long séjour dans ce pays, pour étudier l'histoire, la géographie et les langues des peuplades indigènes. Aussi, fut-il chargé de plusieurs missions scientifiques au Sénégal et dans le Soudan français, au retour desquelles il publia des études très remarquées, sur la langue Bambara (1881-1886), qui le désignèrent au choix du général Faidherbe, comme officier d'ordonnance.

A cette époque, le gouvernement confia à M. Binger l'importante mission d'explorer toute la partie des terres africaines comprises dans la boucle du Niger, du Soudan français au golfe de Bénin. Il partit de Bordeaux, le 20 février 1887, débarqua à Dakar, remonta le Sénégal pendant quatre cents milles, pénétra dans la boucle du Niger d'où il gagna, ensuite, la partie la plus ignorée de cette région de l'Afrique. Escorté de huit nègres, suivi de dix-huit ânes, portant des marchandises de médiocre valeur, muni, seulement, de trois fusils et de quatre pistolets à pierre, il parcourut, intrépide pionnier, pendant plus de deux ans, avec des difficultés sans nombre, cette région du continent africain. Il étudia, dans ce pays, les langues, les mœurs et les coutumes de populations, formant de nombreuses familles ethnographiques, parlant des idiomes n'ayant, souvent, que quelques vagues ressemblances éthymologiques et compliqués de dialectes locaux. Grâce aux observations géographiques et topographiques que rapporta, de son long voyage, M. Binger, il fut possible d'établir des cartes, qui n'avaient jamais été dressées, de cette partie de l'Afrique. Dans une longue série d'itinéraires, dont plus de quatre mille développés à la boussole, il recueillit, sur les contrées qu'il traversa, tous les renseignements propres à nouer, avec les peuples indigènes, des relations commerciales et ne laissa, sur son passage, que de sympathiques souvenirs. Au mois de mai 1889, il débouchait, heureusement, au golfe de Guinée, au bout de 28 mois de tribulations.

M. Binger signa avec les principaux chefs, notamment avec celui des Etats de Kong, un certain nombre de traités, qui placent leurs territoires sous le protectorat de la France et relient ainsi nos possessions du Sénégal au golfe de Guinée, jetant les bases d'un immense empire soudanais.

Quelque profit, dit un de ses biographes, que l'avenir puisse tirer de ce merveilleux agrandissement de notre territoire colonial, par l'action d'un seul homme, une telle exploration a été justement considérée comme le plus beau triomphe pacifique de la conquête du Continent noir.

A son retour, il fut, pendant un an, officier d'ordonnance du général Février. Il publia le résumé de son long voyage dans le *Tour du Monde*, et le récit complet dans un magnifique ouvrage en deux volumes.

Nommé plénipotentiaire pour fixer la frontière entre la Côte d'Ivoire et l'Achanti (1891-1892), M. Binger fut choisi, au commencement de 1893, comme gouverneur de la Côte d'Ivoire, dont il a su faire, avec les propres ressources de la colonie, sans subvention métropolitaine, une colonie qui, à juste titre, figure parmi celles qui donnent le plus de satisfaction à la France.

Ses brillantes qualités l'ont fait désigner, en décembre 1896, pour présider à la direction des affaires d'Afrique au ministère des Colonies. Depuis cette époque, il a été l'un des délégués à la Commission franco-allemande, pour délimiter les sphères d'influence entre le Dahomey et le Togo, et a été appelé, au même titre, à faire partie de la Commission franco-anglaise (1897-1898).

M. Binger a fait un nombre considérable de conférences très remarquées ; il est lauréat de toutes les sociétés géographiques et scientifiques de France et de l'étranger.

Il a donné en librairie : les *Voies commerciales dans le Soudan occidental* (1885) ; *Essai sur la langue Bambara* (1886) ; *Langues sénégalaises*, en collaboration avec le général Faidherbe (1886 ; *Du Niger au golfe de Guinée* (1889-1890); *Du Niger au golfe de Guinée, par le pays de Kong et le Mossi* (2 vol., ouvrage couronné par l'Académie française, 1892) ; *Esclavage, Islamisme et Christianisme* (1893) ; *Comment on devient explorateur* (1898).

Titulaire de la grande médaille d'or de la Société de géographie de Paris, M. Binger est officier de la Légion d'honneur depuis 1892.

FABRE des ESSARTS (Léonce-Eugène-Joseph)

Poète, publiciste, né à Aouste (Drôme) le 19 mars 1848. Il appartient à une ancienne famille légitimiste très connue dans cette région. Fils d'un administrateur des finances, Léonce Fabre des Essarts fit ses études au séminaire d'Autun, puis au collège de Pontlevoy (Loir-et-Cher). Il entra bientôt dans la carrière universitaire et devint professeur de grammaire, en 1865, au collège d'Avallon. Répétiteur à Lyon en 1870, il quitta ces fonctions pour devenir, deux ans plus tard, professeur de philosophie au collège libre de Forcalquier et dirigea l'école professionnelle de Nice en 1878. Sur ces entrefaites, il épousa la nièce du compositeur Louis Lacombe.

Peu de temps après, il quitta l'enseignement pour entrer au ministère de l'Instruction publique. De 1886 à 1889, M. Fabre des Essarts fut secrétaire de M. Andrieux, ancien préfet de police et député, qui, s'associant à Numa Gilly dans sa campagne antiparlementaire, l'envoya en mission auprès du député de Nîmes. M. Fabre des Essarts rapporta de ce voyage un livre : les *Dessous de l'affaire Gilly* (1888), qui fit beaucoup de bruit. Enfin en 1888, lors de l'inauguration officielle de la statue de J.-J. Rousseau, place du Panthéon, il prononça un discours, qui fut jugé subversif par le gouvernement. Considéré alors comme boulangiste, bien que ce discours même contint une sortie violente contre le césarisme, il dût donner sa démission à la suite de ces faits et ne réintégra son poste qu'en 1898.

Aux élections générales législatives de 1889, il fut candidat républicain socialiste dans le Var contre M. Cluseret, en faveur de qui il se désista finalement.

M. L. Fabre des Essarts a publié notamment : *Yseult*, poème (1872) ; *Humanité*, recueil de vers (1883) ; *Pour tous les âges*, nouvelles (1885) ; *Dupleix et l'Inde française*, étude historique (1888) ; la *Chanson des couleurs*, vers (1890) ; *Pour lui*, vers (1894) ; les *Hiérophantes*, étude sociale et religieuse sur certains hommes du XIXᵉ siècle (1898), etc.

Il a écrit en outre de nombreuses brochures politiques, littéraires et morales, et a collaboré notamment : à l'*Estafette*, à l'*Opinion*, au *Mot d'Ordre*, aux *Matinées espagnoles*, à l'*Initiation*, au *Journal des Artistes*, où il publia des articles sur l'architecture, etc. Il a donné, en 1897, une série de conférences très suivies, à la salle Rudy, sur les *Vieux Maîtres en musique*, avec la collaboration musicale de M. Daniel Fonteneau.

M. Fabre des Essarts, qui s'occupe des questions religieuses et mystiques, a collaboré à la reconstitution de « l'Eglise gnostique », avec MM. Papus, Serge et Sédir. Il est même un des grands dignitaires de cette église et signe parfois ses écrits mystiques « Patriarche gnostique et primat d'Albigeois ».

Partisan de la paix universelle, il a pris plusieurs fois la parole au Congrès de 1889.

M. Léonce Fabre des Essarts a été plusieurs fois couronné au concours des Jeux floraux de Toulouse et de Sceaux. Le 2 août 1897 sa pièce de vers à Bancel a été dite aux fêtes de Valence devant le président de la République. Il est officier d'Académie.

DEBIENNE (Noémi)

Sculpteur statuaire et peintre, née à Moulins (Allier) le 21 mai 1870. Elle vint à Paris de bonne heure et, dès 1893, étudia la sculpture sous la direction de M. Marquet de Vasselot.

Dès l'année suivante, la jeune artiste débutait, au Salon des Champs-Elysées, par deux envois très remarqués : *Ma Mère*, buste marbre, et *Hésitation*, statuette marbre, qui lui firent décerner une mention honorable (1894).

Mˡˡᵉ Noémi Debienne a exposé, depuis cette époque, à la Société des Artistes français : *Bacchante*, statue plâtre, qui représente Erigone, fille d'Icarius, enlevée par Bacchus changé en grappe de raisin pour la séduire (1895) ; *Désespoir*, statue plâtre ; *Erigone*, statue marbre (1896) ; *Fleur d'été*, grande statue plâtre ; *Nadeyda*, buste marbre ; deux œuvres qui obtinrent un grand succès (1897) ; *M. J.-A. Belières*, buste bronze ; *Portrait de l'auteur*, buste marbre (1898).

Cette artiste, très appréciée comme portraitiste, a produit aussi d'autres bustes de nombreuses personnalités parisiennes et américaines.

Peintre de talent, Mlle Noémi Debienne n'a jamais envoyé de toiles à aucune de nos expositions; mais ses *Études de nu* et ses *Portraits* ont attiré l'attention des connaisseurs et des artistes.

LAFORGE (Théophile-Édouard)

VIOLONISTE, né à Paris le 6 mars 1863. Doué, dès l'enfance, de merveilleuses dispositions pour la musique, il entra comme élève au Conservatoire national et y suivit les classes de Garcin et de Sauzay.

Sorti, en 1886, après avoir remporté brillamment un premier prix de violon, cette même année, M. Théophile Laforge se produisit d'abord dans les grands concerts de Paris, où il se fit rapidement remarquer par sa grande virtuosité, comme violoniste et altiste.

Successivement attaché aux concerts Lamoureux et Colonne, soliste à la Société des concerts du Conservatoire et à l'Opéra, nommé violon solo des concerts de l'Opéra, violon solo aux concerts d'Harcourt, M. Théophile Laforge a acquis une grande notoriété parmi les instrumentistes contemporains, grâce à son style large, dramatique, à la justesse de son jeu classique et très élégant à la fois.

Nommé professeur au Conservatoire, en 1894, M. Théophile Laforge a créé la classe d'alto dans cet établissement et y a obtenu les meilleurs résultats.

Ce remarquable artiste est officier d'Académie depuis 1888.

GROSIAN (Paul-Charles-Léon)

ROMANCIER, journaliste, né à Nancy (Meurthe-et-Moselle) en novembre 1870. Il fit ses études au lycée Charlemagne et au collège de Juilly, chez les Oratoriens, et débuta à Paris dans le journalisme.

Collaborateur à la *Petite Presse*, sous la direction de Maxime Paz (1891-1893), à l'*Echo de Paris*, où il fut attaché au service des théâtres (1895) et à la *Cocarde* (1896 et 97), où il fut chargé du courrier des théâtres, M. Paul Grosian se fit tout de suite remarquer, dans ces diverses feuilles, par ses qualités d'observateur et d'analyste. Il a collaboré en outre à divers autres journaux : le *Journal de St-Denis*, l'*Echo du Monde Élégant*, le *Libre*, etc.

M. Grosian a fait paraitre en librairie : *Un Homme* (1 vol 1898), ainsi apprécié par un critique :

.....Œuvre palpitante, puissante, passionnée, d'une psychologie sûre et hardie. C'est là un livre de haute idée et de beau langage, une de ces œuvres qu'il importe de signaler. L'action en est d'un intérêt toujours soutenu. A côté des principaux caractères dont l'analyse est menée avec une rare maîtrise, des personnages bien vivants sont marqués en traits brefs et décisifs. Plusieurs s'y reconnaissent, dit-on ; peut-être... Est-ce parce qu'ils sont réels ou bien simplement symboliques ? M. Grosian a, en ces 300 pages, su s'élever d'un coup à la hauteur d'une belle synthèse. (*Le Figaro*).

On annonce encore de lui : *C'était une fille*, autre roman, et la *Race*, drame en vers, en collaboration (1898).

M. Paul Grosian est chevalier du Nicham el Aouar depuis 1895.

GARDY (Eugène-Benoist)

PEINTRE-DÉCORATEUR de théâtres, né à Paris le 23 avril 1856. Elève de Lequien et Robecchi, il entra dans l'atelier de ces maîtres en 1874, pour y rester jusqu'en 1888.

Associé alors avec M. Amable, M. Gardy monta avec lui, au théâtre de l'Opéra : *Samson et Dalila*, le *Mage*, *Salambô*, *Othello*, et, à l'Opéra Comique : *Esclarmonde*, *Dimitri*, la *Baçoche*, etc. En 1894, il s'établit seul.

Parmi les décors exécutés depuis par lui, il faut citer ceux : de l'*Hôtel du Libre-Echange*, de la *Tortue* (2 tableaux) de *Mignonette* ; des *Petites Folles* et des *Erreurs du Mariage* pour le théâtre des Nouveautés; de l'*As de Trèfle* (2 tableaux), du *Train n° 6* (1 tableau), pour l'Ambigu; du 1er acte de *Au bonheur des Dames*, pour le Gymnase, du 4e acte du *Chevalier aux Fleurs*, pour les Folies-Marigny; de *Panurge* (3e acte), de la *Mascotte*, de la *Poupée*, de *Mam'zelle Quatre-Sous* et de la *Jolie Parfumeuse*, pour la Gaité; des *Mauvais Bergers*, le 5e acte de la *Ville Morte*, pour la Renaissance, etc.

Chargé de restaurer le matériel du théâtre du Capitole de Toulouse, il y a monté deux opéras en entier : *Ascanio* et *Guernica*.

Cet artiste est encore l'auteur des décors de trois pièces à spectacle : *Venise*, *Constantinople* et l'*Orient*, pour l'Olympia de Londres et de trois petites pièces pour le Théâtre Critérium, également à Londres. Il a encore fait des décors pour les théâtres de Chicago, Washington et Philadelphie.

M. Gardy est officier d'Académie depuis 1894.

BEAUQUIER (Charles)

ITTÉRATEUR et député, né à Besançon le 19 décembre 1833. Son droit achevé à Paris, il entra à l'Ecole des Chartes en 1854 et obtint le diplôme d'archiviste-paléographe.

M. Beauquier, tout d'abord, fit en même temps de la critique musicale et du journalisme politique.

Nommé sous-préfet de Pontarlier le 6 septembre 1870, il donna sa démission après la signature de la paix, collabora aux journaux républicains du Doubs, et devint conseiller général de ce département en 1871; rédacteur en chef de la *Fraternité*, de Besançon, il fut élu conseiller municipal de cette ville en 1873.

M. Beauquier se présenta à une élection législative partielle, le 11 avril 1880, dans la 1re circonscription de Besançon, comme radical, et fut élu au second tour, le 25 avril, par 3,989 voix contre 3,560 obtenues par M. Ordinaire, candidat républicain modéré. Il donna sa démission de conseiller municipal et de conseiller général. A la Chambre, il siégea à l'extrême gauche, vota avec le parti radical et présida les banquets des amnistiés de la Commune en juillet et août 1880.

Réélu, le 4 septembre 1881, au scrutin de ballottage, par 4,162 voix, contre 4,135 données à son ancien concurrent, M. Beauquier, en 1885, passa le dernier de la liste républicaine du Doubs, le 4 octobre, avec 35,409 voix sur 64,794 votants.

Aux élections générales du 22 septembre 1889, au scrutin d'arrondissement, la 1re circonscription de Besançon le renvoya à la Chambre, au ballottage, par 4,258 voix contre 3,817 données à un autre candidat républicain, M. Alvizet de Maizières. Il vit son mandat renouvelé en 1893, par 3,949 suffrages contre 4,380 obtenus par deux concurrents.

A la Chambre, le député du Doubs a voté généralement avec le parti radical. Il présenta dans la législature 1885-1889 un projet tendant à la suppression des titres nobiliaires héréditaires et à leur remplacement par des titres achetés à l'Etat, proposition qui fut repoussée. Il a été membre de plusieurs commissions et s'est particulièrement occupé des questions budgétaires, de douanes, administratives et de décentralisation.

M. Beauquier a publié : *Notice historique et pittoresque sur le Raincy* (1865, in-8) ; *Philosophie de la musique* (1865, in-18) ; les *Dernières campagnes dans l'Est* (1875, in-18) ; *Le Drame et la Musique* (1877, in-18). Il a donné une édition annotée du *Théâtre de Beaumarchais* (1872, 2 vol. in-16). Président de la Société des Traditions populaires, il a fait paraître en outre un recueil de *Chansons populaires de Franche-Comté* (paroles et musique), et des brochures : le *Blason populaire de Franche-Comté* ; la *Déclaration de fortune, autrefois, aujourd'hui*.

BARBIER de MEYNARD (Charles-Adrien-Casimir)

RIENTALISTE, membre de l'Institut, né à Marseille le 6 mars 1826. Attaché d'abord à la direction politique du ministère des Affaires étrangères, puis à la légation de France en Perse, M. Barbier de Meynard devint plus tard professeur de turc à l'Ecole spéciale des langues orientales vivantes et fut nommé, en outre, professeur de langue persane au Collège de France, en remplacement de M. Mohl (1877). Sur sa demande, il fut transféré, le 9 janvier 1885, à la chaire de langue arabe du même établissement. Il a été nommé, le 12 mars 1898, administrateur de l'Ecole des langues orientales.

M. Barbier de Meynard a été admis à l'Académie des Inscriptions et Belles-Lettres, en remplacement du baron de Slane, le 29 novembre 1878.

M. Barbier de Meynard a publié : un *Dictionnaire géographique, historique et littéraire de la Perse et des contrées adjacentes*, extrait du *Mo'djem-ol-Bouldan* de Yaqoout, et complété à l'aide de documents arabes et persans ; *Description historique de la ville de Kazvén*, extraite du *Tarikhé-Guzideh*, de Hamd-Allah-Mustofi Kazvini ; *Extraits de la chronique persane d'Hérat* ; *Notice sur Mohammed ben Hassan Ech-Cheibani, jurisconsulte hanéfite* ; *Tableau littéraire du Khorassân et de la Transoxiane au IVe siècle de l'hégire* (1861) ; *Ibrahim, fils de Mehdi*, fragments historiques (1869) ; le *Seïd Himyarite* (1875). Il a donné, en collaboration avec M. Pavet de Courteille, le texte et la traduction française des *Prairies d'or* de Maçoudi. Il a traduit et annoté : le *Livre des routes* d'Ibn-Khordadbeh, puis une série de *Comédies* de Mirza Féth-Ali, traduites du turc en persan (1885, in-18 ; le *Verger* du poète Sadi, et divers ouvrages littéraires ou moraux d'écrivains arabes ou persans. On lui doit, en outre, un *Dictionnaire turc français* (1885-1887), et une notice sur *James Darmesteter* (1894).

M. Barbier de Meynard, décoré de la Légion d'honneur en 1867, a été promu officier le 31 décembre 1884.

Mme Edmond ADAM, (née Juliette LAMBER)

ÉCRIVAIN, née à Verberie (Oise) le 4 octobre 1836.

Fille d'un médecin, elle épousa, d'abord, M. La Messine et signa de son nom de femme, « J. de la Messine », la première édition de ses *Idées antiproudhoniennes sur l'amour, les femmes et le mariage* (1858, in-18) ; cet ouvrage a été réimprimé depuis sous le nom de Juliette Lamber, qui est sa signature littéraire la plus connue. Elle devint, plus tard, la femme d'Edmond Adam, préfet de police en 1870, député de Paris en 1871, sénateur inamovible, mort en 1877.

Mme Adam, après son second mariage, s'occupa beaucoup de politique, en même temps que de littérature. Son salon devint un véritable centre parlementaire, où s'organisa, en partie, la résistance républicaine au mouvement réactionnaire du 16 mai 1877.

En 1879, pour avoir un organe à elle, Mme Edmond Adam fonda la *Nouvelle Revue* ; tout en dirigeant cette publication, elle y écrivit régulièrement des *Lettres sur la politique extérieure*. On lui attribua, en outre, les *Études sur les Sociétés étrangères*, publiées dans cette revue sous le pseudonyme de « comte Paul Vasili » et qui furent réunies ensuite en volumes, sous des titres particuliers ; ces ouvrages ont fait sensation à l'étranger et donné lieu à de vives discussions.

Mme Edmond Adam, malade, abandonna la direction de la *Nouvelle Revue* à la fin de 1886 ; mais elle reprit cette direction en 1889 et ne l'a plus quittée depuis.

Mme Adam a, par ses écrits et son influence, grandement aidé à la conclusion d'une alliance entre notre pays et la Russie.

On connaît de « Juliette Lamber », depuis les *Idées antiproudhoniennes*, les ouvrages suivants : *Blanche de Coucy* ; *L'Enfance* ; *La Chenille et la violette*, etc. (1858) ; *Garibaldi, sa vie, d'après des documents inédits* (1859) ; *Mon village* ; *le Mandarin* ; *la Papauté* (1860) ; *Récits d'une paysanne* (1862, rééd. 1885 et 1897) ; *Voyage autour d'un grand pin* (1863) ; *Dans les Alpes, nouveaux récits* (1867) ; *l'Éducation de Laure* (1868) ; *Saine et sauve* (1870) ; *Récits du golfe Juan*, nouvelles ; le *Siège de Paris, journal d'une Parisienne* (1873) ; *Jean et Pascal* (1876) ; *Laide* (1878) ; *Grecque* (1879) ; *Galathée*, adaptation d'un drame historique de Basiliadis, représenté sur le théâtre des Nations, le 27 décembre 1880 ; des études sur les *Poètes grecs contemporains* (1881) ; la *Chanson des nouveaux époux* (1882, publication d'un grand luxe typographique) ; *Païenne* (1883) ; la *Patrie hongroise, souvenirs personnels* (1884) ; *Coupable*, comédie en un acte (1885) ; le *Général Skobeleff* (1886) ; *Jalousie de jeune fille* (1889). La série des études du « comte Paul Vasili », sur les sociétés étrangères, comprend : la *Société de Berlin* (1884) ; la *Société de Vienne* ; la *Société de Londres* (1885) ; la *Société de Saint-Pétersbourg* ; la *Société de Madrid* (1886) ; la *Société de Rome* (1887) ; la *Société de Paris : le Grand Monde, le Monde politique* (1887-1888, 2 vol.). On a, sous le même pseudonyme : la *Sainte Russie* (1884). Mme Edmond Adam a enfin publié sous son nom de femme : *Types et paysages de Hongrie* (1893) ; la *Patrie portugaise* (1896).

BONHEUR (Mlle Marie-Rosalie, dite Rosa)

PEINTRE, née à Bordeaux le 22 mars 1822. Élève de son père, Raymond Bonheur, artiste de mérite, mort en 1853, Mlle Rosa Bonheur débuta au Salon de 1841 par deux petites toiles : *Deux lapins* et *Chèvres et moutons*. Elle donna ensuite, aux Salons annuels : des *Animaux dans un pâturage* ; le *Cheval à vendre* ; des *Chevaux sortant de l'abreuvoir* ; des *Chevaux dans une prairie* ; des *Vaches au pâturage* ; la *Rencontre* ; un *Âne* ; les *Mousquetaires* ; le *Labourage* ; un *Troupeau cheminant* ; le *Repos* ; une *Étude d'étalons* ; une *Nature morte* ; une *Étude de chien courant* ; le *Meunier cheminant* ; le *Laboureur nivernais* (au Luxembourg). Toutes ces toiles ont été produites de 1842 à 1850.

En 1849, Mlle Rosa Bonheur avait été chargée de diriger l'École gratuite de dessin pour les jeunes filles. Elle est demeurée fort longtemps à ce poste et est restée directrice honoraire de l'École.

Cette artiste s'est fait une très belle réputation de peintre des animaux et de la vie rustique ; ses œuvres ont été achetées surtout à l'étranger, en Angleterre notamment.

Donnons une mention spéciale aux œuvres suivantes de Mme Rosa Bonheur, qui sont des plus connues : *Marché aux chevaux* (1853) ; *Fenaison en Auvergne* (Exp. univ. 1855) ; dix toiles envoyées à celle de 1867 : *Moutons au bord de la mer* ; *Berger béarnais* ; *Une Barque* ; *Bourriquaire aragonais* ; *Cerfs traversant un espace découvert* ; *Razzia*

(Ecosse); *Chevreuils au repos; Poneys; Berger écossais.*

Pendant la guerre de 1870-71, elle fut, disent ses biographes, à Fontainebleau où elle habitait, l'objet d'attentions et d'une protection spéciale de la part du prince royal de Prusse.

Vers cette même époque, Mlle Rosa Bonheur cessa à peu près complètement d'exposer en France et envoya ses œuvres à l'étranger. Il convient de louer, parmi les toiles qu'elle y montra, celles exposées, en 1879, à Anvers : *Un Parti de fourrageurs* et, en 1882, à Londres : le *Lion chez lui.*

Elle a envoyé à différentes reprises, aux Salons, des œuvres de sculpture, qui n'ont pas été très appréciées.

Mlle Rosa Bonheur a obtenu aux Salons : une 3e médaille en 1845, une 1re en 1848, une autre en 1855 et, à l'Exposition universelle de 1867, une médaille de 2e classe. En 1868, elle a été nommée membre de l'Institut d'Anvers, et décorée de l'ordre de Léopold de Belgique en 1870. Chevalier de la Légion d'honneur en 1865, elle a été promue officier en 1894.

BONHEUR (Jules-Isidore)

SCULPTEUR, frère de la précédente, né à Bordeaux le 15 mai 1827. Comme sa sœur, M. I. Bonheur reçut des leçons de peinture de son père ; mais il s'est fait connaître plutôt comme statuaire, avec des groupes d'animaux, principalement.

Au Salon de 1848, il envoya, comme peintre et comme sculpteur, le même sujet : *Combat d'une lionne et d'un cavalier africain.*

Il abandonna, de suite, la peinture et n'a plus envoyé depuis, aux Salons, que des travaux de sculpture, parmi lesquels nous citerons : *Cavalier chassant un taureau ; Zèbre attaqué par une panthère,* études en plâtre (1853) ; *Étalon arabe,* étude en cire ; *Hercule et les chevaux de Diomède,* groupe en plâtre (1855) ; un *Taureau* et un *Ours ; Vache défendant son veau* (1857) ; *Jument et son poulain ; Chien et Brebis* (1859) ; une *Cheminée,* marbre (1861) ; *Jument anglaise montée par un Jockey,* plâtre ; *Étalons anglais,* bronze (1863); *Enfants et Chiens,* un *Jockey* (1864) ; *Taureau* (1865) ; *Cheval anglais ; Postillon* (1866) ; *Dromadaire ; Tigre royal* (1868) ; *Lionne et ses petits,* bronze (1869) ; *Bœuf et Chien,* groupe plâtre (1870) ; *Jument et poulain* (1872) ; *Pépin le Bref dans l'arène,* groupe plâtre (1873) ; *Deux têtes de chien courant et de chien d'arrêt* (1875) ; un *Lion,* plâtre (1876) ; le *Dénicheur de Tigres,* statue plâtre (1877) ; *Cheval de course et Cheval de manège* (1878) ; *Porte-étendard de l'époque de Henri II ; Saut de la haie* (1884) ; *Cerf faisant tête* (1885) ; *Trompette de l'époque de Louis XIII* (1886) ; *Juments ; Relais de chiens* (1889) ; *Taureaux de combat espagnols* (1891); *Cuirassier* et *Chasseur d'Afrique,* statuettes bronze argenté (1892) ; *Cerf ; Sanglier coiffé* (1894) ; *Chienne de berger ; Cavalier Louis XV* (1896) ; *Jeu de Polo* (1897) et de nombreux groupes d'animaux, sous divers titres.

M. I. Bonheur a obtenu deux médailles aux Salons de 1865 et de 1869 et une médaille d'or à l'Exposition universelle de 1889. Il a été décoré de la Légion d'honneur, en 1895.

LÉA d'ARIEL (Mme CROZE-du-PUY, née HUGENER, dite)

CRITIQUE d'art, chroniqueur et romancier, née à Lyon en 1853. Fille d'un docteur en médecine, petite-fille du célèbre docteur du Puy, veuve d'un honorable fonctionnaire, ce n'est qu'après s'être entièrement consacrée à l'éducation de ses deux filles et les avoir mariées, que Mme Léa d'Ariel débuta dans la littérature, en 1895, par des études qui furent immédiatement remarquées, sur la *Femme Orientale* et *l'Ile de Zanzibar.* Cette dernière lui valut une distinction honorifique de la part du sultan Hamed-ben-Thueni.

Ses critiques d'art, publiées dans divers journaux et revues, ainsi que ses spirituelles chroniques sur les travers mondains et l'actualité, ont de suite assigné à cet écrivain une bonne place parmi les femmes de lettres contemporaines.

En outre, de contes exquis pour jeunes filles, elle a donné un nombre considérable de plaquettes qui ont obtenu le plus grand succès, notamment : *Légendes, Regard sur le passé, Un Divorce, Soirée macabre, Saïd et Leïla, Soldats français, Éternelle vision, l'Oubli, Souvenir de Forêt, Influence d'un duc sur une vie, Achille,* etc., et des monologues humoristiques.

Mme Léa d'Ariel a collaboré ou collabore à de nombreux journaux et revues tels que : *Simple-Revue, Paris-Province, Gazette-critique, Revue de l'Est, Hirondelle de France, Revue-Inter-nationale, Stamboul, Nouvelle Revue moderne, l'Orient illustré,* le

Lyon-républicain, El Universal, El Obrero Mexicano, le Mondain, les Alpes-Mancelles, la Correspondance Parisienne, le Triboulet, la Touraine républicaine, etc.

Comme auteur dramatique, Mme Léa d'Ariel a terminé en 1898 une pièce en 3 actes : *Bachelière*, reçue au Théâtre d'auditions, critique de l'éducation des jeunes filles à notre époque, exposée dans une action dramatique et mouvementée.

Romancier, Mme Léa d'Ariel a publié : *Ginevra* (1898) œuvre de psychologie et de fine observation contre le mariage tel qu'il se pratique de nos jours, et qui révèle chez son auteur de réelles qualités dans l'analyse des caractères.

Très répandue dans le monde, Mme Léa d'Ariel est présidente et vice-présidente de sociétés artistiques et littéraires et dame patronnesse d'œuvres diverses. Elle est commandeur de l'ordre royal de l'Etoile Brillante de Zanzibar.

TROIMAUX (Edgard)

Chroniqueur judiciaire et avocat, né à Loué (Sarthe) le 3 avril 1856. Après avoir fait ses études classiques au lycée du Mans, il vint à Paris pour y suivre les cours de la Faculté de Droit, fut reçu licencié en 1879, et prêta serment d'avocat devant la Cour d'appel de Paris.

M. Edgard Troimaux débuta dans la littérature par des articles insérés dans le *Beaumarchais*, feuille littéraire dont il fut un des rédacteurs de la fondation, avec MM. Louis Jeannin, Catulle Mendès, Millanvoye, A. Heulard, Alexis Bouvier, Edm. Bazire, etc. Il appartint ensuite au *Réveil*, le premier journal littéraire fondé par M. Valentin Simond, qui ne dura que deux ans, et collabora successivement à la *Marseillaise*, au *Mot d'Ordre* et à l'*Estafette*. Dans ces diverses publications, ce journaliste donna des nouvelles très remarquées et les comptes rendus des tribunaux.

Appelé comme chroniqueur judiciaire à l'*Echo de Paris*, en 1885, M. Edgard Troimaux y publie, depuis lors, des articles quotidiens qui lui ont assigné l'une des meilleures places parmi ses confrères dans ce genre spécial.

En outre de ses travaux littéraires, M. Edgard Troimaux a fait de nombreuses conférences à l'Union de la Jeunesse républicaine, notamment sur l'*Histoire de la Révolution*, à la Bibliothèque des Gobelins.

Il est un des membres fondateurs de l'Association de la Presse judiciaire et de l'Association de la Jeunesse républicaine.

NACLA (Mme Th. ALGAN, dite vicomtesse)

Ecrivain, journaliste, née à Paris le 12 novembre 1862. Elle débuta dans le *Petit Parisien* par des nouvelles remarquées, sous le pseudonyme de « Félicien Nacla ». Elle a ensuite collaboré au *XIXe siècle*, et à l'*Abeille* de la Nouvelle-Orléans.

Depuis 1896, elle fait, sous le titre de « Chronique Mondaine », les premiers Paris du *Bon Journal*, où elle publie, en outre, d'intéressantes « Variétés », ainsi que des causeries signées « Health ».

Elle a fait paraitre en librairie, chez l'éditeur Flammarion, sous son pseudonyme de « Vicomtesse Nacla, » des ouvrages qui ont obtenu le plus grand succès, notamment : *Il! le choisir, le garder!* livre d'une finesse d'observation et d'une psychologie toute féminine, et rempli de conseils utiles aux jeunes femmes; le *Boudoir* (1897); le *Dictionnaire du Savoir-vivre* (1898); *Par le Cœur!* recueil de nouvelles paru dans la « Collection des auteurs célèbres » et couronné par la Société d'encouragement au Bien, etc.

SORTAIS (Louis-Marie-Henri)

Architecte, né à Paris le 8 novembre 1860. Entré, en 1881, le 1er de sa promotion, à l'Ecole des Beaux-Arts, où il fut 1 élève de l'atelier Daumet et Girault. M. Louis Sortais obtint, pendant ses études, la grande médaille d'émulation, les prix J. Leclaire, Abel Blouet et la médaille de la Société centrale des Architectes de France en 1888.

Cinq fois logiste, il remporta successivement le second grand prix avec un projet de *Cour des Comptes* (1886), le 1er second grand prix avec un projet de *Parlement* (1888) et le grand prix de Rome avec un *Monument à Jeanne d'Arc* (1890). Pendant son séjour à la villa Médici, cet artiste a fait divers envois, dont le principal est sa *Restauration du Canope de la Villa Hadriana* à Tivoli, près Rome.

Rentré en France, M. L. Sortais a exposé presque tous les ans au Salon des Champs-Elysées et y a produit des dessins et des aquarelles remarqués : *Corniches antiques*; *Temple du Soleil et Thermes d'Agrippa* à Rome ; *Détails Renaissance italienne*; *Chartreuse de Pavie et tombeau de Fiésole* 1894 ; *Mosquée du Barbier à Kairouan* (Tunisie), aquarelle (1895); *Canope de la Villa Hadriana* restauration ;

esquisse d'un *Monument à la Mémoire du président Carnot*, maquette en plâtre de ce monument (1896) ; *Mosaïque ; Saint-Marc, Venise* (1897).

On lui doit en outre de nombreuses constructions particulières et industrielles et le *Monument S. Henraux* dans l'église de Serravezza (Toscane).

Cet architecte a pris part au concours des projets d'ensemble de l'Exposition universelle de 1900 et y a obtenu une 3ᵐᵉ prime ; il est chargé de l'édification du palais destiné aux *Procédés des Lettres, Sciences et Arts* et est, en outre, inspecteur principal à la direction centrale des services d'architecture de cette exposition.

M. Louis Sortais a publié un mémoire sur le *Canope de la Villa Hadriana*, présenté à l'Académie des Beaux-Arts.

Auditeur au Conseil général des Bâtiments civils, titulaire d'une mention honorable et d'une médaille de 2ᵉ classe au Salon des Champs-Elysées, il est officier d'Académie depuis 1895.

COMERRE (Léon-François)

PEINTRE, né à Trélon (Nord) le 10 octobre 1850. Dès 1867, au cours de ses études artistiques à Lille, il remporta une médaille d'or. Venu à Paris l'année suivante, il reçut les conseils de Cabanel et, entré à l'Ecole des Beaux-Arts, il y obtint le grand prix de Rome, en 1875, sur ce sujet : *L'Ange annonçant aux bergers la naissance du Christ*. Il fit un voyage d'études en Belgique et en Hollande, avant d'aller à Rome.

M. Léon Comerre, qui avait envoyé au Salon de 1874, un portrait de *M. Darcq*, a exposé depuis des toiles qui ont attiré sur son nom une certaine notoriété artistique, et parmi lesquelles il convient de citer : *Jézabel dévorée par les chiens* ; *Junon* (1878) ; le *Lion amoureux*, envoi de Rome (1879) ; *Samson et Dalila* (1881, au musée de Lille) ; *Albine morte* (1882) ; *Pierrot* ; *Madeleine* (1884) ; *Mᵐᵉ Louise Théo* ; *Eté* et *Automne*, pour la décoration de la mairie du IVᵉ arrondissement (1886) ; *M. Raphaël Duflos*, de la Comédie-Française, dans le rôle de Don Carlos (1887), le *Printemps*, le *Destin* et l'*Hiver*, triptyque pour la même mairie (1888) ; *Bain de l'Alhambra* (1890) ; *M. A. Lefort* (1891) ; *Le Rhône et la Saône* (1894) ; plus un grand nombre de portraits aux seules initiales et, notamment, un beau *Portrait d'enfant*, en 1897.

M. Comerre a obtenu une médaille de 3ᵉ classe en 1875, une de 2ᵉ classe en 1881. Il a reçu, en outre, des médailles à Philadelphie (1876), à Sydney (1879), à Melbourne (1880), et un diplôme d'honneur, avec 1ʳᵉ médaille, à Anvers, en 1885. Il est chevalier de la Légion d'honneur depuis cette même année 1885.

BAUDOT (Joseph-Eugène-Anatole de)

ARCHITECTE, né à Sarrebourg (Meurthe) le 14 octobre 1834. Il fut élève de H. Labrouste et de Viollet-le-Duc, et s'est fait connaître par des projets ou des travaux d'architecture s'appliquant principalement à des constructions et restaurations d'églises, dont certaines témoignent d'un talent assez personnel. Il a aussi écrit, sur son art, des ouvrages appréciés.

Nommé architecte diocésain pour la cathédrale de Clermont-Ferrand, il est devenu inspecteur des travaux diocésains.

On a vu de M. de Baudot aux Salons annuels : *Projet d'église pour la commune de la Roche* (Nièvre) ; *Etudes sur le système de construction des nefs de l'église de Champeaux* (Seine-et-Marne) *et de Marcil-Marly* (Seine-et-Oise), neuf dessins (1886) ; *Eglise de Rambouillet en cours d'exécution* ; *Ancienne église de Saint-Frambourg à Senlis* (1869) ; *Projets d'églises pour Sèvres et pour Levallois-Perret* (1870) ; *Projet de château* (1872) ; *Habitation de M. B..., dans la Loire* (1874) ; *Restauration de l'église Saint-Nicolas à Blois* (1875) ; *Absides normandes, études comparatives* ; *Projet d'église paroissiale pour la ville de Privas* (1876) ; *Buffet d'orgue exécuté en 1876 dans la cathédrale de Clermont-Ferrand* ; *Projet d'église paroissiale* (1877) ; *Eglise de Tarn à Toulouse*, et *Château de Laval* (1880) ; *Projet de lycée* (1885) ; *Château du Moulin en Sologne*, et *Cathédrale de Clermont* (1887) ; *Projet de collège communal* (1890), etc. Il a exécuté plusieurs de ses projets.

M. de Baudot a publié un vol. : sur la *Réorganisation de l'Ecole des Beaux-Arts* (1864) ; un grand ouvrage : *Eglises de bourgs et de villages* (1861, et ann. suiv., 2 vol. in-4º), et la *Sculpture française au Moyen Age et à la Renaissance* (1884, in-fol., avec pl.). Il a dirigé, avec M. Viollet-le-Duc fils, la *Gazette des Architectes et du Bâtiment*, et, avec M. P. Chabat, le *Journal de menuiserie*.

M. de Baudot a obtenu une médaille en 1869, une médaille de 2ᵉ classe en 1872 et une autre à l'Exposition universelle de 1878. Décoré de la Légion d'honneur en 1879, il a été promu officier le 9 juillet 1886.

BERNE-BELLECOUR (Étienne-Prosper)

PEINTRE, né à Boulogne-sur-Mer le 29 juin 1838.
Élève de Picot et de Barrias, M. Berne-Bellecour fit d'abord des portraits et des paysages, qu'il envoya aux Salons de 1861, 1864, 1866 et 1868, et qui sont peu connus ; puis, il s'adonna à la peinture de genre et militaire. Dans cette dernière manière, il a acquis une certaine réputation.

On a vu de cet artiste : *Désarçonné* ; *Un Sonnet* (1869) ; *Un Coup de canon*, l'une de ses toiles les plus connues ; *Un Nid d'amoureux* (1872) ; le *Jour des fermages* (1873) ; le *Prétendu* (1874) ; *Tirailleurs de la Seine au combat de la Malmaison, le 21 octobre 1870* ; la *Brèche* (1875) ; la *Desserte* (1876) ; *Dans la tranchée* (1877) ; *Sur le terrain* (1879) ; *Attaque du château de Montbéliard*, campagne de 1870-71 (1881) ; *Manœuvre d'embarquement* (1882) ; *Un Prisonnier* (1883) ; *Débarquement*, dessin (1885) ; *Au mouillage* (1888) ; le Portrait du *Duc de la Rochefoucauld d'Estissac* (1890) ; *Aux Armes!* (1891) ; *Défense d'un pont* (1892) ; *Un Secours* (1894) ; *A l'abri* ; *Loin du pays* (1895) ; *Chez l'habitant* (1896) ; le *Sellier de la batterie* (1897).

M. Berne-Bellecour a reçu une médaille en 1869, une autre, de 1re classe, en 1872, aux Salons ; puis, aux Expositions universelles, en 1878, une médaille de 3e classe et, en 1889, une médaille d'argent. Il est, depuis 1878, chevalier de la Légion d'honneur.

BLANCHARD (Auguste-Thomas-Marie)

GRAVEUR, membre de l'Institut, né à Paris, le 18 mai 1819. Élève de son père, après avoir obtenu un second prix de gravure au concours de l'Institut, M. Blanchard se consacra à la reproduction des œuvres des artistes modernes, de préférence à tous autres modèles. Il a cependant donné aussi quelques gravures reproduisant des toiles célèbres de maîtres anciens.

M. Auguste Blanchard a été admis à l'Académie des Beaux-Arts, en remplacement d'Alphonse François, le 17 novembre 1888.

Citons, parmi les œuvres dues au burin de cet artiste, qui a commencé d'exposer en 1843 : le *Repos en Egypte*, d'après Bouchot ; *Tête de Christ*, l'*Ange Gabriel*, d'après Paul Delaroche ; le *Christ rédempteur*, *Faust et Marguerite*, d'après Ary Scheffer ; *Portrait de l'Empereur*, d'après Ed. Dubufe ; les *Fumeurs*, d'après Meissonnier, qui ont figuré, avec plusieurs des sujets précédents, à l'Exposition universelle de 1855 ; *Jupiter et Antiope*, d'après le Corrège (1857) ; le *Jour du Derby à Epsom*, d'après M. Frith ; les *Joueurs d'échecs*, d'après Meissonnier (1864) ; le *Mariage de la princesse royale d'Angleterre avec le prince Frédéric-Guillaume de Prusse*, d'après John Philip (1866) ; etc. La plupart de ces gravures ont reparu à l'Exposition universelle de 1867. A l'Exposition universelle de 1878, il envoya cinq gravures, entre autres : la *Fête des vendanges à Rome*, d'après M. Alma-Tadéma. Il a encore donné, en 1885, d'après le même artiste, le *Baiser d'adieu* ; en 1888, un *Dessus de porte*, d'après Boucher, et le *Laurier en fleur*, d'après Alma-Tadéma ; enfin, en 1892, la *Dédicace à Bacchus*, d'après le même.

M. Blanchard, dont les envois aux salons ont toujours été très espacés, n'a plus rien exposé depuis cette dernière année.

Titulaire d'une 3e médaille dès 1843, d'une 2e en 1847, d'une 1re en 1857 et d'un rappel en 1889, M. Blanchard a reçu en outre, aux expositions universelles : une médaille de 3e classe en 1867, 2e classe en 1878 ; il était hors concours en 1889.

Il a été décoré de la Légion d'honneur le 13 août 1861.

GYP (Sybille-Gabrielle-Aimée-Marie-Antoinette de RIQUETTI de MIRABEAU Comtesse de MARTEL de JANVILLE, dite)

ÉCRIVAIN, peintre, née en 1850 au château de Koëtsal (Morbihan). Elle est l'arrière-petite-fille de Mirabeau-Tonneau et l'arrière-petite-nièce du grand orateur de la Constituante. Son père servit dans les zouaves pontificaux et mourut quelques jours avant la bataille de Mentana. Elle épousa, en 1869, le comte de Martel de Janville.

Mme de Martel débuta dans les lettres, en 1882, par la publication d'un dialogue : *Par le temps qui court*,

— 54 —

sous le pseudonyme de « A. Ouich », dans la *Vie Parisienne* de Marcellin; elle y donna ensuite une série d'autres dialogues, signés « Gyp », et qui ont paru depuis en librairie. Voici les titres de ses livres : *Petit Bob* (46ᵉ édition); *La vertu de la Baronne* (18ᵉ éd. — 1882); *Ce que femme veut...?* (17ᵉ éd.); *Autour du mariage* (91ᵉ éd. 1883, puis mis à la scène avec la collaboration de M. Hector Crémieux et représenté au théâtre du Gymnase la même année ; *Le Monde à côté* (21ᵉ éd.); *Un homme délicat* (22ᵉ éd.); *Plume et poil* (17ᵉ éd. 1884); *Sans voiles* (18ᵉ éd.); *Elles et lui* (19ᵉ éd.); *Le plus heureux de tous* (14ᵉ édit.); *Le Druide* (1885); *Sac à papier* (13ᵉ éd.); *Autour du divorce* (47ᵉ éd.); *Une gauche célèbre*, illustré par Gorguet (1886); *Joies conjugales* (21ᵉ éd.); *Les Chasseurs*, illustration de Crafty ; *Pour ne pas l'être* (19ᵉ éd. 1887); *Les Séducteurs* (17ᵉ éd.); *Mademoiselle Loulou* (19ᵉ éd.); *Pauvres p'tites femmes!* (11ᵉ éd.); *Petit Bleu* (17ᵉ éd. 1888); *Ohé! les Psychologues!* (13ᵉ éd.); *Mademoiselle Eve* (16ᵉ éd. 1889); *O Province!* (14ᵉéd.); *L'Education d'un prince* (11ᵉ éd.); *C'est nous qui sont l'histoire!!!* (14ᵉ éd. 1890); *Ohé! la grande vie!* (12ᵉ éd.); *Un raté* (15ᵉ éd.); *Une Passionnette* (18ᵉ éd.); *Monsieur Fred* (18ᵉ éd. 1891); *Ces Bons Docteurs* (21ᵉ éd.); *Mariage civil* (13ᵉ éd.); *Monsieur le Duc* (16ᵉ éd. 1892); *Tante Joujou* (19ᵉ éd.); *Pas jalouse* (21ᵉ éd.); *Madame la Duchesse* (18ᵉ éd. 1893); *Le 13ᵉ* (18ᵉ éd.); *Le Mariage de Chiffon* (49ᵉ éd.); *Professional-Lover* (19ᵉ éd. 1894); *Leurs Ames* (26ᵉ éd.); *Le Cœur d'Ariane* (20ᵉ éd.); *Ces Bons Normands!* (20ᵉ éd.); *Petit Bleu*, illustrations de Marold; *Du haut en bas* (1895); *Le Bonheur de Ginette* (27ᵉ éd.); *Bijou* (30ᵉ éd.); *Eux et Elle* (28ᵉ éd.); le *Journal d'un Philosophe*; *Les Gens chics*, avec dessins de Bob; *Ohé! les Dirigeants!* idem (1896); *Joies d'amour* (27ᵉ éd.); *La Fée Surprise* (14ᵉ éd.); *En Ballade*, dessins de Bob; *Le Baron Sinaï* (1897); *Israël*; *Sportmomomanie* (1898); *Journal d'un Grinchu* (annoncé, 1898). Elle a écrit aussi : *Une Election à Tigre-sur-Mer*, racontée par Bob (1890, 1 vol. d'illustrations), souvenirs de la campagne électorale de 1889, à Lion-sur-Mer, où Mᵐᵉ de Martel avait fait la propagande en faveur du candidat révisionniste. Mᵐᵉ la comtesse de Martel a collaboré, en outre, à la *Revue des Deux-Mondes*, à la *Revue de Paris*, au *Journal*, à la *Libre Parole*, à l'*Illustration*, à la *Revue Bleue*.

Gyp a su observer, mieux que personne, la vie frivole et superficielle des gens du monde ; elle a noté et mis en un relief saisissant les traits caractéristiques et pour ainsi dire synthétiques de ses personnages, dont certains sont devenus des types universellement connus, tels : « Petit Bob », « Paulette », « Loulou », etc... Ses œuvres obtiennent du public le meilleur accueil.

Toujours sous le pseudonyme de Gyp, elle a envoyé à la Société nationale des Beaux-Arts des portraits de sa fille, de son chien « La Trouille », etc. Un de ses tableaux : l'*Annonciation*, figure aujourd'hui à l'église du Gros-Caillou, à Paris. Elle a exposé aussi au Champ-de-Mars des meubles et des pastels remarqués.

Sous le pseudonyme de « Bob, » elle a illustré plusieurs de ses ouvrages et elle a envoyé des dessins à l'Exposition du Livre en 1894.

LUDRE (Ferri-Marc-Marie-Auguste Comte de)

AGRICULTEUR, homme de sport, né le 11 août 1870. Il appartient à une des plus nobles et anciennes familles de France, d'origine bourguignonne et établie en Lorraine vers 1250. Un de ses grands-oncles fut délégué pour cette province aux Etats-Généraux de 1789; son aïeul, le comte Charles de Ludre, fut représentant de la Meurthe à l'Assemblée législative de 1848. Son père, enfin, né en 1838, fut un des écrivains distingués de notre époque : il publia nombre d'articles importants dans le *Correspondant* de 1869 à 1896, et notamment une *Histoire d'une famille de la chevalerie lorraine*, couronnée par l'Académie Française; gendre du prince de Beauvau, sénateur de l'Empire, il se présenta plusieurs fois sans succès au Conseil général de Meurthe-et-Moselle et, en 1886, aux élections sénatoriales pour ce même département ; il mourut en 1897, membre de l'Académie Stanislas de Nancy.

M. le comte Ferri de Ludre fit ses études chez les Jésuites de la rue de Madrid. Après avoir été sous-officier au 5ᵉ dragons, il est aujourd'hui officier de réserve au 9ᵉ dragons.

Membre de la Société des Agriculteurs de France et de la Société Hippique de Paris, il s'occupe activement des questions qui se rattachent à ces deux spécialités.

Il est, d'autre part, maire de Richaumesnil, commune de Meurthe-et-Moselle, depuis 1896, et s'intéresse à tout ce qui peut être utile à sa région.

Secrétaire du Syndicat des bouilleurs de crû, association qui tend à protéger les droits de ces derniers et intéresse non seulement les départements du Midi, mais ceux de l'Est et de l'Ouest de la France, M. le comte de Ludre a produit, à ce titre, des rapports d'un grand intérêt. Il fait partie de plusieurs associations charitables et s'occupe d'œuvres sociologiques.

Il a épousé, en 1894, Mlle de Maillé, fille du comte de Maillé, sénateur de Maine-et-Loire.

PAGAT (Henri)

Auteur dramatique et romancier, né le 11 janvier 1856, à Paris. Il fit ses études aux lycées de Vanves et Condorcet, suivit les cours de la Faculté de Droit et prit successivement les diplômes de licence et de doctorat.

M. Henri Pagat a publié plusieurs romans d'observation gaie et de satire politique : la *Bonne en Or* (1882) ; *Evangile d'amour* (1883) ; le *Baron Pangorju* (1884) ; *Pangorju au pouvoir* (1890) ; les *Funérailles de l'argent* (1897) ; le *Jeu de l'Amour et du Suffrage Universel* (1898).

Il a donné des nouvelles à la *Revue des Lettres et des Arts*, au supplément du *Petit Journal*, au *Figaro illustré*.

Au théâtre, il a fait représenter : la *Fermière*, drame en 5 actes (en collaboration avec M. Armand d'Artois) (1889), et les *Yeux*, pièce en 3 actes (1898).

BENJAMIN (Ernest)

Romancier, journaliste, né à Paris le 22 juin 1854. Il fit ses études au lycée Saint-Louis, séjourna en Angleterre en 1873 et en Allemagne en 1873-74, puis débuta dans la carrière littéraire, par des vers : *Veillées poétiques*, dédiés à M. François Coppée (1882).

Dès cette époque, M. Ernest Benjamin se consacra, presque exclusivement, au roman psychologique et donna successivement en librairie : *L'Impure* (1884) ; *La Sainte* (1887) ; *Romain Pariçot*, paru dans la *Patrie* (1888) ; *Le Poète Michel*, dans le *Soleil* (1889) ; *Singularité* (1892) ; *Cœur malade* (1896) ; le *Fléau d'Othe* (1898, dans la *Jeunesse amusante*). Cet écrivain a publié aussi un certain nombre de nouvelles psychologiques au *Gil Blas* (1885), à la *Patrie*, en 1887 et en 1889, à la *France Illustrée*, en 1895, et au volume collectif du Comité de la Société des Gens de Lettres, de 1892 à 1898.

En 1892, M. Ernest Benjamin a fait paraître un ouvrage technique : les *Cent lettres de Commerce*, en trois langues, français, anglais, espagnol : il a fait, en 1896, 15 conférences, à l'Institut polyglotte, pour commenter ce livre, lequel a été honoré de souscriptions ministérielles (Instruction publique et Commerce) et a été admis au Catalogue des bibliothèques pédagogiques, pour l'usage particulier des écoles de commerce et des écoles primaires supérieures.

En 1893, il a donné, au Cercle Funambulesque (Théâtre d'Application), un acte en vers : le *Montreur de Marionnettes*, paru en librairie (Lemerre).

Membre du comité de la Société des Gens de Lettres depuis 1891 ; nommé, deux fois, rapporteur des travaux de ce comité (1894-95 et 1897-98) et bibliothécaire-archiviste (1896-97 et 1898-99) ; membre stagiaire de la Société des Auteurs dramatiques. M. Ernest Benjamin a été nommé officier d'Académie en juillet 1891, et officier de l'Instruction publique, en janvier 1897.

GARRIDO (Edouard)

Auteur dramatique portugais, né à Lisbonne, le 20 octobre 1842, et fixé à Paris depuis 1875. Il débuta au théâtre à 17 ans, par une comédie en 1 acte qui obtint un franc succès : « *De noite todos os gatos saõ pardos* » La nuit tous les chats sont gris . Il fit jouer ensuite, sur diverses scènes de genre, une dizaine de vaudevilles. Tous eurent un succès durable et contribuèrent avec quelques monologues d'un tour original, à établir la réputation de M. Garrido comme poète comique.

Les portes du premier théâtre de Lisbonne, théâtre du Gouvernement, lui furent ouvertes avec une comédie en vers : « *Peccados velhos* » Vieux péchés , à laquelle le public et la critique firent un chaleureux accueil (1861). Depuis, M. Garrido a été l'auteur le plus joué du Portugal et du Brésil et sa popularité dans ces deux pays est considérable. On compte environ 200 ouvrages signés de lui. Ce sont, pour la plupart, des opérettes, des féeries et des vaudevilles, qui se distinguent principalement par la cocasserie du dialogue, l'abondance des bons mots et la verve endiablée des couplets.

Voici les titres des pièces les plus connues de M. Garrido, parmi lesquelles il y a beaucoup d'adaptations du théâtre étranger, dont plusieurs ont été trouvées supérieures aux pièces originales : *A pomba dos ovos d'oiro*, féerie, 4 actes; *A fidalguinha das Amoreiras*, vaudeville, 5 actes; *As cartas de amor*, comédie, 2 actes, en vers; *Pum!*, vaudeville, 3 actes; *Peccados velhos*, comédie, 1 acte, en vers; *O valle dos encantos*, légende, 2 actes; *Os trinta-botões*, vaudeville, 1 acte; *O correio do Czar*, drame, 5 actes; *Inter duo litigantes...*, vaudeville, 1 acte; *A pera de Satanaz*, féerie, 3 actes; *De noite todos os gatos saō pardos*, vaudeville, 1 acte; *O gafanhoto*, opérette, 3 actes; *A phenix da roça*, vaudeville, 5 actes; *A fada azul*, vaudeville fantastique, 3 actes, en vers; *Por un triz!* vaudeville, 1 acte; *O bico do papagaio*, féerie, 3 actes; *O joven Telemaco*, opérette, 2 actes; *Silencio Calado*, vaudeville, 1 acte; *Ali-Baba*, pièce en 12 tableaux; *Major!* vaudeville, 1 acte; *Sonhos doirados*, opérette-féerie, en vers, 3 actes; *Ernesto*, vaudeville, 1 acte; *O ursod azul*, opérette, 2 actes; *O asno d'oiro*, féerie, 3 actes; *A boneca*, opérette, 1 acte; *O capitaō negro*, drame, 5 actes; *O barbeirinho de Sevilha*, opérette, 3 actes; *Nove mil reis d'alviçaras*, vaudeville, 1 acte; *Dona Juanita*, opérette, 3 actes; *A gallinha dos ovos d'oiro*, féerie, 4 actes; *A dama do King's Charles*, comédie, 1 acte; *Gaspar Cacete*, comédie, 3 actes; *A corça do bosque*, féerie, 3 actes; *Os dragões d'el-rei*, opérette, 3 actes; *Mosquitos por cordas!* comédie, 3 actes; *A volta do mundo*, pièce en 5 actes; *A ponte do Diabo*, opérette, 3 actes; *O pacto infernal*, drame, 5 actes; *As sete rosas de fogo*, féerie, 3 actes; *Uma viajem a Pekim*, opéra-comique, 3 actes; *As minhas duas metades*, comédie, 3 actes; *Os dois cadis*, opérette, 1 acte; *A lampada maravilhosa*, féerie, 3 actes; *O Feiticeiro*, drame, 5 actes; *A loteria do diabo*, féerie, 3 actes; *Um gancho*, comédie, 3 actes; *Garra-d'açor*, féerie, 3 actes; *O gato preto*, féerie, 3 actes; *Lusbelim*, opérette, 3 actes; *Uma embrulhada*, comédie, 3 actes; *Pelle-de-burro*, féerie, 3 actes; *A viajem á lua*, opérette fantastique, 3 actes; *Um amigo velho*, comédie, 3 actes; *Giralda, Giraldinha*, opérette, 3 actes; *A estatua equestre*, vaudeville, 1 acte; *O filho do Averno*, mystère, 4 actes; *Flor-de-café*, opérette, 1 acte; *A princeza Flor-de-Maio*, féerie, 3 actes; *Uma sessaō d'espiritismo*, vaudeville, 1 acte; *Os cavalleiros andantes*, opérette, 3 actes; *Emquanto as rosas durarem*, comédie, 1 acte; *Zás! trás!* féerie-opérette, 3 actes; *O segredo dos cavalleiros*, drame, 5 actes; *A gata borralheira*, opérette-féerie, 3 actes; *D'um argueiro um cavalleiro*, comédie, 3 actes; *A princeza dos cabellos d'oiro*, féerie, 3 actes; *O paraizo perdido*, pièce biblique, 5 actes; *A ilha da Trindade*, opérette, 3 actes; *D. Quichote*, pièce en 12 tableaux; *O doutor Paz*, comédie, 3 actes; *Uma noite em Flor-da-Rosa*, comédie, 1 acte; *A ilha dos pyrilampos*, opérette, 3 actes; *Um excentrico*, comédie, 1 acte; *A princeza Flor-de-Neve*, féerie, 3 actes; *A timidez de Cornelio Guerra*, comédie, 1 acte; *O annel de Salomão*, féerie, 3 actes; *Spleen!* comédie, 1 acte; *A coroa de Carlos-Magno*, légende, 4 actes; *Tres cabeças, tres chapeos*, comédie, 1 acte; *As mil e uma noites*, féerie, 3 actes; *Os dois cegos*, saynète; *O espelho da Verdade*, pièce fantastique, 4 actes; *Uma por outra*, comédie, 1 acte; *A filha do ar*, féerie, 3 actes; *A buena-dicha*, opérette, 3 actes; *Os pombos de Valentina*, vaudeville, 3 actes; *A bohemia*, opéra, 4 actes; *As andorinhas*, vaudeville, 4 actes; *O relogio magico*, opérette-féerie, 3 actes; *O solar da Rocha-azul*, vaudeville, 4 actes; *A ave do paraizo*, opérette, 3 actes; *O ramo de oiro*, féerie, 3 actes; *A gata branca*, opéra-comique, 3 actes; *Kinitza*, opérette, 3 actes; *Amar sem conhecer*, opérette, 3 actes; *A filha do inferno*, opéra-comique, 4 actes; *Oiros, copas, espadas e paus*, comédie, 3 actes; *O Sacristão de S. Justo*, opéra-comique, 3 actes; *As amazonas de Tormes*, opérette, 2 actes.

M. Edouard Garrido a traduit et fait jouer en portugais un grand nombre d'opérettes françaises : la *Grande Duchesse*; les *Cloches de Corneville*; le *Jour et la Nuit*; la *Mascotte*, les *Mousquetaires au Couvent*; le *Petit Duc*; le *Pont des Soupirs*; le *Petit Faust*; *Orphée aux Enfers*; les *Géorgiennes*; *Toto*; *François les Bas-Bleus*; *Madame Favart*; *Fatinitza*; l'*Amour mouillé*; la *Chanson de Fortunio*; la *Fauvette du Temple*; l'*Auberge du Tohu-Bohu*; *Madame l'Archiduc*; le *Grand Mogol*, etc. On lui doit aussi des traductions de drames : les *Deux Orphelines*; *Nana*; *Cartouche*; *Chien d'aveugle*; la *Prière des Naufragés*; un *Drame au fond de la Mer*, etc.; et des traductions de comédies : le *Cabinet Piperlin*; les *Premières armes de Figaro*; *Picolino*; les *Deux noces de Bois-Joli*; les *Dominos roses*; les *Surprises du Divorce*; *Madame Montembrèche*, etc. En collaboration avec des auteurs français, il a écrit des pièces pour la scène parisienne, entre autres : le *Meunier d'Alcala*, opérette en 3 actes et 4 tableaux, avec MM. Antony Mars et Armand Lafrique pour les paroles, et M. Justin Clérico pour la musique.

M. Edouard Garrido est décoré de l'ordre littéraire de Saint-Jacques et commandeur de l'ordre du Christ de Portugal.

AUCOC (Jean-Léon)

ADMINISTRATEUR et jurisconsulte, membre de l'Institut, né à Paris le 10 septembre 1828. M. Aucoc entra, comme élève, à l'Ecole d'administration en 1848, fut attaché au ministère de l'Intérieur en 1851, nommé auditeur au Conseil d'Etat en 1852, promu maître des requêtes en 1860, et conseiller d'Etat en service ordinaire en 1869. Il fut désigné comme commissaire du gouvernement auprès du Corps législatif et se vit chargé d'enseigner, à l'Ecole de ponts et chaussées, le droit administratif.

M. Aucoc, après la révolution du 4 septembre 1870, fut le seul membre du Conseil d'Etat maintenu en fonctions par le décret instituant la commission formée pour remplacer provisoirement le Conseil impérial, et désigné comme président de la section chargée de préparer la réorganisation de l'enseignement des Facultés de droit. Elu par l'Assemblée nationale, dans la séance du 22 juillet 1872, conseiller d'Etat, au premier tour de scrutin, par 569 voix sur 633 votants, et nommé président de section par décret du 27 juillet, M. Aucoc fut aussi appelé à faire partie du Conseil supérieur du commerce, de l'agriculture et de l'industrie et du Conseil de l'ordre de la Légion d'honneur. Il fut admis à la retraite, comme conseiller d'Etat, en 1879.

Membre, puis président jusqu'en 1877, de la Société de législation comparée, M. Aucoc avait été admis, le 15 décembre de cette même année, à l'Académie des sciences morales et politiques, en remplacement de Cauchy.

On doit à ce jurisconsulte des ouvrages de droit estimés. Citons : *Des obligations respectives des fabriques et des communes relativement aux dépenses du culte; Des sections de commune, de leur droits, charges, ressources, de la gestion de leurs biens et de la représentation de leurs intérêts* (1858, 2ᵉ édit. très augmentée 1864); *Voirie urbaine, des alignements individuels délivrés par les maires* (1862, in-8); *Les sections de commune et la loi du 28 juillet 1860 sur la mise en valeur des bien communaux* (1863); *Introduction à l'étude du droit administratif*, conférence d'ouverture à l'Ecole des ponts et chaussées (1865); *Conférences sur le droit administratif*, faites à cette Ecole en 1869-1878 (1871-1875); *Le Conseil d'Etat avant et depuis 1789, ses transformations, ses travaux*, etc. (1876); l'*Institut de France : lois, statuts et règlements*, etc. (1889); *De l'usage et de l'abus en matière de législation comparée* (1892); *Des chan-gements apportés depuis 1884 à la législation sur les fabriques des églises ; Alfred Blanche, conseiller d'Etat* (1893) ; *Code d'organisation judiciaire de Russie* (1894) ; *La Discipline de la Légion d'honneur ; Controverses sur la décentralisation administrative ; Une page de l'histoire du Droit administratif. M. Boulatignier* (1895). Il a en outre publié de nombreux articles dans la *Revue critique de législation*, le *Journal des économistes*, l'*Ecole des communes*, etc.

Décoré de la Légion d'honneur en 1862, M. Aucoc a été promu officier le 8 août 1870, commandeur le 3 août 1875, et grand-officier le 9 juillet 1891.

ALLAIN-TARGÉ (François-Henri-René)

ANCIEN député, ancien ministre, né à Angers le 7 mai 1832. Fils d'un procureur général, il fit son droit à Poitiers, puis, inscrit au barreau d'Angers en 1853, il plaida, en 1855, dans l'affaire de la *Marianne*.

Nommé substitut du procureur impérial dans cette ville en 1861, il sollicita, sans pouvoir l'obtenir, le poste de substitut du procureur général à la même Cour, bien que, selon certains biographes, contre lesquels M. Allain-Targé proteste, il fut protégé par M. Dupin. Il donna sa démission en 1864 pour se fixer à Paris.

M. Allain-Targé se jeta alors dans l'opposition et collabora, en 1866, au *Courrier du Dimanche*, dans lequel il traita les questions financières. Il entra, en 1868, à l'*Avenir National* et fonda, la même année, avec Challemel-Lacour, Gambetta, Spuller et Brisson, la *Revue Politique*, feuille bientôt supprimée.

Aux élections du 23 mai 1869 pour le Corps législatif, M. Allain-Targé se présenta à Angers, comme candidat de l'opposition, contre le candidat officiel. M. Louvet ; il fut battu, n'obtenant que 7,000 voix environ sur plus de 25,000 votants.

Au 4 septembre 1870, nommé préfet de Maine-et-Loire, il quitta ce poste un mois après pour préparer sa candidature à l'Assemblée nationale. Il fut alors envoyé, comme commissaire aux armées, dans Maine-et-Loire, la Sarthe et la Mayenne, puis appelé par Gambetta à la préfecture de la Gironde. Partisan de la défense à outrance, il donna sa démission aussitôt après la capitulation de Paris.

Aux élections générales du 8 février 1871, il échoua avec toute la liste républicaine dans la Maine-et-Loire, avec 19,900 voix sur plus de 100,000 votants. Il se représenta aux élections complémentaires du 2 juillet dans la Seine, se fit battre une troisième fois, tout en obtenant 67,000 voix ; mais le 30 du même mois, il fut élu, au second tour de scrutin, conseiller municipal de Paris dans le XIX⁰ arrondissement, où il fut réélu en 1874. Il prit place, dans le Conseil, à l'extrême gauche et s'occupa spécialement des questions de finances, des emprunts et du budget. Au mois d'avril 1873, il soutint la candidature de M. Barodet contre celle de M. de Rémusat. Dans le même temps, il collaborait à la *République Française*, qu'il avait contribué à fonder en novembre 1871.

Aux élections de février 1876, pour la Chambre des députés, M. Allain-Targé, porté dans le XIX⁰ arrondissement de Paris, contre le général Cremer, fut élu au second tour par 6,320 suffrages. Il donna sa démission de conseiller municipal et siégea à l'extrême-gauche de la Chambre, où il demanda, avec la minorité, l'amnistie plénière pour les faits se rattachant à la Commune. Après le 16 mai 1877, l'un des 363, il fut réélu, sans concurrent, par 10,976 voix sur 12,103 votants, dans le même arrondissement.

Peu de temps après, ayant donné un démenti à son collègue, M. Robert Mitchell, M. Allain-Targé se battit avec lui et blessa son adversaire.

Réélu, le 21 août 1881, dans le XIX⁰ arrondissement de Paris, par 8,883 voix sur 13,760 votants, il reçut le portefeuille des Finances dans le cabinet formé, le 14 novembre 1881, par Gambetta, et donna sa démission avec tout le ministère le 26 janvier 1882.

Inscrit à la gauche radicale, il prit part aux discussions sur les conventions de l'Etat avec les compagnies de chemins de fer. Il soutint le rachat des chemins de fer, qu'il avait déjà demandé dans la précédente législature. Après la chute du ministère Jules Ferry, il fut appelé par M. Brisson (6 avril 1885) au ministère de l'Intérieur. A ce titre, à l'ouverture de la période électorale, il recommanda à ses fonctionnaires une complète neutralité. Sa candidature fut posée dans les départements de Maine-et-Loire et dans la Seine ; il échoua dans le premier, avec toute la liste républicaine, et fut élu au scrutin de ballotage, le premier de la liste, par 289,866 voix sur 414,360 votants, dans la Seine. Les nouvelles élections ayant amené une Chambre plus modérée que le cabinet Brisson, le ministère démissionna le 29 décembre 1885.

M. Allain-Targé, à partir de ce moment ne joua plus qu'un rôle effacé à la Chambre, et, à l'expiration de son mandat (1889), il déclara renoncer à la vie politique.

M. Allain-Targé a épousé une fille de Villemain.

En outre de quelques travaux sur les questions financières, insérés dans les journaux, on connaît de lui : les *Déficits, 1852-1868* (1 vol. 1868).

MONTAGNE (Edouard-Charles-Philippe)

Auteur dramatique, romancier et administrateur, né à Paris le 18 août 1830. Petit neveu du docteur Jean-François Montagne, de l'Institut et de l'Académie de Médecine, mort en 1866, petit-fils et fils de médecins, il commença ses études classiques avec son père, qui avait délaissé la profession médicale pour devenir maître de pension.

Mis en apprentissage chez un peintre en décors (1845-1848), il abandonna ce métier manuel pour entrer à l'Ecole normale primaire de Versailles et exerça, comme maître-adjoint, dans les écoles de la Ville de Paris, de 1850 à 1856.

Après avoir été employé pendant quelques mois dans une maison de commerce, M. Edouard Montagne fut admis, par la voie du concours, dans l'administration de l'Assistance publique, à laquelle il appartint trente années.

Successivement économe, puis directeur de Sainte-Périne, de l'hôpital des Enfants malades (1857-1871), de l'hôpital Cochin (1871-1885), de la Boucherie centrale des hôpitaux et, enfin, de l'hôpital Saint-Antoine, M. Edouard Montagne fut admis à la retraite, sur sa demande, en 1887.

A cette époque, il fut choisi pour remplacer Emmanuel Gonzalès, décédé, comme délégué de la Société des Gens de Lettres.

Entre temps, il avait publié un nombre considérable de nouvelles, des romans et des pièces de théâtre, dont plusieurs ont obtenu un très grand succès sur les scènes parisiennes.

Parmi les œuvres de M. Edouard Montagne parues en librairie, il convient de citer : le *Manteau d'Arlequin* (1866) ; le *Roman d'un épicier* (1882) : le *Bâtard de Ravaillac* (1883) ; les *Affamés de Londres* (1886) ; *Serments de femmes* (1888) ; l'*Assassin des enfants* ; le *Coupeur d'oreilles* ; la *Bohème camelotte* ; les *Amants de M*ᵐᵉ *Ferrier* ; *Jeanne de Sorans* ; *Saltimbanques !* — romans en un volume. — *Histoire de la prostitution dans l'Antiquité* (1869) ;

Histoire de l'insurrection de 1870-1871 ; *Histoire des farceurs célèbres* (1875) — trois livres historiques ; — la *Main du mort* (1885) ; les *Légendes de la Perse* (1890) ; la *Borgnotte*, en collaboration avec M. Louis Gallet (1890) ; la *Feuille à l'envers*, — volumes de nouvelles ; le *Rêve d'une matinée de printemps*, donné dans le volume collectif du Comité de la Société des Gens de Lettres.

Pour le théâtre, M. Edouard Montagne a écrit plus de trente pièces, entre autres : l'*Héritage d'un Gascon*, sa première (1853) ; la *Médaille* (Bouffes-Parisiens) ; *Dans une île déserte* (Ambigu-Comique, 1857) ; la *Giroflée à cinq feuilles* (Palais-Royal) ; le *Passé de M. Jouanne* (Gymnase) ; le *Retour d'Ulysse*, musique de Hervé, joué aux Délassements-Comiques de la rue de Provence, pendant 300 représentations consécutives et repris au Théâtre des Variétés ; les *Pantins*, opéra-comique en 2 actes et 3 tableaux, musique de M. Georges Hue ; ce dernier poème a obtenu le prix de 2,500 francs au 3ᵉ concours Cressent, en 1879, et a été joué à l'Opéra-Comique, en 1882.

M. Edouard Montagne est commandeur des ordres du Medjidié, de Tadjourah et de l'Osmanié, grand officier d'Isabelle la Catholique, officier du Lion et du Soleil de Perse, du Dragon d'Annam, du Nicham-Iftikar, de Charles III d'Espagne, du Christ de Portugal, etc., et officier de l'Instruction publique.

BOURÉLY (Paul)

Avocat, publiciste, né à Vallon (Ardèche) le 8 décembre 1867. Il fit ses études classiques à Tournon, son droit et ses lettres à Paris. Il eut deux mémoires couronnés par l'Université de Genève, l'un sur le *Fondement de la morale sociale*, l'autre sur l'*Amiral de Coligny*. Il entra alors à la Faculté de théologie protestante de Paris. Cependant l'évolution de ses idées philosophiques et sociales le détourna de se faire consacrer pasteur et, renonçant volontairement à la carrière qui s'ouvrait ainsi devant lui, M. Paul Bourély se fit inscrire avocat à la Cour d'appel de Paris.

Il s'est fait aussi connaître comme publiciste et a collaboré successivement : à la *Démocratie de l'Ardèche*, à l'*Avenir des Cévennes* (dont il fut rédacteur en chef), au *Journal de Marseille*, dirigé par M. Rostand, père du poète ; au *National*, sous la direction de M. Gervais, ancien président du Conseil général de la Seine ; au *Paris*, où il publia une série d'articles remarqués sous ce titre : l'*Œuvre sociale de la 3ᵉ République* (1893) ; à l'*Echo de la Semaine* ; à la *Nouvelle Revue* (notamment avec ses articles sur l'*Évolution morale contemporaine*) ; au *Français Quotidien*, comme rédacteur parlementaire ; enfin au *Voltaire* où, depuis 1896, il rédige le bulletin politique. On lui doit, en outre, la publication d'un volume de vers : *Un cœur de poète* (Paris, 1891), sous le pseudonyme de « Luc de Bechland », avec une lettre-préface d'André Theuriet.

M. Paul Bourély compte au nombre des fondateurs du Comité d'action pour les réformes républicaines et fait partie de la commission exécutive et du comité directeur de cette association. Il est aussi membre de la Ligue de l'Enseignement et de la Société républicaine des conférences populaires. Orateur éloquent et disert, il a fait, à Paris et en province, de nombreuses conférences sur les questions politiques et sociales.

M. Paul Bourély a obtenu une médaille d'honneur de l'Union des Femmes de France. Il est officier d'Académie depuis 1895.

BERNARD d'ATTANOUX (Antoine-Casimir-Joseph)

Explorateur, écrivain, né à Aix (Bouches-du-Rhône), le 18 mars 1853. Il appartient à une famille de robe et d'épée, comptant parmi ses membres le colonel d'Attanoux, qui servit en qualité de commandant à la célèbre 32ᵉ demi-brigade sous le premier Empire.

Entré à Saint-Cyr en 1872, M. J. Bernard d'Attanoux en sortait l'année suivante comme sous-lieutenant au 2ᵉ bataillon de chasseurs à pied. Promu, en 1878, lieutenant au 3ᵉ tirailleurs algériens, il démissionna de ce grade deux ans après, pour épouser la fille du comte de Montigny, qui devait l'accompagner plus tard dans ses voyages.

Au cours de fréquentes explorations en Afrique (Algérie, Tunisie, Maroc, Tripolitaine), d'où il envoya une correspondance très suivie au journal le *Temps*, M. J. Bernard d'Attanoux étudia longuement les mœurs et les dialectes arabes. Il se rendit en 1892 au-devant du colonel Monteil, au retour de son expédition du centre de l'Afrique.

En 1893, chargé par le ministère des Colonies et par le Syndicat commercial Ouargla-Soudan d'une double mission, M. J. Bernard d'Attanoux pénétra dans le Sahara, d'où il rapporta la confirmation par les Touareg du traité dit de Rhadamès, passé en

1862 entre ceux-ci et la France. L'heureuse issue de ce voyage ouvrit à notre commerce la route du Soudan et consolida nos bons rapports avec ces peuplades nomades, si redoutables aux caravanes.

L'année suivante, M. J. Bernard d'Attanoux se rendait de nouveau au Maroc, cette fois avec sa femme, dont l'intrépidité et le sang-froid ne sauraient être trop loués.

Ecrivain très renseigné sur toutes les questions touchant les colonies, M. d'Attanoux, en outre de ses articles au *Temps*, rédige depuis plusieurs années la quinzaine coloniale à la *Nouvelle Revue* et la semaine coloniale à la *Patrie*; il a publié un grand nombre d'articles dans les *Annales de Géographie*, la *Revue de l'Islam*, la *Revue de Géographie*, la *Science française*, le *Journal des Voyages*, le *Monde moderne*, etc.

Vice-président du Syndicat des Explorateurs français, président de la section d'Afrique à la Société de Géographie commerciale, membre correspondant de la Société de Géographie de Bordeaux, M. J. Bernard d'Attanoux est titulaire d'une grande médaille d'argent que lui décerna la Société de Géographie de Paris en 1895, et il a été fait à la même date chevalier de la Légion d'honneur.

VÉRON (Pierre)

ITTÉRATEUR et journaliste, né à Paris le 19 avril 1831.
Il débuta dans la littérature en 1854, avec les *Réalités humaines*, poésies, qui le firent entrer à la *Revue de Paris*, où il resta jusqu'à la disparition de cette feuille (1858); il collaborait en même temps à la *Chronique*.

En 1859, M. Pierre Véron fut admis comme rédacteur au *Charivari* et en devint ensuite le directeur. Il n'en continua pas moins sa collaboration aux journaux le *Courrier de Paris*, le *Monde illustré*, l'*Illustration*, le *Petit Journal*, le *Journal amusant*, l'*Avenir national*, l'*Opinion nationale*, le *Nain jaune*.

M. Pierre Véron a fait paraître un certain nombre de livres où se retrouve la verve et le même genre d'esprit facile, mais amusant, de ses articles de journaux. En voici les titres: *Paris s'amuse* (1861); les *Marionnettes* (1862); le *Roman de la femme à barbe*; les *Souffre-plaisir* (1863); *Maison Amour et Cie* (1864); la *famille Hazard*; la *Foire aux grotesques*; le *Pavé de Paris* (1865); la *Comédie en plein vent*; *Par devant Monsieur le Maire* (1866); *Monsieur et Madame tout le monde*; la *Mythologie parisienne* (1867); l'*Age de fer blanc*; les *Pantins du boulevard*; les *Phénomènes vivants* (1868); la *Boutique à treize*; les *Grimaces parisiennes*; *Je, tu, il, nous, vous, ils* (1869); les *Dindons de Panurge*; *Paris à tous les diables* (1875); les *Coulisses artistiques*; la *Vie fantasque* (1876); les *Chevaliers du macadam*; le *Nouvel art d'aimer* (1877); les *Mangeuses d'hommes*; *En 1900*; la *Comédie du voyage* (1878); *Ohé, Vitrier! Visages sans masques* (1879); les *Araignées de mon plafond*; *Côté du cœur* (1880); *Paris vicieux*; la *Chaîne des Dames*; les *Coulisses du grand drame* (1881); la *Mascarade d'histoire*; les *Mémoires des passants* (1882); le *Guide de l'adultère*; *Allons-y gaiement*; *L'Art de vivre cent ans* (1883); *Galop général*; *Paris qui grouille* (1884); *Les points sur les i*; les *Comédies de l'amour*: le *Tir aux oisons* (1885); l'*Amour de Babet*; *Boutiques de plâtre* (1886); *De vous à moi* (1887); les *Propos d'un boulevardier*; la *Vie galante* (1888); *Paris amoureux* (1892), etc.

M. P. Véron a fait représenter: en 1865, une comédie, *Sauvé, mon Dieu!* avec M. Rochefort (Vaudeville); en 1878, une revue: *Tant plus ça change...*, avec Ed. Gondinet (Palais-Royal); en 1883, les *Affolés*, comédie 4 actes, avec le même (Vaudeville).

Le directeur du *Charivari* est chevalier de la Légion d'honneur depuis 1878.

BERGERON (Étienne-Jules)

ÉDECIN, membre de l'Académie de médecine, né à Moret (Seine-et-Marne) le 27 août 1817.
Reçu docteur en 1845 et médecin des hôpitaux en 1850, M. Bergeron fut attaché successivement aux hôpitaux Saint-Antoine et Sainte-Eugénie.

Il a été admis à la retraite en 1887 et nommé médecin des hôpitaux honoraire.

Membre de l'Académie de médecine depuis le 4 avril 1865, il en a été élu, à plusieurs reprises, secrétaire annuel, puis secrétaire perpétuel, en remplacement de Béclard, le 22 mars 1887. Membre du Comité consultatif d'hygiène, il en est le vice-président depuis 1884.

En outre de nombreux mémoires et communications sur ses travaux, M. le docteur Bergeron a publié: *De la stomatite ulcéreuse des soldats* (1859); *De la rage* (1862); *Rapports sur la statistique des* décès du IIIᵉ arrondissement de Paris pendant la période quinquennale (1853-1857 et 1864); *Étude sur la géographie et la prophylaxie des teignes* (1865); *Rapport fait à l'Académie sur la répression de l'alcoolisme en 1871* (1872); *Des vins fuchsinés* (1877).

Officier de la Légion d'honneur depuis le 12 mai 1866, il a été promu commandeur le 5 octobre 1880.

BARTHE (Marcel)

ANCIEN député, sénateur, né à Pau, le 15 janvier 1813.

Fils d'un ouvrier, le jeune homme vint à Paris, suivre les cours de la Faculté de droit. Reçu avocat, il n'exerça pas sa profession et, s'adonnant à la littérature, écrivit quelque temps dans l'*Artiste* et dans le *Temps*, puis il se fit inscrire au barreau de Pau.

M. Marcel Barthe se montra fervent adepte des théories phalanstériennes et adversaire déclaré de la monarchie de Juillet. Nommé conseiller municipal de sa ville natale, il se porta et échoua aux élections générales pour la Constituante ; mais il fut élu aux élections complémentaires du 4 juin 1848.

Secrétaire du Comité de l'Instruction publique, il vota ordinairement avec le parti Cavaignac et combattit les doctrines socialistes. Après l'élection du 10 décembre, il se rapprocha de la gauche et ne fut pas réélu à la Législative.

Retiré de la vie publique pendant l'Empire, il ne revint à la politique qu'après le 4 Septembre. Élu, aux élections du 8 février 1871, représentant des Basses-Pyrénées, le second sur neuf, par 58,734 suffrages et, le 8 octobre suivant, conseiller général de ce département, pour le canton Est de Pau, M. Barthe fit adopter un ordre du jour exprimant la confiance de l'Assemblée dans M. Thiers, à propos de la discussion sur le maintien du pouvoir temporel du pape. Il vota constamment avec la gauche et fut réélu, le 20 février 1876, par 6,920 voix, contre M. le comte de Luppé, candidat légitimiste.

L'un des 363, au 16 Mai, il échoua, le 14 octobre 1877, devant le même concurrent ; mais la Chambre ayant prononcé l'invalidation de celui-ci, M. Marcel Barthe fut élu, le 7 juillet 1878, par 6,566 voix contre 5,804 obtenues par M. de Luppé. Aux élections du 21 août 1881, il obtint, au premier tour de scrutin, dans la 1ʳᵉ circonscription de Pau, 5,597 voix contre 5,856 partagées entre deux concurrents monarchistes et fut réélu, au scrutin de ballotage, par 6,858 voix contre 5,128 données au candidat bonapartiste.

Candidat, sur la liste républicaine des Basses-Pyrénées, lors des élections sénatoriales du 8 janvier 1882, il fut élu, par 432 voix sur 646 votants. En 1890, il déposa un projet de loi, tendant à déférer aux tribunaux correctionnels les délits de diffamation et d'injure par voie de presse, soumis jusque là au jury. Sa proposition, votée par le Sénat et transmise à la Chambre, fut rejetée par la commission.

Au renouvellement triennal du 4 janvier 1891, il fut réélu sénateur des Basses-Pyrénées, le premier sur trois, par 733 voix sur 1,008 votants.

On ne connaît de M. Marcel Barthe, que des articles de journaux et une brochure intitulée : *Du Crédit Foncier* (1850).

HEUZEY (Léon-Alexandre)

ARCHÉOLOGUE, membre de l'Institut, né à Rouen le 1ᵉʳ décembre 1831. Il entra, en 1852, à l'École normale supérieure. Trois ans après, il fut envoyé à l'école d'Athènes, puis désigné comme professeur d'archéologie à l'Ecole nationale des Beaux-Arts.

Nommé conservateur adjoint des antiques, au musée du Louvre, en 1874, M. Heuzey devint conservateur des antiquités orientales et de la céramique antique en 1875.

M. Heuzey est l'auteur d'un grand nombre d'ouvrages qui sont pleins d'intérêt, parmi lesquels il faut citer : *Le Mont Olympe et l'Acarnanie*, exploration de ces deux régions avec l'étude de leurs antiquités, de leurs populations anciennes et modernes, de leur géographie et de leur histoire; *Mission archéologique en Macédoine* (1864-1872), ouvrage auquel se rattachent les notices suivantes : *Un Palais grec en Macédoine*, étude sur l'architecture antique ; *Recherches sur les lits antiques considérés comme forme de sépulture* (1873); *Reconnaissance archéologique d'une partie du cours de l'Erigon et des ruines de Stobi* 1873. Viennent ensuite : *Recherches sur les figures de femmes voilées dans l'art grec* (1874); la *Pierre sacrée d'Antipolis* (1875); *Recherches sur un groupe de Praxitèle d'après les figurines en terre cuite* 1875 ; les *Fragments de Tarse au Musée du Louvre* (1877); *Nouvelles recherches sur les terres cuites grecques* (1877); les *Figurines antiques de terre cuite au musée du Louvre* (1878-1883) ; *Catalogue des terres cuites du Louvre* (1882); les *Origines orientales de l'Art* ; *Opérations militaires de Jules César* 1886 ;

L'Architecture chaldéenne et les découvertes de M. de Sarzec (1887) ; *Reconstruction partielle de la stèle du roi Eannadou* (1892) ; *Mythes chaldéens* (1894) ; *Actes de Diotime* (1896) ; *Le Cône historique d'Entemena ; Quelques figures à propos du dieu Terpon ; Sceaux inédits des rois d'Agadé* (1897). Il a dirigé aussi la publication de *Découvertes en Chaldée* par M. E. de Sarzec, consul de France à Bagdad (1885-1895).

M. Heuzey a succédé à Beulé, en 1874, comme membre de l'Académie des Inscriptions et Belles-Lettres.

Il fait aussi partie, comme membre libre, de l'Académie des Beaux-Arts, où il a remplacé M. du Sommerard, le 24 avril 1875.

Décoré en 1865, M. L. Heuzey a été promu, en 1882, officier de la Légion d'honneur.

MELLERIO (André-Marie-Louis)

ÉCRIVAIN, auteur dramatique, critique d'art, né à Paris le 8 avril 1862.

M. André Mellerio fit ses études classiques d'abord au lycée Saint-Louis, puis ensuite à l'Externat de la rue de Madrid, se fit recevoir licencié en droit en 1883 et fut ensuite attaché pendant un certain temps au contentieux de la Caisse des Dépôts et Consignations.

M. André Mellerio débuta cependant de bonne heure dans la vie littéraire, par une pièce de vers insérée dans le journal le *Drapeau*, qu'il publia, avec deux autres pièces, sous le titre de : *Contes Français*. De cette époque datent encore : la *Cicatrice*, saynette, et divers monologues (1884).

Il a publié, en outre : *Jeunesse d'Antan et Sonnets libres*, vers (1886) ; puis cinq romans chez Lemerre : *Contes psychologiques* (1888) ; *Etude de Femmes* (1889) ; *Jacques Mérane* (1891) ; la *Vie stérile* (1892) ; le *Crépuscule du Siècle* (1896).

Auteur dramatique, M. André Mellerio a composé : *Pierrot amoureux de la Lune*, pantomime ; *Les Marins*, opéra-comique en 2 actes, et *Helvita*, drame lyrique en 1 acte, en collaboration avec M. Duteil d'Ozanne pour la musique, ouvrages représentés à Paris et en province avec succès.

Critique d'art, M. André Mellerio, qui a fréquenté personnellement et connaît bien les peintres de l'école dite *Impressionniste*, ainsi que les artistes jeunes nouveaux, a écrit notamment des préfaces pour les expositions d'Odilon Redon, Mary Cassat, Ten Cate, etc.

Il a fondé, en 1897, et dirige depuis ce temps avec M. Clément-Janin, *L'Estampe et l'Affiche*, revue mensuelle illustrée, qui a pris un rang important parmi les publications artistiques.

Il a collaboré, en outre, à l'*Art dans les Deux Mondes*, à la *Nouvelle Revue Européenne*, à l'*Image*, etc.

On doit encore à M. Mellerio des études sur le *Mouvement idéaliste en peinture* et sur la *Lithographie originale en couleurs*.

SAINT-AULAIRE (Jean-François-Xavier-Anatole Comte de BEAUPOIL de)

ROMANCIER, poète et publiciste, né au château de Monplaisir, commune de Condat (Dordogne) le 12 juin 1843. Ses études classiques terminées, il voyagea à travers toute l'Europe, pendant plus de dix ans et se retira, en 1869, au château des Etangs, commune de Massignac (Charente), qu'il habite depuis cette époque, pour se consacrer définitivement à la littérature et à l'élevage.

M. le comte de Beaupoil de Saint-Aulaire débuta par des poésies non éditées, puis il fit paraître en librairie, des romans qui ont obtenu du succès et dont quelques-uns ont eu plusieurs éditions.

Les premiers ouvrages de cet écrivain, furent : le *Père Anselme* ; la *Vocation d'Angèle* ; un *Naïf* et *Gilda*, quatre livres remarqués, le dernier surtout. Viennent ensuite : les *Dessous de l'Histoire* ; *France et Russie* ; *Carlistes et Christinos*, romans historiques de grande valeur documentaire ; *Masque et visage* ; *Lettres de vieillards*, études très fouillées sur la politique et la société (1897) ; *Rétrogrades*, roman passionnel, œuvre de maître (1898). M. le comte de Saint-Aulaire a, en outre, publié des nouvelles dans quelques journaux et revues.

Il s'occupe aussi, très activement, d'agriculture, comme éleveur, dans la Charente et en Normandie.

GAZON (Louis)

COMMERÇANT, homme politique, publiciste, né à Spay (Sarthe) le 4 mars 1841.

Issu d'une des plus anciennes familles de travailleurs de la Sarthe, orphelin à 16 ans et ne pouvant plus continuer ses études, il fut envoyé à Paris, par le proviseur du lycée du Mans, dans une maison de commerce où il resta pendant quelques années.

Ses goûts le portant à l'étude de la botanique, il suivit les cours et se présenta à l'Ecole supérieure de pharmacie de Paris, où il obtint le diplôme d'herboriste de 1re classe.

Etabli depuis 1865 à Paris, M. Louis Gazon fut, en 1896, l'un des fondateurs de l'Association générale des Herboristes de France (Chambre syndicale de la Seine), dont il a été le président de 1884 à 1894, et au Conseil d'administration de laquelle il a appartenu pendant dix-huit années. C'est sous sa présidence, par l'impulsion qu'il sut lui donner, que cette association prit son plus grand développement. Il fut l'organisateur de ces herborisations si utiles et si suivies qui ont lieu pendant les mois d'été, et il contribua au succès de l'association à l'Exposition universelle de 1889, où elle obtint une médaille d'or.

Membre perpétuel de la Société protectrice des animaux depuis 1877, il ne tarda pas à entrer dans le Conseil d'administration et fut élu vice-président de cette société en 1896.

Il fut délégué cantonal du XVIIe arrondissement de Paris de 1887 à 1890, et membre de la commission d'examen du certificat d'études primaires.

M. Louis Gazon s'est toujours occupé de politique depuis 1875. Il fut fondateur et plusieurs fois président de groupes républicains revisionnistes du quartier des Ternes, à Paris. En 1889, il prit une part très active au mouvement électoral. Il fit partie, en 1890-91, du conseil de la Fédération des républicains socialistes. Il est, depuis 1893, président de l'Union des républicains patriotes, socialistes et revisionnistes de France, qui fit sentir son action dans tous les événements politiques de ces dernières années. En cette qualité, il a organisé, notamment, les importantes manifestations de cette association en faveur de l'alliance franco-russe, et la protestation publique contre l'envoi des navires français à Kiel (16 juin 1895); il fut aussi l'un des signataires du manifeste « Aux Français, » lors du procès Zola (février 1898).

Deux fois candidat aux élections municipales dans le quartier des Ternes, il y obtint en 1893, 805 et en 1896, 822 voix.

M. Louis Gazon est vice-président général (et président de la section du XVIIe arrondissement) de la Ligue syndicale pour la défense des intérêts du travail, de l'industrie et du commerce, qui compte actuellement plus de 195 mille adhérents en France et qui a obtenu l'adhésion de 205 groupes industriels et commerciaux; il collabore activement à la Revendication, organe de cette ligue. Il a pris une part active à de nombreux congrès organisés tant par les chambres syndicales de l'alimentation que par les ligues commerciales, et fut aussi, pendant plusieurs années, membre du comité préparatoire des élections au Tribunal de commerce.

Il a été rédacteur à plusieurs journaux politiques : le Progrès de l'Ouest, la Guerre aux Abus, de M. Francis Laur, ancien député, etc.

M. Louis Gazon est enfin l'un des fondateurs de l'Œuvre de la soupe populaire des Ternes et de la Plaine-Monceau, qui rend depuis 1894 tant de services aux indigents; membre honoraire et administrateur de la Société de secours mutuels des gens de maison; vice-président du cercle amical les « Gars de la Sarthe », qu'il a fondé en 1897; membre de l'Union protectrice des jeunes travailleurs des deux sexes; membre de la Caisse des écoles du XVIIe arrondissement, etc., etc.

VAN GELDER (Georges)

Médecin, vulgarisateur scientifique, professeur et conférencier, né à Paris le 22 août 1845. Il est, par son père, d'origine hollandaise.

Sa mère, de famille française, Mme Julian-Van Gelder, de l'Opéra et des Italiens, fut une cantatrice de grand talent. Son père, pianiste distingué, mourut professeur de musique au lycée de Bayonne.

M. Georges Van Gelder fit à Paris ses études classiques et médicales et fut reçu docteur avec une thèse sur l'Ascite congénitale, qui fut remarquée alors. Il s'est fait connaître comme l'un des premiers champions de l'enseignement rationnel de la gymnastique en France. Membre de la Commission de gymnastique à la Sorbonne, auteur d'articles importants parus dans le journal la Gymnastique française, etc., le docteur Van Gelder est une autorité généralement consultée en ces matières.

Professeur dès sa première jeunesse, le docteur Van Gelder, partisan de l'enseignement professionnel, professe les sciences physiques et naturelles dans les écoles professionnelles E. Lemonnier depuis plus de vingt ans. Au moment de la période brillante des conférences du boulevard des Capucines, poussé par son ami de La Pommeraye, il fit pendant quelques mois le feuilleton scientifique parlé.

Il est médecin de la Compagnie générale des Petites-Voitures de Paris, médecin-major de l'armée territoriale, chef-adjoint du service médical au Cercle militaire à Paris, médecin en chef de la Société du Tir au canon, membre de la Commission des Examens de la Seine, trésorier de l'Association amicale des Examinateurs de la Seine, etc.

On doit à M. Van Gelder plusieurs ouvrages d'un grand intérêt scientifique, publiés à la librairie Nathan, notamment : *Eléments de sciences physiques*, avec leurs applications à l'agriculture, à l'industrie et à l'hygiène (1880) ; *Eléments de sciences naturelles*, etc. (1882) ; l'*Anatomie et la physiologie appliquées à la gymnastique* (1882, — 5° édit. 1897), ouvrage devenu classique aujourd'hui ; le *Livre unique des sciences physiques et naturelles à l'Ecole primaire* (1895); *Cours de sciences physiques* à l'usage des écoles normales, primaires et des candidats au brevet supérieur, en collaboration avec M. Chassevant, agrégé de la Faculté de médecine (1898), etc.

M. le docteur Van Gelder a collaboré en outre au *Petit Journal*, à l'*Opinion Publique*, au *Rapide*, etc.

Il est officier de l'Instruction publique depuis 1886.

ARENBERG (Auguste-Louis-Albéric Prince d')

Député, président de la Compagnie de Suez, né le 15 septembre 1837. Il appartient à la branche française de l'ancienne famille ducale de ce nom et est fils du prince Pierre, ancien pair de France, mort à Bruxelles en 1877.

En 1870, le prince d'Arenberg, grand propriétaire dans le Cher, fut nommé commandant des mobilisés de ce département..

Conseiller général du canton de Saint-Martin-d'Auxigny, il fut porté dans la 1ʳᵉ circonscription de Bourges, aux élections du 14 octobre 1877 pour la Chambre des députés, comme légitimiste et candidat officiel du maréchal. Elu par 9,107 voix contre 6,717 obtenues par M. Devoucoux, candidat républicain et député sortant, il prit place à la droite monarchique de la Chambre. Aux élections du 21 août 1881, il échoua au scrutin de ballottage, avec 7,886 voix contre 8,316 données à M. Cheneau, candidat républicain. Il fut encore battu, avec toute la liste monarchiste du Cher, aux élections du 4 octobre 1885 et ne réunit que 37,778 voix sur 82,639 votants.

En 1889, après le rétablissement du scrutin d'arrondissement, il se porta aux élections générales du 22 septembre 1889, dans la 1ʳᵉ circonscription de Bourges et fut élu au premier tour par 7,972 voix, contre 6,436 obtenues par M. Eug. Brisson, candidat républicain.

Au renouvellement législatif de 1893, candidat rallié, il vit son mandat renouvelé par 8,979 voix contre 8,336 obtenues par M. Debaune, républicain.

A la Chambre, M. d'Arenberg a été membre de diverses commissions. Il s'est principalement occupé des questions coloniales, budgétaires et de prévoyance.

En dehors du Parlement, il a participé à la fondation et à la direction d'institutions philantropiques, notamment de celle de l'hospitalité de nuit.

En 1896, après le décès de M. J. Guichard, M. le prince d'Arenberg a été nommé président de la Compagnie du canal de Suez. Il est vice-président du Jockey-Club.

REBOUX (Paul AMILLET, dit)

Poète, né à Paris, le 21 mai 1877. Après de solides études classiques commencées à l'Ecole Fénelon et terminées dans sa famille, avec M. Victor Charbonnel comme professeur, M. Paul Amillet débuta, en littérature, sous le pseudonyme de « Paul Reboux », par un sonnet: *Nox Pia*, inséré dans le *Sillon* (1893). Il publia ensuite de nombreuses et délicates poésies, dans le *Gaulois*, la *Revue idéaliste*, l'*Art et la Vie*, l'*Univers illustré*, les suppléments du *Gil Blas* et du *Petit Parisien*, la *Vie*, l'*Art libre*, revue littéraire et artistique qui le compte parmi les membres de son comité de rédaction.

M. Paul Reboux a fait paraître, chez l'éditeur Lemerre, un volume de poésies d'amour : les *Matinales* (1897) ; il a terminé, en 1898, un nouveau volume de vers : les *Iris noirs*, titre qui exprime bien la nature à la fois juvénile et mélancolique des pièces qui y sont réunies.

M. Paul Reboux est aussi l'un des rédacteurs du *Journal de Madame*, fondé en 1898.

BOURGET (Paul)

OMANCIER, poète, membre de l'Académie française, né à Amiens le 2 septembre 1852. Il commença ses études à Clermont-Ferrand, où son père était recteur de l'Académie, et les termina au collège Sainte-Barbe, à Paris.

Reçu licencié ès lettres en 1872, il suivit pendant un an les cours de l'Ecole des Hautes-Etudes, puis donna des leçons de latin et de philosophie, avant de se consacrer entièrement aux lettres, dans lesquelles il débuta sous les auspices de MM. Richepin, Bouchor et autres littérateurs de la jeune école.

M. Bourget écrivit, dès 1872, dans le journal la *Renaissance*; il donna, en 1873, un article sur *Le Roman réaliste et le Roman piétiste*, à la *Revue des Deux-Mondes*. Il a, depuis, collaboré à la *République des Lettres* (1877), la *Vie littéraire* (1878), la *Paix*, le *Globe* (1879), le *Parlement* (1880), le *Journal des Débats*, la *Nouvelle Revue* (1882), l'*Illustration* (1884), etc.

En 1874, parut son premier recueil de poésies : la *Vie inquiète*; puis, en 1878, un poème: *Edel* et, en 1882, *Les Aveux*, autre recueil de poésies. Depuis, il n'a plus écrit de vers. Ses œuvres poétiques ont été réunies en deux volumes, sous le titre: *Poésies* (1885-1887); elles sont moins connues que ses productions en prose.

M. Paul Bourget est l'un des écrivains les plus lus de notre temps. « Maniaque de psychologie et amoureux passionné de l'analyse », dit-il de lui-même, c'est en effet une toute particulière puissance d'observation qui caractérise ses ouvrages. Citons quelques appréciations qui précisent bien l'œuvre de cet éminent écrivain :

— Au lieu d'une philosophie d'emprunt et gauchement portée, M. Bourget a révélé tout à coup une faculté d'analyse de premier ordre..... On est heureux de constater que le jour où M. Bourget a consenti à être complètement vrai, c'est-à-dire tout simplement lui-même, il s'est trouvé à la fois romancier, moraliste et écrivain. (ED. SCHÉRER).

— C'est dans la finesse et l'exactitude de l'analyse qu'il faut chercher la grande puissance de M. Bourget et la cause de ses succès. Mais encore qu'analyse-t-il particulièrement et quel est son domaine ordinaire ? M. Paul Bourget est un spécialiste qui connaît exactement une maladie et qui, toujours, dans tous les malades ou les bien portants qu'il observe, en reconnaît les symptômes. Cette maladie s'appelle: l'indécision. (H. NYS).

— M. Paul Bourget fréquente chez les Ephrussi et les Cahen, où des femmes de remisiers, charmées d'être prises pour de vraies grandes dames, compatissent, par un échange de concessions, à un vague à l'âme légèrement affecté, à un dandysme qui sent un peu le maître d'études habillé à la confection..... On se demande où l'on est, dans ses romans qui n'ont ni la poésie des œuvres d'imagination, ni l'attrait puissant et sain des œuvres de vie sincère et vraie. On est dans le monde juif...... (E. DRUMONT).

M. Bourget a publié des livres de critique philosophique, sociale et littéraire : *Essais de psychologie* (1883); *Nouveaux essais de psychologie* (1885); *Etudes et portraits* (2 vol. 1888); *Etudes anglaises*, fantaisies; *Pastels*, dix portraits de femmes (1889); *Physiologie de l'amour moderne*, « fragments posthumes d'un ouvrage de Claude Larcher » (1890); *Sensations d'Italie* (1891); *Nouveaux pastels*, dix portraits d'hommes (1891); *Outre-Mer*, études sur les mœurs, l'état social et politique des Etats-Unis, publié après un voyage de l'auteur en Amérique (1895).

Ses romans portent les titres suivants: l'*Irréparable* (1884); *Cruelle énigme*, couronné par l'Académie française (1885); *Un crime d'amour* 1886 ; *André Cornélis*; *Mensonges* (1887); le *Disciple* (1889); la *Terre promise* (1892); *Un scrupule*; *Cosmopolis* (1893); *Un saint*; *Steeple-chase* 1894 ; *Une Idylle tragique*; *Un cœur de femme* 1896 ; *Recommencements*; *Voyageuses* (1897); *Double amour* (1898).

M. Paul Bourget a été admis à l'Académie française, au fauteuil de Maxime du Camp, le 31 mai 1894.

Chevalier de la Légion d'honneur en 1886, il a été promu officier en 1896.

QUESNAY de BEAUREPAIRE (Jules)

AGISTRAT et littérateur, né à Saumur le 2 juillet 1838. Entré dans la magistrature impériale, il fut nommé substitut, en 1862, à la Flèche, puis procureur impérial à Mamers (1867). A la guerre de 1870, il s'engagea dans un corps franc et prit part à la défense de Paris.

M. Quesnay de Beaurepaire fit ensuite du journalisme : rédacteur en chef du journal l'*Avenir de la Sarthe*, au Mans, il fut poursuivi et condamné, pour diffamation, à une amende et 3,000 francs de dommages-intérêts. Après le 16 Mai et la dissolution de la Chambre, il se présenta, comme candidat républicain, dans la 1re circonscription de Mamers (14 octobre 1877) et fut battu, avec 2,784 voix contre 7,241 données à M. de La Rochefoucauld, candidat monarchiste.

Cet échec l'engagea à solliciter sa rentrée dans la magistrature. Nommé substitut du tribunal de la Seine (22 mars 1879), procureur général à la Cour de Rennes (11 septembre 1881), puis avocat général à Paris (1885), il occupa, en cette qualité, le siège du ministère public dans plusieurs procès retentissants, tels que celui de Mme Louise Michel, accusée d'excitation au pillage des boulangeries ; ceux de l'assassin Campi, du pharmacien Pel, etc.

Le refus de M. Bouchez de dresser l'acte d'accusation demandé par le gouvernement contre le général Boulanger, MM. Rochefort et Dillon, valut à M. de Beaurepaire sa nomination au poste de procureur général, en remplacement de ce magistrat éminent (1889). Comme commissaire auprès du Sénat, constitué en Haute-Cour de Justice, et dans les séances des 9 et 10 août, il donna lecture de son réquisitoire, qui fut très vivement commenté par la presse et l'opinion publique. Sur ses conclusions, le Sénat condamna, sans débats contradictoires, les trois accusés contumaces, à la déportation à perpétuité dans une enceinte fortifiée.

M. Quesnay de Beaurepaire fut, dès ce moment, en butte aux plus vives attaques, comme magistrat ; comme écrivain, il eut à subir de véritables injures. Il fit plusieurs procès à ses détracteurs ; mais il ne put obtenir satisfaction même des tribunaux : un premier jugement, rendu par la 9ᵉ chambre, le débouta de sa plainte (8 mai) ; un second, déclara le tribunal incompétent (1ᵉʳ juin) ; cependant, dans cette deuxième cause, la Cour d'appel condamna les nombreux journaux qu'il poursuivait à l'amende, à la prison et à des dommages-intérêts (8 juin) ; mais, portée ensuite devant la Cour d'assises de la Seine, l'affaire se termina par l'acquittement de l'*Autorité*, de l'*Intransigeant*, de la *Cocarde* et du *Tour de Paris*, après une incisive plaidoirie de M. Choppin d'Arnouville.

A la fin de l'année 1890, c'est encore M. Quesnay de Beaurepaire qui occupait le siège du ministère public dans l'affaire Gouffé (16-20 décembre) ; un an plus tard, au milieu des campagnes épiscopales engagées contre le gouvernement, à la suite des pèlerinages de Rome et du conflit qui en était résulté, il porta la parole dans la poursuite intentée contre un archevêque, Mgr Gouthe-Soulart, devant la Cour de Paris (23 novembre 1891) ; tout en proclamant la liberté de conscience comme une de nos conquêtes et se déclarant catholique pratiquant, il réclama, très vivement l'application de la loi. Quelques mois après, il prenait en mains les poursuites contre Ravachol et les soutint devant la Cour d'assises de Paris (6 mai 1892). Au mois de décembre de la même année, le procès de Panama fut soulevé et donna lieu à d'interminables discussions juridiques et politiques, au milieu desquelles M. Quesnay de Beaurepaire crut

devoir démissionner. Il fut alors nommé président de chambre à la Cour de cassation (1892).

M. Quesnay de Beaurepaire qui, avant 1870, avait déjà collaboré à la *Vie parisienne* et à la *Revue de Paris* a, depuis, sous le pseudonyme de « Jules de Glouvet », donné : le *Forestier* (1880) ; le *Marinier* (1881) ; le *Berger* (1882) ; l'*Idéal* (1883) ; la *Famille Bourgeois* (1883) ; *Croquis de femmes*, recueil de nouvelles (1884) ; *L'Étude Chandoux* (1885) ; le *Père* (1886), d'où il a tiré une comédie en 4 actes, jouée au Vaudeville ; la *Fille adoptive* (1887) ; *Marie Bougère* (1889), celui-ci sous le pseudonyme de « Lucie Herpin », nom véritable d'une personne honorable qui protesta ; *Histoire du vieux temps* (1865), extraits d'un vieux manuscrit. Il a aussi écrit un *Traité de législation sur la Chasse* et a collaboré à la *Nouvelle Revue*, à la *Revue politique et littéraire*, à la *Chasse illustrée*, etc.

M. Quesnay de Beaurepaire, promu officier de la Légion d'honneur le 13 juillet 1889, a été fait commandeur le 1ᵉʳ juillet 1890.

BAUDENS (Gustave-Paul-Charles)

ÉNATEUR, né à Castelnau-Magnoac (Hautes-Pyrénées) le 1ᵉʳ octobre 1843. Il fit à Toulouse ses études classiques et y suivit les cours de la Faculté de droit, jusqu'à l'obtention de la licence, en 1863.

Rentré alors dans sa ville natale, après avoir fait son stage d'avocat à Bagnères-de-Bigorre, M. Gustave Baudens se consacra à l'exploitation de ses propriétés agricoles et se mêla, dès cette époque, aux luttes politiques locales.

Élu conseiller général, en juin 1870, comme candidat libéral d'opposition, pour le canton de Castelnau-Magnoac, il ne put siéger à cause de la guerre Franco-Allemande.

Maire du chef-lieu de ce canton après le 4 septembre 1871, et réélu conseiller général la même année, il n'a plus cessé depuis d'être membre de l'Assemblée départementale des Hautes-Pyrénées ; il en a été secrétaire de 1871 à 1883 et vice-président de 1883 à 1893.

Le 22 janvier de cette dernière année, M. Gustave Baudens, porté comme candidat républicain conservateur, fut élu sénateur des Hautes-Pyrénées, au deuxième tour de scrutin, par 351 voix contre 330 données à son concurrent, M. Bergès.

— 67 —

Il s'agissait de pourvoir au siège sénatorial laissé vacant par la mort de M. le général Deffis.

Républicain libéral, M. Baudens se fit inscrire, au Sénat, au groupe du centre gauche, dont il n'a jamais cessé de faire partie et dont il est devenu l'un des secrétaires. Très versé dans les questions d'agriculture, il est aussi membre du groupe agricole et a souvent pris la parole, à la tribune du Luxembourg, pour défendre les intérêts des éleveurs de la région du Sud-Ouest de la France.

Il est intervenu dans un grand nombre de discussions et notamment dans celle de la loi sur les accidents du travail, où l'un de ses amendements a été adopté ; dans celle sur les droits d'abonnement, il développa avec force un amendement qu'il avait déposé. Il a demandé au Sénat la suppression ou la modification de la taxe militaire et des prestations en nature.

M. Gustave Baudens a publié quelques travaux intéressants d'érudition historique, notamment : *Une petite ville pendant la Révolution*, et une *Série de procès sous l'ancien régime*. Il est, en outre, l'un des collaborateurs les plus appréciés de la *Revue des Pyrénées*.

MONTÉPIN (Xavier-Aymon Comte de)

LITTÉRATEUR, né à Apremont (Haute-Saône) le 19 mars 1820. Fils du comte et neveu de l'ancien pair de ce nom, il se fit inscrire à l'Ecole des Chartes, et participa, en 1848, au mouvement politique. Cette même année, M. Xavier de Montépin fonda un petit journal intitulé : le *Canard*, collabora au *Pamphlet* et au *Lampion*, feuille réactionnaire, publia, avec M. de Calonne, *Les trois journées de Février et le Gouvernement provisoire*, pamphlet satyrique, et quitta la politique pour se consacrer entièrement à la publication de romans populaires et feuilletons qui, à défaut d'une haute notoriété littéraire, lui ont rapporté une fortune que l'on dit considérable.

Voici la nomenclature des romans qu'a publiés successivement M. de Montépin : Les *Chevaliers du Lansquenet* (1847) ; les *Viveurs d'autrefois* (1848) ; les *Amours d'un Fou* ; les *Confessions d'un Bohême* ; le *Brelan de dames* (1849) ; le *Loup noir*; *Mignonne* (1851) ; le *Vicomte Raphaël* ; la *Reine de Saba*; *l'Épée du Commandeur* ; *Mademoiselle Lucifer* ; *Geneviève Galliot* ; *Un Roi de la mode*; le *Club des Hirondelles* ; les *Fils de famille* ; le *Fil d'Ariane*; les *Oiseaux de nuit* ; les *Valets de cœur*; l'*Auberge du Soleil d'or* (1852-1853) ; *Un Gentilhomme de grand chemin* (1854); les *Amours de Vénus* ; la *Perle du Palais-Royal* ; les *Filles de Plâtre* (1855), étude réaliste poursuivie et condamnée comme contraire aux mœurs ; les *Viveurs de Paris* (1852-1856) : l'*Officier de fortune* (1857) ; *Souvenirs intimes d'un garde du corps* (1857) ; la *Maison rose* (1858) ; les *Viveurs de province* (1859) ; la *Gitane*; le *Compère Leroux* (1860) ; *Un Amour maudit* ; les *Marionnettes du Diable* (1861); les *Compagnons de la Torche* (1862) ; la *Reine de la nuit* (1863) ; les *Pirates de la Seine* (1864) ; les *Enfers de Paris* ; la *Ferme des Oliviers* (1865) ; la *Fille du Meurtrier* (1866) ; la *Maison maudite*; le *Moulin rouge* (1867) ; la *Voyante*; les *Drames de l'Adultère* (1873) ; *Tragédies de Paris* ; la *Femme de Paillasse* ; la *Vicomtesse Germaine* (1874) ; le *Secret de la Comtesse* ; la *Sorcière rouge* ; le *Ventriloque* (1876) ; les *Drames du mariage* (1878) ; le *Médecin des folles* ; le *Chalet des Lilas* ; *Une Dame de pique* (1879) ; le *Dernier des Courtenay*; les *Filles de bronze*; le *Fiacre n° 13*; *Jean, Jeudi, Justice*; *Sœur Suzanne* (1880) ; la *Baladine* ; les *Amours d'Olivier* ; la *Maîtresse masquée*; *Son Altesse l'Amour* (1881) ; la *Fille de Marguerite* (1881-1882); les *Pantins de Madame le Diable* (1882) ; *Madame de Trèves* ; *Simone et Marie* ; le *Dernier duc d'Hallali* (1883) ; les *Amours de province* ; la *Demoiselle de Compagnie* 1884 ; la *Porteuse de pain* (1884-1885) ; le *Crime d'Asnières* ; *Deux Amours* ; *Hermine, Odile*; la *Belle Angèle* (1885) ; *Rigolo* ; les *Yeux d'Emma-Rose* ; les *Filles du Saltimbanque* (1886) ; les *Dessous de Paris*, comprenant: le *Marchand de diamants*, *Une Famille parisienne*, le *Roman de la misère*, *Fille de Courtisane* (1887) ; les *Débuts d'une Étoile*; le *Gros Lot* ; la *Fée des Saules* (1888) ; le *Mariage de Lascar*, les *Pirates de la Seine* (1889) ; *Marâtre*; la *Tireuse de cartes* ; la *Fille du fou* (1890) ; *Trois Millions de Dot* ; la *Dame aux Emeraudes* ; la *Perle du Palais-Royal* 1891 ; la *Voleuse d'amour* (1894-1895) ; la *Policière* 1897.

M. de Montépin a également donné au théâtre, soit seul, soit avec divers collaborateurs: les *Trois Baisers* ; les *Fleurs animées* ; le *Rossignol des Salons*, vaudevilles (1840) ; les *Étoiles ou le Voyage de la Fiancée* ; le *Connétable de Bourbon*; le *Vol à la Duchesse* (1841) ; *Pauline*, avec M. Alexandre Dumas ; les *Chevaliers du Lansquenet*; les *Frères Corses* (1841) ; la *Tour Saint-Jacques-la-Boucherie*, avec M. A. Dumas ; les *Viveurs de Paris* Ambigu, 1847) ; la *Nuit du 20 Septembre* (1848) ; la *Sirène* de Paris (1860) ; l'*Homme aux figures de cire* (Gaieté), avec M. J. Dornay ; *Lantara* (Déjazet, 1866); *Bas de cuir*, avec M. J. Dornay (Gaieté) ; l'*Ile des Sirènes* (Nouveautés) ; la *Magicienne du Palais-Royal* (Ambigu) ; le *Médecin des Pauvres* (Beaumarchais, 1866) ; *Tabarin*, avec M. Grangé (Ambigu, 1873); le *Béarnais* (Château-d'Eau, (1876); la *Porteuse de pain*, drame avec M. Dornay (Ambigu, 1889); le *Médecin des Folles* (1892), etc.

DAVOUT (Léopold-Claude-Etienne-Jules-Charles, duc d'AUERSTÆDT)

GÉNÉRAL, grand chancelier de la Légion d'honneur, né le 9 août 1829 à Escolives (Yonne). Il est le neveu du glorieux maréchal du premier Empire, créé duc d'Auerstædt le 2 juillet 1808 et dont le titre, éteint en 1853, a été rétabli en sa faveur par décret du 17 décembre 1864.

Entré d'abord, à 10 ans, au Prytanée militaire de la Flèche, où il fit ses études classiques, il fut admis comme élève à l'Ecole de Saint-Cyr en 1847, et en sortit sous-lieutenant au 72° de ligne le 1er octobre 1849.

Promu lieutenant au choix le 29 février 1852, il partit deux ans après pour l'Afrique avec son régiment. Sa brillante conduite dans une razzia opérée dans le Sud-Oranais lui valut, sur la proposition du général de Beaufort, les galons de capitaine en 1856.

Il passa par permutation au 2me régiment de tirailleurs, qu'il quitta au début de la guerre d'Italie pour faire partie du régiment de turcos provisoire, commandé par le colonel Laure.

Le 3 juin, veille de la bataille de Magenta, l'artillerie de réserve, commandée par le général Auger, ayant été un instant compromise par un mouvement des Autrichiens près Robechetto, le capitaine Davout sut, par une habile disposition de sa troupe, en imposer à l'ennemi et provoquer sa retraite. Un canon resta entre nos mains.

Il fut récompensé de ce beau fait d'armes par sa nomination au grade de chef de bataillon au 23° de ligne le 18 juin 1863.

Peu de temps après, on lui confiait le commandement du 13° bataillon de chasseurs à pied.

Passé lieutenant-colonel du 11° de ligne le 27 décembre 1865, il fut promu colonel le 12 mars 1870 et reçut le commandement du 95° régiment d'infanterie qui fit partie de l'armée du Rhin (brigade du général Clinchant, 1re division, 3° corps).

Pendant cette campagne, il se signala tout particulièrement le 18 août 1870, jour de la bataille de Saint-Privat, où il se rendit maître de la crête en arrière de la ferme de Chantrenne, d'où il refoula, à trois reprises, les assauts des troupes ennemies, commandées par le général Von Blumenthal.

Le 31 août suivant, le colonel Davout, grâce à son énergie et à la confiance qu'il inspirait à ses soldats, s'empara du village de Noisseville avec son régiment, seul et sans le secours d'autres troupes.

Le 95° perdit dans cette journée 8 officiers tués, 5 blessés, 37 hommes de troupes tués, 186 blessés.

Fait prisonnier avec l'armée de Metz et emmené en Allemagne, le colonel Davout rejoignit, à son retour de captivité, son régiment à Aubagne (Var).

Après la proclamation de la Commune, à Paris, le 22 mars 1871, il fut désigné par le général Espivent pour commander une division composée d'un bataillon de chasseurs à pied et de plusieurs régiments, et chargé d'attaquer Marseille, alors en insurrection, par le Nord, tandis que le général l'attaquerait par l'Est.

A peine entré dans la ville, il fut appelé par le ministre de la Guerre pour prendre le commandement du 36° de marche devant Paris.

Le 17 et le 18 avril il se rendait maître du château de Bécon, d'Asnières et de toutes les positions des insurgés sur la rive gauche.

Le dernier jour de la lutte devant Paris, où il avait enlevé les gares de l'Est et du Nord et les buttes Chaumont, le colonel Davout reçut une balle à la tête en faisant une reconnaissance.

Deux fois cité dans les dépêches télégraphiques de M. Thiers, il fut promu général le 24 juin, en récompense de sa belle conduite et commanda d'abord une brigade d'infanterie à Saint-Denis.

Il passa ensuite à la tête de la 13° brigade d'artillerie à Clermont-Ferrand et fut nommé général de division le 25 décembre 1877.

En cette qualité, il occupa les fonctions de chef d'Etat-major général sous le ministère Gresley, du 13 janvier au 28 décembre 1879.

Remplacé, lors de la nomination du général Farre comme ministre de la Guerre, il se vit confier, le 19 août 1880, le commandement du 10° corps d'armée à Rennes.

Trois ans après, il succédait au général Saussier

(nommé gouverneur militaire de Paris), comme chef du 19ᵉ corps à Alger.

En 1886, il passait au 14ᵉ corps, recevait le gouvernement militaire de Lyon et, le 12 juillet, était promu grand-croix de la Légion d'honneur.

Nommé, en 1888, membre du Conseil supérieur de la Guerre et désigné pour le commandement éventuel d'une armée, le général Davout fut décoré de la médaille militaire, à la suite des manœuvres de l'Est en 1891.

En décembre 1893, à la suite de la démission de M. le général Février, M. le duc d'Auerstædt fut appelé aux fonctions de grand-chancelier de l'Ordre de la Légion d'honneur.

Le général Davout est l'auteur d'un important *Projet de réorganisation militaire*, qui fut publié après la guerre, en 1871.

SÉNART (Emile-Charles-Marie)

ORIENTALISTE, membre de l'Institut, né à Reims le 27 mars 1847. Fils d'un notable négociant de cette ville, et non d'un magistrat comme l'écrit par erreur M. Vapereau, dans son *Dictionnaire des Contemporains*, M. Sénart fit ses études universitaires à Munich et à Gœttingue, où il fut en particulier l'élève du professeur Benfey. Il poursuivit ses recherches sur les langues et la littérature orientales jusque dans l'Inde, qu'il parcourut en 1887-1888.

Elu membre de l'Académie des Inscriptions et Belles-Lettres le 23 juin 1882, en remplacement de Guessard, M. Emile Sénart a été nommé depuis vice-président de la Société asiatique de Paris.

La connaissance approfondie des mœurs, de la religion et des anciens dialectes indiens, que possède M. Sénart, se manifeste dans ses ouvrages ; citons parmi ceux parus jusqu'à ce jour : *Grammaire pâlie de Kaccâyana* (1847) ; *Sur quelques termes bouddhiques* (1877, in-8) ; les *Inscriptions de Piyadasi* (1881-1886, 2 vol. gr. in-8) ; *Essai sur la légende de Buddha, son caractère et ses origines* (1882, in-8°, 2ᵉ édition) ; le *Mahâvastu* (1892-1898, 3 vol. in-8), texte sanscrit publié pour la première fois et accompagné d'introductions et d'un commentaire ; *Notes d'épigraphie indienne* (1888 et suiv., extrait du *Journal asiatique*) ; *Les Castes dans l'Inde* (1896).

M. Emile Sénart a collaboré au *Journal asiatique*, à la *Revue des Deux-Mondes* (*Un Roi de l'Inde au IIIᵉ siècle avant notre ère*, le *Théâtre Indien*), à la *Revue archéologique*, etc.

Propriétaire à Cherreau (Sarthe) et conseiller général du canton de La Ferté-Bernard, M. Emile Sénart fut porté sur la liste conservatrice, pour ce département, aux élections sénatoriales du 4 janvier 1891. Il échoua avec 360 voix.

Il est chevalier de la Légion d'honneur depuis 1895.

DIDON (le R. P. Henri)

PRÉDICATEUR et écrivain, né à Touvet (Isère), le 17 mars 1840. Elève du petit Séminaire de Grenoble, il entra, à 18 ans, chez les Dominicains, où il connut le P. Lacordaire, dont il subit l'influence, et il prononça ses vœux en 1862.

Envoyé à Rome, au couvent de Minerve, pour se préparer à la prédication, il vint, à 28 ans, débuter à Saint-Germain-l'Auxerrois, à Paris, par un discours défendant le rôle social des moines (1868).

Il donna des soins aux blessés pendant la guerre et prononça, en 1871, à Nancy, l'oraison funèbre de Mgr Darboy, archevêque de Paris.

En 1872, à Marseille, le P. Didon prononça sur la confession et sur le patriotisme des sermons remarquables. Nommé ensuite prieur des Dominicains de la rue Saint-Jean-de-Beauvais, à Paris, il entreprit une série de conférences qui donnèrent à son nom un éclat imprévu (1875). Il traita : *De l'homme devant la science et la foi* (1876), thèse où il cherchait un terrain de conciliation entre la science et la religion : *La science sans Dieu* ; *L'Eglise devant la Société moderne* (1879), etc.

Le P. Didon avait suivi avec une admiration non déguisée, les cours de Claude Bernard ; en 1878, il le visita à ses derniers moments et, malgré les dénégations de ses amis, il laissa croire qu'il avait assisté le savant, comme prêtre.

Cette même année, on commenta beaucoup ses conférences sur le divorce. Sa thèse de l'union de la philosophie avec la foi semblant peu orthodoxe à l'autorité ecclésiastique, l'archevêque de Paris interdit les conférences du P. Didon, qui se soumit à la décision dont il était l'objet. Mandé à Rome par le général de l'Ordre, il se vit condamné au silence et fut envoyé au couvent de Corbara (Corse), où il passa dix-huit mois dans l'étude et la retraite ; il entreprit ensuite un voyage en Allemagne et y suivit les cours de grec, d'hébreu et d'histoire ecclésiastique, aux universités de Leipzig et de Berlin ; il en a rapporté un livre important renfermant les observations faites pendant son séjour dans ce pays.

Le P. Didon consacra à de nouvelles études une longue retraite faite dans le couvent de Flavigny (Côte-d'Or) ; il y prépara son livre : la *Vie de Jésus*, pour lequel il fut rechercher des impressions personnelles en Palestine.

Nommé, en 1890, directeur du collège Albert le Grand à Arcueil, et installé en grande solennité, il reparut dans la chaire de la Madeleine en 1891 et y prononça un discours *Sur l'Eglise et la Papauté*, en faveur de la construction d'une église à Rome, sous le vocable de saint Joachim, patron du pape Léon XIII. Il prêcha encore dans cette même église pendant le carême de 1892.

Le P. Didon a publié plusieurs de ses discours. Citons les principaux : *Qu'est-ce qu'un moine ? Quel est son rôle social ?* (1868) ; *Eloge funèbre de Monseigneur Georges Darboy* (1871) ; *Sur la confession* (1872) ; *Sur le patriotisme* (1872) ; *L'homme selon la science et la foi* (1875) ; *La science sans Dieu* (1878) ; *Indissolubilité et Divorce* (1880). *Christophe Colomb; Devoirs de la Jeunesse lettrée* (1892) ; *Sur le choix d'une carrière* (1894) ; *Influence morale des sports athlétiques* ; *Qu'est-ce que le prêtre* (1897) ;

Ses autres ouvrages sont : *L'Enseignement et les Universités catholiques* (1875) ; *Les Allemands* (1884) ; *La Vie de Jésus* (1890) ; *La mère de Famille* (1894) ; *L'homme d'action* (1895) ; *Le devoir intellectuel et social de la jeunesse* ; *L'éducation nationale* ; *L'irréligion moderne et les croyants* (1896).

EPHRUSSI (Charles)

ÉRUDIT, critique d'art, né à Odessa (Russie) le 16 décembre 1850. Frère de M. Jules Ephrussi, banquier bien connu, il fit, comme celui-ci, ses études dans sa ville natale et à Vienne ; puis, venu en France en 1867, il se fixa à Paris en 1871.

Porté de bonne heure vers les recherches historiques et artistiques, M. Ch. Ephrussi publia en 1876 un article remarqué sur Jacopo de Barbary dans la *Gazette des Beaux-Arts*

M. Charles Ephrussi a fait paraître en outre, notamment : *Albert Dürer* (étude et dessins 1 vol 1881.) ; *Paul Baudry* (1 vol. 1887, étude sur cet artiste dont il fut l'exécuteur testamentaire) et quantité de travaux sur les peintres, graveurs et médailleurs allemands et italiens des xv° et xvi° siècles ; *Sur les Graveurs sur bois vénitiens* (en collaboration avec le duc de Rivoli) ; le *Songe de Polyphée*, etc.

M. Charles Ephrussi est propriétaire et directeur de la *Gazette des Beaux-Arts* depuis 1885. Il a collaboré en outre au *Bulletin des Bibliophiles*, au *Journal des Débats*, de Paris ; à l'*Atheneum*, de Londres, etc.

Comme organisateur, il a présidé à la première Exposition des Dessins de Maîtres anciens, faite à l'Ecole des Beaux-Arts de Paris en 1879 et en a composé un très utile catalogue. Il prit aussi l'initiative des deux expositions de Portraits du siècle tenues à l'Ecole des Beaux-Arts, en faveur de la Société Philanthropique, ainsi que de l'Exposition des Portraits de femmes et d'enfants qui eut lieu également à l'Ecole des Beaux-Arts en 1897, et celle de l'Art du xviii° siècle à la galerie Georges Petit.

M. Charles Ephrussi a été fait chevalier de la Légion d'honneur en 1887.

Mme CHARLES-BIGOT (née Mary HEALY)

ROMANCIER, nouvelliste et conteur, née le 8 décembre 1843, à Paris, de parents américains. Elle débuta dans la littérature par deux romans : *Lakeville* et *A Summer's romance*, publiés en Angleterre sous son nom de jeune fille, Mary Healy.

Mariée à Charles Bigot, mort à Paris en 1893, et qui fut un des plus brillants journalistes de cette époque, elle fit paraître : *Marca* (1883), roman couronné par l'Académie française en 1884, dans la même séance que le *Petit Français* de son mari, fait des plus rares dans les annales de la littérature ; viennent ensuite : *Jean Méraude* (1885) ; *Une folie* (1886) ; *André Meynard, peintre* (1887) ; la *Tâche du Petit Pierre*, livre à l'usage de la jeunesse et couronné par l'Académie française (1888) ; *Peine perdue* (1890) ; *Artiste* (1891) ; *Charge d'âme* (1892) ; *Inséparables* (1893) ; la *Petite Princesse* (1893) ; *Némésis* (1894) ; *Chercheur d'idéal*, paru en feuilleton dans l'*Illustration* puis en librairie (1896) ; *Deux Mondes* (1897).

Mme Charles Bigot, tantôt sous son vrai nom, tantôt sous le pseudonyme de « Jeanne Mairet » a collaboré à plusieurs journaux et revues. Conteur exquis, écrivain au style sobre et pur, elle a donné un nombre considérable de nouvelles et d'articles très remarqués à l'*Illustration*, à la *Revue Bleue*, à la

Revue de Famille, à la *Nouvelle Revue*, au *Figaro illustré*, à la *Bibliothèque universelle et Revue suisse*, à la *République française* et au *Temps*.

Elle a aussi publié une traduction anglaise de *Raphaël et la Farnesine*, œuvre de son mari.

ENNERY (Adolphe PHILIPPE, dit d')

Auteur dramatique, né à Paris, le 17 juin 1811, d'origine israélite. D'abord clerc de notaire, il fit ensuite de la peinture et du journalisme.

En 1831, le jeune homme débuta au théâtre, avec Charles Desnoyers, par *Emile ou le Fils d'un Pair de France*. Quelques succès populaires qui suivirent ce début, lui ouvrirent toutes les scènes du boulevard et sa fécondité devint telle, qu'on a souvent prétendu que M. d'Ennery n'écrivait lui-même qu'une faible partie des pièces qu'il signait.

Directeur du Théâtre historique en 1850, il démissionna au bout de quinze jours et s'occupa, dès lors, de créer une nouvelle scène qu'il appela, d'abord, *Théâtre du Peuple*, puis *Théâtre du Prince Impérial*, mais qui ne fut jamais ouverte. Il contribua à la création de la Société de Cabourg-Dives, dont il fut secrétaire général, puis gérant, et devint maire de cette commune.

Les innombrables pièces produites par cet écrivain, sous les noms et prénoms d'Adolphe, de Philippe, d'Eugène et surtout sous celui de A. d'Ennery, et qu'il a signées, portent les titres suivants : *Changement d'uniforme* (1836) ; *Femmes et Pirates* ; le *Mariage d'orgueil* ; *Monsieur et Madame Pinchon* ; la *Reine des Blanchisseuses* (1838) ; le *Dernier oncle d'Amérique* ; *l'Amour en commandite* (1840) ; la *Dette à la Bamboche* ; *Paris dans la Comète* (1841) ; la *Nuit aux Soufflets* ; *Fargeau le nourrisseur* (1842) ; les *Nouvelles à la main* ; les *Mémoires de deux jeunes mariés* (1843) ; *Marjolaine* ; *Paris à vol d'eau* ; *Pulcinella* ; *Colin Tampon* ; le *Bal d'enfants* (1844) ; l'*Ile du prince Touton* ; *Parlez au portier* ; le *Porteur d'eau* ; *Paris et la banlieue* ; la *Vie en partie double* ; *Noémie* ; *V'la ce qui vient de paraître* ; *Bulletin de la grande armée* (1845) ; le *Roman comique* ; la *Mère de Famille* ; l'*Article 213 ou le Mari doit protection* (1846) ; le *Mari anonyme* ; *Mademoiselle Agathe* (1847) ; le *Chemin de traverse* (1848) ; le *Marquis de Carabas* et la *Princesse Fanfreluche* ; *Maricelle* (1849) ; les *Mémoires de Richelieu* (1853).

A ces comédies, il faut ajouter les drames représentés sur diverses scènes : l'*Honneur de ma Fille* (1855) ; *Dolorès* ; *1854 ou le Pensionnat de Montereau* (1836) ; le *Tremblement de terre de la Martinique* (1840) ; le *Marché de Londres* (1845) ; l'*Angelus* (1846) ; la *Duchesse de Marsan* (1847) ; la *Case de l'oncle Tom* (1853) ; les *Oiseaux de proie* (1854) ; le *Fou par amour* (1857) ; l'*Histoire d'un Drapeau* (1860) ; le *Lac de Glenaston* (1861) ; la *Prise de Pékin* (1861) ; le *Sacrifice d'Iphigénie* (1865) ; le *Trésor des Rajahs* (1894).

On connaît encore de M. d'Ennery, en collaboration avec M. Anicet Bourgeois : le *Portefeuille* ou les *Deux Familles Gaspard Hausen* ; *Jeanne Hachette* ou le *Siège de Beauvais* (1837-1839) ; la *Dame de Saint-Tropez* ; l'*Etoile du Berger* ; le *Temple de Salomon* ; le *Maréchal Ney* ; les *Sept péchés capitaux* (1845-1848) ; le *Médecin des enfants* ; l'*Aveugle* (1855-1857) ; la *Fille du paysan* (1861). — Avec M. Dumanoir : *Tiburce* ; *Pierre d'Arezy* (1835-1838) ; le *Bouquet de violettes* ; *Don César de Bazan* (1844-1849) ; la *Paysanne pervertie* ; les *500 Diables* (1851-1854) ; *Valentine d'Armentières* (1861) ; la *Chute merveilleuse* (1862) ; les *Drames du cabaret* (1864). — Avec M. Gustave Lemoine : la *Grâce de Dieu* ; la *Citerne d'Albi* ; les *Pupilles de la Garde* (1841). — Avec A. Dumas : *Halifax* (1842). — Avec M. Grangé : *Amours et Amourettes* ; *Pauvre Jeanne* ; les *Bohémiens de Paris* (1842-1843) ; les *Sept merveilles du Monde* (1853) ; les *Lavandières de Sandazem* (1854) ; le *Donjon de Vincennes* (1854). — Avec M. Cormon : la *Journée d'une jolie femme* ; les *Compagnons de la mansarde de la Cité* (1844-1845) ; *Gastibelza ou le Fou de Tolède* (1847) ; les *Deux Orphelines* (1875), l'un des plus grands succès de l'auteur. — Plusieurs livrets des derniers opéras-comiques d'Auber : le *Premier jour de bonheur* (1868) ; *Père d'amour* (1870) ; *Une cause célèbre* (1884). — Avec M. Mallian : *Marie-Jeanne ou la Femme du Peuple* (1845). — Avec M. Brésil : *Si j'étais Roi* (1852) ; les *Orphelines de la Charité* (1857) ; *Diana* (1880) ; le *Tribut de Zamora*, grand opéra, musique de Gounod (1881). — Avec M. F. Dugué : la *Prière des Naufragés* ; le *Paradis perdu* ; *Cartouche* (1847-1888) ; le *Marchand de coco* (1861) ; le *Château de Pontalec* (1862) ; *Marie de Mancini* (1864) ; les *Mystères du vieux Paris* (1864). — Avec M. Ch. Desnoyers : la *Bergère des Alpes* (1842). — Avec M. Foucher : la *Bonne aventure* (1855) ; *Faust* ; les *Fiancés d'Albans* (1858) ; le *Naufrage de Lapérouse* et le *Savetier de la rue Quincampoix* (1859). — Avec M. Clairville : *Rothomago*

(1862). — Avec M. H. Crémieux : *Aladin ou la Lampe merveilleuse* (1863). — Avec M. Lambert Thiboust : les *Amours de Paris* (1866). — Avec M. Charles Edmond : le *Dompteur* (1870). — Avec M. Plouvier : le *Centenaire* (1873) ; le *Prince de Moria* (1873). — Avec M. Jules Verne : le *Tour du Monde en 80 jours* (1871) ; les *Enfants du capitaine Grant* (1878) ; *Michel Strogoff* (1880) ; *Voyage à travers l'Impossible* (1882) ; les *Mille et une Nuits* (1885) ; le *Mari d'un jour* (1886) ; *Martyre*, drame (1888) ; le *Trésor des Rajahs*, com.-drame (1894), etc.

Parmi une foule de pièces en collaboration avec MM. Dartois, Albert Hostein, Brisebarre, Decourcelle, Louis Gallet, mentionnons, avec ces derniers, une adaptation du *Cid* en opéra, mis en musique par Massenet (1885).

On a vu représenter jusqu'à 5 pièces, à la fois, de M. d'Ennery, sur les différents théâtres de Paris (1862-1863).

Il a publié un certain nombre de romans populaires, dont le dernier paru est intitulé : *Seule !* (1897).

Chevalier de 1847 officier de 1859, M. d'Ennery est commandeur de la Légion d'honneur et dignitaire de plusieurs ordres étrangers.

HUON de PENANSTER (Charles-Marie-Pierre)

SÉNATEUR, né à Lannion (Côtes-du-Nord) le 11 octobre 1832. Il voyagea à l'étranger pendant une partie de sa jeunesse.

A sa rentrée en France, il débuta dans la vie politique en se faisant élire conseiller général par le canton de Plestin-les-Grèves, contre le candidat officiel, au mois de juillet 1861, et ce mandat lui a été renouvelé sans interruption depuis cette époque.

Après avoir été, pendant deux ans, adjoint au maire de Lannion, il fut révoqué, en décembre 1870, par le préfet des Côtes-du-Nord ; mais il refusa de reconnaître l'autorité administrative et publia, sous forme de lettre ouverte à M. Glais-Bizoin, dans le *Phare de la Loire*, une énergique protestation contre la dissolution des conseils généraux remplacés par une commission nommée par les préfets.

A ce même moment, M. Huon de Penanster fonda le journal l'*Indépendance bretonne*, à Saint-Brieuc, avec MM. de Foucauld et Louis d'Estampes.

Candidat aux élections du 8 février 1871, ses concitoyens l'envoyèrent siéger à l'Assemblée nationale, où il prit place à l'extrême-droite.

Réélu, le 24 février 1876, sans concurrent, dans la première circonscription de Lannion, par 7,957 voix sur 8,730 votants, il revint à la Chambre, le 14 octobre 1877, après la dissolution, avec 7,637 suffrages contre 6,966 donnés à M. Le Berre. A cette dernière élection, M. Huon de Penanster avait refusé l'affiche blanche de candidat officiel.

Pendant ces diverses législatures, il fit toujours partie de la droite royaliste et vota : pour la paix, pour l'abrogation des lois d'exil, pour la pétition des évêques, pour le pouvoir constituant de l'Assemblée, pour la démission de Thiers, pour le septennat, contre l'amendement Wallon, contre les lois constitutionnelles, contre l'abrogation des jurys mixtes pour l'obtention des diplômes universitaires, contre l'ordre du jour sur « les menées ultramontaines », contre l'amnistie, etc. Il soutint le gouvernement du 16 mai et se prononça contre les ministères républicains qui succédèrent au cabinet Fourtou-de Broglie.

Lors des élections législatives de 1881, il ne se représenta pas, pour raison de santé ; mais un siège étant devenu vacant au Sénat par suite du décès de M. Le Provost de Launay, M. Huon de Penanster se porta candidat à l'élection partielle qui eut lieu le 7 juin 1886 et fut élu sénateur des Côtes-du-Nord par 739 voix, contre 512 données à M. Armez.

Aux élections du 7 janvier 1894, M. Huon de Penanster fut réélu, au 1er tour, par 723 voix.

Détail assez curieux à noter : l'honorable sénateur des Côtes-du-Nord n'a jamais publié de profession de foi dans aucune de ses nombreuses élections.

Au Palais du Luxembourg, il se fit inscrire à la droite royaliste, qu'il a représentée plusieurs fois dans le bureau du Sénat, en qualité de secrétaire. Il déposa, en 1888, un projet de révision des lois constitutionnelles, pour obliger M. Floquet, alors président du Conseil, à venir soutenir ses anciens programmes. Il se prononça, dans les circonstances importantes, contre : la politique scolaire et coloniale, le rétablissement du scrutin d'arrondissement, la procédure à suivre devant le Sénat à l'égard du général Boulanger, etc.

M. Huon de Penanster est l'auteur d'un livre intitulé : *Une conspiration en l'an XI et XII* (1896, Plon, éditeur).

SCHOLL (Aurélien)

OURNALISTE et littérateur, fils d'un notaire de Bordeaux et né dans cette ville le 13 juillet 1833. Ses études faites, il vint à Paris et se lança dans le journalisme; il débuta au *Corsaire* (1850), journal qui fut supprimé en 1852; il collabora ensuite au *Paris*, fondé par le comte de Villedeuil, puis au *Mousquetaire*, d'Alexandre Dumas, à l'*Illustration* et au *Figaro* hebdomadaire.

Entre temps, il avait fondé le *Satan* (1855) et les *Silhouettes*, avec M. J. Noriac; finalement il quitta le *Figaro*, où il avait fait longtemps une satyre hebdomadaire sous la rubrique « Les Coulisses », pour faire concurrence à ce journal avec le *Nain jaune*. Il a fondé aussi le *Club*, le *Jockey* et le *Lorgnon* (1869), dont un des premiers numéros attira sur lui une poursuite en diffamation de M. de Bisson, son beau-frère. Il collabora ensuite à l'*Evénement* (1872), fut rédacteur en chef du *Voltaire* et, en 1883, de l'*Echo de Paris*.

Dans cette période, il a été fait beaucoup de bruit autour de M. Scholl, surtout à l'époque (1866) de son mariage avec miss Irène Perkins, fille d'un riche brasseur de Londres, et à l'occasion de divers procès auxquels il fut mêlé l'année suivante.

Provoqué par M. le comte de Dion, au café Bignon en 1880, pour un article de l'*Evénement* reproduit par M. Scholl dans un de ses volumes, *Fleurs d'adultère*, où il faisait allusion aux démêlés de la duchesse de Chaulnes avec son mari, la Cour d'assises condamna son agresseur à deux mois de prison. Quatre ans plus tard, un nouvel article sur le même sujet lui valut une nouvelle provocation; il se battit à l'épée et fut légèrement blessé. M. Scholl a eu, du reste, une nombreuse série de duels de journaliste.

M. Scholl a publié : les *Lettres à mon domestique* (1854) ; les *Esprits malades* (1855); *Denise* (1857); la *Foire aux artistes* (1858) ; *Claude Le Borgne* (1859); les *Mauvais instincts* ; *Histoire d'un premier amour* (1860) ; *Aventures romanesques* (1862) ; *Hélène Hermann* (1863) ; les *Amours de théâtre* (1863); *Scènes et mensonges parisiens* (1863); les *Gens tarés* (1864) ; les *Cris de Paris* (1866); les *Petits secrets de la Comédie* (1867) ; *Dictionnaire féodal* (1869) ; la *Danse des palmiers* (1873) ; les *Amours de cinq minutes* (1874) ; le *Procès de Jésus-Christ* (1877) ; les *Scandales du jour* (1878) ; *Fleurs d'adultère* (1880) ; l'*Orgie parisienne* (1882) ; *Mémoires du trottoir* (1882) ; les *Nuits sanglantes* (1883) ; *Fruits défendus* (1885) ; le *Roman de Follette*; les *Fables de La Fontaine* « filtrées » 1886 ; l'*Esprit du boulevard*; *Paris en caleçon* (1887) ; *Paris aux cent coups* (1888); l'*Amour appris sans maître* (1891) ; les *Ingénues de Paris* (1893) ; *Denise* 1894 ; *Tableaux vivants* (1896); l'*Amour d'une morte* 1897.

M. Scholl a en outre donné au théâtre : *Jaloux du passé* (Odéon, 1861) ; *Singuliers effets de la foudre*, avec M. Théodore de Langeac (Déjazet, 1863 ; la *Question d'amour*, avec M. Paul Bocage Gymnase, 1864) ; les *Chaînes de fleurs* (Variétés, 1866 ; l'*Hôtel des illusions*, avec M. Flor O'Squarr 1869 ; le *Repentir* (1876) ; *On demande une femme honnête* avec M. Koning (1877) ; le *Nid des autres*, avec M. d'Artois (1878) ; l'*Amant de sa femme* (1890 ; la *Danseuse de corde* (1892).

M. Scholl a été fait chevalier de la Légion d'honneur le 8 février 1878 et promu officier en 1884.

THOMAS (Gabriel-Jules)

CULPTEUR, membre de l'Institut, né le 10 septembre 1824 à Paris. Elève de Dumont, à l'Ecole des Beaux-Arts, il remporta, en 1848, le prix de Rome, avec ce sujet : *Philoctète partant pour Troie*.

M. G.-J. Thomas fut élu membre de l'Académie des Beaux-Arts en 1875, après la mort de Barye; il est devenu, en 1884, chef d'atelier et professeur de sculpture à l'Ecole des Beaux-Arts, en remplacement de son maître Dumont.

Les principales œuvres exposées de cet artiste portent les titres suivants : *Orphée*, statue 1855 ; *Soldat spartiate rapporté à sa mère*, bas-relief 1856 ; *Attila* (1857) ; *Eve* (1859) ; *Virgile* 1861, acheté par l'Etat, représenté à l'Exposition universelle de 1867 ; *Mort de St-Etienne*, tympan de l'église St-Etienne-du-Mont; *Lucien Bonaparte* (1864 ; *M*ᵐᵉ *Mars*, statue marbre 1866, représentée à l'Exposition de 1867 ; *Jeune guerrier* (1867) ; *Portrait*; *Tête d'Etude* 1869 ; la *Pensée*, statue marbre 1870 ; les *Quatre parties du monde*, statues bois 1872, placées à la Banque de France, à Toulouse ; *Christ en croix* 1876 ; *Perrand*, statuaire et *P. Lorrain*, bustes marbre 1877 ; *M*ʳ *Landriot*, statue marbre 1880, à la cathédrale de La Rochelle ; *M. P. Abadie*, buste marbre 1881 ; *La Bruyère*, statue marbre 1882 ; *Baron Taylor* 1883 ; l'*Architecture*, statue marbre 1884, au musée Galliéra ; *M. Fougère des Forts* 1888 ; *Crucifix*, marbre (1890) ; *Saint-Michel* 1892, à Rouen ; *Homme et Serpent* 1894, commandé par l'Etat. Depuis cette dernière date, il n'a plus rien envoyé aux Salons annuels.

M. G.-J. Thomas a obtenu les récompenses suivantes : aux Salons de 1857, médaille de 3ᵉ classe ; de 1861 et 1867, 1ʳᵉ classe ; à l'Exposition universelle de 1878, un rappel de 1ʳᵉ classe et, à celle de 1889, une médaille d'or. Chevalier de la Légion d'honneur en 1867, il a été promu officier en 1883.

HERBETTE (Jules-Gabriel)

DIPLOMATE, né à Paris le 5 août 1839. Il étudia le Droit et entra, en 1860, au ministère des Affaires étrangères. Nommé consul à Naples en 1867, puis à Stettin en mars 1869, M. Herbette revint à Paris au mois de septembre de la même année.

Après le 4 septembre 1870, il fut chargé, par le gouvernement de la Défense nationale, de la direction des relations extérieures et assista, comme secrétaire de Jules Favre, aux négociations préliminaires de la paix avec l'Allemagne (mars 1871).

Rédacteur à la direction politique du ministère des Affaires étrangères en 1871, délégué à la Commission européenne du Danube en 1876, il fit ensuite partie de la mission extraordinaire au Congrès de Berlin en juin 1878.

Ministre plénipotentiaire en 1880, directeur du personnel et conseiller d'Etat en service extraordinaire, il collabora avec M. de Freycinet et sut faire hautement apprécier par la diplomatie étrangère sa grande connaissance des affaires internationales.

Le 9 octobre de la même année, à la chute du cabinet Freycinet, M. Herbette demanda sa mise en disponibilité, puis reprit la direction du personnel quand M. de Freycinet revint au ministère en 1882, et la direction du cabinet en 1885.

Le 11 septembre 1886, l'ambassade de France à Berlin lui fut confiée. Dans ces hautes fonctions, que la situation des deux puissances rendait délicates et difficiles, M. Herbette a su représenter dignement son pays et conserver la confiance de tous les ministères successifs. Il demanda et obtint sa mise à la retraite en 1896.

M. Herbette a publié, pendant son séjour en ce pays, une importante étude sur les *Conditions du travail en Allemagne* (1890).

Chevalier de la Légion d'honneur en 1871, officier en 1878, commandeur en 1882, M. Herbette reçut, le 30 décembre 1886, les insignes de grand officier des mains de Ferdinand de Lesseps, chargé de les lui remettre officiellement à Berlin même. Il a été élevé à la dignité de grand-croix en mai 1896.

HERBETTE (François-Louis)

AVOCAT, publiciste, administrateur, conseiller d'État, frère du précédent, né à Paris le 26 novembre 1843. Ses études faites à Paris, où il se fit recevoir bachelier ès-sciences, licencié ès-lettres et licencié en droit, M. Herbette s'inscrivit au barreau de la Cour d'appel et, sous les auspices d'Emmanuel Arago, de Jules Favre, d'Ernest Picard, etc., il se créa rapidement une place en vue parmi les jeunes adhérents du parti démocratique. En même temps, il écrivait dans la presse d'opposition à l'Empire et notamment à l'*Electeur libre* et au *Temps*.

Membre du comité de l'Union libérale, qui soutint la candidature de Thiers (1869), M. Herbette fut poursuivi pour délit de presse et condamné à un mois de prison ; son rôle actif et la publication d'une brochure de propagande républicaine qui lui est due: *Nos députés et leurs votes*, causèrent ces poursuites.

Au 4 septembre 1870, M. Louis Herbette fut attaché par le gouvernement de la Défense nationale au *Journal Officiel*, comme secrétaire de rédaction et, en cette qualité, se vit chargé des rapports avec les différents membres de ce gouvernement. Lors du mouvement insurrectionnel de 1871, il suivit à Versailles le pouvoir légal et conserva les mêmes fonctions ; mais il les quitta, en 1874, après la chute du président T. iers. Il reprit alors sa place dans la presse: collabora au *Courrier d'Etat*, feuille hebdomadaire destinée aux conseils généraux de France ; fonda deux importants recueils : le *Bulletin municipal*, organe s'adressant spécialement aux communes, et le *Répertoire de l'histoire et de la politique contemporaines*, revue mensuelle relatant tous les faits et documents de la vie publique et qui est encore utilement consultée. Il écrivit, en outre, à la *Cloche*, à l'*Opinion nationale*, au *XIXᵉ Siècle*, d'Edmond About, etc.

Nommé préfet du Tarn-et-Garonne en 1877, sous le ministère de M. Ricard, M. Louis Herbette fut révoqué au 16 mai 1877 ; il revint alors à Paris et fut désigné, après la dissolution de la Chambre, comme secrétaire général du « comité des Gauches du Sénat » siégeant rue Louis-le-Grand à Paris, qui dirigea la résistance du parti républicain contre le gouvernement dit de l' « Ordre moral ».

A la chute du ministère de Broglie, M. Louis Herbette fut appelé à la préfecture de la Somme, d'où il passa, en 1879, à celle de la Loire-Inférieure, qu'il conserva jusqu'en 1882.

Appelé en 1882 à la Direction générale de l'Administration pénitentiaire au ministère de l'Intérieur, M. Louis Herbette, à ce titre et comme commissaire du gouvernement et conseiller d'État en service extraordinaire, s'appliqua à l'amélioration de ses services. En outre des économies et des réformes auxquelles il s'appliqua, il prépara la loi sur la transformation des prisons de courtes peines par l'application du régime cellulaire remplaçant le régime en commun, celles sur la relégation des récidivistes, la libération conditionnelle, etc. Avec sa collaboration eut lieu la transformation des règlements pénitentiaires élaborée par le Conseil supérieur des prisons. Il reprit et remit à jour la collection du *Code des prisons*.

En 1885, il fut délégué par le gouvernement français au Congrès pénitentiaire international de Rome; il prépara, l'année suivante, les travaux de la conférence de Berne pour la révision du règlement de ces congrès. Vice-président de la Commission permanente, il provoqua le choix de Saint-Pétersbourg en 1890 pour lieu de réunion du Congrès international pénitentiaire, et fut désigné comme un des présidents. Il prononça devant l'empereur Alexandre III le discours d'ouverture et eut, à cette occasion, dans les relations cordiales qui s'établirent entre les représentants des deux pays, un rôle dont l'importance put être appréciée peu après.

A Rome et à Saint-Pétersbourg, M. Louis Herbette avait organisé une exposition française pénitentiaire, qui obtint le plus légitime succès; lors de l'Exposition universelle de 1889, il eut à préparer une section semblable et publia sur l'*Œuvre pénitentiaire* une série d'études dans le *Journal officiel* et les *Recueils de l'Exposition*.

Ayant quitté ces fonctions en 1891, M. Louis Herbette fut nommé, en remplacement de M. Léon Béquet, conseiller d'État en service ordinaire dans la section des Travaux publics, de l'Agriculture, du Commerce, de l'Industrie et des Postes et Télégraphes.

Membre du Comité consultatif des Chemins de fer, de la Commission supérieure des Caisses d'épargne, du Comité des Travaux mixtes au ministère de la Guerre et de la Commission d'admission de l'Exposition de 1900, M. Louis Herbette, en outre de ces travaux, a collaboré à la *Nouvelle Revue*, où il a signé d'intéressantes études historiques, et à différentes publications françaises, franco-américaines et canadiennes. On a de lui un certain nombre d'ouvrages et de brochures : *Nos diplomates et notre diplomatie* ; *Étude sur Hoche* ; *Le Bonapartisme et les Bonapartistes*; *Paris en 1870-1871* ; *Le 31 octobre 1870*, notes et impressions d'un témoin ; *La journée du 4 Septembre 1870* ; *L'entrée des Prussiens dans Paris* ; *Les vingt-cinq ans de la République, 1870-1895* 1896 : des études de psychologie morale, des rapports et discours sur divers ordres de questions, etc.

M. Louis Herbette a épousé, en 1877, la fille du savant chimiste Barreswil, qui est décédé en 1885. Il est commandeur de la Légion d'honneur depuis 1887, officier de l'Instruction publique, grand croix de Saint-Stanislas de Russie, commandeur des Saints Maurice et Lazare d'Italie, etc.

LARROUMET (Gustave)

PROFESSEUR, conférencier, administrateur, membre de l'Institut, né en 1852, à Gourdon (Lot). En 1870, M. Larroumet s'engagea dans l'intention de suivre la carrière militaire ; mais sa santé l'obligea de quitter ce dessein et de résider dans le Midi. Devenu maître répétiteur au lycée d'Aix, il suivit les cours de la Faculté des lettres de cette ville, passa sa licence et vint à Paris, en 1878, où il prit l'agrégation de grammaire et celle des lettres.

En 1883, après avoir été professeur au collège Stanislas, au lycée de Vanves et à Henri IV, M. Larroumet soutint brillamment sa thèse de doctorat et, l'année suivante (novembre 1884), il fut nommé maître de conférences de littérature française à la Sorbonne.

Chef de cabinet de M. Lockroy au ministère de l'Instruction publique, il remplaça M. Castagnary à la direction des Beaux-Arts le 12 juin 1888; il conserva ces fonctions, dans lesquelles il ne s'est signalé par aucune mesure importante, jusqu'au 10 août 1891. Il fut alors nommé chargé de cours de langue et littérature françaises à la Sorbonne, où ses conférences ont été parfois troublées par les manifestations de ses auditeurs.

Élu membre libre de l'Académie des Beaux-Arts

le 16 mai 1891, il a été choisi, le 26 février 1898, comme secrétaire perpétuel de cette compagnie, à la suite de la démission du comte Delaborde.

M. Larroumet a donné de nombreuses conférences sur divers sujets. Il a écrit surtout dans les journaux et revues, notamment dans la *Revue des Deux-Mondes* et le *Figaro*; il a publié des éditions classiques de tragiques français ; on lui doit encore, outre ses thèses de doctorat: *De quarto Tibulli libro* et *Marivaux, sa vie et ses œuvres* (1882), couronnée par l'Académie française), une étude sur *Lord Brougham* (1879); la *Comédie de Molière, l'auteur et le milieu* (1886); une traduction, en collaboration avec M. Baldy, de *l'Armée romaine au temps de César*, par Kramer ; *Etudes d'histoire et de critique dramatique*; *Le XVIII° Siècle et la Critique contemporaine* ; le *Prince Napoléon* (1892); *Etudes de Littérature et d'Art* (1893); *Nouvelles id.* (1894) ; la *Maison de V. Hugo* ; *Meissonier* ; *Conférences faites à l'Odéon* (1895); *L'Art et l'Etat en France* (1896); *Petits portraits et Notes d'Art* (1897); *Racine* (1898). Il collabore à l'*Encyclopédie populaire du xx° siècle*, dont la publication a commencé en 1898.

Chevalier de la Légion d'honneur en 1888, M. Larroumet est officier depuis le 12 juillet 1891.

ROBERT-FLEURY (Tony)

PEINTRE, né à Paris le 1er septembre 1837. Fils du célèbre artiste de ce nom.

Elève de Paul Delaroche et de Léon Cogniet, il débuta au salon de 1866 par un grand tableau intitulé : *Varsovie, 8 avril 1861*, représentant un épisode de la guerre de l'indépendance polonaise.

M. Tony Robert-Fleury a exposé depuis: *Les Vieilles sur la place Navone à Rome* (1867) ; *Portraits* (1868); le *Dernier jour de Corinthe* (1870); les *Danaïdes* (1873) ; *Charlotte Corday à Caen* (1874) ; *Pinel, médecin en chef de la Salpêtrière, délivrant les aliénés de leurs chaînes* (1876) ; *Portraits de M. M. et de M. A. D.* (1878) ; *Glorification de la sculpture française*, plafond pour le palais du Luxembourg (1880) ; *Vauban donnant les plans des fortifications du château et de la ville de Belfort* (1882) ; *Mazarin et ses nièces* (1883) ; *Portrait de M. Robert-Fleury* (1884) ; *Léda* ; *Le général Lebrun* (1885) ; *M. Bixio* (1886) ; *Ophélie* (1887) ; Mme *M. B.* (1888) ; *Madeleine et Madame la Vicomtesse de P.* (1889) ; *1789-1889* (1890); le *Billet doux* (1891) ; l'*Architecture* (1892) ; *Portrait* (1893); *Douce Rêverie* (1894) ; *Maternité* ; *Liseuse* (1895) ; *Thaïs* ; *Fantaisie* (1896) ; *Auprès du feu* ; *Courtisane* (1897).

M. Robert-Fleury fait partie du Jury des Salons annuels ; il a obtenu des médailles en 1866, 1867, 1879, une médaille d'honneur en 1870, la médaille de 1re classe à l'Exposition universelle de 1878 et la médaille d'or à l'Exposition universelle de 1889. Il a été fait chevalier de la Légion d'honneur en 1878 et promu officier en 1884.

BUCQUOY (Marie-Edme-Jules)

MÉDECIN, membre de l'Académie de Médecine, né à Péronne (Somme) le 14 août 1829. Fils d'un médecin de province, qui mourut doyen des médecins des épidémies de France, il embrassa aussi la carrière médicale. Il épousa, en 1856, Mlle Danyau, fille du célèbre accoucheur, petite-fille du Dr Roux, membre de l'Institut, et alliée au baron Boyer, chirurgien de Napoléon Ier.

Interne des hôpitaux de Paris en 1851, docteur en 1855, M. Bucquoy fut, en 1862, nommé médecin du Bureau central. L'année suivante il obtenait le grade d'agrégé. Médecin de la Direction municipale des nourrices en 1865, des Enfants malades en 1867, et de St-Antoine en 1868, il fut, la même année, appelé à remplacer à l'Hôtel-Dieu le professeur Grisolle, et c'est pendant cette suppléance qu'il attira l'attention sur lui par ses leçons cliniques sur les maladies du cœur.

Il a été médecin de l'hôpital Cochin de 1870 à 1884 et, de 1885 à 1895, chef de service à l'Hôtel-Dieu. Il n'a jamais été titulaire d'aucune chaire à la Faculté ; mais il a donné, dans les hôpitaux, un enseignement clinique grandement apprécié.

M. Bucquoy a été élu membre de l'Académie de Médecine le 28 mars 1882.

Les travaux de ce médecin ont fait l'objet de nombreux mémoires communiqués à la Société médicale des hôpitaux et à l'Académie de Médecine. Mentionnons spécialement ses savantes études sur le *Choléra*, le *Scorbut*, la *Gangrène pulmonaire*, l'*Ulcère du Duodenum*, la *Pleurésie purulente*, l'*Angine tuberculeuse*, etc. Certains de ces mémoires ont été publiés en librairie, notamment: *De la congestion sanguine dans les fièvres* (Mémoire couronné par la Société médicale des hôpitaux, 1858) ; *La pleurésie dans la gangrène pulmonaire* (1875) ; *Du traitement de la pneumonie* (1889), etc.

En outre de ces brochures, on connaît encore de M. Bucquoy : sa thèse de doctorat : *Du « purpura hæmorrhagica idiopathique » ou maladie tachetée hémorrhagique de Werlhoff* (1855), celle d'agrégation : *Des concrétions sanguines* (1863); ses *Leçons cliniques sur les maladies du cœur*, professées à l'Hôtel-Dieu (1868, 5 éditions avant 1898; très important ouvrage traduit en plusieurs langues), etc.

Médecin honoraire des hôpitaux depuis 1895, membre du conseil général de l'Association générale des médecins de France, il est, depuis plusieurs années, président de la Société centrale, branche la plus importante de cette association. Il fait aussi partie de diverses autres sociétés savantes.

Chevalier de la Légion d'honneur depuis août 1870, M. le D' Bucquoy a été promu officier en 1895.

LAURENT de RILLÉ (François-Anatole)

Compositeur de musique, né à Orléans, le 24 novembre 1828.

Ses études classiques faites à Tours, M. Laurent de Rillé étudia la musique dans cette ville, avec Comoglio, un professeur élève de Rossini un peu oublié, puis vint à Paris, où il étudia d'abord le droit et se fit recevoir licencié. Il ne tarda pas d'ailleurs à revenir à la musique, suivit les cours de Elwart au Conservatoire et composa bientôt un grand nombre de chœurs orphéoniques, qui lui assurèrent le succès, notamment : *L'Orgie romaine*; les *Martyrs aux Arènes*; la *Noce au village*; les *Buveurs*; le *Chant des Travailleurs*; la *Saint-Hubert*; *Hymne à Sainte-Cécile*; le *Pardon d'Auray*; l'*Océan*; la *Valse des Songes*; *Dieu protège la France*; les *Fumeurs d'opium*; *Super flumina Babylonis*; *Marche des Orphéons*; le *Festin*; la *Flamme d'Or*; *Marche russe*; la *Kamarinskaia*; six messes, de nombreux motets, etc.

Au théâtre, il a fait représenter entre autres pièces : d'abord aux Folies-Nouvelles les opérettes suivantes : *Aimé pour lui-même*; *Bel-Boul*; le *Sire de Framboisy*; *Elle a des bottes*; *Trilby*; le *Jugement de Paris* (1857); *Achille à Scyros*; le *Moulin de Catherine*; la *Demoiselle la Hoche Tromblon* (1858); le *Sultan Mysapouf*(1859), etc., puis *Frasquita* (Bouffes, 1859); *Au fond du verre* (Bade, 1859); le *Petit Poucet* opéra-bouffe 3 actes, avec Leterrier et Vanloo (Athénée, 1868); les *Pattes blanches*, opérette, 1 acte, avec Constantin (Bouffes, 1873); la *Liqueur d'Or*, opéra-comique, 3 actes, avec Liorat et Busnach (Menus-Plaisirs, 1873); *Babiole*, opéra-comique, 3 actes, avec Clairville et Gastineau (Bouffes, 1878,: la *Princesse Marmotte*, opérette, 3 actes, avec Clairville, Gastineau et Busnach (Bruxelles, Galeries-Saint-Hubert, 1880); la *Leçon de Chant*, opéra-comique. 1 acte, avec Adenis (Lyrique-Vivienne, 1891,: le *Crime de Musette*, monomime (Parisiana, 1895,, etc.

Après avoir été inspecteur général de l'enseignement du chant dans les lycées et les écoles normales de France (1866-1875), M. Laurent de Rillé fut secrétaire, puis président des commissions musicales des expositions universelles de 1867, 1878, 1889.

Membre fondateur de la Société des Auteurs dramatiques, il a été, durant de longues années, président de la Société des Auteurs, Compositeurs et Editeurs de musique, dont il est président d'honneur. Il est encore président de la Commission de l'enseignement du chant dans le département de la Seine et de la Fédération musicale de France. Il est en outre professeur titulaire de l'histoire de la musique à l'Association de l'enseignement secondaire des jeunes filles à la Sorbonne.

M. Laurent de Rillé est officier de la Légion d'honneur, officier de l'Instruction publique, commandeur de l'ordre de Charles III et grand-officier de l'ordre royal américain d'Isabelle-la-Catholique. etc.

NORMAND (Alfred-Nicolas)

Architecte, membre de l'Institut, né à Paris le 1" juin 1822. Fils de Henri-Marie Normand, graveur et architecte connu.

Entré à l'Ecole des Beaux-Arts en 1839, il y reçut l'enseignement de son père et de M. Jay et obtint, en 1846, le grand prix d'architecture avec un projet de *Muséum d'histoire naturelle*.

De Rome, le jeune artiste envoya, en 1850, une *Etude du Forum romain, avec restauration*, que l'on revit à l'Exposition universelle de 1855. A son retour à Paris, il fut attaché à la sous-inspection de divers bâtiments publics.

M. Alfred Normand a été élu membre de l'Académie des Beaux-Arts en 1890, après la mort de Diet.

Cet architecte n'a fait que fort peu d'envois aux Salons artistiques. On a vu, par contre, quelques projets de lui aux expositions universelles. On cite, parmi ses travaux, la maison centrale de Rennes. l'hospice de Saint-Germain-en-Laye, et l'hôtel style

Pompeï, aux Champs-Elysées, qu'il entreprit d'achever, pour le prince Napoléon, qu'il termina, en effet, en 1867, et qui a été détruit depuis.

M. A. Normand a obtenu une médaille de 1re classe en 1855, une de 2e en 1878, et une médaille d'or en 1889, aux expositions universelles. Il est chevalier de la Légion d'honneur depuis 1860.

NORMAND (Charles-Nicolas)

ARCHITECTE et archéologue, né le 9 septembre 1858, à Paris. Fils du précédent, il fit ses études aux lycées de Vanves et Henri IV. Entré à l'Ecole des Beaux-Arts, il y fut élève de son père et de M. André.

M. Ch. Normand a fondé la « Société des Amis des monuments parisiens », pour la protection des monuments de la capitale. Il a organisé, en outre, des voyages pour la visite des curiosités archéologiques et artistiques de la province et fit lui-même de lointaines et nombreuses explorations, qui lui fournirent des sujets d'envois aux Salons ainsi, que matière à des publications intéressantes.

M. Charles Normand a exposé aux Salons les travaux d'architecture suivants : *Académie de musique* (1884) ; *Etudes de voyages en France* ; *Restauration du temple de Dendrah* (1885) ; *Etudes de voyages en France* (suite) ; Relevés et restauration comprenant : *Temple d'Auguste à Vienne* ; *Tombeau de Montaigne* (1886) ; *Restauration et relevés des plus vieilles maisons de France* ; *Relevés et études de Fontainebleau* (1887) ; *Etudes d'architecture en France* (1888) ; *Eglise St-Marc à Venise*, vue générale, le baptistère (1889) ; *Métaponte*, d'après les dernières fouilles, 12 cadres, (1891) ; *Le Parthénon inconnu et l'Acropole avant sa destruction par les Perses*, essais de restitution archaïque (1892) ; *Plan du temple de Louqsor*, état actuel d'après les récentes fouilles (1893) ; depuis cette dernière année, on n'a plus rien vu de lui.

Comme écrivain archéologue, il a publié : *l'Hôtel de Cluny* (1888), grand in-4° avec héliogravures et eaux-fortes ; *Nouvel Itinéraire-Guide artistique et archéologique de Paris*, grand in-8° (1889-1893, tome I et II avec 150 planches) ; *Historique des châteaux célèbres de la Normandie* (1894). Il a collaboré à divers recueils et revues et a fondé : l'*Encyclopédie d'architecture* et l'*Ami des Monuments et des Arts*, qu'il dirige.

M. Charles Normand est membre de plusieurs sociétés savantes. Comme architecte, il a obtenu une mention honorable en 1885, une médaille de 2e classe en 1891 et une de 1re en 1892.

LANGLÉ (Ferdinand, dit Fernand)

AUTEUR dramatique, journaliste, chimiste, né à Paris le 25 avril 1837. Petit-fils du compositeur Honoré Langlé, l'un des fondateurs de notre Conservatoire de musique, fils de Ferdinand Langlé, auteur dramatique, et cousin germain du célèbre romancier Eugène Süe, il fit ses études classiques au collège Bourbon (Condorcet) et navigua ensuite pendant quelque temps.

Revenu en France après la guerre de Crimée, M. Fernand Langlé débuta dans la littérature comme journaliste, à Marseille, Montpellier et le Havre, où il fut rédacteur en chef du *Courrier du Havre*.

De là il rentra à Paris, collabora, avec Auguste Vitu, au *Peuple Français*, et passa successivement à la *Situation*, organe anti-prussien de Grenier, à la *France*, de La Guéronnière, au *Public*, de Dréolle, etc.

Rédacteur en chef du *Nain Jaune*, pendant trois ans, M. Fernand Langlé publia dans ce journal libéral de nombreux articles politiques et littéraires.

Entre temps, il écrivit pour le théâtre une trentaine de pièces dont plusieurs obtinrent grand succès, et parmi lesquelles il convient de citer : *Une nuit de noces* ; *Dix minutes d'arrêt* ; *Une heure de Royauté* ; *Pathelin*, opéra comique en 3 actes ; la *Farce de Villon*, en vers et en vieux Français ; l'*Amour qui passe* ; les *Oreilles d'âne* ; les *Rendez-vous galants*, au Théâtre Lyrique ; *Ninette et Ninon*, au même théâtre.

Pendant la guerre de 1870-1871, M. Fernand Langlé servit dans le 2e corps, et termina la campagne comme attaché à l'état-major du général Loisel, qui commandait en chef ce corps d'armée.

A partir de 1872, M. Fernand Langlé abandonna définitivement le journalisme et le théâtre pour se consacrer, comme chimiste, à des études scientifiques spéciales qui lui ont permis d'acquérir une grande notoriété. Il s'est particulièrement occupé de la fabrication du papier et de l'emploi de la cellulose sous toutes ses formes. Il a fait de très consciencieuses études sur les gommes et surtout sur les matières textiles coloniales. Non seulement il a trouvé un grand nombre de procédés chimiques nouveaux dont profite l'industrie nationale, mais encore on lui doit, en collaboration avec M. Charles Bourseul (l'inventeur du téléphone), l'ingénieux élément de piles électriques qui porte leurs noms, et dont ils n'ont voulu, ni l'un ni l'autre, tirer un bénéfice matériel quelconque.

Membre de la Société des Auteurs et Compositeurs dramatiques, de la Société des Auteurs, Compositeurs et Éditeurs de musique, M. Fernand Langlé a été également reçu membre de la Société des Gens de Lettres en 1867.

M. Fernand Langlé est commandeur du Cambodge et de l'Étoile Noire et officier du Tadjourah.

GAIFFE (Adolphe)

Critique dramatique, journaliste politique et publiciste scientifique, né à Mulhouse (Alsace) le 22 novembre 1830. Après avoir fait ses études classiques à Rouen et à Paris, il se livra d'abord à des travaux scientifiques, fut préparateur du cours de chimie professé par M. Payen au Conservatoire des Arts et Métiers et fit, à la même époque, des communications très remarquées à l'Académie des Sciences. Aussi, lors de la fondation de l'*Événement* par Charles Hugo, M. Gaiffe fut-il appelé à y rédiger la chronique scientifique (1860).

Plus tard, lorsque Auguste Vacquerie, critique dramatique de ce journal, se retira, M. Gaiffe le remplaça et donna une longue série de feuilletons dramatiques, qui eurent le plus grand succès.

Tous les rédacteurs de l'*Événement* ayant été emprisonnés, cette feuille cessa sa publication en 1868. A partir de ce moment, M. Gaiffe se mêla activement au mouvement républicain et fut l'un des adversaires les plus actifs de l'Empire.

Entré comme rédacteur à la *Presse*, il y donna, concurremment avec Prévost-Paradol et Neufizer, des articles politiques, puis passa à l'*Avenir national*, où il resta jusqu'en 1870.

Nommé, par le gouvernement de la Défense nationale (1871), envoyé extraordinaire auprès de la Confédération Helvétique pour tout ce qui concernait l'armée de l'Est, M. Gaiffe s'acquitta de sa tâche avec une telle délicatesse et tant d'autorité, à la fois, qu'il reçut les éloges des gouvernements Français et Suisse.

En outre d'articles politiques, publiés dans diverses revues, cet écrivain a donné en librairie : *Un Salmis de nouvelles*, en collaboration avec Théophile Gautier, Cornemin, Paul de Saint-Victor, etc.

M. Gaiffe est commandeur de l'Étoile polaire (Suède et Norwège), de l'ordre de la Conception (Portugal) ; grand officier du Medjidié ; l'un des doyens des chevaliers des Saints Maurice et Lazare et chevalier de la Légion d'honneur.

KRAUSS (Gabrielle-Marie)

Cantatrice célèbre, née à Vienne, en Autriche, le 24 mars 1842.

Dès la plus tendre enfance elle montra pour la musique d'extraordinaires dispositions et fut admise, en 1853, au Conservatoire de sa ville natale, où elle fut l'élève de Mme Marchesi.

Elle fit, au théâtre de l'Opéra de Vienne, en 1860, de remarquables débuts dans le personnage de Mathilde de *Guillaume Tell*, et y chanta de grands rôles dans le *Prophète*, *Robert-le-Diable*, la *Flûte enchantée*, *Tannhauser*, *Lohengrin*, etc.

Après un séjour en Italie de quatre années, pendant lesquelles Mme Krauss obtint un succès considérable dans les rôles dramatiques de *Il Trovatore* (débuts), *Norma*, *Otello*, *Aïda*, *Lucretia Borgia*, *Rigoletto*, *Sémiramis*, etc., elle se fit entendre, en 1868, au Théâtre italien de Paris et dans de nombreux salons mondains.

Ses interprétations, à la salle Ventadour, du répertoire italien, notamment dans *Fidelio*, *Zampa*, la *Dame Blanche*, le *Bal Masqué*, de Verdi, etc., furent pour l'éminente artiste de véritables triomphes.

Engagée à l'Opéra au moment où éclatait la guerre de 1870, Mme Krauss résilia son contrat et partit pour l'Italie.

Mais, en 1874, lors de l'inauguration de la nouvelle salle, elle fut rappelée par M. Halanzier et débuta, sur la scène de notre Académie nationale de musique, dans la *Juive*, rôle de Rachel.

Très bien accueillie par le public, elle chanta à ce théâtre : les *Huguenots* (Valentine), *Faust* (Marguerite), l'*Africaine*, *Freyschutz*, *Robert-le-Diable*, *Don Juan*, le *Vaisseau-Fantôme*, en un mot, tout le répertoire ancien et moderne.

Ses créations de *Jeanne d'Arc*, dans l'opéra de M. Mermet ; de Pauline, dans *Polyeucte* (1878), et celles de grands rôles dans *Aïda* (1880), le *Tribut de Zamora*

(1881), *Henri VIII* (1883), *Sapho* (reprise, 1884), *Patrie* (1886), furent pour Mme Krauss l'occasion de succès éclatants.

En résumé, pendant le cours de sa brillante carrière artistique, elle a chanté 60 ouvrages italiens, français et allemands, dans leur langue respective, qu'elle parle, du reste, parfaitement.

Elle a quitté l'Opéra en 1887, pour se vouer au professorat; mais depuis cette époque, elle s'est encore quelquefois fait entendre dans les grands concerts publics.

Membre honoraire, depuis 1870, de la Société des concerts du Conservatoire, Mme Krauss est officier d'Académie depuis 1880; elle a été nommée officier de l'Instruction publique le 1er janvier 1896. Elle a le titre de cantatrice de la Cour de Vienne.

PRUNIER (Louis-Léon)

Chimiste, pharmacien, membre de l'Académie de Médecine, né à Arras le 26 août 1841. Il fit ses études au lycée de Rouen, où son père exerçait les fonctions d'inspecteur de l'enseignement primaire. Venu ensuite à Paris, où il fit son stage pharmaceutique (1860-1863), il fut admis à l'internat en pharmacie des hôpitaux en 1864; lauréat en 1866 et 1867, il en sortit en 1868 avec la médaille de la première division (depuis transformée en médaille d'or), mais y rentra bientôt en qualité de pharmacien des hôpitaux (1869). Dans cette direction, sa carrière a été couronnée par sa nomination au poste de pharmacien en chef des hôpitaux, directeur de la Pharmacie centrale, en avril 1897.

En 1873, M. Prunier avait été nommé préparateur des cours de chimie et, en 1876, maître de conférence des travaux chimiques à l'Ecole supérieure de Pharmacie. En 1878, il était nommé professeur agrégé de chimie organique.

A la mort de Personne (1880), le conseil de l'Ecole le désignait comme chargé du cours de chimie analytique, qu'il a professé jusqu'en 1885, époque à laquelle il fut appelé à succéder à Baudrimont, dans la chaire de pharmacie chimique, en qualité de professeur titulaire.

A la Faculté de médecine, M. Prunier conquit, en 1873, le diplôme de docteur (thèse *Sur les glycerines*) et, par la suite, présenta deux autres thèses au concours d'agrégation.

A la Faculté des sciences enfin, il a été successivement admis aux grades de licencié ès sciences physiques, puis de docteur ès sciences, avec une thèse *Sur la quercite*, qui fut alors remarquée du monde savant et valut, en 1885, à son auteur, d'être porté pour le prix Jecker par l'Académie des Sciences.

M. Prunier est membre de la Société chimique, membre et ancien président de la Société de pharmacie, membre du Conseil de la Société d'Encouragement pour l'Industrie nationale. Il a été admis, en 1887, à l'Académie de médecine.

Les nombreux travaux de M. Prunier ont été publiés dans les *Annales de chimie et de physique*, *Comptes-rendus de l'Académie des sciences*, *Bulletin de la Société chimique*, *Journal de pharmacie*, *Moniteur scientifique*, etc. Il donna d'abord plusieurs notes sur divers sujets de chimie pure; puis, sur les conseils de son maître, M. Berthelot, il aborda l'étude de la *Quercite* et en fit le sujet de sa thèse de doctorat ès sciences. Plus tard, il s'occupa des *Carbures résiduaires obtenus dans la distillation industrielle des pétroles américains*, et en fit le sujet de sa thèse à l'Ecole de pharmacie (1876); ces recherches lui permirent en particulier de faire connaître les termes les plus élevés en condensation parmi les carbures d'hydrogène connus. Depuis qu'il a pris possession de la chaire de pharmacie chimique, son attention s'est plus spécialement dirigée du côté des études pharmaceutiques.

Parmi les publications de ce savant, signalons, en dehors des thèses inaugurales ou d'agrégation: dans l'*Encyclopédie chimique* de Frémy, un premier fascicule de *tableaux* (extraits du cours d'analyse chimique professé par l'auteur, ayant pour but de placer sous un même coup d'œil les réactions de la méthode générale d'analyse qualitative avec les vérifications indispensables pour établir l'identité de chaque corps (1885); puis, en chimie organique, un fort volume, de mille pages environ, consacré aux *Alcools et Phénols* (même année). Ses leçons de pharmacie chimique ont été réunies et éditées chez Masson sous le titre: *Médicaments chimiques*, dont le premier volume, *Composés minéraux*, a paru en 1896; le second volume, sous presse en 1898, est consacré aux médicaments d'origine organique.

M. Prunier est officier de l'Instruction publique.

TRARIEUX (Jacques-Ludovic)

SÉNATEUR, ancien ministre, né à Aubeterre (Charente) le 30 novembre 1840. Avocat à Bordeaux, il a été bâtonnier de l'ordre dans cette ville avant d'entrer au Parlement et il a été depuis inscrit au barreau de Paris. On doit mentionner, parmi les causes importantes plaidées par M. Trarieux : l'affaire de l'Union générale, le procès Chambige, au nom des parties civiles ; celui de M. Raynal contre M. Denayrouze, etc.

Conseiller municipal de Bordeaux en 1874, M. Trarieux se porta candidat républicain aux élections législatives du 14 octobre 1877, dans l'arrondissement de Lesparre, et échoua avec 4,823 voix, contre 5,796 obtenues par M. de Bouville, candidat officiel. Il fut plus heureux, le 6 avril 1879, dans la 4° circonscription de Bordeaux, où il se présenta en remplacement de M. de Lur-Saluces, nommé sénateur, et fut élu par 10,507 voix. Inscrit au groupe de la Gauche républicaine, il prit part à la discussion de la loi sur la liberté de l'enseignement supérieur, dont il vota l'ensemble, après avoir repoussé l'article 7.

Aux élections du 21 août 1881, il fut battu avec 4,017 voix contre 12,499 partagées entre deux candidats, l'un monarchiste, l'autre républicain, et se désista au scrutin de ballottage. Il échoua encore à l'élection partielle du 20 janvier 1884, dans l'arrondissement de Barbezieux, n'obtenant que 5,193 voix contre 7,069 données au candidat bonapartiste, M. Arnous. Il se fit encore vainement porter sur la liste républicaine de la Charente, département où il était conseiller général, aux élections du 4 octobre 1885 ; il ne réunit que 39,935 voix sur 88,641 voants. Mais au renouvellement triennal du Sénat de 1888, M. Trarieux fut envoyé à la Chambre haute par le département de la Gironde et réélu en 1897, le deuxième sur cinq.

Au Sénat, il est inscrit à la Gauche républicaine et au Centre gauche qu'il a présidé ; il a été membre de plusieurs commissions, rapporteur général des Finances et il est l'un des orateurs les plus écoutés de la Haute Assemblée. Il s'est intéressé et a pris part à presque toutes les discussions, et notamment à celles concernant les budgets, les douanes, l'organisation coloniale, les différends entre patrons et ouvriers, le travail des femmes et des enfants, le régime de la Presse, l'organisation judiciaire, etc. Il a été l'un des quatre membres du Sénat chargés d'instruire le procès du général Boulanger devant la Haute-Cour (1889) et il a appuyé, à la tribune ainsi qu'au dehors, les efforts tentés par son collègue, M. Scheurer-Kestner, en faveur de la révision du procès du capitaine Dreyfus (1897-1898).

M. Trarieux a été ministre de la Justice, dans le cabinet Ribot, du 26 janvier au 2 novembre 1895.

LESPIEAU (Théodore-Manuel-Jean)

GÉNÉRAL, né à Figuières (Espagne) le 15 avril 1829. Fils d'un médecin-major de 1re classe français, il fit ses études successivement à Strasbourg, à Lyon, puis à Marseille ; entra à l'Ecole de Saint-Cyr en 1848 et en sortit en 1850 comme sous-lieutenant au 20° de ligne, qui se trouvait en Algérie.

Il fit trois expéditions dans la petite Kabylie et fut promu lieutenant en 1853.

Parti pour l'expédition d'Orient en avril 1854. M. Lespieau prit part à toute la campagne de Crimée, fut blessé à l'assaut de la redoute de Malakoff et décoré de la Légion d'honneur, à la suite de cet assaut, le 14 septembre 1855. Dans le même mois, il passait capitaine et rentrait bientôt en France, avec son régiment, qui s'était couvert de gloire.

En 1864, il accomplit une nouvelle expédition en Kabylie et, la même année, devenait chef de bataillon au 63° de ligne.

Rentré en France en 1865, il fit partie, dès la déclaration de guerre de 1870, de la division Laveaucouppet du 2° corps de l'armée de Metz. Blessé le 6 août 1870 au combat de Spikeren, il combattit jusqu'à la nuit à son poste, resta encore deux jours, malgré sa blessure, et fut ensuite évacué sur Metz, puis sur Amiens et Paris où il se trouva nommé, le 15 août, lieutenant-colonel commandant le 12° régiment de marche. En cette qualité, il se distingua aux combats de Chevilly et de Hay et fut, le 4 décembre 1870, nommé colonel hors cadres commandant la 1re brigade de la division de réserve de la 2° armée de Paris. Il prit part aux deux sièges de la capitale. Il avait été fait officier de la Légion d'honneur en février 1871.

A la création des corps d'armée (1873), il fut envoyé avec son régiment au 7° corps et y demeura comme général de brigade de 1878 à 1882.

Envoyé à nouveau en Algérie, il fut chargé de la subdivision de Mascara (Sud Oranais), puis nommé divisionnaire en 1887, à la 27° division, à Grenoble.

M. le général Th. Lespieau est passé au cadre de réserve le 15 avril 1894 et commande depuis une division de réserve.

11

Cet officier supérieur a été fait commandeur de la Légion d'honneur en 1886 et grand-officier en 1891.

RIOTOR (Léon-Eugène-Emmanuel)

Poète, écrivain, auteur dramatique, né le 8 juillet 1865 à Lyon, où son père, créateur de l'Association syndicale des Typographes, fut poursuivi et exilé après le 2 décembre 1852. Il fit ses études dans cette ville, y débuta par des nouvelles et des poésies dans les publications locales, fonda l'*Union littéraire*, et collabora dès lors à un nombre considérable de revues et journaux de province (1879-1883).

M. Léon Riotor vint à Paris en cette dernière année, entra à la *Réforme*, dernier journal de Gambetta, et parut successivement au *Réveil* et au *Mot d'Ordre*, à l'*Evénement*, à l'*Echo de Paris* (1884-86), au *Figaro* (1890-92), au *Journal* (1892), à la *Nation* et au *Courrier du soir* (1890-93), à la *Plume*, au *Mercure de France*, à la *France scolaire*, à la *Revue Encyclopédique* (1893-98), etc. Critique d'art distingué, il publia divers « Salons », étudia les artistes de ce temps dans l'*Artiste* (1884-1897), la *Plume* (1892-96), la *Revue populaire des Beaux-Arts* (1898), et fonda l'*Album des Musées* (1892-93).

Nouvelliste et romancier, il a donné des nouvelles à la *Revue Critique*, à la *Vie Populaire* (1883-84), à la *Revue Illustrée* (1887), au *Supplément de la Lanterne* (1892), au *Soleil du Dimanche*, au *Gil-Blas Illustré*, au *Bon Journal*, à la *Revue de l'Evolution*, à la *Revue des Journaux et des Livres*, au *Musée des Familles* (1890-98) ; à la *Revue de France* (1897-98) ; des romans à la *Cocarde* et au *Petit National* (1891), à la *Nation*, à la *France Nouvelle* (1893), à l'*Ecolier Illustré* (1894), à la *Lanterne* (1896-97). On a aussi de lui : *Vieilles et Nouvelles chansons de route*, et diverses autres.

M. Léon Riotor a publié en librairie : le *Pays de la Fortune* (1890), qui lui valut l'amitié de Jules Ferry ; l'*Ami inconnu* (1891); *Noce bourgeoise*, pièce satirique représentée au Théâtre d'Application en 1892 ; les *Enfers bouddhiques*, avec trois préfaces de Renan, Foucaux, Ledrain et 12 planches japonaises « à la plume de roseau » (1892-1894); le *Pressentiment*, préface de Papus; les *Raisons de Pascalin*, roman philosophique (1894) ; le *Parabolain*, le *Sceptique loyal*, avec culs-de-lampe et fleurons d'Eugène Grasset et Jossot; *Deux Nomarques de lettres*, étude critique de Barbey d'Aurevilly et Léon Cladel ; *Des bases classiques allemandes*, essai sur l'esprit littéraire germain (1895) ; *Essai sur Puvis de Chavannes*, l'étude la plus complète et la mieux documentée sur l'œuvre de l'illustre peintre (1896) ; la *Vocation merveilleuse du célèbre cacique Piédouche*, sur les donquichotte du monde littéraire (*Mercure de France*, 1898). Ses « poèmes légendaires » : le *Pêcheur d'anguilles* (frontispice de De Feure, 1894), le *Sage Empereur* (1896), *Fidélia* (fleurons d'Edmond Rocher, 1897) furent des plus remarqués. On annonce de cet écrivain d'autres romans sous presse : la *Vertu d'une femme*, un *Cœur libre*; poèmes: *Jeanne de Beauvais*, la *Main de gloire*.

M. Léon Riotor appartient à de nombreuses associations d'art, de littérature et de philanthropie. Membre du conseil d'administration de la Société contre la mendicité des enfants, il dirige son *Bulletin* mensuel. Il a fait quelques conférences sur les sujets déjà étudiés dans ses livres. Officier de réserve d'artillerie (1891), attaché à la Préfecture de la Seine (1893), il est officier d'Académie depuis 1894.

BONNEFILLE (Frédéric-Auguste-Joseph)

Sénateur, industriel et agriculteur, né à Marines (Seine-et-Oise) le 14 décembre 1841.

M. Frédéric Bonnefille entra tout d'abord au service vicinal du département de Seine-et-Oise ; il fut attaché au service du génie pendant la guerre de 1870-71. Employé aux travaux de fortifications des avant-postes de Paris, avec délégation spéciale du général de division Tripier, M. Bonnefille fut ensuite nommé capitaine de la 2e compagnie de marche des mobilisés de Seine-et-Oise affectée au secteur du fort de Montrouge. Les missions qu'il accomplit pendant le siège lui valurent les témoignages de satisfaction du gouverneur militaire de Paris.

Depuis 1876, M. Bonnefille dirige une importante usine de produits céramiques à Massy, où il a réalisé de grands progrès industriels. Une exploitation agricole est jointe à cette usine.

Elu maire de cette commune de Seine-et-Oise en 1881 et successivement réélu à l'unanimité, il est conseiller général du canton de Longjumeau depuis 1881.

Président de la Commission de voirie départementale, délégué au Conseil départemental de l'Instruction primaire, M. Bonnefille a aussi fait partie pendant plusieurs années de la Commission interdépartementale de surveillance de l'important asile de Clermont (Oise), où sont placés les malades de son département.

Président du Comité départemental des habitations à bon marché, il s'est toujours préoccupé des mesures destinées à améliorer l'hygiène et à encourager l'épargne. Sa longue expérience des affaires et ses connaissances spéciales lui ont permis de rendre de nombreux et importants services en Seine-et-Oise.

Candidat aux élections législatives de 1885, sur la liste républicaine libérale de ce département, M. Bonnefille recueillit 35,000 suffrages. En 1889, il refusa toute candidature. En minorité au premier tour de scrutin en 1893, il se retira au ballotage.

Sollicité encore de poser sa candidature au siège sénatorial rendu vacant en Seine-et-Oise par le décès de M. Hamel, M. Bonnefille fut élu sénateur le 27 mars 1898, au deuxième tour de scrutin, par 797 voix contre 542 à M. Rameau, député radical. Le sénateur de Seine-et-Oise est, au Luxembourg, inscrit aux groupes du Centre gauche et de l'Union républicaine. En économie politique, il est résolument protectioniste.

CUVERVILLE (Jules Vicomte de)

EXPLORATEUR, archéologue, publiciste, né le 24 mars 1865 à Saint-Brieuc (Côtes-du-Nord). Fils de l'amiral de ce nom, il entra à l'Ecole navale en 1882, en sortit dans l'escadre de la Méditerranée et était officier instructeur à l'Ecole des fusiliers marins, à Lorient, lorsque des raisons de famille le portèrent à démissionner en 1893. Il est depuis ce temps officier de réserve.

Dès 1892, M. le vicomte de Cuverville entreprenait un premier voyage en Amérique pour y étudier la colonisation du Canada. L'année suivante, accrédité par le ministère des Affaires étrangères, il se rendit dans le Nord de la Russie, qu'il parcourut jusqu'à la mer Blanche. Au cours de ce voyage, après avoir traversé les steppes du gouvernement d'Archangel, il reçut, des troupes campées à Yaroslaw un accueil chaleureux dont les journaux rendirent compte en ces termes :

C'est au milieu des hourras frénétiques que M. de Cuverville a brisé son verre en l'honneur de l'armée russe ; mais à peine avait-il prononcé quelques mots, qu'entouré par les soldats, il était saisi, porté en triomphe au milieu des troupes... *(Nouveau Temps)*.

— Rien ne peut rendre l'enthousiasme du camp tout entier. On ne voyait que bonnets jetés en l'air et un fourmillement de mains et de bras s'agitant au milieu des cris de : « Vive la France ! »
(Gaulois).

M. de Cuverville s'est patriotiquement employé à populariser en Russie l'alliance avec la France.

En 1895, chargé par le ministère de l'Instruction publique et la Société de Géographie d'une mission officielle, il pénétra de Nijni-Novogorod jusqu'en Sibérie et atteignit les territoires les plus reculés, dont certains étaient peu connus avant lui. En 1897, toujours sous les mêmes auspices, il parcourut, dans une remarquable chevauchée, l'Albanie, le Monténégro, la Serbie, la Bulgarie, la Roumanie, d'où il rapporta des études documentées tant sur les conditions économiques que sur la vie politique de ces peuples.

M. le vicomte de Cuverville a publié des articles sur l'archéologie, l'ethnographie, la politique, le commerce, l'exportation coloniale, etc., dans le *Figaro*, le *Gaulois*, l'*Eclair*, le *Matin*, la *Libre Parole*, le *Magasin Pittoresque*, le *Correspondant*, la *Gazette des Beaux-Arts*, etc. On lui doit en outre : *Pauvre Nina*, recueil de nouvelles (Paris, 1890), et *Vision*, poème patriotique (1893).

M. le vicomte de Cuverville est commandeur de Saint-Grégoire-le-Grand, officier de Porto-Novo et du Medjidié, etc.

ROD (Edouard-Louis)

ÉCRIVAIN, critique littéraire, de nationalité suisse, né à Nyon, près Genève, le 31 mars 1857. Après avoir fait à Lausanne, à Bonn et à Berlin, de fortes études de philologie classique, M. Edouard Rod vint à Paris et débuta dans les lettres françaises, en 1879, par la publication d'une brochure : *A propos de l'Assommoir*, dans laquelle il défendait, avec vigueur et talent, M. Emile Zola, fort attaqué alors comme romancier.

En 1886, il fut nommé professeur de littérature étrangère à l'Université de Genève, où il ne tarda pas à être également chargé de l'enseignement de la littérature française, pendant plusieurs années.

Outre sa thèse de licence sur le *Développement du mythe d'Œdipe dans l'histoire de la Littérature*, M. Edouard Rod a produit nombre d'études de critique et d'érudition : *Giacomo Léopardi* ; les *Préraphaélistes anglais* ; *Victor Hugo* ; *Garibaldi* ; les *Véristes italiens* ; *de Amicis*, parues depuis en volumes, sous le titre de : *Etudes sur le XIX⁰ siècle* (1ʳᵉ série, 1 vol. 1890).

A cette catégorie peuvent se rattacher : les *Idées morales du temps présent*, suite d'études parues d'abord dans la *Revue Bleue* (1 vol. 1892) ; l'*Essai sur Goethe*, étude sur le grand écrivain allemand (1 vol. Paris, 1898) et des études sur *Stendhal* dans la collection Hachette), *Dante, Lamartine* (édition classique de Lecène et Oudin), etc.

Romancier, M. Edouard Rod publia plusieurs ouvrages de forme naturaliste, oubliés aujourd'hui ; puis il se tourna vers l'analyse psychologique, avec la *Course à la mort* (1 vol. 1885), qui obtint, tout de suite, un retentissement considérable. Il donna ensuite : le *Sens de la vie*, sorte d'autobiographie spirituelle couronnée par l'Académie française (1889) ; les *Trois Cœurs* (1890); la *Sacrifiée* (1892) ; la *Vie privée de Michel Teissier*, mise à la scène aux matinées du Vaudeville (21 décembre 1893) et suivie de la *Seconde vie de Michel Tessier* (1894) ; le *Silence;* les *Roches blanches* (1895); *Dernier refuge* (1896) ; *Là haut* (1897), etc.

M. Edouard Rod est encore l'auteur de *Scènes de la vie cosmopolite*, de *Nouvelles romandes*, de *Scènes de la vie suisse*, qui montrent en lui un conteur égal au romancier.

M. Edouard Rod qui, dès 1884, avait contribué, à Paris, à la rédaction de la *Revue Contemporaine*, la plus importante, à cette époque, des jeunes revues littéraires, a collaboré depuis à nombre de journaux et revues.

Il est chevalier de la Légion d'honneur depuis 1889.

DARGENT (Yan')

Peintre er dessinateur, né à Saint-Servais (Finistère) en 1824.

M. Yan' Dargent a reproduit surtout les paysages et les légendes du pays breton. Il débuta en 1851 par deux tableaux : le *Retour* et les *Baigneuses*. Ses œuvres les plus connues sont les suivantes : *Au bord de la mer* (1852); les *Dénicheurs et le Chariot* (1853); *Derniers rayons* (1855); *Bords de la mer à Lokirech; Sauvetage à Guisseny* (1857); *Saint Houardon*, patron de Landerneau (1859); les *Lavandières de la nuit*, ballade bretonne (1861); les *Vapeurs; Un soir dans la lande* (1863); la *Vache récalcitrante* (1864); *Mort du dernier barde breton* (1865); *Souvenir d'enfance;* le *Menhir* (1866); la *Roche Maurice; Kloarck en vacances* (1868); le *Petit Poucet* (1869); l'*Intempérance;* le *Travail* (1870) ; *Chanson de Laouïc* (1872); *Pins de Santec;* le *Sentier aux Ramiers à Bréjal* (1873); *Moine* (1874) ; *Sentier près de Telgruc; Falaise à Goullien à la pointe du Raz* (1875); *Bords du Scorf; Falaise à Morgat* (1876); *Bords du Scorf, au Moulin du Peau en Guilligomard; Falaise dans l'anse de Dinan* (1889) ; *Ancien calvaire de Kilinen;*
Sur la grève de Morgat; les *Saints et Saintes Martyres*, décoration (1893) ; *Dolmen de Saint-Servais; Tombe de Merlin*, à Kerluffedeck (1894); *Légende de Folgoat; Crépuscule dans les landes* (1895); *Légende de Cornouaille; Bréjal en Saint-Servais*, paysage (1896); *Sous les vieux saules; A la queue de l'étang de Bézac* (1897); *L'escadre du Nord à l'horizon de Goulven; Le long des grèves* (1898).

M. Yan' Dargent a exécuté d'intéressantes peintures murales à la cathédrale de Quimper et à l'église de Landerneau. Plusieurs tableaux de lui sont placés dans diverses églises de Bretagne et notamment à celle de Saint-Servais, sa paroisse natale, où l'on voit de lui : 4 tableaux d'autel et la décoration de la chapelle des morts, où repose sa mère.

Excellent peintre, cet artiste est aussi un dessinateur très apprécié. Il a illustré plus de 60 volumes et a donné en outre de nombreux dessins sur bois aux journaux et à diverses publications illustrées.

Il a été décoré de la Légion d'honneur en 1877.

CHAUVEAU (Jean-Baptiste-Auguste)

Vétérinaire, membre de l'Institut, né à Villeneuve-le-Guyard en 1828. Il entra, en 1845, à l'Ecole vétérinaire d'Alfort et fit ses études médicales à Lyon.

Nommé chef des travaux anatomiques, puis professeur d'anatomie et de physiologie à l'Ecole vétérinaire de cette ville et directeur en 1875, il fut, à la fondation de la Faculté de Médecine de Lyon, en 1877, compris dans la première promotion de professeurs et chargé d'enseigner la médecine expérimentale.

M. Chauveau devint inspecteur général des écoles vétérinaires après la mort de Bouley, et fut appelé, en 1886, à la chaire de pathologie comparée au Muséum d'histoire naturelle de Paris.

Correspondant de l'Académie des sciences depuis 1878, il en fut élu membre titulaire en 1886. Associé national de l'Académie de médecine depuis 1875, il en est devenu membre titulaire en 1891.

Il est également membre de la Société centrale d'Agriculture et de nombreuses académies ou sociétés savantes de France et de l'étranger.

M. Chauveau a publié : *Quelques notes sur la structure et la sécrétion de la corne* (1853) ; *Traité d'anatomie comparée des animaux domestiques* (1857, 4ᵉ édit., en collaboration avec M. Arloing, 1889;

1890); *Vaccine et variole* (1865); *Le travail musculaire et l'énergie qu'il représente* (1891); *La vie et l'énergie chez l'animal* (1894). On lui doit en outre un grand nombre de mémoires, notes et études sur les maladies contagieuses ou épidémiques, sur la nature des virus et la théorie des germes, sur la physiologie de la circulation de la respiration du système nerveux, etc., insérés dans le *Journal de Médecine vétérinaire*, les *Comptes-rendus de l'Académie des Sciences*, le *Bulletin de l'Académie de Médecine* et autres recueils spéciaux.

Décoré de la Légion d'honneur en 1868, M.Chauveau a été promu officier en 1888 et commandeur en 1894.

DODDS (Alfred-Amédée)

ÉNÉRAL, né le 6 février 1842 à Saint-Louis (Sénégal). Fils d'un Français et d'une Sénégalienne, il fit ses études au lycée de Carcassonne, entra, en novembre 1862, à l'Ecole de Saint-Cyr et en sortit, en 1864, sous-lieutenant dans l'infanterie de marine.

Promu lieutenant le 25 octobre 1867, capitaine le 25 octobre 1869, chef de bataillon le 13 août 1878, lieutenant-colonel le 25 mai 1887, il est général de brigade depuis le 6 novembre 1892.

M. Dodds servit à la Réunion pendant les troubles qui agitèrent cette île en 1869; il prit part, en 1870, aux premières opérations de la guerre, fut fait prisonnier à Sedan; mais s'évada et fit les campagnes de la Loire et de l'Est. Envoyé au Sénégal, en 1872, il y resta près de vingt années et ne le quitta momentanément que pour aller prendre part aux expéditions de Cochinchine en 1878 et du Tonkin en 1883. Pendant ce long séjour dans notre colonie africaine, il eut à comprimer de nombreuses révoltes et conduisit des expéditions contre le Boal et le Kayor (1889), contre les Sérères (1890) et contre les révoltés du Fouta (1891).

A cette date, il rentra en France. Il commandait à Toulon le 8e régiment d'infanterie de marine, quand il fut désigné (1892) par le gouvernement pour diriger au Dahomey la campagne entreprise contre le roi Béhanzin. Commandant en chef du corps expéditionnaire, il se rendit sur le théâtre de la guerre et conduisit, avec succès, une première expédition. Le 17 novembre, il s'emparait d'Abomey, capitale du Dahomey et mettait en fuite le roi Béhanzin. Revenu en France, le général Dodds fut l'objet d'ovations populaires enthousiastes; mais pendant son absence, les négociations avec Behanzin traînaient en longueur et il devint nécessaire d'envoyer une seconde expédition militaire, dont il prit aussi le commandement.

Le général Dodds s'embarqua à Marseille, le 10 août 1893, avec les officiers attachés à la colonne expéditionnaire. Le roi Béhanzin, pour gagner du temps, envoya à Paris des agents chargés de traiter directement avec le gouvernement; mais ceux-ci durent repartir sans avoir été reçus (16 novembre). A ce moment, le général Dodds, arrivé à Agouy, recommençait les opérations contre les partisans de Béhanzin. Après une pénible, mais brillante campagne, le monarque africain, déjà en fuite, fut, le 5 janvier 1894, déclaré déchu du trône par le général français qui, le 15, lui donna un successeur, d'accord avec les principaux chefs dahoméens, et le 25, l'ex-roi, entièrement abandonné des siens, vint se livrer à son vainqueur. Il est depuis interné à la Martinique.

Le Dahomey fut divisé en deux royaumes, celui d'Abomey et celui d'Allada, qui, réunis à celui de Porto-Novo, furent mis sous le protectorat français et constituèrent notre colonie du golfe du Bénin, sous la direction d'un gouverneur général.

A son retour en France, M. le général Dodds fut nommé inspecteur général de l'infanterie de marine.

Officier de la Légion d'honneur depuis le 29 décembre 1883, il a été promu commandeur le 30 décembre 1891 et grand-officier le 14 décembre 1892.

CORROYER (Édouard-Jules)

RCHITECTE, membre de l'Institut, né à Amiens le 2 septembre 1839. Il reçut les leçons de Viollet-le-Duc et de Questel.

M. Corroyer s'est attaché de préférence à l'étude et à la restauration des édifices diocésains et des monuments historiques, notamment de la cathédrale de Soissons et de la célèbre abbaye du Mont Saint-Michel de 1873 à 1888.

Chargé, en 1872, par le ministre de l'Instruction publique, des études sur le Mont Saint-Michel, ses projets de restauration générale, exposés aux Salons de 1873 et suivants, reçurent l'approbation de l'administration des Beaux-Arts, qui acheta ses dessins pour les archives de la Commission des Monuments historiques. Les travaux, commencés à cette époque, se poursuivirent sous sa direction jusqu'en 1888, et ils furent même continués par son successeur, obligé de suivre les plans approuvés.

De 1879 à 1882, M. Edouard Corroyer, autorisé

par le ministre, M. Turquet étant sous-secrétaire d'Etat aux Beaux-Arts, avait entrepris, avec l'appui de l'Administration, la défense des remparts du Mont, menacés de destruction par les terrassements d'une digue faite aux frais de l'Etat pour la Compagnie des Polders de l'Ouest. Une commission extra-parlementaire demanda même que la digue, nuisible à la conservation du Mont, fût arrêtée à 500 mètres au moins des murailles. Cependant, sous l'action de diverses influences politiques, industrielles et financières, cette décision n'eut pas les suites attendues par l'opinion publique, et l'architecte, inattaquable aux divers points de vue de l'art, de l'archéologie et de l'intégrité professionnelle, fut présenté à la Chambre comme un ennemi des institutions républicaines. Abandonné alors par l'administration des Beaux-Arts, M. Corroyer, condamné sans défense, fut révoqué le 6 décembre 1888.

M. Corroyer a rédigé les projets de restauration de divers édifices religieux dont il dirigea les travaux et qu'il exposa aux salons annuels : de la cathédrale de Soissons, des églises et calvaires de Bretagne et principalement ceux du Mont Saint-Michel, dont les études et dessins lui valurent des premières médailles aux Salons de 1873 et aux Expositions universelles de 1878 et de 1889. Il a construit : en province, des châteaux, des églises ; à Paris, des maisons, des hôtels et des mausolées ; le *Comptoir national d'Escompte* a été complètement réédifié sur ses plans et sous sa direction.

M. Corroyer a publié : *Description de l'abbaye du Mont Saint-Michel et de ses abords* (1877, ouvrage couronné par l'Académie des Inscriptions et Belles-Lettres) ; *Saint-Michel et le Mont Saint-Michel* (en collaboration avec Mgr l'évêque de Coutances) ; *Guide descriptif du Mont Saint-Michel* (1883) ; pour la Bibliothèque de l'Enseignement des arts : 1° *L'Architecture romane* (3 éditions dont une en anglais, 1887) et 2° *L'Architecture gothique* (2 éditions, 1892) ; *Réponse à M. de Fourcaud à propos de l'architecture gothique* (1892) ; *Notice sur E. Guillaume, architecte* (1895) ; *Etude sur l'archéologie* (1896), etc.

Nommé chevalier de la Légion d'honneur en décembre 1882, comme architecte des Monuments historiques au Mont Saint-Michel, M. Corroyer fut promu au grade d'officier en juin 1896. Il fut élu, le 7 novembre de la même année, en qualité d'architecte archéologue, membre libre de l'Académie des Beaux-Arts.

KORTZ (Henri)

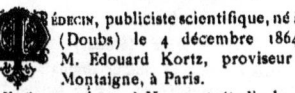

ÉDECIN, publiciste scientifique, né à Besançon (Doubs) le 4 décembre 1864 ; fils de M. Edouard Kortz, proviseur du lycée Montaigne, à Paris.

Il fit ses classes à Nancy et étudia la médecine à Paris, où il eut pour professeurs MM. Labbé, Guyon, Segond, Landouzy, Huchard, etc. Reçu docteur en 1892, il a depuis donné son concours utile à nombre d'œuvres de mutualité et d'assistance.

M. le Dr Kortz est, en effet, médecin professeur à la Société des Secouristes français, chargé du service de médecine générale à la Policlinique de Paris ; médecin des crèches et du bureau de bienfaisance du Ve arrondissement ; médecin adjoint du Palais de Justice et secrétaire de la Société contre l'abus du tabac.

Outre sa thèse de doctorat : *De l'influence des lésions de l'aorte sur la tuberculose pulmonaire* (1892), M. le Dr Kortz a publié de nombreux articles sur l'hygiène et les maladies du cœur dans le *Dictionnaire d'hygiène*, en collaboration avec le Dr Sattler; dans la *Revue médicale* du Dr Archambaud ; dans la *Femme chez elle*, etc. Il est secrétaire de la rédaction du *Courrier médical* et officier d'Académie depuis 1895.

Mme la Comtesse de LA-TOUR-DU-PIN-VERCLAUSE (née Marie-Louise de CHATEAUBRIAND)

OMPOSITEUR de musique, née à Paris. Arrière-petite-nièce de Châteaubriand, elle montra, de bonne heure, les plus vives dispositions pour les études musicales.

Après avoir reçu des leçons de piano des maîtres Le Couppey et Francis Thomé et travaillé l'harmonie avec Rahn, elle composa plusieurs morceaux appréciés, notamment : *Ritournelle*, romance avec paroles de François Coppée ; l'*Etoile*, romance sur des paroles d'A. de Musset ; *Berceuse*, pour piano et violon ; *Vieil éventail* ; *Au Clavecin*, romances sur des poésies de Mme la baronne de Baye, qui ont été interprétées au théâtre de la Bodinière, avec le plus éclatant succès, par Mlle Louise Grandjean, de l'Opéra; *Une cantate à Jeanne-d'Arc*, avec chœur et orchestre, dont elle a écrit la musique sur des paroles de M. Louis Tiercelin (1896), etc.

Mme la comtesse de La-Tour-du-Pin-Verclause a terminé, en 1898 : *Rêve*, poésie de son habituelle collaboratrice, Mme la baronne de Baye, et *Endors-toi*, romance sur des vers de M. le prince Fabien Colonna.

DESACHY (Paul)

JOURNALISTE, poète et auteur dramatique, né à Vailly-sur-Aisne (Aisne), le 20 janvier 1872. Venu très jeune à Paris, il y fit toutes ses études au Collège Rollin d'abord, puis à la Faculté de droit. Il débuta entre temps dans la littérature par une poésie : *Spes !* dite le 18 mars 1890, à une assemblée solennelle des Alsaciens-Lorrains de Paris, dans la salle du Trocadéro.

Il a publié d'autres poèmes, entre autres : *Pour la Russie*, stances dites par M. Worms, de la Comédie-Française, à la représentation de gala offerte par le journal le *Petit Nord*, au grand théâtre de Lille, le 2 avril 1892, au bénéfice des affamés de Russie ; *Pour les victimes* de la catastrophe de Saint-Gervais (Menus-Plaisirs, juillet 1892) ; la *Légende du Drapeau*, un acte en vers, représenté le 20 juillet 1893 à la fête du 67ᵉ régiment d'infanterie, où il accomplissait son service militaire.

Cette même année, il donnait au théâtre la *Dixette*, opérette en trois actes, musique d'Henri Graffan, et en librairie, le *Boulevard*, un volume de tableaux parisiens qui tira rapidement plusieurs éditions. En 1896 parut dans le *Siècle* son premier roman : *Une Faute*; divers éditeurs ont publié depuis des mélodies dont il a écrit les paroles, notamment : l'*Hymne d'amour*, de Massenet, et les *Visions*, de Ch.-L. Hess.

M. Paul Desachy a donné une série d'études sur *Nos Contemporains*, à l'*Echo de la Semaine*, et fait de nombreuses conférences littéraires, notamment à la Bodinière et au Théâtre-Mondain, et d'autres conférences de propagande patriotique tant à Paris que dans les départements.

Il a été secrétaire général du Théâtre-Libre de 1894 à 1896.

Depuis ces dernières années, M. Paul Desachy semble s'être consacré plus particulièrement au journalisme et à la politique. Il avait débuté en 1891 par des chroniques littéraires au *Soir* et au *Siècle* ; il est devenu l'un des plus importants rédacteurs du *Rappel*.

Dans le cabinet Bourgeois, en 1895, M. Mesureur, ministre du Commerce l'avait attaché à son cabinet et chargé des relations avec la Presse et le Parlement. En 1897, il a décliné, pour des motifs de discipline républicaine, une candidature qui lui était offerte dans le ɪxᵉ arrondissement de Paris aux élections municipales.

M. P. Desachy est officier d'Académie depuis 1895.

VIGIER (Marie-Louis-Joseph-Henri Comte)

NÉ à Paris le 6 avril 1859. Arrière petit-fils du maréchal Davout, duc d'Auerstaedt, prince d'Eckmühl ; petit-fils du comte Achille Vigier, pair de France ; fils du comte Joseph Vigier, décédé à Paris, en 1894, M. le comte Henri Vigier fit ses études au lycée Condorcet, suivit pendant quelque temps les cours de la Faculté de droit et s'occupa ensuite d'agriculture et d'élevage à Saint-Denis-Maisoncelles (Calvados), dont il est maire.

M. le comte Vigier a publié : *Davout, maréchal d'Empire, duc d'Auerstaedt, prince d'Eckmühl* (1898), important et magnifique livre documentaire dans lequel il a donné, d'après ses papiers de famille, la correspondance du maréchal, et les recherches qu'il a faites un peu partout, l'histoire militaire et politique de Davout.

M. le comte Henri Vigier est membre du Jockey-Club depuis 1881.

BRISSAC (Anne-Marie-Timoléon-François de COSSÉ Duc de)

AGRICULTEUR, homme de sport, né à Paris le 12 février 1868. Il appartient à la branche aînée d'une ancienne famille qui a fourni plusieurs illustrations à notre pays. Fils du marquis de Brissac, qui mourut à Genève du typhus contracté à la suite des fatigues endurées pendant la guerre (1844-1871), il fit ses études chez les Jésuites de la rue de Madrid, au collège de Canterbury (Angleterre) et à l'école Sainte-Geneviève à Paris. Il entra à l'Ecole de Saint-Cyr (1887-1889), puis à celle de Saumur (1889-1890).

Officier au 25ᵉ dragons en garnison à Tours de 1891 à 1892, puis au 5ᵉ chasseurs à Rambouillet, M. le duc de Brissac démissionna en 1896.

Il s'est consacré depuis ce temps aux choses de l'agriculture, où il a accompli d'intéressants travaux, et de sport. Dans le département de Maine-et-Loire, à Brissac, il est membre de diverses œuvres sociales. Il est officier d'ordonnance de réserve du général Waru, commandant de la 6ᵉ brigade, à Commercy.

M. le duc de Brissac a épousé, en 1894, Mlle Mathilde de Crussol d'Uzès.

DECOURCELLE (Pierre-Adrien)

Auteur dramatique, né à Paris le 28 octobre 1821. Ses études terminées au lycée Charlemagne, il débuta très jeune par des comédiens et des vaudevilles. M. Decourcelle qui, tout d'abord, fit uniquement du théâtre comique, n'obtint pas de très brillants succès dans ce genre. Ayant épousé une nièce de M. d'Ennery, le dramaturge si fécond, il aborda aussi le drame, où il réussit mieux.

M. Pierre Decourcelle a fait représenter, sous sa sa seule signature : *Une soirée à la Bastille*, un acte en vers (Français 1845); *Don Gusman* ou la *Journée d'un séducteur*, 5 actes en vers (1846); la *Marinette* ou le *Théâtre de la Farce*, un acte, en vers (Ibid. 1848); les *Mémoires de Grammont*, 1 acte (Gymnase); le *Président de la Bazoche*, un acte (Vaudeville, 1850); les *Dragons de la Reine*, un acte (Palais-Royal, 1851); le *Locataire du troisième*, 2 actes (Variétés, 1867); la *Chasse au bonheur*, com., un acte (1870).

Il a donné, en collaboration avec Deslandes : *Un et un font un* (1848).— Avec Th. Barrière: les *Portraits*, les *Douze Travaux d'Hercule*, *Un vilain Monsieur* (1848); la *Petite Cousine* (1849); *Un Monsieur qui suit les femmes* (1850); *Un roi de la mode*; l'*Enseignement mutuel*; *English Exhibition*; *Tambour battant* (1851); *Une Vengeance*; les *Femmes de Gavarni*; la *Tête de Martin* (1852); *Monsieur mon fils* (1855). — Avec Labiche : *Oscar XXVIII*; *Agénor le Dangereux*; les *Petits moyens* (1848-1850).— Avec M. Lefranc : *Pierrot*, pièce de Carnaval (Odéon, 1851). — Avec M. Lambert : la *Perdrix rouge* (1852); *Je dîne chez ma mère* (Gymnase, 1855); *Un Tyran domestique* (1856). — Avec M. H. de Lacretelle : *Fais ce que dois*, en 3 actes, en vers (Français, septembre 1856). — Avec M. d'Ennery : l'*Echelle des Femmes* (1850); *Un ménage à trois* (1853). — Avec M. Anicet-Bourgeois : *J'enlève ma femme* (1857), etc.

Citons ses drames : *Jenny l'ouvrière* (Porte-Saint-Martin 1850). — Avec M. J. Barbier : les *Orphelins de Valneige*, tiré de la *Geneviève* de Lamartine, en 3 actes (Vaudeville, 1853).— Avec M. Jaime: le *Château des Tilleuls* (Ambigu 1854). — Avec MM. Deslandes et Roland : la *Bête du Bon Dieu*, en six tableaux (Porte-Saint-Martin, même année). — Avec M. Marc Fournier : la *Joie de la maison*, pièce en 3 actes (Vaudeville, 1855). — Avec M. Anicet Bourgeois : le *Fils de M. Godard*, en 3 actes (Ibid. 1855) ; les *Mariages d'aujourd'hui*, comédie en 4 actes (Gymnase, 1861); le *Numéro treize*, en un acte, avec M. Adrien Marx (1873) ; *Pierre Maubert*, drame en un acte (1873); *Un homme d'argent* (1874) ; le *Péro*, pièce en 4 actes, en collaboration avec M. Jules Claretie (1877) ; les *Amazones*, avec M. Bloch (Renaissance 1884); le *Collier de la Reine* (1895); les *Deux Gosses*, son plus brillant succès de théâtre (Ambigu 1895-1897).

M. Decourcelle a publié dans le *Figaro*, sous le pseudonyme du « Docteur Grégoire », un amusant *Dictionnaire* qui a ensuite paru en volume. Il est aussi l'auteur d'un nombre assez considérable de romans-feuilletons, parmi lesquels nous mentionnerons : *Mam{elle Misère* (1892) ; *Brune et Blonde* (1893); *Gigolette*, d'où il tira un drame avec M. E. Tarbe (1894); le *Chapeau Gris* (1896); le *Crime d'une Sainte* (1897), etc.

CORDELET (Louis-Auguste)

Sénateur, né à Parigné-l'Evêque (Sarthe) le 17 janvier 1834. Suppléant du juge de paix et avoué au Mans, M. Cordelet fut élu conseiller général de la Sarthe, pour le 3ᵉ canton de cette ville en 1871 ; il a présidé le Conseil général de 1877 à 1885 et il a, de 1878 à 1888, rempli les fonctions de maire du Mans.

Candidat républicain aux élections législatives de 1876, dans la 2ᵉ circonscription du Mans, il échoua, au scrutin de ballotage, avec 8,832 voix contre 10,029 données à M. Haentjens. Il se représenta, après l'invalidation de son concurrent, à l'élection partielle du 21 mai 1876 et échoua encore avec 8,607 voix.

Porté sur la liste républicaine, aux élections du 8 janvier 1882, pour le renouvellement triennal du Sénat, M. Cordelet fut élu, le premier sur trois, par 257 voix sur 455 votants. Au renouvellement du 4 janvier 1891, il fut réélu, le dernier sur trois, par 463 voix sur 898 votants.

Au Sénat, M. Cordelet siège à la Gauche républicaine, groupe dont il a été le président. Il a fait partie de plusieurs commissions, notamment de celle d'instruction de la Haute-Cour de justice, lors du procès Boulanger et, depuis, il a été rapporteur de la loi relative à la durée du mandat des conseils généraux et d'arrondissement et du projet concernant le régime fiscal des successions. Il s'occupe des questions financières et de prévoyance.

Le sénateur de la Sarthe est chevalier de la Légion d'honneur depuis 1880.

DELOCHE (Jules-Edmond-Maximin)

ADMINISTRATEUR et érudit, membre de l'Institut, né à Tulle (Corrèze) le 27 octobre 1817. Il étudia le droit, se fit inscrire, de 1836 à 1839, au barreau de Bordeaux et entra, cette dernière année, grâce à la protection de M. Dufaure, au ministère des Travaux publics, où il devint sous-chef de bureau en décembre 1843. En 1846, il fut attaché à la direction des Travaux publics d'Algérie, comme chef de bureau de 1re classe à Alger, puis il passa à la direction des affaires civiles de la province de Constantine et devint, en 1848, secrétaire général de la préfecture de cette province.

Revenu en France en 1850, il entra, en 1853, au ministère de l'Agriculture, du Commerce et des Travaux publics, où il termina sa carrière administrative comme directeur de la comptabilité centrale, mis à la retraite avec le titre de directeur honoraire, en février 1880.

M. Deloche s'est fait connaître du monde savant par des travaux historiques et archéologiques ; membre de la Société nationale des Antiquaires de France, de la commission centrale de la Société de Géographie de Paris, etc., il a été élu membre de l'Académie des Inscriptions et Belles-Lettres, le 22 décembre 1871, en remplacement de Huillard-Breholles.

Il a publié : *Etienne Baluze, sa vie et ses œuvres* (1846) ; *Cartulaire de l'abbaye de Beaulieu* (1859), ouvrage faisant partie des *Documents inédits de l'Histoire de France* et qui a obtenu le second prix Gobert en 1860 et 1861 ; *De la Forêt royale de Ligurium, mentionnée dans le capitulaire de Kiersi* (1859, avec carte) ; *Du Principe des nationalités* (1860) ; *Description des monnaies mérovingiennes du Limousin* (1863, avec pl.) ; *Etudes sur la géographie historique de la Gaule et spécialement sur les divisions territoriales du Limousin au moyen-âge* (1864), imprimées d'abord dans la Collection des mémoires des savants étrangers (Académie des Inscriptions et Belles-Lettres), et auxquelles a été décerné, en 1867, le premier prix au concours des Antiquités nationales ; *La Trustis et l'Autrustion royale sous les deux premières races* (1873) ; *Monnaies mérovingiennes trouvées en Limousin* (1882) ; *Transformation du C guttural du latin en une sifflante* et *Mémoires sur le monnayage en Gaule au nom de l'empereur Maurice Tibère* (1883) ; *La procession de la « Lunade »* et *les Jeux de la St-Jean à Tulle* (1888) ; *Etudes de numismatique mérovingienne* (1890) ; *Le Jour civil et les modes de computation dits délais légaux en Gaule et en France depuis l'antiquité jusqu'à nos jours* (1891) ; *Saint-Remy de Provence au Moyen-Age* (1892) ; *De la signification des mots « Pax » et « Honor » sur les monnaies béarnaises* (1893) ; *Le port des anneaux dans l'antiquité romaine et les premiers siècles du Moyen-Age* (1896) ; *Des indices de l'occupation par les Ligures de la région qui fut plus tard appelée la Gaule* (1897), etc.

Décoré de la Légion d'honneur le 13 août 1857, comme ayant été deux fois lauréat de l'Institut, il a été promu officier le 14 octobre 1873 et commandeur le 2 février 1880.

SABRAN-PONTEVÈS (Jean-Elzéar-Marie-Charles Comte de)

ANCIEN officier supérieur de cavalerie, homme politique, voyageur et écrivain, né le 6 septembre 1851 au château de Grignols (Gironde). Issu d'une des plus anciennes et des plus grandes familles féodales du Midi de la France, fils du comte Joseph-Léonide de Sabran-Pontevès, garde du corps de Charles X, décédé en 1883, et de la comtesse née Bonne de Pons-Saint-Maurice, décédée en 1854, M. le comte Jean de Sabran-Pontevès, au moment de la guerre franco-allemande, s'engagea volontairement au 12e régiment de chasseurs à cheval et fit la campagne, du 3 août 1870 au 7 mars 1871. Renvoyé dans ses foyers comme maréchal-des-logis, il entra à l'Ecole spéciale militaire de Saint-Cyr, d'où il sortit, le 29e, sous-lieutenant au 8e régiment de cuirassiers, le 1er octobre 1873 ; puis, envoyé à l'Ecole de Saumur, en qualité d'officier élève (1873-1874), il en sortit avec le n° 5 et la note générale « très bien. »

Lieutenant au 3e régiment de cuirassiers (1877), il fut de nouveau attaché à l'Ecole de Saumur comme lieutenant d'instruction, et ensuite nommé capitaine-commandant au 1er régiment de hussards (1880), major au 3e régiment de cuirassiers (1892) et chef d'escadron, successivement au 1er régiment de chasseurs à cheval (1894) et au 12e régiment de cuirassiers (27 juillet 1895). Il donna sa démission quelques mois après.

Le comte de Sabran-Pontevès a fait de nombreux voyages en Europe, dans les Indes anglaise et française, à Ceylan, en Turquie d'Europe et d'Asie, en Caucase, en Perse, dans le Khoraçan (raid à cheval de 900 kilomètres, de Téhéran à Meshed, en 8 jours et 9 nuits), en Asie Centrale (Transcaspienne, Boukara,

Samarkande), en Crimée, Algérie, Tunisie, Malte, etc.

Il est membre de la Société de Géographie, de la Société de Géographie commerciale de Paris, de la Société de Géographie et d'Archéologie de Touraine, correspondant de la Société de Géographie de Bordeaux, membre du comité de la Société de Géographie de Marseille, président d'honneur de la Société des Sauveteurs du Midi, membre du Jockey-Club et du Cercle de l'Union.

Mêlé au mouvement politique de ce temps, M. de Sabran-Pontevès est attaché à la personne du duc d'Orléans ; il a développé ses idées dans diverses brochures, ainsi que par la parole. il demande « un gouvernement vraiment national, avec un chef respecté et responsable, » c'est-à-dire la restauration de la monarchie. « Catholique, il réclame le respect absolu de toutes les confessions religieuses reconnues, à commencer par celle de l'immense majorité des Français. » Au point de vue économique et social, il est partisan de la liberté d'enseignement, du droit intégral d'association, de la création de caisses ouvrières et d'assurances contre les accidents, le chômage, etc., de l'amélioration des salaires, de la participation aux bénéfices « dans la mesure du possible, après tous déficits comblés et fonds de réserves assurés, » de la répartition plus équitable des impôts et du dégrèvement du budget, ainsi que de la suppression du personnel inutile. Il désire la décentralisation des services publics, se traduisant par une large extension des pouvoirs des assemblées départementales, sans rompre l'unité des forces nationales. Il réclame encore le « Referendum municipal » dans toutes les questions de nature à engager sérieusement l'avenir, au point de vue des intérêts matériels, et l'affranchissement et le développement de toutes les initiatives privées.

M. le comte de Sabran-Pontevès est royaliste : « Le Roi règne et gouverne, dit-il, et la nation contrôle, à l'aide de deux Chambres: celle des Députés, élue par le suffrage universel, l'autre appelée Sénat, ou tous les *intérêts* et les *professions* seront équitablement représentés. »

M. le comte de Sabran-Pontevès a publié des ouvrages très estimés, dont les principaux sont: *L'Inde à fond de train*, illustré par l'auteur (1885); *Un Raid en Asie*, couronné par l'Académie Française (Prix Montyon, 1890); *Lettres à Fanette* (1895); *Pro Patriâ* (1898), etc.

Il a écrit de nombreux articles dans la *Nouvelle Revue*, le *Figaro*, le *Gaulois*, la *Revue de Paris*, etc.

Commandeur du Lion et du Soleil de Perse, officier du Nicham-Iftikar et du Dragon d'Annam, chevalier de Malte, officier d'Académie (1888), honoré d'une récompense civique municipale à l'occasion du choléra de Marseille, en 1885, le comte de Sabran-Pontevès est chevalier de la Légion d'honneur depuis le 26 décembre 1894.

LACOUR (Paul)

ÉCRIVAIN, romancier, né à Laon le 11 février 1862. Il fit ses études classiques dans sa ville natale, puis à Paris, où il prit la licence ès-lettres.

Il débuta dans le *Courrier de l'Aisne*, en 1885, par une correspondance littéraire signée « Rosine », puis fit à Paris, sous divers pseudonymes, de la critique au *Courrier de l'Art* et des notes biographiques sur les peintres étrangers pour la *Grande Encyclopédie*.

Il a été, de 1881 à 1896, successivement rédacteur, chef de cabinet, sous-chef de bureau et secrétaire-adjoint aux grandes commissions des travaux d'art de l'administration des Beaux-Arts, qu'il a quittée en septembre 1896.

Les débuts de M. Lacour dans le roman, sous les auspices de Th. de Banville, datent de 1887, avec : *Chagrins d'amour*, recueil de nouvelles. Vinrent ensuite : l'*Epouse* (1889), roman qui obtint un succès réel auprès des lettrés; *Eva* (1893); *Cœurs d'amants* (1897), roman paru antérieurement en feuilleton dans le journal l'*Eclair*, très bien accueilli de la critique et du public ; puis *Gilberte*, avec ce sous-titre : le *Don de soi* (1898). On annonce encore de lui : le *Cœur d'un dilettante*; *M*^{me} *de la Feuillade*; *Figurines*, etc.

Il a collaboré à la *Revue de Paris* et de *St-Pétersbourg*, au *Voltaire* (articles littéraires), à l'*Illustration*, au *Journal Illustré*, à la *Revue illustrée*, à la *Revue de l'Epoque*, à la *Revue Hebdomadaire*, où il a donné, sous le titre de « Silhouettes », plusieurs nouvelles et la traduction du suédois d'un ouvrage historique : un *Roman du premier Consul*, d'où il a tiré une pièce sous ce titre : Mme *de la Feuillade*.

M. Paul Lacour est membre de la Société des Gens de Lettres et vice-président de la Société libre d'Edition. Il est officier de l'Instruction publique depuis 1891.

LA LYRE (Adolphe LALIRE, dit)

Peintre et critique d'art, né à Rouvres (Meuse). Entré, le premier de sa promotion, comme élève à l'Ecole des Beaux-Arts, en 1875, puis professeur de dessin des groupes scolaires du XII° arrondissement de Paris, de 1876 à 1888, il débuta au Salon des Champs-Elysées en 1880 et il y a toujours exposé depuis cette époque.

Parmi les principales œuvres de cet artiste, il convient de citer : plusieurs *Portraits* au Salon de 1881 ; *Pomone, déesse latine des fruits et Verthumne, dieu des Jardins* (1882) ; le *Temple d'amour* (1883) ; *Hercule combattant les Tritonides et les Monstres marins* (1884) ; *Sainte Geneviève instruisant Sainte Clotilde*, tableau acquis par l'Etat, actuellement au musée de Montauban ; *Hésione exposée* (1885) ; la *Marchande de fleurs* (1886) ; l'*Amour et Psyché* (1887) ; un grand tryptique : 1° *Sainte Madeleine dans la grotte* ; 2° *Les derniers moments de Sainte Madeleine* ; 3° *Sainte Madeleine enlevée au ciel* (1888) ; *Junon, ayant reçu les plaintes des épouses abandonnées, force les sirènes à se réfugier dans leur élément* (1889) ; la *Vierge aux fleurs* ; *Sainte Geneviève guérissant sa mère aveugle* (Exposition universelle, 1889) ; les *Sirènes au repos* et *Sirènes à l'affût* (1890) ; les *Princesses mérovingiennes écoutant dans le recueillement la lecture des Saintes Ecritures* (1891) ; la *Jeunesse de la Vierge* (à l'église Saint-Nicolas-du-Chardonnet, de Paris) ; le *Martyre de Sainte Cécile*, acheté par l'Etat (1892) ; la *Première relique ou la Jeunesse embrassant avec enthousiasme le symbole de la souffrance* (1893) ; les *Sirènes et la Tempête* ; le *Dauphin amoureux* (1894) ; le *Concert des Sirènes* ; *Sainte Cécile entourée des chœurs célestes et de l'harmonie divine chantant, en présence de son fiancé Saint Valérien, les hymnes sacrés en l'honneur du Dieu des chrétiens* (1895) ; l'*Amour fuyant devant les Sirènes* ; la *Sirène blessée* et *Moïse découvert par la fille du Pharaon* (1896) ; les *Sirènes s'amusant* (1897) ; le *Couronnement de Sainte Cécile* ; *Salomé, la danseuse* (1898), etc.

La plupart des toiles de M. Ad. La Lyre, que l'on a appelé le « peintre des Sirènes », ont été reproduites par la photographie et la gravure, et ont obtenu un très grand succès.

M. La Lyre, dit de cet excellent artiste M. Armand Silvestre, est un peintre de ce temps les plus fidèles au nu ; j'entends au nu féminin, c'est-à-dire au plus admirable thème de dessin et de couleurs qui ait jamais inspiré les artistes. C'est le poème de la femme qu'il a constamment chanté sur l'adorable fond d'orchestre que fait la nature à cet hymne éternel à la beauté.

Son œuvre est d'un mysticisme païen où l'idole est représentée sans aucune parure ; c'est invariablement cette harmonie obsédante, cette trinité redoutable, du Ciel, des Eaux et de la Femme, trois infinis dans un même recueillement. Ses toiles résument plusieurs années de très nobles recherches, tendant toutes à une interprétation particulièrement savoureuse des chairs féminines qui, aux fermetés du marbre, joignent la transparence de l'albâtre.

.... Son esthétique, dit ailleurs le même critique, est à tendance idéaliste — tantôt profane, tantôt religieuse — Profane, il provoque le triomphe définitif du nu avec ses sirènes, ses naïades, ses chasseresses et ses bacchantes se divertissant dans l'admirable décor de la grande nature amoureuse. Religieuse, il exalte le mysticisme des vierges, des saintes et des martyres de la légende dorée, par une séduisante technique où se rencontrent les naïvetés des primitifs alliées aux doctrines nouvelles des pleinairistes avec un rappel des traditions de l'ancienne Ecole de Dusseldorff.

A citer aussi l'opinion de L. d'Ariel :

Coloriste charmeur, dessinateur émérite, compositeur hors ligne, il est de plus doué d'une imagination féconde et d'un goût parfait. S'il nous montre ici une exécution vigoureuse, des rudesses brutales ; là, au contraire, ses personnages sont nuancés avec une douce, une exquise harmonie. Renonçant à des effets trop matériels, il a exclu les notes vives. Personnages et choses sont enveloppés dans une atmosphère ambiante irisée de tons délicieusement nacrés.

M. Ad. La Lyre a obtenu une première médaille à l'Exposition internationale de Nice (1884), une première médaille à Versailles (1890), une médaille de bronze à l'Exposition universelle de Paris (1889) et la grand médaille d'argent de la ville de Rouen (1893). Dignitaire de plusieurs ordres étrangers, il est officier de l'Instruction publique depuis 1887.

MURAT (Joachim-Joseph-André Comte)

Ancien député, ancien représentant à l'Assemblée nationale, né à Paris le 12 décembre 1828. Petit-fils du comte André, frère aîné du roi Joachim ; fils du comte Pierre-Gaëtan (1798-1847), qui fut député et conseiller général du Lot, M. le comte Joachim Murat fit de brillantes études classiques, puis entra dans la diplomatie.

En 1849, il fut attaché à la mission du comte Walewski à Florence et, de janvier à juillet 1852, resta chargé d'affaires par intérim dans cette ville. En 1853, il exerça les mêmes fonctions à Stockholm et, en 1856, accompagna M. de Morny, envoyé comme ambassadeur extraordinaire à Saint-Pétersbourg, lors du couronnement du Tzar. En 1857, il publia une relation remarquée des fêtes auxquelles il avait assisté et des impressions qu'il rapportait. Pendant cette mission, on donna, chez la grande duchesse Hélène de Russie, la représentation d'un proverbe de circonstance, où figurèrent MM^{mes} Madeleine Brohan et Volnys, et dû à la plume de M. le comte Murat.

Elu, dès 1854, député au Corps Législatif dans la 1re circonscription du Lot par 32,428 voix sur 32,694 votants, M. le comte Murat fut secrétaire d'âge jusqu'en 1860, puis par élection jusqu'en 1863 ; il fut successivement réélu : en 1857, par 33,990 voix sur 34,510 votants ; en 1863, par 35,982 voix sur 36,174 votants, et en 1869 par 32,444 voix contre 4,997 à M. L. Delord, libéral. Il siégea parmi les députés dévoués à l'Empire, fit partie de diverses commissions (propriété littéraire, décentralisation, etc.), parla sur les chemins de fer, vota l'amendement des 91 relatif a pouvoir temporel et signa l'interpellation des 116. Il était, en outre, secrétaire et vice-président du Conseil général du Lot, maire de la Bastide-Murat, après avoir exercé pendant quelques semaines, en 1853, les fonctions de maire de Cahors, pour amener la pacification entre les partis en présence.

En 1878, après avoir déclaré qu' « à la situation nouvelle, il fallait des hommes nouveaux », et décliné toute candidature par un manifeste imprimé, il fut élu représentant du Lot à l'Assemblée Nationale par 31,874 voix sur 71,438 votants.

M. le comte Murat prit place alors au groupe de l'Appel au Peuple, fut l'un des huit députés qui protestèrent, à l'Assemblée de Bordeaux, contre le vote de déchéance de Napoléon III, demanda et obtint le rétablissement de la statue de Napoléon Ier sur la place Vendôme et se prononça contre les lois constitutionnelles. Elu, en 1876, député de la 1re circonscription de Cahors, par 10,027 voix contre 2,461 à M. Thiers, il vit son mandat renouvelé après la dissolution de la Chambre, le 14 octobre 1877, par 9,313 voix contre 3,647 à M. Capmas, républicain, et en 1888 par 7,691 voix contre 5,222 à M. Relhié, républicain. Il continua à siéger au groupe de l'Appel au Peuple et vota contre le ministère et la politique opportuniste. En 1878, étant président du groupe de l'Appel au Peuple de la Chambre des députés, il accompagna le prince Impérial dans ses visites aux cours de Stockholm et de Copenhague, et resta jusqu'à la mort de celui-ci l'un de ses plus fidèles conseillers. Porté sur la liste conservatrice du Lot aux élections du 4 octobre 1885, M. le comte Murat fut élu le premier sur quatre par 40,443 voix sur 71,593 votants. Il reprit sa place dans la droite bonapartiste, vota contre les projets scolaires et coloniaux des ministères au pouvoir, contre les poursuites contre le général Boulanger, etc. Il échoua au renouvellement uninominal de 1889 et ne se représenta pas à celui de 1893.

En 1866, M. le comte Murat a épousé en secondes noces Mlle Barrot, fille du sénateur de l'Empire, ancien ambassadeur de France en Espagne.

M. le comte Murat obtint, en 1896, une rétribution du Conseil général du Lot pour la statue du maréchal Canrobert à Saint-Céré, malgré d'assez vives oppositions.

Il a publié un volume intitulé : *Murat, lieutenant de l'Empereur en Espagne* (Plon, 1897), d'après sa correspondance inédite et des documents originaux.

Officier de la Légion d'honneur depuis 1862, officier de l'Instruction publique, il est commandeur de Saint-Joseph de Toscane, de Sainte-Anne de Russie, chevalier de l'Etoile polaire de Suède, commandeur avec plaque du Danebrog de Danemark et de Saint-Olaf de Norwège.

FRESNEAU (Armand-Félix)

SÉNATEUR, né à Rennes (Ille-et-Vilaine) le 6 janvier 1823. Fils d'un préfet, il fit ses classes au collège de Rennes ; puis il se destina à la diplomatie ; mais il ne poursuivit pas ce dessein. Tous les biographes de M. Fresneau, avant nous, ont affirmé qu'il fut alors secrétaire de M. Duchâtel. C'est une erreur absolue qu'il est intéressant de redresser.

Après la révolution de février 1848, candidat aux élections pour la Constituante et appuyé par le clergé, il fut élu représentant d'Ille-et-Vilaine par 88,000 voix, siégea à l'extrême droite et vota contre le préambule de la Constitution. Il combattit aussi les ministères bonapartistes sous la Législative, où il fut réélu, le premier sur douze. Il rentra dans la vie privée au Coup d'Etat du 2 décembre 1851.

Après la guerre de 1870-71, M. Armand Fresneau, qui avait délaissé la politique sous l'Empire, se fit élire représentant du Morbihan aux élections du 8 février 1871 pour l'Assemblée nationale. Il siégea dans les rangs de la majorité monarchique, combattit les motions républicaines et déposa lui-même une proposition relative à la réglementation du droit d'interpellation, un projet sur l'organisation du service religieux dans l'armée, etc. Il signa l'adresse des représentants de l'extrême droite au pape, la proposition tendant au rétablissement de la monarchie et rejeta l'amendement Wallon et l'ensemble des lois constitutionnelles.

M. Fresneau, après la séparation de l'Assemblée nationale, ne sollicita plus de mandat électoral jusqu'au renouvellement sénatorial du 5 janvier 1879. A ce moment, porté sur la liste de droite dans le Morbihan, il fut élu, le dernier, par 195 voix sur 327 électeurs. Au renouvellement triennal du 5 janvier 1888, il a été réélu par 647 voix sur 952 votants, et à celui de 1897, le dernier sur trois, par 6.. voix. Au Sénat, il a continué de siéger à droite. Il s'est surtout intéressé aux discussions économiques, agricoles, financières et religieuses.

M. Armand Fresneau a publié : l'*Eclectisme* (1847), manifeste contre l'enseignement philosophique de Victor Cousin; la *Planche de Salut* (1850); *De la Constitution politique des Etats de l'Eglise* (1860); *Evêques et professeurs*, réflexions sur les balances de l'Etat (1863); le *Roi* (1877); l'*Atelier français en 1789* (1879); *Une nation au pillage* (1888). Il a fondé et dirigé, de 1880 à 1883, la *Revue trimestrielle*.

DRUMONT (Édouard-Adolphe)

JOURNALISTE et littérateur, né à Paris le 3 mai 1844. Il débuta comme employé à la préfecture de la Seine, mais quitta bientôt l'administration pour se consacrer à la littérature.

M. Edouard Drumont a collaboré à un grand nombre de journaux et de recueils périodiques : la *Presse théâtrale*, le *Contemporain*, le *Monde*, la *Revue du monde catholique*, la *Revue de France*, la *Chronique illustrée*, le *Gaulois*, le *Musée pour tous*, le *Bulletin français*, le *Journal officiel*, le *Bien Public*, la *Liberté*, etc. Il fit un moment le compte-rendu du Salon au *Petit Journal*.

Avant d'entreprendre la lutte à outrance contre la race israélite qui a donné une si grande notoriété à son nom, M. Drumont s'était fait connaître par la publication de plusieurs ouvrages: les *Fêtes nationales de Paris* (1878); *Mon vieux Paris* (1879, 2ᵉ édit. 1891, 3ᵉ 1897, couronné par l'Académie Française); un roman, le *Dernier des Trémolin*; la *Mort de Louis XIV*; *Journal des Anthoine*; *Papiers inédits du duc de Saint-Simon*; *Lettres et dépêches de l'ambassade d'Espagne* (1880), et il avait fait jouer au Gymnase un acte en collaboration : *Je déjeune à midi* (1874).

En 1886, M. Edouard Drumont commença cette fameuse campagne anti-sémitique, qu'il n'a cessé de conduire depuis avec un incontestable talent de polémiste et un réel courage; mais aussi avec une passion extrême, et qui tiendra une si large place dans l'histoire de notre temps. Son premier livre sur ce sujet : la *France juive*, lui attira plusieurs procès et une condamnation à l'amende (1887). Il donna ensuite : la *Fin d'un monde*, étude psychologique et sociale (1888), qui lui valut, avec le directeur du *Gaulois*, M. Arthur Meyer, un duel où il reçut une blessure, dans des circonstances qui furent très commentées, son adversaire, dans un corps-à-corps, ayant porté la main gauche sur l'épée de M. Drumont au moment même où il le blessait. Puis il écrivit : la *Dernière Bataille* (1890), où il révélait les dessous du boulangisme; le *Secret de Fourmies* (1892), où il essayait de démontrer la responsabilité des Juifs dans les événements malheureux survenus à propos d'une grève dans cette ville. L'auteur eut, à l'occasion de ce livre, avec le sous-préfet d'Avesnes, M. Isaac, un nouveau duel : les deux adversaires furent blessés. On cite encore de lui : *De l'or, de la boue, du sang : Du Panama à l'anarchie* (1896).

En outre des duels déjà mentionnés, M. Drumont s'est encore battu avec M. Crémieux-Foa, officier juif, et M. Camille Dreyfus, alors député de la Seine.

En 1892, pour défendre plus pratiquement ses idées et donner plus d'ampleur à sa campagne, M. Drumont avait fondé le journal la *Libre Parole*, qui, dès ses débuts, fut l'objet d'un procès en cour d'assises, où il fut condamné, pour avoir diffamé M. Burdeau, à 3 mois de prison et un total d'insertions dont le coût ne devait pas être moindre de 80.000 francs.

Au renouvellement général législatif de 1893, M. Drumont se porta, comme socialiste, dans la 1ʳᵉ circonscription d'Amiens, où il n'obtint que 3,878 voix, tandis que M. Fiquet était élu avec 12.722.

Plus tard, le journaliste, que nul ne menaçait ouvertement, crut devoir quitter la France pour résider en Belgique, se condamnant ainsi volontairement à un exil dont il fit coïncider la fin avec l'amnistie de M. Rochefort, depuis longtemps retenu à l'étranger, lui, par sa condamnation dans le procès Boulanger (1895-1896).

M. Edouard Drumont a combattu pour son idée, non seulement par le livre, par le journal et même par l'épée; mais aussi par la parole, en de nombreuses conférences à Paris, en province et en Algérie, où ses agissements et ceux de ses amis ont porté à l'état aigu la question juive, toujours brûlante en ce dernier pays. En 1897-98, il a fait une opposition des plus énergiques aux tentatives de révision du procès en trahison du capitaine Dreyfus et il fut l'un des organisateurs de l'agitation créée dans tout le pays lors des poursuites intentées à M. E. Zola à propos de cette affaire (1898).

DEPREZ (Marcel)

INGÉNIEUR, membre de l'Institut, né à Châtillon-sur-Loing le 19 décembre 1843. Fils d'un médecin, il suivit, comme élève externe, les cours de l'Ecole supérieure des Mines.

Les travaux de M. Marcel Deprez ont porté particulièrement sur l'utilisation et l'emploi de l'électricité comme force motrice; il a inventé divers appareils de traction. Il entreprit, dès 1872, à Munich, puis en 1883, à Paris, dans les ateliers du chemin de fer du Nord, des expériences qu'il reprit encore en 1885, grâce au concours pécuniaire de MM. de Rothschild. Il essaya d'actionner, au moyen de l'électricité, un train entre la gare de la Chapelle et celle de Creil, distantes l'une de l'autre de 50 kilomètres. Le résultat de cette tentative fut de démontrer qu'il était possible d'utiliser à 50 kilomètres de distance une force donnée, en perdant 50 %, de son énergie (Rapport présenté à l'Académie des sciences, en août 1886, par M. Maurice Lévy).

M. Deprez a été élu, le 1er mars 1886, membre de l'Académie des sciences (section de mécanique), en remplacement de M. Tresca. Il a été nommé, en novembre 1890, professeur d'électricité et de ses applications au Conservatoire des Arts et Métiers.

Cet ingénieur, qui continue toujours ses intéressantes recherches, a publié un *Traité d'électricité industrielle théorique et pratique* (1896-1898).

M. Marcel Deprez est officier de la Légion d'honneur depuis 1883.

CUVILLON (Louis-Robert de)

PEINTRE et aquarelliste, né à Paris le 29 février 1848. Il fut à Paris l'élève de Mazerolles, de Dubuffe et de Delaunay pour la peinture. Il étudia l'architecture dans l'atelier de Paccard et André.

Entre temps M. de Cuvillon, lors de la guerre de 1870-71, s'engagea dans le corps franc des Eclaireurs de la Seine, commandé par le comte Féry d'Esclands et reçut la médaille militaire pour action d'éclat.

C'est surtout comme aquarelliste que lui vint la notoriété qui entoure son nom. Il suivit, dans cet art délicat, les conseils du maître Louis Leloir et ne tarda pas à se faire remarquer aux Expositions des aquarellistes par de nombreux paysages, portraits et diverses études qui révèlent un talent souple, varié et d'une correction impeccable. On peut citer parmi les œuvres de M. de Cuvillon : le *Passage difficile* ; le *Départ* ; la *Leçon de musique* ; la *Lettre* et une *Vue de l'Intérieur du manoir d'Ango* ; — les portraits, ceux d'*Auguste Flameng, en costume moyen-âge* ; de la *Comtesse de Montesquiou Fezensac* ; du *Comte* et de la *Comtesse de Brissac* ; du *Comte de Brissac* ; du *Baron Baude* ; de la *Duchesse de Mortemart* ; de *Mme de Polignac* ; de *Mme Thirria* ; de *Mme de Beine* ; de *M. Georges Smith* ; de *Mme Schaus, de New-York* ; de *M. N. Magne* ; de *Miss Louise* et *Béatrice Ayer*, de Boston ; de *Mme Jean Hersent*, etc. Ce maître aquarelliste, dont presque toutes les œuvres nous sont enlevées par l'Amérique et l'Angleterre, est le portraitiste par excellence de toutes les élégances mondaines.

FRÉBAULT (Charles-Félix)

MÉDECIN, député, né à Metz le 7 mars 1828. Reçu docteur de la Faculté de Paris en 1850, il fut élu conseiller municipal, en 1871 et 1874, pour le quartier du Gros-Caillou.

Candidat radical aux élections pour la Chambre des députés, le 20 février 1876, dans le viie arrondissement de Paris, M. Frébault fut élu, au scrutin de ballottage, par 6,148 voix, contre M. Bartholony.

Inscrit à l'Union républicaine, il demanda l'amnistie, s'associa aux divers votes de la majorité de la Chambre et, après l'acte du 16 mai 1877, fut un des 363. Réélu, le 14 octobre suivant, par 7,078 voix contre 6,136 obtenues par M. Bartholony, candidat du gouvernement et du clergé, le 21 août 1881, par 6,480 voix sur 12,563 votants, il fut, après l'établissement du scrutin plural, inscrit sur plusieurs listes du département de la Seine. Aux élections du 4 octobre 1885, il obtint, au premier tour de scrutin, 159,331 voix sur 433,990 votants, et fut classé le dix-septième sur la liste générale des candidats. Maintenu sur la liste républicaine unique, dite de conciliation, au scrutin de ballottage, il fut élu par 287,490 voix sur 414,360 votants. Aux élections du 22 septembre 1889, faites de nouveau au scrutin uninominal, il se représenta dans le VII° arrondissement, où il eut pour concurrents M. Mermeix, candidat boulangiste et M. Cochin, candidat monarchiste. Il échoua avec 4,684 voix, au scrutin de ballottage. Il retrouva son siège au renouvellement législatif de 1893, où il fut élu par 5,991 voix, contre 5,708 à M. Paul Lerolle.

M. Frébault, à la Chambre, a toujours fait partie de l'Extrême-gauche. Il s'est principalement occupé, en dehors de la politique, des questions budgétaires et de celles intéressant son quartier.

MAURANGE (Gabriel)

Publiciste scientifique et médecin, né le 10 janvier 1865 à Bordeaux où, après avoir fait ses études classiques, il suivit les cours de la Faculté de médecine et fut interne des hôpitaux.

Venu ensuite à Paris, M. Gabriel Maurange y fut reçu docteur en médecine en 1889, avec une thèse intitulée : *De l'intervention chirurgicale dans la péritonite tuberculeuse*. Ce travail, le premier paru en France sur ce sujet, fit grand bruit dans le monde scientifique et est cité, depuis cette époque, dans tous les ouvrages classiques.

Parmi les mémoires, articles de journaux et de revues, ou les communications présentées à l'Académie de médecine et autres sociétés savantes, par M. le docteur G. Maurange, il convient de citer : un mémoire sur le *Fibrôme de l'orbite* (1889) et deux travaux importants sur l'*Endométrite fétide des femmes âgées*, affection peu étudiée avant lui (1895).

On doit aussi à M. le docteur Maurange une méthode d'anesthésie mixte prévenant le danger de la chloroformisation et qui a été l'objet de nombreuses études expérimentales dans les laboratoires de M. le professeur Ch. Richet et les cliniques des hôpitaux de Paris. Cette méthode, exposée dans un mémoire fait en collaboration avec le docteur Paul Langloi est intitulé : *L'injection de sulfate de sparteine avant la chloroformisation*, a été produite à la Société de Biologie le 7 août 1894, à l'Académie de Médecine le 8 octobre 1894, à la Société de Chirurgie le 5 juin 1895, et à l'Académie des Sciences au mois de novembre de la même année, etc. En outre d'études bien connues sur les *Injections mercurielles* et l'*Opothérapie* (*Revue générale des Sciences pures et appliquées*), M. le docteur G. Maurange s'est fait remarquer par les articles qu'il a publiés dans la *Gazette hebdomadaire de médecine et de chirurgie* sur toutes les branches de la Thérapeutique, notamment en ce qui concerne l'*Emploi hypodermique des médicaments* (1896-1897). Il est aussi l'auteur d'un *Formulaire pratique de l'hypodermie*, paru en 1896 et qui a déjà eu plusieurs éditions.

Collaborateur assidu de la *Gazette hebdomadaire de médecine et de chirurgie*, des *Archives de Physiologie*, de la *Presse médicale*, des *Archives Belges de Pharmacodynamie*, membre de la Société anatomique, et de la Société de Thérapeutique, M. le docteur G. Maurange est officier de l'Instruction publique depuis 1898.

BAERTSOEN (Albert)

Peintre, né à Gand le 9 janvier 1866. Ses études terminées, M. Baertsoen vint à Paris, où il fréquenta l'atelier de la « Palette »; il reçut les conseils de M. Roll et, en 1889, il envoya aux Champs-Elysées un paysage : *Derniers rayons, pêcheurs amarrés sur l'Escaut*.

L'année suivante, M. Baertsoen émigra au Champ-de-Mars, où, depuis, il a exposé une suite de paysages d'une grande simplicité, peints vigoureusement dans des tonalités grises ou vibrantes et pour la plupart représentant des sites de Zélande ou des canaux du Nord. Citons : *Sur la Tamise* (brume d'hiver ; *Port de pêche* (soleil d'hiver); *En ville flamande* (le soir); *Un brise-lames* (le matin, mer du Nord, 1892 ; *Soir de pêche*; *Vieux canal flamand*; *Nieuport* (soir) ; *Bateau sur la neige*; *Neige* (matin ; *Mur blanc* (Flandre); *Novembre*; *Soir sur la dune* (Mariakerke-sur-Mer, 1894); *Soir sur l'Escaut* ; *Au Béguinage* (matin de neige); *Petite Cour* (Flandre) ; *Rivière en décembre* (1896) ; *Vieux port en ville morte*; *Petite place* (le soir, 1898).

M. Baertsoen a en outre exposé à Munich, où il est membre fondateur du Salon dit de la « Sécession » (1897) ; à la « Libre esthétique » à Bruxelles (1897 et 1898), et à l'Exposition de la Société internationale chez G. Petit, à Paris.

Cet excellent artiste a obtenu une mention honorable au Salon des Champs-Elysées en 1889 et une mention honorable à l'Exposition universelle de 1889. Il est associé de la Société nationale des Beaux-Arts depuis 1892 et sociétaire depuis 1894. Il a été fait chevalier de l'ordre de Léopold en 1897.

CUNÉO d'ORNANO (Gustave)

Député, né à Rome le 17 novembre 1845. Il est le petit-fils d'un officier de Napoléon, d'origine corse, qui suivit à Rome la famille Bonaparte, à la chute du premier Empire. Après avoir appris le droit, M. Cunéo d'Ornano fut employé à la préfecture de la Seine et avocat au barreau de Paris. Il fit la campagne de 1870-71 dans la garde mobile de la Seine, puis il collabora au *Courrier de France*, à la *Presse* et au *Charentais*, d'Angoulême. Il abandonna ce dernier journal, en juin 1875, pour fonder le *Suffrage universel des Charentes*. Dès ce moment, ses attaques contre le régime républicain, d'une violence exagérée, attirèrent sur lui l'attention et il devint bientôt l'un des meneurs de la réaction impérialiste.

M. Cunéo d'Ornano se présenta dans l'arrondissement de Cognac, aux élections législatives de 1878, et fut élu, le 5 mars, au scrutin de ballottage, par 8,318 voix, contre 6,491 recueillies par le candidat républicain, M. Planat. Son élection fut invalidée, le 6 avril, pour placards diffamatoires et attaques contre la Constitution. Réélu, le 21 mai, par 9,496 voix, contre le même concurrent, qui n'en obtint que 6,627, il se fit inscrire au groupe de l'Appel au peuple, vota avec la minorité monarchiste de la Chambre et, au 16 mai 1877, soutint de son vote le cabinet de Broglie.

Candidat officiel aux élections du 14 octobre, M. Cunéo d'Ornano reprit, pour la campagne électorale, ses procédés bruyants et violents de polémique. Dans son journal, il promettait de faire de la République et des républicains « une pâtée dont les chiens eux-mêmes ne voudraient pas », phrase malheureuse, demeurée légendaire. Elu par 9,911 voix, contre 7,704 au candidat républicain, le député de la Charente, au mois de décembre suivant, adressa au *Journal des Débats* une lettre injurieuse que celui-ci refusa d'insérer. Un procès gagné en première instance lui donna gain de cause et ordonna l'insertion ; mais ce jugement fut annulé par la Cour.

Réélu le 21 août 1881, par 8,621 voix, contre 8,132 données au candidat républicain, M. Cunéo d'Ornano prit part, dans ces diverses législatures, aux travaux du parlement surtout pour les interrompre, faire de l'obstruction et provoquer par son attitude et ses propos des querelles et des scènes scandaleuses à la Chambre. Il s'attira maints rappels à l'ordre et autres sévérités du règlement. En 1882, il refusa les crédits demandés pour l'expédition de Tunisie, présenta une proposition de loi tendant à la réduction du service militaire à trois ans, combattit la loi sur le divorce, etc. Il attira encore l'attention sur lui en faisant afficher avec persistance un manifeste du prince Napoléon, à Paris et dans l'arrondissement de Cognac. Poursuivi pour affichage illégal, il fut acquitté (1885).

Porté sur la liste bonapartiste de la Charente aux élections générales du 4 octobre 1885, faites au scrutin départemental, M. Cunéo d'Ornano fut élu, le quatrième sur six, par 47,893 voix sur 88,641 votants. Il fut l'un des députés qui poussèrent à l'enquête qui aboutit aux poursuites contre M. Wilson, et, par suite, à la démission de M. Jules Grévy. En 1888, il fit adopter par la Chambre une disposition tendant à faire appliquer par les tribunaux, en matière de régie, les circonstances atténuantes aux contrevenants de bonne foi. Il soutint et appuya le mouvement boulangiste, déclarant poursuivre, comme le général, la dissolution de la Chambre et la révision de la Constitution ; mais le député de la Charente, devenu moins ardent depuis quelques années, se défendit en même temps de vouloir renverser la République, « qu'il désirait conserver, à la condition qu'elle devienne démocratique et plébiscitaire, c'est-à-dire soumise au referendum national ». C'est avec un programme basé sur ces nouvelles idées, qu'il a depuis adoptées, que M. Cunéo d'Ornano se représenta aux élections du 22 septembre 1889, dans son ancienne circonscription de Cognac et fut élu, au premier tour, par 8,812 voix, contre 7,705 données au général Tricoche, candidat républicain. Il a été réélu en 1893 par 7,955 voix contre 7,749 données à M. Armand Robin, républicain.

Dans les dernières législatures, l'honorable député, sensiblement assagi, a pris une part normale aux travaux de la Chambre, et s'est intéressé à plusieurs discussions d'affaires. Il représente, au Conseil général de la Charente, le canton de Segonzac.

M. Cunéo d'Ornano a réuni en volume certains de ses *Discours* prononcés à la Chambre ou dans les réunions publiques et il a publié, avec M. Charles-Philippe Flament : *Les Associations religieuses et le Fisc* (1890, 1 vol.).

LANCEREAUX (Etienne)

MÉDECIN, publiciste scientifique, membre de l'Académie de médecine, né à Brécy-Brière (Ardennes) le 27 novembre 1829. Il fit ses classes à Reims et ses études médicales à Paris, fut successivement interne des hôpitaux, docteur et chef de clinique à l'Hôtel-Dieu (1862). Nommé médecin des hôpitaux et du service du Bureau central en 1869, il a été chargé des services de médecine générale à Lourcine (1873), à St-Antoine (1875), à la Pitié (1878) et à l'Hôtel-Dieu (1889) ; il est aussi médecin en chef de l'Hôpital du Perpétuel-Secours, depuis 1885, époque de sa fondation.

Entre temps, M. le docteur Lancereaux fut médecin des ambulances de la Seine, lors de la guerre de 1870-71.

Nommé professeur agrégé en 1872, il est entré, en 1877, à l'Académie de médecine.

Praticien réputé, les soins de sa nombreuse clientèle ne l'empêchent pas de se livrer à des travaux scientifiques du plus grand intérêt. Il s'est surtout fait remarquer par ses recherches sur l'anatomie pathologique, aux progrès de laquelle son nom est intimement lié. C'est à lui que l'on doit en France la connaissance des nombreuses manifestations des différentes boissons et des dangers incalculables de l'alcoolisme. C'est également lui qui, en 1880 et 1882, démontra que les épidémies de fièvre typhoïde qui sévissaient dans Paris avaient leur origine dans l'eau de boisson qu'on y distribuait. Mais on l'apprécie surtout pour ses recherches sur les embolies cérébrales, sur la syphilis viscérale, sur les altérations des reins, du foie, principalement sur celles du pancréas.

Parmi les ouvrages dûs à M. le docteur Lancereaux, il convient de citer notamment : *De la thrombose et de l'embolie cérébrales* (1862, couronné par l'Académie des Sciences) ; *Traité historique et pratique de la syphilis* (1866, 2ᵉ édition 1873) ; *De la polyurie* (1869, couronné par l'Académie des Sciences) ; *Atlas d'anatomie pathologique* (1871, couronné par l'Institut) ; *De la maladie expérimentale comparée à la maladie spontanée* (thèse d'agrégation, 1872) ; *Traité d'anatomie pathologique* (3 vol. 1875-1889) ; *De l'influence des alcools sur l'état moral et physique des individus* (1878) ; *Distribution géographique de la phtisie pulmonaire* (1875) ; *Paralysies toxiques et syphilis cérébrale* (1882) ; *Traité de l'herpétisme* (1883) ; *Leçons de clinique médicale* (3 vol. 1890-1894) ; *Traité des maladies du foie et du pancréas* (1893).

On doit encore à M. le docteur Lancereaux de nombreux mémoires dans plusieurs recueils scientifiques et dans les *Archives de médecine* ; les articles *Reins* et *Alcoolisme* du *Dictionnaire encyclopédique*, et de nombreux articles et communications à la Société de Biologie, à la Société anatomique, à l'Académie de médecine, etc.

Officier de la Légion d'honneur depuis 1894, M. le docteur Lancereaux est aussi officier de Sainte-Anne de Russie, etc.

MOUNET-SULLY (Jean-Sully MOUNET, dit)

ARTISTE dramatique, né à Bergerac (Dordogne) le 27 février 1841. Ses dispositions pour le théâtre, précocement manifestées, furent combattues par sa famille et c'est à 21 ans seulement qu'il entra au Conservatoire, où il fut l'élève de Bressant et obtint, en 1868, un premier prix de tragédie ; la même année, il opéra, sur la scène de l'Odéon, ses débuts, qui passèrent inaperçus.

Pendant la guerre de 1870-71, M. Mounet-Sully fut officier de mobiles.

En 1872, il joua, au Théâtre-Français, le rôle d'Oreste et y fut si bien accueilli que sa vocation théâtrale, à ce moment bien ébranlée, fut raffermie. Les rapides progrès de son succès le firent élire sociétaire, au bout de dix-huit mois, le 1ᵉʳ janvier 1874.

M. Mounet-Sully est devenu aujourd'hui, non seulement au Théâtre-Français, mais parmi tous les artistes dramatiques modernes, l'un des plus brillants et des plus justement célèbres — sinon le premier — des représentants de l'art tragique. Son talent bien personnel, aidé par les effets naturels de son masque expressif, par son geste ample et l'éclat de sa voix, lui a permis de traduire, comme peu d'auteurs avaient pu le faire avant lui, le caractère d'un grand nombre de créations dramatiques de l'art ancien ou moderne.

Les principaux rôles créés ou repris avec éclat par M. Mounet-Sully dans le répertoire classique ont été : Achille dans *Iphigénie*, Xipharès dans *Mithridate*, Hippolyte dans *Phèdre*, Orosmane dans *Zaïre*, *Antigone*, etc. Il s'est surpassé dans l'œuvre classique par excellence de Sophocle, *Œdipe-Roi*, représentée avec une pompe extraordinaire aux fêtes d'Orange, dans les ruines de l'amphithéâtre romain, puis reprise sur la scène des Français en octobre 1885, et reprise encore sur le même théâtre d'Orange à une représentation où assistait M. Félix Faure, président de la République en 1897. Il a interprété, avec une puissance incomparable, le personnage fatal d'*Hamlet*.

Dans le répertoire moderne, il s'est fait remarquer en interprétant : Jean dans *Jean de Thommeray* (1873), Didier dans *Marion Delorme*, Gérald dans la *Fille de Roland*, Gérard dans l'*Étrangère*, Hernani, François I*er* dans le *Roi s'amuse*, Fabrice dans l'*Aventurière*, Saint-Mégrin dans *Henri III et sa cour*, Alain Chartier, *Par le Glaive*, le *Fils de l'Arétin*, Frédégonde, la *Martyre* (1898), etc.

Cet admirable artiste a trouvé d'autres succès, à la salle du boulevard des Capucines, en faisant plusieurs conférences sur les poètes contemporains. Il a écrit une pièce en cinq actes, en prose, la *Buveuse de larmes*, dont il a fait imprimer des fragments.

Doyen de la Comédie-Française, M. Mounet-Sully est officier d'Académie et chevalier de la Légion d'honneur (du 13 novembre 1889).

MOUNET (Jean-Paul)

Artiste dramatique, frère du précédent, né à Bergerac le 5 octobre 1847, et non en 1853, date donnée par plusieurs biographes. Il fit ses études au collège de cette ville, à Bordeaux, puis à Paris. En 1870, il servit dans la garde mobile de son département et fit la campagne de la Loire, depuis Coulmiers jusqu'aux dernières affaires du Mans. Destiné à la médecine par sa famille, il prit ses inscriptions et fit recevoir docteur le 7 août 1880 ; mais il ne poursuivit pas cette carrière, et, la même année, il s'engagea à l'Odéon, où il débuta, le 18 octobre, dans *Horace*.

M. Paul Mounet interpréta ensuite Oreste dans *Andromaque* et Achille dans *Iphigénie*. Un moment, le jeu de son frère apparut trop visiblement dans le sien propre ; mais il sut bientôt s'affranchir et acquit une manière plus personnelle qui lui valut des succès, moins retentissants sans doute que ceux de son aîné, mais fort honorables. C'est de cette façon qu'il parut par la suite dans : Hippolyte, le vieil Horace, Néron, Don Diègue, le pauvre de *Don Juan*, Mahomet, Orosmane, Tyrrel des *Enfants d'Édouard*, etc., dans le répertoire classique. Dans le théâtre contemporain, il reprit ou créa les rôles du baron Croix-Saint-Paul dans *Madame de Maintenon*, d'Yacoub dans *Charles VII chez ses grands vassaux*, de Warwick dans *Formosa*, de Gian-Battista Torelli dans *Severo Torelli*, de Baltazar dans l'*Arlésienne*, d'Angus dans les *Jacobites*, d'Antiochus dans les *Fils de Jahel*, du député Numa dans *Numa Roumestan*, de Jacques dans *Jacques Damour*, du prince Maéda dans la *Marchande de sourires*, de Rodion dans *Crime et Châtiment*, de Danton dans *Charlotte Corday*, de Humbert dans le *Lion amoureux*, d'Obéron dans *Amhra*. Il se fit applaudir aussi dans l'*Aveu*, le *Songe d'une nuit d'été*, dans le rôle d'Orestès des *Érynnies*, dans celui de Shakespeare de *Macbeth*, etc.

Admis, le 13 juillet 1889, au Théâtre-Français, il débuta dans le rôle de Don Salluste de *Ruy-Blas*. Il y a joué ensuite : le vieil Horace, Jean Baudry, Charlemagne, Don Diègue, Don Ruy Gomez, Orosmane, Agamemnon, Burrhus, César, Conrad-le-Loup, *Par le Glaive*, la *Reine Juana*, le *Voile*, etc., et repris plusieurs des rôles qu'il avait déjà interprétés à l'Odéon. Il a été élu sociétaire de la Comédie-Française en 1891.

M. Paul Mounet est officier d'Académie.

TITEUX (Jean-François-Eugène)

Écrivain militaire, officier, peintre, né à Aiglemont (Ardennes) le 11 décembre 1838. Fils d'un ouvrier, il commença, à treize ans, ses études classiques et les termina à l'Institution Rossat, de Charleville ; il fut reçu à Saint-Cyr, en 1857, avec le n° 14. Sorti avec le n° 1 de cette école et de celle d'État-major, M. Eugène Titeux fit son stage d'État-major comme lieutenant au 1*er* cuirassiers et aux cuirassiers de la Garde, puis son stage d'infanterie au 19*e* de ligne à Rome. A son retour d'Italie, en 1866, il fut attaché au service topographique, en Corse d'abord, puis, pendant quatre ans, en Afrique. C'est ainsi qu'il a collaboré à la dernière feuille de la grande carte de France de l'État-major et exécuté la triangulation géodésique de la feuille d'Oran.

Quand éclata la guerre de 1870-71, il fut appelé à faire partie de l'État-major de la division de cavalerie Champéron et fut ensuite nommé aide de camp du général de division de Susbielle, avec lequel il assista au combat de Bagneux, aux batailles de Champigny, du Bourget, de Montretout et aux diverses opérations de l'armée de Versailles.

Après la répression de la Commune, le capitaine Titeux fut nommé professeur à l'École d'État-major et, lors de la transformation de cette dernière en

Ecole supérieure de guerre, il y devint professeur de topographie et de géodésie, cours qu'il créa et dont il est resté titulaire jusqu'en 1890, époque où il prit sa retraite. Entre temps, il avait été promu commandant et lieutenant-colonel.

Passionné pour la peinture, il fut élève de Glaize et d'Adrien Moreau et débuta au Salon des Champs-Elysées, dès 1877, par deux toiles assez remarquées : *Dans la chambrée* ; *Portrait du colonel G...* Vinrent ensuite : *Visite au musée d'artillerie* ; *Trompette de cuirassiers* (1878) ; *Portrait du général Lewal*, dont une copie se trouve au ministère de la guerre (1879); *Portrait de Mgr Langénieux* (1880) ; le *général Margueritte à Floing* (1881), tableau qui a été reproduit un grand nombre de fois par la gravure ; la *Forge à l'Ecole militaire* (1887), etc.

Membre de la Société des Artistes français, l'un des fondateurs de la « Réunion des peintres et sculpteurs de chevaux, » qui exposent, tous les ans au concours hippique, M. le colonel Titeux est un des membres fondateurs de la « Sabretache » et président de la Société du « Passepoil ».

Depuis 1890, M. le lieutenant-colonel Titeux s'est consacré exclusivement à des travaux d'érudition et a rapidement conquis une grande notoriété. Il a publié en librairie : *Histoire de la maison militaire du roi, de 1814 à 1830* (1890), composé de deux volumes grand in-4°, illustrés entièrement par l'auteur et qui a été couronnée par l'Académie française en 1891 ; *Historiques et uniformes de l'Armée française*, publication très répandue dans tous les régiments de France et à l'étranger ; *Histoire générale de la cavalerie française*, donnant les transformations successives de cette arme et de ses uniformes, depuis l'origine jusqu'à nos jours (travail non encore publié) : *Saint-Cyr et l'Ecole spéciale militaire en France* (1898), ouvrage in-4° de 850 pages, avec 100 aquarelles et 300 dessins de l'auteur, dont le général du Barail a dit, dans la préface :

<small>Voici un livre admirable de sincérité et de bonne foi. Dans cette étude magistrale, qui est le fruit et le résultat d'un labeur surhumain de plusieurs années, le colonel Titeux n'a été guidé que par la recherche passionnée de la vérité et par le patriotisme le plus ardent et le plus éclairé.

. . . .

Ce sont toutes ces questions vitales pour l'armée que le colonel Titeux traite magistralement, dans son magnifique ouvrage, dont je ne puis que recommander la lecture à tous ceux qui s'intéressent à l'avenir de la France, si intimement liée à l'existence de son armée.</small>

M. le colonel Titeux a commencé, en 1897, une *Histoire de la Garde impériale* (1" Empire), pour laquelle il parcourt l'Europe à la recherche de documents. Cette histoire doit comprendre 4 volumes in-4° avec dessins, portraits, aquarelles, exécutés par l'auteur du texte.

En outre d'un sabre et de trois prix du ministre de la Guerre, décernés pour ses travaux, M. le colonel Titeux a reçu, comme militaire, la croix de la Légion d'honneur, après la bataille de Montretout (1871). Il a été promu officier en 1886.

PALADILHE (Émile)

COMPOSITEUR de musique, membre de l'Institut, né à Montpellier le 3 juin 1844. Son père, médecin, grand amateur de musique, lui reconnaissant des aptitudes pour cet art, le fit entrer tout jeune au Conservatoire de Paris, où il fit des études brillantes sous la direction d'Halévy, de Benoist et de Marmontel. A douze ans, il obtint un second prix de piano, le premier prix en 1857 et, en 1860, le second prix d'orgue et le premier grand prix de Rome avec une cantate intitulée *Ivan IV*, sur des paroles de Théodore Anne, qui fut exécutée à l'Opéra en décembre de la même année.

Le jeune musicien avait déjà fait jouer des fragments d'un opéra-comique en trois actes, la *Reine Mathilde*. Pendant son séjour à Rome, il envoya à l'Académie des Beaux-Arts une *Messe solennelle*, un opéra-bouffe italien, une *Ouverture* et une *Symphonie en mi bémol*. Revenu à Paris, il se mit en pleine lumière avec sa *Mandolinata* (1864), mélodie vocale, que certains considèrent encore comme sa meilleure production.

M. Paladilhe demeura plusieurs années sans faire connaître d'autres ouvrages : il ramena l'attention sur lui en donnant à l'Opéra-Comique : le *Passant*, adaptation lyrique de la comédie de M. François Coppée, qui n'eut que quelques représentations (1874) ; puis l'*Amour africain* (1875) ; *Suzanne* (1879); *Diana*, trois actes (1885), opéra-comiques ; à l'Opéra : *Patrie*, opéra en cinq actes, livret de MM. Sardou et Gallet (20 décembre 1886), le seul ouvrage de cet auteur bien accueilli à la scène, même avec un très vif succès, et qui fut repris en janvier 1891; les *Saintes Maries de la Mer*, oratorio (Montpellier, 1892). On connaît encore de lui : *Premières pensées*, trois morceaux pour piano ; *Cent mélodies* ; *Mélodies écossaises*, etc.

M. Paladilhe a été élu membre de l'Académie des Beaux-Arts, le 2 juillet 1892, en remplacement de Guiraud. Il est officier de la Légion d'honneur depuis 1894.

HENNIQUE (Léon)

Romancier et auteur dramatique, né à La Guadeloupe le 4 novembre 1851.

M. Léon Hennique fut, dès ses débuts et est demeuré l'un des plus fervents adeptes de l'école littéraire naturaliste. Ses premiers livres parurent sous les auspices de M. Emile Zola ; ils étaient intitulés : la *Dévouée* (1878) et *Elisabeth Couronneau* (1879). Il donna ensuite, aux *Soirées de Médan*, deux nouvelles : les *Funérailles de Francine Cloarec*, *Benjamin Rozes*, qui furent publiées en un volume l'année suivante.

On connaît encore de M. Léon Hennique les romans suivants : les *Hauts faits de M. de Ponthau* (1880, illustré) ; l'*Accident de M. Hébert* (1883) ; *Pœuf* (1887) ; *Un Caractère* (1889).

Comme auteur dramatique, M. Hennique a écrit : l'*Empereur d'Assoucy*, comédie en trois actes (1880), avec M. Georges Godde ; *Pierrot sceptique*, pantomime (1881, dessins de Jules Chéret, avec M. J.-K. Huysmans) ; *Esther Brandès*, pièce en trois actes, jouée au théâtre-Libre (novembre 1887) ; la *Mort du duc d'Enghien*, drame en trois tableaux, représenté au même théâtre en décembre 1888 ; *Jacques Damour*, pièce en un acte, tirée d'une nouvelle de M. Zola, jouée à l'Odéon en septembre 1887 ; *Amour*, drame en trois parties (Odéon, 1890) ; la *Menteuse*, comédie en 3 actes, avec A. Daudet (Gymnase, 1892) ; l'*Argent d'autrui*, comédie 5 actes (Odéon, 1893) ; *Deux Patries*, drame en cinq tableaux, représenté avec succès à l'Ambigu, le 22 mars 1895.

Cet écrivain a été choisi par Edmond de Goncourt pour l'un de ses exécuteurs testamentaires et désigné pour faire partie de la future « Académie de Goncourt. » Il fut, pendant un an, attaché à la Bibliothèque de l'Arsenal.

M. Hennique est chevalier de la Légion d'honneur depuis le 5 janvier 1895.

MARÉCHAL (Charles-Henri)

Compositeur de musique, né à Paris le 22 janvier 1842. Il fit ses études musicales au Conservatoire de Paris, où il eut pour professeurs Batiste, Victor Massé, Chauvet et Benoit. En 1870, il remportait le grand prix de Rome, avec une cantate intitulée : le *Jugement de Dieu*, et débutait au théâtre, le 8 mai 1876, avec : les *Amoureux de Catherine*, opéra-comique en 1 acte de Jules Barbier, d'après Erckmann-Chatrian (Opéra-Comique).

M. Maréchal a donné ensuite : la *Taverne de Trabans*, opéra-comique en 3 actes, des mêmes (même scène, 1881, qui obtint, en 1882, le prix Monbinne de l'Académie des Beaux-Arts) ; l'*Etoile*, opéra de concert en 1 acte, de P. Collin (Théâtre d'Application, 1889) ; *Deïdamie*, opéra en 2 actes, d'Edouard Noël (Opéra, 1893) ; *Calendal*, opéra en 4 actes de Paul Ferrier et Mistral (Rouen, 1894 — Gand — Nîmes) ; plus, non encore représentés : *Ping-Sin*, opéra en 2 actes, paroles de Louis Gallet, et *Daphnis et Chloé*, opéra en 3 actes, paroles de Jules et Pierre Barbier.

M. Henri Maréchal a composé la musique de scène de l'*Ami Fritz* (Comédie-Française, 1876) ; des *Rantzau* (même théâtre, 1884) ; de *Crime et Châtiment* (Odéon, 1888), pièces représentées nombre de fois sur nos grandes scènes de province et à l'étranger.

Il est en outre l'auteur de : la *Nativité*, poème sacré de Cicile, exécuté notamment au Conservatoire en 1876 et aux Concerts Colonne en 1879 ; les *Vivants et les Morts*, strophes de Ph. Gille (Concerts Colonne, 1886) ; le *Miracle de Naïm*, drame sacré de Paul Collin (Concerts Colonne, 1891) ; *Feuillets d'Album*, 7 pièces d'orchestre, d'après A. Chauvet (Colonne) ; *Pièces intimes*, 3 pièces d'orchestre (1894) ; *Esquisses Vénitiennes*, suité d'orchestre (1896) et *Antar*, poème symphonique (1897).

Parmi les scènes chorales qu'il a composées, citons les plus populaires : la *Légende de Jumièges* ; *Jacques Bonhomme* ; les *Villes mortes* ; la *Péniche* ; les *Forains* ; l'*Eternel chemin* ; l'*Eté de Saint-Martin*, etc.

M. Henri Maréchal est très prisé aussi pour ses mélodies nombreuses et variées, dont certaines sont très connues : *Vers la Vigne* ; *Sonnet du XVIIe siècle* ; *Le Spectre et la rose* ; *Bonjour* ; les *Cloches du soir* ; le *Banc de pierre* ; *Mona* ; *Sonnet d'Oronte*, etc., et pour ses morceaux de musique religieuse : *Ave Maria, Agnus Dei, Notre Père, O Salutaris*, etc.

M. Henri Maréchal est inspecteur de l'enseignement musical, délégué du ministère des Beaux-Arts auprès des conservatoires, écoles nationales de musique, maîtrises et concerts populaires subventionnés de France et membre de la Commission municipale de surveillance et d'enseignement du chant dans les écoles de la Ville de Paris.

Il est chevalier de la Légion d'honneur, officier d'Académie et décoré de divers ordres étrangers.

FAYE (Étienne-Léopold)

SÉNATEUR, ancien ministre, né à Marmande (Lot-et-Garonne) le 16 novembre 1828. Ses études terminées, M. Faye se fit inscrire comme avocat au barreau de cette petite ville, de laquelle il fut maire, après le 4 septembre 1870, jusqu'au 24 mai 1873.

Candidat dans le département de Lot-et-Garonne, aux élections générales du 8 février 1871, pour l'Assemblée nationale, il échoua ; mais il fut élu, le 2 juillet suivant, par 49,181 voix, contre 28,000 données à M. de Gondrecourt. M. Faye siégea à la gauche de l'Assemblée et prit une part active aux travaux législatifs. Il vota toutes les propositions tendant à fonder le nouveau régime républicain et adopta l'ensemble des lois constitutionnelles. Aux élections du 20 février 1876, il fut élu député pour l'arrondissement de Marmande, par 12,862 voix, contre 6,442 obtenues par M. Boisvert.

Nommé questeur de la Chambre, M. Faye y suivit la même ligne politique. Sous le ministère de M. de Marcère, il fut sous-secrétaire d'Etat au ministère de l'Intérieur jusqu'au 3 décembre 1876. Au 16 mai 1877, il fut un des 363 et réélu, le 14 octobre suivant, par 13,810 voix, contre 13,417 obtenues par le même concurrent, M. Boisvert, candidat officiel.

M. Faye se présenta dans son département, lors du premier renouvellement triennal du Sénat, le 5 janvier 1879, et fut envoyé à la Chambre haute par 211 voix sur 397 votants. Nommé, le 28 mai suivant, conseiller maître à la Cour des Comptes, il donna sa démission de ces fonctions pour prendre le portefeuille de l'Instruction publique, dans le cabinet Tirard, le 12 décembre 1887, après l'élection de M. Carnot à la présidence. Il le quitta le 3 avril 1888. Dans l'intervalle, il avait été réélu sénateur au renouvellement du 5 janvier, par 402 voix sur 750 votants. Il fut ensuite ministre de l'Agriculture dans le second cabinet Tirard, du 22 février 1889 au 17 mars 1890, et a été réélu sénateur au renouvellement de janvier 1897, le dernier sur la liste de 3, par 351 voix.

Au Luxembourg, M. Faye siège à la Gauche républicaine, groupe dont il a été président.

L'honorable sénateur représente le canton de Marmande au Conseil général de Lot-et-Garonne et il a été plusieurs fois choisi comme président de cette assemblée.

RECLUS (Jacques-Elisée)

GÉOGRAPHE, et sociologue, né à Sainte-Foy-la-Grande (Gironde) le 15 mars 1830. Son père, pasteur protestant, eut quatorze enfants. Il passa sa première enfance dans la Prusse rhénane, fit une partie de ses études à la Faculté protestante de Montauban et les termina à l'Université de Berlin.

De 1852 à 1857, M. Elisée Reclus parcourut l'Angleterre, l'Irlande, les Etats-Unis, l'Amérique centrale et la Nouvelle-Grenade, où il séjourna plusieurs années. De retour à Paris, il fournit à la *Revue des Deux-Mondes*, au *Tour du Monde* et à d'autres revues, des articles résumant les études géographiques faites au cours de ses voyages.

Pendant la guerre de 1870-71, M. Reclus fit partie de la compagnie d'aérostiers de M. Nadar et servit dans la garde nationale de marche. Au moment de l'insurrection communaliste, membre de l'Association internationale des travailleurs, il publia, dans le *Cri du Peuple*, un manifeste révolutionnaire, prêta son concours à l'émeute, fut fait prisonnier le 5 avril et traduit, le 16 novembre, devant le 7e conseil de guerre, siégeant à Saint-Germain ; après avoir été longtemps tenu au secret, il s'entendit condamner à la déportation simple. Cette peine fut commuée en celle du bannissement, le 4 janvier 1872, à la suite de démarches faites par des savants et des hommes considérables de France et de l'étranger.

Installé d'abord à Lugano, puis à Clarens, sur le bord du lac de Genève, en Suisse, M. Reclus reprit ses travaux scientifiques. Il refusa de rentrer en France avant la complète amnistie des condamnés de la Commune. A la fin de l'année 1882, le mariage de ses filles, accompli sans intervention religieuse ni administrative, ramena l'attention publique sur ses doctrines politiques ; dans le même temps, des poursuites furent intentées, devant le tribunal de Lyon, contre les anarchistes affiliés à l'Internationale et MM. Elisée Reclus et le prince Kropotkine furent désignés comme les deux chefs et organisateurs. M. Reclus, résidant en Suisse, ne fut pas mis en jugement, bien qu'il se fût offert à la justice française ; le prince Kropotkine fut condamné avec quarante de ses compagnons (janvier 1883). Par d'autres actes et d'autres écrits, le savant géographe s'est depuis manifesté comme l'un des plus fervents apôtres des théories anarchistes.

En 1892, M. Reclus a été appelé à l'Université nouvelle de Bruxelles, comme professeur de géographie comparée.

M. Elisée Reclus a publié : le *Guide à Londres* (1860) ; les *Villes d'hiver de la Méditerranée et les Alpes-Maritimes* (1864), deux volumes pour la collection des *Guides Joanne* ; une *Introduction au Dictionnaire des communes de la France*, du même auteur (1864). On lui doit, de plus : *Voyage à la Sierra-Nevada de Sainte-Marthe*, paysages, etc. (1861) ; la *Terre*, description des phénomènes de la vie du globe (1867-1868, avec cartes et gravures) ; *Histoire d'un ruisseau* (1869) ; *Histoire d'une montagne* (1880) ; puis, sa *Nouvelle géographie universelle, la terre et les hommes* (1875-1894, 19 volumes, avec cartes, plans et gravures, dont 1 volume de *Tableaux statistiques de tous les états comparés*), ouvrage considérable, l'œuvre géographique moderne certainement la plus importante et qui a obtenu, en 1892, la grande médaille d'or de la Société de géographie de France.

M. Elisée Reclus a exposé ses idées sociales, dans plusieurs brochures et notamment celle intitulée : l'*Anarchie* (1896) et dans un livre : l'*Evolution, la Révolution et l'Idéal anarchique* (1898).

Plusieurs des frères de l'illustre géographe, se sont signalés à l'attention publique par des travaux d'ordre divers. Ce sont :

MICHEL-ELIE, l'aîné de la famille, écrivain, né à Sainte-Foy-la-Grande le 16 juin 1827. Il fut directeur de la Bibliothèque nationale pendant la Commune et condamné, pour ce fait, par contumace, à la déportation dans une enceinte fortifiée. Il vécut longtemps à Zurich, puis à Londres. Il est ensuite devenu professeur de mythologie comparée à l'Université nouvelle de Bruxelles. Il a écrit, sous divers pseudonymes, dans un grand nombre de journaux étrangers, a collaboré, avec son frère Elisée, à l'*Introduction au Dictionnaire des communes de France*, et a publié : le *Primitif* et le *Primitif d'Australie*.

ONÉSIME, écrivain, né à Orthez (Basses-Pyrénées) en 1837. Il a collaboré au *Tour du Monde* et a publié : la *France et ses Colonies* (1873) ; la *Terre à vol d'oiseau* (1879) et d'autres ouvrages géographiques.

ELIE-ARMAND-EBENHEZER, marin et voyageur, né à Orthez le 13 mars 1843. Entré dans la marine en 1860, il devint aspirant en 1862, enseigne en 1866, lieutenant de vaisseau en 1871 et fut officier d'ordonnance de l'amiral Jauréguiberry, ministre de la Marine. Il s'occupa des recherches faites en vue du percement du canal de Panama et a publié sur ce projet des *Rapports*, une *Conférence* et un volume intitulé : *Panama et Darien*, voyage d'exploration (1878).

PAUL, médecin, membre de l'Académie de médecine, dont les travaux nombreux et d'une nature différente de ceux auxquels se sont adonnés ses frères, font l'objet d'une notice particulière dans cet ouvrage.

TARDIVEAU (Anatole-Emmanuel-Alexandre)

PUBLICISTE, né à Paris le 2 avril 1843.

Auteur de travaux de littérature et d'histoire, M. A. Tardiveau correspond, d'une manière assidue et remarquée, à l'*Intermédiaire des Chercheurs et des Curieux*, sous le pseudonyme de « Bookworm » ; il a écrit aussi dans le *Spartiate* et a publié en librairie : *Fleurs d'Antan* (1892, et *Fleurs nouvelles* (Lemerre, 1894), deux ouvrages d'érudition qui ont obtenu un grand succès.

Ancien membre de la Société d'éducation populaire, membre de la Société historique d'Auteuil et du Conseil supérieur de la Société d'encouragement au bien, M. A. Tardiveau est lauréat de ces diverses Sociétés.

MASSIEU (Mme Isabelle)

EXPLORATRICE, née à Paris. Femme d'un avocat membre du Conseil de l'ordre à Caen, elle visita avec son mari l'Europe, puis l'Algérie, la Tunisie, le Maroc et les oasis qui bordent la Tripolitaine.

Devenue veuve, Mme Massieu résolut de reprendre et de pousser plus loin ses voyages d'études et s'y prépara avec un soin minutieux. En 1892, elle remonta le Nil jusqu'à la 2e cataracte, visita la Syrie, la Galilée, le Liban et l'Anti-Liban, et revint par Constantinople.

En 1895, elle se dirigea vers Ceylan, visita Java, s'enfonça dans l'Inde anglaise. La guerre du Tchitral l'obligea à se rabattre sur le Kashmyr et le Ladak. De Peschawar, elle remonta à Srinagar, à Leh, visita les lamaseries thibétaines et atteignit le lac Pangong à la frontière de Chine.

En 1896-97, Mme Massieu se dirigea vers la Cochinchine et le Cambodge, parcourut le Siam et étudia la Birmanie, les Etats Shans et le Laos. De Luang-Prabang elle gagna par terre Vien-Tian, descendit le Mékong jusqu'à Savan-Nakek et arriva par la brèche d'Aï-Lao à Hué, capitale de l'Annam. Elle parcourut le Tonkin, de Laokai à Lang-Tcheou, en Chine, se rendit à Canton et à Shang-Haï, d'où elle remonta le Yang-Tsé jusqu'à I-Tchang, à 1,600 kilomètres de la mer. Elle fit au Japon une excursion jusque chez les Aïnos, visita les ports de Corée et s'arrêta à Pékin.

De là, elle traversa en charrette chinoise le désert de Gobi, poursuivit sa route par le lac Baïkal, Irkoustk, Tomsk et Omsk. Elle évita la voie frayée du Transsibérien et franchit 3,000 verstes pour gagner Samarcande et rentrer par le Caucase à Moscou.

Douée des grandes qualités nécessaires aux explorations et bien rares chez une femme, Mme Massieu a accompli seule ses voyages, choisissant de préférence, malgré les difficultés, les voies terrestres et les régions où n'ont encore pénétré que bien peu d'européens et aucune femme française.

Le ministère de l'Instruction publique l'avait chargée d'une mission d'études en cours de route. La *Revue des Deux-Mondes*, le *Tour du Monde*, les revues spéciales, ont publié les résultats de ses grands voyages. Observant avec soin, elle a recueilli des données géographiques nouvelles, une ample moisson de documents ethnographiques et scientifiques. Elle en a fait l'exposé dans des conférences fort goûtées. Partout elle a propagé, dans les contrées non encore visitées avant elle, le bon renom de la France. L'œuvre durable de cette femme intrépide est de celles qu'on ne saurait trop louer dans ses résultats, comme dans la manière toute personnelle dont elle a su l'accomplir.

La Société de Géographie commerciale de Paris a décerné à Mme Massieu une de ses grandes médailles.

RÉVILLE (Albert)

Historien, professeur, ancien pasteur protestant, né le 4 novembre 1826 à Dieppe. Ses études classiques et théologiques terminées, il fut nommé suffragant à Nîmes, puis pasteur à Luneray, près Dieppe et, en 1851, à Rotterdam.

Reçu docteur de l'Université de Leyde, en 1862, M. Réville revint en France fréquemment pour faire des conférences en faveur du libéralisme protestant, et il s'y fixa en 1880, ayant été nommé professeur de l'histoire des religions au Collège de France.

Les écrits et l'enseignement de M. Albert Réville lui ont valu une grande notoriété. Il a publié : *Introduction à l'histoire du culte*, de Whathely, traduction de l'anglais (1849) ; *Authenticité du Nouveau Testament*, de Olshausen, traduit de l'allemand (1851) ; *De la Rédemption* (1859) ; *Essais de critique religieuse* (1860, 2e édit. 1869) ; *Manuel d'histoire comparée de la philosophie et de la religion*, traduit de l'allemand de Scholten (1861) ; *Etudes critiques de l'Evangile selon Saint-Mathieu* (1862) ; la *Vie de Jésus*, de Renan, devant les orthodoxies et devant la critique ; *Manuel d'instruction religieuse* (1863) ; *Notre christianisme et notre bon droit*, lettres à M. le Dr Poulain (1864) ; *Histoire du dogme de la divinité de Jésus-Christ* (1869) ; l'*Enseignement de Jésus-Christ* (1870) ; *Douze sermons* (1874) ; le *major Franz* (1875) ; *Prolégomènes de l'histoire des religions* (1880) ; *Histoire des religions* (1883 à 1888, t. I à IV) ; les *Hérodes et le rêve hérodien* (1894) ; *Jésus de Nazareth* ; *Etudes critiques sur la vie de Jésus* (1897).

Il a collaboré aux journaux le *Lien*, le *Temps*, le *Siècle*, à la *Revue de théologie et de philosophie chrétienne*, au *Disciple de Jésus-Christ*, à la *Revue d'histoire des religions* et à la *Revue des Deux-Mondes*.

M. A. Réville est chevalier de la Légion d'honneur.

RÉVILLE (Marc)

Avocat, publiciste, conférencier, né à Rotterdam (Pays-Bas) le 19 juin 1863. Fils du précédent, il fit ses études classiques à Dieppe et à Paris, où il prit ses inscriptions de droit.

En 1884, après une sérieuse préparation pratique dans une étude d'avoué, M. Marc Réville débuta au Palais et, comme secrétaire de Me Tézenas, eut à s'occuper d'un grand nombre d'affaires importantes, telles que celles de la Grande Compagnie, du Crédit Français, etc.

Depuis 1889, cet avocat s'est fait connaître seul dans différentes causes civiles et criminelles, qui l'ont placé en bon rang parmi ses confrères du barreau parisien. Citons : le divorce de Mme Dide, le testament de Mme de Lezardière (Vendée), les procès du Sâr Peladan, ainsi que celui de Mme la comtesse de Barde, les affaires Aras, meurtre, et Naudin, avortement et chantage, dans lesquelles l'avocat obtint l'acquittement des accusés ; Fallois, dite aussi affaire des deux mères, et enfin celle connue sous le titre d'affaire « des pères de famille », où Me Réville, avant le vote de la loi récente sur les bonnes mœurs, fit admettre par le Tribunal civil que le fait d'envoyer un prospectus obscène à un tiers sans son aveu équivalait à une violation de domicile et obtint une condamnation.

Au Palais, M. Marc Réville s'est aussi beaucoup occupé, avec M. Guillot, de l'Institut, de la protection et du patronage des enfants moralement abandonnés, en demandant aux tribunaux la déchéance des droits familiaux, en cas de nécessité absolue.

M. Marc Réville plaide aussi bien en province qu'à Paris, et notamment dans le Doubs, où il s'est fixé depuis longtemps une partie de l'année. Maire de Montécheroux, dans ce département, depuis 1896, il est membre de diverses sociétés d'intérêt local et président de la Société des Franc-Comtois de Paris.

Publiciste, il a collaboré à la *Revue politique et littéraire*, notamment, et au *Petit Comtois*, où il rédige depuis plusieurs années une correspondance générale dans laquelle il s'est prononcé en faveur d'une politique radicale progressiste de gouvernement.

On lui doit aussi une *Etude sur la prostitution des mineures de seize ans* (Fischbacher éditeur).

Ajoutons que M. Marc Réville a donné de nombreuses conférences aux enfants et aux adultes pour la Ligue de l'Enseignement.

DUPLAY (Simon-Emmanuel)

ÉDECIN, membre de l'Académie de médecine, né à Paris le 10 septembre 1836. Il descend du menuisier Duplay, l'hôte de Robespierre.

Docteur en médecine en 1865, chirurgien du Bureau central des hôpitaux en 1867, M. Duplay fut chargé successivement du service chirurgical aux hôpitaux de Lourcine, de Saint-Antoine, de Saint-Louis, de Lariboisière, de Beaujon, de la Charité et enfin de l'Hôtel-Dieu.

Agrégé de la Faculté depuis 1866, il a été nommé professeur de pathologie chirurgicale en décembre 1880 et de clinique chirurgicale en février 1890; il est membre de l'Académie de médecine depuis le 27 mai 1879.

Parmi les travaux de M. le professeur Duplay, on cite ceux publiés sous les titres suivants : *Des collections séreuses et hydatiques de l'aine* (1865), thèse de doctorat; *De la hernie ombilicale*, thèse d'agrégation (1866); *De la périarthrite scrofulo-humérale* (1872); *De l'ulcère perforant du pied* (1873); *Traitement chirurgical de l'hypospadias et de l'épispadias* (1874-1880); *Traité élémentaire de pathologie externe*, commencé avec le Dr Follin et continué seul après la mort de son collaborateur (1861-1887); *Traité de chirurgie*, avec le Dr Reclus (1893, 8 vol.); *Cliniques chirurgicales de l'Hôtel-Dieu* (1897-98); *Manuel de diagnostic chirurgical*, avec MM Rochard et Demoulin (1889 à 1898), etc.

M. Duplay, décoré de la Légion d'honneur le 15 octobre 1871, a été promu officier le 13 juillet 1887.

HOMOLLE (J.-Théophile)

RCHÉOLOGUE, membre de l'Institut, directeur de l'école d'Athènes, né le 19 décembre 1848, à Paris. Reçu agrégé d'histoire à sa sortie de l'Ecole normale supérieure, en 1869, et membre de l'Ecole française d'Athènes, il fut chargé de commencer, à Délos, les fouilles qui durèrent de 1877 à 1887. Il recueillit plusieurs inscriptions, qui ont révélé de très intéressants détails relatifs au culte d'Apollon et à l'administration de son temple; il mit au jour aussi quelques statues archaïques importantes pour l'histoire de l'art.

M. Homolle fut reçu docteur ès lettres en 1887, avec deux thèses concernant ses explorations archéologiques à Délos : les *Archives de l'intendance sacrée à Délos*, 315-166 avant J.-C. et *De antiquissimis Dianæ simulacris deliacis* (1887). A son retour de Grèce, il fut nommé maître de conférences à la Faculté des lettres de Nancy; devint, en 1884, professeur suppléant d'épigraphie et d'antiquités grecques au Collège de France et, en 1891, fut nommé directeur de l'Ecole française d'Athènes. En cette qualité, il a organisé et présidé les fêtes à l'occasion du centenaire de cette école en 1898.

M. Homolle a été élu membre de l'Académie des Inscriptions et Belles-Lettres le 1er avril 1892, en remplacement de M. Alfred Maury.

Les recherches de M. Homolle ont fait de sa part l'objet de notices, articles et mémoires publiés dans le *Bulletin de correspondance hellénique* (de 1877 à 1883, Fouilles de Délos, et de 1894 à 1898, Fouilles de Delphes), dans les *Archives des Missions scientifiques* (1887), la *Revue archéologique*, etc. Ses publications sur les *Fouilles de Délos et de Delphes* doivent former 4 à 5 volumes.

Ce savant est officier de la Légion d'honneur.

LAVISSE (Ernest)

PROFESSEUR et historien, membre de l'Académie française, né le 17 décembre 1842, à Nouvion-en-Thiérache (Aisne). Il fut élève à la maîtrise de l'église Saint-Roch, à Paris, avant de faire ses études classiques. Entré à l'Ecole normale supérieure en 1862 et reçu agrégé d'histoire en 1865, il fut nommé professeur successivement aux lycées de Nancy, de Versailles et Henri IV, se fit recevoir docteur ès lettres en 1875, devint maître de conférences à l'Ecole normale supérieure et fut appelé à la chaire d'histoire moderne à la Faculté des Lettres de Paris, en 1888.

M. Ernest Lavisse a été élu membre de l'Académie française, le 2 juin 1892, en remplacement de l'amiral Jurien de La Gravière. Très sympathique à la jeunesse des écoles, il a été choisi comme président de l'Association des Etudiants de France.

Outre ses thèses de doctorat : *De Hermanno Salzensi ordinis Teutonici magistro* et la *Marche de Brandebourg sous la dynastie ascanienne* (1875), les œuvres de M. Ernest Lavisse se classent de la façon suivante :

Celles où il s'est occupé surtout, avec une haute érudition et une grande élévation de vues, de l'histoire de l'Allemagne : *Etudes sur l'une des origines de la monarchie prussienne* (1875); la *Fondation de l'Université de Berlin* (1876); *Etudes sur l'histoire de Prusse* (1879, couronné par l'Académie Française l'année suivante); *Essais sur l'Allemagne impériale* (1887); *Trois empereurs d'Allemagne* : Guillaume Iᵉʳ, Frédéric III, Guillaume II (1888); la *Jeunesse du grand Frédéric* (1891); le *Grand Frédéric avant l'avénement* (1893); *Etude sur l'histoire de Prusse*; *L'empereur Frédéric III* (1896).

Celles plus particulièrement écrites pour les écoles primaires et secondaires : *Leçons préparatoires d'histoire de France* (1876); la *Première année d'histoire de France* (même année, avec cartes et gravures); *Récits et entretiens familiers sur l'histoire de France jusqu'en 1328* (1883); *Sully* (1880, illustré); *Histoire de France et notions d'histoire générale* (1890 et suivantes, avec M. Dupuy).

Celles relatives à des questions universitaires : *Questions d'enseignement national* (1885) ; *Etudes et étudiants* (1890); *A propos de nos écoles*; *Un ministre, V. Duruy* (1895).

On doit, en outre, à cet éminent historien : *Vue générale de l'histoire politique de l'Europe* (1890),
ouvrage qui avait déjà paru comme préface d'une traduction de l'*Histoire générale de l'Europe* pour la *Géographie politique* de Freeman, étude sur l'évolution historique de cette partie du monde, et l'*Histoire générale du IVᵉ siècle à nos jours* (1893 à 1898 en cours, avec M. Rambaud). Citons enfin : la *Vie politique à l'étranger en 1889* (1889), publiée sous sa direction, et sa collaboration sur des questions d'histoire ou de réformes universitaires à la *Revue de l'Enseignement supérieur*, la *Revue des Deux-Mondes*, etc.

Décoré de la Légion d'honneur en 188., promu officier en 1887, M. Lavisse est commandeur depuis 1894.

MILNE-EDWARDS (Alphonse)

NATURALISTE, membre de l'Institut, né à Paris le 13 octobre 1835. Fils du savant Henri Milne-Edwards (1800-1885), il fut reçu docteur en médecine en 1859, devint professeur à l'Ecole de pharmacie en 1865 et, après avoir été aide-naturaliste de son père, le remplaça, en 1876, dans sa chaire de zoologie au Muséum d'histoire naturelle, dont il devint directeur en décembre 1891.

M. Milne-Edwards prit part aux expéditions du *Travailleur* et du *Talisman*, organisées pour étudier les faunes sous-marines ; ses découvertes scientifiques, sur cet objet, lui ont fait décerner la grande médaille d'or de la Société de Géographie. Il a été élu membre de l'Académie des Sciences, le 7 avril 1879, en remplacement de P. Gervais et membre de l'Académie de médecine, le 5 mai 1885.

On cite, comme les plus importants ouvrages de M. Alph. Milne-Edwards : *Recherches anatomiques, zoologiques et paléontologiques sur la famille des chevrotains* (1864) ; *Histoire des crustacés podophtalmaires fossiles* (1865) ; *Recherches anatomiques et paléontologiques pour servir à l'histoire des oiseaux fossiles de la France* (1866-72) ; *Recherches sur la faune ornithologique éteinte des îles Mascareignes et de Madagascar* (1866-74) ; *Eléments de l'histoire naturelle des animaux* (1881-1882); *Expéditions scientifiques du « Travailleur » et du « Talisman », pendant les années 1881, 1882 et 1888* (1888) ; *Enseignement spécial pour les voyageurs* (1893-94); *Note sur une nouvelle espèce du genre rhinopithèque* (1897), etc. Il a en outre donné à l'*Histoire physique, naturelle et politique de Madagascar*, de M. Grandidier, les volumes VI, IX, et XII à XV, traitant des mammifères et des oiseaux (1875-1882, avec pl.).

Décoré de la Légion d'honneur le 14 août 1868, il a été promu officier le 19 avril 1884.

JANTY (Alfred-Ernest-Charles)

ARCHITECTE, né à Lille le 25 octobre 1837. Fils de C. Janty-Chevalier, filateur, inventeur du procédé et des métiers à glacer les fils de lin, il fit ses classes dans sa ville natale et commença ses études d'architecture à l'Académie royale des Beaux-Arts de Bruxelles, où il obtint le premier prix, le 30 septembre 1855. Venu à Paris, en décembre de la même année, il entra à l'Ecole impériale et spéciale de dessin (rue de l'Ecole de Médecine) en 1856, en sortit, l'année suivante, avec le grand prix de composition d'architecture et fut reçu à l'Ecole des Beaux-Arts (1860), où il fut élève de Lefuel.

Attaché d'abord à la comptabilité des travaux de réunion des Tuileries et du Louvre, il fut nommé, successivement, dessinateur, sous-inspecteur et inspecteur. M. Janty fut, de 1861 à 1870, le collaborateur assidu de Lefuel, pour la reconstruction du Pavillon de Flore et de la galerie élevée sur le quai des Tuileries.

Chargé ensuite de la liquidation des grands travaux du Louvre et des Tuileries, du 1er mai 1870 au 1er janvier 1871, passé à cette date au service d'entretien des mêmes monuments, inspecteur de 2me classe (1877), architecte-voyer de la ville de Colombes (1876-1879), inspecteur principal (1891), cet artiste a exécuté de nombreux travaux très remarqués et a pris part à diverses expositions, notamment : à l'Exposition internationale de Vienne (1873), aux Expositions universelles de Paris, de 1878 (médaille d'argent) et de 1889, où il fut architecte des Pavillons de la principauté de Monaco, des forges de Champagne, de la Société des hauts-fourneaux de Brousseval, Haute-Marne (médaille d'argent). A cette dernière exposition, il a été commissaire-délégué de la principauté de Monaco, par ordonnance du prince régnant, Charles III, et membre du Jury.

Parmi les restaurations dûes à cet architecte, il convient de citer les plus importantes, celles du château historique d'Ermenonville (1878-1883) et du château de la Chapelle-en-Serval (1878), où il installa les écuries de courses de M. Edmond Blanc. C'est enfin à lui que l'on doit le magnifique hôtel du prince Roland Bonaparte, situé à Paris, avenue d'Iéna, avec façade postérieure très remarquable par ses proportions, et son grand arc, haut de 3 étages, rue Fresnel (1892-1896).

Hors concours au Salon des Champs-Elysées de 1896, médaillé à l'Exposition de Bruxelles de 1897, lauréat de la grande médaille de la Société centrale des Architectes français pour l'ensemble de ses travaux (Congrès de 1896), M. Janty est officier d'Académie (4 mars 1889), chevalier de l'ordre de Saint-Charles (8 janvier 1890) et chevalier de la Légion d'honneur (4 janvier 1895).

RICHARD O'MONROY
(Jean-Edmond de l'ISLE de FALCON Vicomte de SAINT-GENIÈS, dit)

ROMANCIER, né à Paris en 1849. Sorti de Saint-Cyr, il entra dans l'armée comme officier de cavalerie ; il était capitaine-commandant en 1891, quand il donna sa démission pour se livrer à la littérature.

M. le vicomte de Saint-Geniès débuta à la *Vie Parisienne*, puis écrivit au *Gil Blas*. Il a donné à ces journaux des nouvelles et des romans, récits, dialogues et scènes de la vie des officiers, d'une allure vive, gaie et spirituellement superficielle. Ces articles, assez goûtés de certain public, et signés « Pompon » ou « Richard O'Monroy », son pseudonyme le plus connu, ont été réunis en volumes parus sous les titres suivants : le *Capitaine Parabère* (1878) ; *Monsieur Mars et madame Vénus* (même année) ; les *Femmes des autres* (1879) ; la *Foire aux caprices* (1880) ; *Feu de paille* (1881) ; *Coups de soleil* (1882) ; *Tambour battant !* (1883) ; *A la hussarde !* (1884) ; *A grandes guides* (1885) ; *Un peu, beaucoup, passionnément* ; *Coups d'épingle* (1886) ; le *Club des brâconniers* (1887) ; *La Brune et la Blonde* (1888) ; le *Péché capital* ; *Souvent homme varie !* (1889) ; *Sans m'sieu le maire* ; *L'Etre ou ne pas l'être ?* ; la *Grande Fête* (1890) ; *Mme Manchaballe* ; *Service de nuit* (1892) ; *Le chic et le chèque* ; les *Petites Manchaballe* (1893) ; *Histoires crânes* ; *Place au théâtre* (1894) ; *Histoire tendre* (1895) ; *Graine d'étoile* ; *Propos de Mme Manchaballe* ; *Quand j'étais capitaine* (1896) ; *Dix minutes d'arrêt* ; *Tutur et Totolte* (1897) ; *Brochette de cœurs* (1898), etc.

M. Richard O'Monroy a aussi donné au théâtre : le *Royal Champagne* (1873) ; *Un homme fort, s'il vous plaît !* (1878) ; *Un beau-père en hussard* (1889) ; *Tout feu tout flamme* (1890) ; *Pignerolle malade* (1894) ; *La Belle et la Bête* (1895), vaudevilles ; *Madame Manchaballe*, monomime (1895) ; *Détente de nerfs* (1897) ; *Barbe-bleue*, ballet avec chœurs (1898).

Depuis 1880, M. de Saint-Geniès signe le « Courrier de Paris » à l'*Univers illustré*.

Officier d'Académie, cet écrivain est décoré de nombreux ordres étrangers.

RENAULT (Léon-Charles)

AVOCAT, ancien préfet de police, ancien sénateur, né à Alfort (Seine) le 24 septembre 1839. Fils d'un vétérinaire, membre de l'Académie de médecine, mort en 1863, il fit ses classes aux lycées Bonaparte et Saint-Louis, puis étudia le droit à la Faculté de Paris, fut reçu avocat et devint, en 1861, secrétaire de M. Hébert.

M. Léon Renault fut nommé, le 5 novembre 1870, secrétaire général de la préfecture de police, qu'il quitta au 18 mars 1871. Appelé, le mois suivant, à la préfecture du Loiret, il fut choisi, le 21 novembre suivant, par Thiers, pour remplir les fonctions de préfet de police. Démissionnaire le 24 mai 1873, il ne persista pas dans cette attitude, et reprit son poste, sur la demande du maréchal Mac-Mahon et de ses ministres. A ces fonctions, celles de directeur de la sûreté générale furent adjointes en février 1874; le titre de conseiller d'État en service extraordinaire lui fut aussi attribué.

Comme préfet de police, on doit à M. Léon Renault l'organisation, si utile à Paris, du service médical de nuit. Il donna sa démission, le 9 février 1876, pour se présenter aux élections générales législatives dans l'arrondissement de Corbeil.

Elu, le 20 février, par 14,261 voix contre 4,919 obtenues par le prince de Wagram, il prit place au centre gauche. Au 16 mai 1877, il fut l'un des 363 et retrouva son siège après la dissolution, le 14 octobre suivant, avec 10,244 voix, contre 7,297 obtenues par le même concurrent.

A la Chambre, M. Léon Renault fit partie du comité des Dix-Huit, chargé de diriger la résistance du parti républicain contre le cabinet de Rochebouet et il soutint la proposition d'enquête sur les actes des ministres du 16 mai. Elu président du centre gauche, le 7 janvier 1878, il traça un programme de gouvernement libéral dans un discours qui eut alors un certain retentissement.

Candidat de nouveau dans l'arrondissement de Corbeil, au renouvellement de 1881, et battu avec 6,871 voix contre 8,042 données à M. Rémoiville, radical, il se présenta, le 26 février 1882, dans l'arrondissement de Grasse, au siège rendu vacant par la nomination de M. Chiris au Sénat, et fut élu par 8,000 voix contre 4,717 à quatre autres candidats républicains. Aux élections sénatoriales du 25 janvier 1885, il posa sa candidature dans ce même département des Alpes-Maritimes, et fut élu, le second par deux, par 361 voix sur 399.

Accusé, à la fin de l'année 1892, d'avoir touché de la Cie de Panama, une somme d'argent, le sénateur des Alpes-Maritimes fut, avec quatre de ses collègues, l'objet d'une demande d'autorisation de poursuites, accordée par le Sénat le 20 décembre; mais, au mois de février suivant, la Chambre des mises en accusation « admettant que le chèque touché était la rémunération de services rendus par l'avocat », rendit un arrêt de non lieu en sa faveur (7 février 1893).

Au renouvellement sénatorial de 1894, M. Léon Renault ne se représenta pas.

Comme avocat, l'ancien préfet de police a occupé au barreau parisien une place très en vue. On connaît de lui un important discours d'ouverture de la conférence des avocats publié sous le titre : *De l'influence de la philosophie du XVIIIe siècle sur les réformes de la procédure criminelle* (1862).

Chevalier de la Légion d'honneur le 11 octobre 1873, M. Léon Renault a été promu officier le 6 janvier 1875. Il est décoré des ordres de François-Joseph d'Autriche et de Saint-Stanislas de Russie.

LE ROUX (Robert-Henri, dit Hugues)

ÉCRIVAIN, né au Havre en 1860. Il écrivit à ses débuts, aux environs de 1882, dans plusieurs journaux et plus assidûment à la *Revue politique et littéraire*; puis il fut chargé de la chronique parisienne au *Temps*, en remplacement de M. Jules Claretie, devenu directeur de la Comédie-Française.

Depuis, M. Hugues Le Roux a prêté sa collaboration au *Journal*, au *Figaro* et à un certain nombre d'autres journaux, dans lesquels il a fait paraître des études littéraires ou sociales, des fantaisies, récits de voyages, etc. Il a traduit la *Russie souterraine*, ouvrage russe, de Sergine Stepniak (1885); puis il a publié : l'*Attentat Sloughine*, mœurs terroristes (1885, nouvelle édition 1895); *Un de nous*; *Médéric et Lisée* (1886); l'*Enfer parisien* (1888); les *Ames en peine*, comprenant l'*Amour infirme* (1888) et les *Larrons* (1890); le *Frère lai*; le *Chemin du crime*; les *Jeux du cirque et la vie foraine*, illustré par Jules Garnier (1889); les *Fleurs à Paris* (1890); *Au Sahara*, illustré d'après les photographies de l'auteur; *Portraits de cire*; *En yacht* : Portugal, Espagne, Maroc, Algérie, Corse (1891) ; *Tout pour l'honneur* ; les *Gens d'aujourd'hui*, comprenant : *Marins et soldats* (1892) et les *Mondains* (1893); *Confidences d'hommes* ; *Gladys* ; *Notes sur la Norvège* (1894); *Je deviens colon, mœurs algériennes*; le *Festejadou*, récits du Sud (1895) ; *O mon passé !* mémoires d'un enfant (1896); le *Maître de l'heure* ; les *Amants byzantins*, romans ; *Nos fils ! que feront- ils ?* (1897), etc.

M. Hugues Le Roux a donné au théâtre de l'Odéon, avec M. Paul Ginisty, une adaptation du roman russe de Dostoïewsky en un drame en sept tableaux : *Crime et châtiment* (1888) et *Tout pour l'honneur*, comédie 4 actes (Gymnase, 1893).

Cet écrivain est officier de la Légion d'honneur (janvier 1898).

FOUCART (Paul-François)

Érudit, membre de l'Institut, né à Paris le 15 mars 1836. Entré à l'Ecole normale supérieure en 1855, il en sortit en 1858 et fut reçu agrégé des lettres. Il passa à l'Ecole française d'Athènes, puis fut professeur de seconde au lycée Charlemagne en 1868 et au lycée Bonaparte en 1870. Chargé du cours d'épigraphie et d'antiquités grecques au Collège de France depuis 1874, il en fut nommé professeur titulaire en 1877.

M. Foucart a été élu membre de l'Académie des Inscriptions et Belles-Lettres, le 29 novembre 1878, en remplacement de Naudet ; il fut nommé le 28 du mois suivant, directeur de l'Ecole d'Athènes, et quitta ces fonctions en 1890, avec le titre de directeur honoraire, pour reprendre sa chaire au Collège de France.

On connaît de M. Foucart les ouvrages suivants : *Inscriptions recueillies à Delphes* (1863), avec Wescher ; *Mémoire sur les ruines et l'histoire de Delphes* (1865) ; *Mémoire sur l'affranchissement des esclaves par forme de vente à une divinité* (1867) ; *Des associations religieuses chez les Grecs* (1873) ; *Inscriptions du Peloponnèse* (1869-74) ; *Mémoire sur les colonies athéniennes* (1880) ; *Mélanges d'épigraphie grecque* (1881) ; *Recherches sur l'origine et la nature des mystères d'Eleusis* (1895) ; de nombreux articles dans le *Bulletin de correspondance hellénique* (1879-90) et la *Revue de Philologie* (1891-96), etc.

Décoré de la Légion d'honneur le 25 juillet 1879, il a été promu officier le 12 juillet 1890.

EMPIS (Adolphe-Gaspard-Georges-Simonis)

Médecin, né à Paris le 20 mars 1824. Il est le fils du poète et auteur dramatique, membre de l'Académie française. Reçu docteur en médecine en 1850 et agrégé en 1859, il professa un cours d'anatomie à l'Ecole pratique.

Médecin des hôpitaux, le docteur Empis fut attaché à celui des Incurables (femmes), puis à ceux de la Pitié et de l'Hôtel-Dieu. Il a été élu membre de l'Académie de médecine, en 1875, dans la section d'anatomie pathologique.

Citons parmi les travaux publiés par M. Simonis Empis sur ses recherches médicales: *De la Méthode à suivre dans l'examen des maladies* (1853); *De l'Incubation des maladies* (1857); *De l'Affaiblissement musculaire progressif des vieillards* (1862); *De la Granulie ou maladie granuleuse connue sous le nom de fièvre cérébrale* (1865); *De la Statistique du service d'accouchements de l'hôpital de la Pitié et des mesures hygiéniques instituées dans cet hôpital contre la fièvre puerpérale* (1867), etc. Il a collaboré aussi à divers recueils spéciaux, notamment aux *Archives générales de médecine*.

Décoré de la Légion d'honneur en 1858, M. le docteur Simonis Empis a été promu officier le 30 décembre 1886 et commandeur en 1895.

SULLY-PRUDHOMME (René-François-Armand PRUDHOMME, dit)

Poète, membre de l'Académie française, né à Paris le 16 mars 1839. Il fit ses études au lycée Bonaparte, puis son père, commerçant, le fit entrer dans l'administration de l'usine Schneider, au Creusot ; il fut ensuite clerc de notaire à Paris.

Très riche, M. Sully-Prudhomme put bientôt, abandonnant tout souci matériel, se consacrer entièrement à la poésie ; il y a acquis la réputation d'un poète correct, à la forme gracieuse, châtiée, et aux sentiments délicats. Il a été admis à l'Académie française le 8 décembre 1881.

M. Sully-Prudhomme avait débuté dans les lettres en 1865, par un volume de *Poésies: Stances et Poèmes*, recueil contenant le *Vase brisé*, morceau devenu fameux et « qui, dit l'auteur des *Hommes d'aujourd'hui*, a dû faire le malheur de Sully-Prud'homme, tant cette très jolie bluette fut, dès le principe, exaltée par un public imbécile au détriment de tant de beautés infiniment plus remarquables ». Parurent ensuite : les *Epreuves* (1866) ; les *Solitudes* (1869) ; la traduction en vers du premier livre de la *Nature des choses*, de Lucrèce, avec une remarquable préface (1869) ; les *Destins* (1872) ; les *Vaines tendresses* (1875) ; la *Justice* (1878) ; le *Prisme*, poésies diverses (1886) ; le *Bonheur*, poème (1888). Ces pièces et poèmes ont été réunis en plusieurs séries, sous le titre général de *Poésies* (1879-1886). L'*Institut* (pièce de vers pour le centenaire (1895) ; la *Nymphe des Bois de Versailles*, poésie dite devant l'empereur et l'impératrice de Russie (1896).

Cet écrivain a aussi publié des volumes de critique : l'*Expression dans les Beaux-Arts* (1884) et *Réflexions sur l'art des vers* (1892). Citons encore : *Que sais-je ?* examen de conscience (1895) et une importante *Etude sur Pascal* donnée à la *Revue des Deux-Mondes*, entre autres articles. Il a été fait une édition générale de ses œuvres (1879-1888).

Promu officier de la Légion d'honneur le 13 juillet 1888, M. Sully-Prudhomme est commandeur depuis 1895 et membre du Conseil de cet ordre.

DESJARDINS (Achille-Arthur)

AGISTRAT, membre de l'Institut, né à Beauvais le 8 novembre 1835. Il fit ses études de droit à Paris, se fit recevoir docteur ès lettres, en 1858, avec les thèses suivantes : *Essai sur les confessions de Saint-Augustin* et *De Scientia civili apud Marcum Tullium Ciceronem*, et docteur en droit, la même année, avec une thèse sur la *Théorie des excuses en droit criminel*.

Nommé substitut à Toulon en 1859, avocat général à Aix en 1864, procureur général à Douai en 1873, à Rouen en 1874, M. Arthur Desjardins devint avocat général à la Cour de cassation le 23 avril 1875.

Il a été élu membre de l'Académie des Sciences morales et politiques, en remplacement de M. Massé, le 4 février 1882.

M. Arthur Desjardins a publié : *De l'aliénation et de la prescription des biens de l'État, des communes et des établissements publics* (1862), ouvrage couronné par la Faculté de Paris ; les *Devoirs*, essai sur la morale de Cicéron (1865), couronné par l'Institut ; la *Nouvelle Législation de la Presse* (1867) ; *Etats généraux, leur influence, etc.* (1871), couronné par l'Institut ; la *Nouvelle organisation judiciaire*, projet (1872) ; l'*Ancienne législation commerciale espagnola et le code de 1885* ; l'*Arbitrage international* (1892) ; la *Méthode expérimentale appliquée au Droit criminel en Italie* ; *Questions sociales et politiques* (1893) ; *De la liberté politique dans l'état moderne* (1894) ; *Bienheureux les Pacifiques !* (1895) ; la *Doctrine de Monroë* ; le *Transvaal et le droit des gens* ; les *Ennemis des femmes* ; *P.-J. Proudhon, sa vie, ses œuvres, sa doctrine* (1896) ; *Principes fondamentaux de la constitution russe* (1897) ; *Traité de Droit commercial maritime* (1878-1898, tom. I à IX), etc.

M. A. Desjardins a été promu officier de la Légion d'honneur en janvier 1892.

MAIZEROY (René-Jean Baron TOUSSAINT, dit)

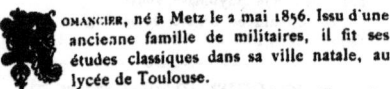

OMANCIER, né à Metz le 2 mai 1856. Issu d'une ancienne famille de militaires, il fit ses études classiques dans sa ville natale, au lycée de Toulouse.

Entré à Saint-Cyr en 1875, M. le baron Toussaint en sortit sous-lieutenant au 53ᵉ régiment d'infanterie, en 1877. Deux ans plus tard, il passa au 113ᵉ d'infanterie et fut en garnison à Bayonne, où il eut un duel qui fit quelque bruit. Il donna sa démission, en 1880, pour s'adonner à la littérature ; il y avait déjà débuté, étant encore sous-lieutenant, sous le pseudonyme de « René Maizeroy », nom emprunté à ses ancêtres du côté maternel, en publiant une nouvelle, les *Noces de Campistron*, insérée dans la *Réforme*.

M. René Maizeroy a donné par la suite des études de mœurs militaires : *Souvenirs d'un Saint-Cyrien* (1880) ; le *Capitaine Bric-à-Brac* (1880) ; *Au régiment* (1885) ; *Amours de garnison* (1886) ; la *Vie de soldat* (1887) ; *Souvenirs d'un officier* (1888) ; *Billets de logement* (1888) ; *Cantabeille* (1893).

Il s'est fait connaître aussi, comme auteur de romans de mœurs, par un grand nombre d'ouvrages, dont voici les titres : les *Amours défendues*, série comprenant quatorze nouvelles réunies sous des titres particuliers ; le *Droit du mari* ; le *Duc Mignon* ; la *Consolatrice* ; la *Petite Narcisse* ; les *Héritiers* (1884). Une autre série, les *Parisiennes*, comprend : la *Dernière Croisade* ; *Deux amies* (1884), peinture de mœurs qui fit beaucoup de bruit ; le *Boulet* (1886) ; l'*Adorée* (1887) ; *Petite Reine* (1888) ; *P'tit Mi* (1889) ; la *Peau* (1890) ; *Papa la Vertu* (1890) ; *Cas passionnels* (1892) ; la *Petite préjète* (1893) ; *En folie* ; *Sur l'amour et sur le baiser* (1894) ; l'*Ange* (1895) ; *Ames tendres* ; *En volupté* (1896).

Mentionnons à part ses études et nouvelles sur la vie parisienne : les *Malchanceux* (1880) ; le *Mal d'aimer* (1882) ; *Mire lon la* (1882) ; l'*Amour qui saigne* (1882) ; *Celles qu'on aime* (1883) ; *Celles qui osent !* avec une préface de M. Guy de Maupassant (1883) ; la *Joie d'aimer* ; la *Maîtresse de miss Eva* (1884) ; *Petites Femmes* (1885) ; la *Fin de Paris*, peinture des vices parisiens et des personnages interlopes de la capitale ; *Bébé million* (1886), histoire d'une fille de brasserie qui arrive à une position inespérée ; *Lalie Spring*, nouvelles ; la *Première fois* (1887) ; la *Grande Bleue*, études sur la mer, avec préfaces de MM. Guy de Maupassant, P. Bourget, P. Loti, P. Bonnetain, J. Richepin et P. Arène ; *Vara Knoff* ; les *Passionnées* (1888) ; la *Belle*, nouvelles ; *Sensations* (1886) ; *Coups de cœur*, nouvelles ; *Pourquoi aimer ?* (1890) ; *Joujou* (1897).

M. Maizeroy a en outre collaboré, soit sous son pseudonyme ordinaire, soit sous ceux de « Coq-Hardy », « Mora », « Chassagnol », « Sartorys », « Frascata », etc., à divers journaux et revues, entre autres, à la *Vie moderne*, au *Gil Blas*, au *Gaulois*, au *Clairon*, au *Figaro*, etc.

RUEFF (Jules)

RMATEUR, né à Paris le 16 février 1854. Après avoir fait ses études classiques, il se consacra aussitôt aux questions coloniales et de navigation, pour lesquelles il a acquis une grande réputation de compétence.

M. Jules Rueff entreprit, dès 1872, des voyages en Indo-Chine ; il a été ainsi l'un des pionniers de l'influence française en ce pays. Plus tard, il fut président de la Société Franco-Africaine, qui a fondé les premiers comptoirs commerciaux en Abyssinie. Cette dernière qualité lui valut une distinction honorifique de la part du roi Ménélick.

Auteur du projet de chemin de fer de Saïgon-Mytho (Cochinchine), M. Jules Rueff est le fondateur de la Compagnie des Messageries fluviales de Cochinchine, qui a puissamment contribué à l'extension de nos relations commerciales en Indo-Chine par la voie du Mékong. L'initiative prise par cette compagnie pour franchir les rapides du Haut-Mékong, au prix des plus grands dangers et à travers les obstacles naturels réputés insurmontables, est l'œuvre de son directeur, M. Rueff.

Rappelons aussi que l'un des bâtiments de la Compagnie a coopéré à l'action militaire qui avait pour but de forcer les passes du Meinam.

Depuis plusieurs années, M. Rueff a prêté un précieux concours au gouvernement pour l'organisation des expositions coloniales. Successivement membre du Jury à Anvers en 1885, commissaire des Colonies à l'Exposition internationale de Bruxelles en 1888, membre du Comité d'organisation et du Jury à l'Exposition universelle de 1889, vice-président de la classe 114 (colonisation) à l'Exposition universelle de Paris de 1900, il est encore vice-président du Syndicat maritime de France, membre de la Société des Ingénieurs civils, du Conseil supérieur des Colonies depuis sa fondation, etc.

M. Jules Rueff est dignitaire de nombreux ordres étrangers et officier de l'Instruction publique; chevalier de la Légion d'honneur depuis 1885, il a été promu officier en 1894.

TIFFEREAU (Théodore)

HIMISTE, inventeur, né à Puyravault (Vendée) le 9 juin 1819. Il fit ses études à Nantes et devint préparateur de chimie à l'École professionnelle de cette ville.

De 1842 à 1848, voyageant en Amérique, M. Tiffereau, dit-on, parvint, dans les villes de Guadalajara et de Colima, à réussir trois fois, avant son départ de ce pays, la transmutation complète de quelques grammes d'argent allié au cuivre en or pur.

Revenu en France aussitôt après ce succès, il ne put y réussir aussi complètement ses surprenantes expériences, à cause, a-t-il dit, des différences de climat, et peut-être faute de moyens pécuniaires lui permettant de se mettre artificiellement dans les conditions climatériques du Mexique. En désespoir de cause, il révéla, en 1853, une partie de son procédé à l'Académie des Sciences, où il déposa un peu de son or artificiel. Il a depuis exposé cet or en beaucoup de circonstances, l'a montré au public dans beaucoup de conférences, a publié, sur son invention, de nombreuses brochures; mais il n'a pu obtenir l'aide dont il avait besoin pour industrialiser sa découverte. Sans se décourager pourtant, M Tiffereau poursuit toujours ses recherches pour arriver à la confirmation de sa merveilleuse découverte première.

Un médecin américain, le docteur Emmens, de New-York, qui, lui aussi, dit être parvenu à transformer l'argent en or, assure que M. Tiffereau est dans la bonne voie et doit nécessairement arriver à ses fins. Le docteur Emmens a déclaré avoir l'intention d'envoyer son or et son procédé à l'Exposition de

1900. Cette exhibition donnerait à l'œuvre de notre compatriote une importance particulière.

HERVIEU (Paul-Ernest)

Romancier et journaliste, né à Neuilly-sur-Seine le 2 septembre 1857. Ses études faites au lycée Condorcet, il suivit les cours de la Faculté de droit, se fit inscrire au barreau de Paris, fut ensuite attaché au secrétariat de la présidence du Conseil sous le ministère de M. de Freycinet, en 1879, et fut nommé, en 1881, secrétaire d'ambassade de 3ᵉ classe à la légation française du Mexique ; il demeura à ce poste peu de temps et donna sa démission la même année pour se consacrer entièrement à des travaux littéraires.

Déjà, sous le pseudonyme d' « Eliacin », M. Paul Hervieu avait écrit des nouvelles publiées dans divers journaux. Il a, par la suite, donné, soit dans les journaux, soit en librairie, des chroniques, fantaisies, romans et nouvelles qui se font remarquer par une certaine subtilité d'analyse et de bonnes qualités de style.

Citons, parmi les journaux dans lesquels ont paru ses œuvres : le *Gil-Blas*, le *Gaulois*, le *Monde illustré*, le *Figaro*, le *Journal*, la *Revue indépendante*, le *Journal des Débats*, les *Lettres et les Arts*, la *Revue des Deux-Mondes*, etc.

Il a publié en librairie : *Diogène le chien* (1882, avec compositions de Tofani) ; la *Bêtise parisienne* (1883 ; 2ᵉ éd., 1897) ; l'*Alpe homicide* (1885) ; les *Yeux verts et les Yeux bleus*, nouvelles (1886) ; l'*Inconnu* (1887) ; *Deux plaisanteries ; Affaire d'un duel* ; *Aux Affaires étrangères* (1888) ; *Flirt* (1889) ; *Exorcisée* (1891) ; *Peints par eux-mêmes* (1893) ; l'*Esquiman* ; *Argile de Femme* (1894) ; l'*Armature* (1895) ; le *Petit Duc, figures falotes et figures sombres* (1896), etc.

Il a fait représenter : *Les paroles restent*, com. 3 actes (Vaudev., 1893) ; les *Tenailles*, comédie 4 actes, représentée à la Comédie Française en 1895, et qui obtint le prix Toirac de 4.000 fr. en 1896 ; *Point de lendemain* (Th. Mondain, 1896) ; la *Loi de l'homme*, pièce 3 actes (Com. Franç., 1898), etc.

M. Paul Hervieu est chevalier de la Légion d'honneur.

BEL (Jean-Marc)

Ingénieur, métallurgiste, explorateur, né à Biot (Alpes-Maritimes) le 22 avril 1855. Après de bonnes études classiques aux lycées de Nice et Saint-Louis de Paris, il entra à l'Ecole polytechnique en 1874. Nommé sous-lieutenant d'artillerie en 1876, il démissionna pour suivre les cours de l'Ecole supérieure des Mines, d'où il sortit ingénieur diplômé en 1880 ; en 1877, il avait été reçu licencié ès sciences physiques.

Dès 1877, M. Bel avait fait des voyages d'école dans le Puy-de-Dôme, la Lozère, le Gard, les Bouches-du-Rhône, la Loire et la Belgique ; en 1880-81, il fut envoyé, comme chef de mission, pour explorer les gisements aurifères de Saint-Domingue, puis au Canada et aux Etats-Unis, pour faire des études sur les mines et usines de métaux précieux. Ce dernier voyage eut pour résultat de signaler, en France, les progrès, alors peu connus, accomplis dans la métallurgie de l'or par les américains, qui avaient créé les méthodes, devenues classiques, pour le traitement des minerais.

M. J.-M. Bel fut ensuite chargé, en qualité de directeur technique, de la liquidation de la Compagnie française des Mines d'or de l'Uruguay et, appliquant le premier, en Uruguay, la méthode des américains, il y commença la production des lingots provenant de ce pays (1882-1884). Il était aussi, alors, agent officieux de la Légation de France en Uruguay.

En 1886, la Compagnie française « Le Nickel » confia à cet ingénieur le soin d'étudier, à Kirkintilloch (Ecosse), le traitement tout spécial des minerais de nickel et de cobalt provenant des mines de la Nouvelle-Calédonie, et le nomma directeur de l'usine installée à cet effet.

Après un voyage en Italie, au sujet des mines d'or des Apennins, M. J.-M. Bel se rendit au Vénézuéla (1887) pour perfectionner le traitement local des minerais du Callao, et étudia l'état des gisements aurifères de Goyana et Valencia, provinces vénézuéliennes. A Valencia, il visita aussi des gîtes de guano.

Chargé, en 1888, par le gouvernement français, d'une mission de recherches de minéralogie, de statistique et de géographie, il s'embarqua le 1ᵉʳ mars, à Gênes, pour Buenos-Ayres. Après avoir traversé la République Argentine, il séjourna au Chili, visita les mines et usines de la Cordillère des Andes, et gagna Mollendo et Puno, sur le lac Titicaca (à 3.800 mètres d'altitude), puis La Paz, d'où il organisa une caravane pour franchir à nouveau la Cordillère et se rendre dans les vallées tributaires de l'Amazone. Il passa ainsi à Sorata, arriva dans le bassin du Béni, que Wedel avait déjà partiellement exploré en 1851 et il examina les vallées des rivières de Tipuani, de Mapiri et autres, appartenant à une zône aurifère très étendue, jadis exploitée par les Indiens (Aymaras, Quichuas, Lecos, etc.).

Rentré en France par Panama (février 1889), puis reparti pour l'Italie, où il visita les alluvions aurifères des affluents du Pô, M. J.-M. Bel alla ensuite remplir une mission scientifique et industrielle de 18 mois au Transvaal. Il a été l'un des premiers ingénieurs à affirmer que les gîtes de cette région avaient, en profondeur, une continuité qui pouvait aller jusqu'à un millier de mètres (1890-1891).

Bientôt après, il parcourut la Sierra Morena (Espagne) pour étudier des gisements de cuivre, plomb argentifère et de charbon, et fut ensuite envoyé par le gouvernement français au Siam pour des recherches de minéralogie, géographie et statistique. Il examina là des alluvions aurifères et donna un rapport précis sur les mines d'or de Bangtaphan.

Rentré à Paris au mois de juin 1893, M. J.-M. Bel remit au Museum d'histoire naturelle des cages d'oiseaux, des reptiles et des plantes. Il apporta, au Musée de géologie et de minéralogie de l'Ecole supérieure des Mines et au Musée commercial du Palais de l'Industrie, des collections minérales du Transvaal, du Chili, de la Bolivie, du Siam, d'Espagne et d'Italie.

Après un nouveau voyage au Siam en 1895, pendant lequel il visita la région de l'Est, notamment les mines de Vatana et celles sises près de Korat, M. J.-M. Bel partit pour la Sibérie occidentale (1896), pour y examiner les mines d'or de Kotchkar, très importantes, et à son retour fut chargé par le ministère de l'Instruction publique d'une mission scientifique au Laos et en Annam, ainsi que de missions industrielles par des sociétés minières récemment créées.

Débarqué le 20 janvier 1897 à Qui-Nhon, il se dirigea vers l'Ouest, en suivant la vallée de la rivière de Binh-Dinh, passa par Anké, visita la région habitée par les « Moïs » ou Khas, plus exactement les villages de Kon-Tieurah, Kon-Toum, traversa le Poco ou Sésane, atteignit Peuley-Keudjoï et Peuley-Kebaï, villages Djiaraïs, — Dak-Reudè, — Ban-Heck, Ban-Taxeng, villages Halangs, — Ban-Pakha, village Lové, — arriva à Attopeu, chez les Laotiens, remonta et redescendit la Sékong, puis la Sésane, jusqu'à Bang-Kong-Sedam et revint à Stung-Treng, pour être le 11 juillet à Saïgon. Les résultats minéralogiques, géographiques et statistiques de cette mission ont été des plus importants; ils comprennent notamment la reconnaissance, dans les concessions de la Société d'études des mines d'Attopeu, des premiers gîtes aurifères filoniens de ces régions, où l'on ne connaissait jusqu'ici que des gîtes d'or alluvionnaire. Durant ce même voyage, il est ensuite allé examiner les gîtes aurifères de la province du Quang-Nam en Annam, gîtes en partie exploités anciennement par les Annamites et repris depuis peu par des Sociétés françaises.

M. J.-M. Bel, en outre de ses rapports au ministère de l'Instruction publique et aux diverses Sociétés qui l'avaient envoyé, a publié dans le *Bulletin* de l'Association amicale des élèves de l'Ecole supérieure des Mines, le *Bulletin des Mines*, l'*Economiste Français*, les *Nouvelles Archives des Missions scientifiques*, le *Bulletin du Muséum d'histoire naturelle*, la *Quinzaine coloniale*, le *Génie civil*, etc., des études parues ensuite séparément, notamment : les *Mines d'or du Transvaal* (1892) ; les *Gisements d'or et d'étain* de la Société « The Goldfields of Siam (1893) ; la *Minéralogie*, d'après le docteur Th. Sterry Hunt (1893) ; *Mission scientifique au Chili et dans le Nord de la Bolivie de 1888 à 1889* (1896) ; *Notes sur un voyage de mission au pays des Khas* ; la *Mise en valeur du Bas Laos* (1898).

Membre des sociétés de Géographie, de Géographie commerciale de Paris, des Ingénieurs civils de France, de l'Institut des Ingénieurs des mines américains, des Sociétés de minéralogie, de l'Industrie minérale, de l'Union coloniale française, du Syndicat des Explorateurs français, de l'Alliance française, de la Société des Ingénieurs Coloniaux, et correspondant du Muséum d'histoire naturelle, M. J.-M. Bel est officier de l'Instruction publique et de l'ordre vénézuélien du Libertador.

Mme Bel a accompagné son mari dans ses divers voyages au Transvaal, au Siam, au Laos et en Annam ; elle a assisté M. J.-M. Bel dans ses recherches et la réunion de ses collections d'histoire naturelle. Elle a été la première européenne qui ait parcouru le pays des Khas et traversé la chaîne annamite dans cette partie de l'Indo-Chine. Elle est correspondante du Muséum d'histoire naturelle ; décorée du Kim-Boï, ordre annamite donné seulement aux femmes par la reine-mère et officier d'Académie.

GLASSON (Ernest-Désiré)

JURISCONSULTE, membre de l'Institut, né à Noyon (Oise) le 6 octobre 1839. Reçu docteur en droit en 1862 et agrégé en 1867, il fut chargé du cours de procédure civile à la Faculté de Paris en 1872, puis nommé professeur de code civil le 1er juillet 1878 ; il succéda, le 30 octobre 1879, à M. Colmet-Daage dans la chaire de procédure civile.

M. Glasson a été admis à l'Académie des Sciences morales et politiques, en remplacement de M. Ch. Giraud, le 4 février 1882.

On doit à ce jurisconsulte : *Du droit d'accroissement entre cohéritiers et colégataires en droit romain* et *Du droit de rétention sous l'empire du code Napoléon* (1862, thèses de doctorat) ; *Du consentement des époux au mariage, d'après le droit romain, le droit canonique*, etc. (1866) ; *Etude sur Gaius et sur le Jus respondendi* (1867, 2e éd. 1885) ; *Etude sur les donations à cause de mort* (1870) ; *Eléments de droit français considéré dans ses rapports avec le droit naturel et l'économie politique* (1875, 2e éd. 1884, couronné par l'Institut) ; *Le mariage civil et le divorce dans les principaux pays d'Europe* (1879, 2e éd. 1880) ; *Histoire du droit et des institutions de la France depuis leur origine jusqu'à nos jours*, T. I. Epoque anglo-saxonne, T. II. La conquête normande, T. III. La grande Charte, T. IV. Période depuis Edmond III jusqu'à Henri VIII, T. V et VI (1882-1883) ; *les Sources de la procédure civile française* (1882) ; *Etude historique sur la clameur de Haro* (1882) ; *Origines du costume de la magistrature* (1884) ; le *Code civil et la question ouvrière* (1886) ; la *Réforme de la Procédure civile en France* (1887) ; les *Rapports du pouvoir spirituel et du pouvoir temporel au moyen-âge* (1890) ; les *Communaux et le domaine rural à l'époque franque* (1890, réponse à M. Fustel de Coulanges) ; *Communaux et communautés dans l'ancien droit français* (1892) ; le *Droit de succession au moyen-âge* (1893) ; *Juges et consuls des marchands* (1897) ; *Histoire du droit et des institutions de la France* (1887 à 1898, 7 volumes).

Il a, en outre, traduit, avec MM. Dareste et Lederlin, et annoté le *Code de procédure civile de l'empire d'Allemagne* (1887).

Décoré de la Légion d'honneur le 31 décembre 1884, M. Glasson a été promu officier le 31 décembre 1895.

MILLEVOYE (Lucien)

PUBLICISTE, conférencier, ancien député, né à Grenoble le 1er août 1850. Petit-fils du poète célèbre, fils d'un ancien président de la Cour de Lyon, M. Lucien Millevoye fut tout d'abord destiné à la magistrature.

Nommé substitut à Bourg le 11 septembre 1875, puis à Lyon le 11 juin 1877, il donna sa démission en 1880 pour s'occuper uniquement de journalisme politique, et son réel talent de plume l'a mis en vue parmi les publicistes de ce temps.

Lorsque le général Boulanger fut nommé, en remplacement du général Logerot, commandant du corps d'occupation à Tunis (1884), M. Lucien Millevoye écrivit plusieurs articles très remarqués sur un différend qui s'éleva alors entre le chef militaire et M. Cambon, résident général à Tunis, au sujet d'outrages infligés à l'un de nos officiers par un italien. Cette campagne de presse fut l'origine de l'amitié qui, depuis, lia si étroitement son auteur avec le général Boulanger.

M. Millevoye s'associa dès lors à la politique de celui-ci et fournit notamment les grandes lignes du fameux programme de Tours (1889), proposant une « République nationale large et progressive. »

Porté candidat par les comités révisionnistes aux élections générales législatives du 22 septembre 1889, dans la première circonscription d'Amiens et élu, après une lutte très vive, par 12,527 voix contre 11,561 à M. Goblet, ancien président du Conseil des ministres, M. Lucien Millevoye demeura l'ami et l'un des conseillers intimes du général Boulanger jusqu'à la mort de ce dernier (30 septembre 1891).

A la Chambre, il prit une part active aux discussions et prononça des discours retentissants : sur le Concordat ; à propos de l'affaire du Panama, pour laquelle il interpella plusieurs fois le ministère ; sur les événements de Bulgarie (1891) ; sur les bureaux de placement, où il prit la défense des gens de maison, etc..

Le député de la Somme ne se représenta pas au renouvellement législatif de 1893.

Rédacteur en chef depuis cette époque, du journal la *Patrie*, « organe de la défense nationale, » il y a surtout traité, avec une autorité reconnue, les questions de politique étrangère, préconisant particulièrement l'alliance franco-russe, dont il est depuis 1886 un des plus ardents promoteurs ; il fut un des organisateurs du meeting du cirque d'Hiver où l'idée de cette alliance fut acclamée par 10,000 parisiens.

De nombreux interviews ont été fréquemment publiés de lui, dans beaucoup de journaux, principalement l'*Eclair*, le *Gaulois*, la *Libre Parole*, l'*Intransigeant*, etc., sur maintes questions et notamment sur la politique étrangère.

Conférencier, M. Lucien Millevoye a fait, tant à Paris qu'en province, à différentes époques, une ardente propagande en faveur du programme démocratique et nationaliste.

Au moment de la campagne d'agitation entreprise pour obtenir la révision du procès en trahison du capitaine Dreyfus, et lors des poursuites intentées contre M. E. Zola à ce propos (1897-1898), M. Lucien Millevoye prit très nettement parti contre ce mouvement et, dans la presse ou par la parole, en compagnie de MM. H. Rochefort, E. Drumont, etc., il mena une vigoureuse polémique en faveur de la cause jugée et de l'état-major.

LHERMITTE (Léon-Augustin)

Peintre et dessinateur, né à Mont-Saint-Père (Aisne) le 31 juillet 1844. Élève de Lecocq de Boisbaudran, il débuta aux Salons annuels par des fusains ; il continua chaque année d'en exposer et nous citerons, parmi ses œuvres en ce genre : les *Bords de la Marne, près d'Alfort* (1864) ; *Intérieur de forge à Mont-Saint-Père* (1866) ; *Soir de vendanges* (1867); *Récolte des pommes de terre* ; le *Tourneur* (1868) ; la *Vendange* (1869), sujet souvent reproduit par l'artiste ; la *Tonte des moutons* (1872) ; la *Veillée* (1873) ; le *Benedicite* ; le *Bateau* ; une *Rue de Saint-Cyr* (1874) ; le *Flottage* (1876) ; la *Pièce d'eau* (1877) ; le *Cabaret* ; la *Vente du poisson* (1879) ; la *Vieille demeure* (1880) ; le *Pot de vin* (1881) ; le *Charron* ; le *Tisserand* (1882) ; les *Cordonniers* ; la *Forge* ; les *Laveuses*; la *Soupe*, et autres sujets de genre semblable (1883) ; la *Veillée* ; *Plumerie de volailles* (1884); la *Première communion* ; une *Frileuse de Béthune* (1885) ; *Avril* ; *Lavandières* (1886) ; le *Forgeron* (1888), etc.

M. Lhermitte a aussi produit un grand nombre de toiles et il s'est fait remarquer surtout par ses interprétations de scènes champêtres. On cite de lui : *Nature morte* (1866) ; *Fleurs et fruits* (1867) ; la *Vendange* (1868) ; le *Charlatan* (1869) ; *Au pressoir* (1870) ; la *Moisson* (1874, au musée de Carcassonne); le *Lavage des moutons* (1876), qui reparut à l'Exposition universelle de 1878 ; *Printemps* (1877) ; le *Pardon de Ploumanac'h* (1879, au musée de St-Quen-

tin) ; l'*Aïeule* (1880, au musée de Gand) ; *Quatuor* (1881) ; la *Paye des moissonneurs* (1882, une de ses toiles les plus connues, au musée du Luxembourg); la *Moisson* et la *Fileuse* (1883); les *Vendanges* (1884, musée de New-York); le *Vin* (1885) ; la *Fenaison* (1887) ; le *Repos* (1888) ; *Claude Bernard*, panneau décoratif pour la Sorbonne; les *Laveuses* (1889).

A partir de 1890, cet artiste exposa au Champ-de-Mars : *Sainte-Claire-Deville*, panneau décoratif pour la Sorbonne; trois autres toiles et six dessins. Ensuite le *Sommeil de l'enfant* et trois autres toiles de paysages et scènes de la vie des champs (1891); l'*Ami des humbles*, un de ses bons tableaux, aujourd'hui au musée de Boston ; le *Retour du troupeau*, etc. (1892); la *Mort et le bûcheron* (1893, au Luxembourg); les *Halles*, sa toile la plus importante, qui est à l'Hôtel de Ville (1895); la *Fin de la journée*; la *Fenaison* ; le *Champ aux oies* (1897); *Laveuses* ; *Glaneuses* (1898).

Cet artiste expose en outre à la Société des Pastellistes. Il a fait aussi un certain nombre d'eaux-fortes originales, de dessins, etc.

M. Lhermitte a obtenu une médaille de 3ᵉ classe en 1874, une de 2ᵉ classe en 1880 et un grand-prix à l'Exposition universelle de 1889. Chevalier en 1884, il a été promu officier de la Légion d'honneur en 1894.

GIRARD (Jules-Augustin)

Écrivain et professeur, membre de l'Institut, né à Paris le 24 février 1825. Entré à l'Ecole normale supérieure en 1844, il fut reçu agrégé des lettres en 1847 et nommé professeur de rhétorique au Collège royal de Vendôme.

Élève de l'Ecole d'Athènes, de 1848 à 1851, M. J. Girard, à son retour en France, fut envoyé comme professeur de rhétorique au lycée de Lille et passa deux ans après à celui de Montpellier. Reçu docteur ès lettres, en 1854, la conférence de littérature grecque (2ᵉ et 3ᵉ années) à l'Ecole normale supérieure lui fut confiée et il en devint titulaire en 1857.

M. Jules Girard a été admis à l'Académie des Inscriptions et Belles-Lettres, le 14 janvier 1873, en remplacement de Stanislas Julien et appelé à la chaire de poésie grecque, créée en 1874, à la Faculté des Lettres de Paris. Il a épousé une fille du savant J.-D. Guigniaut.

M. Jules Girard a publié : *Mémoire sur l'île d'Eubée* (1852, dans les *Archives des Missions scientifiques et littéraires)*; *De Megarentium ingenio et Des caractères de l'atticisme dans l'éloquence de Lysis* (thèses pour le doctorat, 1854); *Thucydide* (1860, 2ᵉ édit. 1884, ouvrage ayant obtenu le prix au concours de l'Académie française); *Hypéride, sa vie et ses écrits* (1861); *Un procès de corruption chez les Athéniens* (1862); le *Sentiment religieux en Grèce* (1868, 3ᵉ édit. 1887), couronné par l'Académie française; *Etude sur l'éloquence attique*, Lysias, Hypéride, Démosthène (1874); *Etudes sur la poésie grecque*: Epicharme, Pindare, Sophocle, Théocrite, Apollonius (1884), etc.

Chevalier de la Légion d'honneur en 1863, ce savant a été promu officier le 17 janvier 1881.

FOUILLÉE (Alfred-Jules-Émile)

PHILOSOPHE, membre de l'Institut, né à la Pouëze (Maine-et-Loire) le 18 octobre 1838. Après avoir achevé ses classes au lycée de Laval, il y fut maître d'études un an, donna quelque temps des leçons comme professeur libre à Paris, puis fut nommé professeur aux collèges de Louhans et d'Auxerre et au lycée de Carcassonne. Il obtint, en 1864, le premier rang au concours d'agrégation de philosophie et devint successivement professeur aux lycées de Douai, de Montpellier, de Bordeaux et à la Faculté des Lettres de cette ville. Il avait été reçu docteur ès lettres en 1872. Appelé à Paris, comme maître de conférences à l'Ecole normale supérieure, il fut mis à la retraite en août 1879.

M. Fouillée fut élu correspondant de l'Académie des Sciences morales le 4 mai 1872 et a été admis comme membre titulaire en 1893.

Il a publié : ses thèses de doctorat, *Platonis Hippias minor sive socratica contra liberum arbitrium argumenta* et la *Liberté et le déterminisme*, dont la seconde fut très commentée (1872); la *Philosophie de Platon* (1869, 2ᵉ éd. 1889); la *Philosophie de Socrate* (1874); *Histoire de la philosophie* (1875); *l'Idée moderne du droit en Allemagne, en Angleterre et en France* (1878, 3ᵉ éd. 1896); la *Science sociale contemporaine* (1880); *Critique des systèmes de morale contemporaine* (1883, 3ᵉ édit. 1898); *La propriété sociale et la démocratie* (1884); *l'Avenir de la métaphysique fondée sur l'expérience* (1889); *La morale, l'art et la religion, d'après Guyau* (1889, nouv. édit. 1897); *l'Evolutionisme des idées-forces* (1890); la *Psychologie des idées-forces* (1893); *l'Education au point de vue national*; *Descartes* (1894); *Tempérament et caractère* (1895); *Le mouvement idéaliste et la réaction contre la science*; *Le mouvement positiviste et la conception sociologique du Monde* (1896); *Psychologie du peuple français* (1898). Outre des éditions classiques de la *République*, de Cicéron; des *Mémoires*, de Xénophon; du *Manuel*, d'Epictète; de la *Théodicée*, de Leibniz; de la *Logique*, de Port-Royal, et un recueil d'*Extraits des grands philosophes* (1877, in-8º), il a aussi édité les écrits posthumes de Guyau (1889), et a collaboré à la *Revue des Deux-Mondes*, à la *Revue philosophique*, etc.

M. Fouillée a été décoré en 1870. Il est officier de la Légion d'honneur.

Mᵐᵉ FOUILLÉE, sous le pseudonyme de « G. Bruno », a publié « livres de lecture et d'instruction » pour les écoles, notamment *Francinet* et le *Tour de la France par deux enfants*, couronnés par l'Académie Française et qui ont eu de nombreuses éditions.

FOUQUÉ (Ferdinand-André)

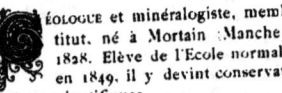

GÉOLOGUE et minéralogiste, membre de l'Institut, né à Mortain (Manche) le 21 juin 1828. Elève de l'Ecole normale supérieure en 1849, il y devint conservateur des collections scientifiques.

M. Fouqué fut nommé préparateur de M. Charles Sainte-Claire-Deville, maître de conférences à l'Ecole des hautes études, remplit plusieurs missions pour observer les phénomènes volcaniques des îles de l'Archipel et des îles Açores, soit seul, soit avec son maître, à qui il succéda, en 1877, comme professeur titulaire dans la chaire de géologie au Collège de France. Il a été élu, le 13 juin 1881, membre de l'Académie des sciences, en remplacement de Delesse.

M. Fouqué a écrit, dans les *Comptes-rendus de l'Académie des Sciences*, des mémoires sur les phénomènes chimiques des volcans, sur les gaz des sources de pétrole, sur les éruptions de l'Etna (1865), de Terceira, îles Açores (1868) et de Santorin; sur les tremblements de terre, etc. Il a exécuté une *Carte géologique du massif du Cantal* (1878, et une autre de Brioude (1881). Il a publié en librairie : *Introduction à l'étude des roches éruptives françaises*; *Minéralogie micrographique* 1879; *Santorin et ses éruptions* (1879); *Synthèse des minéraux et des roches* (1882); *Contribution à l'étude des feldspaths des roches volcaniques* (1898).

Ce savant a, de plus, donné dans la *Revue des Deux-Mondes*: les *Anciens volcans de la Grèce, souvenirs d'une excursion scientifique à l'isthme de Corinthe et dans les Cyclades* (1867); *Un Pompéi antéhistorique en Grèce, dans l'archipel Santorin* (1869); *Voyage géologique aux Açores* (1873); la *Reproduction artificielle des minéraux et des roches* (1883); les *Tremblements de terre* (1888), et plusieurs autres études dans le même ordre de sujets.

M. Fouqué est officier de la Légion d'honneur.

PARIS (Gaston-Bruno-Paulin)

ADMINISTRATEUR du Collège de France, membre de l'Institut, né à Avenay (Marne) le 9 août 1839. Fils de Paulin Paris, érudit, membre de l'Institut (1800-1881), il fit ses études classiques au collège Rollin, puis suivit les cours des Universités allemandes de Bonn (1856) et de Gœttingue (1858), où il étudia la philosophie classique et les langues romanes.

M. Gaston Paris entra à l'école des Chartes en 1858, suivit en même temps les cours de la Faculté de Droit et se fit recevoir docteur ès-lettres en 1865. Professeur de grammaire française aux cours libres de la rue Gerson, répétiteur, puis directeur des conférences de langues romanes à l'École pratique des hautes études, il suppléa son père, en 1866 et en 1869, au Collège de France et lui succéda, comme professeur titulaire, le 26 juillet 1872. Il est devenu administrateur de cet établissement en 1895, à la place de M. Gaston Boissier.

M. Gaston Paris avait été élu membre de l'Académie des Inscriptions et Belles-Lettres le 12 mai 1876, en remplacement de Guigniaut. En 1896, il a été admis à l'Académie française.

Les œuvres de M. Gaston Paris se font remarquer par une grande érudition jointe à un style élégant et à un goût parfait. Elles sont le complément ou le résumé de son enseignement. Ses principaux travaux publiés portent les titres suivants: *Étude sur le rôle de l'accent latin dans la langue française* (1862); *De Pseudo-Turpino* (1865, thèse latine de doctorat); *Histoire poétique de Charlemagne* (1866, thèse française, ouvrage auquel l'Académie des Inscriptions a décerné le prix Gobert); la *Vie de saint Alexis*, textes des XIe, XIIe, XIIIe et XIVe siècles (1872), qui lui valut une seconde fois le prix Gobert; *Dissertation critique sur le poème latin appelé Ligurinus* (1873); le *Petit Poucet et la Grande Ourse* (1875); les *Plus anciens Monuments de la langue française*, IXe et Xe siècles (1875); les *Contes orientaux dans la littérature française du moyen âge* (1875); les *Miracles de Nostre-Dame par personnages* (1876-1885); le *Mystère de la Passion*, d'Arnoul Gréban (1878); *Deux rédactions du roman des sept sages de Rome* (1879); *Aucassin et Nicolette*, chantefable du XIIe siècle (1879); le *Juif-Errant* (1880); la *Poésie du moyen âge*, leçons et lectures (1885); *Manuel d'ancien français*, la littérature au moyen âge, XIe et XIVe siècles (1888); le *Haut enseignement historique et philologique en France* (1894); *Récits des poètes et prosateurs du moyen âge*, mis en français moderne; *Étude sur le rôle de l'accent latin dans la langue française* (1896); *Jean, sire de Joinville*; l'*Anneau de la Morte*, histoire d'une légende (1897).

M. G. Paris a traduit en outre de l'allemand, avec MM. Brachet et Morel-Fatio, la *Grammaire des langues romanes*, de Frédéric Diez (1874-1878), inséré un certain nombre d'articles dans la *Bibliothèque de l'École des chartes* et autres recueils, et publié à part plusieurs *Leçons, Conférences*, etc. Il a été l'un des fondateurs de la *Revue critique* (1865), de la *Romania* (1872). Il a collaboré à la *Revue historique*, à la *Revue de Paris*, au *Journal des Savants*, au *Journal des Débats*, etc.

Membre associé ou correspondant de la plupart des académies d'Europe, membre et président de diverses sociétés savantes, il a été décoré de la Légion d'honneur en 1875, promu officier en 1886 et commandeur en 1896. Il est en outre officier de l'Instruction publique.

GEBHARDT (Nicolas-Émile)

LITTÉRATEUR et professeur, membre de l'Institut, né à Nancy le 19 juillet 1839. Il fit ses études au lycée de cette ville, fut élève de l'École française d'Athènes et se fit recevoir, en 1860, docteur ès-lettres.

Nommé professeur de littérature étrangère à la Faculté des Lettres de Nancy, puis à celle de Paris, professeur des littératures de l'Europe méridionale, chaire nouvelle, créée par décret du 31 décembre 1870, il a été élu membre de l'Académie des Sciences morales et politiques en 1895.

On doit à M. Émile Gebhardt, outre ses thèses de doctorat: *De Varia Ulyssis apud veteres poetas persona* et *Histoire du Sentiment poétique de la nature dans l'antiquité grecque et romaine* (1860), couronnée par l'Académie française; *Praxitèle, essai sur l'histoire de* l'art et du génie grecs, depuis l'époque de Périclès jusqu'à celle d'Alexandre (1864) ; *Essai sur la peinture de genre dans l'antiquité* (1869), deux ouvrages sur l'art ancien. Il a écrit aussi des études littéraires : *De l'Italie, essais de critique et d'histoire* (1876) ; *Rabelais, la Renaissance et la Réforme* (1877) ; les *Origines de la Renaissance en Italie* (1879), ces deux derniers couronnés par l'Académie française ; *Études méridionales : la Renaissance italienne et la philosophie de l'histoire* (1887) ; l'*Italie mystique* ; *Histoire de la Renaissance religieuse au moyen âge* (1890, 2ᵉ éd. 1893) ; *Autour d'une tiare, 1073-1085* (1894) ; *Rabelais* (1891) ; *Moines et papes* (1896-97) ; *Au son des cloches* (1898). Il a collaboré à la *Revue Bleue*, à la *Revue des Deux-Mondes*, à la *Revue de Paris*, au *Journal des Débats*, au *Temps*, etc.

Ce professeur est officier de la Légion d'honneur.

GAUDRY (Jean-Albert)

PALÉONTOLOGISTE, membre de l'Institut, né à Saint-Germain-en-Laye le 16 septembre 1827. Fils d'un avocat connu, mort en 1875, et petit-fils de Ph. Lebon, l'inventeur du gaz, il fit ses études au collège Stanislas, et obtint le diplôme de docteur ès-sciences en 1852.

M. Gaudry entreprit, en 1853, un voyage en Orient, chargé d'une mission par le Muséum et le ministère de l'Instruction publique. En 1855-56 et en 1860, il fit, sous les auspices de l'Académie des Sciences, d'intéressantes découvertes d'animaux fossiles, à Pikermi, dans l'Attique.

Il avait été nommé aide-naturaliste de paléontologie en 1852 ; il devint professeur de cette science le 8 juin 1872.

M. Albert Gaudry fut élu membre de l'Académie des Sciences, en remplacement de Sainte-Claire-Deville, le 16 janvier 1882. Il est associé des académies royale de Belgique, de Madrid, de Londres, de Bavière, de Rome, etc.

On doit à M. Albert Gaudry des études portant principalement sur l'évolution du monde animé dans les temps géologiques. Parmi ses publications, citons : *Recherches scientifiques en Orient* (1855) ; *Contemporanéité de l'espèce humaine et de diverses espèces animales aujourd'hui éteintes* (1861) ; *Géologie de l'île de Chypre* (1862) ; *Considérations générales sur les animaux fossiles de Pikermi* (1866) ; *Animaux fossiles et géologie de l'Attique* (1862-67) ; *Animaux fossiles du Mont Léberon* (1873), avec MM. Fischer et Tournouër : *Matériaux pour l'histoire des temps quaternaires* (1876-1888) ; les *Enchaînements du monde animal dans les temps géologiques : mammifères tertiaires, fossiles primaires, fossiles secondaires* (1878-1890) ; l'*Actinodon* (1887) ; les *Ancêtres de nos animaux dans les temps géologiques* (1888) ; le *Dryopithèque* (1890) ; les *Mastodontes* (1891) ; les *Pythonomorphes de France* (1892) ; l'*Éléphant de Durfort* (1894) ; *Essai de paléontologie philosophique* (1896).

Lauréat de la médaille Wollaston de la Société géologique de Londres, ce savant a été décoré de la Légion d'honneur le 5 août 1857 et promu officier le 9 juillet 1886.

DIEULAFOY (Georges)

MÉDECIN, membre de l'Académie de Médecine, né à Toulouse en 1840. Il suivit les cours de médecine à Paris, fut reçu docteur en 1869, avec une thèse sur la *Mort subite dans la fièvre typhoïde*, et agrégé avec une autre intitulée : *Des progrès réalisés par la physiologie expérimentale dans la connaissance des maladies du système nerveux*.

Médecin de l'hôpital Necker, puis de l'Hôtel-Dieu, M. Dieulafoy a été élu membre de l'Académie de Médecine en 1891.

Parmi les travaux publiés par le docteur Dieulafoy, on cite notamment : *Traité de l'aspiration des liquides morbides, méthode médico-chirurgicale de diagnostic et de traitement*, etc. (1873) ; *De la Thoracentèse par aspiration dans la pleurésie aiguë* (1878) ; *Manuel de pathologie interne* (1880-1890) ; *De l'artérite cérébrale syphilitique* (1893) ; *Clinique médicale de l'Hôtel-Dieu de Paris* (1896-97), etc.

M. le docteur Dieulafoy est officier de la Légion d'honneur.

DIEULAFOY (Marcel-Auguste)

INGÉNIEUR et archéologue, membre de l'Institut, né à Toulouse le 3 août 1844, frère du précédent. Il entra, en 1863, à l'École polytechnique, puis à celle des Ponts-et-Chaussées en 1865, et fut nommé ingénieur ordinaire de 3ᵉ classe en 1868. Envoyé d'abord en Algérie, puis attaché aux travaux de la ville de Toulouse, M. Dieulafoy se signala lors des inondations de la Garonne, en 1875, par son courage et son activité. Promu ingénieur de 1ʳᵉ classe le 1ᵉʳ juillet 1880. M. Dieulafoy, à ce moment, sollicita du gouvernement et obtint une mission archéologique en Perse ; il exécuta des fouilles qui amenèrent la découverte du palais de Darius et d'Artaxercès, ainsi que d'autres monuments. Nommé ingénieur en chef en 1883, il rentra en France en 1886. Les collections qu'il a rapportées de Suse ont été placées au Musée du Louvre, où elles occupent trois salles.

M. Dieulafoy a publié : l'*Art antique de la Perse, Achéménides, Parthes, Sassanides* (1884-1889); l'*Acropole de Suse*, d'après les fouilles exécutées de 1882 à 1886 (1890-93), le *Roi David* ; le *Château-Gaillard* ; la *Bataille de Muret* (1897).

Chevalier de la Légion d'honneur en 1875, après les inondations de Toulouse, il a été promu officier en 1894. Il a été reçu membre libre de l'Académie des Inscriptions et Belles-Lettres en 1895.

Sa femme, née Jane-Paule-Rachel MAGRE, à Toulouse, le 29 juin 1851, a accompagné M. Dieulafoy dans ses voyages et pris part à ses travaux. De retour en France, elle fut autorisée à porter en public le costume masculin auquel elle s'était habituée dans ses excursions.

M⁽ᵐᵉ⁾ Dieulafoy a publié les ouvrages suivants : *La Perse, la Chaldée et la Susiane, voyages effectués en 1883-1886* (1886), couronné par l'Académie française ; *A Suse* (1888); un roman historique, *Parysatis* (1890), couronné par l'Académie française ; *Rose d'Hatra* (1893); *Frère Pélage* (1895); *Déchéance*, roman moderne (1897); *Conférences sur la Perse antique, la Perse du Moyen-Age, les Tragiques grecs et les fouilles de Suse* (1896, 97, 98), etc.

M⁽ᵐᵉ⁾ Dieulafoy a été décorée de la Légion d'honneur en 1886.

LAVEDAN (Hubert-Léon)

ADMINISTRATEUR et publiciste, né à Tours en juin 1826. Il fit ses études au collège de Tours et, après avoir été quelque temps précepteur dans une famille, il devint, en 1848, rédacteur à la *France Centrale* de Blois, journal légitimiste. Il fonda en 1850, à Orléans, le *Moniteur du Loiret*, qui fut supprimé, huit ans plus tard, par l'Empire.

Venu à Paris en 1858, M. Lavedan collabora à l'*Ami de la Religion*, à la *Gazette de France*, puis au *Correspondant*, où, adversaire de l'Empire, il fut poursuivi pour ses écrits et condamné à un mois de prison (1864). Il envoyait, en outre, des correspondances à des journaux catholiques des départements et de l'étranger.

M. Lavedan suivit à Tours et à Bordeaux, après le 4 septembre 1870, la rédaction du journal le *Français*, dans lequel il fit une vive opposition à Gambetta.

Nommé par Thiers, en mars 1871, préfet de la Vienne, il passa, le 22 janvier 1874, dans la Loire-Inférieure ; le 10 septembre de la même année, il fut nommé administrateur général adjoint de la Bibliothèque Nationale, fonction qui fut supprimée en 1875.

Directeur du *Correspondant* au 16 mai 1877, le cabinet de Broglie le nomma directeur de la presse au ministère de l'Intérieur, et on lui attribue l'inspiration des attaques réitérées et passionnées contre les 363, que publia à ce moment le *Bulletin des communes*. Il rentra dans la vie privée à la chute du gouvernement de l'Ordre moral.

M. Lavedan, depuis, a longtemps donné une assidue collaboration politique au *Figaro*, sous le pseudonyme de « Philippe de Grandlieu. » Il a été créé comte romain par le pape Léon XIII et est chevalier de la Légion d'honneur depuis 1873.

LAVEDAN (Henri-Léon-Emile)

LITTÉRATEUR, fils du précédent, né à Orléans le 5 avril 1859. Ses études achevées aux lycées Louis-le-Grand et Fontanes, il s'adonna de suite aux lettres.

Les relations de son père ouvrirent de bonne heure à M. Henri Lavedan les portes des grands journaux parisiens ; dès ses débuts, il collabora à l'*Echo de Paris*, au *Gil Blas*, au *Figaro*, etc.

Les articles de cet écrivain, réunis et réimprimés en librairie sont généralement des peintures satiriques des mœurs du monde ou plutôt des divers mondes parisiens, assez bien observées et élégamment écrites. Ces volumes portent les titres suivants : *Mam'selle Vertu* ; *Lydie* ; *Reine Janvier* ; *Inconsolables* ; *Sire* ; *La Haute* ; *Nocturnes* ; *Petites Fêtes* (séries de chroniques parues de 1885 à 1892); le *Nouveau jeu* ; la *Critique du Prince d'Aurec* (1891) ; *Leur cœur* ; *Une cour* (1893); le *Lit* ; *Leur Beau Physique* (1894); le *Vieux Marcheur* ; les *Marionnettes* ; *Un peu de bonté* (1895); les *Petites Visites* ; *Leurs Sœurs* (1896); les *Deux Noblesses* ; les *Jeunes ou l'Espoir de la France* (1897), etc.

Auteur dramatique, M. Lavedan a fait représenter : *Une Famille*, com. 4 actes (Th. Fr. 1890, couronnée par l'Académie française); les *Descendants*, pièce refusée sous ce titre à la Comédie française, acceptée et jouée au Vaudeville avec succès sous celui de : le *Prince d'Aurec* (1892) ; la *Revue toute faite*, 3 actes, avec de nombreux collaborateurs (1893) ; *Catherine*, com. 3 actes (Comédie française, 1897) ; le *Nouveau Jeu*, com. 3 actes (Variétés, 1898).

M. Henri Lavedan est chevalier de la Légion d'honneur depuis 1893.

MÈNE (Edme-Édouard)

MÉDECIN, écrivain scientifique, né à Paris le 22 septembre 1833. Élève des professeurs Natalis Guillot, Monneret, Lenoir, Broca, Verneuil, Civiale, il fut reçu docteur de la faculté de Paris en 1859, avec une thèse *Sur la Sciatique et son traitement par les raies et pointes de feu*. Il est médecin de la Maison de santé des frères Saint-Jean-de-Dieu depuis 1873.

Ancien membre honoraire du conseil d'administration de la Société d'Acclimation, le Dʳ Mène a publié, dans le *Bulletin* de cette Société, un grand nombre de travaux ; à citer : *Des usages du Bambou en Chine* (1869) ; *Des produits végétaux de la Chine et en particulier du Bambou* (1869) ; *Études sur les productions végétales du Japon* (1880 à 1886), qui lui valurent, en 1882 et en 1886, les deux grandes médailles d'or de la Société. Il a fait paraître, en outre, un mémoire sur le *Bambou au Japon* (1880) et une notice sur le *Chrysanthème dans l'art japonais* (1886).

M. le Dʳ Mène compte parmi les plus célèbres et documentés collectionneurs d'objets d'art japonais et chinois du monde ; il en a formé un véritable musée, où on admire trente-six armures de princes, en fer repoussé, ciselé, incrusté et damasquiné d'or et d'argent, chefs-d'œuvres des artistes de la famille Miotchin, célèbres ciseleurs du Japon du XIIᵉ au XVIIIᵉ siècles ; une série de casques dont un porte la signature de Mouné Souké, le premier Miotchin, et la date de 1155 (XIIᵉ siècle) et un autre est signé Miotchin Nobou-i-yé et daté de 1545 (XVIᵉ siècle). Il a formé une magnifique collection de cinq mille gardes de sabre japonais, vrais bijoux en fer ciselé et incrustés d'or, d'argent, d'émaux translucides et de pierres dures, qu'il a classés par siècles, par artistes, par sujets, par légendes, dont il a déchiffré les signatures et qu'il a fait photographier en planches, reproduisant un grand nombre d'armoiries des familles princières et seigneuriales du Japon, ayant au verso toutes les indications de dates d'annoblissement, de lieu de résidence, etc.

Le Dʳ Mène a réuni aussi un grand nombre d'objets en fer, faits par les Miotchin, ainsi que plus de 500 pièces en laque d'or, des meubles incrustés de nacre, des ivoires, des bois sculptés, des anciennes porcelaines et aussi des émaux cloisonnés et des jades.

On annonce de lui des notices sur différents artistes japonais, d'un grand intérêt, notamment sur Kané-i-yé, le grand ciseleur de gardes de sabre du XVIᵉ siècle, et sur Miotchin Nobou-i-yé, le grand armurier du XVIᵉ siècle.

M. le Dʳ Mène est officier de la Légion d'honneur et de l'Instruction publique, commandeur des ordres du Trésor sacré du Japon, de Saint-Grégoire-le-Grand, du Saint-Sépulcre, de Danilo du Monténégro, etc.

VAPEREAU (Louis-Gustave)

ADMINISTRATEUR et écrivain, né à Orléans le 4 avril 1819. Fils d'un boulanger, il fit ses études classiques au petit séminaire, puis au collège de sa ville natale, et remporta, dans un concours entre tous les collèges de France, le prix d'honneur de philosophie. Entré, en 1838, à l'Ecole normale supérieure, il en sortit en 1841 ; fut, pendant l'année suivante, secrétaire de Victor Cousin ; devint, en province, professeur de philosophie en cette même année 1842 ; prit l'agrégation en 1843 et, mis en disponibilité en 1852, quitta l'Université.

A Paris, où il revint alors, M. Vapereau reprit et acheva son droit, et se fit inscrire au barreau en 1854 ; mais il n'exerça pas cette profession et s'adonna à des recherches historiques, documentaires et littéraires.

Après la chute de l'Empire, M. Vapereau fut nommé préfet du Cantal, le 14 septembre 1870 ; puis, le 26 mars 1871, préfet de Tarn-et-Garonne jusqu'en mars 1873. Il fut réintégré dans l'Université comme inspecteur général de l'instruction publique (enseignement primaire), le 23 janvier 1877, et fut mis à la retraite, par suppression d'emploi, en 1888, avec le titre d'inspecteur général honoraire.

M. Vapereau est l'auteur du *Dictionnaire universel des Contemporains*, 1858, 2ᵉ éd. 1861, 3ᵉ 1868, 4ᵉ 1870, 5ᵉ 1880, 6ᵉ 1893, Supplément 1895, œuvre considérable et d'une utilité incontestable, dans laquelle sont rassemblés, en 7,000 notices environ sur toutes les notabilités du monde, de précieux documents pour l'histoire générale de ce siècle. Il a aussi dirigé la rédaction du *Dictionnaire universel des Littératures* (1876), répertoire plus spécial et très complet de bibliographie littéraire. Il a publié, sous le titre de l'*Année littéraire et dramatique* (1859-1869), une revue annuelle des principales productions de la littérature française. On connaît encore de lui : *Eléments d'histoire de la littérature française* (2 vol., 1883-1884); des éditions annotées du *Discours de la méthode* de Descartes, et de trois comédies de Molière : les *Précieuses ridicules*, le *Bourgeois gentilhomme* et les *Femmes savantes*; des études sur la *Colonie de Mettray*, le *Divorce*, la *Réforme pénitentiaire*, dans la *Liberté de penser* (1847-1849); des articles de droit et de philosophie dans le *Dictionnaire des sciences philosophiques*; d'autres dans l'*Encyclopédie générale*, l'*Encyclopédie pédagogique*, la *Revue de l'Instruction publique*, la *Revue française*, *Manuel général de l'Instruction primaire*, etc., publiés sous son nom ou sous les pseudonymes de « Adrien Tell » et « G.-M. Valtour ». On cite, sous ce dernier nom, l'*Homme et la Vie*, notes et impressions (1896).

Cet écrivain est chevalier de la Légion d'honneur depuis le 7 février 1878.

FOURNIER (Jean-Alfred)

MÉDECIN, membre de l'Académie de Médecine, né à Paris le 12 mai 1832. Il étudia la médecine sous la direction de Ricord, fut reçu docteur en 1860 et agrégé de la Faculté en 1863.

Attaché à l'Hôtel-Dieu, puis à l'hôpital de Lourcine, M. le docteur Fournier devint médecin en chef de cet hôpital, d'où il passa à Saint-Louis.

Le 11 décembre 1879, il fut nommé professeur des maladies cutanées et syphilitiques, chaire créée pour lui, et a été élu membre de l'Académie de Médecine le 23 décembre 1880.

Les travaux de M. le docteur Fournier ont pour objet principal les maladies vénériennes, leur siège, leurs effets, leur contagion. Il a publié les *Leçons sur le chancre*, du D' Ricord (1858); puis il a traduit les anciens traités relatifs à l'objet de ses études, tels que le poème célèbre de Frascator : *Syphilis* (1869), le *Nouveau carême de pénitence et purgatoire d'expiation*, par Jacques de Béthencourt, publié en 1527 (1871), le *Mal français*, de Jean Vigo (1872), etc. Il a ensuite écrit : *Des glossites tertiaires* (1877); la *Syphilis du cerveau* (1879); *Syphilis et mariage* (1880);

Leçons cliniques sur la syphilis (1881); *De l'Ataxie locomotrice d'origine syphilitique* (1882, in-8); *Leçons sur la période prataxique du tabès d'origine syphilitique* (1885); *Leçons sur la syphilis vaccinale* (1889); *Des syphilides secondaires malignes* (1893); *Affections parasyphilitiques*; *Traitement de la syphilis* (1894); *Syphilis et paralysie générale* (1895; les *Chancres extra-génitaux* (1898), etc.

M. le docteur Fournier est officier de la Légion d'honneur depuis le 23 décembre 1886.

DUCHESNE (Louis-Marie-Olivier)

ARCHÉOLOGUE, prêtre catholique, membre de l'Institut, né à Saint-Servan (Ille-et-Vilaine) le 13 septembre 1843. Ordonné prêtre et reçu docteur ès lettres en 1877, avec une thèse latine : *De Macario magnete et scriptis ejus*, et une thèse française : *Etude sur le « Liber pontificalis »*, il devint maître de conférences à l'Ecole des hautes études, puis professeur d'archéologie et d'histoire du christianisme à l'Institut catholique de Paris. Il a été membre des écoles françaises d'Athènes et de Rome et est chanoine honoraire du chapitre de Saint-Brieuc. Il a été chargé de missions au Mont-Athos, à Salonique et à Palmos en 1874, et dans le Sud de l'Asie-Mineure en 1876.

M. l'abbé Duchesne est, depuis 1888, membre de l'Académie des Inscriptions et Belles-Lettres, où il a remplacé Bergaigne.

Il s'est fait connaître par des travaux publiés sous les titres suivants : *Mémoire sur une mission au Mont-Athos*, suivi d'un *Mémoire sur un Ambon conservé à Salonique*; la *Représentation des mages en Orient et en Occident durant les premiers siècles* (1877); *De codicibus mss græcis Pii II in bibliotheca Alexandro-Vaticana* (1879); *Vita S. Polycarpi auctore Pionio* (1881); la *Crypte de Mellebaude à les prétendus martyrs de Poitiers* (1885); *Etude sur la liturgie latine avant Charlemagne* (1889); les *Anciens Catalogues épiscopaux de la ville de Tours* (1890); une édition du *Liber pontificalis*, texte et commentaires (1884-1892); *Fastes épiscopaux de l'ancienne Gaule*; *Vie de Ste Geneviève* (1893); *Nennius retractatus* (1894); *Autonomies ecclésiastiques, Eglises séparées* (1896); *Origines du culte chrétien* (1897). Il a, en outre, écrit dans la *Revue archéologique*, la *Revue des Questions historiques*, la *Revue Poitevine* et autres recueils.

FABRE (Amant-Joseph)

SÉNATEUR, professeur, écrivain, né à Rodez le 10 décembre 1842. Ses études faites au lycée de sa ville natale, il prit la licence ès lettres à Toulouse et fut successivement nommé professeur de troisième, de seconde et de philosophie aux collèges de Millau, de Figeac, d'Auxerre et de Toulon ; agrégé de philosophie en 1867, il fut envoyé, l'année suivante, au lycée de Caen.

En 1871, sur le rapport d'un inspecteur général, M. Joseph Fabre dût quitter l'Université ; mais il put s'y faire réintégrer et se vit, en 1872, chargé du cours de philosophie à la Faculté des Lettres de Bordeaux ; révoqué et mis en non-activité par M. de Cumont, en octobre 1874, il fut nommé, un an plus tard, par M. Wallon, suppléant du cours de philosophie au lycée Louis-le-Grand et devint, en 1876, titulaire au lycée Saint-Louis.

M. Joseph Fabre posa sa candidature aux élections législatives du 14 octobre 1877, comme républicain, dans la 2ᵉ circonscription de Rodez et échoua, avec 1,594 voix, contre 6,186 données à M. Roques, député sortant et candidat officiel. Plus heureux au renouvellement de 1881, il se fit élire, dans la 1ʳᵉ circonscription de la même ville, par 6,072 voix, contre 5,144 données à M. Azemar, candidat bonapartiste et député sortant.

A la Chambre, le député de Rodez siégea à la Gauche radicale et à l'Union républicaine. Il prit une part active aux travaux parlementaires et intervint notamment dans les discussions sur le scrutin de liste, sur la révision des lois constitutionnelles, sur les mesures contre les membres des familles ayant régné en France, sur l'enseignement public et privé, etc. Dès cette époque, il proposa l'institution d'une fête nationale en l'honneur de Jeanne-d'Arc, qui n'aboutit pas alors (1884).

Lors des élections du 25 janvier 1885 pour le renouvellement triennal du Sénat, M. Joseph Fabre se présenta dans son département ; mais la liste républicaine, sur laquelle il était porté, échoua, et il ne réunit que 272 voix sur 842 votants. Au renouvellement législatif, du 4 octobre 1885, fait au scrutin plural, inscrit d'abord sur la liste du comité républicain, il retira sa candidature.

Aux élections sénatoriales de 1894, il fut élu dans l'Aveyron, le dernier de la liste républicaine, par 471 voix sur 798 votants. Au Sénat, il reprit son projet de fête nationale en l'honneur de Jeanne d'Arc, en fut rapporteur et y intéressa le Sénat (1898).

M. Joseph Fabre a publié : *Cours de philosophie*, suivi de *Notions d'histoire de la philosophie* (1870) ; *Notions de philosophie* (1874), ouvrage qui attira sur lui les rigueurs administratives ; *Histoire de la philosophie* (1877-1881). Il a écrit, en outre, plusieurs volumes d'éducation civique, sous les titres : *École de l'homme et du citoyen* (1881 et suiv.) ; *Washington libérateur de l'Amérique* (1882) ; *Jeanne d'Arc libératrice de la France* (1883, nouv. édit. 1894). Il a consacré à la même héroïne : *Procès de condamnation de Jeanne d'Arc, d'après les textes authentiques des procès-verbaux officiels* (1884) ; *Procès et réhabilitation de Jeanne d'Arc*, raconté et traduit d'après les textes latins officiels (1888) ; le *Mois de Jeanne d'Arc* (1892). M. J. Fabre a en outre composé et fait jouer le drame historique de *Jeanne d'Arc*, en cinq actes avec prologue (1890). On lui doit encore : *Jésus*, mystère (1892) ; *Jeanne d'Arc*, drame en 3 parties (1895), etc.

L'Académie française lui a décerné le prix Guizot en 1892.

RICHEPIN (Jean)

POÈTE, auteur dramatique et romancier, né le 4 février 1849 à Médéah (Algérie). Fils d'un médecin militaire originaire de l'Aisne, il fit ses classes à Paris, aux lycées Napoléon et Charlemagne. M. Richepin commença ensuite, sous la direction de son père, des études médicales qu'il abandonna pour entrer à l'École normale supérieure, dans la section des lettres en 1868.

Pendant la guerre de 1870, rédacteur en chef de l'*Est*, journal de Franche-Comté, il s'engagea dans les francs-tireurs de l'armée de Bourbaki. Après la paix, il collabora au *Mot d'Ordre*, au *Corsaire* et publia dans la *Vérité* : les *Étapes d'un réfractaire : Jules Vallès*, qui parurent ensuite en volume 1872. La même année, il fit représenter au théâtre de la Tour-d'Auvergne, où il joua lui-même : l'*Étoile*, pièce écrite en collaboration avec André Gill. A cette même époque, il composa la *Chanson des Gueux*, qui, sur la dénonciation du *Charivari*, lui valut un mois de prison et 500 francs d'amende. En prison, il écrivit les *Morts bizarres*, puis à sa sortie, tombé, dit-on, dans une grande gêne, il s'engagea comme matelot et fut même débardeur à Bordeaux. Rentré à

Paris, il devint rédacteur au *Gil Blas*, et se consacra tout entier aux lettres.

L'œuvre de M. Richepin est considérable ; il a donné dans les journaux un très grand nombre de chroniques littéraires, publié une suite importante de volumes, vers ou prose, et fait représenter plusieurs pièces de théâtre. Poète impeccable, styliste de grande valeur, il est l'un des représentants les plus « avancés » de l'école naturaliste, de laquelle il s'est appliqué à exagérer encore les effets, allant dans la crudité des expressions et la licence des sujets au-delà des limites les plus reculées. Les hardiesses de cet écrivain, blâmées par beaucoup, applaudies par d'autres, ont contribué à mettre son nom en vive lumière et son talent incontesté l'y a maintenu.

Citons, parmi ses poésies : la *Chanson des Gueux*, son premier recueil, paru en 1876, suivi de nombreuses éditions, les unes avec, les autres sans les morceaux qui avaient fait condamner l'auteur. Dans celle de 1881, l'auteur, défendant son œuvre, dit que « la crudité de son style est peut-être inutile et répugnante, mais non immorale. » Vinrent ensuite : les *Caresses* (1877), œuvre très diversement appréciée, excentrique en somme ; les *Blasphèmes* (1884), recueil de poèmes philosophiques où l'auteur déclare être allé « plus loin qu'on ne le fit jamais dans la franche expression de l'hypothèse matérialiste ; » la *Mer* (1886) ; *Mes Paradis* (1894).

Les romans de M. Richepin, écrits dans le même genre de style audacieux et personnel, portent les titres suivants : *Madame André* (1874) ; les *Morts bizarres*, titre déjà cité (1877) ; la *Glu* (1881), dont il devait tirer un de ses drames ; *Miarka la fille à l'ours*, curieuse évocation de la vie bohémienne ; le *Pavé, paysages et coins de rues* (1883) ; *Sophie Monnier*, maîtresse de Mirabeau (1884) ; *Césarine* ; *Braves gens*, roman parisien (1888) ; le *Cadet* ; *Truandailles* (1890) ; la *Miseloque*, choses et gens de théâtre (1892) ; l'*Aimé* (1893) ; *Flamboche* (1895) ; les *Grandes Amoureuses* ; les *Etapes d'un réfractaire* (nouv. édit. 1896).

Au théâtre, il a fait représenter : la *Glu*, drame en cinq actes (Ambigu 1883, tiré de son roman ; *Nana Sahib*, drame en 5 actes et en vers (Porte-Saint-Martin, 1882), où l'auteur joua lui-même ; *Macbeth*, drame en 9 tabl. en prose (même théâtre, 1884) ; *Monsieur Scapin*, coméd. 3 actes, en vers (1886) ; le *Flibustier*, com. dramatique en 3 actes et en vers (1888) ; *Par le Glaive*, drame en 5 actes et en vers (1892), ces trois dernières pièces à la Comédie française ; le *Mage*, opéra de Massenet (Opéra, 1892) ; *Vers la joie* (Com. Franç. 1894) ; le *Chien de Garde*, dr. 5 a. (Menus-Plaisirs, avec l'acteur Tailhade dans le principal rôle) ; le *Chemineau*, drame en 5 actes, en vers, qui obtint un grand succès (Odéon, 1897) ; la *Martyre*, drame antique en 5 actes et en vers (Com. franç. 1898). Il a publié aussi un livre intitulé : *Théâtre chimérique*, 27 actes en prose et en vers (1896).

VIBERT (Jehan-Georges)

Peintre, graveur, littérateur, né à Paris le 30 septembre 1840. Il étudia d'abord la gravure, puis la peinture, sous la direction de MM. Barrias et Picot, et débuta au Salon de 1863, par deux tableaux de genre : la *Sieste* et *Repentir*.

M. Vibert, peu connu comme graveur, est célèbre comme aquarelliste et peintre ; ses œuvres se font remarquer par une grande science du coloris : les plus connues sont : *Narcisse changé en fleur* ; *Insouciance* (1864) ; *Martyrs chrétiens dans la fosse aux lions* ; le *Mouton mort* (1865) ; *Daphnis et Chloé* ; *Entrée de toreros*, peinte en collaboration avec M. Zamacoïs ; un *Cabaret à Tolède*, dessin ; *Porteur d'eau*, aquarelle (1866) ; l'*Appel après le pillage* ; la *Tentation*, et deux aquarelles : *Savetier ambulant*, *Don Quichotte* (1867) ; *Barbier ambulant* (Espagne) ; le *Couvent sous les armes* (Espagne, 1811) et diverses aquarelles (1868) ; le *Retour de la dîme* ; le *Matin de la noce* et deux aquarelles : *Arlequin chez l'avocat* ; le *Fripier* (1869) ; *Gulliver* ; l'*Importun* (1870) ; le *Départ des mariés* ; le *Premier né* (1873) ; la *Réprimande* ; *Moine cueillant des radis* ; *M. Coquelin aîné dans le rôle de Mascarille* (1874) ; la *Cigale et la Fourmi* ; le *Repos du peintre* (1875) ; l'*Antichambre de Monseigneur* (1876) ; le *Nouveau commis* ; la *Sérénade* (1877) ; *Apothéose de M. Thiers* (1878), toile de vastes proportions qui, d'abord acquise par l'Etat pour le Luxembourg, fut placée à la Chambre, puis alla au musée de Versailles ; l'*Arrivée* (1886) ; le *Malade imaginaire* (1890) ; le *Cordon bleu* (1891) ; le *Désespoir de Polichinelle* et le *Médecin malade*, toile qui fut lacérée par une main inconnue (1892).

Membre fondateur et président de la Société des Aquarellistes français, il a envoyé de nombreuses aquarelles aux expositions de cette association.

On dit que cet artiste, doublé d'un chimiste,

fabrique lui-même ses couleurs et on prétend que ses procédés, meilleurs que ceux de l'industrie moderne, assurent à la vivacité et à la netteté des tons de ses toiles, une durée plus longue qu'à la généralité des œuvres peintes de notre temps.

Ce peintre a écrit, pour le théâtre, quelques saynètes et monologues : la *Tribune mécanique* (Palais-Royal, mai 1872) ; les *Chapeaux*, conférence faite par Berthelier(Variétés, 1874 et publiée en brochure, avec dessins de l'auteur); les *Portraits*, autre conférence faite également par Berthelier (1875) ; le *Verglas*, comédie en un acte (Vaudeville, 1876) ; *Chanteuse par amour*, opérette, avec M. R. Toché (Variétés, 1877). Il a aussi publié en volume : la *Science de la peinture* (1891).

M. Georges Vibert a obtenu trois médailles, en 1864, 1867 et 1868 et une médaille de 3ᵉ classe à l'Exposition universelle de 1878. Décoré de la Légion d'honneur en 1870, pour sa peinture et non pour faits de guerre, comme le dit par erreur M. Vapereau, dans son *Dictionnaire des contemporains*, il a été promu officier le 18 février 1882.

THÉVENET (Marius)

Sénateur, ancien ministre, né à Lyon en 1845. Avocat dans cette ville, il y devint conseiller municipal, puis membre et président du Conseil général du département.

En 1883, M. Thévenet se présenta dans la 6ᵉ circonscription de Lyon, comme candidat opportuniste, au siège de député rendu vacant par la démission de M. Varambon ; il échoua, le 20 mai, avec 4,680 voix, contre 5,071 données au candidat radical, M. Monteillet. Inscrit sur la liste de l'Union républicaine dans le Rhône, aux élections du 4 octobre 1885, faites au scrutin départemental, il fut élu au scrutin de ballottage, le sixième sur onze, par 86,672 voix sur 136,052 votants.

A la Chambre, le député du Rhône fit partie de plusieurs commissions, déposa et soutint une proposition relative à la législation concernant les faillites, et prit une large part aux débats parlementaires.

Appelé, dans le second cabinet Tirard, au ministère de la Justice et des Cultes (22 février 1889), il fit diriger des poursuites contre le comité directeur de la Ligue des patriotes et demanda à la Chambre l'autorisation de poursuivre aussi le général Boulanger devant la Haute-Cour. Le procureur général près la Cour de Paris, M. Camille Bouchez, ayant refusé de signer le réquisitoire rédigé à cet effet par le garde des sceaux, M. Thévenet lui demanda sa démission ; ce magistrat refusa de la donner ; le garde des sceaux le révoqua et le remplaça par M. Quesnay de Beaurepaire. Il eut plusieurs fois à soutenir et défendre devant les Chambres les agissements du ministère public et dût invoquer les nécessités politiques pour justifier l'attitude du pouvoir judiciaire en cette affaire.

Pendant son ministère eurent lieu les élections générales du 22 septembre 1889, au scrutin uninominal. M. Thévenet se fit élire dans la 2ᵉ circonscription de Lyon, au lieu de la 6ᵉ, avec 5,121 voix, contre 2,823 données à M. Robert Boubée, candidat monarchiste, et 1,159 à M. Farjat, socialiste-révisionniste. Il donna sa démission de garde des sceaux avec le cabinet Tirard, le 17 mars 1890.

Après le décès de M. Testelin, M. Thévenet fut présenté au siège sénatorial rendu vacant dans le Rhône et élu au second tour, par 448 voix sur 737 votants, en janvier 1892.

Le sénateur du Rhône siège à la gauche de la Chambre haute. Il y a pris plusieurs fois la parole, dans les questions juridiques notamment. Il fut du nombre des membres du Parlement poursuivis, le 20 décembre 1892, à l'occasion des affaires de Panama et fit rendre en sa faveur une ordonnance de non-lieu (7 février 1893). Depuis, M. Thévenet a été rapporteur de la loi sur les sociétés anonymes (1893) et de celle relative aux accidents de travail (1896 et 1898) ; il appuya au Sénat, avec ses collègues, MM. Scheurer-Kestner et Trarieux, la campagne menée en faveur de la révision du procès du capitaine Dreyfus (1898), etc.

ROCHEGROSSE (Georges-Antoine-Marie)

Peintre et dessinateur, né à Versailles le 2 août 1859. Elève, à l'Ecole des Beaux-Arts, de Lefebvre et de Boulanger, il échoua pour le prix de Rome en 1880 et 1882 et débuta au Salon de cette dernière année, avec une toile : *Vitellius traîné dans les rues de Rome par la populace*.

On a vu depuis de M. Rochegrosse : *Andromaque* (1883), épisode de la prise de Troie, tableau remarquable qui fit de suite la réputation de l'artiste ; *Noir et Rose*, aquarelle (1884) ; la *Jacquerie* (1885) ; la *Folie du roi Nabuchodonosor* (1886), avec 5,121 voix ; la *Curée* ; *Salomé devant le roi Hérode* (1887) ; « *Japon chez soi* », pastel (1888) ; le *Bal des Ardents*, épisode du règne de

Charles VI; *Tannhauser au Vénusberg* (1889); *Combat de cailles*; *Nouvelle arrivée au Harem*, XVIIIe dynastie (1890); la *Mort de Babylone* (1891), tableau de grandes dimensions, l'une des œuvres les plus connues et aussi les plus discutées de l'auteur; *Pillage d'une villa gallo-romaine par les Huns* (1893); le *Chevalier aux fleurs* (1894, depuis au Luxembourg); *Babil d'oiseaux* (1895); *Angoisse humaine*, œuvre d'une belle conception; les *Maîtres chanteurs*, scène du quintette (1896); le *Chant des Muses éveille l'âme humaine*, décoration pour la Sorbonne, toile d'un symbolisme un peu obscur (1898).

La peinture de cet artiste se fait remarquer par ses qualités de modelé, de coloris et de facture. Comme illustrateur, on cite ses dessins pour les œuvres de V. Hugo: l'*Homme qui rit, Han d'Islande*; de Flaubert, *Hérodias, Salammbô*, etc., et pour diverses revues, magazines et journaux illustrés.

M. Georges Rochegrosse a épousé une fille de Théodore de Banville.

Cet excellent peintre a obtenu une médaille de 3e classe dès 1882, une de 2e classe et le prix du Salon en 1883, et une médaille de bronze à l'Exposition universelle de 1889. Il est chevalier de la Légion d'honneur depuis 1892.

OHNET (Georges)

ROMANCIER et auteur dramatique, né à Paris le 3 avril 1848. Fils d'un architecte, il fut reçu licencié en droit et avocat. Il abandonna le barreau, après la guerre de 1870, pour faire du journalisme politique, comme rédacteur au *Pays*, puis au *Constitutionnel*, journaux conservateurs.

M. Georges Ohnet a publié sous le titre: *Batailles de la vie*, des romans parus d'abord dans le *Figaro*, dans l'*Illustration* ou dans la *Revue des Deux-Mondes* et en librairie ensuite, intitulés: *Serge Panine* (1881), ouvrage couronné par l'Académie française; le *Maître de Forges* (1882), un des plus vifs succès de l'auteur qui fut, à son propos, accusé de plagiat; la *Comtesse Sarah* (1883); *Lise Fleuron* (1884); la *Grande Marnière* (1885); les *Dames de Croix-Mort* (1886); *Volonté* (1888); le *Docteur Rameau* (1889); *Dernier amour* (même année); *Dette de haine* (1891); le *Lendemain des amours* (1893); le *Droit de l'enfant*; *Vieilles rancunes* (1894); l'*Inutile richesse* (1896); le *Curé de Favières* (1897); le *Roi de Paris* (1898). On cite encore de lui d'autres romans: *Noir et rose* (1887); l'*Ame de Pierre* (1890); *Nemrod et Cie* (1892); la *Dame en gris* (1895); la *Fille du député* (1896).

Les œuvres de cet écrivain ont, presque toujours, été bien accueillies du public; certaines, même, ont connu des succès peu communs; mais M. Georges Ohnet n'a pas trouvé la même faveur devant la critique, qui l'attaqua souvent avec une violence passionnée, l'accusant de plagiat, lui reprochant la banalité de ses idées et la platitude de son style. Il faut reconnaître, cependant, qu'à défaut d'une haute portée philosophique, les sujets traités par M. Ohnet sont toujours clairement exposés et développés, d'une moralité et d'une honnêteté parfaites.

Au théâtre, M. Georges Ohnet a fait représenter: *Regina Sarpi*, drame, avec M. Denayrouse (1875); *Marthe*, com. 4 a. (1877); puis des pièces tirées de ses romans: *Serge Panine*, pièce en 5 actes (1881); le *Maître de Forges* (Gymn. 1883, pièce en 4 ac.); la *Comtesse Sarah*, pièce en 5 actes (1887); la *Grande Marnière*, drame en 5 actes et 8 tableaux (Porte-St-Martin, 1888), qui renouvela le succès du *Maître de Forges*; *Dernier amour*, pièce en 4 actes (Gymnase, 1890); le *Colonel Roquebrune*, dr. 5 a. (Porte-St-Martin, 1897).

M. Georges Ohnet a été décoré de la Légion d'honneur le 8 juillet 1885.

TIRMAN (Louis)

ADMINISTRATEUR, sénateur, ancien gouverneur général d'Algérie, né à Mézières le 29 juillet 1837. Il fut, après le 4 septembre 1870, nommé secrétaire général, puis préfet des Ardennes (6 avril 1871). Révoqué au 24 mai 1873, il devint, en 1876, préfet du Puy-de-Dôme; fut l'objet d'une seconde révocation, au 16 mai 1877 et réintégré, de nouveau, après la chute du ministère Broglie, comme préfet des Bouches-du-Rhône, le 29 décembre 1877.

Nommé, en 1879, conseiller d'Etat, M. Tirman succéda à M. Albert Grévy, comme gouverneur général de l'Algérie, en novembre 1881. En cette qualité, il fut plusieurs fois appelé à défendre son administration et surtout son budget devant les Chambres et prit part aux discussions parlementaires sur les questions algériennes, en qualité de commissaire du gouvernement. En avril 1891, il fut remplacé par M. Cambon et rentra en France.

M. Tirman sollicita alors un mandat législatif,

Propriétaire dans les Ardennes, membre du Conseil général pour le canton d'Attigny et président de cette Assemblée, il posa sa candidature dans ce département, à une élection sénatoriale partielle, causée par le décès de M. Péronne et fut élu, le 18 décembre 1892, par 478 voix sur 856 votants. Il a été réélu, au renouvellement général de 1894, par 652 voix sur 851 votants.

Au Luxembourg, le sénateur des Ardennes siège à la Gauche républicaine. Il est intervenu, en 1894, dans la discussion sur la propriété foncière en Algérie.

M. Tirman a été choisi comme président du Conseil d'administration de la Cie des Chemins de fer P.-L.-M., en 1896.

Officier de la Légion d'honneur le 29 décembre 1881, commandeur le 9 juillet 1883, grand-officier le 20 juillet 1885, il est grand-croix depuis le 18 avril 1891.

ROTY (Louis-Oscar)

Sculpteur et graveur en médailles, membre de l'Institut, né à Paris le 12 juin 1846. Elève, à l'Ecole des Beaux-Arts, d'Augustin Dumont et de Ponscarme, il obtint, en 1872, le deuxième second grand-prix de Rome et le grand-prix en 1875, avec un sujet de médaille représentant un *Berger cherchant à lire l'inscription gravée sur un des rochers du passage des Thermopyles*. Il avait déjà paru, au Salon de 1873, avec *Amour piqué* et, à celui de 1874, avec une *Médaille commémorative du dévouement des frères de la doctrine chrétienne, pendant la guerra de 1870-71*. Il envoya, de Rome : *Vénus et l'Amour ; Jeunesse ; Tête antique* et *Fragment d'une fresque de Pinturicchio*.

On cite, parmi les œuvres de M. Roty, vues depuis : *Vénus caresse l'Amour*, médaillon (1878) ; *Étude, pierre gravée* (1879) ; médaille de *Récompense pour les apprentis de l'imprimerie Chaix* (1881) ; le *Vicomte Delaborde* ; *Faune et Faunesse* (1882) ; médaille commémorative de l'*Exposition internationale de l'électricité ; Effigie de la République* (1883) ; *M. Boulay*, président de l'Académie des Sciences ; l'*Immortalité*, revers de la médaille de *Victor Hugo* (1885) ; médaille commémorative du *Centenaire de M. Chevreul* ; médaille commémorative de la *Loi sur l'enseignement secondaire des jeunes filles* (1886) ; médaille commémorative de l'*Inauguration du chemin de fer d'Alger à Constan-* *tine* ; médaille offerte à Mme *Boucicaut* par ses employés ; médaille de *Récompense pour actes de dévouement des pompiers* (1887) ; médaille commémorative de la *Résistance de M. Madier de Montjau au Coup d'Etat* (1888) ; *Fortuna*, plaque de bronze (1889) ; médaille de l'*Association française pour l'avancement des sciences* ; médaille de *Sir John Pope Hennessy* ; le *Centenaire de 1889*, épreuve en argent ; les médailles de *Mounet-Sully*, du *Club alpin français* et de l'*Union franco-américaine* (1891) ; la médaille du *Soixante-dixième anniversaire de M. L. Pasteur* ; *Maternité*, médaille de naissance et six *Plaquettes*, sujets divers (1893).

On connaît encore de cet artiste, que l'on se plaît à regarder comme l'un des plus éminents graveurs de notre temps, en dehors des Salons, beaucoup de médaillons-portraits, aux initiales, exécutés pour des particuliers, et de médailles commémoratives. Il a gravé, en outre, la pièce de 50 centimes française, mise en circulation en 1897 et 1898.

Elu membre de l'Académie des Beaux-Arts, en 1888, après le décès de Bertinot, M. Roty a obtenu une médaille de 3e classe en 1873, une de 2e classe en 1882, une médaille de 1re classe en 1885 et le grand-prix à l'Exposition universelle de 1889. Décoré de la Légion d'honneur en 1885, il a été promu officier le 29 octobre 1889.

ROCHEFORT (Victor-Henri Marquis de ROCHEFORT-LUÇAY, dit Henri)

Publiciste, vaudevilliste et homme politique, né à Paris le 30 janvier 1831. Son père, le marquis Claude-Louis-Marie de Rochefort-Luçay, s'était fait connaître comme vaudevilliste, sous le nom d'Edmond Rochefort.

Il fit ses classes au lycée Saint-Louis. Plusieurs biographes ont raconté qu'il y avait composé une pièce de vers à la Sainte-Vierge ; la vérité est qu'il fit simplement une poésie adressée à l'archevêque de Paris, à l'occasion d'une visite de ce prélat au lycée, pour appeler sa pitié sur les deux fils de l'assassin du général Bréa, ses condisciples dans l'établissement.

M. Henri Rochefort commença ses études médicales qu'il n'acheva pas : puis il donna des leçons de latin et entra, le 1er janvier 1851, dans l'administration municipale de la Seine comme expéditionnaire. Il devint sous-inspecteur des Beaux-Arts de la Ville de Paris et mit fin à sa carrière administrative en démissionnant de ce poste en 1861.

Dès 1858, M. Henri Rochefort s'était essayé dans la littérature en écrivant, pour le compte et sous le nom d'Eug. de Mirecourt, un roman historique, la *Marquise de Courcelles*, et en collaborant à la seconde édition du *Dictionnaire de la Conversation*. La même année, il fonda, avec Jules Vallès, la *Chronique parisienne*, feuille littéraire et artistique, qui vécut peu de temps; puis il donna dans divers journaux des comptes-rendus de théâtre et collabora assidûment au *Charivari*. En 1863, il suivit M. Aurélien Scholl au *Nain Jaune;* il collabora ensuite au *Figaro* hebdomadaire, au *Soleil*, à l'*Evènement* de Villemessant et entra au *Figaro* quotidien, où son talent contribua au succès du journal.

Dans le même temps, M. Rochefort écrivait aussi pour le théâtre. Il a fait représenter : *Un Monsieur bien mis*, vaudeville en un acte (Folies-Dram., 1856), avec M. Commerson; *Je suis mon fils*, comédie-vaudeville en un acte (Pal.-Roy., 1860), avec M. Varin; le *Petit Cousin*, opérette en un acte (Bouffes, 1860), avec M. Deulin; les *Roueries d'une ingénue*, comédie en trois actes (Vaud., 1861); *Une Martingale*, vaudeville en un acte (Var., 1862), avec MM. Clairville et Cham; *Un Premier avril*, opérette en un acte (Bouffes, 1862), avec M. Adrien Marx; les *Bienfaits de Champavert*, comédie-vaudeville en un acte (Délas.-Com., 1862); *Un Homme du Sud*, vaudeville en un acte (Pal.-Roy., 1862), avec M. Albert Wolf, folie suggérée par la question américaine; *Nos petites faiblesses*, vaudeville en deux actes (Var., 1862); les *Secrets du grand Albert*, comédie-vaudeville en deux actes (Var., 1863), avec M. Eug. Grangé; *Sortir seule !* comédie en trois actes (Gym., 1863), avec le même; les *Mystères de l'Hôtel des Ventes*, comédie-vaudeville en trois actes (Pal.-Roy., 1863), avec M. Albert Wolf; la *Vieillesse de Brididi*, vaudeville en un acte (Var., 1864), avec A. Choler; les *Mémoires de Réséda* (Pal.-Roy., 1865), avec Ern. Blum et Albert Wolf; la *Tribu des Rousses*, vaudeville en un acte (même théâtre, 1865), avec M. P. Véron; la *Foire aux grotesques*, courrier de Paris en deux feuilletons (Pal.-Roy., 1866), avec M. P. Véron; la *Confession d'un enfant du siècle*, comédie en un acte (Vaud., 1866).

A ce moment, M. Henri Rochefort qui, jusqu'alors — le *Figaro* étant un journal non politique — s'était contenté de critiquer finement, mais sans âpreté, les menus faits et les personnages de la vie parisienne, arriva insensiblement à transformer ses chroniques en satires, de jour en jour plus vives, de l'Empire et du régime impérial. Il attira ainsi les rigueurs administratives sur son journal et celui-ci dût se séparer de son collaborateur.

La fameuse *Lanterne* fut alors fondée, sous la forme de petite brochure hebdomadaire. Le premier numéro parut le 1er juin 1868; plus de 80,000 numéros furent vendus dès le premier jour et ce tirage, déjà superbe, alla croissant avec les numéros suivants, jusqu'au onzième, où le journal fut saisi. Poursuivi, M. Rochefort fut condamné à un an de prison, 10,000 francs d'amende et un an de privation des droits civils et politiques (13 août) ; cette condamnation fut renouvelée pour le numéro suivant. A partir de ce moment, la *Lanterne* parut à Bruxelles et ne put parvenir en France qu'en trompant la surveillance la plus rigoureuse; elle continua cependant d'y circuler clandestinement et obtint dans toute l'Europe le même succès de curiosité; cette publication rapporta, dit-on, des sommes considérables à M. Rochefort; elle fut aussi l'origine de son action politique et rendit son nom célèbre dans le monde entier.

L'auteur de la *Lanterne* fut l'objet, à son occasion, d'attaques signées Stamir et Marchal, pour la réparation desquelles il demanda aux tribunaux, non pas des dommages formidables comme l'on a souvent répété, mais seulement un franc. Il voulut en outre que l'imprimeur de la brochure où il était diffamé lui rendît raison ; sur le refus de celui-ci, il se porta contre lui à des actes violents et fut encore condamné pour ce fait à quatre mois de prison.

Le nombre et l'importance des condamnations qu'il avait encourues décidèrent M. Henri Rochefort à se réfugier en Belgique où, en septembre, il dût se battre avec M. Ernest Baroche, qu'il blessa assez grièvement. Il avait eu déjà des duels avec un officier espagnol, à propos d'un article irrespectueux pour la reine d'Espagne; avec le prince Achille Murat, au sujet d'indiscrétions de chroniqueur et avec M. Paul de Cassagnac, sous prétexte d'un article sur Jeanne d'Arc. Il avait été blessé dans ces deux dernières rencontres.

Porté comme candidat aux élections générales de mai 1869, dans la 7e circonscription de Paris, en concurrence avec Jules Favre et Cantagrel, et soutenu dans les réunions publiques, M. Rochefort obtint, au premier tour de scrutin, 10,033 voix, contre 12,028 à Jules Favre et 7,437 au candidat socialiste, Cantagrel. L'auteur du *Dictionnaire universel des Contemporains*, et avec lui d'autres biographes, ont écrit qu'avant le scrutin, chacun des candidats de l'opposition avait promis de se désister au second tour en faveur de celui d'entr'eux le plus favorisé au premier ; cette erreur doit être rectifiée : c'est seulement entre MM. Cantagrel et Rochefort que pareille convention était intervenue. M. Cantagrel se retira, en effet, au second tour; mais M. Rochefort échoua quand même, avec 14,780 voix, contre 18,267 données à J. Favre.

Porté encore, comme candidat de la première circonscription, aux élections partielles du mois de novembre, M. Rochefort se décida à rentrer en France, malgré les jugements prononcés contre lui. Arrêté à la frontière; à 2 heures de l'après-midi, il fut relâché à 8 heures. Les réunions publiques organisées en sa faveur furent des plus bruyantes et le candidat déclara accepter le « mandat impératif » avec ses conséquences. Il fut élu par 18,050 voix, contre 13,445 obtenues par M. Hippolyte Carnot, son concurrent.

A la Chambre, il prit place à côté de Raspail, en s'éloignant autant de la gauche républicaine que de la majorité monarchique et son attitude, ses attaques contre la personne même de Napoléon III, lui valurent plusieurs rappels à l'ordre.

Le député de Paris fit décider par son comité électoral la fondation d'un journal intitulé la *Marseillaise*, dont il fut proclamé rédacteur en chef et dont tous les collaborateurs : Flourens, Millière, Arthur Arnould, Ducasse, Victor Noir, et autres révolutionnaires, furent élus en réunion publique.

Le 12 janvier 1870, la *Marseillaise* fut saisie, après la publication d'un article intitulé : *En voilà assez !* une demande d'autorisation de poursuites, accordée par la Chambre, aboutit à la condamnation de son rédacteur en chef à six mois de prison et 3,000 francs d'amende. Arrêté et emprisonné à Sainte-Pélagie, il lui fut interdit d'écrire dans son journal. Pendant son absence, M. Ordinaire lut en son nom à la Chambre un projet de mise en accusation du gouvernement (12 février).

Appelé comme témoin dans le procès Pierre Bonaparte (13 mars), il fut, après son audition, réintégré dans sa prison.

Pendant la détention de M. Rochefort, la publication de la *Marseillaise* ne fut pas suspendue, bien qu'avec lui, presque tous les rédacteurs fussent emprisonnés. La révolution du 4 septembre les rendit tous à la liberté.

Choisi comme l'un des membres du gouvernement de la Défense, l'incroyable violence des attaques de la *Marseillaise* contre ses collègues obligea M. Rochefort à déclarer qu'il était désormais étranger à cette feuille. Le 19 septembre, il fut nommé président de la commission des barricades. Un mois après, sa lutte avec Félix Pyat, rédacteur en chef du journal le *Combat*, et la tentative insurrectionnelle du 31 octobre, entraînèrent sa retraite. Présent à l'Hôtel-de-Ville au moment de l'envahissement par les émeutiers, il s'efforça pendant plus de douze heures de calmer la foule et promit la « Commune », c'est-à-dire les élections municipales à bref délai. Désavoué par le gouvernement de la Défense, M. Henri Rochefort donna immédiatement sa démission. Pressé de la reprendre, après la victoire des gardes nationaux, il refusa absolument, et resta président de la commission des barricades.

En vue des élections pour l'Assemblée nationale, M. Rochefort fonda, le 1er février 1871, le *Mot d'Ordre*. Porté à Paris sur la liste républicaine, il fut élu, au scrutin du 8 février, par 165,670 suffrages sur 328,970 votants. A Bordeaux, il siégea avec la gauche radicale, vota contre les préliminaires de paix, puis donna sa démission. Dès le 18 mars, il prit parti en faveur de l'insurrection, refusa cependant toute candidature à la Commune; mais continua contre le gouvernement, dans le *Mot d'Ordre*, la plus violente polémique. Il sortit de Paris, avant l'entrée de l'armée versaillaise, pour se réfugier en Belgique; mais il fut arrêté à Meaux le 20 mai et conduit à Versailles, où, après une longue prévention, au cours de laquelle il fut gravement malade, le 3e conseil de guerre le condamna, le 20 septembre suivant, à la déportation dans une enceinte fortifiée. Malgré les démarches pressantes faites par ses amis, et notamment par Victor Hugo, auprès de M. Thiers, ce jugement suivit son cours. Interné au fort Bayard, puis transféré, en juin 1872, à la citadelle de Saint-Martin-de-Ré, il en fut extrait au mois de novembre suivant, pour aller contracter à Versailles un mariage *in extremis*, avec Mlle Renaud, de laquelle il avait eu plusieurs enfants. Puis, après de nouvelles et aussi vaines tentatives de Victor Hugo et d'autres personnages, pour éviter au condamné l'exécution de sa peine, à cause de l'état de sa santé, M. Rochefort fut embarqué et arriva à Nouméa le 8 décembre 1873.

On apprit, trois mois après, qu'il avait réussi à s'évader et à gagner San-Francisco, avec MM. Paschal Grousset, Olivier Pain, etc. (20 mars 1874). Revenu bientôt en Europe, il séjourna à Londres, puis à Genève, où il fit paraître, en juin suivant, une nouvelle *Lanterne*. Il put en même temps, sans trop de difficultés, insérer des chroniques et des articles, signés d'emblèmes ou d'initiales, dans une autre *Lanterne* quotidienne, publiée à Paris; dans la *Marseillaise*, dans le *Mot d'Ordre* et dans le *Rappel*.

En mai 1880, son fils aîné ayant été, dans une manifestation, maltraité par un agent, M. Rochefort adressa à M. Andrieux, alors préfet de police, une lettre où il le provoquait en duel. M. Georges Koechlin, beau-frère de M. Andrieux, releva le défi et une rencontre eut lieu, le 3 juin, près de Coppet, dans laquelle M. Rochefort fut assez grièvement blessé à la poitrine. L'amnistie générale du 11 juillet 1880 lui permit de rentrer à Paris où, dès le 14, il fondait l'*Intransigeant*, journal dans lequel il n'a plus cessé depuis d'écrire un article chaque jour.

Aux élections législatives de 1881, M. Rochefort refusa la candidature; à celles du 4 octobre 1885, il patronna, dans l'*Intransigeant*, une liste radicale et socialiste dont quelques noms, notamment ceux de MM. Basly et Camélinat, obtinrent un nombre suffisant de voix pour voir leur candidature maintenue au scrutin de ballottage. Candidat lui-même, il obtint au premier tour, 131,535 voix sur 433,990 votants, et fut classé le trentième sur la liste générale des candidats. Il fut élu, le 18 octobre, par 249,134 voix sur 414,360 votants. Après la constitution du ministère Freycinet, il déposa une proposition d'amnistie, pour laquelle il fit voter l'urgence, malgré l'avis contraire du gouvernement (janvier 1886); mais sa proposition ayant été ensuite repoussée par la Chambre, dans la séance du 7 février, il donna sa démission de député (8 février 1886).

En 1888, M. Henri Rochefort devint l'un des plus ardents et non des moins redoutables champions du mouvement boulangiste. Il demeura fidèle au chef du parti révisionniste jusqu'à sa dernière heure et il fut, en 1889, avec celui-ci et M. le comte Dillon, condamné par le Sénat, transformé en Haute-Cour de justice, à la détention à perpétuité dans une enceinte fortifiée. Mais il s'était mis en sûreté en passant de Belgique en Angleterre. De là, il continua d'envoyer des articles signés de son nom au journal l'*Intransigeant*, organe devenu populaire et dans lequel il a constamment combattu, comme n'étant pas des républicains, tous ceux qui ne partagent pas ses vues sur les choses de la République. Dans un style pétillant d'esprit, mais d'une violence excessive, il a mené les plus vives polémiques contre la plupart des membres des gouvernements successifs et les chefs des fractions modérées du parti républicain. Jamais il n'a reculé devant un mot, si gros qu'il fût, ni devant une accusation, si énorme qu'elle parût, quand il s'est agit de tomber un adversaire : Gambetta, Jules Ferry, MM. Quesnay de Beaurepaire, Constans, ces deux derniers surtout, et tant d'autres, ont été de sa part l'objet d'attaques aussi violentes dans la forme que, bien souvent, peu justifiées dans le fond.

Amnistié par le ministère Bourgeois, en 1896, le directeur de l'*Intransigeant* rentra en France, où ses amis lui firent une brillante et bruyante réception à Calais, d'abord, puis à Paris. Entr'autres polémiques retentissantes, soutenues depuis dans son journal, nous devons mentionner la vive campagne qu'il mena contre toute tentative de révision du procès en trahison du capitaine Dreyfus et contre les personnalités qui soutenaient la cause contraire ; MM. Zola, Scheurer-Kestner, Trarieux, etc., ont été, à ce propos, l'objet de ses habituelles vivacités de plume (1897-98). M. Joseph Reinach, à la suite d'articles parus à cette occasion, dans lesquels il était personnellement pris à partie, obtint contre M. Rochefort une condamnation à cinq jours de prison, qu'il purgea à Sainte-Pélagie (1898).

De 1886 à 1888, cet écrivain, sous le pseudonyme de « Grimsel » avait donné dans le *Gil Blas*, des chroniques où, s'abstenant de toute politique, il avait montré toute la verve vraiment exceptionnelle de son esprit, la richesse et le charme de son style et un sens profond et juste d'observation.

On connaît de M. Rochefort, en outre de ses pièces de théâtre, un certain nombre de livres sur des sujets divers : *Petits mystères de l'Hôtel des Ventes*, étude des mœurs de ce lieu que, fin connaisseur et très épris des choses touchant l'art, il a toujours assidûment fréquenté, publiées d'abord dans le *Charivari* et réunies en un volume en 1862; les *Français de la Décadence* (1866), la *Grande Bohême* (2ᵉ série du précédent (1867), *Signes du temps* (3ᵉ série, 1868), réunion de ses articles au *Figaro ;* les *Dépravés* (1875), les *Naufrageurs* (1876), l'*Aurore boréale* (1878, 2ᵉ éd., 1896), le *Palefrenier* (1879), romans de mœurs contemporaines, publiés à Genève ; *Retour de la Nouvelle-Calédonie, de Nouméa en Europe*, récit de son évasion (1877); *Mademoiselle Bismarck*, roman parisien (1880); l'*Évadé*, roman canaque (1880-81 ; *Napoléon dernier*, les « Lanternes » de l'*Empire* (1884) ; la *Malaria*, étude sociale (1887) ; les *Aventures de ma vie* (5 vol. 1896-1898). Plus les articles de « Grimsel » au *Gil Blas*, publiés sous les titres de : *Farces amères* (1886) et *Fantasia* (1888).

MEYER (Marie-Paul-Hyacinthe)

ALÉOGRAPHE et philologue, membre de l'Institut, né à Paris le 17 janvier 1840. Sorti de l'Ecole des Chartes, il fut, en 1861, archiviste de la ville de Tarascon (Bouches-du-Rhône), puis attaché au département des manuscrits à la Bibliothèque nationale, de 1863 à 1865; archiviste aux Archives impériales, de 1866 à 1872; secrétaire de l'Ecole des Chartes, de 1872 à 1875.

Nommé, en 1869, suppléant pour le cours de langues romanes, à cette école, M. Meyer fut promu, en 1876, professeur de langues et littératures méridionales de l'Europe au Collège de France, en remplacement d'Edgar Quinet. En 1882, il est devenu directeur de l'Ecole des Chartes.

M. Meyer obtint, en octobre 1883, le prix biennal de 20,000 francs décerné par l'Institut, sur la proposition de l'Académie des Inscriptions et Belles-Lettres; il fut élu membre de cette Académie, en remplacement d'Edouard Laboulaye, le 30 novembre suivant.

En 1898, le savant directeur de l'Ecole des Chartes, témoin dans le procès intenté à M. Zola, à l'occasion de sa campagne pour la révision du procès Dreyfus, affirma que le bordereau attribué à Dreyfus devait être d'une autre personne.

M. Paul Meyer a donné, dans les revues spéciales, de nombreux articles et mémoires dont plusieurs ont été réunis en volumes. On cite parmi ces derniers : *Recherches sur l'épopée française* (1867); *le Salut d'amour dans les littératures provençales* (1867); *Recherches sur les auteurs de la chanson de la Croisade albigeoise* (1868); une série de rapports sur les *Documents manuscrits de l'ancienne littérature de France*, conservés dans les bibliothèques de Grande-Bretagne (1871); un *Mémoire sur l'étude des dialectes de la langue d'oc au moyen âge* (1874), couronné par l'Académie des Inscriptions, etc. Il a édité : le *Roman de Flamenca*, d'après le manuscrit de Carcassonne, avec gloses (1865); *Guillaume de la Barre*, roman d'aventures d'Armand Vidal de Castelnaudary (1868, 2ᵉ éd. 1895); *Recueil d'anciens textes bas-latins, provençaux et français* (1874-1876); la *Chanson de la Croisade contre les Albigeois* (1875-1879), pour la Société de l'Histoire de France, etc. On lui doit aussi des éditions de *Brun de la Montagne* (1875), de *Daurel et Beton*, de *Raoul de Cambray* (1880-82), de *Nicolas Bozon* (1889), etc. Il a été l'un des fondateurs de la *Revue critique* et de la *Romania* et il a donné à la « Bibliothèque française du Moyen Age », dont il est un des directeurs : *Alexandre le Grand dans la littérature française du Moyen Age* (1886).

M. Paul Meyer est officier de la Légion d'honneur.

HAMY (Théodore-Jules-Ernest)

NTHROPOLOGISTE et ethnographe, membre de l'Institut, né à Boulogne-sur-Mer (Pas-de-Calais) le 22 juin 1842. Reçu docteur de la Faculté de Paris en 1868, il fut d'abord préparateur à l'Ecole des Hautes-Etudes, puis nommé aide-naturaliste, pour l'anthropologie, au Muséum d'histoire naturelle, en 1872.

En 1874, M. Hamy fut chargé d'une mission dans les pays scandinaves, par le Muséum, puis délégué par le ministère de l'Instruction publique aux congrès de Moscou (1879) et de Venise (1881) : il accomplit aussi, pour le ministère, une autre mission en Tunisie, en 1887.

Conservateur du Musée ethnographique du Trocadéro, dont il a été le fondateur en 1880, il a été élu membre libre de l'Académie des Inscriptions et Belles-Lettres, en remplacement du général Faidherbe, le 24 janvier 1890 et nommé professeur d'anthropologie au Muséum, le 5 mai 1892. Il a été président de la Société de géographie, fait partie de la Société d'anthropologie et de plusieurs autres sociétés scientifiques.

M. Hamy a publié un grand nombre de travaux sur des sujets d'anthropologie, d'ethnographie, de géographie, etc., sous forme de notes et de mémoires, et des ouvrages, parmi lesquels nous citerons : l'*Os intermaxillaire de l'homme à l'état normal et pathologique* (1868, thèse de doctorat); *Précis de paléontologie humaine* (1870); *Crania ethnica, les crânes des races humaines* (1875-1882, avec atlas), en collaboration avec M. de Quatrefages: *Exposition coloniale et indienne de Londres* (1886); les *Origines du musée d'ethnographie* (1890); *Décades Américaines* (I, II, 1891); *Les derniers jours du Jardin du roi et la fondation du Muséum* (1893); *Etudes historiques et géographiques* (1896); *La galerie américaine du musée d'ethnographie du Trocadéro* (1897, ouvrage ayant obtenu le grand prix Augrand de la Bibliothèque nationale en 1898). M. Hamy a fondé et publié, pendant 8 ans, la *Revue d'ethnographie*; il dirige, depuis 1885, le *Bulletin de géographie historique et descriptive* du Comité des Travaux historiques au ministère de l'Intruction publique (12 vol.

parus en 1898); il a aussi rédigé, pour la *Mission scientifique au Mexique et dans l'Amérique centrale*, la partie relative à l'*Anthropologie du Mexique*.

M. Hamy est officier de la Légion d'honneur depuis le 29 octobre 1889.

NION (François DORÉ Comte de)

ÉCRIVAIN, né à Pierrefonds (Oise) le 13 août 1856. Il appartient à une des plus anciennes familles de l'Ile de France et du Poitou. Fils du comte de Nion (1794-1863), commandeur de la Légion d'honneur, etc., qui, en qualité de ministre plénipotentiaire, fut le signataire du traité de Tanger qui mit fin à la guerre contre le Maroc (1844), il se rattache par sa mère, fille du marquis de Saint-Belin-Mâlin, aux premières familles de la Champagne et de la Bourgogne.

M. le comte François de Nion débuta dans la carrière diplomatique fort jeune encore et fut attaché d'ambassade à Paris, puis à La Haye, où il resta jusqu'en 1881, époque de sa démission.

Il commença sa carrière littéraire en 1885. Comme écrivain, M. de Nion est certainement celui de nos romanciers dont la nature et le tempérament littéraires se rapprochent le plus de ceux de Maupassant. Il écrivit d'abord dans la *Nouvelle Revue*, devint, à quelque temps de là, directeur de la *Revue indépendante*, fondée par M. Dujardin, et ne tarda pas à se faire remarquer dans le monde lettré par ses qualités de style et d'observation. Il a notamment publié en volumes : le *Journal de Stendhal* et une étude sur cet écrivain, avec notes ; l'*Usure* (1888); la *Peur de la Mort*, roman d'une haute portée philosophique et sociale (1890); l'*Obex* (1894), roman où les idées chrétiennes sont utilisées sous une forme des plus dramatiques (1894), l'*An Rouge* (1898), recueil de nouvelles sur la guerre de 1870 ; les *Façades* (même année), roman d'aventures, mondain et social, où l'auteur montre une fois de plus qu'il sait être moraliste en même temps que styliste.

On a de lui, en outre, de nombreux contes et quelques articles de critique littéraire parus dans le *Figaro*, le *Gaulois*, l'*Echo de Paris*, la *Revue hebdomadaire*, la *Revue encyclopédique*, etc.

Il a fait représenter : *Faust*, adaptation en 5 actes du drame de Marlowe (Théâtre d'Art) et les *Suggestions de Colombine*, un acte (Escholiers).

On annonce encore de lui : un roman passionnel, *Notre Chair*, et le *Duc d'Iéna*, une étude que l'on dit des plus curieuses sur le premier Empire.

M. le comte de Nion est membre du comité de la Société des Gens de Lettres.

MAIGNAN (Pierre-Albert-René)

PEINTRE, né à Beaumont (Sarthe) le 14 octobre 1845 et non, comme l'indique M. Vapereau, dans son *Dictionnaire des Contemporains*, le 15 décembre 1844. Élève de Noël et de Luminais, il fit d'abord des paysages et des tableaux de genre empruntés à l'Espagne, puis s'adonna à la peinture d'histoire.

M. Maignan débuta au Salon de 1867 avec deux toiles : *Luxeuil* et *Intérieur d'une ferme*. Depuis on vit de lui : *Passages-San-Juan (Espagne)* et l'*Archiduchesse Elisabeth quitte l'Allemagne pour se rendre à la cour de Charles IX, son fiancé* (1868); *Napoléon et Marie-Louise le jour de leur mariage* ; le *Marché des palmes le jour des rameaux, à Séville* (1869); *Intérieur de ferme* (1870); *Fauconnier hindou* (1872); le *Favori de la veille*; l'*Education des derniers rois de Grenade* (1873); *Départ de la flotte normande pour la conquête de l'Angleterre en 1066*, acquise par l'État pour le Luxembourg (1874); l'*Insulte aux prisonniers* (1875); *Frédéric Barberousse aux pieds du Pape* (1876); l'*Attentat d'Agnani* (1877); le *Christ appelle à lui les affligés* (1879); *Derniers moments de Chlodobert* (1880); *Le Dante rencontre Matilda* (1881), acquis par l'État pour le Luxembourg; la *Répudiée* (1882); *Hommage à Clovis II* (1883); *Guillaume le Conquérant* (1885); la *Bague de Peau-d'Ane* (1886); le *Frère peintre* (1887), l'une de ses meilleures toiles, exposée deux ans avant au cercle Volney; les *Voix du tocsin* (1888); *Monsieur le Curé*; *l'Âtre* (1889); la *Naissance de la perle* (1890); *Mérovingienne à sa toilette* (1891); *Mort de Carpeaux* ; les *Coulisses du Salon* (1892); la *Muse verte*, « *l'absinthe »*; la *Fortune passe!* (1895); la *Ville de Saint-Etienne présente à la France les produits de son industrie*, plafond pour la Chambre de commerce de Saint-Etienne (1896); on lui doit en outre plusieurs portraits aux initiales, des illustrations, aquarelles, cartons de tapisserie et de vitraux, etc.

M. Maignan a obtenu une médaille de 3e classe en 1874, une de 2e classe en 1876, une de 1re classe en 1879, une médaille d'or à l'Exposition universelle de 1889, et la médaille d'honneur en 1892. Chevalier en 1883, il a été promu officier de la Légion d'honneur en 1895.

ORTMANS (Fernand-Emile-Alphonse)

ITTÉRATEUR et historien, né de parents français, à Bruxelles, le 9 mai 1861. Reçu licencié en droit en 1879, licencié ès-lettres en 1881, il est élève diplômé de l'Ecole des Hautes-Etudes.

M. Fernand Ortmans s'est fait connaître par la publication d'un certain nombre de travaux sur l'histoire ; il a aussi donné, comme journaliste, des articles au *Temps*, sur des questions d'art.

En 1896, il fonda *Cosmopolis*, importante revue, qui publie des éditions à Paris, à Londres et à Berlin, et contient des articles des littérateurs anglais, allemands et français. Cette publication a obtenu un grand succès, son tirage vient en seconde ligne parmi les revues européennes ; son directeur y a joint, en 1897, un supplément en russe, auquel doivent venir s'ajouter des suppléments en italien, espagnol, scandinave et hollandais.

En 1893, M. Ortmans s'était présenté aux élections législatives à Argelès de Bigorre (Hautes-Pyrénées) ; il obtint près de 3,000 voix, contre M. Alicot, élu.

SAINT-QUENTIN (Gabriel de)

OMPOSITEUR de musique, né à Pontoise (Seine-et-Oise) le 8 mai 1848. Fils d'un trésorier-payeur général d'Eure-et-Loir et frère du ministre plénipotentiaire de ce nom, il fit son droit, puis ses études musicales au Conservatoire de Paris, avec Victor Massé, comme professeur.

Engagé, dès le début de la guerre de 1870-71, dans un régiment de mobiles, M. de Saint-Quentin fit ainsi les campagnes des armées de la Loire et de l'Est, puis reprit ses études musicales interrompues et suivit particulièrement les conseils de Guiraud.

Il débuta, vers 1883, avec la *Prière du matin*, pour orchestre, soli et chœur, couronnée par la Société des Compositeurs de musique, exécutée chez Pasdeloup et dans nombre de concerts, depuis ce temps.

M. Gabriel de Saint-Quentin est l'auteur de plus de quarante mélodies, souvent applaudies, tant en France qu'à l'étranger ; citons, notamment, celles intitulées : la *Tristesse d'Olympio* ; l'*Aurore*; *Lamento*; *Nous avons passé sans nous voir*; *Ballade de Barberine*; *Laisse-moi t'aimer* ; *Chanson d'un vanneur de blé*; *Mignonne* ; trois romances pour violoncelle, dont l'une : *Élégie*, a été exécutée aux concerts classiques de Monte-Carlo, etc.

Comme musique instrumentale, ce compositeur a donné, notamment : une 1ʳᵉ *suite*, pour piano ; *Carillons blancs et carillons noirs*; *Élévation*, violon et orgue ; un *Concerto* de violon ; 2ᵐᵉ *suite*, pour piano*(Rencontre, Ivresse, Souvenance)*; une *Suite* d'orchestre, etc.

En musique religieuse, on a de lui : un *Pie Jesu* ; un *Ave Verum* ; un *O Salutaris !* ; un *Parce Domine*, psaume, solo, chœur et orchestre, exécuté, sous le titre d'*Imploration*, avec des paroles françaises, dans plusieurs grands concerts symphoniques, etc.

M. G. de Saint-Quentin a fait représenter au théâtre : *Barberine*, comédie lyrique en 3 tableaux, d'après Alfred de Musset (Bruxelles, décembre 1891, théâtre de la Monnaie). On annonce encore de lui un drame lyrique en 5 parties, dont un prologue et un épilogue, intitulé : *Saint-Augustin*.

Il a été nommé chevalier de la Légion d'honneur pour faits de guerre pendant la campagne de 1870-71.

MASPERO (Gaston-Camille-Charles)

RIENTALISTE, membre de l'Institut, né à Paris le 24 juin 1846. Ses classes faites au lycée Louis-le-Grand, il entra à l'Ecole normale, dans la section des lettres, en 1865. A sa sortie, il voyagea dans l'Amérique du Sud (1867-68), et au retour fut nommé répétiteur d'archéologie et de philologie égyptiennes à l'Ecole des Hautes Études (1869), puis remplaça Emm. de Rougé comme professeur au Collège de France, le 4 février 1874.

M. Maspero, envoyé en Egypte en 1880, fonda, au Caire, sur un plan nouveau, l'Ecole archéologique et fut désigné, en janvier 1881, pour remplacer Mariette-Pacha à sa direction. Il poursuivit les recherches de son prédécesseur et cessa ses fonctions en juin 1886. Il avait été élu, le 30 novembre 1883, membre de l'Académie des Inscriptions et Belles-Lettres, en remplacement de Defrémery.

Les travaux de M. Maspero ont été publiés sous les titres suivants : *Mémoire sur quelques papyrus du Louvre* (1875) ; *Essai sur l'inscription dédicatoire du temple d'Abydos et de la jeunesse de Sésostris* (1869) ; *Hymne au Nil*, publié et traduit d'après les deux textes du Musée britannique (1869) ; *Une enquête judiciaire à Thèbes au temps de la XX" dynastie* (1872) ; *De Carchemis oppidi situ et historia antiquissima* ; *Du genre épistolaire chez les anciens Egyptiens* (1873) ; *Histoire ancienne des peuples de l'Orient* (1875), collection de l'Histoire universelle dirigée par M. Duruy; une traduction de l'*Egypte ancienne* de M. Ebers (1880); une série d'*Etudes égyptiennes* (1879-1889, tomes I-II); *Contes populaires de l'Egypte ancienne*, traduction et commentaire (1882); *Guide du visiteur au Musée de Boulaq* (1884); les *Momies royales de Deir-el-Bahari* (1886); l'*Archéologie égyptienne* (1887); *Lectures historiques* (1889); *Sur l'Enéade* (1892); le *Nomantique de la grande Oasis* (1893); *Histoire ancienne des peuples de l'Orient* (1894-96); *Mémoires* des membres de la Commission archéologique du Caire (1881 à 1898); plus de nombreuses notices publiées séparément ou insérées dans la *Bibliothèque de l'Ecole des Hautes-Études*, la *Revue archéologique*, le *Journal de la Société asiatique*, etc., dont la plupart ont été réunies dans ses *Essais de Mythologie et d'Archéologie égyptienne* (1893-98); il dirige, depuis la fondation, le *Recueil des Travaux relatifs à la Philologie et à l'Archéologie égyptiennes* (20 vol., 1878-98); il a aussi édité plusieurs des travaux laissés manuscrits par Champollion et par Mariette-Pacha.

Décoré en 1879, promu officier le 30 décembre 1882, M. Maspero est commandeur de la Légion d'honneur depuis 1895.

FANTIN-LATOUR (Ignace-Henri-Jean-Théodore)

Peintre, né à Grenoble le 14 janvier 1836. Il fut élève de son père, pastelliste de talent, et de Lecoq de Boisbaudran, fréquenta un moment l'Ecole des Beaux-Arts et travailla dans l'atelier de Courbet.

M. Fantin-Latour débuta au Salon de 1861 par trois *Etudes d'après nature*; on vit de lui, à celui de 1863, la *Lecture* et, la même année, à l'exposition des refusés : un *Portrait* et une composition intitulée *Féérie*. En 1864, son *Hommage à Delacroix*, fut très remarqué; le *Toast* (1865), qui groupait autour de la statue de la Verité quelques-uns des artistes et des écrivains de ce temps, attira également l'attention. Il exposa ensuite : un *Portrait de femme*; *Nature morte* (1866); portrait de M. *Ed. Manet* (1867); le *Lever* (1869); *Un Atelier aux Batignolles* (1870); *Coin de table* (1872), tableaux où étaient représentés les amis de l'auteur; *Fleurs et objets divers* (1874); *Portraits de M. et M*me *Edwin Edwards* (1875); *Fleurs*; l'*Anniversaire*, allégorie en l'honneur de Berlioz (1876); *Portrait de M*me *F...*, la *Lecture* (1877), tableaux; *Souvenirs de Bayreuth et Festival de Richard Wagner*, pastels; *Scène du Tannhauser* et l'*Anniversaire de Berlioz*, lithographies (1877); la *Famille D...*, peinture; *Rynaldo de J. Brahms*, *Duo des Troyens*, pastels, *Scènes de Rheingold*, lithographies (1878); les mêmes en peinture (1880); la *Brodeuse* (1881); *Nuit de Printemps* (1884); *Autour du piano* (1885); *Tannhauser* (1886); la *Damnation de Faust*; l'*Or du Rhin* (1888); *Immortalité* (1889); *Danses*; la *Tentation de Saint-Antoine* et quatre lithographies : le *Vaisseau fantôme*, *Lohengrin*, l'*Enfance du Christ*, *Poèmes d'amour* (1891); *Hélène*; *Prélude de Lohengrin*; deux pastels : *Evocation*, le *Bain*, et six lithographies (1892); *Songe*; *Parsifal*; deux pastels et cinq lithographies (1893); l'*Aurore*; les *Troyens à Carthage*; deux pastels : *Musique et Poésie*, et quatre lithographies (1894); *Baigneuses*; *Vision*; la *Nuit* (pastel), et cinq lithographies (1895); la *Toilette*; *Vénus et les Amours*; *Inspiration* (dessin); *Ondine* (pastel) et sept lithographies (1896); la *Nuit*; la *Tentation de St-Antoine* (1897); le *Lever*; *Andromède* (1898) et plusieurs portraits aux seules initiales.

M. Fantin-Latour a obtenu une médaille en 1870, une médaille de 2ᵉ classe en 1875; il est chevalier de la Légion d'honneur depuis le 25 juillet 1879.

NOURRISSON (Jean-Félix)

Philosophe, membre de l'Institut, né à Thiers (Puy-de-Dôme) le 18 juillet 1825. Suppléant général au collège Stanislas, en 1846, il fut reçu agrégé de philosophie en 1850 et docteur ès lettres en 1852. Entre temps, il avait étudié le droit et s'était fait inscrire au barreau de Paris en 1850. Il ne plaida cependant pas. Professeur de philosophie au collège Stanislas, la même année; au lycée de Rennes en 1854, à la Faculté de Clermont en 1855, au lycée Napoléon à Paris en 1858, c'est comme professeur et par ses écrits que M. Nourrisson a acquis la notoriété qui entoure son nom.

Elu membre de l'Académie des Sciences morales et politiques le 14 mai 1870, en remplacement du duc de Broglie, il remplit, de 1871 à 1873, par délégation, les fonctions d'inspecteur général de l'Université. Depuis 1874, il professe au Collège de France l'histoire de la philosophie moderne.

Les ouvrages principaux de M. Nourrisson portent les titres suivants : *Essai sur la philosophie de Bossuet* (1852, thèse de doctorat); le *Cardinal de Bérulle*, sa vie, ses écrits, son temps (1856); les *Pères de l'Eglise latine*, leur vie, leurs écrits, leur temps

(1856) ; *Histoire et Philosophie*, recueil d'études (1860) ; la *Philosophie de Leibniz* (1860) ; la *Philosophie de Saint-Augustin* (1865); la *Nature humaine*, essais de psychologie appliquée (1865), ces trois ouvrages couronnés par l'Académie des Sciences morales et politiques; *Spinoza et le naturalisme contemporain* (1866) ; la *Politique de Bossuet* (1867); *De la liberté et du hasard, essai sur Alexandre d'Aphrodisias* (1870); la *Souveraineté nationale et la Révolution* (1873); *Théorie platonicienne des idées* (1874) ; *Machiavel* (1885) ; *Pascal physicien et philosophe* (1885); *Trois révolutionnaires*: Turgot, Necker, Bailly (1885) ; *Tableau des progrès de la pensée humaine depuis Thalès jusqu'à Hegel* (1886) ; *Philosophie de la nature* : Bacon, Bayle, Toland, Buffon (1887) ; *Voltaire et le Voltairianisme* (1896), etc. On lui doit en outre des mémoires et articles insérés dans le *Compte-rendu* de l'Académie des Sciences morales, le *Correspondant*, la *Revue des Deux-Mondes*, etc.

M. J.-F. Nourrisson est chevalier de la Légion d'honneur depuis 1862.

HENRY-GRÉVILLE (Mme DURAND, née Alice-Marie-Céleste HENRY, dite)

EMME de lettres, née à Paris le 12 octobre 1842. Elle suivit, à St-Pétersbourg, son père, professeur de langue et littérature françaises à l'Université et à l'École de droit de cette ville, apprit la langue du pays, en étudia les mœurs et écrivit des nouvelles dans les journaux russes.

Vers 1866, Mlle Henry épousa M. Durand, professeur français à l'École de droit de St-Pétersbourg et revint, en 1872, en France, où elle se fit connaître par des romans et des nouvelles sur la vie et les mœurs russes, qui parurent d'abord dans la *Revue des Deux-Mondes*, le *Journal des Débats*, le *Figaro*, le *Siècle*, le *Temps*, etc.

Mme Henry-Gréville a publié ensuite en librairie : *Dosia* (1876) ; l'*Expiation de Savelli* (1876); la *Princesse Ogheroff* (1876) ; les *Koumiassine* (2 vol.) ; *Suzanne Normis* ; *Sonia* ; la *Maison de Maurèze* ; *Nouvelles russes* ; les *Épreuves de Raïssa* (1877) ; l'*Amie* (1878) ; le *Violon russe* (2 vol.) ; *Lucie Roday* (1879) ; *Cité Ménard* ; l'*Héritage de Xénie* ; le *Moulin Frappier* (1880) ; les *Degrés de l'échelle* ; *Madame de Dreux*, *Perdue* (1881) ; le *Fiancé de Sylvie* ; *Rose Rozier* ; une *Trahison* (1882) ; *Angèle*, l'*Ingénue* ; *Louis Breuil*. histoire d'un pantouflard (1883) ; *Un Crime* ; les *Ormes* (1884) ; *Clairefontaine* ; *Idylles* ; le *Mors aux dents* (1885) ; *Cléopâtre* ; le *Comte Xavier* (1886) ; la *Fille de Dosia* ; *Nicanor* ; *Frankley* (1887) ; *Comédies de paravent* ; la *Seconde mère* (1888) ; l'*Avenir d'Aline* (1889) ; le *Passé* ; *Un mystère* (1890) ; *Aurette* ; *Péril* ; l'*Héritière* (1891) ; *Chénerol* ; le *Mari d'Aurette* ; *Contes et Nouvelles* (1892) ; *Jolie propriété à vendre* ; *Un vieux ménage* (1893) ; *Fidelka* ; l'*Aveu* (1894) ; le *Fil d'or* (1895) ; *Céphise* (1896) ; *Un peu de ma vie* (1897), etc.

Elle a aussi écrit un livre pour les écoles : *Instruction morale et civique des jeunes filles* (1882), qui a été condamné par la Congrégation de l'*Index*, en janvier 1883.

LELIÈVRE (Adolphe-Achille)

ÉNATEUR, né à Besançon le 25 juillet 1836. Employé supérieur des domaines, il démissionna en 1868 pour se faire inscrire au barreau de Lons-le-Saulnier.

Mêlé au mouvement politique de la fin de l'Empire, M. Lelièvre combattit le plébiscite en 1870, et se porta sans succès le 8 février 1871, aux élections à l'Assemblée nationale ; il devint conseiller général du Jura, pour le canton de Conliège, en 1871 ; président de cette assemblée départementale en 1877, il donna sa démission en 1884. Il fut élu député de l'arrondissement de Lons-le-Saulnier, par 14,952 voix, contre 8,126 obtenues par son concurrent bonapartiste, le 20 février 1876, siégea à la gauche républicaine et fut l'un des 363. Réélu, le 14 octobre 1877, par 16,117 voix, contre 5,126 au candidat officiel, puis réélu encore le 21 août 1881, par 15,691 voix, contre 6,289 au candidat monarchiste, il devint sous-secrétaire d'État aux Finances dans le cabinet du 14 novembre 1881, présidé par L. Gambetta et donna sa démission avec tout le ministère, le 26 janvier 1882. Il présida le groupe de l'Union républicaine en 1885. A la Chambre, il fut chargé de plusieurs rapports et s'occupa principalement des questions budgétaires, agricoles, forestières, de presse, etc.

M. Lelièvre, porté sur la liste républicaine opportuniste du Jura, aux élections du 4 octobre 1885, eut à lutter contre une très active campagne des candidats de la liste radicale. En minorité au premier tour de scrutin (19,229 voix sur 65,238 votants), il se désista au ballottage avec les autres candidats de la même liste.

Il rentra au parlement, lors du renouvellement triennal du Sénat, le 5 janvier 1888, élu sénateur du Jura, le premier sur trois, par 567 voix sur 880 votants ; mais il dut soutenir encore une très vive lutte au renouvellement du 3 janvier 1897, contre la liste radicale. Il réunit la majorité au 3ᵉ tour seulement, avec 432 suffrages.

Au Sénat, M. Lelièvre fut, en 1896 et 97, élu vice-président du groupe de l'Union républicaine ; membre de diverses commissions, il a été rapporteur du budget des Finances en 1888-89.

ALVÈS de VEIGA (Auguste-Manoel)

OMME politique et avocat, né à Izéda, district de Bragance (Portugal) le 24 août 1848 et résidant à Paris depuis de longues années.

Il fit ses études classiques et de droit, jusqu'au grade de docteur, à l'Université de Coïmbre et débuta, en 1867, dans la presse portugaise par des articles très remarqués sur la philosophie, notamment sur la *Critique de la raison pure*, de Kant. Attiré par les idées démocratiques, il fonda la *République portugaise*, organe de propagande libérale.

Nommé ensuite professeur d'histoire et de philosophie de la ville de Porto, M. Alvès de Veiga se fit inscrire, en 1874, comme avocat au barreau. En même temps, il commença, au moyen de conférences, une très active campagne contre la monarchie et créa, en 1884, la *Discussaõ* (la Discussion), journal républicain intransigeant.

A cette époque, en Portugal, les adversaires déclarés de la monarchie étaient peu nombreux ; M. Alvès de Veiga fut cependant soutenu par quelques amis dans la lutte énergique et ardente qu'il mena contre le gouvernement de son pays. Son activité, son éloquence et son talent d'écrivain, amenèrent ensuite à sa cause un grand nombre de ses concitoyens.

En 1885, M. Alvès de Veiga publia, dans la *Discussion*, un magnifique article sur *Victor Hugo*, à l'occasion de son quatre-vingt-troisième anniversaire, ce qui lui valut, de notre grand poète, une gracieuse lettre de remerciements.

Au mois de janvier 1890, de passage à Paris quand éclata le conflit anglo-portugais, M. Alvès de Veiga provoqua et présida une réunion internationale pour protester contre l'ultimatum de l'Angleterre. La presse parisienne, à cette occasion, rendit hommage au patriotisme de l'orateur portugais.

Rentré en Portugal, il fut un des plus actifs promoteurs du mouvement insurrectionnel du 3 janvier 1891 et proclama lui-même la République à l'Hotel-de-Ville de Porto. Obligé, à la suite de sa participation à cette révolution et après sa répression, de quitter son pays, M. Alvès de Veiga vint habiter la France qu'il n'a plus quittée depuis. Il a présidé à Paris, le comité chargé d'organiser les fêtes du centenaire de Vasco de Gama (1898).

LÉVÊQUE (Jean-Charles)

ONSIEUR Lévêque, professeur de philosophie, membre de l'Institut, né à Bordeaux le 7 août 1818, fit ses classes au collège de cette ville, y fut deux ans maitre d'études suppléant, et entra à l'Ecole normale en 1838.

Agrégé de philosophie en 1842, M. Lévêque fut nommé professeur de cette classe aux collèges d'Angoulême et de Besançon (1841-1847), fit partie de l'Ecole française d'Athènes, lors de sa création, et devint, à son retour (1847-1848), professeur de philosophie à Toulouse. Docteur ès lettres en 1852, suppléant à la Faculté des Lettres de Besançon en 1853, puis, l'année suivante, professeur à celle de Nancy, il fut appelé aussitôt à Paris, à la Sorbonne, d'où il passa, en 1856, au Collège de France, comme chargé du cours de philosophie grecque et latine. Il fut nommé titulaire de cette chaire, le 28 décembre 1861, en remplacement de M. Barthélemy-Saint-Hilaire, démissionnaire.

M. Lévêque a été élu membre de l'Académie des Sciences morales et politiques en 1865, en remplacement d'Emile Saisset.

On connait de M. Lévêque, outre ses deux thèses : le *Premier moteur et la nature dans le système d'Aristote* et *Quid Phidiæ Plato debuerit* (1852 ; la *Science du beau étudiée dans ses principes, ses applications et son histoire* (1860), ouvrage couronné en 1859 au concours de l'Académie des Sciences morales et politiques, et qui obtint, un an plus tard, un prix de 3,000 francs de l'Académie française et un prix de l'Académie des Beaux-Arts ; *Etudes de philosophie grecque et latine* ; *Du spiritualisme dans l'art* (1864) ; la *Science de l'invisible* (1865) ; les *Harmonies providentielles* (1872), etc.

On cite aussi de lui des articles de philosophie dans la *Revue des Deux-Mondes*, la *Revue philosophique*, la *Revue Bleue*, le *Journal des Savants* et le *Journal général de l'Instruction publique* ; plusieurs de ces derniers, notamment une *Notice sur* la vie et les œuvres de Simart (1857), ont été tirés à part. On lui doit aussi la publication, avec une notice biographique, d'un ouvrage posthume de Fernand Papillon: *Histoire de la philosophie moderne dans ses rapports avec le développement des sciences de la nature* (1876).

Décoré de la Légion d'honneur le 11 août 1860, il a été promu officier le 11 juillet 1885.

VAN TIEGHEM (Philippe-Edouard-Léon)

Botaniste, membre de l'Institut, né à Bailleul (Nord) le 19 avril 1839. Entré à l'Ecole normale en 1858, agrégé en 1861, docteur ès sciences physiques en 1864 et ès sciences naturelles en 1865, M. Van Tieghem devint maître de conférences à l'Ecole normale en 1864; il a été nommé professeur de botanique au Muséum en 1879.

Il a été admis à l'Académie des sciences, malgré une assez vive opposition, le 8 janvier 1877.

On cite, parmi les travaux que M. Van Tieghem a publiés: *Recherches sur la structure du pistil et sur l'anatomie comparée de la fleur* (1871); *Recherches sur la symétrie de structure des plantes vasculaires* (1871); *Traité de botanique* (2ᵉ éd. 1891); *Eléments de botanique* (3ᵉ éd. 1898); *Recherches comparatives sur l'origine des membres endogènes dans les plantes vasculaires* (1889); *Eléments de botanique* (1894, t. 1; *Recherches sur les Phanérogames sans graines*, etc. (1897), etc. Il a en outre traduit de l'allemand le *Traité de botanique* de J. Sachs (1873-1874).

M. Van Tieghem est officier de la Légion d'honneur.

RANVIER (Louis-Antoine)

Médecin, membre de l'Institut, et de l'Académie de Médecine, né à Lyon le 2 octobre 1835. Il étudia la médecine à Paris, se fit recevoir docteur en 1865, fut directeur-adjoint du laboratoire d'histologie annexé à la chaire de médecine du Collège de France, puis professeur titulaire de la chaire d'anatomie générale créée pour lui, par décret du 19 août 1875.

M. Ranvier, membre de l'Académie de Médecine depuis le 20 avril 1886, a été admis à l'Académie des Sciences, dans la section de zoologie, en remplacement de Charles Robin, le 24 janvier 1887.

Parmi les travaux publiés par M. Ranvier, on cite particulièrement: *Considération sur le développement du tissu osseux et sur les lésions des cartilages et des os* (1865, thèse de doctorat); *Observations pour servir à l'histoire de l'adénie* 1868, avec le docteur Ollivier; *Manuel d'histologie pathologique* (1869-1872), avec le docteur Cornil; *Ecole pratique des Hautes Etudes, laboratoire d'histologie*, travaux de l'année 1874-1875 et années suivantes; *Traité technique d'histologie* 1875-1888; *Leçons d'anatomie générale sur le système musculaire* 1890; *Leçons d'anatomie générale faites au Collège de France en 1878 et 1879*, publiées par M. Weber.

M. Ranvier a été décoré de la Légion d'honneur le 7 février 1878.

POINCARÉ (Jules-Henry)

Mathématicien, membre de l'Institut, né à Nancy le 29 avril 1854. Fils d'un professeur à la Faculté de médecine de cette ville, il est le cousin de M. Raymond Poincaré, député, ancien ministre.

M. Henry Poincaré entra à l'Ecole polytechnique en 1873 et passa à l'Ecole des Mines en 1875. Ingénieur des Mines le 1ᵉʳ avril 1879 et docteur ès-sciences mathématiques la même année, il fut chargé du cours d'analyse à la Faculté des Sciences de Caen et appelé à celle de Paris, en 1881, comme maître de conférences. Il devint répétiteur à l'Ecole polytechnique en 1883, fut chargé du cours de mécanique à la Faculté des Sciences en 1885 et nommé, en 1886, professeur titulaire de physique mathématique et de calcul des probabilités.

M. Henry Poincaré a été admis à l'Académie des Sciences, en remplacement de Laguerre, le 31 janvier 1887; il a été nommé membre du bureau des longitudes, le 14 janvier 1893.

On doit à ce savant de nombreux mémoires publiés, principalement, dans les *Comptes-rendus de l'Académie des Sciences*, sur maints points de la science mathématique et, notamment, sur l'étude des fonctions différentielles, l'application des méthodes infinitésimales à la théorie des nombres et à la mécanique céleste. Celui de ses travaux qui fit le plus de bruit fut le mémoire sur le *Problème des trois corps et les équations de la dynamique*, qui remporta, en 1889, au concours entre tous les géomètres de l'Europe, le grand-prix, fondé par le roi de Suède, à l'occasion du 60ᵉ anniversaire de sa naissance, prix qui fut accordé à M. Poincaré, sur le rapport de M. Veierstrass, professeur à l'Université de Berlin, au nom d'une commission composée de trois savants suédois, trois français et trois allemands.

On cite encore de lui, un mémoire sur la *Stabilité du système du monde*, qui intéresse les philosophes autant que les géomètres ; puis, en volumes : *Cours professé à la Faculté des Sciences de Paris, pendant l'année 1885-1886* ; *Méthodes nouvelles de la mécanique céleste* (1890-94) ; *Cours de physique mathématique* (1892 et 1895) ; *Calcul des probabilités* (1896) ; les *Rayons cathodiques et la théorie de Jaumann* (1897), etc.

Décoré, en 1889, M. Henry Poincaré est officier de la Légion d'honneur.

JACQUET (Jules)

RAVEUR, né à Paris le 1er décembre 1841. Elève de Henriquel-Dupont, Pils et Læmlin, à l'Ecole des Beaux-Arts, il remporta le grand prix de Rome (gravure), en 1866, avec une *Académie d'après nature*.

M. Jules Jacquet a exposé aux Salons annuels un grand nombre de dessins, eaux-fortes et gravures, parmi lesquels il faut mentionner : *Saint Bruno en prières*, d'après E. Lesueur (1867) ; *Polyphème poursuivant Acis et Galathée* (1869) ; *Pie IX* (1870) ; l'*Odorat*, d'après Téniers, eau-forte (1872) ; *Terres cuites grecques* et *Figurines grecques*, d'après les dessins de J.-A. Chaplain, pour les *Céramiques de la Grèce propre*, de M. Dumont, ainsi qu'un certain nombre de vases peints (1873) ; *Gloria Victis*, d'après le groupe de Mercié (1878), commandé par l'Etat ; *Enfant*, d'après Raphaël ; la *Jeunesse*, d'après la statue de Chapu, acquise par l'Etat ; *Clio, Euterpe et Thalie* ; *Mme Récamier*, pour la chalcographie du Louvre (1878) ; l'*Amour sacré et l'Amour profane*, d'après Titien (même année) ; l'*Amour qui vient* (1880) ; *Melpomène, Erato, Polymnie* (1881) ; *Esméralda* ; *Pygmalion et Galathée* (1882) ; l'*Aurore* (1885) ; le *Printemps* ; *Daphnis et Chloé*, d'après Millet (1886) ; *Calliope*, d'après Baudry (1887) ; la *Belle Portia*, d'après Cabanel (1888) ; *Mil huit cent sept*, d'après Meissonier (1891) ; *La Fortune et l'Enfant*, d'après Paul Baudry (1892) ; « *1806* » *Iéna*, d'après Meissonier ; les *Regrets*, d'après A. Mercié (1893) ; le *Départ des Volontaires en 1793*, bas-relief de Rude ; *Friledy Compétitors*, d'après M. A. Lesrel (1894) ; « *1805* », d'après Meissonier ; *Offrande aux Dieux*, d'après M. Schmaltz (1895) ; *Première offrande*, d'après le même (1897) ; *Triomphe de l'Art*, d'après Bonnat (1898), et plusieurs *Portraits*.

M. Jules Jacquet a obtenu une médaille de 2e classe en 1875, un rappel en 1876, une médaille de 1re classe en 1882 et une médaille d'or à l'Exposition universelle de 1889. Chevalier en 1883, il a été promu officier de la Légion d'honneur en 1895.

JACQUET (Achille)

RAVEUR, membre de l'Institut, né à Courbevoie (Seine) le 28 juillet 1846, frère du précédent. A l'Ecole des Beaux-Arts, il eut les mêmes maîtres que son frère et remporta le prix de Rome en 1870.

Parmi les œuvres envoyées par M. Achille Jacquet aux Salons annuels, nous citerons : *David et Goliath*, d'après le tableau de Daniel de Volterre, du musée du Louvre (1868) ; la *Muse Uranie*, d'après le tableau de Lesueur au Louvre (1870, acquise par l'Etat) ; *Sainte-Barbe*, d'après Palma Vecchio (1873) ; le *Courage militaire*, d'après P. Dubois (1877), commandé par l'Etat) ; *Pietà* (1881) ; *Flore et Psyché* (1882) ; *Evanouissement de Sainte Catherine* ; *Janvier, Mai, Août et Novembre* (1883) ; *Rébecca et Eliézer* ; *Juillet et Octobre* (1884) ; *Février, Mars, Juin, Septembre et Décembre* ; l'*Education de Saint-Louis* (1885) ; portrait de M. *Mackay* (1886) ; portrait de *Carle Vernet* (1886) ; le *Peintre d'enseignes* (1888) ; *Portrait de la fondatrice de l'ordre des Petites Sœurs des pauvres* (1889) ; le *Renseignement* (*Desaix à l'armée de Meurthe-et-Moselle*), d'après Meissonier (1892) ; les *Tirailleurs*, d'après M. Detaille (1892) ; le *Guide*, d'après Meissonier ; *Sainte Cécile*, d'après Maderno (1894) ; le *Calvaire*, d'après Mantegna (1895) ; M. *Félix Faure, président de la République* ; *Jeanne d'Arc*, d'après M. Paul Dubois (1896) ; *Guillaume Juvenal des Ursins*, d'après Fouquet (1897) ; *Atelier d'artiste*, d'après Meissonier (1898), et plusieurs *Portraits*.

M. Achille Jacquet a été élu membre de l'Académie des Beaux-Arts, en remplacement de M. Henriquel-Dupont, le 19 mars 1892.

Il a obtenu une médaille de 3e classe en 1877, une de 2e classe en 1881, une de 1re classe en 1884, une médaille d'honneur en 1889, un grand prix à l'Exposition universelle et la décoration de la Légion d'honneur la même année.

ROUSSEL (Théophile-Victor-Jean-Baptiste)

MÉDECIN, sénateur, membre de l'Institut et de l'Académie de Médecine, né à Saint-Chély-d'Apcher (Lozère) le 27 juillet 1816. Il étudia la médecine à Paris, fut interne et lauréat des hôpitaux de 1841 à 1845, reçu docteur cette dernière année et chargé, en 1847, par le ministre de l'Agriculture, du Commerce et des Travaux publics, d'étudier la pellagre dans les départements du sud-ouest de la France.

Dès 1849, M. Théophile Roussel s'intéressa à la politique. Élu, à cette date, comme républicain modéré, représentant de la Lozère à l'Assemblée législative, il rentra dans la vie privée après le 2 décembre 1851.

Après la chute de l'Empire, il se fit, dès le 8 février 1871, élire représentant de son département à l'Assemblée nationale, passant le dernier sur trois, avec 9,272 voix sur 25,000 votants. Il proposa les lois sur la répression de l'ivresse et sur les nourrissons, s'occupa des questions d'hygiène, du sort des enfants dans les manufactures et les professions ambulantes. Il fit, plus tard, voter, comme président de la Société protectrice de l'Enfance, la loi pour la protection des enfants du premier âge. Il siégea à la Gauche républicaine et vota l'amendement Wallon et l'ensemble des lois constitutionnelles.

Aux élections sénatoriales du 30 janvier 1876, M. Roussel échoua avec 118 voix sur 249 votants ; mais il fut élu député, le mois suivant, dans l'arrondissement de Florac, par 6,027 voix, contre 2,845 obtenues par le candidat monarchiste. Inscrit aux groupes du centre gauche et de la gauche, il fut, après le 16 mai 1877, l'un des 363 et retrouva son siège, le 14 octobre suivant, avec 5,774 voix, contre 3,637 données au candidat officiel.

Lors du premier renouvellement triennal du Sénat, il se présenta, de nouveau, dans la Lozère et fut élu, le 5 janvier 1879, par 162 voix sur 248 votants. Il a été réélu, le 5 janvier 1888, puis le 7 janvier 1897. Au Sénat, il défendit et fit adopter la loi du 11 juillet 1893, sur l'organisation de l'assistance médicale gratuite et continua de s'occuper des mêmes questions humanitaires et philantropiques. Il siège à la gauche républicaine.

Membre de l'Académie de Médecine, dès le 19 novembre 1872, M. Th. Roussel fut admis à l'Académie des Sciences morales et politiques en 1891.

On cite, parmi ses travaux : *Recherches sur la vie et le pontificat d'Urbain V* (1841), ouvrage couronné par l'Académie des Inscriptions et Belles-Lettres et en partie inédit ; *Études sur mal de la Rosa des Asturies* (1842) ; *De la pellagre, de son origine, de son progrès, de son existence en France, de ses causes et de son traitement curatif et préservatif* (1845), mémoires couronnés, en 1850, par l'Académie des Sciences ; *De la valeur des signes physiques dans les maladies du cœur*, thèse d'agrégation (1847) ; *Traité de la pellagre et des pseudo-pellagres* (1866), ouvrage qui a obtenu, en 1865, le prix de 5,000 francs, décerné par l'Académie des Sciences ; *De l'éducation correctionnelle et de l'éducation préventive* (1879) ; il a aussi publié des mémoires dans l'*Encyclographie médicale*, la *Revue médicale*, l'*Union médicale*, etc.

M. Théophile Roussel a été décoré de la Légion d'honneur en 1850.

WADDINGTON (Charles-Tzaunt)

PHILOSOPHE, membre de l'Institut, né à Milan le 19 juin 1819, d'une famille protestante ; il est cousin de MM. William et Richard Waddington, bien connus tous les deux dans la diplomatie et la politique.

Entré en 1838, à l'École normale, reçu agrégé de philosophie en 1842, M. Charles Waddington fut nommé professeur de cette classe à Bourges, puis suppléant à Paris, aux lycées Henri IV et Louis-le-Grand, enfin maître surveillant à l'École normale supérieure.

Docteur ès lettres et agrégé en 1848, il ouvrit des cours complémentaires à la Sorbonne sur la logique, et il quitta l'enseignement officiel en 1856, pour entrer, comme professeur, au séminaire protestant de Strasbourg. Réintégré dans l'Université en 1864, et nommé professeur de philosophie au lycée Saint-Louis, à Paris, il fut chargé, en 1875, d'un cours complémentaire de philosophie à la Faculté des Lettres, où il devint professeur titulaire de philosophie moderne à la fin de 1879.

Correspondant de l'Académie des Sciences morales depuis le 20 juin 1863, M. Charles Waddington est devenu membre de cette compagnie le 18 février 1888, en remplacement de M. Caro.

Connu d'abord sous le pseudonyme de « Kastus », M. Waddington a publié, soit sous ce pseudonyme, soit sous son nom : *De la Psychologie d'Aristote* et *De Petri Rami vita, scriptus, philosophia* (1848), deux thèses de doctorat, la première couronnée par l'Institut, la seconde développée en un ouvrage intitulé : *Ramus, sa vie*, etc., en 1885); *Essais de logique* (1858), qui ont obtenu un prix Montyon ; *De l'âme humaine, études de psychologie* (1863); *Dieu et conscience* (1870); l'*Athéisme en France à la fin du XVIII° siècle* (1892); *Des idées morales dans l'antique Egypte* (1893), etc.; une traduction littérale du *Criton* (1850); plusieurs discours prononcés à la Sorbonne : *Utilité des études logiques* (1851); *De la Méthode déductive* (1852), etc.

Décoré en 1866, M. Ch. Waddington est officier de la Légion d'honneur.

GAUTHIEZ (Pierre)

ÉCRIVAIN, critique d'art, né à Fontenay-aux-Roses (Seine), de parents messins, le 2 mars 1862. Il fit ses études classiques à Sainte-Barbe-des-Champs et à Louis-le-Grand, puis entra à l'Ecole normale en 1880. Reçu agrégé des lettres (1883), il fut professeur au lycée d'Orléans, de 1884 à 1885 et bibliothécaire de l'Arsenal à Paris, de 1885 à 1888.

Erudit et critique d'art des mieux informés, M. Pierre Gauthiez a publié nombre d'articles et d'études dans la plupart des revues de ce temps. Il a collaboré notamment à l'*Art* (Etudes sur le Paysage en montagne, sur P. Prudhon ; Nouvelles) ; à la *Revue philosophique* (sur Schopenhauer, Giordano Bruno, etc.) ; à l'*Artiste* sur le Titien et Delacroix, Voyages en France, Salons) ; à la *Revue des Lettres et des Arts* ; à la *Revue d'art dramatique* (Racine et la Champmeslé, pièce en 1 acte en vers, et *Tzemna*, pièce en 1 acte, qui a été traduite en allemand) ; au *Paris Illustré* (Tout simplement, nouvelle) ; à la *Gazette des Beaux-Arts* ; à la *Revue de l'Art ancien et moderne* (Salons) ; à la *Revue de Paris* (vers) ; à la *Liberté* (politique étrangère) ; à la *Revue bleue* (articles sur la Renaissance ; à la *Vie contemporaine* (l'Anneau d'argent, l'Age incertain, etc.) ; à la *Revue du Palais* (articles sur Jean de Médicis, fragments d'un livre à paraître, etc.).

M. Pierre Gauthiez, connu aussi comme poète et romancier, et dont les derniers ouvrages surtout ont obtenu des succès de presse et de librairie, a fait paraître en volumes : *Etude sur P. Prudhon, sa vie et son œuvre* (1 vol. 1885) ; les *Voix errantes*, poésies (1 vol. 1886) ; la *Danaé*, nouvelles (1 vol. 1887) ; les *Herbes folles*, poésies (1 vol. 1892) ; *Etudes sur le XVI° siècle* ; *Rabelais, Montaigne et Calvin* (1 vol. 1893) ; *Deux poèmes* (1894) ; l'*Arétin* (1 vol. 1896) ; l'*Age incertain*, roman (1 vol. 1898).

On annonce enfin de M. Pierre Gauthiez : la *Dame du Lac*, roman ; *Jean des Bandes noires*, étude historique et l'*Ile de France*, volume de vers.

LUCHAIRE (Achille)

HISTORIEN et professeur, membre de l'Institut, né à Paris le 24 octobre 1846. Elève de l'Ecole normale supérieure, il fut reçu agrégé d'histoire en 1869.

Professeur, d'abord, aux lycées de Pau, puis de Bordeaux ; docteur ès lettres le 28 avril 1877, M. Luchaire fut nommé, la même année, à la chaire d'histoire de la Faculté des Lettres de Bordeaux ; en 1885, il devint professeur de l'enseignement des sciences auxiliaires de l'histoire à la Faculté des Lettres de Paris. Il a été admis à l'Académie des Sciences morales et politiques en 1895.

M. Luchaire a publié : *De lingua Aquitanica* et *Alain le Grand, sire d'Albret, l'administration royale et la féodalité du Midi*, thèses de doctorat (1877) ; *Notice sur les origines de la maison d'Albret*; *Remarque sur les noms de lieux du pays basque* (1874) ; *Etudes sur les idiomes pyrénéens de la région française* (1879) ; *Recueil de textes de l'ancien dialecte gascon*, d'après des documents antérieurs au XVI° siècle, suivi d'un glossaire (1881), ces deux ouvrages obtinrent, en 1884 et en 1885, le grand-prix Gobert à l'Académie des Inscriptions et Belles-Lettres ; *Histoire des institutions monarchiques de la France sous les premiers Capétiens, 987-1180* (1884) ; *Etudes sur les actes de Louis XII* (1885, avec 6 planches) ; puis, *Louis VI le Gros, annales de sa vie et de son règne*, avec une introduction historique (1889) ; les *Communes françaises à l'époque des Capétiens directs* (1890), ouvrage couronné par l'Académie française.

On cite, en outre, de lui, plusieurs monographies écrites en collaboration avec M. Zeller et faisant partie de la « Bibliothèque des écoles et des familles », notamment : les *Capétiens du XII° siècle* ; *Philippe le Bel* ; *Philippe-Auguste et Louis VIII* ; les *Premiers Capétiens* ; *Charles VII et la monarchie absolue* (1880-1888), ainsi que plusieurs articles dans la *Revue historique* et autres revues spéciales.

M. Luchaire a été décoré de la Légion d'honneur le 11 juillet 1891.

LURO (Bertrand-Victor-Onésime)

Sénateur inamovible, né à Villecomtal (Gers), le 16 octobre 1823. Il fit ses classes à Auch et son droit à Paris.

Candidat démocratique aux élections pour l'Assemblée législative de 1849, M. Luro ne fut pas élu. Il devint alors avocat au Conseil d'Etat et à la Cour de Cassation. Chargé, après le Coup d'Etat du 2 décembre 1851, de soutenir les pourvois des condamnés en conseil de guerre, il plaida l'incompétence.

En 1866, M. Luro quitta sa charge, se fixa à Pau, et fut élu conseiller général du Gers pour le canton de Miélan. Aux élections du 8 février 1870, il fut nommé représentant de ce département à l'Assemblée nationale, le cinquième sur six, par 63,000 voix. Siégeant au centre droit, membre du groupe Lavergne, il vota d'abord avec la majorité monarchiste de l'assemblée ; puis il adopta l'amendement Wallon, et fut à cette occasion vivement attaqué par la presse bonapartiste ; il rappela alors sa profession de foi aux élections de 1871, dans laquelle il avait déclaré se rallier à la République. Il soutint le scrutin de liste dans la discussion de la loi électorale et adopta l'ensemble des lois constitutionnelles. Porté sur la liste des gauches lors de l'élection des sénateurs inamovibles, il fut élu au 4ᵉ tour de scrutin, le 13 décembre 1875, le trente-neuvième sur soixante-quinze, par 347 voix sur 689 votants.

Au Sénat, M. Luro n'est inscrit à aucun groupe et vote habituellement avec le parti républicain ; il repoussa la demande de dissolution de la Chambre des députés, le 23 juin 1877.

M. Luro a publié : *Du travail et de l'organisation des industries dans la liberté* (1848) ; *Marguerite d'Angoulême, reine de Navarre, et la Renaissance*, conférences faites à Pau en 1866, et divers articles insérés dans les journaux de son département.

HUMBERT (Ferdinand)

Peintre, né à Paris le 8 octobre 1842. Elève de Picot, de Cabanel et d'Eug. Fromentin, il débuta, au Salon de 1865, par une *Fuite de Néron* et exposa, les années suivantes : *Œdipe et Antigone retrouvant les corps d'Etéocle et de Polynice* (1866), envoyé au musée d'Aurillac ; *l'Enlèvement* (1867), au musée d'Autun ; *Ambroise Paré implorant la pitié du duc de Nemours* (1868), appartient à la famille du docteur Nélaton) ; *Messaouda* (1869) ; *Saint-Jean-Baptiste* et *Tireuse de cartes* (1872) ; *Dalila* (1873) ; la *Vierge et l'enfant Jésus* (1874), acquis pour le musée du Luxembourg et qui a figuré à l'Exposition universelle de 1888 ; le *Christ à la colonne* (1875), appartient au musée d'Orléans ; la *Femme adultère* (1877) ; *l'Enlèvement de Déjanire* (1878) ; *Salomé* (1880) ; la *Fin de la journée*, panneau décoratif pour la mairie du xvᵉ arrondissement (1885) ; *En temps de guerre*, pour la même mairie ; *Pro Patria*, pour le Panthéon (1886) ; *Maternité* (1888) ; Portraits de Mˡˡᵉ *Héglon*, de l'Opéra (1896), de M. *Jules Lemaître* (1898) et un grand nombre de portraits aux seules initiales.

Cet artiste possède un talent agréable, surtout comme portraitiste.

M. F. Humbert a obtenu trois médailles en 1866, 1867, 1869, et une médaille de 3ᵉ classe à l'Exposition universelle de 1878. Chevalier de la Légion d'honneur la même année, il a été promu officier le 11 juillet 1885.

VIOLLET (Marie-Paul)

Erudit, membre de l'Institut, né à Tours le 24 octobre 1840. Il étudia le Droit à Paris et, en même temps, suivit les cours de l'Ecole des Chartes.

Archiviste paléographe et licencié en droit, M. Viollet devint successivement secrétaire archiviste de la ville de Tours, archiviste aux Archives nationales, puis bibliothécaire de la Faculté de Droit de Paris. Il a été nommé professeur de droit civil et canonique à l'Ecole des Chartes le 7 juin 1890.

Depuis le 28 janvier 1887, M. Paul Viollet est membre de l'Académie des Inscriptions et Belles-Lettres, où il a remplacé Ernest Desjardins.

On connaît de M. Viollet les ouvrages suivants : *Election des députés aux Etats généraux réunis à Tours en 1468 et 1484* (1866) ; *Œuvres chrétiennes des familles royales de France* (1870) ; *Caractère collectif des premières propriétés immobilières* (1873) ; *Enseignements de Saint Louis à son fils* (1874), réponse à M. Natalis de Wailly et observations pour servir à la critique des *Grandes chroniques de France* et du texte de Joinville ; les *Sources des établissements de Saint Louis* (1877) ; les *Etablissements de Saint Louis* (1881-1886), publiés pour la Société de l'Histoire de France ; *Histoire du droit civil français*, accompagnée de notions du droit canonique et d'indications bibliographiques (1885, 2ᵉ éd., 1893) ; la *Question de la légitimité à l'avènement de Hugues Capet* (1892) ; *Histoire des Institutions politiques et administratives de la France* (1890-98, en cours); les *Etats de Paris en février 1358* (1894), etc. En outre, il a donné une nouvelle édition des *Lettres intimes de Mme de Condé à M. de la Gervaisais* (1879) et une traduction de l'allemand d'Adolphe Schmidt, *Paris pendant la Révolution, d'après les rapports de la police secrète* (1880-1894).

M. Paul Viollet est chevalier de la Légion d'honneur.

SCHLUMBERGER (Gustave-Léon)

Archéologue et historien, membre de l'Institut, né à Guebwiller (Haut-Rhin) le 17 octobre 1844. Il fit ses études classiques au lycée de Pau, vint à Paris en 1863, suivre les cours de la Faculté de Médecine et fut interne-lauréat des hôpitaux.

Pendant la guerre de 1870-71, M. Schlumberger s'engagea dans les ambulances; il devint, après la paix, docteur en médecine, avec une thèse sur l'*Erysipèle du pharynx*; mais il n'exerça pas cette profession et se consacra à l'archéologie et à l'histoire. Il voyagea en Italie, en Allemagne et dans le Levant. En 1878, il organisa, avec M. de Longpérier, l'exposition rétrospective au Trocadéro.

Membre de la Société des Antiquaires de France, M. Schlumberger a été admis à l'Académie des Inscriptions et Belles-Lettres, le 12 décembre 1884, en remplacement de A. Dumont.

Citons parmi les travaux que M. Schlumberger a publiés: *Des Bractéates d'Allemagne* (1874); les *Principautés franques du Levant, d'après les plus récentes découvertes de la numismatique* (1877); *Numismatique de l'Orient latin* (1878); *Supplément et Index* (1882); le *Trésor de San'a, monnaies himyaritiques* (1880); les *Iles des Princes, le Palais et l'Église des Blachernes* (1884); la *Grande muraille de Byzance* (1884); *Sigillographie de l'Empire byzantin* (1884, avec 1,100 dessins); *Un empereur byzantin au Xe siècle, Nicéphore Phocas* (1890); *Amulettes byzantins anciens* (1892); *Mélanges d'archéologie byzantine* (1895); *l'Épopée byzantine à la fin du Xe siècle* (1897); *Renaud de Châtillon, prince d'Antioche* (1898), etc. Il a aussi édité les œuvres de M. de Longpérier (1883-1884).

M. Schlumberger a été décoré de la Légion d'honneur en 1878.

LONGNON (Auguste-Honoré)

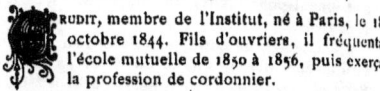

Érudit, membre de l'Institut, né à Paris, le 18 octobre 1844. Fils d'ouvriers, il fréquenta l'école mutuelle de 1850 à 1856, puis exerça la profession de cordonnier.

Animé d'un zèle ardent pour la science, le jeune homme consacrait tous ses loisirs à l'étude. Grâce à des efforts et à un labeur qui ne sauraient être trop loués, il parvint, en 1868, à se faire admettre comme élève à l'École pratique des hautes études, dans la section d'histoire et de philologie.

Nommé auxiliaire aux archives impériales, le 1er avril 1870, puis archiviste titulaire le 1er juillet 1871, M. Longnon devint, en 1879, répétiteur, pour la géographie historique de la France, à l'Ecole des hautes études. Chargé à plusieurs reprises de suppléer M. Alfred Maury dans sa chaire d'histoire et de morale au Collège de France, il fut appelé à lui succéder comme titulaire, le 1er juin 1892, cette chaire étant désormais affectée à la géographie historique de la France.

Membre du Comité des travaux historiques et de la Société des Antiquaires de France, il a été admis à l'Académie des Inscriptions et Belles-Lettres, le 5 mars 1886, en remplacement de Miller.

On cite parmi les plus importantes publications de M. Longnon: *Livre des vassaux du comté de Champagne et de Brie, 1192-1222* (1869); *Etudes sur les « pagi » de la Gaule*, dans la *Bibliothèque de l'Ecole des hautes études* (1869-1872); *Pouillé du diocèse de Cahors* (1874); *Rôles des fiefs du comté de Champagne sous le règne de Thibaud le Chansonnier*; *Etude biographique sur François Villon* (1877), d'après des documents inédits découverts aux Archives nationales; le *Saint voyage à Jhérusalem du seigneur J'Anglure*, avec M. F. Bonnardot; *Géographie de la Gaule au VIe siècle*, honorée du premier prix Gobert par l'Académie des Inscriptions; *Paris pendant la domination anglaise, 1420-1436* (1878); *Documents parisiens sur l'iconographie de Saint-Louis*; *Raoul de Cambrai*, chanson de geste, avec M. P. Meyer (1882); *Atlas historique de la France, depuis César jusqu'à nos jours* (1884-1889, avec planches en couleurs); *Polyptyque de l'abbaye de Saint-Germain-des-Prés* (1886-1895); *Dictionnaire topographique du département de la Marne* (1891); *Œuvres complètes de F. Villon* (1892); *Méliador*, par Jean Froissart: roman comprenant les poésies lyriques de Wenceslas de Bohême (1895-1898), plus un certain nombre de cartes pour diverses publications historiques et notamment pour l'*Atlas de Géographie historique* de Schrader.

M. Longnon, en outre, a collaboré au *Bulletin*, ainsi qu'aux *Mémoires de la Société de l'histoire de Paris et de l'Ile de France*, société dont il a été le fondateur. Il est aussi l'auteur de plusieurs *Rapports* à l'Académie des Inscriptions et Belles-Lettres, et a été choisi comme président, pour 1898, de cette compagnie et de l'Institut de France.

Il est chevalier de la Légion d'honneur depuis 1886.

LECOMTE (Maxime)

SÉNATEUR, né à Bavay (Nord) le 1ᵉʳ mars 1846. Reçu docteur en droit en 1870, il servit dans l'armée du Nord en 1870-71 et fut fait lieutenant après la bataille de Bapaume.

Inscrit au barreau d'Amiens, M. Maxime Lecomte fit des cours de droit commercial à la Société industrielle de cette ville. Il entra à la Chambre des députés le 6 avril 1884, élu dans la 2ᵉ circonscription d'Avesnes, par 8,865 voix, contre 6,906 données à un autre candidat républicain. Il siégea à l'Union républicaine, groupe dont il fut secrétaire.

Battu aux élections générales du mois d'octobre 1885, avec toute la liste républicaine du Nord, M. Maxime Lecomte revint à la Chambre, à la suite de l'élection partielle du 27 novembre 1887, où il obtint 146,095 voix sur 275,240 votants. Il fut encore réélu, dans son ancienne circonscription, aux élections générales du 22 septembre 1889, par 7,118 voix, contre 5,965 données au candidat boulangiste.

A la Chambre, le député du Nord s'associa à la politique républicaine, s'occupa des questions militaires, agricoles et commerciales. Il est l'auteur de la proposition de loi reformant le régime des faillites; il défendit le scrutin d'arrondissement, le système protectionniste, etc.

Une élection sénatoriale partielle ayant eu lieu dans le Nord, le 4 janvier 1891, il fut élu sénateur par 1,274 voix, contre 1,028 données au candidat monarchiste, M. Hellin. Réélu au renouvellement triennal du 3 janvier 1897, par 1,410 voix, le sénateur du Nord siège à l'Union républicaine et prend une part très active aux travaux de la haute Chambre.

On cite de M. Lecomte quelques brochures politiques de circonstance, plus des *Souvenirs de la campagne du Nord* (1872), dédiés au général Faidherbe; un *Manuel du commerçant, la vie commerciale dans ses rapports avec la loi* (1878); *Etude comparée des principales législations européennes en matière de faillites* (1879); le *Répertoire analytique de jurisprudence et de législation* (1887), etc.

GOURDON de GENOUILLAC (Nicolas-Jules-Henri)

HÉRALDISTE, romancier et historien, né le 23 septembre 1826 à Paris, et non à Monchy, comme le dit par erreur M. Vapereau, dans son *Dictionnaire des Contemporains*. Après avoir été élève de l'Institut Polymatique, il débuta dans la littérature par de petites pièces de théâtre. On lui doit une quantité de nouvelles et des romans, et de très érudites études héraldiques et historiques.

Nous citerons d'abord les travaux héraldiques publiés en volumes par M. Gourdon de Genouillac : *Grammaire héraldique*, avec *Vocabulaire* et figures (1853); *Dictionnaire historique des ordres de chevalerie* (1854); *Recueil d'armoiries des maisons nobles de France* (1860); *Dictionnaire des fiefs, seigneuries, châtellenies de l'ancienne France* (1862); *Nobiliaire du département des Bouches-du-Rhône*, avec le marquis de Piolenc (1863); les *Mystères du Blason, de la Noblesse et de la Féodalité* (1868); les *Ordres religieux* (1868); *Dictionnaire des anoblissements de 1270 à 1790* (1869); l'*Art héraldique* (1890).

Parmi les ouvrages historiques, mentionnons : *Histoire de l'abbaye de Fécamp et de ses abbés* (1872); *Histoire du Capitoulat et des Capitouls de Toulouse* (1880); *Histoire nationale de la Bastille* (1887); *Les Refrains de la rue*; *l'Eglise et la Chasse*; les *Boiseries sculptées du chœur de Notre-Dame*, et le plus important : *Paris à travers les siècles*, histoire nationale de Paris et des Parisiens depuis l'origine, 5 gros vol. grand in-8°, illustrés, et un sixième consacré à *Paris moderne* (1892).

Ses principaux romans historiques et de mœurs contemporaines portent les titres suivants : les *Amours à coups d'épée* (1864); *Comment on tue les femmes* (1865); les *Damnés de l'Autriche* (1867); le *Crime de 1804* (1873); l'*Avocat Bayadère* (1876); *Une Luronne* (1876); *Une vie d'enfer* (1877); *L'homme au veston bleu* (1878); la *Magicienne*; le *Secret du feu* (1880); les *Folies de Paris* (1882); les *Quatre manières de les aimer* (1884); le *Roi Rouge : Au pays des neiges*; *Comment elles agissent* (1885); le *Roman d'une bourgeoise* (1886); *Lisa Patard* (1888); *Inviolable*; le *Capitaine Bernard*; la *Misère en habit noir*;

les *Voleurs de femmes*; les *Compagnons de la Marjolaine*; les *Filets de Versailles*; l'*Homme au nez coupé* (1893) ; l'*Expiation après le crime*; les *Drames du cœur* ; le *Dernier amour de Henri IV* (1894), etc. Tous ces romans ont paru d'abord en feuilleton dans les divers journaux parisiens, où cet écrivain a donné aussi une quantité considérable de nouvelles et d'articles de critique d'art et de littérature.

M. Gourdon de Genouillac a fondé et dirigé: le *Courrier de la Banlieue*, le *Trait d'Union*, le *Passe-Temps*, le *Journal des Employés*, le *Journal des Médaillés de l'Empire*, le *Monde Artiste*, qu'il a créé en 1862 ; il a collaboré à un grand nombre de revues et journaux parisiens.

Il a fait partie de plus de soixante sociétés savantes ou de sauvetage. Mentionnons seulement : la Société des Gens de Lettres, qui le reçut sociétaire en 1852, membre de son comité par réélections successives depuis 1868 et quatre fois son vice-président; la Société des auteurs, compositeurs et éditeurs de musique ; le Conseil héraldique de France ; l'Institut héraldique italien, etc. Il fut membre du Comité d'organisation de l'Exposition de 1889. Il est en outre président du Conseil d'administration de la Société anonyme de la *Bénédictine*.

M. Gourdon de Genouillac est officier de l'Instruction publique et de l'ordre du Nicham de Tunis, chevalier de l'ordre des Saints Maurice et Lazare d'Italie, de l'ordre du Christ de Portugal, etc.

BRUNET (Louis)

UBLICISTE, né à Paris le 23 février 1870. Ses études terminées, il s'engagea en Afrique et gagna rapidement les galons de sous-officier.

Rentré dans la vie civile, il s'occupa des questions coloniales, que son séjour en Afrique lui avait permis d'étudier, et fonda la Société Amicale des anciens militaires de l'armée d'Afrique, dont il fut nommé président.

En 1895, il créa le journal l'*Africaine*, organe de ce groupe, récompensé par une médaille d'or à l'Exposition internationale de Bruxelles (1897) et, peu de temps après, la *Biographie militaire et coloniale*, recueil d'intéressants portraits de militaires et d'explorateurs.

Secrétaire de la rédaction de la *Revue des Colonies et des Pays de protectorat*, importante publication haut cotée dans le monde colonial, il est devenu directeur du *Mouvement colonial*.

M. L. Brunet a créé, en 1897, la *Petite Collection militaire et coloniale*, dans laquelle il publie nombre d'œuvres essentiellement patriotiques et destinées à répandre le goût de la colonisation dans la jeunesse française. Il est également l'auteur d'un ouvrage très documenté et fort intéressant sur les *Ordres coloniaux français*.

Ses nombreux titres ont valu à M. L. Brunet d'être nommé syndic de la Presse coloniale et la colonie du Dahomey et dépendances l'a désigné pour la représenter, en qualité de délégué-adjoint, à l'Exposition universelle de 1900.

M. L. Brunet est membre de la Société de Géographie commerciale de Paris, du Syndicat de la Presse militaire, etc. ; délégué du Souvenir français, il appartient en outre aux comités de la Ligue coloniale de la Jeunesse, de l'Union des Sociétés régimentaires de France, du Monument de la Tour d'Auvergne, etc.

Il est commandeur de l'Etoile Noire du Bénin, officier du Nichan Iftikhar, chevalier du Nichan-el-Anouar de Tadjourah. etc.

WEIL (Henri)

ELLÉNISTE, membre de l'Institut, né à Francfort-sur-le-Mein (Allemagne) le 26 août 1818. Il fit ses études à Bonn, à Berlin et à Leipzig, puis suivit les cours de la Faculté des Lettres de Paris, prit, en 1845, le diplôme de docteur et, en 1848, celui d'agrégé; en même temps il se faisait naturaliser français.

Nommé professeur de littérature ancienne à la Faculté des Lettres de Besançon, M. Henri Weil en devint le doyen en 1872. Il fut appelé, le 7 mars 1876, comme maître de conférences, à l'Ecole normale supérieure et fut directeur adjoint à l'Ecole pratique des hautes études. Il a été admis à la retraite en août 1891.

Correspondant de l'Académie des Inscriptions et Belles-Lettres dès 1866, M. H. Weil a été élu membre titulaire, le 17 février 1882, en remplacement de Dulaurier.

On cite de lui : *De Tragœdiorum græcarum cum rebus publicis conjunctione* et *Question de grammaire générale*, thèses de doctorat (1845) ; *Théorie générale de l'accentuation latine* (1855) ; *De l'ordre des mots dans les langues anciennes comparées aux modernes* (3ᵉ éd. 1879) ; *Etudes sur le drame antique* (1897). Il a, de plus, donné des éditions critiques et explicatives d'Eschyle, de huit tragédies d'Euripide, des *Harangues* et des *Plaidoyers politiques* de Démosthène, etc. ; de diverses œuvres d'*Euripide*, de *Démosthène*, d'*Eschyle* (1868 à 1898) ; un commentaire critique sur *Un Papyrus inédit de la bibliothèque de M. Ambroise Firmin-Didot*, etc.

M. Henri Weil est officier de la Légion d'honneur depuis le 12 juillet 1887.

JACCOUD (François-Sigismond)

MÉDECIN, membre de l'Académie de Médecine, né à Genève le 20 novembre 1830. Il vint étudier la médecine à Paris, fut interne des hôpitaux en 1855 et obtint la grande médaille d'or au concours de l'internat en 1859.

Reçu docteur, en 1860, avec une thèse sur les *Conditions pathogéniques de l'albuminurie* ; médecin des hôpitaux en 1862 et agrégé, l'année suivante, avec une thèse sur l'*Humorisme ancien comparé à l'humorisme moderne*, M. Jaccoud fut envoyé en Allemagne pour y étudier l'organisation des facultés de médecine et publia à son retour un *Rapport* sur ce sujet.

Nommé médecin de la Maison municipale de santé, de la Charité, puis de l'hôpital Lariboisière, il fut chargé du cours de pathologie et devint professeur titulaire de clinique médicale à la Faculté de Médecine, le 16 décembre 1876. Il a été élu membre de l'Académie de Médecine le 5 janvier 1877.

On connait de M. le docteur Jaccoud, en plus de ses thèses, du rapport cité plus haut et de plusieurs mémoires sur ses travaux, les ouvrages suivants : *Études de pathogénie et de sémeiotique* (1864) ; *Leçons de clinique médicale faites à l'hôpital de la Charité* (1867) ; *Traité de pathologie interne* (1869-1873) ; la *Station médicale de Saint-Moritz* (1873) ; *Leçons de clinique médicale faites à l'hôpital Lariboisière* (1875) ; *Leçons de clinique médicale faites à l'hôpital de la Pitié, 1883-1887* (1885-1887) ; *Curabilité et traitement de la phtisie pulmonaire* (1888).

On cite encore de ce professeur une traduction des *Leçons de clinique médicale* (1861-1862), du médecin anglais Graves ; il a dirigé le *Nouveau Dictionnaire de médecine et de chirurgie pratiques* (40 vol. 1879-1886), etc.

Décoré de la Légion d'honneur le 15 août 1866, M. le D' Jaccoud a été promu officier le 10 avril 1877.

SERRES (Louis de)

COMPOSITEUR de musique, né à Lyon le 8 novembre 1864. Ses études terminées au collège Saint-Joseph de sa ville natale, il commença à travailler la musique. Venu à Paris et reçu, comme élève, au Conservatoire, en 1885, il suivit les classes de M. Taudou pour l'harmonie et de César Franck pour l'orgue et la composition.

M. Louis de Serres est l'auteur de nombreuses œuvres musicales applaudies, parmi lesquelles il convient de citer : *Fragilité* (donnée aux grandes auditions) ; *Vilanelle triste* (créée aux Concerts Colonne) ; *Vilanelle fleurie* ; *Sous les bananiers* ; *Toc-Toc* ; *Barque d'Orient* ; *Sub urbe*, dans le genre lied ; *Au bord de la mer*, avec accompagnement d'orchestre ; *Nuit d'été* et *Jour des Morts*, chœurs avec orchestre ; *Andante pathétique* et les *Caresses*, pièces symphoniques, etc.

La plupart des pages musicales de ce compositeur ont été exécutées à la Société nationale de musique et y ont obtenu le plus vif succès.

On annonce encore de lui : un *Quatuor* et une suite de *Mélodies*, écrites sur des paroles de M. Émile Cottinet (1898).

M. Louis de Serres est membre de la Société des auteurs, compositeurs et éditeurs de musique et fait partie du comité de la Société nationale de musique.

GRIVART (Louis-René-Joachim)

SÉNATEUR, ancien ministre, né à Rennes le 30 juillet 1829. Il étudia le droit et se fit inscrire au barreau de cette ville, où il a été quatre fois choisi comme bâtonnier.

M. Grivart entra dans la politique après la chute de l'Empire. Élu représentant d'Ille-et-Vilaine à l'Assemblée nationale, le 8 février 1871, par 88,610 voix, il fut membre de la fameuse commission des Trente et devint ministre de l'Agriculture et du Commerce, dans le cabinet Chabaud-Latour 24 mai 1874 au 10 mars 1875. Secrétaire de l'Assemblée nationale en 1875 et 1874, il fut membre de diverses commissions et rapporteur de plusieurs projets de lois. Il vota avec la droite de l'Assemblée, repoussa l'amendement Wallon, mais adopta l'ensemble des lois constitutionnelles (1875). Peu après, il fut délégué par le gouvernement français à la Conférence internationale de Bruxelles, réunie pour établir la convention sur le régime des sucres.

Lors de l'élection des sénateurs inamovibles, M. Grivart fut porté sur la liste des droites, mais ne put réunir la majorité. Il se fit élire, dans l'Ille-et-Vilaine, membre du nouveau Sénat, le 30 janvier 1876, par 287 voix sur 400 électeurs. Il continua à siéger sur les bancs de la droite monarchiste et vota la dissolution en juin 1877.

Le 1ᵉʳ octobre 1877, M. Grivart fut nommé gouverneur du Crédit foncier ; mais il ne conserva ces fonctions que jusqu'en février 1878.

Aux élections sénatoriales du 5 janvier 1879, il échoua, dans le même département, avec 214 voix sur 455 électeurs ; il retrouva son siège, le 2 juillet 1893, après le décès de M. de Callac, avec 518 voix et il fut réélu au renouvellement de janvier 1897, par 576 voix. Le sénateur d'Ille-et-Vilaine, siège au Centre droit.

PRITCHARD (Charles-Edouard)

Compositeur de musique et chef d'orchestre, né à Saint-Germain-en-Laye le 22 septembre 1863. Après de bonnes études classiques aux lycées Condorcet et Saint-Louis, de Paris, il entra, selon la volonté de sa famille, à l'Ecole supérieure des Mines, en 1882 et en sortit, avec le diplôme d'ingénieur, quatre ans plus tard.

A cette époque, M. Pritchard renonça définitivement aux études scientifiques pour se consacrer à l'art musical. Elève du Conservatoire national de musique dans la classe de Massenet, puis de César Franck, il se produisit en public, comme violoniste, et fut ensuite directeur de la « Fanfare Mauloise », chef d'orchestre, successivement, aux théâtres parisiens de la Renaissance (1889), des Menus-Plaisirs (1897) et du Châtelet (1898).

Parmi les nombreuses œuvres musicales de ce compositeur, il convient de citer : *Pharaon*, poème symphonique, joué à Paris en 1889 ; *Rolla*, ouverture dramatique donnée au Jardin d'acclimatation, en avril 1897 et reprise au mois de janvier 1898 ; des mélodies, notamment : *Mignonne* ; *Jane* ; *Nox* ; la *Saison d'amour* ; *Printemps* ; *Pourquoi dire non ?* ; un *Ave Maria* ; des morceaux de piano : les *Libellules*, *Mazurka* ; un *Menuet*, pour violon ; *Scène au soir*, avec soli et chœur pour voix d'hommes et de femmes.

M. C.-E. Pritchard est encore l'auteur de : *Bretagne*, poème lyrique en trois actes, avec paroles de lui-même ; *Mahomet*, ballet en trois actes et cinq tableaux ; *Ruse d'amour*, pantomime en un acte (1898).

RAVAISSON-MOLLIEN (Jean-Gaspard-Félix-Lacher)

Philosophe, membre de l'Institut, né à Namur le 23 octobre 1813. Ses études faites au collège Rollin, à Paris, il fut reçu agrégé en 1836, et partagea, l'année suivante, avec M. Michelet (de Berlin) le prix de l'Académie des Sciences morales et politiques, pour un travail très considérable intitulé : *Essai sur la métaphysique d'Aristote* (1837-1846).

M. Ravaisson-Mollien fut professeur de philosophie à la Faculté des Lettres de Rennes, de 1838 à 1840, puis inspecteur général des bibliothèques publiques (1845-1853), inspecteur général de l'enseignement supérieur et membre du Conseil de l'Instruction publique ; il fut appelé, en juillet 1870, aux fonctions de conservateur des antiquités au musée du Louvre.

M. Ravaisson-Mollien conserva le titre d'inspecteur général de l'enseignement supérieur jusqu'à la suppression, par mesure budgétaire, de cet ordre d'inspection ; il fut alors nommé inspecteur général honoraire (mars 1888). Admis à l'Académie des Inscriptions et Belles-Lettres, en remplacement de Letronne, le 9 novembre 1849, il est entré à celle des Sciences morales et politiques, en remplacement de M. Peisse, le 20 avril 1880.

En outre du travail mentionné plus haut, on cite particulièrement de M. Ravaisson : *De l'habitude* (1838), thèse pour le doctorat ; une révision du *Catalogue général des bibliothèques publiques* (1849) ; une série de *Rapports* au ministre sur plusieurs dépôts et collections, notamment celui sur les archives de l'Empire et la bibliothèque impériale (1862) ; un *Rapport sur l'enseignement du dessin* (1853) ; la *Philosophie en France au XIXᵉ siècle*, rapport officiel publié à l'occasion de l'Exposition universelle (1868) ; la *Vénus de Milo* (1878, avec pl.), sujet sur lequel il est revenu plusieurs fois devant l'Institut ; le *Monument de Myrrhine et les bas-reliefs funéraires des grecs en général* (1876, avec pl.) ; l'*Art dans l'Ecole* et le *Dessin*, extraits du *Dictionnaire de Pédagogie*, etc.

M. Ravaisson-Mollien est officier de la Légion d'honneur depuis 1862.

MEAUX (Marie-Camille-Alfred Vicomte de)

ÉCRIVAIN, ancien ministre, né à Montbrison (Loire) le 18 septembre 1830. Il appartient à une vieille famille qui compte parmi ses membres un député royaliste (son grand-père) et un des fondateurs du *Correspondant* (son père, gendre de Montalembert).

M. le vicomte de Meaux débuta dans les lettres à la *Revue Contemporaine* en 1854, puis il écrivit dans le *Correspondant* (1856).

Quoique sans fonctions officielles, il prit part, sous l'Empire, à toutes les affaires qui intéressèrent sa région. Il combattit le transfert de la préfecture de la Loire à St-Etienne, concourut à l'assainissement de la plaine du Forez, à la création du grand canal d'irrigation qui a transformé l'agriculture du pays, etc.

Le 1ᵉʳ juin 1863, candidat de l'opposition libérale au Corps législatif, dans la 3ᵉ circonscription de la Loire, il échoua, avec 7,553 voix, contre 17,853 à l'élu officiel, M. Bouchetal-Laroche, et ne fut pas plus heureux, le 24 mai 1869, avec 10,402 voix contre 16,848 au député sortant, réélu. Conseiller municipal de Montbrison, il signa avec ses collègues, en face de l'invasion du territoire, en septembre 1870, une proclamation aux habitants, adhérant à la République, et fut élu, le 8 février 1871, représentant de la Loire à l'Assemblée nationale, le 8ᵉ sur 11, par 48,088 voix, sur 89,275 votants. Il prit place à la Droite modérée, fut nommé secrétaire de l'Assemblée dès sa réunion à Bordeaux, fut rapporteur de la loi ratifiant le traité de Francfort et du projet de loi supprimant la mairie centrale de Lyon, prit part aux négociations qui amenèrent le rappel des lois d'exil pour les princes français et aux discussions sur la loi municipale, la dissolution des gardes nationales, l'impôt des matières premières et les projets de lois constitutionnelles présentés par le duc de Broglie.

Nommé ministre de l'Agriculture et du Commerce dans le cabinet Buffet, le 10 mars 1875, M. le vicomte de Meaux fut élu sénateur de la Loire en 1876. Il parla, au Sénat, contre le projet d'amnistie, quitta son portefeuille le 8 mars 1876, mais le reprit après le 16 mai 1877, dans le cabinet de Broglie-Fourtou; il prit part aux actes politiques de ce ministère et prépara la création de l'Institut agronomique de Paris. Il démissionna, après les élections du 14 octobre, avec tous ses collègues.

Conseiller général de Saint-Georges-en-Couzan (Loire), M. de Meaux échoua, dans ce département, au renouvellement triennal du Sénat, le 5 janvier 1879, avec 117 voix sur 390 votants. Le 4 octobre 1885, aux élections législatives, porté sur la liste conservatrice de la Loire, il ne réunit que 49,734 voix sur 116,857 votants et ne s'est plus représenté depuis.

M. le vicomte de Meaux est l'auteur d'intéressantes études historiques et littéraires : *La Révolution et l'Empire* (1867); les *Luttes religieuses au XVIᵉ siècle* (1879); *La réforme et la politique française jusqu'au traité de Westphalie* (2 vol., 1889); *L'Eglise catholique et la liberté aux Etats-Unis* (1892); *Montalembert*, avec notes et préface (1892), etc. Il a donné, en outre, un grand nombre d'articles au *Correspondant*.

SAIN (Edouard-Alexandre)

PEINTRE, né le 13 mai 1830 à Cluny (Saône-et-Loire), où son père était percepteur. Il commença ses études artistiques en suivant les cours de l'Académie de peinture, de sculpture et d'architecture de Valenciennes, qui lui décerna la grande médaille de peinture, pour une copie de l'*Annonciation de la Vierge*, de Rubens (1847). Cette même année, M. Edouard Sain se rendit à Paris et entra à l'Ecole des Beaux-Arts et dans l'atelier de Picot, où il obtint, comme élève, de nombreuses récompenses et fut admis au concours de Rome.

M. Sain exposa d'abord à Douai un *Portrait de M. Julien Potier*, son premier professeur (1851); puis, au Salon des Champs-Elysées de Paris : *Vénus et l'amour*, qui valut à son auteur une flatteuse appréciation de Th. Gautier, et *Portrait de Mˡˡᵉ X...* (1852); le *Cabaret de Ramponneau*, magnifique toile qui avait demandé deux ans de travail et figura au Salon de 1857, en même temps que *Ronde de ramoneurs (sans souci du lendemain)*; la *Poupée*; les *Petits poulets*; *Ramoneur lisant*; la *Petite travailleuse*; la *Soupe*; la *Rêveuse*. Vinrent ensuite : *Ramoneurs partant pour le travail, si heureux la veille*; le *Ruisseau*; le *Cheval de bois*; le *Départ pour l'école*; l'*Herbagère, effet du matin*; le *Chemin de l'école*; *Vieillesse et vétusté*; *Femmes basques à la fontaine*; le *Déjeuner* et le *Portrait de son père* (1861); le *Lever*; *Trois amies (portraits)* et le *Départ pour la messe*, toile achetée par l'Etat pour le musée de Mâcon (1861); le *Départ pour la fête*; la *Leçon* de catéchisme (1864) ; une *Dévideuse à Capri* ; le *Paiement (souvenir de la place Montanara, à Rome)*, acheté par l'Etat et offerte au musée d'Autun (1865) ; *Kiarella*(Capri); les *Fouilles à Pompei*(Luxembourg); *Jeune fille de l'île de Capri*, musée de Kensington, Etats-Unis (1867) ; *Jour de fête aux environs de Naples* (1868) ; *Récolte des oranges à Capri*, acheté par la maison Goupil (1869) ; *Romaine marchande de fleurs* ; *Napolitaine marchande de citrons* (1870) ; la *Convalescente en pèlerinage à la Madone d'Angri (environs de Naples)* ; *Portrait de M*ᵐᵉ *D... de C...* (1873) ; une *Fille d'Eve* ; la *Marina de Capri* ou le *Port au retour des barques*, grand tableau avec plus de 50 personnages (1874) ; la *Tortue* ; l'*Enfant endormi* ; *Macaroni de Sposalizio (repas de noce chez un paysan de Capri)*, au musée de Valenciennes (1875) ; *Jésus et la Samaritaine* ; *Portrait de M. Hutinet* (1876) ; *Andromède* ; *Portrait de M. T. Lambrecht*, ancien ministre (1877) ; Mᵐᵉ *la marquise de Grouchy* ; la *Comtesse Adrien de Brimont*, portraits (1878) ; la *Vicomtesse de Montreuil* ; *M.G. Gaillard de Witt* ; la *Baronne Mario de l'Isle* (1880) ; Mᵐᵉ *Gellibert des Seguins* ; *M. Léon Bienvenu*, directeur du *Tintamarre* (1881) ; Mᵐᵉ *Adrien Allez* ; la *Bénédiction paternelle avant le mariage* (Capri, 1882) ; Mᵐᵉ *de Morenghe* ; la *Baronne De Benoist*, portraits (1883) ; la *Comtesse A. d'Alcantara* ; Mᵐᵉ *Regnault de Prémesnil* (1884) ; Mᵐᵉ *Grimbert-Fiévet* ; Mᵐᵉ *Paul Boca* (1885) ; *Rosina* (Capri) ; *Portrait de M*ˡˡᵉ *Emilie Sain* (1886) ; *M. Delsart*, le célèbre violoncelliste (au musée de Valenciennes) ; *Pensierosa* (Capri) ; *Nannarella ou le Repos* (Capri, 1887) ; Mᵐᵉ *Pellerin* ; *M Edmond Guillaume*, architecte du Louvre (au musée de Valenciennes, 1888) ; le *Baron de Rochetaillée et sa fille* ; *Nannina* (Capri, 1889).

Nommé sociétaire, depuis la fondation de la Société nationale des Beaux-Arts, M. Edouard Sain a exposé au Salon du Champ-de-Mars : une *Tarentelle à Capri* ; *Ti voglio bene* ; *Jeune mère* (Capri) ; *M. Willy Martens*, peintre hollandais ; *M. Mascart*, de l'Institut (1890) ; l'*Acquainola* (Capri) ; le *Vieux paysan* (Capri) ; *Primo amore* (Capri) ; *Maison à Anacapri* ; *Vieille vigne* (Capri) ; *Jeunesse*, toile achetée par l'Etat et qui se trouve à la grande chancellerie de la Légion d'honneur ; Mᵐᵉ *Gérard* ; *M. Charles Jonglez* (1891) ; *Coquetterie* ; *Éphémère* ; *Rêveuse* et quatre portraits : la *Baronne Camille de Rochetaillée* ; Mᵐᵉ *Charles Max* ; *M. Dutert*, architecte (1892) ; la *Famille*, achetée par l'Etat ; *Lilas blanc* ; *Pâlote* ; *Extase* ; *Petit profil de rousse* ; la *Pergola* (site de Capri, 1893) ; *Thaïs* ; *Violette* ; *Nadia* (pastel) et six portraits ; la *Comtesse de Rochefort* ; Mᵐᵉ *Marguerite Lévy* ; Mᵐᵉ *Bource* ; Mᵐᵉ *Grandjany* ; *M. Mairesse* ; Mˡˡᵉ *Emilie Sain* (1894) ; *Brunette* ; *Jeune Baigneuse* ; la *Chasseresse égarée* ; la *Prière* et divers *Portraits* (1896) ; la *Dînette* (Capri) ; la *Vérité* ; *Mélancolie* ; *En été* ; *Fleurette* (Capri) ; *Chrysis* ; *Marchande de corail* (Capri) ; *Rosina* (Capri) ; *Pervenche* (Capri, 1897) ; *Tarascone, danse de l'île de Capri* ; *Carmen, marchande de grenades* (Capri) ; l'*Attente*, étude de nu ; *Martyre !* ; *Contemplation* ; la *Vierge de deuil*, en souvenir des victimes du Bazar de la Charité ; *Portraits du colonel comte de R...* et de Mᵐᵉ *M... et de sa fille* (1898), etc.

M. Edouard Sain a envoyé aussi beaucoup d'œuvres aux expositions universelles de Paris, de Philadelphie, de Melbourne (Australie), d'Amsterdam, d'Anvers, de Londres, de Vienne, de Chicago, et participé à des expositions de province et de cercles parisiens. Il a de plus produit de nombreuses toiles qui ont été directement vendues sans avoir jamais figuré dans les expositions.

Ce peintre a par dessus tout l'amour du vrai et du beau ; à ces deux passions, il a été fidèle toute sa vie, et jamais rien de commun ni de vulgaire n'est sorti de son pinceau ; cette note de distinction et de vérité caractérise toutes les œuvres de M. Edouard Sain et lui assigne une bonne place parmi les maîtres modernes.

Cet excellent artiste a fondé, en 1879, un cours de peinture qui a pris, depuis cette époque, une extension considérable et a produit de très bons élèves.

Vice-président de la Société artistique et littéraire des Enfants du Nord, membre de la Commission et du Comité d'administration de l'Association des artistes-peintres, graveurs et dessinateurs (Fondation Taylor), membre du Jury de la Société nationale des Beaux-Arts, M. Edouard Sain a obtenu, pour son art, 2 médailles d'or aux expositions artistiques de Valenciennes (1852 et 1872), une médaille d'argent à celle de Rouen (1862), la médaille des Beaux-Arts à Philadelphie (1877), une médaille d'or à Melbourne (1888), une médaille d'argent à l'Exposition universelle de Paris (1889) ; au Salon des Champs-Elysées, trois mentions honorables, une médaille en 1866, et une médaille de 3ᵉ classe en 1875. Il est chevalier de la Légion d'honneur depuis 1877.

SUAU DE LA CROIX (Henri-Frédéric-Enguerrand Comte du)

ÉMAILLEUR d'art, né au château de Petitval (Seine-et-Marne) le 13 octobre 1840. Il appartient à une famille originaire du Dauphiné, alliée aux principales maisons de ce pays, parmi lesquelles celle des ducs de Lesdiguières, aujourd'hui disparue. Certains ascendants du comte actuel ayant émigré à la Louisiane, alors colonie française, y occupèrent les plus hautes fonctions: son grand-père paternel fut gouverneur de la banque de cette colonie; son arrière grand-père maternel, le marquis de Marigny, repose dans la cathédrale de la Nouvelle-Orléans; d'autre part son oncle, le comte Frédéric du Suau de la Croix fut secrétaire du ministre des affaires étrangères prince de Polignac, en 1830.

Depuis l'âge de seize ans, le comte Enguerrand du Suau de la Croix travaille, en amateur et en artiste, les métaux, dont il connaît toutes les combinaisons possibles ; il s'est, depuis 1885, adonné surtout à l'émail, s'appliquant plus particulièrement au genre ancien. Après de nombreuses recherches, il est arrivé à créer un art nouveau : les émaux translucides de grand feu, à double haut relief cabochon, sur métal à jour en épousant tous les contours, et dont la forme convexe produit des intensités de lumière et des teintes dégradées qu'aucun émail connu n'avait pu donner encore. Il est d'ailleurs le seul, à ce jour, à obtenir de si merveilleux résultats.

Divers journaux, le *Figaro*, le *New-York Herald*, le *Journal*, la *Vie Nationale*, l'*Evénement*, etc., se sont occupés des travaux de cet artiste, aux œuvres si personnelles.

Le comte est un gentilhomme amoureux de son art. Comme Benvenuto Cellini, il travaille assidûment, n'ayant pour collaborateurs que son fils et sa belle-fille, Mme de Montigny, comme lui, jaloux du secret de sa découverte.

Il compose lui-même ses dessins et ses modèles, qui sont de purs chefs-d'œuvre, et manie ensuite la lampe d'émailleur, travail très délicat, car il s'agit, pour obtenir la fusion des émaux, de produire une température de 800° et de ne pas faire fondre l'argent qui ne supporte pas plus de 1000° pour rester rigide.

Les applications en sont très diverses. Ils peuvent être combinés avec des médailles servant à fixer le souvenir d'un évènement important, comme pièces de mariage, par exemple ; en ce cas on peut réserver des écussons pour les enfants à naître, et ceci constitue le livre d'or de la famille, qu'on laisse dans le sanctuaire de la tendresse, comme les icônes byzantines auxquelles sont empruntés les motifs ornementaux.

On en fait aussi des bijoux, des épingles de chapeau, des dessus de bonbonnière, ou, s'élevant du p... au sacré, on les dispose pour en former le *marli* (communément bord) d'une patène. (L. PRAXÈS, le *Soir*, 11 mai 1898).

On a remarqué parmi les productions artistiques de M. Suau de la Croix les plaques composées à la mémoire des victimes du Bazar de la Charité et divers autres plaques, médailles commémoratives de baptême, de première communion et d'anniversaires quelconques, des croix, glaces, bijoux divers, pièces d'orfèvrerie d'or et d'argent, etc.

Marié à Mme de Montigny, née de Vincelles, fille du colonel de Vincelles, le comte du Suau de la Croix habita longtemps la Bretagne, où sa femme est alliée aux premières familles du pays, et où il exposa à plusieurs reprises, obtenant notamment un diplôme d'honneur et une première médaille, la plus haute récompense, à Rennes ; il a exposé aussi à Vannes, où lui fut décerné le grand diplome d'honneur, et à Paris, à la Société des Artistes français (Section des Arts décoratifs), en 1898.

Son fils, ancien sous-maître de manège à l'Ecole de cavalerie de Saumur, est aussi arrivé à une grande habileté dans l'art de l'émail, suivant les traces de son père.

Mme Jeanne de Montigny, sa belle-fille et son élève, exposa elle-même des émaux au Salon de 1898, ainsi qu'à l'exposition des Arts de la femme ; cette artiste est également une aquarelliste distinguée.

TURIGNY (Jean-Placide)

DÉPUTÉ, né à Chantenay-Saint-Ambert (Nièvre) le 17 janvier 1822. Reçu docteur en médecine à Paris en 1840, il s'établit à Saint-Pierre-le-Moutier.

Poursuivi après le coup d'Etat, pour son opposition à l'Empire, et obligé de quitter la France, M. Turigny, à son retour, fut un des chefs du parti républicain dans la Nièvre et collabora aux journaux l'*Impartial du Centre* et la *Tribune Nivernaise*.

Candidat aux élections du 8 février 1871, pour l'Assemblée nationale, il échoua avec 25,500 suffrages; mais à une élection partielle, le 27 avril 1873, il fut élu par 33,071 voix, contre 31,954 au candidat monarchiste, M. Gillois. Invalidé, le 27 juin, pour manœuvres électorales, il fut renvoyé à la Chambre, le 12 octobre suivant, par 39,872 voix, contre 28,243 à M. Gillois. Membre de l'Union républicaine, il vota la constitution, puis se rangea parmi les intransigeants qui repoussèrent les lois complémentaires.

Elu député, dans la 2e circonscription de Nevers, le 20 février 1876, par 5,968 voix, contre 1,777 au candidat monarchiste, M. Turigny siégea à l'Extrême-

Gauche et se prononça pour l'amnistie pleine et entière. Après l'acte du 16 mai 1877, il fut un des 363 et réélu, le 14 octobre suivant, par 6,284 voix, contre 4,721 obtenues par le candidat officiel. Depuis, M. Turigny a été constamment réélu député de la 2ᵉ circonscription de Nevers, en 1881, 1885 (sur la liste radicale du Cher), 1889, 1893 et 1898, cette dernière fois, avec 7,363 voix, contre 3,880 à M. Gros, républicain.

A la Chambre, où il n'a plus cessé de siéger à l'Extrême-Gauche, il vote avec ce groupe dans les questions politiques en débat.

Maire de Chantenay, le député de la Nièvre est aussi conseiller général de Saint-Pierre-le-Moutier.

LEROY-BEAULIEU (Henry-Jean-Baptiste-Anatole)

Publiciste, membre de l'Institut, né à Lisieux en 1842. Il s'intéressa dès sa jeunesse à des recherches critiques et artistiques et écrivit un volume intitulé : *Une troupe de comédiens* (1866), puis un *Essai sur la restauration de nos monuments historiques, devant l'art et devant le budget*, où il traita particulièrement de la restauration de la cathédrale d'Evreux.

En 1872, M. Anatole Leroy-Beaulieu fit en Russie un premier séjour, qu'il renouvela plusieurs fois depuis, pour étudier l'organisation et les mœurs de ce pays. A son retour, en 1881, il devint professeur d'histoire contemporaine politique et religieuse à l'Ecole libre des Sciences politiques. Il a été élu, le 30 avril 1887, membre libre de l'Académie des Sciences morales et politiques.

Conseiller général de la Haute-Marne de 1885 à 1889, M. Leroy-Beaulieu a fondé, en 1895, avec plusieurs publicistes, un « Comité de Défense et de Progrès social », destiné à combattre la diffusion du socialisme. Il a donné, pour cette propagande, plusieurs conférences, dont certaines ont été publiées.

M. Anatole Leroy-Beaulieu a écrit, dans la *Revue des Deux-Mondes*, des études publiées ensuite en volumes, sous les titres suivants : *Un Empereur, un Roi, un Pape, une Restauration* (1879), critique historique sur la politique du temps du second empire ; l'*Empire des Tsars et les Russes* (1887 à 1893), ouvrage important sur l'histoire et la politique russes ; *Un homme d'Etat russe* (Nicolas Milutine) (1884) ; *Les Catholiques libéraux, l'Eglise et le libéralisme* (1885) ; *La France, la Russie et l'Europe* (1888) ; *La révolution et le libéralisme* (1890) ; *La papauté, le socialisme et la démocratie* (1892) ; *Israël chez les nations* (1893) ; *Etudes russes et européennes* (1896), et les conférences suivantes : *Pourquoi nous ne sommes pas socialistes* (1895) ; *Individualisme et socialisme* (1896) ; l'*Antisémitisme* ; *La patrie française et l'internationalisme* (1897), etc.

M. Anatole Leroy-Beaulieu est chevalier de la Légion d'honneur.

LEROY-BEAULIEU (Pierre-Paul)

Economiste, membre de l'Institut, frère du précédent, né à Saumur (Maine-et-Loire) le 9 décembre 1843. Ses études faites au lycée Bonaparte, il séjourna quelque temps à Rome, puis fréquenta les universités de Bonn et de Berlin en 1864 et 1865.

M. Paul Leroy-Beaulieu s'est fait connaître par d'importants travaux sur l'économie politique : il collabora au *Temps*, à la *Revue nationale*, à la *Revue contemporaine*, à la *Revue des Deux-Mondes*. Son mémoire, intitulé : *De l'influence de l'état moral et intellectuel des populations ouvrières sur le taux des salaires*, fut couronné, en 1867, par l'Académie des Sciences morales, qui lui décerna, en 1868, trois prix pour les mémoires suivants : *De la colonisation chez les peuples modernes ; De l'administration en France et en Angleterre ; De l'impôt foncier et de ses conséquences économiques*. Entré, en 1870, à la rédaction du *Journal des Débats*, il n'a cessé depuis d'y combattre les théories protectionnistes.

Nommé professeur de finances à l'Ecole libre des Sciences politiques en 1872, ses cours sur l'histoire financière de l'Angleterre le mirent en vive lumière. En même temps, il fondait le journal l'*Economiste français*. Suppléant, au Collège de France, de Michel Chevalier, son beau-père, il lui succéda dans sa chaire, comme titulaire, le 1ᵉʳ mai 1880. Il a été élu membre de l'Académie des Sciences morales et politiques, le 6 juillet 1878, en remplacement d'Audiffret.

M. P. Leroy-Beaulieu a fait diverses tentatives infructueuses pour entrer dans la vie politique. Candidat aux élections municipales dans le xvıᵉ arrondissement de Paris, en 1874 ; puis à Constantine, en avril 1877, à une élection partielle pour la Chambre des députés ; en juillet 1878 et en novembre 1883, dans l'arrondissement de Lodève (Hérault), il échoua constamment. Il ne fut pas plus heureux aux élections générales du 5 octobre 1885, où il était inscrit sur la liste monarchiste de l'Hérault ; ni au renouvellement du 22 septembre 1889, où il fut candidat, dans l'arrondissement de Lodève ; pas plus qu'en 1890, après l'invalidation de son concurrent, M. Ménard-Dorian. Il crut devoir se présenter encore dans la même circonscription en 1893, et fut battu de nouveau, bien que candidat républicain, cette fois, par M. Vigné d'Octon, socialiste. Une nouvelle tentative, faite lors du renouvellement législatif, en 1898, dans le XVIᵉ arrondissement de Paris, aboutit à un nouvel échec.

On cite parmi les travaux de cet éminent économiste : les *Guerres contemporaines* (1868-1869), recherches statistiques sur les pertes d'hommes et de capitaux ; la *Question ouvrière au XIXᵉ siècle* (1871) ; le *Travail des femmes au XIXᵉ siècle* (1873) ; *Traité de la science des finances* (1877, 5ᵉ éd. 1897) ; *Essai sur la répartition des richesses* (1880) ; *De la colonisation chez les peuples modernes* (1882) ; le *Collectivisme*, examen critique du nouveau socialisme (1884) ; *L'Algérie et la Tunisie* (1887) ; *Précis d'économie politique* (1888, 3ᵉ éd. 1896) ; *L'État moderne et ses fonctions* (1889) ; *Traité théorique et pratique d'économie politique* (1896) ; *Collectivisme agraire et nationalisation* ; les *Expériences sociales en Australie* (1897), etc.

M. Paul Leroy-Beaulieu est officier de la Légion d'honneur.

PERRIER (Jean-Octave-Edmond)

NATURALISTE, membre de l'Institut, né à Tulle le 9 mai 1844. Ses études, commencées au lycée de Tulle, s'achevèrent au lycée Bonaparte. Admis, en 1864, à l'École polytechnique et à l'École normale supérieure, M. Perrier opta pour cette dernière, se fit recevoir agrégé en 1867 et fut professeur au lycée d'Agen. Nommé aide-naturaliste au Muséum d'histoire naturelle en 1868, docteur ès-sciences naturelles en 1869, il devint, en 1872, maître de conférences à l'École normale supérieure, puis professeur de zoologie au Muséum (1876) et administrateur de cet établissement.

M. Perrier a été reçu membre de l'Académie des Sciences, le 12 décembre 1892, en remplacement de M. de Quatrefages.

M. Edmond Perrier a donné de nombreux *Mémoires* sur la vie et la structure des animaux inférieurs ; ses recherches ont été insérées dans les recueils scientifiques : *Comptes-rendus de l'Académie des Sciences, Annales des Sciences naturelles, Archives de Zoologie expérimentale*, etc. Il a publié en outre : les *Colonies animales et la formation des organismes* (1881) ; *Anatomies et physiologie animales* (1882) ; les *Principaux types des êtres vivants* (1882, avec atlas) ; la *Philosophie zoologique avant Darwin* (1884) ; les *Explorations sous-marines* (1886, résumé des explorations auxquelles il avait pris part, en 1883, dans l'Atlantique, sur le « Talisman », et, en 1885, sur le « Travailleur ») : *L'Intelligence des animaux* (1887) ; le *Transformisme* ; *Éléments d'anatomie et de physiologie animales*, à l'usage de l'enseignement spécial (1888) ; *Traité de Zoologie* (1892) ; *Lamark et le Transformisme actuel* 1893 ; *Éléments de Zoologie* ; *Précis de physiologie animale* 1895 ; *Manuel de sciences, applications à l'agriculture et à l'hygiène* (1895-96) ; *Leçons élémentaires sur l'histoire naturelle des animaux* (1897), etc.

Ce savant est officier de la Légion d'honneur.

VAILLANT (Marie-Édouard)

DÉPUTÉ, publiciste, né à Vierzon (Cher) le 29 janvier 1840. Reçu ingénieur des Arts et Manufactures, il se fit inscrire à la Faculté de Médecine de Paris, puis il alla parachever ses études en Allemagne, à Heidelberg, Tuebingen et Vienne. Il revint en France en 1870 et, pendant le siège de Paris, fit dans cette ville une active propagande révolutionnaire.

M. Vaillant se présenta aux élections pour l'Assemblée nationale, le 8 février 1871, mais ne fut pas élu. Il prit part à l'insurrection communaliste, fut nommé membre de la Commune dans le VIIIᵉ arrondissement, le 26 mars, puis fit partie de la Commission exécutive et délégué à l'enseignement (21 avril). Après la défaite de la Commune, il passa en Angleterre et participa, à Londres, à l'Association internationale des travailleurs, comme membre de son conseil général (septembre 1871). Le 20 juillet 1872, le Conseil de guerre le condamna à mort par coutumace.

Revenu à Paris après l'amnistie, M. Vaillant reprit sa propagande révolutionnaire et se fit élire conseiller municipal, le 11 mai 1884. Au Conseil, il demanda la suppression des armées permanentes, la réquisitionnement des logements inoccupés en faveur des citoyens sans logement, la création d'un fonds de secours permanent destiné aux ouvriers sans travail ou pourvus de moyens d'existence insuffisants, la création d'une milice de police, placée sous les ordres du Conseil, etc. Lors de l'agitation boulangiste, M. Vaillant se déclara contre la politique du général; mais il refusa de s'allier aux autres groupes républicains pour combattre le mouvement.

Au mois de juillet 1888, il se présenta à une élection législative partielle dans le Rhône, comme anti-boulangiste et anti-opportuniste à la fois; il échoua, n'obtenant que 17,614 voix, contre 37,133 données à M. Chepié, républicain. Il se représenta, le 22 septembre 1889, dans la 2ᵉ circonscription du xxᵉ arrondissement de Paris et, n'ayant pas réuni la majorité au premier tour, se désista au ballottage; mais il parvint à se faire élire député de cette circonscription en 1893, par 7,358 voix, contre 4,519 à M. Patenne, républicain.

M. Vaillant donna alors sa démission de conseiller municipal de Paris, et vint siéger à la Chambre dans le groupe socialiste. Réélu, en 1898, par 7,602 voix, contre 7,016 au même adversaire, il est le chef reconnu de la fraction blanquiste.

M. Vaillant avait fondé, en 1880, avec Blanqui, le journal *Ni Dieu, ni Maître*; il prit, en 1888, la direction de l'*Homme libre*, journal socialiste quotidien.

MNISZECH (Léon-Joseph-Philippe-Vandalin Comte)

PHILANTHROPE, né à Odessa (Russie) le 27 décembre 1849. Issu d'une des plus anciennes familles de Pologne, ayant eu son berceau en Bohême, qui compte parmi ses membres Marina Mniszech, épouse du faux Dimitrius, tzar de Russie, et qui est alliée aux Poniatowski, Czartoryski, Wisniowiecki, Leszczynski, Zamoyski, etc., le comte Léon Mniszech est fils du comte André et de la comtesse, née Potocka, et arrière petit-fils de Georges Mniszech, grand maréchal de la couronne de Pologne.

Les armes de cette famille sont « de gueule à sept plumes d'Autruche au naturel, appointées en pile, la pointe de l'écu sur un demi-croissant renversé »; suivant Paprocki, célèbre héraldiste, le champ doit être d'argent.

Le comte Léon Mniszech fit ses études à Paris. Il était à Bruxelles lorsqu'éclata la guerre de 1870 et s'employa, dès lors, activement, à soulager les blessés de la campagne franco-allemande, tant en Belgique qu'en France; à l'issue des hostilités, il fonda, avec M. Henry Blount, la Société française de secours aux paysans ruinés par cette guerre.

Le comte Léon Mniszech s'est acquis depuis une grande notoriété par sa participation active à la plupart des œuvres de bienfaisance de France, d'Autriche et de Belgique.

Chambellan de l'empereur d'Autriche, il est membre fondateur à Vienne, notamment, de la « Wiener Rettungs Gesellschafft », société de secours immédiats aux blessés des accidents de la voie publique; à Paris, il est membre fondateur de la Croix Rouge, membre de la Société des Agriculteurs de France, de la Société Taylor, etc.

Il s'est marié, en 1876, à la comtesse Isaure-Eugénie-Sophie de Montault, dame de la Croix Etoilée d'Autriche et de Ste-Elisabeth de Bavière, fille de Odet-Armand marquis de Montault et de Cécile Marquet de Montbreton.

M. le comte Léon Mniszech est officier de la Légion d'honneur, chevalier d'honneur de l'ordre de Malte d'Autriche, etc.

DELAUNAY (Simon-Benjamin-Eugène)

CHIRURGIEN, né à Saintes (Charente-Inférieure) le 12 août 1861. Après avoir fait ses études classiques au collège de sa ville natale, il se rendit à Paris pour y suivre les cours de la Faculté de Médecine.

Interne provisoire à l'hôpital Broussais, puis titulaire successivement à Ivry (1889), à la Maison Dubois (1890), à Saint-Louis (1891) dans le service du docteur Péan, enfin à Broca (1892), sous les ordres du docteur Pozzi, il fut reçu docteur en médecine avec une thèse sur les *Opérations conservatrices de l'ovaire* (1893) et devint, dès cette époque, chef de clinique de Péan, avec lequel il a préparé de nombreux travaux scientifiques et dont il a été le collaborateur le plus assidu jusqu'en 1898, date de la mort de l'illustre chirurgien.

M. le docteur Delaunay a publié d'importantes communications à divers congrès, notamment au Congrès français de chirurgie de Lyon, en 1894, sur l'*Ablation totale des grosses tumeurs de l'utérus*, une des premières sur ce sujet; au Congrès de Paris, de l'année suivante, communication sur le même sujet, avec un procédé nouveau; au Congrès international de Rome, sur l'*Incision transversale dans les opérations sur le rein*, en collaboration avec Péan et présentée par ce dernier; *Sur le traitement du*

Prolapsus génital, avec procédé personnel (Archives de Gynécologie, 1896); *De la cure radicale des grosses hernies ombilicales par un procédé nouveau* (1898), etc.

M. le docteur Delaunay a, en outre, collaboré au tome X des *Cliniques* de Péan et présenté divers travaux à la Société anatomique sur des sujets de chirurgie générale et de gynécologie.

WALISZEWSKI (Casimir-Clément Comte)

ÉCRIVAIN, né à Golle (Pologne Russe) le 19 novembre 1849. Il appartient à une vieille famille de la noblesse polonaise dont l'origine remonte à 1529 environ.

Le comte Casimir Waliszewski fit ses études classiques au collège des Jésuites de Metz, malgré la volonté de ses parents, témoignant ainsi de son goût pour la langue et la littérature françaises. Il se fit recevoir docteur en droit de la Faculté de Paris, en 1875, avec une thèse remarquée sur la *Condition des étrangers en France*.

Le comte Waliszewski s'est fait connaître par des études historiques très appréciées, écrites pour la plupart en français et quelques-unes en polonais. Il convient de citer notamment : ses ouvrages sur les *Relations diplomatiques entre la France et la Pologne sous le roi Sobieski* (3 vol., texte français et polonais, Cracovie, 1879-1881); *Correspondance de M*^{me} *Kossakowska*, avec notes et documents (1 vol., 1879); *Correspondance du prince Charles Radziwill* (1 vol., 1889); les *Relations diplomatiques entre la Pologne et la France au XVIIe siècle* (Cracovie, 1 vol., 1889, texte français et polonais); *La Pologne et l'Europe dans la deuxième moitié du XVIIIe siècle* (Cracovie, 1890, 1 vol.); le *Dernier ambassadeur de Pologne à la Cour Ottomane* (2 vol., 1894); le *Roman d'une Impératrice* (1 vol., 1893, traduit en anglais et en suédois); *Voyage autour d'un trône* (1 vol., 1894, traduit également); *Pierre le Grand* (1 vol., 1897, idem); *Marysienka* (1 vol., 1898, idem). On annonce enfin de lui un important ouvrage sur les impératrices russes avant Catherine la Grande.

M. le comte Waliszewski est en outre l'auteur d'un volume de *Poésies sur la vie de campagne* (Varsovie, 1877); il a collaboré à de nombreuses revues: la *Niwa*, l'*Atenæum*, de Varsovie; le *Kraj*, de Saint-Pétersbourg; le *Correspondant*, la *Revue contemporaine*, la *Revue de Paris*, etc.

Il est membre de la Commission historique de l'Académie de Cracovie.

VAŸSSE (Marie-Léonce)

PEINTRE, né à Maligny (Yonne) le 8 janvier 1844. Fils d'un médecin qui mourut fort jeune, il fut, malgré ses goûts, destiné au commerce et se consacra aux affaires tout en acquérant, à ses moments de loisir, les principes de l'art pictural, vers lequel il se sentait attiré. D'abord élève de M. H. Pron, puis de M. Jeanniot, dont il épousa la fille, M. Léonce Vaÿsse s'est fait connaître par des paysages d'une grande variété en même temps que d'une personnalité indéniable.

Il débuta au Salon de 1881 avec *Une route en Champagne* (toile aujourd'hui à M. Alfred Boucher). Il y exposa depuis, notamment : en 1883, *Matinée d'avril*; en 1884, *Matinée d'août*; en 1886, *Matinée de juin*; en 1887, *Paysage d'octobre* (au musée de Vesoul); en 1889, *Coin de Tannerie*.

Lors de la scission qui se produisit au sein de la Société des Artistes français, M. Vaÿsse attendit une réconciliation qui ne vint pas, puis suivit la Société nationale des Beaux-Arts et produisit à ses expositions annuelles : en 1891, les *Ruines du château de Chinon*; en 1892, un *Coteau à Chinon* et *Nuit de juin*; en 1893, *Clair de lune*; en 1894, *Paysage de novembre*; *Paysage de juin*; *Lever de lune*; *Paysage de décembre*; en 1895, *Paysage de Champagne*; *Avant l'orage*; *Nuit tombante*; *Paysage de novembre*; *Nuit d'été*; *Heure indécise*; *Paysage de Champagne* (au musée de Tunis); *Nuit de juin*; *Paysage de novembre*; *Sous bois*; en 1897, le *Clos Gaston Doré* (Galerie Haussmann); la *Lisière du parc de Blives*; la *Chaumière champenoise*; *Nuit d'octobre*; en 1898, *Paysage d'avril*; *Ruine du château des évêques à Chauvigny*; *Souvenir d'Etretat*; *Chemin de traverse*, etc.

Il convient de mentionner aussi les importantes œuvres suivantes de cet excellent artiste, non exposées à Paris : l'*Allée des Veuves*, qui est au musée du Mans; *Prairie à Vesoul*; les *Bords de la Colombine*; les *Bords du Durgeon*; *Effet de neige*; l'*Averse*; une *Saulaie*; *Navettes en fleurs*; une *Route*; *Souvenir de Chinon*; *Moulins d'Enfer*, au Mans, etc.

On a vu de M. Léonce Vaÿsse aux expositions universelles d'Anvers et de Bruxelles, et à l'exposition du centenaire de l'Académie royale de Gand, des toiles remarquées, ainsi qu'aux expositions annuelles des artistes Francs-Comtois. Il est, depuis 1892, membre associé de la Société nationale des Beaux-Arts.

BRIDGMAN (Frédéric-Arthur)

Peintre, né à Tuskegee (Alabama) le 10 novembre 1847. Le plus jeune des trois fils d'un médecin, il montra, dès son enfance, des dispositions pour le dessin et débuta, par la suite, dans la gravure sur acier, vers 1864.

En 1866, M. F.-A. Bridgman vint à Paris. Élève du professeur Suisse, puis de M. Gérôme à l'École des Beaux-Arts jusqu'en 1871, il fit en Algérie et en Egypte un voyage d'études (1872-73), d'où il rapporta quantité d'esquisses. Il a exposé, notamment, aux Salons annuels de la Société des Artistes français : *Apollon enlevant Cyrène* (1872) ; *Intérieur mauresque* (1873) ; un *Voyage aux Pyrénées*, aujourd'hui à Liverpool (1874) ; les *Funérailles d'une momie*, toile appartenant à M. Gordon Bennett (1877) ; *Divertissement d'un roi assyrien*, aujourd'hui à San-Francisco (1878) ; *Procession du bœuf Apis*, aujourd'hui à Washington (1879) ; la *Cigale* (1883) ; la *Brodeuse au Maroc* (1886) ; *Sur les terrasses d'Alger* (1887) ; *Dans une villa de campagne* et *Soir d'été à Alger* (1888) ; *Pharaon poursuivant les israélites, passage de la Mer Rouge* et le *Songe* (1892) ; *Au crépuscule* (1893) ; la *Musique du passé*, panneau décoratif pour un hôtel et les *Captifs d'un Pharaon* (1894) ; la *Fin d'une journée de printemps* et le *Silence du soir à Alger* (1895) ; les *Bacchantes* et *Cléopâtre sur les terrasses de Philoé* (1896) ; un *Retour de fête à Alger*, aujourd'hui à Winchester, Amérique (1897) ; le *Torrent* et le *Ruisseau*, dyptique (1898), etc.

Il convient aussi de citer, parmi les toiles non exposées de M. F.-A. Bridgman, les portraits : de *Miss Herts*, de New-York ; de *Miss Palmer*, de Boston ; de M*me* Heinze, de Brooklyn ; du *marquis de Porte*, de Paris ; de M*me* Katy Noel, de New-York ; de M*me* Waller, de Chicago ; de *Miss Justice*, de Philadelphie ; des *Enfants Taft*, de Boston, etc.

M. Bridgman fit, à New-York, des expositions particulières de ses œuvres en 1881 et 1887 et une à Paris en 1897, au cercle de l'Union artistique, où l'on a remarqué, notamment, la *Fête du prophète à Blidah* ; les *Bacchantes* ; *Retour de fête à Alger* ; *Femme grecque* ; le *Soir* ; *Soleil couchant*

(marine) ; la *Mer furieuse* ; *Eva* ; *Dans la solitude* ; *Arabe et son cheval* ; *Baigneuses* ; *Bacchante au réveil*, et diverses études, aquarelles, dessins et pastels : *Lions, Centauresses, Danseuses grecques, étrusques*, etc. Il est en outre l'auteur d'une décoration remarquée à l'Harmonie-Club de New-York.

Ecrivain, M. F.-A. Bridgman a donné en anglais, sous ce titre : les *Hivers en Algérie* (1891), une suite d'impressions de voyage et l'*Anarchie dans l'Art* (1898), ouvrage de critique artistique.

Membre de la National Academy de New-York et de la Société des Artistes américains de New-York et de Paris, M. Bridgman est titulaire d'une médaille de 3ᵉ classe (1877), de 2ᵉ classe (1878, Salons) ; 2ᵉ médaille (Exposition universelle 1889), médaille d'or à Munich et Berlin, médaille de 1ʳᵉ classe à Anvers (1894), etc. Il est chevalier de la Légion d'honneur depuis 1878.

ROCQUAIN (Théodore-Félix)

Historien, archiviste, membre de l'Institut, né à Vitteaux (Côte-d'Or) le 3 mars 1833.

Élève de l'École des Chartes, il obtint le diplôme d'archiviste, en 1854, avec une thèse intitulée : *Essai sur les variations des limites géographiques et de la constitution politique de l'Aquitaine depuis César jusqu'à l'an 613*.

M. Rocquain est chef de la section moderne aux Archives nationales ; il a été élu membre de l'Académie des Sciences morales et politiques, en remplacement de M. Chéruel, le 19 décembre 1891.

M. Félix Rocquain a publié des articles dans les revues et recueils spéciaux et un certain nombre de travaux concernant l'histoire des institutions de la France, qui lui ont valu une mention à l'Académie des Inscriptions et Belles-Lettres (1855), le prix Thérouanne à l'Académie française (1879) et le prix Audiffret à l'Académie des Sciences morales et politiques (1884). Nous citerons : l'*Etat de la France au 18 brumaire* (1874); *Etudes sur l'ancienne France*; *Napoléon Iᵉʳ et le roi Louis*, ces deux derniers d'après les documents conservés aux archives (1875); l'*Esprit révolutionnaire avant la Révolution, 1715-1789* (1878); la *Papauté au moyen-âge, Nicolas Iᵉʳ, Grégoire VII, Innocent III, Boniface VIII* (1881); *La cour de Rome et l'esprit de réforme avant Luther* (1893-97, 3 vol.).

M. Félix Rocquain est chevalier de la Légion d'honneur.

MILLAUD (Édouard)

SÉNATEUR, ancien ministre, né à Tarascon (Bouches-du-Rhône) le 27 septembre 1834. Avocat à Lyon dès 1856, il acquit, dans cette ville, une certaine réputation d'orateur et prit part au mouvement politique d'opposition à l'Empire.

La révolution du 4 septembre fit de M. Millaud un premier avocat-général près la Cour de Lyon (10 septembre 1870); il remplit, en cette qualité, les fonctions de procureur général par intérim; en mai 1871, ayant refusé de conclure contre certains journaux républicains poursuivis, il dût donner sa démission.

M. Edouard Millaud se présenta, le 2 juillet 1871, et fut élu représentant du Rhône à l'Assemblée nationale, par 61,268 voix sur 114,632 votants; il siégea d'abord à l'Extrême-Gauche, puis fut un des fondateurs de l'Union républicaine, prit part à un grand nombre de discussions, déposa une proposition tendant à la saisie et à la vente des biens de Napoléon III, pour payer les frais de la guerre, et vota l'ensemble des lois constitutionnelles.

Candidat aux élections sénatoriales du 30 janvier 1876, dans le Rhône, il obtint 156 voix, contre 159 à l'élu et fut nommé député aux élections générales du 20 février, dans la 1re circonscription de Lyon, par 14,371 voix, contre 3,727 au candidat monarchiste. Il continua de siéger à l'Union républicaine et fut vice-président de ce groupe. L'un des 363 du 16 mai 1877, il fut réélu, le 14 octobre suivant, par 15,942 voix, contre 3,752 obtenues par le candidat officiel. Il fut membre et rapporteur de plusieurs commissions, notamment de celle des traités de commerce et de celle relative au colportage; il a été secrétaire de celle du budget en 1877.

M. Edouard Millaud fut élu sénateur du Rhône, dans une élection partielle, le 14 mars 1880, par 239 voix sur 323 votants. Au renouvellement triennal du 8 janvier 1882, il fut réélu, le premier sur quatre, par 239 voix sur 325 votants. Son mandat fut encore confirmé, le 4 janvier 1891, par 448 voix sur 750 votants.

Le sénateur du Rhône fit partie, comme ministre des travaux publics, du cabinet Freycinet, en remplacement de M. Baïhaut, démissionnaire (4 novembre 1886); il conserva ce portefeuille dans le cabinet Goblet, du 11 décembre de la même année au 30 mai 1887.

A la Chambre haute, M. Millaud a fait partie de nombreuses commissions; il a été vice-président et rapporteur général de celle des Finances. Il s'est surtout occupé des questions intéressant son département, de celles relatives aux finances, à l'économie sociale, au régime électoral, aux Beaux-Arts, etc. Il a été secrétaire du Sénat.

On connaît de M. Edouard Millaud : *Etude sur l'orateur Hortensius* (1859); *Daniel Manin, jurisprudence vénète, lois et coutumes de Venise* (1867); *De la réorganisation de l'armée* (1867); le *Soufflet, Devons-nous signer la paix ?* (1871); divers petits livres de propagande républicaine: le *Père Gérard*, *Almanach du père Gérard*, les *Moissons du père Gérard* (1871), etc., et plusieurs travaux de médecine légale et de jurisprudence (1860-1861), insérés dans divers journaux et revues.

LANESSAN (Jean-Marie-Antoine de)

DÉPUTÉ, ancien gouverneur général de l'Indo-Chine, né à Saint-André-de-Cubzac (Gironde), le 13 juillet 1843. Il commença ses études médicales à Bordeaux, puis entra dans la marine en 1862 et passa huit ans en Afrique et en Cochinchine. Au moment de la guerre de 1870, il donna sa démission et s'engagea, comme chirurgien-major, dans les mobilisés de la Charente-Inférieure. Il fut reçu docteur en médecine en 1872, agrégé de la Faculté de Paris en 1876, puis chargé d'un cours de zoologie.

Candidat radical à une élection partielle, en 1879, au Conseil municipal de Paris, pour le quartier de la Monnaie (VIe arrondissement) et réélu, le 9 janvier 1881, M. de Lanessan fit partie, au Conseil, du groupe de l'autonomie communale. Elu, le 21 août 1881, député de la 2e circonscription du Ve arrondissement de Paris, par 3,574 voix sur 6,839 votants, il fonda, peu après, le *Réveil*, journal quotidien qu'il quitta, en février 1882, pour prendre la direction de la *Marseillaise*; il abandonna bientôt cette dernière feuille et écrivit dans divers journaux républicains.

A la Chambre, M. de Lanessan siégea d'abord à l'Extrême-Gauche; il prit part à la discussion des questions concernant l'organisation de l'instruction primaire et secondaire, la décentralisation communale et départementale, etc.; fut rapporteur du budget de la Marine et des Colonies, des projets de loi tendant à ouvrir des crédits au ministre de la Marine pour l'expédition de Madagascar, etc. Vers la fin de la législature, il se rapprocha de l'Union républicaine et cette évolution lui valut d'être combattu, par les comités radicaux, aux élections du 4 octobre 1885. Inscrit sur la liste de l'Alliance républicaine et maintenu, après le premier tour, sur la liste unique, il fut élu, le 18 octobre, par 287,890 voix sur 414,360 votants.

Sa compétence particulière dans les questions coloniales fit charger M. de Lanessan, en mai 1886, d'une mission ayant pour objet d'étudier, en qualité de délégué général, la situation commerciale des colonies françaises et pays de protectorat, en vue de préparer leur participation à l'Exposition universelle de 1889 et l'organisation des colonies étrangères. Il visita la Tunisie, l'Indo-Chine, les Indes anglaises et néerlandaises, la Chine, le Japon, etc. ; rentré en octobre 1887, il publia le résultat de ses voyages, en trois volumes, intitulés : la *Tunisie* (1887) ; l'*Expansion coloniale de la France* (1888) et l'*Indo-Chine française*, étude de politique économique et administrative sur la Cochinchine, le Cambodge, l'Annam et le Tonkin (1889, avec cartes).

Candidat à Paris, dans la 2ᵉ circonscription du Vᵉ arrondissement, au renouvellement législatif du 22 septembre 1889 et élu, au scrutin de ballottage, par 4,875 voix, contre 4,368 données à M. Lenglé, candidat boulangiste, M. de Lanessan fut, au mois d'avril 1891, nommé gouverneur général de l'Indo-Chine, avec des pouvoirs extraordinaires.

Sous son administration, les progrès de notre colonie furent notables. Le Tonkin fut pacifié ; notre protectorat fut reconnu dans l'Annam ; plus de cinquante millions furent dépensés en travaux publics, sans aucun concours de la métropole, et le budget du Tonkin connut, pour la première fois, les excédents de recettes. La politique de M. de Lanessan, basée sur un protectorat utilisant les autorités indigènes et réduisant autant que possible les expéditions militaires et les dépenses administratives, fut une source de conflits entre lui et les autorités militaires, à la suite desquels le poste occupé par l'amiral Fournier fut supprimé et le général Reste, commandant en chef des troupes, fut rappelé en France (1892). Peu après, le gouverneur, dont la santé était fortement ébranlée, dût aller se reposer quelques mois au Japon. Il reprit son poste en octobre 1892 et le conserva jusqu'en 1895, où, à la suite d'un conflit avec le ministère des Colonies, il fut remplacé par M. Rousseau.

Il a été élu, le 22 mai 1898, député de la 1ʳᵉ circonscription de Lyon, par 4,148 voix, contre 4,127 au général Voisin.

M. de Lanessan a publié des travaux nombreux sur des sujets touchant aux sciences naturelles, à la colonisation et à la politique. Citons : *Du Protoplasma végétal* (1876, thèse d'agrégation) ; *Manuel d'histoire naturelle médicale* (1879-1881, avec fig.) ; *La matière, la vie et les êtres vivants* (1879) ; le *Transformisme, études sur la doctrine de Darwin* (1881) ; *Traité de zoologie, Protozoaires* (1882, avec fig.) ; la *Botanique* (1882, qui forme le tome IX de la *Bibliothèque des sciences contemporaines*) ; *Flore de Paris, Phanérogames et Cryptogames* (1884). Il a donné une édition complète des *Œuvres de Buffon*, avec une introduction de 500 pages ; une traduction de l'allemand, avec annotations, du *Manuel de zootomie, guide pratique pour la dissection des animaux vertébrés et invertébrés*, de Mojsicovics Edler (1881). De 1895 à 1898, il a fait paraître : la *Colonisation française en Indo-Chine; Principes de colonisation* (dans la Bibl. scientif. internationale) ; la *République démocratique*, etc.

ZELLER (Jules-Sylvain)

Historien, membre de l'Institut, né à Paris le 23 avril 1819. Ses classes faites au collège Charlemagne, il commença l'étude du droit, puis se tourna vers la littérature et l'histoire et voyagea en Allemagne. Au retour, en 1844, M. Zeller se fit recevoir agrégé d'histoire, puis docteur ès lettres en 1849, et fut successivement professeur d'histoire à Bordeaux, à Rennes et à Strasbourg (1849-1854) ; puis à la Faculté des Lettres d'Aix (1854-1858). Nommé, à ce moment, maître de conférences à l'Ecole normale, il eut, en outre, à suppléer M. Rosseuw Saint-Hilaire à la Sorbonne et y professa un cours complémentaire d'histoire moderne (1858-1859) ; il fut, en 1863, nommé professeur d'histoire à l'Ecole polytechnique, en remplacement de M. Duruy.

Nommé recteur de l'Académie de Strasbourg, au moment du siège de cette ville (1870), l'annexion l'empêcha de remplir ces fonctions. Il fut ensuite inspecteur général de l'enseignement supérieur, de novembre 1876 jusqu'à la suppression de cet emploi, par mesure budgétaire, le 1ᵉʳ avril 1888. Il demeura inspecteur général honoraire.

Le 30 mai 1874, M. Zeller avait été élu membre de l'Académie des Sciences morales et politiques, en remplacement de Michelet.

On cite, parmi les ouvrages de M. Jules Zeller : *Ulrich de Hutten, sa vie, ses œuvres, son époque, histoire du temps de la Réforme* (1849), thèse française pour le doctorat ; une thèse latine sur le *De Consideratione de Saint-Bernard* (même date) ; *Histoire de l'Italie depuis l'invasion des barbares jusqu'à nos jours* (1852), faisant partie de la collection Duruy ; *Épisodes dramatiques de l'histoire d'Italie* (1855) ; l'*Année historique* (1860-1863), ou revue annuelle des questions et des évènements politiques, en France et à l'étranger ; *Les Empereurs romains, caractères et portraits historiques* (1863) ; *Entretiens sur l'histoire*, antiquité et moyen-âge (1865) ; *Italie et Renaissance* (1869) ; *Histoire d'Allemagne* (1872-1891) ; *Les Tribuns et les révolutions en Italie* (1874) ; *Pie IX et Victor-Emmanuel, 1846-1878* (1879) ; *Entretiens sur l'histoire du moyen-âge* (1884-1887) ; *Histoire résumée de l'Allemagne et de l'empire germanique* (1890), etc. Il a collaboré, avec MM. Geoffroy et Clément, aux *Rapports sur les études historiques* (1866), publication officielle, entreprise à la suite de l'Exposition universelle de 1867.

Décoré de la Légion d'honneur le 14 août 1863, promu officier le 4 octobre 1873 et commandeur le 29 décembre 1886, M. Zeller est aussi officier des S.S. Maurice et Lazare et de la Couronne d'Italie.

SAISY (Hervé-René-Marie-Elzéar de)

SÉNATEUR inamovible, né à Glomel (Côtes-du-Nord) le 5 avril 1833. Il fit les campagnes d'Italie et du Mexique, quitta l'armée comme capitaine, mais reprit du service en 1870-71 et commanda, pendant le siège de Paris, le bataillon des mobiles de Loudéac.

M. Hervé de Saisy fut élu représentant des Côtes-du-Nord à l'Assemblée nationale, le douzième sur treize, par 79,801 voix, le 8 février 1871. Il siégea à la droite de l'Assemblée, déposa un grand nombre de propositions sur des projets d'économies budgétaires ou de réformes administratives qui furent, en général, repoussées et demanda, également sans résultat, que la France fut consultée sur la question de savoir si elle voulait la république ou la monarchie (décembre 1871); il vota cependant les lois constitutionnelles. Porté sur la liste des gauches, pour l'élection des sénateurs inamovibles (1875), il fut élu, le 50e sur 75, au sixième tour de scrutin, par 349 voix sur 681 votants.

Au Sénat, M. Hervé conserva son attitude indépendante. Il présenta, notamment, une proposition tendant à rétablir le scrutin de liste pour les élections de la Chambre des députés. Il fut le seul membre de la droite qui, au 16 mai 1877, ne consentit pas à voter la dissolution de la Chambre et il demanda, en 1881, que l'application de la loi sur l'instruction primaire fut facultative pour les communes.

Membre du Conseil général des Côtes-du-Nord, pour le canton de Mahal-Carhaix, d'abord, il n'y fut pas réélu le 1er août 1880; mais il y est rentré, plus tard, pour le canton de Rostrenen.

M. Hervé de Saisy est chevalier de la Légion d'honneur.

ISAMBERT (François-Honoré-Gustave)

PUBLICISTE, député, né à Châteaudun (Eure-et-Loir) le 20 octobre 1841. Il fit ses classes au lycée de Vendôme, débuta, en 1868, par des articles à l'*Union agricole*, de Chartres, et vint, en 1860, à Paris, où il collabora aux journaux du Quartier Latin : le *Mouvement*, la *Jeune France*, la *Voie nouvelle*, etc., ainsi qu'au *Phare de la Loire*.

Gérant du *Courrier du Dimanche*, de 1862 à 1866, M. Isambert entra au *Temps*, qu'il quitta, en 1868, pour diriger, à Reims, un journal d'opposition, l'*Indépendant rémois*. Il reprit sa collaboration au *Temps* en 1870 et fut un des correspondants de ce journal, au début de la guerre.

Nommé directeur du service de la presse, par Gambetta, le 4 septembre, à Tours, puis à Bordeaux ; il cessa ces fonctions quand son chef donna sa démission. Entre temps, sa candidature à l'Assemblée nationale avait été posée, en février 1871, dans l'Eure-et-Loir, où il avait échoué. A la fondation, par Gambetta, en novembre de la même année, de la *République française*, il entra à ce journal, dont il devint rédacteur en chef en février 1879. Il a aussi collaboré au *Paris*, à l'*Indépendance belge*, etc.

Lors des élections législatives générales du 21 août 1881, candidat dans l'arrondissement de Châteaudun, M. Isambert n'obtint que 3,169 voix, contre 9,816 données à M. Dreux, député sortant, républicain ; à celles du 4 octobre 1885, faites au scrutin départemental, exclu de la liste républicaine opportuniste d'Eure-et-Loir, il se présenta isolément, obtint, au premier tour, 15,167 voix sur 62,999 votants et se désista au scrutin de ballotage. Au renouvellement du 22 septembre 1889, il fut enfin élu dans l'arrondissement de Châteaudun, au scrutin de ballotage, par 7,686 voix, contre 5,568 données au candidat monarchiste, M. Renault ; son mandat fut confirmé, aux élections générales de 1893, par 6,802 voix, contre 4,209 obtenues par M. de Lévis-Mirepoix, monarchiste et 2,450 à M. Pascal, rallié, et il fut réélu en 1898, par 7,691 voix, contre 7,016 à deux concurrents républicains.

A la Chambre, M. Isambert occupe une place en vue dans la majorité opportuniste. Il s'est particulièrement intéressé, en outre des débats politiques, aux questions de douane, de finance et économiques, dans le sens protectionniste. Il a été élu vice-président de la Chambre en 1896 et préside le groupe de la Gauche progressiste.

M. Gustave Isambert est maire de la commune de St-Denis-les-Ponts (Eure-et-Loir).

En outre de ses nombreux articles de journaux, M. Isambert a publié : la *Loi militaire de 1868, expliquée par demandes et par réponses* (1868) ; l'*Impôt expliqué par demandes et par réponses* (1868); *Combat et incendie de Châteaudun*, 10 octobre 1870 (1871) ; des éditions des *Lettres de M*^{me} *de Lespinasse*, contenant des lettres inédites et du *Neveu de Rameau* (1876 et 1880) ; la *Vie à Paris pendant la Révolution* (1896), etc. Il a collaboré au *Dictionnaire de la politique*, de M. Block, à la *Grande Encyclopédie générale*, à la *Revue moderne*, à la *Vie littéraire*, etc.

ZIEM (Félix-François-Georges-Philibert)

PEINTRE, né à Beaune le 26 février 1821. Il étudia son art à l'École d'architecture de Dijon, où il obtint un 1er prix en 1839 ; puis il voyagea en Orient et en Italie, et vint à Paris en 1848.

M. Ziem débuta par un paysage au Salon de 1849; il a depuis exposé, entr'autres toiles : *Vue du Bosphore ; le Grand Canal de Venise ; le Bois sacré* (1849) ; *Vue de Meudon* (1850) ; *Chaumière à la Haye* et *Vue de Venise*, grand tableau, depuis au Luxembourg (1852) ; le *Port de Marseille; le Soir à Venise*, acquis par M. de Morny (1854) ; *Fête à Venise ; Vue d'Anvers*, acquis par l'État, (à l'Exposition universelle de 1855) ; *Place de Saint-Marc pendant une inondation ; Constantinople* (1857); *Damanhour; Gallipoli* (1859); *Vues de Venise* (1861); *Constantinople ; Tripoli ; Tamaris* (1863); *Stamboul ; Venise* (1864) ; une autre *Venise ; Mas Vincent*, dans la Camargue (1865) ; *Venise*, soirée de septembre ; *Stamboul*, soleil couchant (1866) ; le *Bucentaure ; Mort de Carmagnola*

(1867); *Venise le soir; Venise le matin*, à l'Exposition universelle de la même année ; *Venise*, une autre partie de plaisir ; *Vue de Marseille*, quai du Vieux-Port (1868) ; puis des aquarelles, dessins, tableaux de fruits, etc. Cet artiste, à ce moment, cessa d'exposer jusqu'en 1888, où il envoya au Salon deux tableaux : *Pêche dans le port*, à Venise, et *Pastèques de Cadix*.

M. Ziem a obtenu deux 3mes médailles en 1851 et en 1855 (Exposition universelle) et une 1re en 1852. Chevalier de la Légion d'honneur le 6 août 1857, il a été promu officier le 7 février 1878.

ROUSSE (Aimé-Joseph-Edmond)

AVOCAT, membre de l'Académie française, né à Paris le 17 mars 1817. Il se fit inscrire, en 1837, comme avocat au barreau de la capitale, fut secrétaire de M. Chaix d'Est-Ange et élu, en 1842, l'un des secrétaires de la conférence du stage.

Membre du conseil de l'Ordre en 1862, et toujours réélu depuis lors, M. Rousse fut choisi comme bâtonnier en 1870 et 1871.

Demeuré à Paris pendant la Commune, il demanda au pouvoir insurrectionnel de défendre les otages; mais ceux-ci n'ayant été traduits devant aucun tribunal, il ne put que visiter dans leur prison Mgr Darboy, l'abbé Deguerry, le P. Caubert et Gustave Chaudey.

Lors de la promulgation des décrets du 29 mars 1880 sur les congrégations non autorisées, M. Rousse fut désigné par les chefs de ces établissements pour rédiger en leur faveur une consultation, à laquelle adhérèrent plusieurs barreaux de France.

Au palais, la réputation d'orateur de M. Rousse est des plus brillantes.

L'éminent avocat a été admis à l'Académie française, en remplacement de Jules Favre, le 3 mai 1880.

On connaît de M. E. Rousse : une édition des *Discours et plaidoyers de M. Chaix d'Est-Ange*, avec préface (1862); une *Étude sur les Parlements de France*, tirée à 300 exemplaires et non mise dans le commerce ; les *Consultations sur les décrets du 29 mars 1880*, dont il est question plus haut ; un recueil de plaidoyers, discours académiques, etc., intitulé : *Discours, plaidoyers et œuvres diverses* (1884 ; 2e éd., 1895) ; *Mirabeau* (1896) ; plusieurs notices sur divers avocats célèbres, etc.

M. Edmond Rousse, chevalier de la Légion d'honneur depuis 1871, a été promu officier en 1897.

PICOT (Georges-Marie-René)

Historien, homme politique, membre de l'Institut, né à Paris le 24 décembre 1838. Fils d'un magistrat, il étudia le droit, puis voyagea en Angleterre et fut, en 1865, nommé juge au tribunal de la Seine.

Gendre de M. de Montalivet, M. G. Picot fut appelé au ministère de la Justice, comme directeur des affaires criminelles et des grâces, lors de la formation du cabinet Dufaure (1877); il fit partie de plusieurs commissions, notamment de celles de la réforme de l'organisation judiciaire, de l'instruction criminelle, etc. Après l'avènement à la présidence de M. Grévy, il resta en dehors de toute fonction publique ; à ce moment, il collabora au journal du centre gauche, le *Parlement*

L'un des fondateurs de la Société de législation (1869), M. Picot a été élu membre de l'Académie des Sciences morales et politiques, le 6 juillet 1878, en remplacement de M. Thiers. Il a été désigné comme secrétaire perpétuel de cette compagnie en 1896.

M. Georges Picot a fait plusieurs tentatives inutiles pour entrer dans la vie politique : candidat républicain dans le quartier de la Chaussée-d'Antin, à Paris, aux élections municipales du 4 mai 1884, il obtint seulement 586 voix sur 3,087 votants. Aux élections législatives du 4 octobre 1885, faites au scrutin de liste, il fut porté sur la liste républicaine modérée de Seine-et-Oise et échoua, avec toute cette liste, au scrutin de ballottage, où il réunit 35,397 voix sur 119,995 votants. Il essaya encore de se présenter au renouvellement législatif de 1898, dans l'arrondissement de Sancerre (Cher) et fut de nouveau battu, avec 8,804 voix, contre 13,156 obtenues par M. Henry Maret, élu.

M. Georges Picot a écrit de nombreux articles dans la *Revue critique de législation*, le *Bulletin du comité des travaux historiques*, la *Revue des Deux-Mondes*, le *Journal des Débats*, etc.; la plupart ont été édités à part. On cite de lui les travaux suivants, traitant de sujets d'histoire, de politique, d'économie sociale, etc.: *Note sur l'organisation des tribunaux de police à Londres* (1862) ; *Recherches sur la mise en liberté sous caution*; *Loi sur les flagrants délits* (1863); *Observations sur le projet de loi relatif à la mise en liberté provisoire* (1865); les *Fortifications de Paris, Vauban et le gouvernement parlementaire* (1870); un mémoire sur l'*Histoire des Etats généraux*, qui obtint un prix de l'Institut; *Histoire des Etats généraux et leur influence sur le gouvernement de la France de 1355 à 1617* (1872). Son principal ouvrage, qui remporta deux fois de suite, en 1873 et en 1874, le grand prix Gobert à l'Académie française ; les *Elections des Etats généraux dans les provinces de 1302 à 1614* (1874); le *Parlement de Paris sous Charles VIII* (1877); *Etienne Marcel, la légende et la vérité historique* (1880); la *Réforme judiciaire en France* (1881); *M. Dufaure, sa vie et ses discours*, étude d'histoire parlementaire (1883); *Un devoir social et les logements d'ouvriers* (1885); le *Vrai parti conservateur*, anonyme (1886); la *Pacification religieuse et les suspensions de traitements, 1832-1892* (1892); *De la nécessité de raffermir les âmes* 1894 ; *Collection des ordonnances des rois de France* (1893-96); la *Décentralisation et ses différents aspects* (1897), etc. On lui doit aussi un grand nombre de *Discours, Rapports, Notices* ou *Eloges, Conférences*, etc.

M. Georges Picot est chevalier de la Légion d'honneur.

PELLETAN (Charles-Camille)

Député, publiciste, né à Paris le 23 juin 1846. Fils d'Eugène Pelletan, sénateur, mort en 1884, il fit ses études au lycée Louis-le-Grand, entra à l'Ecole des Chartes et obtint le diplôme d'archiviste paléographe, le 1er février 1869, avec une thèse sur la *Forme et la composition des chansons de geste*.

M. C. Pelletan se fit connaître dans la presse politique avec des articles d'opposition à l'empire, dans la *Tribune* et le *Rappel*; l'un d'eux lui valut un mois de prison. Correspondant de ce dernier journal au début de la guerre de 1870, il fut chargé ensuite d'y rédiger la physionomie des séances de l'Assemblée nationale. Au commencement de 1880, il devint rédacteur en chef de la *Justice*, journal radical dirigé par M. G. Clémenceau. Il a collaboré ensuite à la *Réforme*, à la *Renaissance*, à l'*Eclair*, etc.

Candidat aux élections législatives du 21 août 1881, dans la 2e circonscription du Xe arrondissement de Paris et dans la 2e circonscription d'Aix, M. Camille Pelletan fut élu, à Paris, par 5,918 voix, contre 3,445 partagées entre deux autres candidats républicains, et à Aix, au scrutin de ballottage, par 3,517 voix, contre 2,484 données à M. Labadie, député sortant, et 1,370 à un autre candidat républicain. Il opta pour la 2e circonscription d'Aix.

Siégeant à l'Extrême-Gauche, il s'associa à la politique de ce groupe, fut, en 1882, rapporteur de la proposition Barodet relative à la publication des programmes et professions de foi des députés, prit part aux discussions relatives à la Tunisie, à celle relative aux membres des familles ayant régné en France, et demanda la révision totale de la Constitution et l'amnistie.

Aux élections du 4 octobre 1885, il se fit inscrire sur les listes radicales de l'Aude et des Bouches-du-Rhône; il se désista dans l'Aude, après le premier tour de scrutin et fut élu, au ballottage, dans les Bouches-du-Rhône, par 55,278 voix sur 92,845 votants. Il se fit remarquer, dès le début de cette législature, par son opposition au ministère. Rapporteur de la commission relative aux crédits pour les expéditions du Tonkin et de Madagascar, il conclut à l'abandon de la politique coloniale suivie jusqu'alors et proposa le rejet des crédits, que la Chambre vota cependant à une très faible majorité (29 novembre 1885).

M. Pelletan combattit de même les ministères qui suivirent celui-là et particulièrement celui présidé par M. Rouvier, auquel il reprocha d'être le protégé de la droite. Il prit surtout une part prépondérante dans les discussions coloniales et budgétaires et fit une active campagne contre le boulangisme.

Lors du renouvellement législatif de 1889, il se porta dans la 2ᵉ circonscription d'Aix et fut élu, au scrutin de ballottage, par 6,106 voix, contre 2,358 données à M. Hornbostel, candidat boulangiste. Le 20 août 1893, il fut réélu dans le même collège, par 4,160 suffrages, contre 2,675 à M. Tuaire, opportuniste, et, le 8 mai 1898, par 6,360 voix, contre 5,615 à deux concurrents.

Dans ces diverses législatures, le Député des Bouches-du-Rhône a gardé la même attitude radicale en politique, il a continué de participer à tous les débats relatifs aux budgets, aux questions coloniales et financières, pour lesquelles son influence est grande, même auprès de ses adversaires. En 1894, il déposa un projet d'amnistie politique ; dans cette année et les suivantes, il interpella plusieurs fois le gouvernement sur ses rapports avec les grandes compagnies de chemins de fer ; en 1898, il a été élu président du groupe radical socialiste.

M. Camille Pelletan a publié : le *Théâtre de Versailles* (1876), recueil de ses principaux comptes-rendus des séances de l'Assemblée nationale; *Question d'histoire : le Comité central et la Commune* (1879); la *Semaine de mai* (1880); *Georges Clémenceau* (1883), dans les « Célébrités contemporaines » ; les *Guerres de la Révolution* (1884) ; un tirage à part de son *Rapport sur le projet de loi pour l'ouverture des crédits pour le service du Tonkin* (1885) ; *De 1815 à nos jours* (1892); les *Guerres de la Révolution* (1894), etc.

ROÜALLE de ROUVILLE (Raphaël-Auguste de)

DMINISTRATEUR, né à Paris le 28 novembre 1839. Après avoir fait de solides études classiques au lycée Bonaparte (aujourd'hui Condorcet), M. de Rouville fut envoyé en Egypte dès 1860, à l'origine des travaux entrepris pour le percement de l'isthme de Suez, et y devint successivement chef du transit, puis agent supérieur de la Compagnie universelle du canal maritime de Suez.

Nommé directeur de cette grande administration en 1893, il a apporté dans ces importantes fonctions le fruit de l'expérience acquise au cours de sa longue carrière dans la compagnie et s'y est fait remarquer par de solides qualités administratives.

M. de Roüalle de Rouville est décoré de plusieurs ordres étrangers et chevalier de la Légion d'honneur depuis 1882.

GILLET (Henri-Charles-Alexandre)

ÉDECIN, publiciste scientifique, né à Paris le 29 mai 1858. Elève des professeurs Gosselin, Quinquaud, Huchard, Sevestre, Danlos et Gillette, il fut reçu externe, puis interne des hôpitaux (Tenon, Bichat, Enfants assistés, etc.); en 1888, il passa son doctorat en médecine et fut nommé, en 1890, médecin de la Policlinique de Paris. Il est, en outre, médecin du dispensaire pour enfants malades du IIᵉ arrondissement.

M. le docteur Henri Gillet, qui s'est surtout consacré à l'étude des affections infantiles, a produit dans ce sens un certain nombre de travaux d'un assez grand intérêt. A citer, parmi ses publications : *Etude sur l'embryocardie ou rythme fœtal des bruits du cœur* (thèse, 1888) ; *Des cirrhoses graisseuses considérées comme hépatites infectieuses*, avec le Dʳ P. Blocq (*Archives générales de médecine*, 1888) ; *Notes sur quelques digestions pancréatiques artificielles chez l'enfant à l'état normal et à l'état pathologique* (*Comptes-Rendus* du 10ᵉ congrès médical international de Berlin, 1890); *Saillies molluscoïdes du frein de la lèvre supérieure* (*Bulletin* de la Société anatomique, 1891); *Ostéo-arthropathie hypertrophiante pneumique de P. Marie chez l'enfant* (*Annales de la Policlinique*, 1892); *Rashs dans la varicelle* (*Journal des Praticiens*, 1892); *Erythème vésiculeux érosif des fesses chez l'enfant, cellulite sous-cutanée prolongée consécutive* (*Revue mensuelle des maladies de l'enfance*, 1892); *Traitement de la syphilis de l'enfant par l'emplâtre au calomel de Quinquaud* (*Annales de la Policlinique*, 1894); la *Pratique de la sérothérapie et les nouveaux traitements de la diphtérie* (1 vol. 1898); *Revaccination et vaccination modifiée* (*Revue des maladies de l'enfance*, 1896); *Albuminuries intermittentes des jeunes sujets et perméabilité rénale* (*Annales de la Policlinique de Paris*); *Formulaire d'hygiène de l'enfance; Hygiène individuelle* (1 vol.); *Hygiène collective* (1 vol. 1898).

On doit encore au docteur Henri Gillet les articles *Grippe* et *Rage* du *Traité des maladies de l'enfance*, publié sous la direction du professeur Grancher.

M. le Dr Henri Gillet est officier d'Académie et membre de diverses sociétés médicales et scientifiques.

BERR (Émile)

Journaliste, né à Lunéville (Meurthe-et-Moselle) le 6 juin 1855. Après avoir fait ses études classiques aux lycées de Vanves et Louis-le-Grand, il entra dans l'industrie (1875-1880) et s'occupa ensuite d'affaires de bourse (1880-1886).

En même temps, M. Emile Berr débutait, comme journaliste, à la *France du Nord*, et donnait à la *Nouvelle Revue*, qui venait de se fonder, des articles d'économie politique.

En 1886, il quitta les affaires et entra à la *Petite République française*, dirigée par Hector Pessard; il passa de là au *Petit Parisien*, où il s'occupa spécialement des questions économiques, puis, en juillet 1888, au *Figaro*, auquel il appartient depuis cette époque.

M. Emile Berr a également collaboré au *Figaro illustré*, à l'*Illustration*, au *XIXe siècle*, à la *Liberté*, à la *Revue bleue* (où il rédige la « Chronique des Lettres »), à la *Vie Parisienne*, etc. Dans cette dernière publication, il a donné, sous le pseudonyme de « Guy », des *Notes de voyage* (1892-1894) et une série de *Lettres confidentielles*, sur les événements du jour, qui y ont été très remarquées (1898).

M. Emile Berr a fait de nombreux « reportages » à l'étranger pour le *Figaro* : les grandes « actualités » d'ordre politique et social de ces dernières années lui ont fait faire plusieurs voyages intéressants en Angleterre, Suisse, Belgique, Tunisie, Bulgarie, Bosnie, Russie, Alsace-Lorraine, etc. Il représenta le *Figaro* en Asie-Mineure à l'inauguration du chemin de fer de Moudania à Brousse, et prit, en 1891, une interview à Stamboulof, à Sofia, qui fit le tour de la presse européenne.

A la mort de F. Magnard (1894), ce publiciste fut désigné comme « chef des services auxiliaires de la rédaction » du *Figaro* et, à ce titre, chargé du *Supplément littéraire*. Depuis la transformation du *Figaro* à six pages (1896), M. Berr a repris sa place dans la rédaction du journal, où il signe tantôt de son nom, tantôt du pseudonyme de « Fabien ».

M. Emile Berr est membre de la Société d'économie politique depuis 1885; il appartient à la Société des Journalistes parisiens.

TASSIN (Pierre)

Sénateur, né à Noyers (Loir-et-Cher) le 21 janvier 1837. Il commença son droit; mais n'acheva pas ses études et se consacra à la viticulture dans son pays.

Maire de Noyers en 1865, il fut élu, l'année suivante, membre du Conseil d'arrondissement de Blois. Il devint, la même année, directeur-gérant de la *Presse*, journal du banquier Mirès. Il conserva peu de temps ces fonctions.

Aux élections législatives de mai 1869, M. Tassin se présenta, comme candidat indépendant, dans la 1re circonscription de Loir-et-Cher, contre trois autres candidats, et fut élu, au second tour de scrutin, après le désistement de ses trois concurrents, par 24,085 voix sur 25,644 votants. Il s'attacha au tiers parti libéral, signa l'interpellation des 116, vota contre la guerre en 1870, et fut chargé, après le 4 septembre, d'organiser la défense dans son département.

Elu représentant de Loir-et-Cher, à l'Assemblée nationale, le 8 février 1871, par 18,417 voix, après avoir refusé de se laisser porter sur la liste conservatrice, M. Tassin siégea aux groupes de la Gauche républicaine et du Centre gauche, vota toutes les mesures favorables au régime républicain et adopta les lois constitutionnelles. Aux élections générales du 20 février 1876, il fut élu député, dans la 2ᵉ circonscription de Blois, par 9,907 voix, contre 4,008 obtenues par M. de Sers, candidat monarchiste. Il fut un des 363, retrouva son siège, le 14 octobre, avec 10,281 voix, contre 4,011 obtenues par le candidat officiel, et fut réélu, le 21 août 1881, dans la 2ᵉ circonscription de Blois, par 11,666 voix, sans concurrent.

Aux élections de 1885, faites au scrutin départemental, M. Tassin fut inscrit sur la liste républicaine de Loir-et-Cher et élu, le 18 octobre, au scrutin de ballottage, le troisième sur quatre, par 41,205 voix sur 63,524 votants. Aux élections du 22 septembre 1889, faites au scrutin uninominal, il se représenta dans son ancienne circonscription et se vit encore élire, au premier tour, par 8,868 voix, contre 7,623 partagées entre un candidat monarchiste, M. Duchalais, et un candidat radical, M. Raguin.

Le député de Loir-et-Cher quitta la Chambre avant les élections générales de 1893 ; une élection sénatoriale partielle s'étant produite dans son département par le décès de M. Bozérian, il se présenta, et fut élu, le 28 mai, par 333 voix sur 622 votants. Il a été réélu, le 3 janvier 1897, par 351 voix sur 608 votants.

Au Sénat, M. Tassin fait partie de la Gauche démocratique ; son nom figure rarement dans les comptes-rendus des débats parlementaires. Conseiller général du Loir-et-Cher, pour le canton de Saint-Aignan, depuis 1869, il est président de l'Assemblée départementale depuis 1883.

GUESDE (Jules BAZILE, dit)

Député et sociologue, né à Paris le 11 novembre 1845. Bachelier ès-lettres, il vécut d'abord de leçons, fut quelque mois employé au ministère de l'Intérieur, puis fit du journalisme et exposa tout de suite des doctrines politiques et sociales très avancées, dans divers journaux de province et notamment les *Droits de l'Homme*, de Montpellier.

M. Jules Guesde publia dans ce dernier journal des articles qui le firent condamner, en août 1870, à six mois et en juin 1871, à cinq ans de prison et 4,000 francs d'amende. Pour échapper à cette peine, il se réfugia à Genève, où il fonda, à la fin de l'année 1871, le *Réveil international*, qui ne parut pas longtemps ; il passa alors en Italie, où il fit paraître diverses brochures socialistes.

En 1876, sa peine étant prescrite, M. Guesde rentra en France, collabora aux *Droits de l'Homme* d'Yves Guyot, au *Radical* et à la *Révolution française* de Sigismond Lacroix ; il fonda, en 1877-78, le premier organe collectiviste, l'*Egalité*, en même temps que, sur la base du « retour à la société des moyens de production », il organisait les travailleurs de France en parti de classe pour la conquête du pouvoir politique. Il fut condamné, en 1878, à six mois de prison pour association illicite (Congrès international ouvrier de Paris), et à six autres mois en 1883 pour des conférences socialistes dans l'Allier.

Après avoir rédigé le *Citoyen* et le *Cri du Peuple*, il devint, en 1890, secrétaire de la rédaction du *Socialiste*, organe central du parti ouvrier français. Il a fait en France de très nombreuses conférences de propagande socialiste. Ses idées, que ne partagent pas toutes les autres fractions de ce parti, ont donné lieu à de vives polémiques, dans ce milieu même. On s'accorde à reconnaître que M. Guesde emploie à les défendre un réel talent de plume.

Lors des élections générales du 20 août 1893, M. J. Guesde se porta, comme républicain socialiste, dans la 7ᵉ circonscription de Lille (Roubaix) et fut élu, au premier tour, par 6,879 voix, contre 4,452 données à M. Louis Vienne, ouvrier socialiste chrétien, et 2,135 à M. Deschamps, républicain. A la Chambre, il demanda, avec M. Jaurès, lors de la discussion des tarifs douaniers, la fixation d'un salaire minimum pour les ouvriers agricoles, il s'occupa presque exclusivement des questions ouvrières et défendit, à plusieurs reprises, ses doctrines à la tribune, notamment dans une interpellation à propos d'une décision du Conseil municipal de Roubaix, établissant une pharmacie communale où, élargissant le débat, il exposa longuement ses vues sociales et provoqua un ordre du jour par lequel la Chambre déclara, par 335 voix contre 177, répudier expressément les doctrines collectivistes (26 novembre 1894). Au renouvellement législatif du 8 mai 1898, il perdit son siège à la Chambre, n'obtenant que 7,971 voix, contre 11,247 à M. E. Motte, élu.

M. Jules Guesde a surtout publié des brochures populaires, pour la propagande de ses théories politiques. Citons: *Essai de catéchisme socialiste* (1878); *Collectivisme et Révolution* ; le *Collectivisme au Collège de France* ; la *Loi des salaires et ses conséquences* (1879) ; *Services publics et socialisme* (1884); *Programme du parti ouvrier* (avec M. P. Lafargue); le *Collectivisme au Palais-Bourbon*, etc.

RAMBAUD (Alfred-Nicolas)

ÉNATEUR, ancien ministre, membre de l'Institut, né à Besançon (Doubs) le 2 juillet 1842. Elève de l'Ecole normale supérieure en 1861, il fut reçu agrégé d'histoire à sa sortie, en 1864, et nommé répétiteur à l'Ecole des Hautes-Etudes.

Docteur ès-lettres en 1870, M. Rambaud accomplit plusieurs voyages en Russie pour remplir des missions littéraires. Chargé du cours d'histoire à la Faculté des Lettres de Caen en 1871, il devint, en 1875, professeur suppléant à la Faculté de Nancy. Chef du cabinet et du secrétariat de Jules Ferry au ministère de l'Instruction publique en 1879, il fut, après la chute du ministère, nommé maître de conférences à l'Ecole normale supérieure de jeunes filles à Sèvres (1881), puis professeur d'histoire moderne et contemporaine à la Faculté des Lettres de Paris, chaire créée le 31 décembre 1883.

M. Rambaud fut élu sénateur du Doubs, après le décès de M. Gaudy, le 21 novembre 1895, comme républicain libéral ; le 29 avril 1896, il accepta, dans le cabinet présidé par M. Méline, le portefeuille de l'Instruction publique, auquel les Cultes furent réunis peu après. Aucune mesure importante ne marqua son passage aux affaires et il démissionna, avec ses collègues, le 14 juin 1898.

Le 9 décembre 1897, il a été admis à l'Académie des Sciences morales et politiques, au fauteuil rendu vacant par la mort du duc d'Aumale.

M. Alfred Rambaud a publié : l'*Empire grec au Xe siècle, Constantin Porphyrogénète*, et *De Bizantino hippodromo et circensibus factionibus*, thèses de doctorat, dont la première fut honorée par l'Académie française du prix Thiers (1872); la *Domination française en Allemagne, 1792-1804* (1873); l'*Allemagne sous Napoléon Ier, 1804-1811* (1874); la *Russie épique* (1876), étude sur les chansons de la Russie traduites ou analysées ; *Français et Russes, Moscou et Sébastopol* (1877); *Histoire de la Russie* (1878, 2e éd. 1893); la *France coloniale*, en collaboration avec L. Archinard, P. Foncin, P. Soleillet, J. Léveillé, etc. (1886, avec carte); *Histoire de la civilisation française* (1887); *Histoire de la civilisation contemporaine en France* (1888); *Histoire de la Révolution française*; l'*Enseignement primaire chez les indigènes musulmans d'Algérie*; *Français et Russes* (1892); *Russes et Prussiens* (1895); l'*Anneau de César* (1893 et 1896), etc. Il a rédigé la partie relative à la Russie dans le *Recueil des instructions données aux ambassadeurs de France depuis les traités de Westphalie jusqu'à la Révolution* (1890). Collaborateur de la *Revue des Deux-Mondes*, il y a publié une série d'études sur Catherine II, et il dirige, avec M. Ernest Lavisse, la publication de l'*Histoire générale de la France, du IVe siècle à nos jours* (1892 à 1898, en cours).

M. Alfred Rambaud est chevalier de la Légion d'honneur depuis le 9 février 1880.

MAGNE (Pierre-Louis-Alfred-Eugène-Napoléon)

ÉPUTÉ, né à Reims (Marne) le 2 juin 1865. Il est le petit-fils de M. Pierre Magne (1806-1879), avocat, député de la Dordogne, sénateur, ministre des Finances de l'Empire, puis représentant à l'Assemblée nationale de 1871, et le fils de M. Alfred Magne (1834-1878), qui fut conseiller général de la Dordogne, trésorier payeur général à Orléans et à Laon, administrateur de la Cie d'Orléans.

M. Napoléon Magne termina ses études classiques aux collèges Stanislas et de la rue des Postes. Bachelier ès-lettres et ès-sciences, il se présenta aux écoles polytechnique et de Saint-Cyr ; admis à cette dernière, il y séjourna de 1884 à 1886. Après une année passée ensuite à l'école de Saumur, il fut nommé sous-lieutenant au 16e dragons, et tint garnison à Paris et au camp de Châlons de 1887 à 1890. Promu lieutenant au 5e chasseurs d'Afrique, il suivit son régiment à Alger et à Orléansville (1890-1892), puis fut lieutenant d'instruction à l'école de Saumur.

Sorti premier et nommé capitaine au 6e cuirassiers à Tours, il y devint capitaine commandant (1894); puis, avec le même grade, fut envoyé au 6e dragons, à Evreux. Démissionnaire en 1897, il conserve son grade dans la réserve de l'armée active.

M. N. Magne a accompli divers lointains voyages aux Indes anglaises (1889), autour du monde 1891, en Russie, notamment dans le Caucase et le Turkestan (1896), au Mexique (1897).

Lors du renouvellement général législatif du 8 mai 1898, M. Napoléon Magne se porta dans la 2e circonscription de Périgueux (Dordogne), comme candidat conservateur, et obtint, au premier tour de scrutin, 6,764 voix, contre 4,481 à M. Chavoix, républicain, député sortant, 2,180 à M. Laussinotte, radical, et 172 à M. Villotte ; au 2e tour de scrutin, il fut élu par 7,219 voix, contre 6,543 à M. Chavoix

21

M. Magne siège à la droite de la Chambre des députés.

MUNIER-JOLAIN (Julien)

Avocat, littérateur et conférencier, né à Nancy (Meurthe-et-Moselle) le 21 décembre 1844. Fils de magistrat, il fit ses études classiques au lycée de sa ville natale, où il suivit aussi les cours de la Faculté de Droit.

Reçu licencié en 1874, M. Munier-Jolain prit place au barreau de Nancy, et devint rapidement l'un des avocats recherchés pour la défense devant la Cour d'assises. Après avoir plaidé jusqu'en 1883, et fait de nombreuses conférences littéraires à l'Union de la jeunesse Lorraine, il vint à Paris l'année suivante. Entre temps, il avait fait, à peine âgé de 25 ans, une incursion dans la politique, comme conseiller municipal d'une commune importante près de Nancy.

Présenté par Mes Demange et Allou à Me Cléry, M. Munier-Jolain devint le secrétaire de cet avocat, et c'est ainsi qu'il se produisit souvent comme défenseur dans les procès criminels.

Le journal le *Gil Blas* donna alors de lui cet instantané :

L'avocat d'Abélard Floury, dans le procès des avorteuses, vient de Nancy, comme Barrès, mais n'est pas député. Secrétaire de Cléry, dont il a presque l'impertinence acide et l'esprit pétillant. Dans les loisirs que lui laisse le Palais, a publié un volume académique sur l'éloquence judiciaire, que loua M. Brunetière. Écrit à la *Revue Bleue*, instantanéisa ses camarades et maîtres au supplément du *Figaro* de façon piquante et doucereuse. — Léandre pour les dames et les confrères. Un sucre de pomme à l'absinthe, murmure-t-on dans les couloirs, les jours où il plaide. Signe particulier : apprend par cœur comme son maître, et plaide de dos comme Antoine.

Les portraits humoristiques donnés par M. Munier-Jolain, sous le pseudonyme de Léandre, au supplément du *Figaro*, lui ouvrirent les portes du *Gil Blas*. Il y croqua, avec non moins de verve, les prédicateurs à la mode. Entré ensuite à la *Revue Bleue*, il y donna des articles sur l'éloquence judiciaire qui furent l'occasion d'une polémique, où M. Brunetière se signala par le refus qu'il fit à la plaidoirie d'être un genre littéraire.

M. Munier-Jolain a publié en librairie : l'*Ancien régime dans une bourgeoisie lorraine*; l'*Instruction criminelle inquisitoriale et secrète*, avec préface d'Émile de Girardin (les premières pages de ce livre parurent par fragments dans l'article de tête de la *France*). On doit encore à M. Munier-Jolain 2 volumes de son *Cours libre à la Sorbonne sur la plaidoirie* (1895 et 1896); *Procès de femmes, Récits du XVIIIe siècle* (1898); en outre, on annonce de lui une continuation à ces derniers récits et le 3e volume de son *Cours*.

Mme de SAMARINE (née Catherine de RACHMENOFF)

Peintre et littérateur, née le 15 janvier 1854 à Moscou (Russie). Elle épousa, en 1871, M. de Samarine, maréchal de la noblesse de Moscou et frère du célèbre homme d'État russe de ce nom. Passionnée pour la peinture, Mme de Samarine vint à Paris en 1894 et suivit les cours de l'Académie Julian dans les ateliers de MM. Bouguereau et Gabriel Ferrier. Ensuite elle a travaillé sous la direction de M. Aman-Jean.

Portraitiste, paysagiste et peintre de nu, Mme de Samarine a produit des œuvres intéressantes et fort bien venues dans ces divers genres. Mentionnons : *Jeune Fille dans une serre*; *Méditation*; *Femme en prière*; *Paysage Moscovite* et quelques portraits. On cite particulièrement d'elle : le *Portrait de Mme de Foss* exposé en 1897, à la Société nationale des Beaux-Arts et les *Vierges aux rochers* (1898), où se révèlent de bonnes qualités de composition et de coloris.

Mme de Samarine, entr'autres productions littéraires, a publié dans la *Nouvelle Revue*, une traduction du *Tumulus* du Prince Kougoucheff.

POMEREU (Robert-Marie-Michel Comte de)

Député, né à Paris le 6 février 1860. Il fit ses études classiques au lycée Fontanes (Condorcet), suivit les cours de la Faculté de Droit, puis de 1881 à 1887, accomplit en Europe, en Asie et en Afrique, une série de voyages.

M. le comte de Pomereu, au retour de son dernier voyage en Asie, en 1887, se présenta et fut élu au Conseil général de la Seine-Inférieure pour le canton d'Arguiel. Réélu sans interruption depuis cette époque, il a toujours siégé à la droite de cette assemblée départementale et y a fait preuve d'une activité remarquable. Candidat aux élections législatives, une première fois dans la 3e circonscription de l'arrondissement de Rouen, en 1889, contre M. Richard Waddington, député républicain sortant, il échoua avec 9,032 suffrages, contre 10,000. Appelé de nouveau à affronter la lutte, lors du renouvellement intégral de la Chambre, en 1898, il recueillit, dans la 2ᵉ circonscription de Rouen, 6,778 voix contre 5,013 à M. Orange, socialiste, et 4,221 à M. Leteurtre, député républicain sortant, et fut élu, au scrutin de ballottage, par 8,649 voix contre 7,007 à M. Orange. M. de Pomereu siège à la droite de la Chambre.

Maire du Héron, grand propriétaire terrien, très compétent dans les questions d'agriculture, il a fait de nombreuses conférences sur ce sujet, en Normandie, ainsi que des conférences politiques.

Le député de la Seine-Inférieure fait partie des comices agricoles de Neufchâtel et de Rouen, il est membre de la Société des Agriculteurs de France et de la Conférence Molé-Tocqueville depuis 1888.

REY-ROIZE (Henri-Marie Baron)

ÉCRIVAIN, collectionneur, né à Marseille le 1ᵉʳ août 1836. Petit-neveu du général César Roize, tué à Canope (Egypte), dont le nom est gravé sur l'Arc-de-Triomphe, et du général Claude Roize, créé baron par l'empereur Napoléon Iᵉʳ, le baron Rey-Roize commença ses études à Nîmes, au collège de l'Assomption, et les acheva au lycée de Marseille; il fit ensuite son droit à Aix et à Toulouse. Rentré dans sa ville natale, il débutait bientôt par des articles au *Phocéen*, organe littéraire de Marseille, puis écrivit dans diverses autres feuilles de cette ville.

Son père, légitimiste fougueux, qui s'était fait remarquer par l'énergie de son attitude et de sa parole dans les assemblées tumultueuses de 1848, rêvait pour son fils un avenir politique. Arrivé à Paris vers 1859, le jeune licencié se fit inscrire au barreau; mais ses aptitudes et ses goûts l'entraînaient ailleurs. A la même époque, en effet, il collaborait à l'*Artiste* d'Arsène Houssaye, à l'ancienne *Revue de Paris*, à la *Vie parisienne*, au *Figaro hebdomadaire*, etc.

Du 1876 à 1888, le baron Rey-Roize séjourna au bord du golfe de Naples, dans un somptueux palais qu'il avait fait édifier d'après ses plans et où il avait rassemblé de belles collections d'objets d'art et de tableaux. Ce palais, bâti en pierre de Malte, et dont on aperçoit, en abordant à Naples, du côté de Chiatamane, les colonnes corinthiennes, attire le regard et fait l'admiration des étrangers qui le visitent.

Depuis son retour en France, le baron Rey-Roize s'est de nouveau consacré aux lettres. Il a fait paraître en librairie : la *Comtesse Hedwige*, roman 1888 et le *Bréviaire d'amour* 1898, recueil de vers auquel la presse et le public ont fait le meilleur accueil; ce dernier ouvrage, édité avec un luxe peu commun, est illustré de reproductions en couleur d'après les aquarelles de Lucius Rossi. On annonce en outre, pour paraître en 1899, le *Décameron parisien*, autre livre de poésies du baron Rey-Roize.

MARET (Henri)

DÉPUTÉ, publiciste, né à Sancerre (Cher) le 4 mars 1838. Ses classes faites au lycée de Bourges, il vint à Paris, où le duc de Bassano, son parent, le fit admettre à la préfecture de la Seine.

M. Henry Maret ne fit qu'un court séjour dans l'administration. Attiré par le journalisme, il publia des romans dans l'*Opinion nationale* et le *Temps*, collabora au *Charivari*, à l'*Illustration* et donna, à partir de 1869, des articles politiques à la *Presse libre*, à la *Réforme* et au *Rappel*.

En 1871, pendant le siège de Paris, M. H. Maret fonda le *Mot d'Ordre*, avec M. Henri Rochefort ; ses articles lui attirèrent une condamnation à cinq ans de détention ; mais l'état de sa santé le fit mettre en liberté au bout de quelques mois. Depuis il a collaboré à la *Constitution*, au *Corsaire*, à l'*Avenir national*, à la *Marseillaise*, au nouveau *Mot d'Ordre*, dont il fut rédacteur en chef et qu'il quitta, le 1ᵉʳ octobre 1880, pour prendre la rédaction en chef de la *Vérité*, et, au mois d'août 1881, celle du *Radical*. Devenu depuis l'un des plus importants organes du parti républicain avancé. La finesse de ses polémiques et le grand talent de plume déployé dans les nombreux articles donnés par M. Henry Maret à ces diverses feuilles, et surtout à la dernière, l'ont mis au nombre des journalistes les plus en vue de ce temps.

M. Maret avait été élu membre du Conseil municipal de Paris (quartier des Epinettes) en 1877. Il fut réélu, en 1881, par 2,826 voix, sur 4,175 votants.

Candidat radical, lors des élections législatives du 21 août 1881, dans la 2ᵉ circonscription du XVIIᵉ arrondissement de Paris, il fut élu, au ballottage, par 4,008 voix, contre 4,924 à deux concurrents. En 1885, il fut porté sur les listes de la Seine et du Cher. Il opta pour ce dernier département, et c'est lui que M. Henry Maret a représenté depuis à la Chambre, où il fut renvoyé, par l'arrondissement de Sancerre, en 1889, avec 11,282 voix, contre 10,402 au marquis de Vogué, monarchiste; en 1893, avec 12,248 suffrages, contre 9,133 à M. Georges Picot, et en 1898, le 8 mai, par 13,156 voix, contre 8,805 au même adversaire.

A la Chambre, M. Henry Maret a pris une part importante aux débats parlementaires. Siégeant à l'extrême-gauche, il combattit vivement Gambetta, qu'il appela un jour « Vitellius », ainsi que la politique opportuniste et les entreprises coloniales. Il déposa plusieurs propositions, fut membre et rapporteur de nombreuses commissions et notamment de celle relative au concours à prêter par le gouvernement à la C¹ᵉ du Panama, où il conclut en faveur de l'entreprise (1888) ; il fut l'un des plus actifs adversaires du boulangisme. En 1896, accusé par Arton d'avoir reçu, de lui des sommes d'argent pour rétribuer son concours à la C¹ᵉ du Panama, il fut arrêté, bien qu'aucune preuve, autre que l'affirmation de son accusateur, n'existât contre lui, longuement et cruellement détenu et finalement acquitté par la Cour d'assises de la Seine (janvier 1898).

Le député du Cher a fait jouer une comédie en deux actes: le *Baiser de la Reine*, avec M. Lecœur (Bordeaux, 1864). Il a publié : le *Tour du Monde parisien* (1862) ; les *Compagnons de la Marjolaine* (1864) ; *Arcachon, Promenade à travers bois* (1865) ; les *Parents criminels* (1874), avec M. G. Guillemot ; *La Justice* (1898), où il raconte les épisodes de son procès, et fait une amère critique des mœurs et des procédés judiciaires.

Mᵐᵉ COIGNET (née Clarisse-Joséphine GAUTHIER)

Moraliste et historien, née à Montagney-sur-l'Oignon (Haute-Saône) le 14 novembre 1824. Fille d'un grand métallurgiste, parente du philosophe phalanstérien Victor Considérant, elle s'occupa, de bonne heure, des questions philosophiques, sociales et pédagogiques. Venue à Paris en 1851, Mᵐᵉ Coignet collabora, de 1867 à 1870, à la *Morale indépendante*, revue dans laquelle elle soutint une longue polémique avec le philosophe Caro, qui faisait alors à la Sorbonne un cours de morale indépendante.

Cet écrivain a publié : un ouvrage sur l'*Enseignement public* (1852) ; la *Morale indépendante dans son principe et dans son objet* (1869) ; *De la morale dans l'éducation* ; *De l'éducation dans la démocratie* (1883) ; *François Iᵉʳ et son temps*, portraits et récits du XVIᵉ siècle (1885) ; *Un Gentilhomme du temps passé* (1886) ; *De la réforme française avant les guerres civiles* (1890) ; *Catherine de Médicis et François de Guise* (1891) ; *Victor Considérant, sa vie et son œuvre* (1895) ; *Condition de la femme dans le temps présent* (1896).

Mᵐᵉ Coignet a donné à la *Revue Bleue*, depuis sa fondation, un nombre considérable d'articles et d'études sur les sujets les plus divers. Elle y a traité notamment : le *Féminisme en Angleterre* et la *Politique de Lamartine*, avec une compétence très remarquée.

BOUCTOT (Georges)

Député, avocat et économiste, né à Rouen (Seine-Inférieure) le 29 juin 1855. Venu à Paris tout jeune, il fit ses études classiques au lycée Condorcet et suivit ensuite les cours de la Faculté de Droit jusqu'au grade de licencié (1878). Inscrit comme avocat à la Cour d'appel. M. Georges Bouctot débuta, au Palais, en qualité de secrétaire de Mᵉ Léon Renault.

Passionné pour les questions économiques et sociales, M. Georges Bouctot a consacré la majeure partie de son temps à leur étude. Il a publié le tome Iᵉʳ d'une *Histoire du communisme et du socialisme* au point de vue sociologique vers 1889 ; il a rédigé l'article : *Individualisme*, dans le *Dictionnaire d'économie politique* de Léon Say et Joseph Chailley et son *Répertoire*; en outre de sa thèse sur le *Droit municipal*, dans laquelle il se montrait partisan de la décentralisation administrative, cet écrivain a donné dans la *Revue de jurisprudence et de droit civil*, un travail très remarqué sur les *Aliénés*, où il demandait des modifications à la loi de 1838.

Très connu dans son département d'origine, M. Georges Bouctot sollicita, comme candidat républicain, en 1895, le mandat de conseiller général du canton de Saint-Saens (Seine-Inférieure), en remplacement de son père qui se retirait à cette époque, après avoir représenté ce canton pendant plus de trente-sept années consécutives (1857-1895). Il fut élu par 1,125 voix contre 605 obtenues par M. Cheveraux.

Nommé plusieurs fois rapporteur par ses collègues, notamment pour les budgets des archives et des beaux-arts, M. Georges Bouctot a soutenu aussi, devant cette assemblée départementale, la théorie de l'impôt sur les revenus, émise par M. Guillemet, à la Chambre des députés (avril 1896) et a appuyé dans un rapport un vœu du Conseil général sur l'impuissance parlementaire (avril 1897). Au mois d'août 1897, il proposait le dégrèvement total de l'impôt foncier des propriétés non bâties et défendait ces diverses réformes financières dans une longue série d'articles à l'*Echo de Neufchâtel*, où il traita aussi, avec une grande compétence, de nombreuses questions d'économie rurale (beurres, céréales, etc.)

Candidat aux élections générales législatives du 8 mai 1898, dans l'arrondissement de Neufchâtel, M. Bouctot, au premier tour de scrutin, obtint 8,461 suffrages contre 7,826 à M. Gervais, député sortant, républicain, 757 à M. Thiessé, ancien député, revisionniste, et fut élu au deuxième tour, par 9,033 voix contre 8,345 à M. Gervais.

Le député de la Seine-Inférieure est inscrit au groupe des républicains progressistes du Palais-Bourbon.

OLLIVIER (Olivier-Émile)

Avocat, ancien ministre, écrivain, membre de l'Académie française, né à Marseille le 2 juillet 1825. Fils du représentant du peuple Démosthène Ollivier, mort en 1884, il fit ses études à Paris, au collège Sainte-Barbe et suivit les cours de l'Ecole de Droit. Inscrit au barreau de cette ville, en 1847, il fut désigné, en 1848, comme commissaire général des Bouches-du-Rhône, par Ledru-Rollin, ami de son père, puis nommé préfet par Cavaignac qui, peu après, l'envoya en disgrâce dans la Haute-Marne. Il quitta l'administration en 1849. Après le coup d'Etat de 1851, qui exila son père, il revint à Paris, où, comme avocat, il se fit remarquer bientôt par de brillantes plaidoiries et acquit une grande réputation. Il plaida quelques causes politiques et fut frappé, par le tribunal de la Seine, d'une interdiction de trois mois (30 décembre 1859), à propos de son plaidoyer en faveur de M. Vacherot, poursuivi pour un livre intitulé la *Démocratie*.

Nommé, en juillet 1865, commissaire de surveillance du gouvernement égyptien près la Compagnie de l'isthme de Suez, à Paris, aux appointements de 30,000 francs, cette fonction fit rayer du barreau de Paris M. Emile Ollivier, pour cause d'incompatibilité.

Désigné par l'empereur comme arbitre dans les difficultés relatives à l'isthme de Suez, il rédigea plus tard un rapport sur le litige et la sentence arbitrale fut rendue sur les conclusions de ce rapport.

M. Emile Ollivier avait épousé une fille du musicien Lizt, qui mourut en 1862. Il se remaria, en 1869, avec Mme Gravier, de Pondichéry, appartenant à la famille du bailli de Suffren.

Dès 1857, lors des élections législatives, M. E. Ollivier était entré dans la politique militante, comme candidat de l'opposition, dans la 3ᵉ circonscription de la Seine, contre MM. Monin-Japy, candidat officiel et Garnier-Pagès ; soutenu par le *Siècle*, alors tout puissant, il passa au second tour de scrutin. Il prêta le serment exigé des députés et prit part aux discussions importantes, notamment à celles sur les lois de sûreté générale (1858), l'expédition d'Italie (1859) et le régime de la presse (1860). Il fut l'un des orateurs écoutés du Corps législatif et l'un des membres les plus ardents du petit groupe d'opposition dit des « Cinq ». Après le décret du 24 novembre 1860, il donna des encouragements au gouvernement impérial et fut réélu, en 1863, dans la même circonscription, par 18,151 voix, contre 10,095 à M. Varin, candidat du gouvernement.

Au cours de cette nouvelle législature, persistant dans la conduite qu'il avait adoptée depuis 1861, il montra, dans ses relations avec le pouvoir, une modération qui jeta quelque froideur entre ses anciens amis politiques et lui. Il soutint, comme rapporteur, une loi sur les coalitions qui régit encore la matière et que l'opposition combattit. M. Emile Ollivier, auquel le gouvernement faisait des avances pour l'amener à accepter un ministère, subordonnait son concours à une transformation libérale de l'Empire. Sa séparation d'avec la gauche fut consommée en 1866, Napoléon III s'étant rallié à ses idées.

En mars 1869, M. Emile Ollivier crut devoir faire le récit de ses relations avec l'empereur, dans un mémoire intitulé : *Le 19 Janvier*, adressé à ses électeurs et au pays ; en même temps, il posait sa candidature dans le Var et dans la 3ᵉ circonscription de la Seine ; vivement combattu dans cette dernière, il n'obtint, sur 36,073 votants, que 12,848 voix contre 22,848 données à Bancel, candidat de l'opposition irréconciliable. Dans le Var, il fut élu par la 1ʳᵉ circonscription, avec 16,986 voix, contre 8,846 obtenues par son concurrent, M. Laurier.

Le 27 décembre suivant, une lettre de l'empereur chargeait M. Emile Ollivier de former le premier cabinet parlementaire ; la tâche fut laborieuse et c'est seulement le 2 janvier 1870 que put être arrêtée une combinaison ministérielle qui, pour donner satisfaction au centre gauche, comprit MM. de Talhouet, Louvet, Daru, Buffet, Segris et Chevandier de Valdrôme; M. Emile Ollivier prit le portefeuille de la justice et, sans avoir le titre de président du Conseil, fut pourtant chef du cabinet. La situation de ce ministère, devant une majorité issue de candidatures officielles, était dificile. M. Em. Ollivier dût déployer une énergie peu commune et montrer toute la souplesse de son talent, pour repousser et détruire les effets d'attaques successives qui lui venaient tour à tour de la droite et de la gauche.

Ce ministère rendit un décret d'amnistie en faveur de Ledru-Rollin (10 janvier), convoqua la haute cour de justice pour juger à la fois le prince Pierre Bonaparte et le prince Murat (même jour); il eut l'habileté de maintenir l'ordre sans répression sanglante, lors de l'énorme manifestation provoquée par l'assassinat de Victor Noir; il obtint l'autorisation du Corps législatif de poursuivre le député Henri Rochefort et exécuta le jugement rendu contre lui, malgré l'agitation du parti républicain (12 janvier-8 février); il révoqua le préfet de la Seine Haussmann, déposa plusieurs projets de loi relatifs à l'abolition des mesures de sûreté générale, au cumul des fonctions, etc.: adressa des circulaires recommandant aux préfets le respect de la liberté électorale et aux magistrats de séparer la justice de la politique, et émit le projet de constitution qui devait transformer l'empire autoritaire en gouvernement parlementaire et libéral. Lu dans la séance du Sénat du 28 mars 1870, le sénatus-consulte qui promulguait cette modification à la loi fondamentale de l'Etat fut soumis, le 8 mai suivant, à un plébiscite national. Malgré les circulaires ministérielles, les préfets déployèrent une « activité dévorante »; on appuya toute la propagande électorale sur la fameuse phrase : « l'Empire c'est la paix », et sept millions de suffrages approuvèrent la nouvelle constitution.

Trois membres du cabinet, MM. de Talhouët, Buffet et Daru, désapprouvant le principe du plébiscite, avaient donné leur démission le 25 avril. Ils furent remplacés, le 15 mai, par MM. de Gramont, Mège et Plichon. M. Emile Ollivier fut, à ce moment, accusé de vouloir ressusciter le régime personnel. L'empereur, pour donner une preuve de son attachement à son ministre, violemment attaqué dans le *Peuple français*, journal subventionné pourtant par sa propre cassette, obligea l'auteur de ces attaques, Clément Duvernois, à quitter la rédaction de cette feuille.

Cependant, des faits extérieurs allaient détourner l'attention publique des luttes politiques. La candidature au trône d'Espagne du prince Léopold de Hohenzollern-Sigmaringen, membre d'une branche catholique de la famille royale de Prusse, déjà proposée et repoussée une première fois par notre gouvernement, fut mise en avant de nouveau par M. de Bismarck, qui, pour triompher des résistances des états du Sud et les amener à l'unité allemande, était décidé à une guerre avec la France. M. de Gramont, notre ministre des Affaires étrangères, dans un discours au Corps législatif (6 juillet), fit ressortir, en les exagérant, les dangers que présentait ce projet et il fut décidé que le comte Benedetti, notre ambassadeur à Berlin, serait envoyé à Ems, où se trouvait le roi de Prusse, pour lui demander une désapprobation formelle de la candidature Hohenzollern.

Dans l'intervalle, le prince Léopold ayant renoncé à son projet, avait chargé son père d'en informer les cabinets européens. Cette déclaration aurait pu terminer l'incident ; mais le gouvernement impérial crut devoir faire demander encore par M. Benedetti au roi de Prusse l'approbation de la renonciation de son parent et l'assurance que cette candidature était bien et définitivement écartée.

Cet excès de précautions était imprudent. On a dit que les amis et les conseillers de Napoléon III, et surtout l'entourage de l'impératrice, voulant la guerre, avaient poussé à cette nouvelle démarche pour faire naître un incident. D'autre part, pourtant, on a assuré que l'empereur, malade, et satisfait par le plébiscite sur l'avenir de son fils, désirait sincèrement la paix. Quoi qu'il en fût, c'est de cette tentative que naquit le conflit.

M. de Bismarck, par une dépêche communiquée officiellement à tous les cabinets européens, affirma faussement que le roi de Prusse avait refusé de recevoir notre ambassadeur. Il força le sens et envenima les termes de cette note aux puissances, faisant ainsi intentionnellement une insulte publique à la France, afin de la pousser à une lutte pour laquelle il savait que nous n'étions pas suffisamment préparés.

L'attitude, en cette circonstance, du prince de Bismark est restée longtemps mal définie ; mais il a pris soin lui-même, en ces dernières années, d'éclaircir ce point d'histoire, et, de ses déclarations même, il résulte que la responsabilité de la guerre retombe toute entière sur lui ; l'imprudence de notre diplomatie et l'impardonnable ignorance dans laquelle elle se trouvait de ses projets ont seulement aidé à la réalisation de ses vues.

Trompé par la dépêche de M. de Bismarck, le 15 juillet 1870, le premier ministre déclara que le gouvernement n'acceptait pas l'injure qu'on venait d'adresser à la nation; il montra la nécessité de la guerre et dit à la tribune qu'il en prenait la responsabilité « d'un cœur léger » ; comme cette expression soulevait quelques objections :

N'équivoques pas, ajoutait-il, sur cette parole et ne croyez pas que je veuille dire avec joie; je vous ai dit moi-même non chagrin d'être condamné à la guerre; je veux dire d'un cœur que le remords n'alourdit pas, d'un cœur confiant, parce que la guerre que nous ferons, nous la subissons ; parce que nous avons fait tout ce qu'il était humainement et honorablement possible de tenter pour l'éviter et enfin parce que notre cause est juste et qu'elle est confiée à l'armée française.

Dès le début des hostilités, l'insuffisance de notre organisation militaire apparut. Après la retraite de Mac-Mahon sur Châlons, et devant l'effervescence publique, M. Ollivier publia une proclamation pour rassurer le pays et fit convoquer, par l'impératrice régente, le Sénat et le Corps législatif, pour le 9 août.

Un ordre du jour, déclarant le cabinet incapable de pourvoir à la défense du pays, déposé dès la réunion de la Chambre, fut voté à une grande majorité (9 août); le comte de Palikao fut chargé par l'impératrice de former un nouveau ministère ; M. Emile Ollivier se retira à Fontainebleau et passa ensuite en Italie. En 1873, il refusa de comparaitre devant la commission d'enquête sur la révolution du 4 septembre, nommée par l'Assemblée nationale.

M. Emile Ollivier rentra en France à la fin de cette même année. On aurait pu croire qu'il renoncerait désormais à toute velléité politique ; mais il n'en décida pas ainsi. Aux élections législatives de 1876, il posa sa candidature dans deux circonscriptions du Var: à Draguignan et à Brignoles, avec l'appui de son ancien adversaire, M. Rouher. A Brignoles, il obtint 3,120 voix, contre 9,737 à M. Dréo ; à Draguignan, 4,496, contre 12,211. Après la dissolution de la Chambre, en 1877, il se représenta dans ce dernier arrondissement et échoua encore contre l'un des 363, M. Cotte.

A l'occasion d'une lettre du prince Napoléon sur les congrégations religieuses, parue le 29 mars 1880, l'ancien ministre de l'empereur invita, par un article dans l'*Estafette*, les « prêtres éclairés » à accepter les décrets relatifs à ces congrégations. Cet article provoqua, entre son auteur et M. de Cassagnac, une vive polémique.

Lors des élections générales de 1885, il ne posa pas sa candidature ; mais, dans un manifeste à ses amis du Var, il déclara qu'il « n'était point anti-républicain, la République, à son avis, ne devant pas être mise en question; mais qu'il était résolument anti-radical ». Il recueillit 298 voix sur 55,798 votants.

M. E. Ollivier avait été élu membre de l'Académie française, en remplacement de Lamartine, par 26 voix sur 28 votants, le 7 avril 1870. A son retour en France, en 1873, il lut, devant la commission académique, le discours qu'il devait prononcer en séance publique, et dans lequel il émettait des appréciations politiques qui soulevèrent les protestations de ses collègues et qu'on lui demanda de changer. M. Ollivier refusant de se prêter à aucune modification de son discours, un vote de la compagnie décida que la réception de l'ancien ministre serait indéfiniment ajournée (5 mars 1874) ; mais elle le considéra néanmoins comme reçu (13 mars). M. Ollivier publia aussitôt son projet de discours sous ce titre : *Lamartine, précédé d'une préface sur les incidents qui ont empêché son éloge en séance publique.*

Directeur trimestriel de l'Académie française, au moment de la mort de Thiers (3 septembre 1877), il était indiqué, en cette qualité, pour prononcer l'éloge du défunt ; mais on désigna M. de Sacy pour cet office, ce qui motiva une nouvelle protestation publique de l'ancien ministre. Lors de la réception d'Henri Martin au fauteuil de l'illustre homme d'Etat, M. Em. Ollivier fut encore empêché d'exprimer son opinion sur le rôle de Thiers ; la commission, estimant que son discours contenait divers passages outrageants pour la mémoire de M. Thiers, en référa à l'Académie, qui demanda leur suppression. M. Ollivier ayant refusé de les modifier, M. Marmier fut chargé de recevoir Henri Martin.

Auteur de divers travaux juridiques, publiés dans la *Revue pratique du droit français*, qu'il avait fondée en 1856, avec MM. Mourlon, Demangeat et Ballot, M. Emile Ollivier a écrit, en outre : un roman de jeunesse, *Marie-Magdeleine;* un *Commentaire sur les saisies immobilières et ordres*, avec M. Mourlon (1859) ; un *Commentaire de la loi du 25 mai 1804 sur les coalitions* (1864) ; *Démocratie et Liberté* 1867 ; *Le 19 Janvier* (1869), mentionné plus haut ; une *Visite à la chapelle des Médicis*, dialogue sur Michel-Ange et Raphael (1872) ; *Principes et conduite* (1875) ; *l'Eglise au concile du Vatican* 1878 ; *M. Thiers à l'Académie et dans l'histoire* (1878 ; le *Pape est-il libre à Rome ?* (1882) ; le *Concordat est-il respecté ?* (1883) ; *Nouveau manuel de droit ecclésiastique français*, textes et commentaires (1885) ; *1789 et 1889* (1890), étude historique et politique ; *Michel-Ange; Du régime de la presse* (1892) ; *Solutions politiques et sociales* (1893) ; *l'Empire libéral*, récits, souvenirs (1895), etc.

CASTELLANE (Victor-Amable-Elzéar-Henri Comte de)

NUMISMATE et archéologue, né à Belfort le 30 mars 1861. Issu d'une illustre race, le comte Henri de Castellane appartient à la branche Majastre de la maison souveraine de Castellane : il est fils du comte Elzéar de Castellane, ancien officier supérieur de cavalerie, décédé en 1891, et de la comtesse née de Bastard d'Estang.

Il fit ses études classiques au collège Stanislas et commença de bonne heure à s'occuper de numismatique.

M. de Castellane a publié de nombreux travaux dans l'*Annuaire de la Société française de numismatique*, la *Revue numismatique*, le *Bulletin de numismatique*, la *Gazette numismatique française*, etc. Il est aussi l'auteur d'une grande quantité de communications, insérées dans les procès-verbaux des séances de la Société française de numismatique.

M. le comte de Castellane est président de la Société française de numismatique, membre correspondant de la Société nationale des Antiquaires de France et membre de plusieurs sociétés étrangères de numismatique.

LEFEBVRE (Charles, dit CARLOS)

PEINTRE paysagiste, né le 1ᵉʳ mai 1854 à Le Quesnoy (Nord). M. Carlos-Lefebvre, dès ses débuts, se signala sans professeur par les aquarelles qu'il envoya au Salon, où il fut reçu d'emblée. M. Harpignies remarqua les dessins du jeune artiste et celui-ci devint l'élève et l'ami du maître.

Ses premiers envois comme peinture datent de 1887 : les *Tilleuls de la Carnuée*; *Etude de Bouleaux* (Nord). Puis des paysages de Sologne : *Autour d'une mare* (acquis par l'Etat) ; le *Chemin de Monterey*, qui obtint une mention honorable au Salon de 1888; *Vue de Camiers*, Pas-de-Calais (musée de Douai); l'*Etang de Chales*, Sologne (musée de Valenciennes); les *Ruines de la Cour des Comptes*, aquarelle (musée de Valenciennes); *Menton par temps gris*; les *Chênes de l'étang de Chales*, Sologne (1894, médaille de 3ᵉ classe) ; les *Châtaigniers de Courcimont* (1895); *Lever de lune* (1896); l'*Hiver en Sologne* (1897, acquis par l'Etat); la *Ferme du père Noffray*; l'*Allée des Châtaigniers* (1898).

Comme peinture décorative, citons de cet artiste : les *Quatre saisons*, pour la salle à manger de M. B..., à Paris ; les décorations du hall du docteur R..., à Fécamp ; la *Baie du Mont-Saint-Michel*, chez Mᵐᵉ L..., à Le Quesnoy (Nord), etc.

ANTIOCHE (Marie-François-Ferdinand-Adhémar Comte d')

HISTORIEN, né à Bruxelles le 9 novembre 1843. Il est issu de la maison d'Antioche, établie en Savoie en 1433, lors du mariage de Anne de Lusignan avec Louis Iᵉʳ, alors prince de Piémont, ensuite duc de Savoie. Anne de Lusignan fut accompagnée par ses cousins-germains, Pierre et Hector d'Antioche, dont la descendance s'est perpétuée dans les plus hautes charges de l'armée, de la cour et de la diplomatie. Il est petit-fils du comte François-Gaspard-Ferdinand d'Antioche, premier gentilhomme de la chambre du roi Charles-Félix de Sardaigne, du roi Charles-Albert et du roi Victor-Emmanuel. Il est fils du comte Charles-François-Alphonse, envoyé extraordinaire et ministre plénipotentiaire du roi Charles-Albert et du roi Victor-Emmanuel, à Vienne, Paris, Berlin et Madrid, et de Thérèse-Ferdinande-Adilie, comtesse de Hamal et du Saint Empire romain germanique.

M. le comte Marie-François-Ferdinand-Adhémar d'Antioche acheva ses études classiques chez les pères Dominicains d'Arcueil-Cachan (Ecole Albert-le-Grand), fut reçu licencié ès-lettres en 1869, prit part à la guerre franco-allemande de 1870-1871, à l'armée de l'Est, et fut renvoyé dans ses foyers, après la paix, comme capitaine d'état-major auxiliaire. Il est capitaine de cavalerie de réserve attaché à l'état-major général du 14ᵉ corps d'armée.

Il s'est fait connaître par la suite en écrivant d'intéressants travaux historiques publiés sous les titres suivants : *Deux Diplomates* ; le *Comte Raczynski et Donoso Cortès* (1880) ; le *Général Changarnier* (1891); les *Négociations masquées* (1895), etc.

Lauréat de l'Institut, cet écrivain a reçu de l'Académie française le prix Thérouanne ; il est décoré de divers ordres.

M. le comte d'Antioche a épousé Mˡˡᵉ de Talleyrand-Périgord, fille du feu comte de Talleyrand-Périgord, ambassadeur de France à Berlin et à Saint-Pétersbourg.

KERDREL (Vincent-Paul-Marie-Casimir AUDREN de)

SÉNATEUR, né au château de Saint-Uhel, près de Lorient, le 28 septembre 1815. Après avoir été élève de l'École des Chartes, en 1840, il rédigea un journal légitimiste à Rennes.

A la Révolution de 1848, M. Audren de Kerdrel fut élu représentant d'Ille-et-Vilaine à la Constituante, le septième sur treize, par 83,571 voix. Il vota avec la droite et fut réélu, par 76,607 voix, à l'Assemblée législative, où il s'associa également aux efforts de la majorité conservatrice. Après le Coup d'État, il fut envoyé au Corps législatif par son département, en 1852 ; mais il donna sa démission le 22 novembre de la même année, en la motivant sur le rétablissement de l'Empire. Pendant tout le règne de Napoléon III, il s'abstint de toute intervention directe dans la politique.

Le 8 février 1871, M. de Kerdrel fut élu représentant à l'Assemblée nationale, dans l'Ille-et-Vilaine, par 89,537 voix, et dans le Morbihan par 92,829. C'est pour ce dernier département qu'il opta. Il siégea à la réunion monarchiste dite des « Réservoirs », fut un des orateurs de la droite qui s'opposèrent le plus énergiquement à l'établissement d'un gouvernement républicain et l'un des neuf députés délégués près de M. Thiers, le 20 juin 1872, pour lui imposer le programme des droites ; en novembre 1872, il proposa la nomination d'une commission chargée de répondre au message du président. Il fit partie de la commission des lois constitutionnelles, déclara se rallier au septennat, prit la parole dans de nombreuses discussions et repoussa l'amendement Wallon et l'ensemble des lois constitutionnelles. Il a été vice-président de l'Assemblée, depuis le 1ᵉʳ décembre 1874 jusqu'à sa dissolution.

Aux élections sénatoriales du Morbihan du 30 janvier 1876, M. de Kerdrel, dont le nom n'avait pas été porté sur la liste légitimiste, se fit inscrire sur une liste dite de conciliation, avec deux autres représentants sortants, MM. de La Monneraye et de Kéridec. Il fut élu, le premier sur trois, par 210 voix sur 333 votants.

Après cette première élection, M. de Kerdrel a été sans interruption renvoyé à la Chambre haute, par le Département du Morbihan : au renouvellement du 5 janvier 1879, par 219 voix sur 327 votants ; à celui du 5 janvier 1888, par 651 voix sur 951 votants et, le 3 janvier 1897, par 659 suffrages.

Au Sénat, il continua de siéger à droite ; il fut vice-président de la haute assemblée de 1876 à 1879. Il a toujours figuré aux premiers rangs du parti monarchiste et combattit toutes les mesures républicaines ; il prit une part très active à la préparation de l'acte du 16 mai 1877, aux négociations qui amenèrent la chute du cabinet J. Simon et vota, le 23 juin, la dissolution de la Chambre ; il fit rétablir par le Sénat, au budget de 1879, un crédit supprimé par la Chambre, attribuant 32,000 fr. à l'aumônier en chef de la flotte ; au congrès de Versailles, en 1884, il fut chargé de porter la parole au nom des droites des deux Chambres ; en 1889, il présenta au Sénat un déclinatoire d'incompétence dans l'affaire Boulanger ; il s'opposa, en 1892, à l'autorisation des poursuites demandées contre plusieurs membres du Parlement à propos de l'affaire de Panama, etc. En dehors des débats politiques, M. Audren de Kerdrel s'occupe surtout des questions maritimes et coloniales. Il a toujours été président de la droite du Sénat.

ROY de LOULAY (Louis)

DÉPUTÉ, né à Paris le 8 août 1848. Fils de Pierre-Auguste Roy de Loulay 1818-1896 , ancien député et sénateur de la Charente-Inférieure, il fit ses études au lycée Bonaparte (aujourd'hui Condorcet) et venait d'être reçu licencié en droit lorsque éclata la guerre franco-allemande. M. Roy de Loulay servit alors comme lieutenant au 8ᵉ mobiles de la Charente-Inférieure, et fit part, avec l'armée de la Loire, à la bataille de Patay et aux combats qui se livrèrent sous le Mans.

Élu, en 1876, conseiller général de la Charente-Inférieure pour le canton de Matha, il fut, peu de temps après, nommé maire de Saint-Pierre-de-l'Isle et, le 20 février de la même année, député de l'arrondissement de Saint-Jean d'Angély par 12,333 voix, contre 5,688 à M. Larade et 1,042 à M. Borsay.

M. Roy de Loulay prit place au groupe de l'Appel au Peuple et compta parmi les 148 députés conservateurs qui soutinrent le ministère de Broglie contre les 363. Réélu successivement le 14 octobre 1877, par 12,142 voix, contre 9,911 à M. Normand-Dufié ; le 21 août 1881, par 11,795 voix, contre 11,605 à M. Lair ; le 4 octobre 1885 sur la liste conservatrice de la Charente-Inférieure, le 4ᵉ sur 7 , par 62,242 voix sur 124,616 votants ; le 22 septembre 1889, dans son ancien arrondissement, par 11,384 voix, contre 10,637 à M. Bourcy, il prit une part importante aux discussions parlementaires, au cours de ces législatures; il intervint notamment pour le maintien du privilège des bouilleurs de crû et, d'une façon spéciale, pour la création aujourd'hui effectuée de nouvelles voies ferrées dans la Charente-Inférieure. Il fut, en outre, rapporteur du projet de loi qui a rendu obligatoire l'alcoomètre centésimal de Gay-Lussac et de celui qui a réglementé les relations internationales dans les questions postales et télégraphiques.

Lors du renouvellement général législatif de 1893, M. Roy de Loulay échoua, au 2ᵉ tour de scrutin, avec 9,593 voix contre 11,568 à l'élu, M. le Dʳ Bourcy; mais aux élections de 1898, dans son ancien collège, il fut élu, au 2ᵉ tour, le 22 mai, par 10,778 voix contre 9,825 à M. Reveillaud, sur un programme de concentration progressiste portant pour points principaux: « l'équilibre du budget, la réforme du système fiscal, des mesures de décentralisation, la diminution des frais de justice, la révision de la Constitution dans le sens le plus démocratique, et l'accès de la République à tous les Français de bonne volonté. »

En 1896, après le décès de son père, M. Louis Roy de Loulay fut appelé à le remplacer comme conseiller général du canton de Loulay. Il est intéressant de noter ici que la famille du député de la Charente-Inférieure est la seule en France à détenir un siège de conseiller général depuis l'origine de l'élection des conseils généraux; le grand-père de M. Roy de Loulay fit partie de l'assemblée départementale jusqu'en 1848 et son père jusqu'en 1896, sans interruption.

M. Louis Roy de Loulay a épousé, le 29 avril 1868, la princesse Anna-Céline Swiatopolk Czetwertynska, descendante en ligne directe de Rurick et de saint Wladimir le Grand.

MAGNE (Alfred)

Peintre, né à Lusignan (Vienne) le 28 février 1855. Élève de Jules Lefebvre et de Monginot, il débuta au Salon de 1879 avec deux peintures sur faïence grand feu; mais il délaissa la céramique pour la peinture à l'huile et continua d'exporter dans ce genre des études d'animaux, de fleurs, des natures-mortes, etc..., où il a acquis une réelle notoriété.

Il convient de citer, parmi les œuvres de M. A. Magne: *Petit gagne-pain* et *Ma fermeture de chasse* (1883); la *Chasse du braconnier*, *Un Sanglier*, toiles qui figurent au musée de Poitiers (1886); *Chevreuils aux écoutes* (1887); *Renard emportant une perdrix* (1888); *Chez la fruitière*, acquis par l'État pour le musée de Tunis (1889); *Poissons et Gibiers* (1890); *Coin de cuisine après la chasse* (1891); *Gibiers de marais*, aujourd'hui au musée d'Arras (1893); *En Poitou, départ pour le marché* (1894); *Après la curée* (1895); *A l'affût* et *Poule et Coq de bruyère* (1896); *Objets d'orfèvrerie religieuse des XIIIᵉ et XVᵉ siècles* (1897); le *Trésor de l'Abbaye* (1898); *Armures, Roses trémières*, le *Puits fleuri*, la *Chanson du printemps*, etc...

M. Magne a peint en outre de grandes toiles pour la décoration de plusieurs châteaux, notamment ceux du Puy (Haute-Vienne) et de Trélissac, près de Périgueux.

Récompensé à un grand nombre d'expositions, cet artiste a obtenu au Salon des Artistes français une mention honorable en 1886 et une médaille de 3ᵉ classe en 1897. Il est officier d'Académie et du Nichan Iftikhar.

RICHARD (Mᵐᵉ Alfred MAGNE, née Hortense)

Peintre miniaturiste, femme du précédent, née à Paris en 1860. Attirée de bonne heure vers les arts, elle étudia d'abord la peinture sur porcelaine. Remarquée aussitôt par ses reproductions de peintures anciennes et modernes, elle peignit aussi des œuvres originales comme: *Chloris à la fontaine*, *Mimi Pinson*, *Vénitienne*, etc., et un grand nombre de portraits.

Dès 1875, Mᵐᵉ Hortense Richard exposa au Salon, où chaque année depuis elle a fait un envoi important. En 1879, elle épousa le peintre Alfred Magne, mais elle a continué de signer ses œuvres de son nom personnel.

Mᵐᵉ Hortense Richard eut pour maîtres MM. James Bertrand, W. Bouguereau et Jules Lefebvre. Après s'être fait connaître par ses peintures sur porcelaine, elle fit aussi de la miniature sur ivoire, et réussit avec un égal bonheur. Dans cette nouvelle manière, elle a produit un grand nombre de pièces remarquables, parmi lesquelles nous mentionnerons: la *Prière* (1891); *Dormeuse* (1892); *Portrait de Mᵐᵉ Segond-Weber* (1893); *Dernier soutien*; *A l'Église, en Poitou* (au musée du Luxembourg); *Portrait du général Cetin* (1895); *Pêcheur raccommodant ses filets*; *Por-*

trait du capitaine de Grancey (1896); *Piété; Sainte-Cécile* (1897); *Portrait de M*me *la marquise de B...* (1898), etc.

En outre de ces envois aux Salons, Mme Hortense Richard a pris part, avec grand succès, aux expositions des Arts décoratifs et des Arts appliqués à l'Industrie, ainsi qu'aux principales expositions de l'étranger : Londres, Anvers, Barcelone, Moscou, Chicago, etc. Elle a obtenu, à l'Exposition universelle de 1889, une mention honorable et une médaille d'argent aux Beaux-Arts et à la Céramique; une médaille au Salon de 1892; l'Institut lui décerna la même année le prix Maxime David.

Officier d'Académie en 1889, cette excellente artiste a été promue officier de l'Instruction publique en 1896.

MALARTIC (Marie-Joseph-Gabriel Comte de MAURÈS de)

ÉCRIVAIN et agriculteur, né à Paris le 21 avril 1866. Il descend d'une ancienne famille d'épée, originaire d'Armagnac au XIIIe siècle, qui a figuré aux croisades et dans laquelle on trouve plusieurs chevaliers de Malte, plusieurs consuls d'Agen au XVIe siècle, un lieutenant général, trois maréchaux de camp, un député de la noblesse aux États généraux, un député sous la restauration, etc. Son arrière-grand-père (1729-1808) fut président de la Cour des aides de Montauban, puis premier président du Conseil souverain de Roussillon ; un de ses arrière-grands-oncles, après s'être illustré dans les campagnes du Canada, aux côtés de Montcalm et de Lévis, fut gouverneur des établissements français à l'Est du cap de Bonne-Espérance et a rendu son nom historique en défendant jusqu'à sa mort (1800), l'île de France contre les Anglais ; son grand-père (1709-1832), lieutenant aux gardes françaises, pendant les journées de 1789, fit la campagne d'Amérique, où il fut décoré de l'ordre de Cincinnatus, passa à l'armée de Condé, puis maréchal de camp, chevalier de St-Louis, commandeur de la Légion d'honneur, démissionna, en 1830, par refus de serment; son père (1816-1889), fut du service d'honneur de M. le comte de Chambord et a publié, à partir de 1840, dans divers journaux, des articles sur la politique étrangère, qui furent remarqués.

Le comte Gabriel de Maurès de Malartic fit ses études classiques à Paris, les termina à l'école Sainte-Geneviève et fut reçu licencié en droit en 1890. Il s'est fait connaître au public, par des ouvrages historiques d'un certain intérêt, parmi lesquels nous devons mentionner : le *Journal des campagnes au Canada, de 1755 à 1760* (1 vol. 1890) et une *Notice sur le vicomte Ambroise-Eulalie de Maurès de Malartic, maire de la Rochelle* (1891). Il est, en outre, l'auteur de communications et mémoires aux Sociétés archéologiques de Tarn-et-Garonne, des antiquaires de l'Ouest, des archives historiques de Saintonge et d'Aunis, etc.

M. de Malartic s'occupe aussi d'agriculture en Normandie et en Poitou ; il est maire d'Yville, commune de la Seine-Inférieure, membre du Cercle agricole et de la Société hippique française.

DELAVAUD (Louis-Charles-Marie)

GÉOGRAPHE et diplomate, né à Rochefort (Charente-Inférieure, le 21 décembre 1860. Après avoir fait ses études classiques au collège de sa ville natale, il passa successivement, à la Faculté de Poitiers, sa licence en droit et sa licence ès lettres en 1880, et son doctorat à la Faculté de Paris en 1884; il fut ensuite élève et lauréat de l'École des Sciences politiques.

Reçu, au concours, attaché au ministère des Affaires étrangères, le 28 janvier 1884, M. Louis Delavaud fut envoyé comme secrétaire d'ambassade à Constantinople (1887), à Vienne 1888, puis à Berlin, où il fut spécialement chargé par M. Herbette, ambassadeur de France, d'étudier les affaires coloniales allemandes.

Rentré à Paris en 1892, au ministère des Affaires étrangères, dans le service de la direction politique, il fut nommé secrétaire de 2e classe 1893, puis chargé du bureau des affaires d'Amérique 11 décembre 1896, institué par décret du même jour.

Entre temps, M. Louis Delavaud avait été délégué par les ministères des Affaires étrangères et des Colonies au Congrès de géographie de Lyon (1894). Il a été, à diverses reprises, membre de plusieurs commissions officielles, comme celle chargée d'examiner les documents soumis par les républiques de Costa-Rica et de Colombie au président de la République française, pris pour arbitre, par ces états, de leurs différends de frontière. Il est membre de la Commission des archives du ministère des Colonies.

En outre de sa thèse de doctorat sur le *Cens et la Censure*, M. Delavaud a publié de nombreux travaux géographiques et historiques très remarqués dans les *Annales de l'École des Sciences politiques*, la *Revue* encyclopédique, les *Archives historiques de la Saintonge*, la *Revue Bleue*, la *Revue de géographie*, et les *Recueils* des sociétés de géographie de Paris, Rochefort, Rouen, etc.

Membre de la Société de géographie de Paris, du Conseil d'administration de la Société de géographie commerciale, secrétaire de la classe 14 du jury d'admission de l'Exposition de 1900 (géographie), président de la Société des anciens élèves de l'Ecole des Sciences politiques (1897-1899), M. Louis Delavaud a obtenu une récompense de l'Académie des Sciences (1883), pour ses travaux géographiques. Il est chevalier de la Légion d'honneur depuis le 1ᵉʳ janvier 1897.

MAHY (François-Césaire de)

Député, ancien ministre, né à Saint-Pierre (Réunion) le 22 juillet 1830. Il vint étudier la médecine en France et, reçu docteur en 1856, retourna à la Réunion, où il exerça sa profession et en même temps s'intéressa au mouvement politique : il collabora au *Courrier de Saint-Pierre*, réclama le droit commun pour la colonie et en fut élu représentant à l'Assemblée nationale, en 1871, par 12,109 voix.

M. de Mahy siégea à gauche, s'occupa activement de toutes les mesures propres à établir la forme républicaine dans le gouvernement, vota l'amendement Wallon et l'ensemble des lois constitutionnelles, fut membre des commissions de permanence, et prit part aux discussions financières, sur le régime des sucres, etc.

Envoyé à la Chambre des députés par la Réunion, le 9 avril 1876, avec 11,095 voix, sans concurrent, il fut, après l'acte du 16 mai 1877, l'un des 363 : il retrouva son siège après la dissolution et fut choisi comme questeur de la Chambre, après la mort du colonel Denfert-Rochereau. Réélu le 25 septembre 1881, au second tour de scrutin, par 5,944 voix, contre 2,751 données à l'abbé Le Gall, il fut nommé ministre de l'Agriculture, le 31 janvier 1882, dans le cabinet Freycinet, et garda ce portefeuille, dans les cabinets Duclerc et Fallières, jusqu'au 21 février 1883. Depuis le 31 janvier, il avait été chargé, en outre, du ministère de la Marine.

M. F. de Mahy fut réélu aux élections du 11 octobre 1885, par 9,703 voix sur 12,462 votants. Appelé au ministère de la Marine et des Colonies dans le cabinet Tirard, le 12 décembre 1887, il refusa de prendre un sous-secrétaire d'Etat, se retira dès le 3 janvier 1888, et fut, le 10 janvier 1888, élu de nouveau questeur de la Chambre. A la suite d'un dissentiment avec son collègue de la questure, M. Madier de Montjau, relativement à des mesures d'ordre intérieur, M. de Mahy donna sa démission avant la fin de l'année et fut aussitôt élu vice-président (12 novembre 1888).

Aux élections du 6 octobre 1889, il fut réélu député dans la 2ᵉ circonscription de la Réunion, par 6,535 voix, contre 5,425 données à M. Le Vigoureux, et fut encore vice-président de la Chambre. Au renouvellement de 1893, il fut de nouveau réélu, par 7,800 suffrages, contre 5,293 à M. Le Vigoureux et, en 1894, de nouveau choisi comme vice-président. Son mandat fut encore renouvelé aux élections générales du 8 mai 1898, où il avait pour concurrent M. Choppy, républicain aussi.

M. de Mahy a publié une brochure sur le *Régime politique aux colonies, réponse aux adversaires des institutions libérales* (1872).

PASSY (Frédéric)

Économiste, membre de l'Institut, ancien député, né à Paris le 20 mai 1822. Fils de Félix Passy, conseiller à la Cour des comptes, mort en 1872, et neveu des deux hommes politiques Antoine et Hippolyte, membres de l'Institut, M. Frédéric Passy se fit recevoir licencié en droit et fut auditeur au Conseil d'Etat de 1846 à 1848.

M. Frédéric Passy s'est fait connaître par d'importants travaux sur l'économie politique ; il a publié des ouvrages et fait de nombreuses conférences sur cette science. Il a, de plus, déployé beaucoup d'activité comme secrétaire, puis président, de la Ligue internationale de la Paix, dont il fut un des fondateurs avec Arlès Dufour, Michel Chevalier, Jean Dolfus et Martin Paschoud. Il a été reçu, le 1 février 1877, membre de l'Académie des Sciences morales, en remplacement de M. Wolowski.

Lors des élections législatives du 21 août 1881, candidat dans le VIIIᵉ arrondissement de Paris, M. Frédéric Passy fut élu, le 4 septembre, au scrutin de ballottage, par 4,738 voix, contre 4,682 obtenues par M. Godelle, bonapartiste.

A la Chambre, il siégea au Centre Gauche et prit part surtout aux discussions sur les questions économiques et financières.

En 1885, inscrit sur la liste de l'Alliance républicaine de la Seine, il fut encore élu, au scrutin de ballottage, par 287,172 voix sur 414,360 votants. Dans cette législature, il suivit la même ligne de conduite politique, s'intéressa de préférence aux mêmes questions et, en outre, combattit la politique coloniale.

Aux élections du 22 septembre 1889, de nouveau candidat dans le VIII° arrondissement de Paris, il échoua, au scrutin de ballottage, avec 5,114 voix, contre 6,831 obtenues par M. Marius Martin, candidat bonapartiste. Le 2 février 1890, il se présenta à une élection sénatoriale partielle dans le département de Seine-et-Oise, pour le remplacement de M. Léon Say, démissionnaire, et n'obtint que 111 voix sur 1,322 votants. Il échoua encore aux élections sénatoriales du 4 janvier 1891, dans le département de la Seine, où il n'obtint que 125 voix sur 665 votants.

Il représente le canton de Saint-Germain-en-Laye au Conseil général de Seine-et-Oise.

M. Fréd. Passy a publié : *Mélanges économiques* (1848); *De la Propriété intellectuelle*; *De l'Enseignement obligatoire* (1859); *De la Souveraineté temporelle des papes* (1860); *Leçons d'économie politique*, faites à Montpellier, recueillies par MM. Bertin et Glaise (1860-61); *De l'influence de la contrainte et de la liberté*, qui avait été insérée dans le *Journal des Économistes*; la *Question des octrois* (1866); la *Guerre et la Paix* (1867); *Communauté et Communisme* (1869); la *Question des jeux* (1872); *De l'Importance des études économiques* (1873); la *Solidarité du travail et du capital* (1874); la *Liberté du travail et les traités de commerce*, conférence (1879); le *Petit Poucet du XIX° siècle*; *George Stephenson et la naissance des chemins de fer* (1881); *Édouard Laboulaye*, conférence (1884); plusieurs *Discours* tirés à part, etc.

Chevalier de la Légion d'honneur depuis le 12 juillet 1880, M. F. Passy a été promu officier en janvier 1896.

GAYDE-SAVARY (Adrien-Alphonse-Frédéric-Hippolyte)

Sénateur, avocat, né à Pampelonne (Tarn) le 26 juin 1848. Il fit ses études à Albi et son droit à Toulouse. Engagé volontaire en 1870 et élu capitaine dans un corps franc, il fit la campagne en cette qualité.

Inscrit au barreau d'Albi depuis 1873, M. Gayde-Savary a été élu bâtonnier à plusieurs reprises et s'y est créé une juste réputation par les nombreuses et diverses causes qu'il a défendues.

Élu conseiller municipal, puis maire d'Albi, il resta à ce dernier poste de 1888 à 1890 et en démissionna par suite d'un désaccord entre la municipalité de cette ville et le ministère, à propos de questions d'octroi et, à plusieurs reprises, il refusa ensuite d'accepter des fonctions électives.

M. Gayde-Savary posa cependant sa candidature, le 20 mars 1898, et fut élu sénateur du Tarn, au 3° tour de scrutin par 373 voix contre 128 à M. Farssac, conservateur et 220 à M. Boularan, modéré, après avoir battu au premier tour MM. Dupuy-Dutemps, ancien ministre, et de Berne-Lagarde, qui étaient alors députés.

Au Sénat, M. Gayde-Savary siège à la Gauche démocratique. Il est membre de la Commission de la petite propriété rurale et s'intéresse à toutes les questions de jurisprudence et de législation, aussi bien qu'aux mesures destinées à protéger les produits agricoles contre la concurrence étrangère.

NAQUET (Alfred)

Chimiste, ancien député, né à Carpentras (Vaucluse) le 6 octobre 1834.

Docteur en médecine de la Faculté de Paris en 1859, il fut, en 1862, nommé professeur agrégé à cette Faculté et appelé ensuite à l'Institut technique de Palerme, où il enseigna la chimie en italien, jusqu'en 1865.

Dès ce moment, M. Alfred Naquet s'occupait activement de politique. Affilié à une société secrète, il fut, pour cela, en 1867, condamné à quinze mois de prison, 500 francs d'amende et à cinq ans d'interdiction des droits civiques, ce qui le privait de sa fonction d'agrégé. En 1869, un livre : *Religion, Propriété, Famille*, lui attira une nouvelle condamnation à quatre mois de prison, 500 francs d'amende et l'interdiction des droits civiques à perpétuité. Il se réfugia en Espagne, d'où il envoya des correspondances au *Réveil* et au *Rappel*, prit part à l'insurrection de l'Andalousie et ne rentra en France qu'après l'amnistie.

On vit M. Alfred Naquet, le 4 septembre 1870, au nombre des gardes nationaux qui forcèrent l'entrée du pont de la Concorde et envahirent la Chambre, puis l'Hôtel-de-Ville. Il fut, après, nommé secrétaire de la commission d'étude des moyens de défense près la délégation du gouvernement à Tours, puis à Bordeaux.

Envoyé à l'Assemblée nationale, le 8 février 1871, par le département de Vaucluse, son élection fut contestée : il donna sa démission, se représenta le 2 juillet 1871 et fut élu par 32,580 voix. Il se plaça à l'Extrême-Gauche, déposa, le 24 janvier, avec M. Millaud, une motion déclarant Napoléon III responsable de la guerre et demandant la saisie et la vente de ses biens, pour le paiement de l'indemnité. Il réclama le plébiscite sur la forme du gouvernement en novembre 1873, puis vota l'amendement Wallon et les lois constitutionnelles, demanda l'amnistie pleine et entière, le scrutin de liste, une assemblée unique et combattit, dès le premier jour, comme il ne cessa plus ensuite de le faire, la politique opportuniste et modérée.

Lors des élections législatives du 20 février 1876, candidat dans la 1re circonscription de Marseille, contre L. Gambetta, et dans l'arrondissement d'Apt (Vaucluse), il échoua dans le premier collège, avec 1,959 voix et ne passa à Apt qu'au scrutin de ballotage, avec 7,318 voix contre 6,070 obtenues par M. Sylvestre, candidat monarchiste.

A la Chambre, il siégea au groupe de l'Extrême-Gauche, demanda une enquête sur les opérations du Crédit foncier, l'abrogation des lois sur la presse et, pour la première fois, le rétablissement du divorce, proposition qui fut alors repoussée (1876).

L'un des 363, après le 16 Mai, il échoua aux élections du 14 octobre 1877, avec 6,423 voix, contre 7,306 obtenues par M. Sylvestre : l'élection de ce dernier ayant été invalidée, il fut élu, sans concurrent, par 8,668 voix. M. Naquet reprit, à la Chambre, sa proposition sur le divorce, qui, cette fois, prise en considération, donna lieu à de longs débats, mais fut encore rejetée deux ans après (1881). Réélu, la même année, par 7,205 voix, sans concurrent, il déposa encore, sur le bureau de la nouvelle Chambre, son projet de loi sur le divorce et arriva, cette fois, à faire triompher ses idées, autour desquelles, en dehors du Parlement, il avait su créer un grand mouvement d'opinion favorable, par des conférences, des écrits, etc., menant pour son projet, avec beaucoup de ténacité, une très ardente campagne. La loi rétablissant le divorce fut votée par la Chambre en 1882. L'année suivante, le député de Vaucluse fut rapporteur du projet de conversion du 5 %.

M. Pin, sénateur de Vaucluse, étant décédé, M. Alfred Naquet sollicita son siège et fut élu, le 22 juillet 1883, par 107 voix sur 206 votants. Arrivé à la Chambre haute, il y fit activer le vote de sa loi, qui fut enfin adoptée et promulguée le 21 juin 1884. Il y fit aussi amender certains points de détail pour en rendre l'application plus facile (1884-86).

Le sénateur de Vaucluse fut un des premiers membres du Parlement qui s'attachèrent à la fortune du général Boulanger. Avec MM. Laisant, Laguerre, etc., il fit une active propagande de presse et de conférences en faveur du mouvement révisionniste et poussa le général à un coup de force. Son attitude le fit exclure de son groupe au Sénat (1888).

Lors des élections législatives du 22 septembre 1889, bien que sénateur, M. Naquet se présenta dans la 1re circonscription du Ve arrondissement de Paris et fut élu, au ballottage, par 4,830 voix, contre 4,745 données au docteur Bourneville, candidat radical, député sortant. Son élection ayant été invalidée, il se représenta, le 16 février 1890, et fut élu, au second tour, le 2 mars, par 4,496 voix, contre 3,694, obtenues par son ancien concurrent. Il donna sa démission de sénateur après sa validation. En 1893, il se fit élire, par 4,686 voix, contre 4,407 à M. Beraud, radical, dans l'arrondissement de Carpentras (Vaucluse).

A la Chambre, M. Naquet, après la défaite complète du boulangisme, demeura l'un des anciens adhérents de ce parti qui conservèrent une attitude hostile et isolée. Il prononça plusieurs discours, notamment, en 1895, sur la question juive et, en 1897, pour combattre l'impôt sur la rente. L'un des parlementaires désignés par Arton, en 1896, comme ayant participé aux libéralités de la Cie de Panama, il quitta la France, dès l'annonce des poursuites, et écrivit de Londres que l'état de sa santé ne lui permettait pas de courir les risques et les rigueurs d'une détention préventive, mais qu'il saurait établir son innocence. Le 30 décembre 1897, en prononçant l'acquittement des autres parlementaires poursuivis avec lui, la Cour d'assises de la Seine accorda à M. Naquet un sursis d'un mois pour se présenter, sur la foi des certificats médicaux qu'il avait fournis. Revenu à Paris dans les délais fixés, il fut à son tour acquitté (2 mars 1898).

Au renouvellement législatif de mai 1898, M. Naquet ne se représenta nulle part.

M. Alfred Naquet a publié les ouvrages suivants : *Application de l'analyse chimique à la toxicologie*, thèse de doctorat (1858); *De l'Allotropie et l'Isomérie*, thèse d'agrégation (1860); *Des Sucres*, autre thèse d'agrégation (1863); *Principes de chimie fondés sur les théories modernes* (1868) ; *De l'Atomicité*, extrait de la *Philosophie positive* ; *Religion, propriété, famille* (1868); le *Divorce* (1877); *Questions constitutionnelles* (1883); *Socialisme collectiviste et Socialisme libéral* (1890). Il a traduit de l'anglais le *Calcul des opérations chimiques*, de

M. Brodie (1879) et donné des articles de chimie à la nouvelle *Encyclopédie générale* (1868 et suiv.), au *Dictionnaire de chimie*, de M. Wurtz, au *Bulletin de la Société chimique*, aux *Comptes-rendus* de l'Académie, au *Moniteur scientifique*, etc. Il avait fondé, en 1876, un journal politique : la *Révolution*, qui n'eut que trente numéros ; il en fonda, en 1880, un autre, l'*Indépendant*, qui devait être républicain radical, mais non intransigeant. Il a enfin écrit une notice sur Gaston Crémieux, en tête des *Œuvres posthumes* de ce dernier (1879).

GRITSENKO (Nicolas)

PEINTRE, né à Kousnetzk, province de Tomsk (Sibérie) le 20 mai 1856.

Il vint de bonne heure à Saint-Pétersbourg et entra à l'Ecole des ingénieurs mécaniciens de la Marine. Il fit plusieurs voyages sur les bâtiments de guerre comme officier mécanicien et fut remarqué, au cours de l'un d'eux, par le grand-duc Alexis, qui, sur la vue des dessins du jeune artiste, lui fit accorder une pension par le ministère de la Marine pour étudier la peinture à Paris, où il vint suivre les leçons des maîtres Cormon et A. Bogoluboff ; il fut aussi élève de M. L. Lagorio.

M. Gritsenko s'est fait apprécier surtout par ses marines, peintures et aquarelles.

Ses marines indiquent chez lui un très intense sentiment de la mer, a écrit M. de Veyran dans l'*Artiste* : ses paysages reproduisent avec une rare habileté de notation la douce mélancolie d'une nuit à Nijni, les derniers feux d'un soleil couchant, le calme d'un beau soir d'été, avec une vérité parfaite, une précision déconcertante.

Sept tableaux de cet artiste et plus de trois cents aquarelles sont à Saint-Pétersbourg dans les galeries de l'Empereur ; un autre de ses tableaux : l'*Arrivée de l'amiral Avellan à Toulon*, est au Cercle des Armées de terre et de mer de Saint-Pétersbourg. On cite encore un tableau de lui au musée de Saratoff ; un autre, avec deux aquarelles, au musée de Moscou, etc.

Il a exposé à la Société des Artistes français, notamment : *Sur un quai du Havre* (1888) ; *Marine ; Balcan* (1890) ; *Vue du temple Teppa-Kulam ; Madura* (1891) ; *Tréport-Mers* (1892) ; la *Plage de K'wick (Hollande)* ; la *Rue de Paris, au Havre* (1893) ; *Rue du Tréport* (1894) ; l' *« Entreprenante » à Toulon* (1895) ; le *Palais de Longchamp à Marseille* (1896) ; *Vue de Moscou, prise de la Tour d'Ivane Weleski* ; *Promenade furieuse* (1897) ; *Entrée de l'escadre française à Cronstadt (23 août 1897)* ; Une *escadre française (23 août 1897, 8 heures du matin)* (1898), etc.

Une des toiles de M. Gritsenko : l'*Arrivée de l'amiral Avellan à Toulon*, figure au musée de Marseille, et une autre : *Rue de Paris, au Havre*, a été acquise par la Société des Amis des Arts. Il a fait des expositions particulières à la galerie Durand-Ruel à Paris en 1891, 1897 et 1898, qui ont obtenu un grand succès.

M. Nicolas Gritsenko accompagna, comme artiste peintre, le tsarewitch, devenu aujourd'hui le tsar Nicolas II, dans le voyage qu'il fit en Orient, aux Indes et au Japon.

Cet artiste a reçu, à l'Exposition universelle de 1889, une mention honorable et une médaille de bronze.

GARROS (Paul-Edmond MATHIEU de)

ROMANCIER, né le 12 mars 1867 à Rousson, près Châteauneuf-sur-Cher. Il fit ses études classiques à Montluçon (Allier) et accomplit son droit à Paris ; il se destinait tout d'abord à l'enregistrement et, bien qu'admissible à cette administration, il se prépara aux examens de Saint-Cyr, où il échoua.

M. Paul de Garros débuta dans les lettres avec des nouvelles insérées au *Soleil du Dimanche*. Il en a fait paraître, depuis, un grand nombre à l'*Intransigeant illustré*, au *Petit Parisien illustré*, au *Supplément de la Lanterne*, à la *Nouvelle Revue internationale*, au *Journal des Débats*, etc. En même temps, cet écrivain se faisait connaître du grand public par la publication de divers romans dont on ne saurait trop louer les qualités d'émotion et d'observation. Il faut citer parmi ceux-ci : *De la Coupe aux Lèvres*, œuvre de début (le *Centre*, de Montluçon, 1891) ; les *Droits du Cœur* (l'*Estafette*, Paris, 1892) ; *Une d'Elles* (1 vol., 1892) ; *Cette Bohême* (l'*Univers illustré*, 1893-1894) ; *Madame Morange* (l'*Événement*, 1894) ; le *Secret de la Mendiante* (le *Peuple Français*, 1894-1895) ; *Petites Gens* (la *Liberté*, 1895) ; l'*Orgueil d'une Mère* (le *Petit Marseillais*, 1896) ; l'*Héritier des Pontcharras* (*Petit Moniteur*) ; la *Revanche de l'honneur* (la *Libre Parole*, 1897) ; la *Légende du Bonheur* (le *Siècle*, 1898) ; etc. Plusieurs de ces ouvrages ont paru, en outre, en librairie et ont été reproduits fréquemment, ainsi que les nouvelles du même auteur.

On annonce encore de cet écrivain trois ouvrages nouveaux : *Souffrir pour aimer* ; la *Fée Huguette* et *Arlette se damne*.

RIGALT (Pierre de)

PUBLICISTE espagnol, demeurant en France, né à Barcelone (Espagne) le 29 avril 1847. Après avoir fait ses études classiques à l'Université de sa ville natale, il débuta aussitôt dans la littérature par des chroniques et des articles dans le *Correo de Valencia* (Courrier de Valence) et l'*Agence Mencheta* de Madrid.

Successivement rédacteur au *Noticiario Universal* de Barcelone, à la *Publicidad*, au *Diluvio*, à la *Correspondancia de Valencia*, M. Pierre de Rigalt, qui avait su se créer une bonne place parmi les journalistes de son pays, fut envoyé à Paris, en qualité de correspondant des journaux espagnols en 1887.

Depuis cette époque, il donne toutes les semaines, dans le *Heraldo* de Madrid et à l'*Agence Mencheta*, dont il est le correspondant politique, des chroniques très remarquées sur l'art, la littérature et la politique en France; il est aussi rédacteur à l'*Agence nationale de Paris*.

M. Pierre de Rigalt est décoré des ordres de Charles III d'Espagne et d'Isabelle la Catholique.

RIGALT (Mlle Mercedès de)

MUSICIENNE, fille du précédent, née à Barcelone. Elle commença ses études musicales à Madrid et suivit ensuite son père à Paris, où elle prit d'abord des leçons avec Mme Donne. Reçue au Conservatoire et élève de Fissot, Mlle Mercedès de Rigalt remporta le premier prix de piano et se produisit, dès lors, comme virtuose.

Cette artiste a donné des concerts en Espagne, notamment au Théâtre Lyrique de Barcelone et au théâtre du Prince-Alphonse, à Madrid. Elle y a obtenu le plus éclatant succès. Elle s'est fait entendre aussi dans la plupart des grands concerts parisiens, aux salles Erard, Pleyel, des Agriculteurs de France, du *Journal*, etc., et dans les salons de la haute société espagnole habitant Paris.

Excellente dans le genre classique, elle interprète surtout les morceaux difficiles des grands maîtres, Chopin, Beethoven, Hendel, etc., sans négliger les compositeurs de l'école moderne, tels que Widor, Bach, Lizt, auxquels elle doit de nombreux succès.

Membre honoraire de la Société des Concerts de Madrid, Mlle Mercedès de Rigalt est officier d'Académie depuis 1898.

TARNOWSKY (Michel de)

SCULPTEUR, d'origine polonaise, naturalisé français, né à Nice le 20 avril 1870. Il fut élève de l'Ecole des Arts décoratifs de cette ville.

Entraîné par son goût pour la sculpture, il s'y adonna entièrement et fit plusieurs expositions particulières de ses travaux à Nice même. Parmi les œuvres de cet artiste vues à cette époque, il faut retenir déjà : le *Naufragé*, statue plâtre; les *Bustes* de *M. Durandy*, administrateur de la Cie du gaz et d'électricité de Nice; de *Sir Gavan Duffy*, ancien gouverneur de l'Australie, etc.

Elève ensuite de M. Falguière à l'Ecole des Beaux-Arts, M. de Tarnowsky a exposé depuis, à la Société des Artistes français les œuvres suivantes : *Homme*, buste plâtre (1894); le *Tireur d'Epine*, statue plâtre (1895), qui fut mentionnée par le jury; l'*Epine*, statue bronze, et *Homme primitif*, importante statue plâtre (1897); *Portraits de Mme de T.*, buste marbre et de *M. Louis Morin*, buste plâtre (1898), et un grand nombre de médaillons et bustes divers, celui du *Général Pau*, entr'autres.

BARBIER SAINT-HILAIRE (Ernest)

AVOCAT à la Cour d'appel de Paris, né à Chartres (Eure-et-Loir) le 1er juin 1860. Petit-fils par sa mère de M. Boinvilliers, bâtonnier de l'ordre des avocats du barreau parisien, sénateur et président du Conseil d'Etat sous l'Empire, M. Ernest Barbier Saint-Hilaire vint, de bonne heure, à Paris, où il fit ses études classiques et suivit les cours de la Faculté de Droit. Il est inscrit au barreau depuis 1880.

Ancien secrétaire d'agréé au Tribunal de commerce de la Seine et de Me Oscar Falateuf, ancien bâtonnier, cet avocat a plaidé un grand nombre d'affaires importantes devant la juridiction civile, notamment pour les sociétés financières, et s'est acquis ainsi une certaine notoriété au Palais de Justice.

Mme BARBIER SAINT-HILAIRE, née Marie-Louise Delahaye, à Wignehies (Nord), sculpteur statuaire, élève de M. Puech, a produit dans cet art des œuvres appréciées, notamment : *Après le bain* (statue plâtre); *Un disciple de Saint-François d'Assise* (buste pierre), qui furent remarqués au Salon de la Société des Artistes français en 1898 et y obtinrent une mention honorable.

SOLAGES (Marquis Ludovic de)

ADMINISTRATEUR, député, né le 20 juillet 1862. Il appartient à une ancienne famille du Rouergue ; son arrière-grand-père, le chevalier de Solages, maréchal de camp des armées du roi, découvrit les gisements des mines de Carmaux et reçut de Louis XV, en 1745, le privilège de leur exploitation. Gendre du baron René Reille, député du Tarn, M. le marquis de Solages s'est toujours occupé des intérêts de la Société des mines de Carmaux, dont il est aujourd'hui vice-président du conseil d'administration.

Il est aussi administrateur de la verrerie de Carmaux, qui fut fondée par sa famille au siècle dernier et dont M. Rességuier est président du conseil d'administration ; il préside également le conseil d'administration des mines métalliques de Riols.

Nommé conseiller général du canton de Carmaux (Tarn), en 1889, M. le marquis de Solages fut aussi élu député de la 2ᵉ circonscription d'Albi, par 6,234 voix, contre 5,441 à M. Esquilat et siégea parmi les conservateurs de la Chambre. En 1892, lors de la grève des mineurs de Carmaux, une partie de la presse ayant prétendu que l'entente pourrait se faire entre l'administration de cette société et ses ouvriers, si M. le marquis de Solages se démettait de son mandat, et cette grève ayant pris un caractère exclusivement politique, le député du Tarn démissionna en effet, « ne voulant pas, dit-il alors, que personne pût prétendre qu'il était un obstacle à la reprise du travail qui faisait vivre un si grand nombre d'ouvriers. » Cependant l'entente ne prévalut pas de ce fait.

Retiré de la lutte politique depuis lors, M. le marquis de Solages fut sollicité d'y rentrer, aux approches des élections législatives de 1898, pour faire échec au député sortant de la 2ᵉ circonscription d'Albi, M. Jaurès. Élu, au premier tour de scrutin, par 6,702 voix contre 5,115 à son concurrent, le député du Tarn compte parmi les « républicains indépendants » de la Chambre.

Dans son programme, M. le marquis de Solages demandait : « des dégrèvements d'impôts pour les familles nombreuses, la suppression des droits d'octroi au moins pour les denrées de première nécessité, des droits de protection pour les produits agricoles et industriels, la liberté d'association avec droit de posséder pour toutes les associations d'aide mutuel ; la liberté de conscience », etc.

FOUQUIER (Jacques-François-Henry)

PUBLICISTE, ancien député, né le 1ᵉʳ septembre 1838, à Marseille. Fils d'un notaire de cette ville, il étudia le droit et la médecine sans prendre de grades, puis voyagea longtemps en Espagne et en Italie.

M. Henry Fouquier fit, en 1861, un cours sur les peintres italiens, à l'Institut de Genève, et vint ensuite habiter Paris, où il collabora au *Courrier du Dimanche*, à l'*Avenir national*, à la *Presse*, etc. ; il était en même temps correspondant du *Phare de la Loire* et du *Progrès du Nord*. En 1867, il suivit l'armée de Garibaldi et envoya des courriers à l'*Indépendance belge*. Il écrivit ensuite dans le *Siècle*, le *Charivari*, le *Nain Jaune*, et rédigea la chronique politique de la *Revue germanique*.

Envoyé à Marseille avec une mission du gouvernement de la Défense nationale, après le 4 septembre 1870, M. Henry Fouquier y fonda la *Vraie République*, qu'il dirigea jusqu'à sa nomination de secrétaire général du département des Bouches-du-Rhône (décembre) ; il remplit deux fois par intérim les fonctions de préfet, notamment lors de l'insurrection communaliste de Marseille (mars 1871), et fut mis en disponibilité, à la suite d'un conflit avec le contre-amiral Cosnier. Peu de temps après, il devint directeur de la Presse au ministère de l'Intérieur.

Au 24 mai 1873, rentré dans la vie privée, M. Fouquier collabora à l'*Evénement*, sous les pseudonymes de « Spectator » et de « Philinte », au *Bien public*, au *Courrier de France*, etc. ; il créa avec M. Andrieux, alors député du Rhône, le *Petit Parisien*, puis entra au *XIXᵉ Siècle*, où il rédigea une chronique quotidienne et le feuilleton dramatique (1878). Il écrivit en outre dans le *Gil Blas*, sous le pseudonyme de « Colombine ». Il voulait conserver cette signature en quittant ce journal, mais il dût l'abandonner, à la suite d'un procès, qu'il plaida lui-même, où il fut jugé que la propriété de ce pseudonyme appartenait non à son auteur, mais au journal, d'autres rédacteurs s'en étant servi (1891). Il adopta alors celui de « Colomba » sous lequel il a donné des chroniques à divers journaux plus tard, notamment à l'*Echo de Paris*, où il signe aussi « Nestor ».

A plusieurs reprises, M. Henry Fouquier avait collaboré au *Figaro*. Il y rédige la critique dramatique depuis la mort d'Albert Wolff (27 décembre 1891). Il a épousé la veuve de M. Ernest Feydeau (février 1876).

Aux élections générales législatives du 4 octobre 1885, M. Henry Fouquier s'était fait inscrire, dans les Bouches-du-Rhône, sur la liste républicaine opportuniste, qui échoua toute au premier tour de scrutin. Dans une élection partielle, au mois de mars 1886, il se présenta seulement au second tour, et échoua encore, avec 12,440 voix, contre M. Félix Pyat, candidat socialiste, qui fut élu par 40,804. Au renouvellement du 22 septembre 1889, il se porta dans l'arrondissement de Barcelonette (Basses-Alpes), et fut, cette fois, élu député, au premier tour, par 1,456 voix contre 1,432 données à M. Léotard, candidat de la localité. A la Chambre, il vota avec la majorité opportuniste et ne se représenta pas en 1893.

M. Henry Fouquier a réuni en volumes certains de ses articles d'art et de littérature : *Études artistiques* (1859) ; l'*Art officiel et la liberté* (1861) ; *Au siècle dernier* (1884) ; la *Sagesse parisienne* (1885), etc. Il a tiré d'un livre de M. Ranc un drame en cinq actes et huit tableaux : le *Roman d'une conspiration*, avec M. F. Carré (1890, in-18) et il a fait jouer à l'Odéon, avec M. Bertall, le *Modèle*, comédie 4 actes (1897).

M. Fouquier a été promu officier de la Légion d'honneur le 12 février 1881.

BERSEZ (Paul-Louis-Ferdinand)

Député, né à Viesly (Nord) le 22 janvier 1857. Fils d'un médecin qui fut ensuite brasseur et négociant en houblons, il fit de solides études classiques au lycée de Douai et devint, en 1878, l'associé de son père jusqu'à la mort de celui-ci (1881). Il resta quelques années encore dans les affaires, en 1886, administrateur des hospices, il se retira définitivement et se consacra tout entier à sa tâche de bienfaisance, ainsi qu'à l'étude des questions d'assistance et de solidarité. Il devint alors administrateur spécial de l'Hospice général et de la Crèche, et fonda à Cambrai l'œuvre de l'arbre de Noël pour les enfants des écoles. Nommé délégué cantonal, membre du Comité de patronage des écoles laïques et président du Comité de la caisse des écoles, il fut appelé à faire partie du Conseil académique de Lille et choisi comme administrateur des collèges de garçons et de filles de Cambrai, président de la section cambraisienne de la Société des amis et anciens étudiants de l'Université du Nord.

M. Paul Bersez fut, en 1895, porté au Conseil d'arrondissement, où ses collègues l'appelèrent aussitôt à la vice-présidence. En 1896, le 3 mai, il arriva en tête de la liste des élus au Conseil municipal de Cambrai. Un an plus tard, la municipalité ayant démissionné, il accepta, pour éviter une division possible entre républicains, les fonctions de maire.

Choisi à l'unanimité par les délégués républicains des communes de la 1re circonscription de Cambrai, comme candidat aux élections législatives du 8 mai 1898, M. Paul Bersez fut élu au 1er tour de scrutin par 15,432 voix, contre 4,774 à M. Robet Mitchell, ancien député, conservateur, et 4,469 à M. Bonnardel, socialiste.

M. Paul Bersez s'est déclaré « démocrate sincère, adversaire résolu de la réaction et de la révolution, désireux de voir l'entente se faire entre tous les républicains pour une politique exclusivement républicaine, dirigée vers la justice et le progrès ; mais un progrès sagement entendu et s'accomplissant par le jeu normal des institutions, sans troubler l'ordre et la paix de l'État. »

ROTHSCHILD (Henri Baron de)

Médecin, écrivain, né à Paris le 26 juillet 1872. Il est le fils de Mme la baronne James de Rothschild, bien connue tant par sa philantropie éclairée, que par son talent d'écrivain et qui dirige l'hôpital portant le nom de son mari, le baron James, à Berck-sur-Mer.

Après de fortes études classiques faites à Paris, le baron Henri de Rothschild accomplit divers voyages, au retour desquels il a publié plusieurs volumes : *Notes Scandinaves* ; *Notes Africaines* ; *Souvenirs d'Espagne*. Il a donné en outre des *Lettres inédites de Jean-Jacques Rousseau*, avec notes et préface ; il a collaboré à la *Revue artistique et littéraire*, à la *Revue contemporaine*, etc.

M. Henri de Rothschild s'est surtout consacré à l'étude de la médecine. Élève des professeurs Budin, Dieulafoy, Poirier, Périer, Tillaux, il fut reçu externe des hôpitaux en 1893, moniteur d'accouchement à la Charité en 1895, et docteur de la faculté de Paris en 1898.

Il a produit un certain nombre de travaux scientifiques, dont les principaux sont à mentionner : *Quelques observations sur l'alimentation du nouveau-né et de l'emploi raisonné du lait stérilisé* (1897 ; *Sur les laits dits « maternisés »* (1897) ; *Notes sur l'hygiène et la protection de l'enfance dans les principales capitales de l'Europe* (1897) ; l'*Allaitement* mixte et l'allaitement artificiel (1898) ; les *Troubles gastro-intestinaux chez les enfants du premier âge* (thèse de doctorat, 1898), etc. Il collabore, en outre, à la *Revue des sciences pures et appliquées*, au *Progrès médical*, etc.

M. le docteur Henri de Rothschild a fondé à Paris une polyclinique destinée spécialement aux maladies de la première enfance, et où l'on fournit le lait stérilisé aux enfants malades.

MORCRETTE-LEDIEU (Louis)

Député, né à Busigny (Nord) le 18 novembre 1843. Il appartient à une famille originaire de cette région ; son grand-père et son père furent maires de Busigny et de Bévillers pendant de longues années.

Ses études faites à Amiens et à Arras, M. Morcrette-Ledieu se livra entièrement aux travaux agricoles. Propriétaire important à Caudry (Nord), il s'est depuis longtemps dévoué à l'étude des questions qui intéressent les populations rurales et ouvrières. Il est membre et fondateur de nombreuses sociétés de secours mutuels du Nord et président d'honneur de l'Association des ouvriers de Caudry. Promoteur de l'Ecole d'agriculture qui fonctionne à Wagnonville, dont il est resté l'administrateur, président du bureau d'agriculture au Conseil général du Nord, vice-président de la Société des Agriculteurs de Cambrai, administrateur de la Coopérative agricole du Cambrésis, il est en outre membre de la Société des Agriculteurs de France.

Elu en 1886, et réélu sans interruption depuis, membre du Conseil général du Nord, pour le canton de Clary, M. Morcrette-Ledieu s'y est distingué par un travail d'une grande utilité sur l'*Impôt dans le département du Nord*. Il a été en outre membre de la Commission extra-parlementaire relative aux tarifs douaniers et a fait partie des jurys des concours agricoles de Paris et de province. Il est aussi membre du Comité d'admission pour l'agriculture à l'Exposition universelle de 1900.

Porté, comme candidat républicain, dans la 2ᵉ circonscription de Cambrai, aux élections législatives du 8 mai 1898, M. Morcrette-Ledieu fut élu, au scrutin de ballottage du 22 mai, par 10,266 voix contre 10,210 à M. Rassel, socialiste.

A la Chambre, le député du Nord est inscrit au groupe dit des républicains progressistes.

REY (Alban-Emmanuel-Guillaume)

Voyageur et archéologue, né à Chaumont (Haute-Marne), le 28 mai 1837. Petit-fils du général de division baron Emmanuel Rey, qui s'illustra par sa défense de Saint-Sébastien en 1813, il fit ses études classiques dans sa famille et fut chargé, par le ministère de l'Instruction publique, de l'exploration du Hauran et du bassin de la Mer Morte (1857-1858).

Envoyé une deuxième fois en mission dans l'Anti-Liban, dans le sud de la Syrie et en Chypre (1859-1860), M. Rey explora, de 1864 à 1865, le nord de la Syrie. Il fit à cette époque de nombreux et importants dons au Musée du Louvre.

Au moment de la guerre franco-allemande, M. Rey fit la campagne à l'Etat-major du 21ᵉ corps.

Il a publié : *Voyage dans le Hauran et aux bords de la Mer Morte* ; *Exploration de la tribu de Juda* ; *Etude sur l'architecture militaire des Croisés en Syrie et en Chypre* ; les *Colonies françaises de Syrie aux XIIᵉ et XIIIᵉ siècles* ; les *Familles d'Outre-Mer de DuCange* ; *Résumé chronologique de l'histoire des princes d'Antioche* ; les *Grandes écoles syriennes au moyen-âge*, et d'importants travaux géographiques sur la Syrie.

Membre résidant de la Société des Antiquaires de France depuis 1862, ancien vice-président de la Commission centrale de la Société de Géographie de France, M. Rey est chevalier de la Légion d'honneur depuis le 13 août 18..

MATHEY (Louis)

Médecin, député, né à Thuray (Saône-et-Loire) le 27 septembre 1827. Son oncle, Charles Mathey, fut député de 1846 à 1858 et représentant du peuple à l'Assemblée Constituante de 1848 ; et son cousin, René Mathey, sénateur de Saône-et-Loire de 1878 jusqu'à son décès, en 1892.

M. Louis Mathey fit ses études médicales à Lyon, où il fut reçu interne des hôpitaux 1884-1887, et à Paris ; docteur de la faculté de cette dernière ville en 1867, avec une thèse sur le *Traitement de l'érysipèle par le perchlorure de fer à l'intérieur* thèse qui lui valut les félicitations du jury, il vint s'établir à Thuray et y exerça sa profession depuis cette date.

M. le docteur Mathey a été nommé maire de Thuray en 1860 ; deux fois révoqué, en 1871 et 1877, par les ministères conservateurs, il a toujours été réélu à cette fonction. Il est membre du Conseil général pour le canton de Saint-Germain-du-Bois (Saône-et-Loire), depuis 1862 ; secrétaire de cette assemblée et membre de la Commission départementale. M. le docteur Mathey est d'autre part vice-président de la Société d'Agriculture de Louhans et s'occupe beaucoup de questions de culture et d'élevage.

Aux élections générales législatives du 8 mai 1898, désigné par le congrès républicain comme candidat pour l'arrondissement de Louhans, M. le docteur Mathey fut élu député au 1ᵉʳ tour de scrutin, par 12,216 voix, sans concurrent. Il succédait à M. Guillemot, député sortant, élu sénateur.

Républicain radical, M. le docteur Mathey appartient à la Gauche démocratique de la Chambre.

Il est chevalier de la Légion d'honneur depuis 1886, et titulaire d'une médaille d'argent pour les soins gratuits qu'il donne depuis de longues années aux indigents de son département.

RANC (Arthur)

Journaliste, sénateur, né le 20 décembre 1831 à Poitiers, où il fit ses études. Venu à Paris en 1853, il y suivit les cours de l'Ecole de Droit et de celle des Chartes.

De bonne heure, M. Ranc prit part aux manifestations démocratiques. Accusé de complicité dans le complot de l'Opéra-Comique, en 1853, il fut arrêté et déporté sans jugement en Afrique, d'où il put s'évader ; mais il ne revint en France qu'après l'amnistie de 1859.

Correcteur à l'*Opinion nationale*, il écrivit bientôt dans le *Courrier du Dimanche*, le *Nain Jaune*, le *Journal de Paris*, la *Cloche*, le *Réveil* et le *Diable-à-Quatre*. Ses polémiques, dans ces divers journaux, attirèrent sur lui les rigueurs du parquet impérial. Il fut, notamment, condamné à quatre mois de prison pour un article sur les insurgés de juin, publié dans le *Nain Jaune*.

Au 4 septembre 1870, M. A. Ranc fut choisi comme maire du IXᵉ arrondissement ; puis, chargé d'une mission, il quitta Paris en ballon, le 14 octobre, et se rendit à Bordeaux, où, le 26, il fut nommé directeur de la sûreté générale, par Gambetta ; il put, en cette qualité, faire parvenir au général Trochu de précieux renseignements sur l'état des forces ennemies autour de Paris. Il quitta ce poste le 6 février 1871 ; élu, le 8, représentant de la Seine à l'Assemblée nationale, il vota contre les préliminaires de paix,
puis résigna son mandat et revint à Paris. Le 26 mars, il fut élu membre de la Commune, fit partie de la commission de la justice et de celle des relations extérieures et se retira, le 6 avril, non sans avoir tenté d'amener une entente entre les maires élus et les pouvoirs insurrectionnels.

Lors de la fondation par Gambetta de la *République française*, en 1871, M. Ranc fut l'un des rédacteurs de la première heure et y donna, en feuilleton, un roman politique : *Sous l'Empire* (1872).

Elu, le 30 juillet 1871, membre du Conseil municipal de Paris pour le quartier Sainte-Marguerite (XIᵉ arrondissement), il fut appelé peu après devant la commission d'enquête sur le gouvernement du 4 septembre ; il défendit les actes de la Défense nationale et parla en faveur de l'insurrection du 18 mars.

Le 11 mai 1873, il fut élu représentant du Rhône, par 89,045 suffrages et siégea à l'Extrême Gauche ; le gouverneur de Paris, général Ladmirault, déposa contre le nouvel élu une demande en autorisation de poursuites qui fut votée par l'Assemblée le 19 juin. De Belgique, où il put se réfugier, quelques jours plus tard, dans la *République française*, une lettre détaillée sur son rôle pendant le siège et la Commune. Le 7 juillet suivant, il se battit en duel avec M. Paul de Cassagnac, à la frontière du Luxembourg, et fut blessé, ainsi que son adversaire.

Le procès de M. Ranc, devant le 3ᵉ conseil de guerre, se termina par sa condamnation à mort par contumace, le 13 octobre 1873.

De Bruxelles, il continua sa collaboration à la *République française*, et fit paraître, sous la signature de son père, M. O. Ranc, et sous le titre : *De Bordeaux à Versailles* (1877), un résumé du rôle de l'Assemblée nationale. Compris dans l'un des premiers décrets d'amnistie signés par M. Grévy, en 1879, il rentra aussitôt en France, reprit sa collaboration à la presse républicaine, et devint l'un des rédacteurs principaux du *Voltaire*.

M. Ranc posa sa candidature aux élections législatives du 21 août 1881, dans la 2ᵉ circonscription du IXᵉ arrondissement de Paris et fut élu, au scrutin de ballottage, par 3,402 voix sur 6,805 votants.

Il siégea à l'Union républicaine, soutint le cabinet Jules Ferry et fut, à ce propos, vivement critiqué par ses anciens amis de nuance radicale. Son attitude à la Chambre compromit le succès de sa réélection. Au renouvellement général de 1885, en effet, effectué au scrutin plural, il n'obtint, au 1ᵉʳ tour, que voix sur 433,990 votants (4 octobre), et se désista avant le ballottage. Il posa à nouveau sa candidature aux élections complémentaires de décembre, et échoua encore au scrutin de ballottage, le 27 décembre, avec 97,241 voix sur 346,937 votants.

M. Arthur Ranc quitta le *Voltaire* en 1886 ; il devint, en juin 1890, rédacteur en chef du *Paris*, en remplacement de M. Charles Laurent, son fondateur. Il a, depuis, collaboré au *Matin* et à divers autres journaux. Il jouit d'une grande réputation parmi ses confrères de la presse et préside l'Association des Journalistes républicains.

Candidat aux élections sénatoriales du 4 janvier 1891, dans le département de la Seine, M. Ranc fut élu, au troisième tour de scrutin, par 346 voix sur 662 votants. A la Chambre haute, il a été l'un des fondateurs et le premier président du groupe de la Gauche démocratique et soutient la politique radicale.

En plus de ses innombrables articles de journaux et des livres déjà mentionnés, M. Ranc a publié : le *Bilan de l'année 1868*, en collaboration avec MM. P. Grousset, Castagnary et F. Sarcey ; le *Roman d'une conspiration*, inséré d'abord dans le *Temps*, la même année ; l'*Histoire de la conspiration de Babœuf*, par Buonarotti, avec une préface et des notes (1869) ; *Évasion de Lambèze* (1871), etc.

DELON-SOUBEIRAN (Jules)

Député, né à Nimes le 21 novembre 1837. De famille très pauvre, il dût s'astreindre de bonne heure au travail et s'instruire lui-même pendant ses loisirs. Mousse à 14 ans et débarqué dans l'Inde, il vécut de longs mois dans les tribus sauvages.

Rentré en France, M. Delon-Soubeiran s'adonna au commerce des vins et parvint à fonder une maison devenue depuis un établissement de premier ordre. Il est aujourd'hui propriétaire, dans le Gard, de vignobles fort renommés.

Capitaine à l'armée des Vosges pendant la guerre, M. Delon-Soubeiran s'était distingué particulièrement dans la journée du 22 janvier 1871, à Dijon, où à la tête de 150 hommes, il fit prisonniers 64 Prussiens, fait d'armes qui a inspiré à Anatole de la Forge quelques pages éloquentes.

Très populaire dans sa ville natale, où il a toujours été à la tête des républicains dans les batailles politiques, il a été deux fois président de la délégation municipale, conseiller général du canton de Lédignan

(1883 à 1898) et président de la Commission départementale du Gard.

Candidat aux élections législatives de 1893, dans la 1re circonscription de Nimes, contre M. de Bernis, celui-ci l'emporta de quelques voix sur M. Delon-Soubeiran, qui, à son tour, prit sa revanche en battant le député sortant royaliste par 8,826 voix contre 7,425, au renouvellement général de 1898 (scrutin de ballottage du 22 mai). A la Chambre, M. Delon-Soubeiran est inscrit au groupe radical-socialiste.

L'honorable député de Nimes est chevalier de la Légion d'honneur.

NOEL (Edouard-Marie-Emile)

Romancier, auteur dramatique, né à Arras (Pas-de-Calais) le 24 octobre 1850. Il subit, en 1865, les examens de l'Ecole navale, prépara ceux de l'Ecole Polytechnique et les abandonna pour faire son droit.

En 1870-71, M. Ed. Noel fit la campagne comme lieutenant, puis capitaine des mobiles du Pas-de-Calais. Il est capitaine d'artillerie territoriale, attaché à l'Etat-major du gouverneur de Paris.

Inscrit au barreau de Paris, il ne tarda pas à le quitter pour se consacrer aux lettres. Il collabora, comme critique dramatique et musical, à de nombreux journaux : la *Nation*, l'*Ordre*, le *Peuple français*, la *Cocarde*, le *Télégraphe* et écrivit aussi, par la suite, dans la *Revue* et la *Gazette des Théâtres*, l'*Illustration*, le *Figaro*, le *Gaulois* sous le pseudonyme de Nicolet, etc.

En 1877, M. Edouard Noel refusa un poste de sous-préfet, que M. Behic, ce qui il était secrétaire particulier voulait lui faire accorder par le gouvernement du Seize-Mai. En 1880, il devint secrétaire général du théâtre de l'Opéra-Comique et conserva ces fonctions jusqu'en 1891.

Il a été nommé, en 1898, membre de la commission d'examen du théâtre de la Comédie-Française, par M. Jules Claretie et avec l'assentiment du comité de ce théâtre, après le décès d'Edouard Cadol.

Parmi les ouvrages de M. Edouard Noel, il faut citer tout de suite les *Annales du Théâtre et de la Musique*, œuvre d'une grande érudition et d'un enseignement précieux, en collaboration avec M. Edmond Stoullig (1875 à 1896), ouvrage couronné par l'Académie française, 21 volumes, tous précédés d'une préface d'un des hommes les plus connus au théâtre : Francisque Sarcey, Victorien Sardou, Giot, Emile Zola, E. Perrin, H. de Pène, Jules Claretie, Ludovic Halévy, etc.

Cet écrivain a publié, en outre : les *Fiancés de Thermidor* (1 vol. 1882), d'où il a tiré un drame, en collaboration avec M. Emile Deshay ; *Une mélodie de Schubert*, dessins de Georges Cain (1888) ; *Aventure mémorable, incroyable et véridique de Modeste Parambez*, de Beaucaire (1891) ; l'*Amoureux de la morte*, roman passionnel d'une forme originale (1892) ; les *Manœuvres de forteresse*, *souvenirs de Vaujours* (1893) ; *Rosiv*, roman parisien (1894) ; les *Petits vers d'un joueur de flûte* (1898).

Au théâtre, seul ou en collaboration, il a donné les pièces suivantes : *Marianna*, comédie en 1 acte, en vers (Néris, 1883) ; le *Roman d'un jeune homme chauve*, com.-bouffe en 1 acte (Renaissance, 1884) ; *Un monsieur qui a bien dîné*, comédie en vers, 1 acte (Gymnase, 1884) ; *David Téniers*, comédie en vers, 1 acte, avec M. Lucien Paté (Odéon, 1886) ; *Coup double*, comédie en 1 acte, (Déjazet, 1886) ; le *Singe d'une nuit d'été*, opérette en 1 acte, musique de Serpette (Bouffes-Parisiens, 1886) ; *Deidamie*, opéra en 2 actes, musique de Maréchal (Opéra, 1891) ; *Prologue de Bérénice*, comédie en vers, en 1 acte, avec M. Lucien Paté (Comédie-Française, 1893) ; *Attendez-moi sous l'orgue* (Cercle militaire, 1896), etc.

Il faut encore citer de M. Edouard Noël : l'*Interdit*, concours du prix de Rome (1891) ; les *Cent jours*, étude historique, sous la forme dialoguée, ouvrage couronné par l'Académie française et dont il a tiré un drame non encore représenté (1895) ; plusieurs cantates couronnées par l'Institut ; *Clarisse Harlowe*, concours du prix de Rome (1895) ; divers poèmes et scènes lyriques : la *Chevrière*, musique de Massenet, la *Légende de Jumièges*, musique de Maréchal, etc.

On annonce, comme prêts à paraître, plusieurs autres ouvrages de lui, dont voici les titres : le *Capitaine Loys*, comédie héroïque en 3 actes et 6 tab., en vers, que la Comédie-Française avait acceptée avant la nomination de son auteur aux fonctions de « lecteur » ; *Rêve d'opium*, drame lyrique en 3 actes, avec Lucien d'Hève, musique de F. Le Rey ; le *Comte Roger*, drame en 4 actes, en prose, avec Gheusi ; la *Payse*, drame lyrique en 4 actes, avec Lucien d'Hève ; *Blancheflor*, opéra en 5 actes et 9 tableaux, avec le même ; l'*Œillet blanc*, comédie lyrique en 1 acte, avec Lucien Paté (d'après la pièce d'Alphonse Daudet) ; *Babet et la Bouquetière*, op. com. en 3 actes, avec H. Bernède ; *Mauricette*, comédie en 4 actes, avec M. Simon Boubée ; *Madame Bernadotte*, comédie en 4 actes, avec M. Gheusi ; *Brumaire*, ouvrage historique devant être publié au moment du centenaire du 18 brumaire, etc.

M. Edouard Noël est membre correspondant de l'Académie d'Arras. Il est chevalier de la Légion d'honneur ; officier de l'Instruction publique, etc.

CAZAUVIEILH (René)

édecin et député, né à Belin (Gironde), le 26 juillet 1859. Il fit ses études classiques au lycée de Bordeaux et vint ensuite à Paris pour y suivre les cours de la Faculté de Médecine. Reçu docteur en 1884, avec une thèse sur les *Complications de la fièvre typhoïde*, M. René Cazauvieilh alla s'établir dans son pays natal, où son père exerçait la médecine depuis de longues années.

A la mort de celui-ci, en 1892, M. le docteur René Cazauvieilh lui succéda aussitôt comme conseiller d'arrondissement, puis conseiller municipal et maire de Belin ; la même année, il remplaçait aussi, au Conseil général de la Gironde son beau-père, M. Cazauvieilh, ancien député, décédé.

Candidat aux élections législatives générales de 1898, M. le docteur René Cazauvieilh fut élu député de la 5ᵉ circonscription de l'arrondissement de Bordeaux, le 8 mai, au premier tour de scrutin, par 11,581 voix, contre 2,186 à M. Dufourg, socialiste.

Protectionniste, M. René Cazauvieilh est inscrit au groupe des républicains-progressistes de la Chambre.

MIOSSEC (Gabriel)

éputé, né à Dineault (Finistère) le 14 mars 1839. Peu fortuné, il fit un court séjour, comme élève, au collège de Quimper, puis s'occupa à la culture jusqu'à l'âge de vingt-deux ans et fut ensuite, de 1861 à 1865, employé de commerce et clerc de notaire.

A la mort de sa mère, en 1866, M. Gabriel Miossec s'établit, avec de très modestes capitaux, marchand d'engrais et de liquides, tout en continuant à s'adonner à l'agriculture. Appelé à fréquenter les marchés régionaux pour les besoins de son commerce, qui prospérait sans cesse, il s'est acquis insensiblement une grande popularité, et fut mêlé, du reste, à toutes les luttes politiques.

M. Gabriel Miossec accepta, en 1890, le mandat municipal que lui conférèrent ses concitoyens de Châteaulin ; puis, sollicité de se présenter aux élections générales législatives de 1898, il fut élu député de l'arrondissement de ce nom, le 8 mai, par 6,650 voix, contre 5,770 données à M. Le Borgne, député sortant.

Républicain modéré, partisan de la liberté religieuse, protectionniste, M. Gabriel Miossec s'est fait inscrire, dès son arrivée au Palais-Bourbon, au groupe des républicains progressistes.

ROSSI (Lucius)

PEINTRE et illustrateur, né à Rome le 23 janvier 1846. Il fit ses études artistiques à l'académie de Saint-Luc à Rome, sous le professorat d'Alexandre Capalti, portraitiste renommé.

M. Lucius Rossi s'était déjà fait connaître dans sa patrie, lorsqu'en 1867, il entra en relations avec la maison d'édition Goupil et Cⁱᵉ, de Paris, qui a depuis propagé les œuvres de cet artiste dans le monde entier.

En 1874, M. Rossi vint s'établir définitivement à Paris, qu'il n'a plus quitté depuis. Sans passer par les expositions publiques, les tableaux de cet artiste ont acquis une grande réputation et ont été maintes fois reproduits par la gravure et la photographie, ils ornent d'ailleurs les plus riches galeries de Paris, de Londres, de Rome et de New-York; on peut citer parmi ses œuvres : les *Femmes savantes*, toile qui figure dans une collection privée à Rome ; la *Galére de Plaisance* ; *Un jour de réception chez le doge de Venise*, aujourd'hui en Amérique ; la *Vieillesse du Monarque*, à New-York, etc.; plus un grand nombre de portraits : ceux du *prince Odescalchi*, du *général de la Rochethulon*, du *baron* et de la *baronne de Ladoucette*, de *Mᵐᵉ d'Avignon*, de *Mˡˡᵉ de Moustier*, fille de la comtesse de Moustier, de *Mᵐᵉ Férand*, etc.

M. Lucius Rossi a donné à diverses publications, au *Graphic*, au *Figaro illustré*, notamment des dessins que l'on s'accorde à trouver remarquables, comme d'ailleurs ses illustrations d'ouvrages tels que : le *Cousin Pons* ; le *Cabinet des Antiques* ; la *Vieille fille* ; l'*Illustre Gaudissart*, pour une édition de Balzac publiée en Amérique ; les *Mémoires de Marbeau*, pour le *Century Magazine de New-York* ; le *Bréviaire d'amour*, du baron Rey-Roize ; l'*École de la Médisance*, de Shéridan, à Londres, etc.

Membre du Cercle de l'Union artistique, où il expose ses œuvres, ancien membre du Jury de la classse 1ʳᵉ à l'Exposition de 1889, cet excellent artiste est chevalier de la Couronne d'Italie.

LALOGE (Philippe-François-Marie-Spartacus)

DÉPUTÉ, né à Paris le 21 décembre 1869. Il fit ses études à l'école municipale Turgot, à Paris, et après avoir satisfait à la loi militaire, entra dans l'enseignement primaire, où il resta jusqu'en 1895 ; il démissionna alors pour s'établir dans le commerce.

Dès ce moment, il se fit connaître par de nombreuses conférences populaires ; il fut, de 1895 à 1897, directeur-rédacteur en chef du *Journal de patronage laïque*, organe des patronages laïques de Paris. Délégué cantonal, il fut, en 1896, élu conseiller municipal, puis adjoint au maire de Boulogne-sur-Seine.

Lors du renouvellement général de la Chambre, en 1898, il fut nommé député de la 4ᵉ circonscription de l'arrondissement de Saint-Denis, au deuxième tour de scrutin, le 22 mai, par 5,876 voix, contre 5,801 à M. Rigaud, député sortant, républicain.

M. Laloge est inscrit au groupe socialiste du Palais-Bourbon, dont il a accepté le programme, en faisant toutefois certaines restrictions, notamment sur la propriété individuelle. Il a fondé avec son collègue, M. Pierre Richard, le groupe parlementaire des intérêts de la banlieue et fait partie du groupe commercial, dont il a été élu secrétaire.

GABRIEL-DENIS (Gabriel DENIS, ou)

Né à Cognac le 23 novembre 1853. Député, grand propriétaire à La Chauvillère, négociant à Cognac (Charente-Inférieure).

M. Gabriel-Denis fut l'un des fondateurs, en 1889, du Comité de viticulture de Cognac, qui l'a depuis nommé son président d'honneur.

Élu conseiller municipal de la commune de Sabonceaux (Charente-Inférieure), en 1892, M. Gabriel-Denis devint, sans concurrent, conseiller général du canton de Saujon, en 1895. Au renouvellement général législatif de 1893, il avait été candidat à la députation dans la 2ᵉ circonscription de l'arrondissement de Saintes et avait obtenu 5,602 voix contre M. Dufaure, qui fut élu au scrutin de ballottage par 6,052 suffrages.

Sollicité de se présenter de nouveau, lors des élections législatives de 1898, M. Gabriel-Denis fut élu député de cette circonscription, au 2ᵉ tour de scrutin, le 22 mai, par 7,394 voix contre 6,283 à M. Dufaure, député sortant.

Le député de la Charente-Inférieure s'est déclaré sincèrement républicain, mais absolument indépendant. Il n'est inscrit à aucun groupe du Palais-Bourbon.

M. Gabriel-Denis est chevalier de la Légion d'honneur depuis 1892.

BRYE (Louis-Marie-Arthur Comte de)

Général de division, né à Metz (Moselle) le 12 août 1836, d'une vieille famille. Après avoir fait ses études classiques au lycée de sa ville natale, il entra à dix-sept ans, à l'Ecole de Saint-Cyr, d'où il sortit, en 1856, comme sous-lieutenant-élève à l'Ecole d'Etat-major.

M. de Brye fit des campagnes en Algérie et en Italie; il fut blessé à la bataille de Magenta (1859) et décoré de la Légion d'honneur. Pendant la guerre franco-allemande, il fit partie de l'Etat-major de la division des grenadiers de la garde impériale, commandée par le général Picard et assista, en cette qualité, à toutes les opérations qui eurent lieu autour de Metz. Conduit en captivité à Francfort-sur-le-Mein, il rentra en France au moment de la Commune et prit part au second siège de Paris.

Colonel du 113ᵉ en 1887, puis pendant quelque temps chef du 1ᵉʳ bureau de l'Etat-major de l'armée, il fut promu général de brigade en 1891 et remplit successivement les fonctions de chef d'Etat-major du 4ᵉ corps et de commandant de la 14ᵉ brigade d'infanterie ; il a été membre des comités d'Etat-major et d'Infanterie et nommé général de division en septembre 1895. Il commande la 5ᵉ division d'infanterie.

Le général de Brye est commandeur de la Légion d'honneur et a reçu le grand-cordon de Sainte-Anne de Russie.

CLAUDINON (Georges)

Maître de forges, député, né à Saint-Paul-en-Jarez (Loire) le 6 février 1849. Il fit ses études classiques au lycée de Saint-Etienne, prit part, comme sous-lieutenant de mobiles, à la guerre franco-allemande de 1870-71 et fut successivement aux armées des Vosges, de la Loire et de l'Est. Deux fois blessé, M. Georges Claudinon fut décoré de la Légion d'honneur, pour sa brillante conduite pendant la campagne.

Rentré dans ses foyers après la paix signée, il fut reçu comme élève à l'Ecole des Mines de Saint-Etienne. Il en sortit en 1873 pour seconder son père dans la gérance de la Compagnie des forges et aciéries du Chambon-Feugerolles, dont il est, ensuite, devenu gérant à son tour.

Nommé conseiller municipal du Chambon-Feugerolles, le 12 novembre 1897, et maire quinze jours après, M. Georges Claudinon fut candidat aux élections générales législatives de 1898, dans la quatrième circonscription de l'arrondissement de Saint-Etienne et élu, au premier tour de scrutin, par 10,543 voix contre 4,891 données à son concurrent, M. Souhet, radical socialiste, député sortant. Le 17 juillet suivant, il fut élu conseiller général de la Loire contre le même concurrent.

M. Georges Claudinon est inscrit au groupe progressiste de la Chambre des députés ; il est aussi membre du Cercle républicain fondé par M. Waldeck-Rousseau, et se déclare franchement protectionniste.

PASCAL (Léonce-François)

Député, né à Uzès (Gard) le 7 août 1835. Fils d'un ouvrier, il suivit les cours de l'enseignement secondaire spécial au collège de sa ville natale et vint ensuite à Paris, en 1854. Entré, dès cette époque, comme petit commis aux grands magasins du « Bon Marché », M. Pascal put, grâce à son intelligence et à son activité, franchir tous les degrés de la hiérarchie dans cet important établissement commercial et en devenir l'un des administrateurs en 1869. Il est le fondateur de l'excellente musique du « Bon Marché ».

Sous l'Empire, il fit partie, avec Gambetta, Michelet, etc., du comité qui soutint Jules Ferry dans le VIᵉ arrondissement de Paris, en 1869.

Retiré des affaires, en 1885, pour se consacrer à l'exploitation d'une grande propriété agricole, dans le Gard, M. Pascal débuta dans la politique comme conseiller municipal et maire de Saint-Victor-des-Oules (Gard), en 1892. Nommé, en juillet 1895, conseiller général du canton d'Uzès; le 7 mai 1896, conseiller municipal et maire de cette ville, il fut choisi, lors des élections générales de 1898, pour combattre la candidature de M. Crémieux, député sortant de l'arrondissement d'Uzès et fut élu député, au deuxième tour de scrutin, le 22 mai, par 10,962 voix, contre 8,589 données à son concurrent.

M. Léonce Pascal est inscrit au groupe des républicains progressistes du Palais-Bourbon.

L'honorable député du Gard est officier d'Académie depuis 1885.

PEYTRAL (Paul-Louis)

Sénateur, ministre des Finances, né le 20 janvier 1842 à Marseille. Il exerça dans cette ville la profession de pharmacien et devint conseiller général des Bouches-du-Rhône.

Aux élections du 21 août 1881, M. Peytral fut élu député de la 1re circonscription de Marseille, par 5,022 voix sur 9,269 votants. Il donna alors sa démission de conseiller général. Au renouvellement de 1885, fait au scrutin plural, il fut porté sur la liste radicale des Bouches-du-Rhône et élu au scrutin de ballotage, par 56,173 voix sur 92,845 votants.

A la Chambre, le député des Bouches-du-Rhône, qui avait siégé d'abord à l'Extrême-Gauche, puis à la Gauche Radicale, vota, en décembre 1885, les crédits demandés pour le Tonkin et Madagascar et entra dans le cabinet formé par M. de Freycinet, le 7 janvier 1886, comme sous-secrétaire d'État au ministère des Finances, dont M. Sadi-Carnot était titulaire. Il conserva ces fonctions dans le cabinet Goblet, mais démissionna avant la chute du ministère. Il fut ensuite président de la commission du budget, en remplacement de M. Rouvier, appelé au ministère (fin mai 1887). Du 3 avril 1888 au 22 février 1889, il eut lui-même le portefeuille des Finances, dans le cabinet radical formé par M. Floquet. Il déposa un projet d'impôt sur le revenu qui ne fut pas adopté par la Chambre.

Aux élections du 22 septembre 1889, M. Peytral se présenta dans la 1re circonscription de Marseille et fut élu, au premier tour, par 5,844 voix, contre 2,836 à M. Fabre, candidat boulangiste, et 1,139 à M. Furby, candidat radical socialiste. En 1893, il fut renvoyé à la Chambre, par le même collège, au premier tour de scrutin, le 20 août, avec 7,353 voix, contre 2,651 obtenues par 3 concurrents.

Entre temps, M. Peytral avait été rappelé au ministère des Finances (5 avril au 3 décembre 1893).

Au Parlement, il s'occupa principalement des questions économiques et financières ; membre de la commission des douanes, il soutint les théories libre-échangistes. Il fut élu vice-président de la Chambre en 1894.

Élu sénateur des Bouches-du-Rhône le 7 janvier 1894, par 214 suffrages sur 411 votants. M. Peytral a été membre de la commission des Finances du Sénat et de diverses autres. Le portefeuille des Finances lui a été attribué dans le cabinet formé par M. Brisson, le 28 juin 1898.

MUTEAU (Alfred)

Député et homme de lettres, né à Dijon le 1er mars 1850, d'une famille de la Côte-d'Or, où elle n'a cessé, depuis la Révolution, d'occuper des fonctions électives. Son grand père fut, pendant près d'un demi-siècle, conseiller général, député pendant quatorze ans sous la Monarchie de Juillet, et pendant seize ans à la tête de la Cour de Dijon comme premier président. Son père, M. Charles Muteau, conseiller honoraire à la Cour d'appel de Paris et ancien conseiller général, s'est fait connaître par de nombreux ouvrages historiques et juridiques.

M. Alfred Muteau, après avoir fait ses classes au lycée de sa ville natale et à Sainte-Barbe, étudiait le droit à Dijon, lorsqu'éclata la guerre franco-allemande. Il s'engagea dans les mobiles de la Côte-d'Or et prit part au siège de Paris. Sa conduite au combat de Bagneux lui valut la croix de la Légion d'honneur.

Pourvu du diplôme de licencié en droit, M. Muteau entra, au concours, dans le commissariat de la marine. Après plusieurs années de campagne dans l'Atlantique Sud, l'Amérique, l'Afrique occidentale et la Guinée, il quitta le service actif pour se consacrer à la littérature et aux études économiques et sociologiques.

Secrétaire général de l'Alliance française et de la Société internationale pour l'étude des questions d'assistance, membre du Conseil supérieur de l'Assistance publique, M. Muteau appartient en outre à la Société de Géographie, à la Société des Études historiques, etc.

Au Conseil général de la Côte-d'Or, où il représente, depuis 1895, le canton de Selongey, M. Muteau se consacre particulièrement aux questions relatives à l'enseignement, aux beaux-arts, à la mutualité et à l'assistance publique. Ses rapports sur les habitations ouvrières et sur l'assistance aux vieillards et incurables sont bien connus, même en dehors de cette assemblée.

Lors des élections législatives du 8 mai 1898, M. Alfred Muteau, qui se présentait comme candidat républicain progressiste dans la 2e circonscription de Dijon, fut élu député par 9,542 voix, contre 4,727 à M. Pâris, rallié.

M. A. Muteau a publié plusieurs ouvrages, parmi lesquels il convient de citer : *Le Niger et la Guinée* (1878) ; *Une nuit à Bibracte* (1883) ; *Une société secrète en Indo-Chine* (1887) ; *La lettre de cachet au XIXe siècle* ; *Asado con Cuero* ; *Le Coco des Scy-*

chelles ; *Colonisation et enfants assistés* (1893) ; *Une Idylle au Gabon* ; *Thomyris*, roman dahoméen ; *Anthologie de l'assistance* (1896-1898) ; *De Paris à Paris par Lisbonne, le Sénégal et le Soudan* (1897) ; *Monographies de certaines catégories d'assistés* (1898), etc. Il a collaboré ou collabore à la *Revue de Géographie*, au *Télégraphe*, à l'*Univers illustré*, au *Musée des Familles*, à la *Nouvelle Revue*, à la *Revue d'assistance*, dont il est le directeur, etc.

M. Alfred Muteau est officier de la Légion d'honneur et de l'Instruction publique.

BENGY-PUYVALLÉE (Pierre de)

PEINTRE, né à Bourges (Cher) le 20 mars 1855. Il fit ses études classiques à Moulins (Allier) et apprit la peinture à Paris, où il fut l'élève de Luminais, de qui il devint l'ami.

Connu, comme peintre, sous le nom de Pierre de Bengy, cet Artiste débuta aux Salons annuels de la Société des artistes français, en 1883, avec un *Portrait*. Il a donné depuis : *Martyre de St-André* (1886) ; *Légende de St-Martinien* (1888) ; *Portrait de M. S.*, lieutenant aux gardes Préobrajenski, attaché à l'ambassade impériale de Russie (1893), etc.

On doit encore à M. Pierre de Bengy un grand nombre de portraits remarqués, notamment ceux de *Chevreul*, de *Luminais*, du *Marquis* et de la *Marquise de Chaumont-Quitry*, de la *Comtesse d'Amécourt*, de la *Comtesse de Maupas*, de la *Baronne de Vinols*, de la *Comtesse de Balleroy*, de la *Baronne de Montesquieu*, etc., et des pastels de fort belle tenue.

Cet artiste a obtenu une mention honorable en 1884 et une médaille de 3ᵉ classe en 1893.

REILLE (Baron Jean-René-Charles-François-Xavier)

ANCIEN officier, député, né à Saint-Amans-Soult (Tarn) le 26 décembre 1871. Il est le fils du baron René Reille, député du département du Tarn.

Après avoir fait ses études classiques au collège Stanislas, de Paris, il entra, comme élève, à l'Ecole polytechnique en 1891, d'où il passa à l'Ecole d'application de Fontainebleau. A sa sortie, en 1894, il fut nommé lieutenant au 3ᵉ régiment d'artillerie. Au mois de février 1898, M. le baron Xavier Reille donna sa démission et devint lieutenant de réserve dans le même régiment.

Conseiller général du Tarn, maire de Saint-Amans-Soult, il se porta candidat aux élections générales législatives du 8 mai 1898, et fut élu, au deuxième tour de scrutin, député de la première circonscription de l'arrondissement de Castres (Tarn), au siège rendu vacant par le décès de son frère, le baron André Reille ; il obtint 9,429 voix contre 8,475 à son concurrent radical, M. Milhau-Ducommun.

Libre-échangiste au point de vue des matières premières, protectionniste en ce qui concerne l'agriculture, M. le baron Xavier Reille est républicain indépendant.

PIONIS (Louis PAPIN, dit Paul)

LITTÉRATEUR, né à Baugé (Maine-et-Loire) le 27 février 1848. Il fit de solides études classiques au lycée d'Angers et débuta dans les lettres par un volume de nouvelles en prose et en vers, qui eut un certain succès : *A la volée* (eaux-fortes d'Edmond Morin, 1881).

M. Paul Pionis publia ensuite : *Eclats de rire et sanglots*, nouvelles (1882) ; *Grand-maman Poupée* illustrations de Ferdinandus, 1887) et *Pierre la Revanche*, deux livres destinés à la jeunesse et qui ont atteint un grand nombre d'éditions : la *Chanson de Mignonne*, poésies (1891) ; *A la pointe de la plume*, nouvelles (gravures sur bois de Trinquier, 1893.) Il est en outre l'auteur de poésies intitulées : *Douceur angevine*, annoncées, mais non encore parues (1898).

M. Pionis a fait représenter : *Réveil d'honneur*, un acte en vers, épisode dramatique de la guerre de 1870-71. (Galerie Vivienne, 1894)

Il a été rédacteur en chef du *Paris-Chronique* et a collaboré à de nombreux journaux et revues de Paris et de la province, notamment : au *Supplément du Petit Journal*, à l'*Echo de la semaine*, à la *Revue artistique et littéraire du Maine*, à l'*Ouest artistique et littéraire*, à la *Revue illustrée des provinces de l'Ouest*, au *Voyageur du Centre*, à la *Revue moderne*, à la *Vie*, au *Semeur*, à l'*Athénée*, à la *Revue européenne*, à la *Famille*, etc.

Il est membre de la Société littéraire de l'Ouest et de la Société philotechnique de Paris.

SCHNEIDER (Charles-Prosper-Eugène)

Maître de forges et député, né au Creusot le 28 octobre 1868. Petit-fils de Joseph-Eugène Schneider, qui fut ministre de l'Agriculture et du Commerce en 1851 et président du Corps législatif (1870), fils de Henri-Adolphe-Eugène Schneider, maître de forges, député de Saône-et-Loire de 1889 à 1898, décédé à Paris le 17 mai 1898, M. Eugène Schneider, après avoir fait ses études classiques, entra, en 1887, aux usines du Creusot, auprès de son père, pour s'initier, de bonne heure, à la technique métallurgique et aux détails de l'administration.

Son père le nomma directeur général de ses usines en 1894 et se l'associa en 1896. Depuis la mort de ce dernier, il reste le seul chef de la maison.

Lors du renouvellement législatif de 1898, M. Henri Schneider, dont la santé était déjà très ébranlée, demanda à son fils de se présenter à sa place. Celui-ci posa donc sa candidature dans la 2e circonscription d'Autun et fut élu député, le 8 mai, par 11,948 voix, contre 3,107 à M. Lacomme, républicain et 2,065 à M. Lavaud, socialiste allemaniste.

Indépendant, M. Eugène Schneider n'est inscrit à aucun groupe du Palais-Bourbon ; il a déclaré vouloir « rester en dehors des luttes politiques et se consacrer seulement aux intérêts de l'agriculture, du commerce et de l'industrie ».

LÉVY-DHURMER (Lucien LÉVY, dit)

Peintre et sculpteur, né à Alger le 1er septembre 1865. Il vint de bonne heure à Paris, et s'occupa tout d'abord d'art décoratif appliqué à l'industrie.

Vers 1887, M. Lévy-Dhurmer se consacra presque entièrement à la céramique ; il dirigea dans les Alpes-Maritimes l'important établissement de M. Clément Massier, et ses faïences à reflets métalliques, ses poteries d'un goût très personnel, révélèrent un incontestable talent en ce sens. Dans le même temps, il employait ses loisirs à poursuivre l'étude du dessin et de la peinture ; il visitait aussi l'Italie, où la fréquentation des vieux maîtres affermit sa vocation naissante.

De retour à Paris, après dix ans d'un travail assidu, M. Lévy-Dhurmer faisait, en 1896, chez Georges Petit, une exposition particulière de ses œuvres que la presse et la critique accueillirent fort bien. On cita particulièrement parmi ses toiles : le *Silence* ; la *Maternité* ; la *Fille à la Médaille* ; les *Bergers* ; *Naïade* ; *Circé* ; la *Bourrasque* ; *Notre-Dame de Penmarc'h*, etc.

En 1897, M. Lévy-Dhurmer exposait aux Artistes français un tableau intitulé : *Au Paradis*, et, en 1898, à la Société nationale des Beaux-Arts : *Il était une fois une princesse* ; *Dans la nuit*, et *Épis nouveaux*, panneaux dont l'harmonie des couleurs et la poésie d'inspiration sont remarquables.

Il est en outre l'auteur de nombreux et intéressants portraits, notamment ceux de MM. Ravaisson-Mollien, Rodenbach, Pierre Loti, le baron de Schikler, M. le comte et Mme la comtesse de Pourtalès, Mme Cambon, mère de l'ambassadeur, Mme la princesse de Poix, etc.

M. Lévy-Dhurmer a enfin exposé dans les galeries du *Figaro* un bas-relief de bronze, la *Sorcière*, œuvre de grand intérêt.

AYMÉ, baron de la CHEVRELIÈRE (Jean-Marie-Charles)

Député, né à Poitiers le 9 mars 1858. Il appartient à une ancienne famille des Deux-Sèvres et de Poitiers, très honorée et réputée pour son dévouement séculaire aux intérêts du pays, et qui a fourni plusieurs officiers de tous grades aux armées du Roi, de la République, de l'Empire ; des sub-délégués, délégués de l'Intendance du Poitou ; des administrateurs, qui surent maintenir un calme relatif dans l'arrondissement de Melle, pendant la Révolution ; plusieurs conseillers d'arrondissement et conseillers généraux ; un maire de Melle ; des députés aux Chambres : un membre de l'Assemblée nationale en 1871, etc.

M. le baron Charles de la Chevrelière fit de brillantes études à Poitiers et à Paris. Il entra à l'École de Saint-Cyr, en 1877, en sortit sous-lieutenant de cavalerie, passa par Saumur et fut ensuite promu sous-lieutenant au 20e dragons, puis lieutenant au 16e dragons et capitaine au même régiment.

Il comptait quinze ans de service, lorsqu'il quitta l'armée active, en 1892, peu après son mariage avec Mlle Séguier. Il est, depuis 1892, capitaine de réserve d'État-major.

Il fut élu maire de Gournay en 1893, conseiller général du canton de Chef-Boutonne Deux-Sèvres en 1896 et, le 8 mai 1898, au premier tour de scrutin, par 10,817 suffrages, contre 9,450 donnés à M. Goirand, avoué à Paris, député sortant, radical, les électeurs de l'arrondissement de Melle le choisirent pour leur député.

M. de la Chevrelière siège, à la Chambre, parmi les républicains progressistes. Au point de vue économique, le député de Melle estime que, « dans les circonstances présentes, il faut défendre la production nationale du blé et du vin, contre la concurrence étrangère, libérée en bien des pays, des charges multiples qui accablent l'agriculture. »

POINTELIN (Auguste-Emmanuel)

Peintre, pastelliste et dessinateur, né à Arbois (Jura) le 23 juin 1839, et non le 4 janvier 1844, date donnée à tort par le *Dictionnaire des Contemporains*, de M. Vapereau.

Après la fin de ses études classiques, M. Pointelin entra dans l'enseignement secondaire et fut successivement chargé de cours et professeur de mathématiques aux lycées de Douai et Avesnes (Nord) et à Louis-le-Grand à Paris, en 1876, époque à laquelle il quitta l'Université.

Attiré par l'art, M. Pointelin avait pris les conseils de Maire et, dès 1866, il avait envoyé des tableaux au Salon. Il s'est depuis fait connaître et apprécier par des paysages, pris surtout dans son pays natal ; il excelle à rendre la poésie des crépuscules, dans une note grise d'une grande largeur de touche et d'une large conception.

Il convient de mentionner, parmi les œuvres exposées par cet excellent artiste aux Salons de la Société des Artistes français (peintures, pastels, dessins), celles portant des titres suivants : le *Plateau*, souvenir des montagnes ; *Soleil du matin chassant les brouillards* (1866) ; *Aurore* (1869) ; *Soir d'automne* (1870) ; le *Puits du Moustier*, Côte-d'Or (1874) ; le *Bief d'Arèze* (1875) ; *Sur un plateau du Jura*, l'*Automne* (1876) ; *Un Vallon* (1877) ; *Prairie dans la Côte-d'Or* ; les *Bois-Blancs* (1878) ; *Un taillis, le matin* ; *Une saulée, le soir*, et le *Bord de l'eau*, pastel ; *Etudes*, neuf aquarelles (1879) ; *Soir de septembre* ; *Un ruisseau* et *Soir d'orage*, dessins (1880) ; *Coteau jurassien* (1881) ; l'*Aube* ; *Collines rocheuses* et *Un Etang*, pastel (1882) ; la *Fin du bois* ; *Premiers rayons*, pastel (1883) ; le *Sentier des Roches* ; la *Forêt, le soir* ; la *Combe aux Vipères*, pastel (1884) ; la *Lisière* ; *Soir d'hiver* et *Temps gris*, pastels (1885) ; *Un Pré dans le Jura* ; *Bouquet d'arbres à l'aube* ; les *Peupliers* et le *Soir dans les Saules*, pastels (1886) ; *Sur les monts* ; *Chêne, à la nuit tombante* ; le *Matin* et *Sites jurassiens*, pastels (1887) ; la *Forêt mouillée* ; le *Lever du jour* ; *Chemin montant* et *Automne*, pastels (1888) ; le *Bief d'Amont*, fin d'été ; la *Roche du Loup-Blanc* ; *Bords de l'Ain* et les *Dernières feuilles*, pastels (1889) ; le *Val Moussu* ; *Chênes des Brutes-Cornes* ; *Chemins creux* et *Plateau des Moidons*, pastels (1890) ; *A l'orée d'un bois* ; le *Haut-Jura* (1891) ; l'*Aurore dans les saules* ; *Pleine lune d'octobre*, pastels (1892) ; *Côtes du Jura, vues de la plaine* ; *Lever de lune* (1893) ; *Terrain vague* ; *Solitude* (1894) ; *Les fonds de Brezin* ; *Mare en montagne* (1895) ; *Octobre, lever de lune* ; *Soir*, pastel ; *Automne*, fusain (1896) ; *Prés Moussus* (Jura) ; *Aube grise*, peintures ; *Arrière-Saison* ; *Soir*, pastels (1897) ; *Tertres rocheux, le matin* ; *Peupliers, le soir*, peintures ; *Haut-Jura*, pastel ; *Automne*, fusain (1898).

M. Pointelin a obtenu une médaille de 3ᵉ classe en 1878, une de 2ᵉ classe en 1881 et une médaille d'or à l'Exposition universelle de 1889. Il est chevalier de la Légion d'honneur depuis 1886.

LESPINAY (Zenobe-Alexis, Marquis de)

Député, né à Chantonnay (Vendée) le 10 janvier 1854. Il est issu d'une des plus vieilles familles de Bretagne, dont l'origine connue remonte au XIVᵉ siècle, et qui compte parmi ses membres, un marquis de Lespinay, baron des Essarts, de Chantonnay, Sigournis et le Puy-Belliard, capitaine au régiment du roi, chevalier de Saint-Louis et de la Légion d'honneur, député en 1811 ; le général baron de Lespinay (1789-1869), commandeur de la Légion d'honneur, qui prit part à toutes les campagnes de l'Empire, baron de l'Empire en 1814, maréchal de camp en 1827, et pronotaire apostolique.

Grand propriétaire, maire de Chantonnay depuis 1896, M. le marquis de Lespinay fut nommé, en 1892, conseiller général de la Vendée pour le canton de ce nom. Sollicité de se présenter aux élections législatives du 8 mai 1898, dans la 1ʳᵉ circonscription de La Roche-sur-Yon, M. le marquis de Lespinay y fut élu, au premier tour de scrutin, par 9,338 voix contre 8,666 à M. Marchegay, député sortant. Monarchiste très libéral, il déclarait dans son programme :

Soit au Conseil général, soit à la mairie de Chantonnay, j'ai fait tout mon possible pour écarter tout ce qui nous divise. Mes votes vous disent assez que je suis un ami loyal des libertés, qui seules peuvent faire la grandeur et la puissance de notre pays.

Je ne me trouverai jamais dans les rangs de ceux qui chercheraient à faire une opposition de parti pris au gouvernement de la République, dès lors qu'il s'inspirera des vrais intérêts de la Nation.

M. le marquis de Lespinay a épousé, en 1879, Mme Benoist d'Azy, petite-fille de l'ancien vice-président de l'Assemblée nationale, bien connue dans la Vendée par son active participation à toutes les œuvres de bienfaisance qui y sont établies.

CORBIN (Charles)

LITTÉRATEUR, ancien officier supérieur d'Etat-major, né à Paris le 24 juin 1831. Après avoir fait ses études classiques au collège Rollin, il entra à l'Ecole Polytechnique en 1851 ; puis à l'Ecole d'Etat-major, comme sous-lieutenant, en 1853 ; lieutenant en octobre 1855 ; capitaine en décembre 1857 ; chef d'escadron en décembre 1868 ; lieutenant-colonel en décembre 1873 ; colonel en avril 1878 ; il dût, pour raisons de santé, quitter l'armée avec ce dernier grade, en 1883.

En sortant de l'Ecole d'Etat-major, M. Corbin avait été envoyé, sur sa demande, en Crimée, comme officier stagiaire, au 2ᵉ voltigeurs de la Garde ; il avait pris part, avec son régiment, à l'assaut de Malakoff. En 1859, il fit la campagne d'Italie, comme attaché à l'Etat-major général du 4ᵉ corps, assista aux batailles de Magenta et de Solférino et fut décoré de la Légion d'honneur à la suite de cette dernière.

Nommé aide de camp du maréchal Niel, il resta auprès de lui, en cette qualité, jusqu'à sa mort, survenue en 1869 ; il fut nommé ensuite attaché militaire à Londres, fit la campagne de 1870, d'abord comme attaché à l'Etat-major général du maréchal de Mac-Mahon, puis comme sous-chef d'Etat-major général du 1ᵉʳ corps, fut blessé et nommé officier de la Légion d'honneur à la bataille de Freschwiller, puis, fait prisonnier à Sedan.

Nommé par M. Thiers, en 1871, chef d'Etat-major général des gardes nationales, pendant la Commune ; puis, détaché par le ministre de la Guerre auprès de la grande commission militaire de l'Assemblée nationale, M. Corbin collabora aux grandes lois organiques qu'elle eut à préparer. De 1875 à 1877, il fut attaché militaire à Vienne, puis, successivement, sous-chef d'Etat-major du 8ᵉ corps d'armée et chef du cabinet du général Borel, ministre de la Guerre.

M. le colonel Corbin a produit de nombreuses études militaires qui parurent dans le *Journal des Débats*, de 1871 à 1875 ; dans le *Moniteur universel*, de 1882 à 1885, et, depuis, dans la *Revue des Deux-Mondes*. Il a donné des nouvelles et des romans au *Figaro*, au *Gaulois*, au *Moniteur universel*, au *Correspondant*, et a fait paraître en librairie : *Mes nuits blanches* (1886) ; la *Turquoise* (1887), deux volumes. de nouvelles, qui ont obtenu le plus grand succès ; la *Comtesse de Sartènes*, étude de mœurs (1889) ; *Vertige* (1891) ; les *Défaillances* (1892), romans ; le *Crime de Juliette* (1898), etc.

Les œuvres de cet écrivain et surtout ses nouvelles, qui appartiennent au genre fantastique, ont valu à leur auteur la dénomination d' « Edgar Poë contemporain. »

M. le colonel Corbin est décoré de nombreux ordres étrangers et officier de la Légion d'honneur, depuis 1870.

AULAN (François, Comte de SUAREZ d')

DÉPUTÉ, né à Livourne (Italie) le 7 juin 1864. Fils du marquis d'Aulan, qui fut écuyer de l'empereur Napoléon III et député de 1876 à 1881, il fit ses études classiques à Paris et accomplit ensuite son volontariat au 7ᵉ chasseurs, puis se réengagea comme maréchal des logis au 3ᵉ chasseurs d'Afrique ; il est aujourd'hui lieutenant de réserve au 19ᵉ dragons.

M. le comte d'Aulan s'est fait connaître surtout comme sportman, il a monté en course et dans les concours hippiques, où il a remporté de nombreux prix, à Paris et en province. Il s'occupait aussi avec activité des questions économiques et agricoles : propriétaire dans la Drôme, il y préside le Syndicat agricole de Buis-les-Baronnies et la ligue plébiscitaire du département.

Lors du renouvellement général législatif de mai 1898, M. le comte d'Aulan se porta comme candidat nationaliste plébiscitaire dans l'arrondissement de Nyons (Drôme) ; il fut élu, au deuxième tour de scrutin, avec 7.219 voix, contre 6.543 à M. Boissy d'Anglas, député sortant, radical. Il demanda, dans son programme, « le referendum municipal, l'élection du chef de l'Etat par le peuple, la diminution des impôts visant l'agriculture, et la suppression des emplois inutiles dans l'administration » ; il a déclaré être nationaliste et « s'inspirer de la devise " La France aux Français " pour combattre les menées des internationalistes de la politique et des cosmopolites qui envahissent notre marché français. »

FOREST (François)

ANCIEN officier, député, né à Chaneaux (Maine-et-Loire) le 13 septembre 1852. Il fit ses études classiques au collège Mongazon d'Angers et entra à l'Ecole spéciale militaire de Saint-Cyr, en 1872. Sorti, deux ans après, avec le grade de sous-lieutenant au 41° de ligne, et successivement promu lieutenant, puis capitaine au 77° de ligne. M. Forest fut nommé, en 1887, professeur de législation et d'admininistration à l'Ecole de Saint-Cyr, où il occupa ces fonctions jusqu'en 1890. A cette époque, il donna sa démission pour se consacrer à l'exploitation d'un grand domaine agricole.

Il débuta dans la politique, comme conseiller général du canton de Rochefort-en-Terre (Morbihan), en 1895. L'année suivante, il était élu conseiller municipal et maire de Malausac.

Lors des élections législatives générales de 1898, M. Forest se présenta dans la deuxième circonscription de l'arrondissement de Vannes et fut élu député par 11,202 voix contre 4,608 à M. Autissier, directeur de la Société des Ardoisières de Rochefort-en-Terre, républicain.

Catholique conservateur et résolument protectionniste, M. Forest n'est inscrit à aucun groupe au Palais-Bourbon.

EPRY (Charles-Fernand)

LITTÉRATEUR et journaliste, né à Paris le 11 juin 1865. Après avoir fait de bonnes études classiques au lycée Saint-Louis, il suivit les cours de la Faculté de Droit et fut reçu licencié en 1888.

Renonçant au barreau pour suivre ses goûts littéraires, M. Charles Epry entra, en 1889, au *Journal des Débats*, où il s'occupa plus spécialement du mouvement socialiste et, en qualité de rédacteur parlementaire, à l'*Agence Dalziel*. Chargé, en 1892, du courrier théâtral des *Débats*, il abandonna, un an après, ce journal, pour revenir à la littérature, tout en continuant à suivre, jusqu'en 1897, le mouvement politique comme collaborateur, au Palais-Bourbon, de l'agence Dalziel, devenue *Agence Nationale*.

Entre temps, il avait publié dans l'*Evénement* un roman: *Jean Valbert*, qui parut l'année suivante (1891) en librairie, sous le titre : *La Woritzka*. Il donna ensuite: *Fantoches! Fantoches! Fantoches!* roman satirique du monde élégant (1897).

M. Charles Epry a fait insérer de nombreuses poésies dans l'*Art libre* et la *Revue des Beaux-Arts et des Lettres*. Il a terminé un volume de vers : *L'Ame errante*, une comédie en 1 acte et en vers : *Tels quels!* et un opéra-comique avec musique de M. Marcel Lefèvre : *Clair de lune*.

« Peintre exact, scrupuleux et mélancolique de la veulerie et du *j'menfichisme*, dont les « fantoches, » nos contemporains, nous donnent le spectacle quasi-quotidien, » a dit de lui, dans le *Temps*, M. Gaston Deschamps, M. Charles Epry n'est pas dans la vie le fataliste désabusé qu'il apparait dans ses œuvres: il a étudié, comme publiciste, au cours de diverses enquêtes sur le mouvement socialiste, les causes de la misère et il concourt à en atténuer les effets comme administrateur de bienfaisance au VI° arrondissement de Paris.

M. Charles Epry est officier d'Académie depuis 1896.

GALOT (Jules)

DÉPUTÉ, né au Havre (Seine-Inférieure) le 25 février 1839. Après avoir fait ses études classiques au lycée de Nantes, il entra au ministère des Finances (section des douanes) en 1859. Dix ans plus tard, vérificateur de 1re classe, il donna sa démission pour entrer dans les affaires maritimes et coloniales.

Nommé vice-consul d'Italie à Nantes, M. Jules Galot abandonna ce poste à la suite d'un incident qui fit grand bruit : un soldat du 137° de ligne, le croyant italien, vint lui proposer l'achat de cartouches du fusil Lebel, M. Galot fit arrêter le traitre et résilia ses fonctions consulaires.

Il débuta dans la politique, en qualité de conseiller municipal de la commune des Moutiers-en-Retz (1875), dont il devint maire en 1878. En 1880, il fut nommé conseiller d'arrondissement pour le canton de Bourgneuf-en-Retz.

Appelé à se fixer, vers 1882, dans la commune de Sainte-Marie, où il exploite une grande propriété, M. Galot ne tarda pas à être maire de cette commune (1884), puis conseiller général du canton de Pornic.

Très populaire dans l'arrondissement de Paimbœuf, il se présenta aux élections législatives de 1898, dans cette circonscription, et fut élu député, au premier tour de scrutin, le 8 mai, par 7,547 voix contre 3,873 données à son concurrent républicain, M. Etiennez, maire de Nantes.

Conservateur libéral et indépendant, partisan de la liberté religieuse, du privilège des bouilleurs de crû et protectionniste, il n'est inscrit qu'au seul groupe agricole du Palais-Bourbon.

Administrateur de la Compagnie des charbons et briquettes de Blanzy-Ouest, vice-président de la Compagnie nantaise de navigation à vapeur, M. Jules Galot est officier du Nicham-Iftikar et chevalier de l'ordre de la Couronne d'Italie.

WILSON (Daniel)

Député, né à Paris le 6 mars 1840. Fils du propriétaire du château de Chenonceaux et possesseur d'une grande fortune, il entra de bonne heure dans la politique. Elu, dès 1869, député d'Indre-et-Loire au Corps législatif, comme candidat d'opposition à l'empire, il vota contre la guerre.

Aux élections du 8 février 1871, M. Wilson fut nommé représentant du même département à l'Assemblée nationale, par 31,302 voix et, le 23 juin 1872, conseiller général pour le canton de Loches. D'abord membre du Centre Gauche, il se fit inscrire ensuite à la Gauche républicaine et fit partie des commissions du budget. Il adopta l'amendement Wallon et ne prit pas part au vote des lois constitutionnelles. Réélu, le 20 février 1876, dans l'arrondissement de Loches, par 8,255 voix, contre 7,331 obtenues par son concurrent, il fut un des 363 et retrouva son siège, après la dissolution, aux élections du 14 octobre 1877, battant, avec 8,452 voix, M. F. Raoul-Duval, candidat officiel, qui en eut 5,705 seulement. Il fut nommé rapporteur général du budget et appelé, en 1879, au sous-secrétariat d'Etat aux Finances.

Il épousa, en 1881, la fille de M. Jules Grévy, président de la République. Renvoyé à la Chambre, sans concurrent, au renouvellement de la même année, le député de Loches fut chargé, en 1883, du rapport sur le projet de loi ayant pour objet la construction des chemins de fer de la Corse. Porté sur la liste républicaine du département d'Indre-et-Loire aux élections du 4 octobre 1885, il fut nommé par 40,018 voix sur 77,086 votants.

Propriétaire de la *Petite France*, journal publié à Tours, il fonda plus tard le *Moniteur de l'Exposition* ; se servant de l'influence considérable que lui donnait sa situation auprès du chef de l'Etat, il attira à ses journaux des subventions et des concours qui espéraient trouver leur récompense en décorations ou recommandations que pouvait obtenir, pour ses souscripteurs, le gendre du président de la République. M. Wilson fut ainsi mêlé au scandaleux procès qui commença d'abord par des poursuites contre le général Caffarel, MM^{mes} Limouzin, Ratazzi et consorts, à propos d'une promesse de pot-de-vin de 50,000 francs payables entre ses mains. Cité comme témoin, le 7 novembre 1887, le dossier de l'instruction lui fut communiqué : il contenait deux lettres compromettantes pour lui qu'il remplaça par deux autres sans importance ; mais la supercherie fut reconnue à l'audience ; l'opinion publique alors s'exaspéra contre M. Wilson ; le ministère dût, à la suite d'une interpellation à la Chambre, laisser déposer par le parquet une demande en autorisation de poursuites contre lui, qui fut accordée, et M. Grévy, accusé d'avoir fermé les yeux sur les agissements de son gendre, dût se démettre de la magistrature suprême (1er décembre 1887).

Traduit devant le tribunal correctionnel de Paris, comme « complice d'escroqueries et de manœuvres frauduleuses dans l'exploitation de son crédit », M. Wilson fut condamné, le 1er mars 1888, à deux ans d'emprisonnement, 3,000 francs d'amende et l'interdiction pendant cinq ans des droits civiques, tandis que les autres accusés, bénéficiant des circonstances atténuantes, n'étaient frappés que de quelques mois d'emprisonnement, et Mme Ratazzi purement et simplement acquittée. M. Wilson et ses co-prévenus interjetèrent appel et la Cour de Paris, réformant par un arrêt du 26 mars suivant, le premier jugement, constata l'exactitude des griefs formulés ; mais, considérant que « les faits précités ci-dessus ne tombent sous le coup d'aucune disposition répressive », elle mit à néant le jugement.

Après un an d'absence, M. Wilson reparut à la Chambre, le 26 novembre 1888. Sa présence eut pour effet de faire suspendre la séance. Par la suite, l'attitude de ses collègues à son égard ne fut pas toujours aussi intransigeante et l'on expliqua les ménagements dont il était l'objet par le fait que le député d'Indre-et-Loire avait mis en lieu sûr plusieurs milliers de dossiers très compromettants pour le grand nombre de gens qui avaient eu recours à son appui.

Candidat au Conseil général dans le canton de Loches, en juillet 1889, M. Wilson échoua : mais au mois de mai 1892, il se fit élire conseiller municipal et devint maire de cette ville. Un procès devant le tribunal de Loches pour corruption électorale, loin de lui nuire, augmenta son prestige. L'un des juges du tribunal, cité par le parquet comme témoin à charge, déclara à l'audience qu'il n'avait pas à déposer contre le prévenu et que sa citation comme témoin n'était qu'une manœuvre pour l'écarter comme juge (9-10 juillet 1892). Le Conseil municipal répondit à l'attitude du tribunal par une menace de démission collective. Un mois après (7 août), M. Wilson était élu conseiller général d'Indre-et-Loire par le canton de Montrésor. L'année suivante, il posait de nouveau sa candidature aux élections législatives générales dans l'arrondissement de Loches et il était élu député, par 9,454 voix, contre 7,605 à M. Maurice Raoul-Duval, rallié (20 août 1893).

Au renouvellement de 1898, il fut renvoyé au Parlement, par la même circonscription, au scrutin de ballottage, le 22 mai, avec 8,999 voix, contre 8,715 à son ancien adversaire, M. Raoul Duval.

Depuis qu'il est revenu à la Chambre, M. Wilson n'a plus pris aucune part aux débats parlementaires.

RACHOU (Henri)

Peintre, né à Toulouse (Haute-Garonne) le 16 juin 1856. Venu de bonne heure à Paris, il suivit les cours de l'Ecole des Beaux-Arts, dans l'atelier de M. Bonnat, et débuta au Salon des Champs-Elysées, en 1881, avec *Tricoteuses*, une toile qui fut très remarquée et qui se trouve au Musée de Pau. Vinrent ensuite : *Saint-Jérôme* ; *Sabotier breton* (1883) ; *Méditation*, tableau qui est au Musée de Toulouse (1884) ; *Portrait de M*^{me} *d'A.* (1886) ; *Comment entra dans Paris Monseigneur le Dauphin de France* (1887) ; la *Légende de Saint-Martin* (1888) ; *Rosetta* ; un *Portrait* (1889) ; deux *Portraits aux seules initiales* (1890) ; *Portrait de M*^{me} *Y.* (1891) ; *Portrait de M*^{me} *E. V.* (1892).

A partir de cette époque, M. Henri Rachou exposa à la Société nationale des Beaux-Arts, où il a envoyé : *Printemps*, panneau décoratif ; *Souvenir* ; *Prière* ; *Portrait de M*^{me} *la baronne de C.* (1894) ; *Belle Paule*, grand panneau décoratif, actuellement à la salle des Illustres au Capitole de Toulouse (1895) ; *Saint-Martin* ; *Clocher* ; *Tour* ; *Tête de femme* (1896) ; *Portrait* ; *Soir* ; *Etude d'intérieur* (1897) ; *Portrait de M*^{lle} *A. V.* ; *Chartreux* ; *Prunier* ; des *Etudes* (1898).

Portraitiste de talent, excellant à rendre les physionomies féminines, et peintre de genre très apprécié, cet artiste a reçu au Salon des Champs-Elysées une mention honorable en 1881, une médaille de 3ᵉ classe en 1884, une médaille de bronze à l'Exposition universelle de Paris en 1889, et une médaille de 2ᵉ classe, qui l'a mis hors concours, en 1890.

M. Henri Rachou a aussi figuré avec honneur aux expositions de l'étranger, notamment à Chicago, Anvers et Bruxelles. Il est, depuis 1895, membre sociétaire de la Société nationale des Beaux-Arts.

FENAL (Nicolas-Joseph-Théophile)

Industriel, député, né à Badonviller (Meurthe-et-Moselle) le 12 septembre 1851. Il fit son droit à Nancy ; inscrit au barreau de cette ville, en 1873, il se fit recevoir docteur en 1875 et vint se fixer à Lunéville, en 1878, où il acquit une belle réputation d'avocat.

En 1883, des raisons de famille engagèrent M. Fenal à quitter la robe pour se consacrer à l'industrie. Il se mit alors à la tête d'une importante fabrique de faïence et tuiles à Pexonne (Meurthe-et-Moselle) ; il y créa une caisse de secours avec fonds de réserve pour l'établissement des retraites et s'occupa de construire des habitations à bon marché, vendues à terme à ses ouvriers ; ces créations philantropiques rendirent vite son nom populaire dans la région.

En 1896, M. Fenal abandonna cette entreprise, puis, sollicité par son ancien personnel, il se décida, en 1897, à en créer une semblable à Badonviller, dans laquelle il applique la participation des ouvriers aux bénéfices.

Nommé conseiller général de Meurthe-et-Moselle, pour le canton de Badonviller, en mars 1888, et constamment réélu depuis, il tient, dans cette assemblée, une place importante, notamment comme rapporteur du budget départemental, fonction dans laquelle il a succédé à M. Marquis, sénateur.

Lors des élections générales législatives de 1898, M. Fenal fut porté candidat par le congrès républicain et élu, le 8 mai, au premier tour de scrutin, par 12,811 voix contre 8,250 à M. Corrard des Essarts, conservateur.

Républicain libéral progressiste, M. Fenal est nettement protectionniste, en ce qui concerne les intérêts agricoles.

COQUART (Georges-Ernest)

ARCHITECTE, membre de l'Institut, né à Paris le 9 juin 1831. Il entra à l'Ecole des Beaux-Arts en 1847, y fut l'élève de Lebas, remporta le prix Maillé-Latour-Landré, puis le deuxième grand prix de Rome en 1853, avec un projet de *Musée pour une capitale*, le prix Abel Blouet et le prix départemental en 1855; enfin, après être entré cinq fois en loge, le premier grand prix en 1858, avec ce sujet : *Hôtel des Invalides de la Marine*.

Nommé inspecteur des Bâtiments civils en 1864, il fut chargé l'année suivante, avec M. Gustave Deville, d'une mission archéologique et épigraphique en Samothrace. A son retour (1866), il collabora aux travaux de la Cour de Cassation, sous les ordres de Louis Duc ; puis, en 1871, après la mort de Félix Duban, il devint architecte de l'Ecole des Beaux-Arts.

En cette qualité, M. Coquart transforma en musée de moulages antiques la cour intérieure du Palais des études (1874), en musée de moulages du Moyen-Age et de la Renaissance la chapelle de l'Ecole (1876-1878), prépara les plans du monument d'Henri Regnault, élevé depuis, et commença la transformation en ateliers d'élèves des anciens bâtiments de l'hôtel Chimay, sur le quai Malaquais, etc. Ces fonctions lui furent retirées en 1890.

Cet architecte, dont la haute valeur artistique s'est manifestée en un grand nombre de dessins et de projets remarquables, n'a donné la mesure de son talent dans l'exécution d'aucune œuvre de réelle importance. C'est comme professeur et par ses envois aux Salons seulement qu'il s'est fait connaître.

Dans la pratique de son art, on ne connaît de lui que le *Tombeau des généraux Lecomte et Clément Thomas*, au cimetière de l'Est ; le *Monument commémoratif de la bataille de Coulmiers*; un *Lycée à Epinal* (avec M. Delair); la *Chapelle du grand séminaire de Laval*; le *Monument de Crupel* à Lille; le *Tombeau de Philippe Fouquet* au cimetière de Rugles (Eure).

Au contraire, ses envois aux expositions, dessins et aquarelles, ont été nombreux et pour la plupart très remarqués; citons entr'autres : le *Temple de la Victoire Aptère* et les *Propylées de l'Acropole d'Athènes* (1865) ; un *Sarcophage peint trouvé à Pæstum* et la *Décoration murale d'un triclinium de Pompéi* (1866); *Forum de Pompéi* et *Ruines d'Agrigente* (1888); l'*Arc d'Adrien à Athènes* (1892), etc.

Elu membre de l'Académie des Beaux-Arts, en remplacement de Questel, le 19 mai 1888, M. Georges Coquart a obtenu plusieurs prix et une médaille d'or à l'Exposition universelle de 1889. Il a été, à plusieurs reprises, nommé membre des jurys des Beaux-Arts et des Champs-Elysées (section d'architecture). Il est chevalier de la Légion d'honneur depuis 1876 et officier d'Académie depuis 1888.

FREMIET (Emmanuel)

STATUAIRE, membre de l'Institut, né à Paris le 6 décembre 1824. Neveu de Rude, l'illustre sculpteur, dont il fut l'élève et est resté jusqu'ici l'imitateur, M. Emmanuel Fremiet passa tout d'abord plusieurs années à la clinique et exécuta pour le musée Orfila divers travaux anatomiques, géologiques et d'iconographie comparée. Il fut, dans le même temps, employé à des travaux de peinture à la Morgue.

Son premier envoi aux Salons annuels date de 1843 : une *Gazelle*, plâtre, qui fut déjà favorablement accueillie. Nous citerons ensuite, de cet artiste, qui s'est illustré surtout comme animalier : *Dromadaire*, cire (1847); divers types de chiens : *Ravaude et Mascareau* (1848); *Matador*, un *Chameau tartare*, 3ᵉ médaille (1849); un *Ours blessé*, des *Poules cochinchinoises* et le *Chien courant blessé*, sa meilleure œuvre, aujourd'hui au musée du Luxembourg (1850); *Ravageot et Ravageode*, le *Cheval à Montfaucon*, étude remarquée, acquise par le ministère d'Etat (1853); cinq statuettes à l'Exposition universelle de 1855, qui lui valurent une médaille de 3ᵉ classe : *Carabinier, Artilleur à cheval, Voltigeur, Gendarme à cheval, Brigadier des guides*, faisant partie d'une collection commandée par l'empereur et complétée en 1859 par un *Cent-garde*, un *Artilleur de la garde*, un *Zouave de la garde*, un *Sapeur* et un *Cheval de troupe*; le *Centaure Térée*, un *Chat de deux mois* (1861); *Cavalier gaulois*, appartenant au ministère d'Etat ; *Centaure emportant un Ours*, bronze (1863); *Paon et ours; Chef gaulois*, statue équestre (1864); *Cavalier romain*, à l'Exposition universelle de 1867, médaille de 2ᵉ classe; *Napoléon I*ᵉʳ, statue équestre; *Métamorphose de Neptune en cheval* (1868); *Louis d'Orléans, frère de Charles VI*, statue équestre en bronze pour le château de Pierrefonds; *Chevaux marins et dauphins*, groupe en bronze pour une fontaine (1870); *Homme de l'âge de pierre*, reconstitué sur des fragments humains de l'époque, et un buste colossal de la *Guerre* (1872); *Fauconnier et Damoi-*

selle, statuettes en bronze argenté (1873) ; en 1874, une *Jeanne d'Arc*, statue tumulaire en plâtre, différente de la statue équestre de cette héroïne, érigée la même année sur la place des Pyramides, et qui est son œuvre la plus justement critiquée ; l'*Homme de l'âge de pierre*, reproduction en bronze, et *Ménestrel du XVᵉ siècle*, statuette en bronze argenté (1875) ; *Rétiaire et gorille*, beau groupe en terre cuite (1876); *Saint Grégoire de Tours*, statue en marbre pour le Panthéon, et *Chevalier errant*, statue équestre en plâtre (1878) ; *Saint Michel*, un *Spadassin*, statuettes en bronze doré et argenté (1879) ; *Hommage à Corneille*, bronze argenté ; *Capture d'un jeune éléphant* (1880) ; le *Grand Condé*, statue équestre bronze ; *Miss Jenny*, bronze et marbre (1881) ; *Stéphane le Grand*, statue équestre bronze, pour la ville de Jassy ; *Charles V*, buste marbre pour la Bibliothèque nationale (1882) ; *Porte-falot à cheval*, pour l'Hôtel-de-Ville de Paris ; *Charmeur de serpents*, statuette bronze (1883) ; *Ours et homme de l'âge de pierre*, *Chevaux de course*, groupes bronze (1885) ; *Chiens courants*, *Lévriers* (1886) ; *Saint Louis*, statuette ; *Gorille*, groupe plâtre (médaille d'honneur, 1887) ; l'*Aïeul*, statue équestre ; l'*Incroyable*, statuette bronze (1888) ; une nouvelle *Jeanne d'Arc*, statue équestre (1889) ; *Velasquez*, statue équestre ; *Ane du Caire* (1890) ; *Saint Georges*, statuette bronze (1891) ; *Au secours*, groupe plâtre et bronze, et *A Domrémy*, statuette bronze (1893) ; *Orang-Outang et sauvage de Bornéo*, plâtre (1895) ; *Saint Michel*, statue plâtre, et *Chat voleur*, bronze (1896) ; *La Poule aux œufs d'or*, bronze et *Homme de l'âge de pierre*, bas-relief plâtre d'une superbe exécution (1897) ; *Cocher romain* et *Maternité*, bronze (1898).

En outre de ces œuvres, généralement admirées, M. Emmanuel Fremiet a produit un certain nombre d'ojets d'art, édités par MM. Boussod et Valadon, qui ont un caractère plutôt commercial qu'artistique.

Nommé, en 1875, en remplacement du maître Barye, professeur de dessin au Muséum d'histoire naturelle et, en 1892, membre de l'Académie des Beaux-Arts, M. Fremiet a été décoré de la Légion d'honneur en 1860, promu officier en 1878 et commandeur en 1896. Il est membre des académies royales de Madrid et de Munich, commandeur de Charles III d'Espagne et des ordres royaux de Roumanie et de Munich.

DUFOUR (Eugène-Florentin)

Député, médecin, agriculteur, né à Grenoble le 31 mars 1844, d'une ancienne famille du Dauphiné. Il fit ses études médicales dans sa ville natale et se fit recevoir docteur devant la Faculté de Montpellier en 1866.

Lors de la guerre franco-allemande, M. le Dʳ Dufour s'engagea dans les mobilisés du Nord. Nommé médecin-major du 3ᵉ régiment de marche, il prit part aux batailles de Pont-Noyelles, Bapaume et de Saint-Quentin, à toute la campagne de l'armée du Nord et fut proposé pour la croix de la Légion d'honneur.

Successivement médecin des asiles d'Aix, de Dijon, d'Armentières (où il fut mis en disponibilité à cause de ses opinions républicaines par le ministre, M. de Goulard, en 1873), de Sainte-Gemmes, de Lyon et finalement de l'asile de Saint-Robert de Grenoble, M. le Dʳ Dufour est resté médecin en chef de ce dernier asile de 1877 à 1898, époque à laquelle il fut élu député.

Auteur de travaux appréciés sur les maladies mentales, notamment d'une thèse sur le *Ramollissement du cerveau* et d'un mémoire sur l'*Encombrement des asiles d'aliénés et des moyens d'y remédier*, qui remporta une médaille d'or au concours international de Gand en 1869, le Dʳ Dufour a préconisé et mis en pratique l'un des premiers le système du « non restreint » dans les services d'aliénés, c'est-à-dire la plus grande liberté possible accordée aux déments. Il est membre de la Société médico-psychologique de Paris, lauréat et membre de la Société de médecine de Gand, ancien président de la Société de médecine de l'Isère, etc.

Ayant à diriger, à l'asile de Grenoble, une culture de 40 hectares, souvent récompensée depuis dans les concours régionaux, le Dʳ Dufour fut amené à s'occuper pratiquement de questions agricoles. Il devint en 1884 directeur du *Sud-Est*, journal qui traite des applications des sciences naturelles à la culture, et il peut être considéré comme l'introducteur dans l'Isère de la culture de la betterave à sucre et de nouvelles méthodes pour la culture de la vigne. Il est président du conseil départemental de l'agriculture de l'Isère, président et fondateur de la Société d'élevage des cantons de La Mure, Corps, Valbonnais, membre honoraire de l'association d'agriculture de Grenoble, membre du conseil d'administration de la Société des viticulteurs de France, etc.

D'autre part, M. le D'' Dufour a été nommé, en 1898, président du conseil d'administration de la Société des anthracites du marais de La Mure (Isère).

Conseiller municipal de Saint-Egrève depuis 1888, maire de La Motte-d'Aveillans (Isère) depuis 1892, M. le D'' Dufour fut conseiller d'arrondissement de La Mure de 1880 à 1883, et conseiller général pour le canton de ce nom de 1883 à 1888, époque à laquelle il démissionna pour prendre la direction administrative de l'asile Saint-Robert. Au Conseil général, il s'occupa tout particulièrement de l'organisation de l'enseignement agricole et du déclassement des routes départementales, dont il fut rapporteur.

Sollicité de se présenter aux élections législatives de 1898, M. le D'' Dufour n'accepta pas au premier tour de scrutin du 8 mai, mais au ballottage du 22, il posa sa candidature, comme républicain agricole indépendant, et fut élu par 7,085 voix contre 4,250 données à M. Vogeli, député sortant, républicain.

Partisan des droits compensateurs pour l'agriculture, de la concentration républicaine en politique, M. le D'' Dufour peut être considéré comme républicain radical.

Il est chevalier de la Légion d'honneur et du Mérite agricole.

FLERS (Pierre-Louis PUJOL, dit)

AUTEUR dramatique, né à Paris le 27 avril 1867. Fils d'un fabricant de tissus, il fit ses études à Louis-le-Grand et au lycée Condorcet. Après les avoir terminées, il demeura un an en Angleterre, en Allemagne et en Espagne, pour apprendre la langue de ces divers pays et, de 1888 à 1892, succéda à son père dans son industrie, qu'il abandonna brusquement pour la scène.

Naturellement porté vers le théâtre, M. Flers joua d'abord la comédie, en amateur, au cercle des Mathurins. Engagé ensuite, par M. Porel, directeur du grand Théâtre, il créa sur cette scène : *Lysistrata*, de Maurice Donnay, et fut pensionnaire, de 1893 à 1894, de l'Odéon.

Là s'arrêta la carrière d'artiste dramatique de M. Flers, qui donna, comme auteur, depuis ce moment, sur diverses scènes parisiennes, de nombreuses pièces gaies, notamment : *Paris-Bazar*, 1 acte en vers ; *Au clair de la lampe*, 1 acte, en vers (théâtre de la Bodinière, 1894), Vinrent ensuite : *Autour de la Tour*, 1 acte ; *Paris-Soleil*, 2 actes (théâtre de la Tour Eiffel) ; *A la pointe du pied* 2 actes ; *Ah ! Chaleur !* 2 actes (Moulin-Rouge ; *Ohé, la haut !* 2 actes ; *Eh ! Ah !* 2 actes (Gaîté Rochechouart) ; *Petites-Binettes-Champs-Élysées*, 2 actes (Alcazar d'Été) ; *Paris fin de sexe*, 2 actes ; *A nous les femmes*, 2 actes ; *Cocorico*, 2 actes ; la *Prise de Grenade*, 1 acte, opérette (Scala) ; la *Reine des Reines*, opérette en 3 actes, musique d'Audran (Eldorado) ; *Chez le couturier*, 1 acte, musique de Victor Roger: *Sport*, ballet, avec musique de Goublier et Holtzer (Folies-Bergères) ; *Fémina*, opérette, 1 acte, musique de Berger (Cigale) ; *Flagrant délit*, musique de Charton: *Ohé ! Ohé !*, avec Charles Mougel (Roulotte), etc.

M. Flers a été l'un des propagateurs du grand mouvement sportif en France pendant ces dernières années. Membre fondateur du Racing-Club de France, berceau de l'Union des sports athlétiques, il a encouragé par la parole et par l'exemple, les exercices physiques, pratiquant lui-même la boxe, les courses à pied, l'aviron, l'escrime et autres sports, avec une maîtrise reconnue.

MERCIÉ (Marius-Jean-Antonin)

STATUAIRE et peintre, membre de l'Institut, né à Toulouse le 30 octobre 1845. Il fut à Paris, élève de MM. Jouffroy, Falguière et de l'Ecole des Beaux-Arts, où il remporta, en 1858, le grand prix de Rome.

Dès le début de sa carrière, ses envois de Rome : *Dalila* et surtout *David* (1872), mirent tout de suite M. Mercié en vue ; cette dernière œuvre lui valut une médaille de 1'' classe et la croix de la Légion d'honneur. Deux ans après, le jeune artiste envoyait au Salon son fameux groupe : *Gloria victis* (1874), qui lui fit obtenir la médaille d'honneur et rendit d'emblée son nom célèbre. C'est l'œuvre capitale du maître, qui n'a rien produit de meilleur depuis.

On ne saurait trop admirer, écrivait Paul de Saint-Victor, l'harmonieuse construction de ce groupe, la belle cadence de son équilibre, sa composition simple et pleine, exempte de tout hors-d'œuvre et de tout placage...... L'exécution est d'une beauté et d'une science soutenue.

Loué unanimement par la critique, ce chef-d'œuvre fut acheté par la ville de Paris, et le bronze, avant d'être placé au square Montholon, figura au Salon de 1875, « où, dit un biographe, il faut bien l'avouer, il n'a pas produit un aussi heureux effet que le modèle en plâtre précédemment exposé. »

Dans la suite des expositions de M. Antonin Mercié

on a vu bien des œuvres de très grand mérite ; mais on ne retrouve plus pareil à celui obtenu par *Gloria victis*. Il envoya aux Salons annuels, en 1876 : *David avant le combat* ; en 1877 : le *Génie des Arts*, groupe placé depuis au-dessus des guichets du Louvre, pour y remplacer le *Napoléon III* à cheval de Barye. Cette œuvre, l'une des plus importantes de M. Mercié, est aussi l'une des plus discutées :

— Ce groupe énorme, dit Paul de Saint-Victor, manque à la fois de style, de goût, d'ordonnance monumentale et d'élévation....... Ce *Génie des Arts* affecte la pose d'un écuyer d'hippodrome.
— Hardiesse de composition, apprécie au contraire M. Lafenestre, vigueur d'exécution, intelligence vive et nette du décor architectural, bien des qualités se réunissent pour faire du *Génie des Arts* une œuvre remarquable.

Citons encore : un bas-relief pour le *Tombeau de Michel-Ange* ; *Arago*, statue bronze, d'une bonne facture, mais peu ressemblante (1879) ; *Judith* et deux *Portraits*, peintures (1880) ; *Après l'enterrement* et *Dalila* (1881) ; *Première étape* et *Quand même*, groupe pour la ville de Belfort (1882); deux tableaux : *Portrait de Mme F...* et *Vénus* (celui-ci est au Luxembourg) et les médaillons de *MM^{lles} Gabrielle* et *William* (1883) ; *Léda*, peinture (1884) ; le *Souvenir*, haut-relief (1885); le très imposant *Tombeau de Louis-Philippe et de la reine Amélie* et *Génie pleurant* (1887); une *Statue de tombeau* pour Constantinople (1888) ; la *Vierge noire*, peinture qui fut fort critiquée, et la *Gloire* et la *Douleur* pour le monument de Paul Baudry (1889) ; la *Peinture*, statuette ; *Victor Hugo*, buste marbre (1890) ; *En pénitence*, groupe marbre, et la *Toilette de Diane*, statuette marbre (1891) ; le *Regret* et *Guillaume Tell* (1892) ; une *Madeleine*, peinture ; le marbre de *Guillaume Tell* et le plâtre d'une *Jeanne d'Arc* pour Domrémy (1895) ; *Pour l'honneur*, plâtre (1896) ; *Tombeau de Mme Carvalho*, bas-relief marbre ; *Eveil de l'Afrique*, statuette bronze, et l'*Enfance de Bacchus*, bas-relief pour cheminée (1897) ; *Au Sérail*, buste cire teintée ; *Psyché sur le rocher*, statuette marbre ; le *Fruit défendu* et un *Portrait*, peintures (1898).

M. Antonin Mercié est, en outre, l'auteur de la statue de *M. Thiers*, à Saint-Germain-en-Laye ; d'un *Saint Eloi*, qui est au Panthéon ; du monument de *Victor Massé*, à Lorient ; du fronton de la Nouvelle Sorbonne : les *Sciences* ; il a collaboré avec M. Falguière pour le monument à l'*Amiral Courbet*, etc.

Cet éminent artiste a obtenu, en outre des récompenses aux Salons dont nous avons parlé, la médaille d'honneur à l'Exposition universelle de 1878 et le grand prix à celle de 1889. Officier de la Légion d'honneur en 1879, il a été promu commandeur en 1889 et élu membre de l'Académie des Beaux-Arts en 1891.

DUBOIS (Clément-François-Théodore)

USICIEN, Directeur du Conservatoire national de musique et de déclamation, membre de l'Institut, né à Rosnay (Marne) le 24 août 1837. Élève du Conservatoire en 1854, y eut comme professeurs Ambroise Thomas pour la composition, Marmontel, Bazin et Benoît ; il obtint plusieurs premiers prix et, en 1861, le grand prix de Rome, avec une cantate intitulée *Atala*.

Il envoya de Rome une *Messe*, un opéra italien et deux *Ouvertures*, dont l'une fut exécutée au Conservatoire en 1866.

Revenu à Paris, M. Th. Dubois fut maître de chapelle à Sainte-Clotilde de 1863 à 1868 et à la Madeleine de 1868 à 1875 ; puis organiste de cette dernière église jusqu'en 1896.

Nommé professeur d'harmonie au Conservatoire en 1871, il devint, en 1884, inspecteur de l'enseignement musical, puis professeur de composition au Conservatoire en 1891, après le décès de Léo Delibes.

Elu membre de l'Académie des Beaux-Arts en 1894, en remplacement de l'illustre maître Gounod, M. Théodore Dubois a vu sa carrière couronnée en 1896 par sa nomination aux hautes fonctions de directeur du Conservatoire national, rendues vacantes par la mort d'Ambroise Thomas.

Dans ce poste, il n'exerce point cependant une autorité aussi absolue que son prédécesseur, certaines modifications ayant été apportées aux prérogatives du directeur de notre grande école lyrique. C'est ainsi que M. Dubois est assisté d'un conseil supérieur de l'enseignement pour les études musicales et d'un autre pour les études dramatiques ; son rôle se borne à exécuter les décisions de ces deux comités.

M. Théodore Dubois est l'auteur de plusieurs *oratorios* et morceaux religieux, notamment : *Les sept paroles du Christ* (1867), *Le Paradis perdu*, couronné au concours de la ville de Paris en 1878, une grande *Messe pontificale*, exécutée à Saint-Eustache (1895) ; une *Messe des Morts* : *Deus Abraham*, *Tu es Petrus*, etc. Il a donné au théâtre : la *Guzla de l'Emir*, composée en 1869 et qui ne fut représentée qu'en

1873 au théâtre de l'Athénée ; le *Pain bis*, donné à l'Opéra-Comique, en 1878 ; la *Farandole*, ballet joué à l'Opéra en 1883 ; *Aben-Hamet*, drame lyrique mis à la scène au Théâtre Italien en décembre 1883, à la veille de la faillite de cet établissement ; *Xavière*, représentée à l'Opéra-Comique en 1895. Au nombre de ses œuvres, il faut encore compter plusieurs suites d'orchestres, scènes lyriques, des recueils de pièces de piano, d'orgue, etc., des ouvrages didactiques, etc.

Le directeur du Conservatoire est officier de l'ordre du Sauveur de Grèce, et de l'Instruction publique. Décoré de la Légion d'honneur en 1883, il fut promu officier de cet ordre en 1896.

BOUGUEREAU (Adolphe-William)

Peintre, membre de l'Institut, né le 30 novembre 1825, à La Rochelle. Élève de Picot à l'Ecole des Beaux-Arts, il partagea avec Baudry le grand prix de Rome en 1850. Le sujet du concours était : *Zénobie trouvée sur les bords de l'Araxe*. Dès son retour de Rome en 1855, il exposa au Salon et remporta une 2ᵉ médaille.

Il n'est peut-être pas un peintre vivant qui ait vu ses œuvres aussi souvent reproduites par la gravure et la lithographie que M. Bouguereau. Elles plaisent toujours au grand public, qui se presse en foule chaque année devant les toiles envoyées par ce maître au Salon des Champs-Elysées. Elles charment, à la vérité, par la fraîcheur du coloris, la grâce des figures et la vive harmonie des tons.

La « manière » de M. Bouguereau a, toutefois, soulevé de nombreuses et vives critiques. Si le dessin de ses toiles est serré, son mode d'exécution les rend froides et monotones ; on trouve exagérée la « joliesse » de ses « pâtes tendres » et l'on reproche à ses chairs, d'une transparence extra naturelle, sans muscles, sans squelette pour les soutenir, de manquer de vérité et de vie.

Quelque appréciation que l'on porte sur son genre de peinture, M. Bouguereau doit être placé dans la phalange des artistes qui sont la gloire de notre pays.

Ses principales œuvres sont : le *Triomphe du martyre* (1855) ; le *Retour de Tobie* ; les *Quatre heures du jour*, plafond ; le *Jour des morts* ; l'*Amour blessé* (1859) ; la *Première discorde* ; *Faune et bacchante* ; le *Retour des champs* ; la *Paix* (1861) ; le *Sommeil* (1864) ; les *Premières caresses* ; *Convoitise* (1866) ; *Apollon et les muses dans l'Olympe*, plafond : *Entre la richesse et l'amour* (1869) ; *Pendant la moisson* (1872) ; *Petites maraudeuses* (1873) ; *Homère et son guide* ; *Italiennes à la fontaine* (1874) ; *Flore et Zéphire* (1875), toile acquise pour un musée d'Amérique, où elle fut détruite par un fanatique sous prétexte d'indécence ; la *Jeunesse et l'amour* (1877) ; *Jeune fille se défendant contre l'amour* (1880) ; la *Nuit* (1883) ; la *Jeunesse de Bacchus* (1884) ; *Biblis* (1885) ; l'*Amour désarmé* (1886) ; l'*Amour vainqueur* (1887) ; *Premier deuil* (1888) ; *Psyché et l'amour* ; la *Leçon* (1889) ; l'*Amour mouillé*, *Premiers bijoux* (1891) ; *Offrande à l'amour* (1892) ; le *Guêpier* (1893) ; l'*Innocence*, la *Perle* (1894) ; *Psyché et l'amour* (1895) ; la *Vague* (1896) ; *Compassion*, *Blessure d'amour* (1897) ; l'*Assaut*, *Inspiration* (1898) ; etc.

M. William Bouguereau, en outre, a peint un grand nombre de sujets religieux et quelques portraits, notamment le sien qui a figuré au Salon de 1895 et appartient au musée d'Anvers.

M. Bouguereau, qui a été vice-président de la Société des artistes français, a été élu membre de l'Académie des Beaux-Arts, en remplacement de Pils, le 8 janvier 1876. Il a présidé, jusqu'en 1891, l'Association des artistes peintres, architectes, graveurs et dessinateurs, fondée par le baron Taylor.

Ce peintre s'est vu décerner une médaille de 1ʳᵉ classe en 1857, une de 3ᵉ classe à l'Exposition universelle de 1867, une médaille d'honneur à celle de 1878 et la médaille d'honneur du Salon en 1885. Chevalier de la Légion d'honneur le 15 août 1859, officier le 24 juillet 1876, il est commandeur depuis le 12 juillet 1885.

PASCAL (Jean-Louis)

Architecte, membre de l'Institut, né à Paris le 4 juin 1837. Il fut, à l'Ecole des Beaux-Arts, l'élève de Gilbert et Questel, obtint divers prix particuliers, fut six fois logiste, remporta le deuxième grand prix de Rome en 1859 et en 1864 et le premier grand prix en 1866. La même année, il envoyait au Salon un *Projet de Palais pour le Corps législatif de la Haye*, qui lui valut une récompense.

De ses envois d'Italie, on peut citer les principaux : *Restauration de la Palestre impériale dans le Palais des Césars*, à Rome ; étude sur l'*Eglise et le Couvent Filippo Néri*, à Naples ; la *Villa Médici*, à Rome ; le

Palais Strozzi, à Florence ; le *Palais Farnèse*, à Rome ; la *Cathédrale de Salerne* ; le *Cloître de Santa-Maria-Novella*, à Florence ; la *Cathédrale de Pise* ; *Etudes à Pompei*, etc.

M. Pascal, qui obtint plusieurs prix en divers concours publics, a produit d'importants travaux, notamment : *Monument du colonel d'Argy*, à Rome ; la décoration de la *Chapelle de la Rochelle* ; l'exécution de la *Faculté de Médecine de Bordeaux* ; les monuments de *Henri Regnault* (avec M. Coquart), et de *Michelet* ; la transformation de la *Salle Ventadour*, pour la Banque de France ; le *Pavillon des Colonies portugaises*, à l'Exposition universelle de 1878, de nombreux hôtels, maisons, villas, etc.

Architecte de la Bibliothèque nationale et des diocèses de Valence et d'Avignon, inspecteur général des Bâtiments civils, membre de divers jurys, professeur d'architecture, M. Pascal a reçu une médaille de 1re classe en 1878 (Exposition universelle). Il a été élu membre de l'Académie des Beaux-Arts (en remplacement de M. André), le 3 mai 1890.

Il est officier de la Légion d'honneur depuis 1889, officier de l'Instruction publique et décoré de l'ordre de San Thiago de Portugal.

FERRERO (Prosper-Philippe-Benoît)

UBLICISTE, député, né à Marseille le 25 décembre 1859. Il fit ses études au lycée de sa ville natale et fut ensuite élève de l'Ecole supérieure de Commerce. Sorti de là en 1879, M. Prosper Ferrero entra, comme employé, à la Compagnie des Messageries Maritimes, où il est resté pendant quelques années.

Rédacteur au journal le *Petit Provençal*, de 1884 à 1889, M. Prosper Ferrero a fondé une quinzaine de revues ou de journaux littéraires, notamment : *Sève*, la *Ligue du Midi*, le *Travailleur*, l'*Echo du Midi*, etc., et s'est occupé très activement, de bonne heure, des questions politiques et sociales.

Nommé conseiller municipal et adjoint au maire de Toulon en 1892, maire en 1893, puis conseiller général du canton ouest en 1895, M. Prosper Ferrero comme maire de Toulon présida, avec une distinction qui fut alors unanimement appréciée, les fêtes données en cette ville, lors de sa visite en France, à l'escadre russe commandée par l'Amiral Avellan (1893). Il a créé à Toulon toutes les écoles suburbaines ; il a aussi proposé un projet d'assainissement de cette ville, approuvé par les pouvoirs publics, mais repoussé par le Conseil municipal, en 1898.

Candidat à la députation, lors du renouvellement général de la Chambre, en 1898, M. Prosper Ferrero fut élu député de l'arrondissement de Toulon, par 7,522 voix contre 6,541 obtenues par M. Abel, député sortant, radical, au 2e tour de scrutin, le 22 mai.

Inscrit aux groupes socialiste et viticole, M. Prosper Ferrero, très compétent dans les questions maritimes, fait aussi partie du groupe des députés des ports.

ROBIN (Maurice)

INDUSTRIEL, chimiste, né à Mareuil-sur-Arnou (Cher) le 16 avril 1856. Fils d'un pharmacien, il fit ses études classiques au lycée de Bourges et vint ensuite à Paris pour y suivre les cours de l'Ecole supérieure de Pharmacie. Interne des hôpitaux en 1879, puis chef de laboratoire, M. Maurice Robin a été l'auxiliaire de Paul Bert dans ses recherches sur la combustion des gaz dans le sang. Sur ce sujet, il a fait de nombreuses communications à l'Académie de Médecine, en collaboration avec Paul Bert et Dumontpallier.

Dès 1881, il faisait sur les sels de fer une découverte qui eut un grand retentissement dans le monde scientifique et le corps médical. Il découvrit, en effet, la forme chimique sous laquelle le fer est assimilé et démontra à ce propos, le premier, le rôle physiologique de la glycérine formée dans l'intestin pendant le phénomène de la digestion. Il trouva, en effet, le moyen de préparer industriellement le peptonate de fer, sel ferrugineux assimilable, et cette découverte fut présentée à l'Académie des Sciences en 1885 par M. Berthelot. Plus tard, ce nouveau sel chimique fut analysé et étudié par le professeur G. Pouchet, de la Faculté de Médecine de Paris.

M. Maurice Robin, devenu ensuite fabricant de produits pharmaceutiques et chimiques et fournisseur, en cette qualité, des hôpitaux coloniaux, a continué à s'occuper de recherches scientifiques. Ses travaux sur les *alcaloïdes*, sur l'*iodozone* et sur les essais chimiques des *glycéro-phosphates* ont été très remarqués.

Médaillé et hors concours pour ses produits à de nombreuses expositions de France et de l'Etranger, ce chimiste a été plusieurs fois membre des jurys.

Secrétaire de la deuxième section de la classe 115 (hygiène, produits pharmaceutiques, alimentation), il a été chargé d'organiser cette section à l'Exposition universelle de 1900. Membre de sociétés savantes, notamment de la Société française d'hygiène, de la Société chimique de Paris, de la Société de géographie commerciale, etc., M. Maurice Robin est officier d'Académie et dignitaire d'ordres étrangers.

TOURNIER (Victor-Fernand-Albert)

ÉCRIVAIN, avocat, né le 24 mars 1855, à Pamiers (Ariège).

Il fit ses études classiques au collège de sa ville natale, puis vint à Paris où il prit ses inscriptions de droit. Inscrit au barreau de cette ville en 1880, il quitta la robe en 1894 pour occuper le poste de bibliothécaire au ministère de l'Instruction publique et des Beaux-Arts.

M. Albert Tournier est surtout connu comme journaliste et homme de lettres. Dès la vingtième année, il collabora à la *République Française*, sous les auspices de Gambetta. Il publiait ensuite à l'*Evènement* des chroniques et un courrier parlementaire remarqué; il a collaboré en outre au *Figaro*, à *Germinal*, au *Télégraphe*, au *Matin*, à la *Paix Sociale*, etc., et à de nombreuses revues, notamment: la *Revue Bleue*, la *Nouvelle Revue Internationale*, la *Revue des Revues*, la *Revue Occidentale*, etc., auxquelles il a donné des études historiques appréciées.

Cet écrivain a publié en outre: un *Chansonnier provençal* (1 vol. 1889); *Gambetta et le général Boulanger*; *Gambetta* (souvenirs anecdotiques); *Un paysan orateur du Dauphiné*; l'*Epopée Garibaldienne*, avec illustrations du général Bordone, ancien chef de l'état-major de l'armée des Vosges (1889); la *Quinzaine du Crime*; *Des Alpes aux Pyrénées*, en collaboration avec Paul Arène (1890); *Un Thermidorien* (dans la *Paix Sociale*, 1893); les *Débuts de la Révolution à Pamiers* (1895); la *Convention en exil*, série d'études sur les conventionnels: la partie concernant les régicides réfugiés aux Pays-Bas a paru dans l'*Etoile Belge* (1896); la *Terre d'Oc*, en collaboration avec Louis Roux-Servine; *Vadier, président du Comité de la Sûreté générale sous la Terreur* (1897).

M. Tournier, écrit M. Jules Claretie dans la préface qu'il a consacrée à *Vadier*, est enfant de Pamiers, comme le redoutable président du Comité de Sûreté générale dont il a écrit l'histoire. Resté pyrénéen à Paris, et fidèle à la terre natale, il en a célébré les gloires, peint les fiers paysages, écrivant après un *Chansonnier provençal*, car il est félibre comme tout bon méridional, un livre exquis avec Paul Arène: *Des Alpes aux Pyrénées*.

C'est surtout un volume ardent et enthousiaste: *Gambetta*, qui me l'a fait connaître. Livre singulièrement mouvementé, dramatique, car Albert Tournier a le don de la vie. Il avait travaillé jadis à faire élever un monument à Lakanal, l'homme de l'instruction publique à la Convention; il a voulu en élever un autre à l'un des triumvirs qui passent inquiétants sur le ciel d'orage de la Révolution: Amar, Vadier, Voulland...

Ici, le félibre a fait place à l'historien.

Sollicité par les comités radicaux et de concentration républicaine de l'Ariège de se présenter aux élections générales législatives de mai 1898, M. Albert Tournier obtint, dans l'arrondissement de Pamiers, 6.360 voix contre 9.841 à l'élu, M. Julien Dumas, député sortant.

Vice-président de la « Cigale » et des « Félibres de Paris », M. Albert Tournier s'est activement occupé du mouvement artistique qui a eu pour couronnement les fêtes littéraires du Théâtre antique d'Orange. Il appartient aux associations de la Presse parlementaire, de la Presse judiciaire de Paris, à l'Association syndicale des Journalistes républicains, etc.

KRAUSS (Philippe)

DÉPUTÉ, né à Lyon, le 14 janvier 1864. Issu d'une famille peu fortunée, qui compte dans son alliance la célèbre cantatrice Gabrielle Krauss, il avait à peine commencé ses études classiques au lycée de sa ville natale, quand la mort de son père les interrompit; le jeune homme déjà orphelin de mère, dût gagner sa vie.

Entré aussitôt, comme tout petit commis, dans une importante fabrique de chocolat de Lyon, il y devint bientôt l'un des principaux employés. Plus tard, M. Philippe Krauss devint le représentant lyonnais de la grande raffinerie de pétrole Fenaille-Despaux.

Entre temps, M. Philippe Krauss avait contracté, à dix-huit ans, un engagement volontaire au 14ᵉ bataillon de chasseurs à pied et, une fois libéré du service militaire, s'était lancé dans la politique. Dès la fin de 1886, il était secrétaire du Comité central des comités radicaux de la ville de Lyon. Depuis cette époque, il n'a cessé de faire la plus active propagande en faveur des idées républicaines avancées, ce qui lui valut une grande popularité dans les milieux ouvriers de la cité lyonnaise.

Nommé conseiller municipal du v⁰ arrondissement de Lyon, en 1896, puis rapporteur devant cette assemblée de la commission des grands travaux de la ville, M. Philippe Krauss conclut, en cette qualité, à un emprunt de conversion de quatre-vingt-cinq millions et à vingt millions de travaux neufs. Son rapport fut adopté à l'unanimité.

Lors des élections législatives de 1898, il fut élu député de la 5ᵉ circonscription de Lyon (la Croix-Rousse), au 2ᵉ tour de scrutin, le 22 mai, par 3,381 voix contre 2,611 obtenues par son concurrent, M. Flourens, ancien ministre des affaires étrangères, député sortant.

M. Philippe Krauss est inscrit au groupe socialiste du Palais-Bourbon ; il a nettement adhéré au programme socialiste minimum présenté par M. Millerand au banquet de Saint-Mandé.

ZARI (Mᵐᵉ BONNIER, née Elzéarine ORTOLAN, dite)

ÉCRIVAIN, née à Paris, fille du célèbre jurisconsulte Ortolan. Elle débuta dans la littérature en 1884 par un roman très remarqué : *Guillemette*, étude approfondie du cœur humain, aussi neuve qu'attrayante. Vinrent ensuite : la *Fête des neiges*, charmant et troublant récit du Nord, où beaucoup de savoir se joint à l'élégance du style ; les *Bruyères de Serqueux* (1886) ; *Marthe et Christine*, œuvre délicatement féminine, autant par la pureté de la conception que par l'élégance de l'exécution ; la *Tour de Jeanne d'Arc* (1887) ; le *Fada*, roman provençal dont la critique littéraire de l'*Illustration* disait le 20 juin 1891 :

C'est une œuvre pleine de passion et de poésie. La description des sites et des monts de la Provence s'y trouve tracée par un esprit qui aime la vérité ; l'analyse psychologique de chacun des personnages qui y vivent est présentée avec charme et sincérité. C'est à ces deux qualités que Zari doit en partie d'avoir pris place, dès ses débuts, parmi nos romanciers contemporains les plus distingués.

Mᵐᵉ Zari a donné aussi : le *Fils de Christophe Colomb*, paru dans le *Moniteur universel* ; la *Porte du Cloître* ; *Miss Arabell* ; *Le plus grand des amours* ; *Tout à la joie*, et plusieurs nouvelles au *Petit Journal*.

Cet écrivain a produit en outre de petites pièces représentées dans les Salons et sur la scène du théâtre de la Bodinière ; la *Tour de Jeanne d'Arc*, jouée un peu partout et *Avocat consultant*, vive satire contre le féminisme, qui eut un franc succès au Théâtre d'application, le 22 mai 1898.

DUBUISSON (Louis-Charles-Aimé)

ÉPUTÉ, médecin, né à Lesneven (Finistère), le 12 février 1842. Il accomplit ses études médicales à Paris, où, comme externe des hôpitaux, il obtint une médaille de bronze et fut reçu docteur en 1869, avec une thèse fort remarquée sur l'*Inoculation des produits septiques et tuberculeux*.

L'année suivante, lors de la guerre franco-allemande, le Dʳ Dubuisson fut nommé médecin-major du 3ᵉ bataillon des mobilisés du Finistère, qui fit partie de l'armée de la Loire.

Etabli depuis à Châteauneuf (Finistère), où il exerçait sa profession avec un grand dévouement, il fut successivement appelé dans cette ville aux fonctions de conseiller municipal, d'adjoint au maire et d'ordonnateur du bureau de bienfaisance.

M. le Dʳ Dubuisson fut élu conseiller d'arrondissement du canton de Chateauneuf en 1888 et conseiller général en 1891. Membre du Conseil départemental, de l'Instruction publique et de la Commission départementale, il a été chargé de l'organisation du service de l'Assistance médicale gratuite dans le département du Finistère ; il a été, en outre, rapporteur de la Commission des chemins de fer, qui adopta un nouveau réseau départemental et de divers autres projets d'intérêt local.

M. le docteur Dubuisson est trésorier du Comice agricole de Chateauneuf.

Lors des élections générales du 8 mai 1898, il fut élu député de l'arrondissement de Châteaulin (Finistère), sans concurrent au premier tour de scrutin, par 8,461 suffrages.

Le député du Finistère, résolument protectionniste, est inscrit au groupe agricole de la Chambre. Républicain libéral indépendant, il est partisan « de la liberté de conscience, de l'assistance dans toutes ses formes, de la diminution des frais de justice, de l'organisation d'une caisse de retraites pour les travailleurs, etc. »

MALOT (Hector-Henri)

ROMANCIER, né à la Bouille (Seine-Inférieure) le 20 mars 1830. Fils d'un notaire, il fut lui-même clerc dans une étude. Vers 1853-54, il écrivit dans divers petits journaux, collabora ensuite à la *Biographie générale* de Firmin Didot et à quelques pièces pour les théâtres du boulevard ; il fut aussi chargé du feuilleton dramatique au *Lloyd français* et rédigea des brochures, politiques selon d'aucuns, historiques suivant les autres, pour le compte d'un sénateur.

Ensuite, M. Malot publia, sous ce titre générique : les *Victimes d'amour*, trois romans de famille : les *Amants* (1859), les *Époux* (1865) et les *Enfants* (1866). Il donnait, dans le même temps, un volume, un peu oublié depuis : la *Vie moderne en Angleterre*, que son auteur lui-même jugea trop démodé pour une réédition.

Cet écrivain a fait paraître, en outre, les romans suivants : les *Amours de Jacques* (1868) ; *Un Beau-Frère* (1869) ; un roman pour les enfants : *Romain Kalbris* (1869) ; *Une Bonne Affaire* (1870) ; *Madame Obernin* (1870) ; *Un Curé de province* (1872) ; *Un Mariage sous le second Empire* (1873) ; *Une Belle-Mère* (1874) ; l'*Auberge du monde* (1875-1876, 4 vol.) ; les *Batailles du mariage* (1877, 3 vol.) ; *Cara* (1878) ; *Sans famille* (1878, 2 vol., couronné par l'Académie française) ; le *Docteur Claude* (1879, 2 vol.) ; la *Bohème tapageuse* (1880, 3 vol.) ; *Pompon* (1881) ; *Une Femme d'argent* (1881) ; la *Petite Sœur* (1882, 2 vol.) ; les *Millions honteux* (1882) ; les *Besogneux* (1883, 2 vol.) ; *Paulette* (1883) ; *Marichette* (1884, 2 vol.) ; *Micheline* (1884) ; le *Lieutenant Bonnet* (1885) ; le *Sang Bleu* (1885) ; *Baccara* (1886) ; *Zyte* (1886) ; *Vices français* (1887) ; *Séduction* (1887) ; *Ghislaine* (1887) ; *Mondaine* (1888) ; *Mariage riche* (1889) ; *Justice* (1889) ; *Mère* (1890) ; *Anie* (1891) ; *Complices* (1892) ; *En famille* (1893) ; *Amours de jeunes et Amours de vieux* (1894).

A cette époque, M. Hector Malot résolut de ne plus écrire de romans. Il annonça cette détermination par une lettre adressée au journal le *Temps* (25 mai 1895), dont voici le passage principal :

Mais en quoi l'artiste, son œuvre accomplie, fait-il acte méritoire en mourant la plume ou le pinceau à la main, au lieu de s'arrêter dans une production qui n'a plus d'autre but que d'exploiter un nom auquel les années ont donné une valeur commerciale, alors que cette exploitation n'est indispensable ni à sa vie matérielle ni à celle de sa famille ? N'y a-t-il pas là une obstination sénile et aussi une âpreté de gain qui ni l'une ni l'autre ne méritent l'éloge ? Ce n'est pas la plume à la main que ceux-là meurent, c'est l'argent à la main.

Cette déclaration fit dire malicieusement alors, que « M. Malot se retirait des affaires après fortune faite. »

L'auteur de *Sans famille* a pourtant repris la plume pour écrire le *Roman de mes romans*, en 1896.

Mme Hector Malot, a publié elle-même des romans : *Folie d'Amour* (1887) ; le *Prince* (1892) ; la *Beauté* (1896) ; l'*Amour dominateur* (1897), etc.

MÉLINE (Félix-Jules)

DÉPUTÉ, ancien président du Conseil des ministres, né à Remiremont (Vosges) le 29 mai 1838. Venu de bonne heure à Paris faire ses études de droit, il se fit inscrire au barreau de la Cour d'appel en 1860.

Il fit de l'opposition démocratique sous l'Empire et, après le 4 septembre 1870, ses opinions républicaines lui valurent d'être nommé adjoint au maire du 1er arrondissement. Il s'associa de tous ses efforts à la politique du gouvernement de la Défense nationale et, en mars 1871, se vit élu membre de la Commune par son arrondissement, mandat que M. Méline refusa.

Le 12 octobre 1872, il fut élu député des Vosges à l'Assemblée nationale par 32,160 voix contre 25,868 à M. Mougeot, monarchiste, et siégea dans les groupes de la Gauche et de l'Union républicaines. Il soutint le gouvernement de M. Thiers, combattit le ministère de Broglie, vota l'ensemble des lois constitutionnelles et fut réélu, le 20 février 1876, par 8,071 voix sur 9,430 votants, dans l'arrondissement de Remiremont. Elu aussi membre du Conseil général des Vosges pour le canton de Corcieux, il contribua pour une large part à la fondation du *Mémorial des Vosges* et suivit, à la Chambre, la même ligne de conduite que précédemment. Il vota toutefois contre l'amnistie.

Nommé sous-secrétaire d'État au ministère de la Justice dans le cabinet Jules Simon (13 décembre 1876), il resta en fonctions jusqu'au 16 mai 1877 et fut au nombre des 363.

Réélu, après la dissolution de la Chambre, le 14 octobre 1877, par 9,750 voix, contre M. Krantz, candidat officiel, M. Méline appuya le cabinet Dufaure et les ministères qui suivirent, vota l'article 7 et les lois sur l'enseignement et, membre de la Commission du tarif général des douanes, fut un des principaux rapporteurs de ce projet (1880). Il y affirma pour la première fois, à l'encontre des tendances libre-échangistes gouvernementales, ses théories protectionnistes, qui depuis, ont fait tant de chemin.

Son mandat lui ayant été renouvelé, le 21 août 1881, par 8,936 voix sur 10,842 votants, M. Méline reprit vigoureusement sa campagne en faveur du protectionnisme, soutint le cabinet Gambetta et, lors de la constitution du 2ᵉ cabinet Ferry (21 février 1883), accepta le portefeuille de l'Agriculture.

Durant son passage aux affaires, M. Méline obtint le vote de la loi sur le régime des sucres et saisit l'Assemblée d'un projet relevant les droits d'entrée sur les bestiaux et les céréales ; c'est à lui aussi qu'est due la création de l'ordre du Mérite agricole, décoration, spécialement destinée aux agriculteurs. Il démissionna, avec le cabinet, le 5 avril 1885.

Réélu, le 4 octobre 1885, sur la liste républicaine des Vosges, le 1ᵉʳ sur 6, par 47,292 voix sur 87,635 votants, M. Méline donna son adhésion aux ministères Rouvier et Tirard, tout en restant fidèle à ses principes économiques.

Au cours de cette législature il défendit le projet de surtaxes des céréales, combattit celui tendant à relever les taux légaux du rendement des betteraves et fut rapporteur du projet de prorogation à six mois du traité de commerce avec l'Italie.

Le 3 avril 1888, M. Méline fut élu président de la Chambre à égalité de voix, au bénéfice de l'âge, contre M. Clémenceau et en remplacement de M. Floquet, porté à la présidence du Conseil. Pendant toute la période d'agitation boulangiste, il compta comme l'un des plus redoutables adversaires de ce mouvement et, violemment combattu aux élections générales de 1889, n'en fut pas moins réélu par 8,241 voix, contre 6,236 à M. Flayelle, candidat du « Comité national ».

M. Méline, durant cette législature, fut rapporteur général, en même temps que président, de la Commission générale des douanes. Il fit alors voter l'ensemble des lois économiques ayant pour but la protection des intérêts agricoles nationaux, en défendit tous les articles additionnels avec une ténacité et un talent oratoire qui lui valurent de beaux succès de tribune et le triomphe final de ses idées. Notre commerce national est placé sous le régime des lois de douane auxquelles son nom reste attaché depuis le 1ᵉʳ février 1892. L'œuvre de M. Méline a été très diversement appréciée. Elle a aussi donné des résultats divers, enrichissant certaines industries, nuisant à d'autres et en somme, elle a modifié profondément le régime économique de la France.

Nommé président du Conseil général des Vosges en remplacement de Jules Ferry, M. Méline fut réélu député au renouvellement d'août 1893, par 11,138 voix sur 13,144, sans concurrent. Il prit, le 2 novembre de cette même année, la direction de la *République française*, qu'il conserva jusqu'en 1896 ; le 26 décembre 1893, il refusait la mission de former un ministère.

Le 19 décembre 1894, porté de nouveau à la présidence de la Chambre, il recueillit 213 voix, contre 249 à M. Henri Brisson qui fut élu.

M. Méline s'éleva contre le projet d'impôt sur le revenu du cabinet Bourgeois, dans un discours, prononcé le 23 avril 1896, et qui eut un certain retentissement.

Chargé de former un ministère après la chute de ce même cabinet Bourgeois, le 29 avril 1896, M. Méline, avec la présidence du Conseil, prit le portefeuille de l'agriculture. En octobre de la même année, l'empereur et l'impératrice de Russie vinrent en France ; de brillantes réceptions officielles et populaires leur furent faites à Cherbourg, puis à Paris et à Châlons, où l'on fit passer une grande revue de troupes au czar. Dans l'année 1897, le ministère présida aux élections sénatoriales triennales, qui renforcèrent la majorité républicaine de la Chambre Haute (3 janvier), il fit voter par les Chambres une loi sur le régime des sucres, fit reprendre les poursuites à propos de l'affaire de Panama, contre des membres du Parlement qui, d'ailleurs, furent acquittés ; organisa le voyage en Russie de M. Félix Faure (18 au 31 août), au cours duquel fut officiellement proclamée l'alliance entre la France et ce pays, etc.

A la fin de 1897, une agitation considérable fut créée dans le pays en faveur de la révision du procès du capitaine Dreyfus, condamné pour trahison en 1894 et que l'on prétendit victime d'une erreur. Interpellé maintes fois à ce sujet, le cabinet n'apporta jamais à la tribune que d'imprécises paroles et de vagues appels au respect de la chose jugée ; il fit exercer des poursuites contre M. E. Zola, à propos d'attaques vives de ce dernier sur ce point, et s'opposa constamment à la révision de ce procès.

La politique générale du ministère Méline eut pour principal objectif l'union des républicains modérés avec les conservateurs ; c'est à droite que le ministère trouva la majorité qui lui permit de gouverner, ayant contre lui les radicaux et les socialistes. Il prépara, dans cet esprit, les élections générales législatives des 8 et 22 mai 1898, qui amenèrent cependant une Chambre où l'élément nettement républicain s'affirma dès les premières séances. En effet, à la suite de celle du 14 juin, le cabinet dût démissionner, l'assemblée ayant voté un ordre du jour, repoussé par lui, demandant que le gouvernement s'appuie sur une majorité exclusivement républicaine. Très fréquemment interpellé durant le cours de son existence, le ministère Méline n'en a pas moins fourni le plus bel exemple de longévité gouvernementale de la troisième république, aucun cabinet n'ayant pu se maintenir au pouvoir aussi longtemps que lui.

M. Méline avait été réélu député de l'arrondissement de Remiremont, le 8 mai, par 13,767 voix, sans concurrent.

CORNIL (André-Victor)

SÉNATEUR, médecin, membre de l'Académie de Médecine, né à Vichy le 17 juin 1837. Il est le fils d'un médecin inspecteur des eaux à l'établissement thermal de cette ville.

A Paris, où il vint terminer ses études, il fut reçu interne des hôpitaux en 1860, docteur en 1864 et agrégé de la Faculté en 1869, avec une thèse sur les *Différentes espèces de néphrites*. Nommé, la même année, médecin de l'hôpital de Lourcine (aujourd'hui Broca), M. le Dr Cornil, qui s'occupa activement de politique dans les dernières années de l'Empire, dût à l'amitié de Gambetta d'être envoyé à la préfecture de l'Allier le 4 septembre 1870. A la fin de ce même mois, il résignait ces fonctions pour se porter candidat aux élections pour l'Assemblée nationale ; mais il échoua, le 8 février 1871, avec la liste républicaine sur laquelle il figurait, n'obtenant que 31,194 voix, contre 49,741 au dernier élu de la liste conservatrice.

Cependant, conseiller général du canton de Cusset depuis 1870, M. le Dr Cornil fut appelé à présider en 1872 le Conseil général de l'Allier. Ses efforts, dès ce moment, tendirent à se concilier les sympathies des divers partis modérés ; le 20 février 1876, il se représentait aux suffrages des électeurs, dans l'arrondissement de la Palisse, avec une circulaire où il disait en principe : « Notre Constitution, mûrement élaborée, et qui va être mise en œuvre, est éminent conservatrice : elle rassure tous les intérêts. »

Élu député, avec 9,194 voix, contre 8,761 à M. Desmaroux de Gaulmin, royaliste et 2,087 à M. Gallay, républicain radical ; réélu en 1877, à la dissolution qui suivit l'acte du Seize-mai, par 12,176 voix, contre 7,174 au candidat officiel, et en 1881, par 7,604 voix, contre 4,516 à M. Préveraud, républicain radical, il fit partie des groupes de l'Union républicaine et de la Gauche modérée et vota avec la majorité opportuniste de la Chambre.

Nommé professeur d'anatomie pathologique à la Faculté de Médecine de Paris, M. le docteur Cornil abandonna, le 26 mars 1882, son mandat législatif, devenu incompatible avec cette situation.

Pendant quelque temps, M. le Dr Cornil se consacra exclusivement à ses nouvelles fonctions et, le 15 juillet 1884, il fut nommé membre de l'Académie de Médecine. Ses recherches de laboratoire, les études qu'il publia dans le même temps, son enseignement, n'absorbèrent pas toute son activité ; la politique l'attira de nouveau et, le mandat sénatorial lui permettant de conserver son poste de professeur, il se présenta aux élections de l'Allier, au renouvellement sénatorial de 1885, et fut envoyé à la Chambre Haute par 445 voix sur 836 votants ; en 1894, il était réélu à ce siège.

Au Sénat, M. le Dr Cornil, qui appartient au groupe de l'Union républicaine, a été rapporteur de plusieurs projets de loi importants, tels que ceux réglant l'exercice de la médecine et de la pharmacie, l'utilisation des eaux d'égout, les adductions d'eau, à Paris, du Verneuil et de la Vigne ; il est chargé du rapport sur la loi de salubrité générale votée par la Chambre, dont on attend depuis si longtemps la discussion à la Chambre Haute.

M. le Dr Cornil a publié, en librairie, en outre de ses thèses : *Observations pour servir à l'Histoire de l'Erysipèle du pharynx* (1862) ; *Mémoires sur les lésions anatomiques du rein* (1865) ; *Anatomie pathologique des diverses espèces de pneumonie aiguë ou chronique* (même année) ; *De la phtisie pulmonaire, étude anatomo-pathologique et clinique*, avec le Dr Hérard (1866, 2ᵉ éd. 1882) ; *Contributions à l'histoire du développement histologique des tumeurs épithéliales* (1866) ; *Du cancer et de ses caractères anatomiques* (1867) ; *Manuel d'histologie pathologique*, avec le Dr L. Ranvier (3 vol. 1869-1876, 2ᵉ éd. 2 vol. 1881-1884) ; *Leçons élémentaires d'hygiène* (1872) ; *Leçons sur la syphilis, faites à l'hôpital de Lourcine* (1884 ; *Étude sur la pathologie du rein*, avec le Dr Brault (même année) ; *Les bactéries et leur rôle dans l'anatomie et l'histologie des maladies infectieuses*, avec le Dr Babès (1885, 3e éd., 2 vol. 1890) ; *Leçons sur l'anatomie pathologique des métrites, des salpingites et des cancers de l'utérus* (1889), etc.

M. le Dr Cornil a collaboré en outre au *Dictionnaire Encyclopédique des Sciences médicales* et dirigé, pendant plusieurs années, le *Journal des connaissances médicales*.

Il est chevalier de la Légion d'honneur depuis 1883.

VOGÜÉ (Eugène-Marie-Melchior Vicomte de)

ÉCRIVAIN, membre de l'Académie française, ancien député, né à Nice le 26 février 1848. Il appartient à une ancienne famille originaire de l'Ardèche.

Blessé à Sedan, et décoré de la médaille militaire pour sa belle conduite en 1870, M. de Vogüé, après la guerre, entra au ministère des Affaires étrangères et fut successivement attaché à l'ambassade de Constantinople en 1873, à la mission française en Egypte en 1875 et à l'ambassade de St-Pétersbourg en 1876, où il occupa les fonctions de secrétaire. Mis en disponibilité sur sa demande le 27 mars 1882, il se consacra, dès lors, à des travaux de littérature et d'histoire, dont la plupart, avant de paraître en librairie, furent publiés par la *Revue des Deux Mondes*.

Le 22 novembre 1888, M. le vicomte de Vogüé fut élu membre de l'Académie française, au fauteuil de D. Nisard.

Cet écrivain a exercé une action considérable dans le mouvement intellectuel de ces vingt dernières années. Dès 1885, M. O. Mirbeau l'appréciait ainsi :

Écrivain de talent, instruit, chercheur, passionné d'art et de belles lettres, ce n'est point un littérateur d'occasion... Il est de la forte race de ces écrivains qui ont choisi la littérature, non point comme un passe-temps dont s'amuse, non point comme une profession dont on vit, mais comme une vocation d'instinct vers laquelle leur esprit les a portés par une irrésistible et naturelle pente. M. de Vogüé est vraiment un homme de lettres, dans la belle et tranquille acception du mot.

Initié pleinement à la vie et à la littérature russes, il a donné de nombreux ouvrages sur ce pays :

C'est à lui, dit M. J. Canivet, que nous devons de connaître, dans l'essence même de leur talent, si touffu et si bizarre, mais si réellement grand, les hommes qui, comme Tolstoï, Tourgueneff, Dostoïewsky et d'autres, ont su mettre dans leurs œuvres l'âme même de leur pays.

Il s'est en outre particulièrement adonné à la propagation de doctrines néo-chrétiennes et d'idées philosophiques particulières, sur lesquelles la controverse est toujours vive.

Comme homme public, le rôle de M. de Vogüé fut beaucoup plus effacé. On l'avait vu, d'ailleurs, avec surprise s'essayer dans la politique. Il n'y a point réussi ; aussi s'en est-il bientôt désintéressé.

Au renouvellement législatif d'août 1893, M. de Montgolfier, député sortant, monarchiste, ne se représentant pas, M. de Vogüé avait posé sa candidature dans la 2e circonscription de Tournon (Ardèche), comme « républicain indépendant », tout en se faisant soutenir par les comités et les organes conservateurs du département, et notamment par la *Croix de l'Ardèche*. Il fut élu par 8,432 voix, contre 7,596 à M. Albert Le Roy, qui se présentait aussi comme républicain, avec l'appui des journaux de cette nuance.

L'élection de M. de Vogüé fut très vivement contestée. Amené à la tribune de la Chambre pour la défendre, son premier discours fut une déception pour ses amis, qui avaient espéré de sa haute et incontestable valeur de brillants débuts oratoires ; il ne put éviter l'ajournement de la validation, qui fut prononcée plus tard, après une longue enquête.

Le député de l'Ardèche n'intervint à nouveau dans les délibérations de la Chambre que le 24 novembre 1894, au sujet de l'expédition de Madagascar. Il prit, d'ailleurs, peu de part aux travaux parlementaires et n'était inscrit à aucun groupe. Il ne se représenta pas aux élections générales de 1898.

A la suite d'une polémique dans les journaux locaux, au cours de laquelle on avait reproché à M. de Vogüé ses relations avec l'ex-sénateur Ed. Magnier, le député de l'Ardèche eut un duel avec M. Boissy-d'Anglas, député de la Drôme, et fut assez grièvement blessé au visage par son adversaire (30 novembre 1895).

M. le vicomte de Vogüé est vice-président du comité de l'Afrique française.

Citons parmi les principales œuvres de l'éminent écrivain : *Syrie, Palestine, Mont Athos, voyage au pays du passé* (1876) ; *Histoires orientales, Chez les Pharaons, Boulacq et Saggarah* (1879) ; les *Portraits du siècle* (1883) ; *Le Fils de Pierre-le-Grand ; Mazeppa ; Un changement de règne* (1884) ; *Histoire d'hiver* (1885) ; *Le Roman russe, étude sur Pouchkine, Gogol, Tourgueneff, Dostoïewsky* (1886) ; *Souvenirs et Visions* (1887) ; *Le Portrait du Louvre*, conte de

Noël illustré (1888); *Remarques sur l'Exposition du Centenaire* (1889) ; *Le Manteau de Joseph Oléonine* (1890, avec portrait); *Spectacles contemporains* (1891); *Regards historiques et littéraires* (1892) ; *Heures d'histoire* (1893) ; *Devant le Siècle* (1896) ; *Jean d'Agrève* (1897) ; *Histoire et Poésie* (1898).

DUCLAUX (Pierre-Emile)

Chimiste, membre de l'Institut, né le 24 juin 1840, à Aurillac (Cantal). Elève de l'Ecole normale supérieure en 1859, il fut reçu agrégé en 1862 et docteur ès sciences physiques en 1865, avec une thèse ayant pour titre : *Etudes relatives à l'absorbtion de l'ammoniaque et à la production d'acides gras volatils pendant la fermentation alcoolique.*

M. Duclaux professa d'abord la chimie à la Faculté des Sciences de Clermont, puis à celle de Lyon. Nommé par la suite professeur de physique et de météorologie à l'Institut agronomique, à Paris, en 1879, il fut chargé en 1883 du cours annexe de chimie biologique à la Sorbonne et, plus tard, d'un cours semblable à l'Institut agronomique. Il a été élu en 1888 membre de l'Académie des sciences, en remplacement de M. Hervé Mangon.

Elève et collaborateur de Pasteur, M. Duclaux, comme lui, et à sa suite, s'est adonné à l'étude des microbes. Ses recherches n'ont pas abouti à d'aussi retentissants résultats que celles de son célèbre maître ; mais elles ont cependant leur valeur scientifique. Désigné, dès sa fondation, comme sous-directeur de l'Institut Pasteur, il fut, en 1895, à la mort de l'illustre savant, nommé à la direction de cet établissement.

Le nom de M. Duclaux fut mêlé à l'agitation qui se produisit dans le pays en 1897 et 1898, à l'occasion de la révision du procès du capitaine Dreyfus ; le savant prit nettement parti en faveur de cette révision et écrivit plusieurs articles et une brochure dans ce sens.

M. Duclaux a publié un grand nombre de mémoires et communications sur des sujets de chimie et de physique pure. Citons entr'autres : *Sur la respiration et l'asphyxie des graines de vers à soie* (1868) ; *Sur la formation des gouttes liquides* (1870) ; *Sur le dosage de très petites quantités de cuivre et la présence de ce métal dans les cacaos et les chocolats* (1871) : *Sur les lois des mouvements des liquides dans les espèces capillaires* (1872) ; *De l'influence de la tension superficielle des liquides sur les mesures aréométriques* (1872) ; *Sur les lois d'écoulement des liquides sur les espèces capillaires* (1872); *Sur l'iodure d'amidon* (1872) ; *Etudes sur la nouvelle maladie de la vigne dans le sud-est de la France* (1873-1875) ; trois *Mémoires* (avec planches), *Ferments et Maladies* 1882, in-8, avec pl.) ; *le Microbe et la Maladie* (1886, in-8) ; *Chimie microbiologique* (1886); *le Lait* (1887, Ballière) ; *Traité de Physique et de Météorologie* (1891) ; *Principes de Laiterie* (1894) ; *Pasteur, histoire d'un esprit* (1896). On lui doit, en outre, une *Etude sur les Maladies de la Vigne*, faite sous les auspices de l'Académie des sciences ; il dirige, depuis 1887, la publication des *Annales de l'Institut Pasteur* et il a commencé la publication d'un *Traité de microbiologie*, annoncé comme devant avoir 7 volumes (1ᵉʳ vol. 1897).

Lauréat de l'Institut, M. Duclaux est officier de la Légion d'honneur depuis 1889.

HUGUES (Clovis)

Député, poète, publiciste, né à Menerbes (Vaucluse) le 3 novembre 1851. Il accomplit ses études au petit séminaire de Sainte-Garde et se destinait à l'état ecclésiastique lorsqu'un courant contraire le détourna de ce dessein. Il entrait, à quelque temps de là, au *Peuple*, dirigé à Marseille par Gustave Naquet, puis au *Vrai Marseillais*, où l'un de ses articles lui valut, en 1871, une condamnation à trois ans de prison et six mille francs d'amende, que remplacèrent deux autres années de contrainte par corps. Après sa sortie de prison, vers la fin de 1875, il collabora tout aussitôt à la *Jeune République*. En 1877, à la suite d'une polémique entre ce journal et l'*Aigle*, il eut un duel avec un rédacteur de cette feuille bonapartiste ; il tua son adversaire, se réfugia momentanément à Naples, puis fut acquitté par la Cour d'assises d'Aix, le 22 février 1878.

Ayant échoué, candidat de l'extrême gauche, à une élection partielle du 3 mars de cette même année, dans la 2ᵉ circonscription de Marseille, M. Clovis Hugues s'y représenta aux élections générales de 1881 et fut élu député, au scrutin de ballotage, par 5,288 voix, contre 4,211 obtenues par M. Simonin.

Durant cette première législature, M. Clovis Hugues prit une part active aux débats de l'Assemblée et se signala par son intervention constante en faveur des grévistes et ouvriers condamnés pour délits politiques ou faits connexes. Il se fit aussi remarquer par ses interruptions violentes et la fougue de son opposition à la politique modérée. La Chambre prononça contre lui, dans la séance du 29 décembre 1883, la censure avec suppression de traitement pour une injure personnelle contre le président du Conseil.

Réélu, au second tour, sur la liste républicaine socialiste des Bouches-du-Rhône, en 1885, il demanda dans l'*Intransigeant*, où il collaborait, comme à la tribune parlementaire, la révision intégrale de la Constitution Wallon et ne se représenta pas aux élections du 22 septembre 1889.

Aux élections de 1893, porté par les comités révisionnistes socialistes du xix° arrondissement de Paris, M. Clovis Hugues fut nommé député, au 2° tour de scrutin, par 6,566 voix, contre 3,781 à M. Delattre, radical.

Il prononça, en janvier 1894, un retentissant discours en faveur de la liberté individuelle. Il déposa un projet de loi permettant aux communes de donner le pain gratuit aux indigents, non encore adopté ; un projet de contrôle de l'Assistance publique, au moyen de délégués d'associations et de syndicats, etc. Au renouvellement de 1898, il fut renvoyé à la Chambre, par le même arrondissement, au 2° tour de scrutin, avec 9,714 voix contre 4,110 à M. de Sabran-Pontevès.

M. Clovis Hugues est l'auteur d'un grand nombre d'ouvrages, vers, romans, drames, qui tous se distinguent par une exubérance non point dénuée de vigueur. Citons : *La Femme dans son état le plus intéressant* (Marseille, 1870, in-8°) ; les *Intransigeants* (1875, in-16), la *Petite Muse* (1875, in-8°), *Poèmes de prison* (1875, in-8°), recueil de poésies écrites pendant sa détention ; les *Soirs de bataille* (1883, in-8°), les *Jours de Combat* (1883, in-8°), les *Evocations* (1885, in-18), vers ; *Madame Phaëton* (1885, in-18), *Monsieur le Gendarme* (1891, in-18), romans ; *Une Etoile*, comédie en vers, représentée au Théâtre Indépendant (1888) ; le *Sommeil de Danton*, drame en 5 actes, en vers (1888) ; la même année, il achevait et faisait représenter une pièce posthume de G. Crémieux, le *Neuf Thermidor* ; citons aussi : un drame en 5 actes, en vers, *Sampiero Corso* et le *Bandit*, un acte (1898). On annonce encore de lui, une chanson de geste en 3 parties : *Jehanne Darc*. Il a donné en outre quantité d'articles et de nouvelles, d'une allure bien personnelle dans plusieurs journaux. En 1889, une de ses pièces de vers : le *Travail*, obtint au concours de l'Académie française, un prix de 2,000 francs.

Mme CLOVIS HUGUES, née ROYANNEZ, s'est adonnée à la statuaire et y montre un réel talent. Élève de Mme Laure Martin-Coutan, elle a exposé aux Salons annuels, depuis 1886, des bustes, et autres œuvres, parmi lesquelles on cite surtout une statue : l'*Abandon* (1888), remarquable à la fois de sentiment et d'exécution.

En 1884, le 27 novembre, elle avait été l'héroïne d'un drame qui passionna vivement l'opinion publique. Objet de multiples tentatives de diffamation et de chantage de la part d'un sieur Morin, employé dans une agence de renseignements, elle tira sur son persécuteur six coups de revolver dans une galerie du Palais de Justice et le tua. Elle fut acquittée par le jury de la Seine, le 8 janvier 1885.

DUSOLIER (François-Alexis-Alcide)

SÉNATEUR, publiciste, né le 21 septembre 1836, à Nontron (Dordogne). Il est le fils de Thomas Dusolier qui, de 1839 à 1863, fut député, représentant du peuple, commissaire du gouvernement de 1848, puis, rallié à l'Empire, élu comme candidat officiel au Corps législatif et fait officier de la Légion d'honneur (1799-1877).

Ses études terminées, M. Alcide Dusolier, venu pour étudier le droit à Paris, y collabora à plusieurs petits journaux de quartier, puis envoya quelques articles de critique à l'*Artiste*, au *Figaro littéraire*, au *Nain Jaune* et autres feuilles artistiques. Il publia, en outre, quelques brochures politiques ou littéraires, notamment : *Décentralisation et Décentralisateurs* (1859) ; *Ceci n'est pas un livre* (1860) ; *Barbey d'Aurevilly* (1863) ; *Nos Gens de lettres* (galerie de portraits littéraires formée d'une collection d'articles de journaux politiques écrits de 1863 à 1868) ; *Les spéculateurs et la mutilation du Luxembourg* (1866) ; *Propos littéraires et pittoresques de Jean de La Martrille* (1867) ; *Politique pour tous* (1869) ; *Ce que j'ai vu du 7 août 1870 au 1er février 1871*. Aux titres littéraires de M. Dusolier, il y a lieu d'ajouter sa collaboration à la *République française*, de 1887 à 1889.

Après la chute de l'Empire, M. Dusolier devint secrétaire de Gambetta, le 17 septembre 1870. Candidat dans la Dordogne aux élections du 8 février 1871 pour l'Assemblée nationale, il échoua ; il n'eut pas plus de succès aux élections du 14 octobre 1877, dans l'arrondissement de Nontron ; mais il parvint à s'y faire élire député, au renouvellement législatif de

1881, par 9,652 voix contre 8,074 à M. Sarlande, député sortant.

A la Chambre, le député de Nontron siégea à gauche et, soutint les ministères successifs dans les questions scolaires, religieuses et coloniales. Il fut rapporteur du projet de loi relatif aux manifestations sur la voie publique, fit partie de la commission chargée d'étudier le projet de révision constitutionnelle et de celle élue ensuite par le Congrès (1884).

Le 6 janvier 1885, au renouvellement triennal du Sénat, M. Dusolier posa sa candidature dans la Dordogne et fut élu. Il fut renvoyé à la Chambre haute au renouvellement du 7 janvier 1894.

Au Sénat, M. Dusolier a voté le rétablissement du scrutin de liste et les poursuites contre le général Boulanger (1889) ; il a été secrétaire de la Chambre Haute de 1891 à 1894, vice-président du groupe de l'Union républicaine de 1890 à 1893 et président depuis 1894. Depuis 1889, il est membre de la Haute-Cour et, depuis 1897, questeur du Sénat.

Le sénateur de la Dordogne est conseiller général de son département depuis 1880. Il a été décoré de la Légion d'honneur en 1881.

DAVID (Jules-Claude)

ARCHITECTE, né à Paris le 31 août 1833. Il fit ses études à la pension Debray, suivit ses premiers cours de dessin avec M. Loyer, peintre d'histoire, puis entra aux ateliers du décorateur Ciceri, d'où il sortit, deux ans après, pour étudier l'architecture avec M. Nolau, prix de Rome.

Pendant plusieurs années, M. Claude David habita Marseille et fit de grands travaux d'architecture décorative pour hôtels et châteaux, dans cette ville et dans le département du Var.

Il construisit, en 1878, l'Hôtel de la Banque Nicolas Cordier, acheté depuis par la société de l'École des Arts et Métiers. Ce travail lui valut une mention honorable au Salon. Cette même année, à l'Exposition universelle, différentes études décoratives lui firent décerner une médaille de bronze. On cite encore de lui, plusieurs travaux importants, hôtels et châteaux, pour des particuliers dans le département de la Charente, dans le Nord et à Paris.

Cet architecte a exposé divers projets aux Salons annuels de la société des Artistes français; à celui de 1882, il obtint une médaille de 2ᵉ classe, avec un grand projet décoratif de l'*Hostellerie du Lyon d'or*, qui le fit mettre hors concours. L'ensemble de ses travaux lui valut en outre une nouvelle médaille de bronze à l'Exposition universelle de 1889.

M. David est officier d'Académie depuis le 16 février 1895 et chevalier de l'ordre de la Couronne de Chêne depuis le 15 octobre 1895.

DELPECH-CANTALOUP (Jules)

DÉPUTÉ, agriculteur et avocat, né à Saint-Clar (Gers) le 25 février 1849. Appartenant à une très ancienne famille catholique du Gers, il fut mis de bonne heure au collège de Sorèze, où il fit de sérieuses études classiques sous la direction de Lacordaire. Elève, successivement, des facultés de Droit de Toulouse et de Paris, M. Delpech-Cantaloup fut reçu licencié en 1869.

Dès cette époque, il se consacra à l'exploitation de ses domaines agricoles et se mêla d'une manière très active, aux luttes politiques de son département. C'est ainsi qu'il devint le lieutenant et l'ami de M. Paul de Cassagnac, avec lequel il a mené de nombreuses campagnes électorales, qui lui ont acquis une grande autorité régionale.

Nommé conseiller municipal de Saint-Clar en 1874, et conseiller d'arrondissement du canton la même année, M. Delpech-Cantaloup fut élu membre du Conseil général du Gers, en 1877, en remplacement de son père, qui avait représenté, pendant une période non interrompue de quarante et une années, le canton de Saint-Clar dans cette assemblée départementale. Il a été président de ce conseil général de 1885 à 1892. Connaissant à fond l'agriculture et la politique, il a traité, en conférences, de nombreuses questions touchant à ces matières, avec éloquence.

Candidat à la députation en 1881, dans l'arrondissement de Lectoure, il échoua, avec une minorité de 300 voix contre M. Descamps, républicain. Une deuxième fois, il se présenta aux élections générales législatives du 22 septembre 1889 et fut encore battu par le même concurrent. Porté sur la liste conservatrice, avec MM. de Montesquiou-Fezensac et Lacave-Laplagne, lors du renouvellement sénatorial, en janvier 1897, M. Delpech-Cantaloup partagea l'échec de ses amis politiques, tandis que les candidats radicaux, MM. Aucoin, Laterrade et Destieux-Junca étaient élus.

Il sollicita encore le mandat législatif en 1898 et fut, cette fois, nommé député de l'arrondissement de Lectoure, le 22 mai, au deuxième tour de scrutin, par 5,671 voix, contre 5,510 à M. Thierry-Cazes, député socialiste sortant. Plébiscitaire irréductible et très catholique, M. Delpech-Cantaloup, s'est fait inscrire, au Palais-Bourbon, au groupe des antisémites.

ARBOIS de JUBAINVILLE (Marie-Henri d')

LITTÉRATEUR, historien, membre de l'Institut, né à Nancy le 5 décembre 1827. Il étudia le droit et suivi les cours de l'Ecole des Chartes jusqu'en 1851.

Nommé archiviste du département de l'Aube, il se fit admettre dans la Société d'Agriculture, Sciences et Belles-Lettres de ce département et obtint un prix de 1,200 francs pour un *Répertoire archéologique de l'Aube*, au concours des sociétés savantes, en 1861.

En 1882, M. d'Arbois de Jubainville fut nommé professeur de langue et de littérature celtiques au Collège de France (chaire créée). Depuis 1867, il était correspondant de l'Académie des Inscriptions et Belles-Lettres, qui l'avait couronné deux fois; il fut admis comme membre titulaire de cette savante assemblée le 1er février 1884, en remplacement de François Lenormant.

M. de Jubainville a collaboré à la *Revue archéologique*, à la *Bibliothèque de l'Ecole des Chartes*, à la *Collection des Mémoires de la Société de l'Aube*, etc.; depuis 1886, il fait paraître la *Revue celtique*. Il a publié en volumes : les *Armoiries des Comtes de Champagne* (1852); *Recherches sur la minorité et ses effets en droit féodal français* (1852); *Quelques pagi de la première Belgique* (1852); *Pouillé du diocèse de Troyes* (1853); *Voyage paléographique dans le département de l'Aube* (1855); *Essai sur les sceaux des comtes de Champagne* (1856); *Etudes sur l'état des abbayes* (1858); *Histoire des ducs et des comtes de Champagne* (1859-1869, t. I-VII, in-8), qui obtint, en 1863, le second prix Gobert, à l'Académie des Incriptions, et le premier prix l'année suivante; *Etudes sur la déclinaison des noms propres dans la langue franque* (1870); *La déclinaison latine en Gaule, à l'époque mérovingienne* (1872); *Les premiers habitants de l'Europe* (1877, 2e édition, avec la collaboration de M. G. Dottin, 1888); *Etudes sur le droit celtique* (1881); *Etudes grammaticales sur les langues celtiques* (1882); *Introduction à l'étude de la langue celtique* (1883, 2e éd. 1897); *Essai d'un catalogue de la littérature épique de l'Irlande* (1883); *Le cycle mythologique irlandais et la mythologie grecque* (1884); *Cours de littérature celtique*, comprenant (t. III et IV) la traduction et le commentaire des *Mabinogion* (1889); *Recherches sur l'origine de la propriété foncière et des noms de lieux habités en France* (1890); *Les noms gaulois* (1891); *Cours de littérature celtique* (1895, 7 vol.); *Deux manières d'écrire l'histoire* (1896).

M. d'Arbois de Jubainville est chevalier de la Légion d'honneur, membre des Académies d'histoire de Madrid et d'Irlande et docteur en philosophie de l'Université de Kœnigsberg (Allemagne).

JEAN BERTHEROY (Mme Berthe LE BARILLIER, dite)

ROMANCIER et poète, née à Bordeaux le 24 juillet 1860. Elle débuta dans la littérature, en 1888, par un volume de vers, intitulé : *Vibrations*, qui révéla son nom et ses qualités littéraires au public. Vinrent ensuite : *Marie-Madeleine*, poème biblique d'une réelle inspiration (1889); *Femmes antiques*, qui valut à son auteur le prix de poésie de l'Académie française et les félicitations de Leconte de Lisle (1891) : *Cléopâtre*, roman égyptien ; *Aristophane et Molière*, pièce en un acte en vers, représentée sur la scène de la Comédie-Française (1897); *Ximenès*, roman historique, couronné par l'Académie française (1893) ; le *Mime Bathylle*, étude sur les mœurs de la décadence romaine (1894) ; le *Roman d'une âme*, dans lequel l'auteur dépeint, en psychologue, les luttes d'une âme de femme cérébrale et passionnée à la fois (1895) ; le *Double joug* (1897) ; *Sur la pente*, où elle déploya de supérieures qualités d'analyse sociale contemporaine (1897) ; la *Danseuse de Pompéi*, étude historique et littéraire (1898).

Jean Bertheroy a collaboré au *Figaro*, au *Gaulois*, à la *Revue des Deux-Mondes*, à la *Revue de Paris*, à la *Nouvelle Revue* et à de nombreux journaux et revues de Paris et de la province.

Comme critique d'art, cet écrivain a publié, dans la *Revue des jeunes filles*, des pages d'une forme exquise et qui ont été très remarquées pour le sens, le goût et la compétence artistiques de leur auteur.

BOUDENOOT (Louis-Charles-François)

ADMINISTRATEUR, ingénieur et député, né à Fruges (Pas-de-Calais), le 2 mai 1855. Il fit de brillantes études classiques au lycée de St-Omer et au collège Sainte-Barbe à Paris, entra, le huitième, à l'Ecole Polytechnique, en 1876, et le second à l'Ecole supérieure des Mines. Entre temps, il se fit recevoir licencié en droit par la Faculté de Paris et publia, dans le *Mémorial Artésien*, journal républicain de Saint-Omer, de nombreuses chroniques littéraires et scientifiques qui furent remarquées.

Sorti de l'Ecole des Mines en 1881, M. Boudenoot devint secrétaire de la rédaction du *Portefeuille économique des Machines* et des *Nouvelles Annales de la construction*; il fit partie de l'*Association polytechnique*, où il donna, pendant dix années consécutives, des cours d'enseignement populaire. En 1884, cet ingénieur et son collègue de la Société des Ingénieurs civils, M. A.-L. Petit, se firent les promoteurs du *Système pneumatique de transmission de force*. M. Boudenoot dépensa, à ce sujet, une grande activité de propagande, publiant des brochures, faisant des conférences, rédigeant des mémoires pour les sociétés savantes et techniques, de nombreux articles de journaux, etc.

L'année suivante, MM. Boudenoot et Petit établirent au centre de Paris la première usine de distribution de force motrice à domicile qui y ait fonctionné; elle rendit les plus grands services aux ouvriers en chambre de la petite industrie parisienne et a servi de modèle à tous les établissements analogues installés depuis.

De cette même époque datent les débuts de M. Boudenoot dans la vie politique. Nommé conseiller général du canton de Fruges en 1885, il s'occupa activement de doter les régions du Pas-de-Calais jusqu'alors privées de voies ferrées d'un réseau départemental de chemin de fer à voie étroite. Il réussit à le faire déclarer d'utilité publique et contribua à faire mener à bonne fin son exécution. Il s'occupa aussi avec sollicitude de toutes les questions concernant l'agriculture, l'enseignement et les travaux publics et devint ainsi très populaire dans sa région. Il a été constamment réélu au Conseil général et est président de la délégation cantonale de Gougé.

Candidat aux élections législatives du 22 septembre 1889, dans l'arrondissement de Montreuil-sur-Mer (Pas-de-Calais), il fut élu par 9,163 voix contre 8,316 à M. de Lhomel. Réélu, en 1893, par 13,521 voix, et en 1898 par 15,284 suffrages, sans concurrent, M. Boudenoot a acquis rapidement, au Palais-Bourbon, une réputation méritée d'orateur d'affaires.

Membre de diverses commissions, telles que celles du Budget, à cinq reprises différentes; des patentes, de la réforme successorale, de l'Armée et des Chemins de fer, il a rapporté successivement les budgets des Travaux publics, des Postes et Télégraphes, de la Caisse d'Epargne et de la Guerre.

L'honorable député a aussi été rapporteur du projet de loi portant approbation de la convention signée à Berne, le 14 octobre 1890, entre la France, l'Allemagne, l'Autriche-Hongrie, la Belgique, l'Italie, les Pays-Bas, le Luxembourg, la Russie et la Suisse, relativement au transport des marchandises par chemins de fer (1891); du projet d'établissement d'un chemin de fer d'Aïn-Sefra à Djenien-Bou-Regz, en Algérie (1891); des projets de loi ayant pour objet d'approuver une convention passée avec les compagnies des chemins de fer de l'Ouest et de Paris à Lyon et à la Méditerranée, pour la modification du compte d'exploitation partielle (1892); des projets concernant la réforme de l'usufruit et la déduction du passif dans les successions (1893); de la loi sur l'abaissement du droit frappant la dénaturation des alcools (1896); du projet d'installation d'un câble entre Brest et New-York (1897), etc.

M. Boudenoot est fréquemment intervenu dans les débats parlementaires, notamment dans les discussions générales du budget, et encore à propos des contributions directes et taxes y assimilées de l'exercice 1891, du régime des sucres, du budget des Travaux publics, du tarif général des Douanes, du régime des boissons, du budget de la Guerre; il a prononcé divers discours sur les conventions avec les compagnies de chemins de fer et leur application, et provoqué, par son amendement et son discours de 1890 sur la matière, l'économie de 80 millions réalisée depuis lors sur les budget des conventions. C'est lui qui a fait voter par la Chambre la loi du 17 mars 1898 sur la révision du cadastre; il est aussi le promoteur du projet de loi sur la réforme de la Télégraphie militaire.

Protectionniste modéré, M. Boudenoot fait partie, au Palais-Bourbon, du groupe des républicains progressistes. Il s'est déclaré partisan de l'union du parti républicain, « faite au nom des mêmes idées et des mêmes vues politiques et en vue de la réalisation d'un programme commun et précis, qui écarte les questions divisant les républicains et comprend une liste de réformes mûries et pacifiques dans l'ordre politique, économique et social; car ce serait, dit-il, un malheur pour la France et la République qu'une politique, non pas même de réaction, mais seulement d'immobilité. »

M. Boudenoot a été nommé membre des commissions extraparlementaires du cadastre, de la décentralisation, de l'alcool, des câbles sous-marins; il est vice-président de la sous-commission technique du cadastre.

L'honorable député a publié de nombreux mémoires et brochures sur le *Chemin de fer Métropolitain*, les *Chemins de fer en Amérique*, le *Transport de la force et sa distribution*, la *Culture rationnelle du blé*, etc... Il collabore à la *Revue Politique et parlementaire*, où il donne des articles sur la législation parlementaire, les finances, les mesures pratiques de décentralisation et les réformes à introduire dans nos administrations, etc.

Membre honoraire de l'Association polytechnique, administrateur de mines et de divers chemins de fer secondaires, ancien membre du comité de la Société des Ingénieurs civils de France, M. Boudenoot a été secrétaire du Congrès international de mécanique appliquée à l'Exposition universelle de 1889 et lauréat de la Société d'encouragement pour l'industrie (section de mécanique).

FOVEAU de COURMELLES (François-Victor)

Médecin, écrivain scientifique, né à Courmelles (Aisne) le 19 juillet 1862. Licencié ès-sciences physiques en 1883, licencié ès-sciences naturelles en 1885, il obtint, en 1888, la licence en droit, en même temps que le doctorat en médecine. La même année, il était proclamé lauréat de l'Académie de Médecine. Par deux fois, au cours de ses études médicales, le Dr Foveau de Courmelles faillit être victime de son dévouement professionnel: en 1884-1885, il contractait une affection choleriforme en donnant ses soins aux cholériques de Marseille; en 1886, il fut atteint de diptherie alors qu'il était attaché au service du professeur Grancher, à l'hôpital des Enfants malades.

En 1890, 1891, 1892, des travaux et des découvertes comme la bi-électrolyse, la pyrogalvanie et l'électroscopie, que le jeune savant produisit en électricité médicale, déterminèrent le Conseil général des Facultés à lui confier la création et la direction d'un cours libre d'électrothérapie, dont la radiographie fut bientôt une branche, à l'Ecole pratique de la Faculté de Médecine de Paris (1892-1893), cours régulièrement continué depuis.

Outre les *Propos du Docteur*, articles d'hygiène, que le Dr Foveau de Courmelles a publiés régulièrement dans la *Science pour tous* (1886) et, de 1888 à 1892, dans la *Revue universelle*, le *Voltaire*, l'*Indépendance Luxembourgeoise*, le *Paris*, etc., il a écrit : la *Vaginite et son traitement* (1888); le *Magnétisme devant la loi* (1889); les *Facultés mentales des Animaux* (1890), qui lui valut une médaille d'argent de la Société protectrice des animaux ; l'*Hypnotisme* (1890), ouvrage traduit en anglais par Laura Ensor et auquel la Société nationale d'encouragement au bien décerna une médaille d'honneur ; *Précis d'électricité médicale* (1891, 2me édit. 1895), traduit en russe et en espagnol; l'*Esprit des plantes* (1893), conférence faite à l'Hôtel de Ville d'Amiens devant la Société d'Horticulture de Picardie ; l'*Hygiène à table* (1894), avec une préface du docteur Dujardin-Beaumetz, qui lui mérita une nouvelle médaille d'honneur de la Société d'encouragement au bien ; l'*Électricité curative* ou *Leçons du cours libre d'électrothérapie à la Faculté de Paris*, préface du Dr Péan (1895) ; *Traité de radiographie scientifique et médicale*, premier enseignement des Rayons X à la Faculté de Médecine, préface du D^r d'Arsonval (1897); *Électricité médicale*; l'*Esprit scientifique contemporain* ; *L'électricité et ses applications* (1898).

Divers mémoires et communications, d'un grand intérêt lui sont également dûs: l'*Ozone*, qui le fit nommer membre correspondant des sociétés de Médecine de Bruxelles et Rio de Janeiro ; le *Saturnisme*, qui lui valut les remerciements de l'Académie de Médecine en 1894; de nouveaux tubes de Crookes et les actions à distance des Rayons X, présentés à diverses reprises par M. Lipmann (Académie des Sciences) en 1897; la visibilité des Rayons X par certains jeunes aveugles, travail exposé par M. Marey devant le même corps savant en 1898, etc.

Membre du jury de l'Exposition d'hygiène en 1888, professeur d'hygiène à l'Association polytechnique de 1885 à 1891, membre du jury d'électricité des expositions de Bordeaux, Amsterdam, Rouen, et des comités d'admission de Paris (1900), M. le Dr Foveau de Courmelles est vice-président de la Société française d'hygiène et de l'Association des Membres de l'Enseignement. Il est officier d'Académie.

Mme Foveau de Courmelles, née Andrée W[...], sculpteur de mérite, est l'auteur de la *Fille des Champs*, du *Bilboquet*, première œuvre sculpturale féminine acquise par la Ville de Paris, de *Lola*, statue de bronze, du médaillon de *Claude Carnot*, etc. Elle a, en outre, écrit des articles très remarqués, dans la *Jeune Revue*, de 1888 à 1889. Elle est officier d'Académie.

SABA (Edmond-Louis-Jacques-Joseph)

ÉPUTÉ, ancien fonctionnaire et industriel, né à St-Denis (Aude) le 17 novembre 1848. Il fit ses études à l'institution Montès de Carcassonne. Entré au service vicinal du département de l'Aude, il fut nommé agent-voyer conducteur, au concours, en 1868, et conserva cette fonction jusqu'en 1873, époque à laquelle il se maria et demanda un congé illimité pour aller prendre la direction de la compagnie aurifère dite du « Mataroni » (Guyane française). Comme administrateur de cette société, M. Edmond Saba eut sous ses ordres, de 1874 à 1877, plus de 500 ouvriers et un nombreux personnel d'employés. Pour raisons de santé, il dut revenir en France et fut mis, en 1878, à la tête d'une importante imprimerie lithographique à Toulouse. Deux ans après, il était nommé secrétaire en chef de la mairie de Castelnaudary (Aude).

En 1882, M. Edmond Saba acheta la charge de greffier en chef du Tribunal civil de la même ville, charge qu'il céda en 1896, à sa nomination de maire.

Conseiller municipal de Castelnaudary à plusieurs reprises, puis premier adjoint de 1888 à 1896, M. Saba fut élu maire de cette ville en 1896, et bien que suspendu quatre fois par le ministère Méline, il reprit toujours ses fonctions. En 1897, il fut nommé conseiller d'arrondissement du canton sud de Castelnaudary, après une campagne d'opposition des plus acharnées.

Lors des élections générales législatives de mai 1898, M. Saba fut élu député de l'arrondissement de Castelnaudary, au 2ᵉ tour de scrutin, après une lutte des plus vives, par 5,732 voix, contre 5,463 à M. de Laurens-Castelet, rallié. Il prit place à la gauche de la Chambre et se fit inscrire au groupe radical et à la gauche démocratique.

Le 31 juillet 1898, M. Edmond Saba a été élu sans concurrent, conseiller général du canton de Castelnaudary Sud.

Le député de l'Aude travaille depuis plusieurs années à amasser les matériaux d'un dictionnaire littéraire pratique, que l'on dit conçu dans un esprit nouveau et suivant un plan original.

LASSERRE (Maurice-Pierre)

VOCAT, député et publiciste, né à St-Nicolas-de-la-Grave (Tarn-et-Garonne) le 6 septembre 1862. Fils de Joseph Lasserre, décédé en 1889, qui fut conseiller général et député de Castelsarrazin, il accomplit ses études classiques à Paris, au collège Rollin, suivit les cours des facultés de Lettres et de Droit et prêta le serment d'avocat devant la Cour d'appel en 1884.

Deux ans après, il obtenait le diplôme de l'Ecole des Sciences politiques (section administrative). Secrétaire de M. Thévenet, dont il fut, au Palais, le collaborateur apprécié, M. Maurice Lasserre devint, en 1889, chef du cabinet de celui-ci au ministère de la Justice.

Sollicité de poser sa candidature, après la mort de son père, dans l'arrondissement de Castelsarrazin, M. Maurice Lasserre fut élu député, en janvier 1890, par 9,191 voix, contre 5,200 à M. de Mauvoisin, socialiste ; il a été successivement réélu au mois d'août 1893, avec 10,463 suffrages contre 6,340 au même concurrent et, le 8 mai 1898, par 8,878 contre 8765, à M. Sénac, conseiller général du Gers, radical.

Ce législateur a fait partie d'importantes commissions parlementaires et s'est acquis, à la Chambre, une grande et rapide notoriété d'orateur financier.

Cinq fois choisi comme rapporteur de la Commission du Budget, rapporteur du projet de navigation intérieure (appointements de Pauliac) (1890), des projets de loi sur les menées anarchistes et le régime de la presse (1892-1893), de l'élection de M. Wilson (1894), du budget du ministère de l'Intérieur (1896-1897), du rachat des canaux du Midi par l'Etat (1897), de la convention avec l'Etablissement thermal de Vichy (avril 1897), M. Maurice Lasserre est intervenu dans un grand nombre de discussions importantes, notamment dans les débats concernant le tarif des douanes (sparterie et vannerie) (1892), les travaux publics (1892), les contributions des portes et fenêtres, la procédure devant la justice de Paix, le budget des colonies ; il a été nommé secrétaire de la Chambre pendant les sessions de 1892 et 1893.

Il est l'auteur d'une interpellation sensationnelle à M. de Freycinet, ministre de la guerre, sur l'affaire de la mélinite (1891) et il prononça un discours très remarqué, le 12 juillet 1896, à propos de l'impôt sur la rente, auquel il se montra favorable (projet Cochery).

L'honorable député a été élu maire de St-Nicolas-de-la-Grave et conseiller général de ce canton en 1890.

Inscrit au groupe progressiste du Palais-Bourbon, il est entièrement acquis aux théories économiques et politiques de M. Méline.

Publiciste de talent, M. Maurice Lasserre a fondé la *Tribune de Tarn-et-Garonne*, dont il fut le directeur-rédacteur en chef, et a collaboré ou collabore au *Matin*, au *Petit Moniteur Universel* et au *Télégramme*, journaux dans lesquels il a publié de nombreuses études sur les questions politiques et financières.

Il est officier d'Académie depuis 1889.

GOUBET (Claude)

INGÉNIEUR-CONSTRUCTEUR, né à Lyon le 14 février 1840. Fils d'un ingénieur mécanicien, qui fut l'un des fondateurs de la Société des écoles des Arts et Métiers, M. Claude Goubet entra à l'Ecole d'Angers en 1855, pour en sortir, diplômé, trois ans après. Il s'associa dès lors à tous les travaux des ateliers de son père.

En outre d'un grand nombre de machines de tous genres, tels que machines à imprimer, métiers pour filatures, trouvées et construites par lui, cet ingénieur a inventé un joint qui porte son nom, en usage dans les importantes usines françaises et les établissements de l'Etat, ainsi qu'à l'étranger. Le mouvement cinématique particulier au «joint Goubet» est, aujourd'hui, couramment enseigné dans les écoles scientifiques de France et de l'étranger et a été, notamment, professé chez nous, à l'Ecole polytechnique, dans le cours de mécanique de M. Résal, de l'Institut.

La plus importante découverte de M. Goubet est la solution qu'il a donnée au problème de la navigation sous-marine, en construisant un bateau ayant toutes les qualités requises pour naviguer sous l'eau. Du procès-verbal de la commission chargée de suivre les expériences officielles faites avec le *Goubet*, en rade de Cherbourg, il résulte que « ce navire sous-marin possède les qualités suivantes: 1° l'habitabilité, 2° la stabilité, 3° la flottabilité, 4° l'immobilité absolue à toutes les profondeurs, 5° la rapidité d'immersion et d'émersion, 6° la facilité de manœuvre, en raison de l'ingéniosité de ses organes; 7° l'aptitude à gouverner droit, à évoluer dans tous les sens et à virer aisément sur lui-même; 8° la sécurité complète, due, d'une part, à ses rames qui lui garantissent de ne jamais rester en détresse, d'autre part, à son poids lesteur, qui lui permet de remonter instantanément à la surface en cas d'accidents. » Le jury d'examen qui a donné officiellement cette appréciation du bateau sous-marin le *Goubet*, aux dates des 18 mai et 15 juin 1891, était présidé par l'amiral Gervais.

L'auteur de cette remarquable invention construit depuis cette époque de nouveaux bateaux sous-marins, pour le transport des passagers, la pêche des perles et des coraux, la vérification des travaux sous-marins, etc.

WITT (Conrad-Jacob-Dionys-Cornélis de)

DÉPUTÉ, né à Paris le 15 novembre 1824. Fils de M. Guillaume-Corneille de Witt, administrateur et auditeur au Conseil d'Etat ; frère de M. Cornélis-Henry de Witt, historien distingué, représentant du Calvados à l'Assemblée Nationale de 1871 et sous-secrétaire d'Etat au ministère de l'Intérieur en 1874-75, M. Conrad de Witt se consacra de bonne heure à l'agriculture. Propriétaire de l'important domaine du Val Richer, près de Cambremer, Calvados, il s'efforça d'apporter des perfectionnements à la culture du sol et présida, pendant près de vingt ans, la Société agricole de Pont-l'Evêque. En récompense de ses travaux la Société d'agriculture de France lui décerna sa grande médaille d'or (1864).

Conseiller général du Calvados, pour le canton de Cambremer, depuis 1861, maire de St-Ouen-le-Pin depuis 1868, et confirmé sans cesse dans ces fonctions, M. Conrad de Witt fut porté, aux élections législatives de 1885, sur la liste conservatrice du Calvados et nommé député par 51,398 voix sur 89,604 votants. Il a été réélu, au scrutin uninominal, dans l'arrondissement de Pont-l'Evêque: en 1889 par 6,972 voix contre 5,189 à M. Landry ; en 1893, par 6,373 voix contre 3,401 à M. Paul Benard, et en 1898, par 6,043 voix contre 3,637 à M. d'Hangest.

Conservateur libéral et encore qu'inscrit au groupe de la droite parlementaire, M. de Witt, resté très indépendant, a toujours soutenu les ministères modérés au pouvoir. Il a pris part aux discussions sur le budget, sur la réforme des impôts, contre la politique scolaire et coloniale en usage ; en 1897, à propos de Madagascar, il prononça un discours remarqué en faveur de la liberté de conscience. Il a fait partie de diverses commissions, et notamment de celle des Colonies.

Membre, à la Chambre, du Groupe agricole, M. Conrad de Witt est aussi membre de la Société des Agriculteurs de France et membre correspondant de la Société nationale d'Agriculture.

L'honorable député du Calvados a épousé Mlle Henriette Guizot, fille aînée du grand orateur et homme d'Etat, connue par de nombreux ouvrages d'histoire et d'éducation.

MARS (Maurice BONVOISIN, dit)

ESSINATEUR et aquarelliste, né à Verviers le 26 mai 1849.

Dès 1873, le jeune artiste collabora régulièrement au *Journal Amusant*, dirigé alors par M. Eugène Philipon, et au *Charivari* de M. Pierre Véron, publications dans lesquelles il n'a cessé de donner un grand nombre de dessins d'une ironie toujours gaie.

Mars prend ses types sur le vif et compose toutes ses légendes lui-même. Cet artiste a beaucoup voyagé: l'Angleterre, l'Ecosse, l'Italie, la Suisse, l'Allemagne, la Belgique, la Hollande, l'Autriche, la Hongrie, la Bosnie, l'Herzégovine, la Russie, l'Algérie, la Tunisie, la Dalmatie, tout le littoral de la France, lui sont pays aussi familiers que le sien propre. Il n'est pas un coin pittoresque, pas une individualité ou un trait de mœurs intéressant, que n'ait saisi son crayon ou son pinceau.

Parmi les albums de cet excellent dessinateur, on doit citer : *Aux bains de mer d'Ostende*, *Plages de Bretagne et Jersey*, *Aux rives d'or* (la Riviera de Marseille à Gênes); *Paris brillant*; la *Vie de Londres* (côtés riants); *Sable et galet* (Plages de la Normandie et de la mer du Nord) ; *A travers le Havre et l'Exposition* ; la *Reine Bicyclette*, premier ouvrage illustré publié sur cette matière ; l'*Album d'Anvers-Exposition* ; *Croquis de plage* (sur Blankenberghe et les autres stations du littoral belge); l'*Escrime à l'Elysée*, galerie des principaux habitués de la salle d'armes du Palais de l'Elysée sous la présidence de Jules Grévy ; *Bruxelles et l'exposition* ; la *Vie d'Ostende* ; *Mesdames les cyclistes* ; *Nice en Carnaval*, etc. Il faut aussi mentionner les albums « pour la jeunesse » qu'il a donnés sous ces titres : *Nos chéris*, *Compères et compagnons*, *Joies d'Enfants*, et encore, en anglais : *Our Darlings*, *Friends and Playmates*, etc., dont on ne saurait trop louer les qualités d'émotion et d'exécution.

Il a collaboré ou collabore, en outre, à la *Vie Moderne*, à la *Vie élégante*, à la *Vie militaire*, au *Monde Illustré* (notamment avec une série intitulée : *Nos députés chez eux*), à l'*Illustration* et à la *Revue Illustrée*, où parurent de lui quantité d'articles illustrés *sur Nice en Carnaval*, *Amsterdam la nuit*, *A travers Berlin*, les *Femmes de l'Exposition*, la *Vie en Houseboat*, *Comment on se baigne*, les *Fêtes enfantines*, etc.; au *Petit Bleu*, (dessins sur le couronnement de la reine de Hollande) ; au *Graphic* et au *Daily Graphic*, à l'*Illustrated London News*, (série de « rambling sketches », notamment sur la Hollande, la Bretagne, la Riviera), etc.

Ajoutons que Mars est le créateur des types légendaires de « Guy, Gontran et Gaston », les inséparables gommeux dont la sereine niaiserie fait autorité dans toutes les capitales.

GARNIER (Frédéric-Jean-François-Gustave)

DMINISTRATEUR, député et agriculteur, né à Rochefort-sur-Mer le 24 février 1836. Sa famille compte plusieurs ingénieurs distingués, notamment son grand-père maternel, M. Chaumont, qui fut directeur des constructions navales à Lorient ; son oncle paternel, directeur des travaux hydrauliques de Rochefort ; son père, inspecteur général du génie maritime, grand officier de la Légion d'honneur, mort en 1859, etc.

M. Frédéric Garnier fit ses études classiques à Paris, où il suivit ensuite les cours de la Faculté de Droit. Revenu dans son pays d'origine, il se consacra à l'exploitation de ses propriétés agricoles.

Sollicité par ses amis de présenter sa candidature au Conseil général pour le canton de Royan (Charente-Inférieure), M. Frédéric Garnier fut élu, avec une très forte majorité, sur le candidat officiel de l'Empire, en 1864. Il n'a cessé, depuis cette époque, d'appartenir à cette assemblée départementale dont il est le premier vice-président. Nommé conseiller municipal et maire de la ville de Royan en 1871, il conserve ces fonctions depuis cette époque et a contribué puissamment à la rapide transformation et à l'embellissement de cette station balnéaire, devenue l'une des plus fréquentées des bords de l'Océan.

Sous son administration, en effet, des écoles ont été créées, des promenades spacieuses tracées, de beaux édifices construits, des rues et des boulevards percés, des égouts construits, la lumière électrique installée, une distribution d'eau établie ; ce, pendant que les recettes municipales augmentaient et que la population de la ville de Royan, de 3,367 habitants en 1871, atteignait le chiffre de 8,257 en 1898.

Désigné au congrès de Saintes comme candidat aux élections législatives de 1885, M. Frédéric Garnier fut inscrit sur la liste républicaine de la Charente-Inférieure, mais il échoua avec cinq de ses amis; il avait toutefois obtenu la majorité, même sur ses concurrents élus, dans l'arrondissement qu'il habite.

Le 22 septembre 1889, il devint député de la circonscription de Marennes par 7,994 voix, contre 5,913 à M. Duport, boulangiste, député sortant. Réélu en 1893 par 8,741 suffrages et en 1898 par 8,900 voix, sans concurrent, M. Frédéric Garnier a été membre de nombreuses commissions, notamment de la commission de la Marine et de celle des Chemins de fer.

Se préoccupant beaucoup des intérêts de la région qu'il représente au Parlement et qu'il a rendue prospère, il s'est adonné surtout à l'étude des questions d'agriculture et de celles touchant aux intérêts des ostréiculteurs et des marins. Républicain, libre-échangiste, il n'est inscrit à aucun groupe politique du Palais-Bourbon.

L'honorable député a fondé le Comice agricole des cantons de Royan et de La Tremblade et a provoqué l'entente entre les divers comices de sa circonscription; il a été l'un des principaux créateurs de la Société agricole : « L'Union des Comices de l'arrondissement de Marennes ». L'un des fondateurs et administrateurs des chemins de fer de la Seudre, aujourd'hui devenus la propriété de l'Etat et qui ont formé la ligne de Pons à Royan et à La Tremblade, il a aussi puissamment contribué à la création du port de la Cotinière dans l'île d'Oléron et de la jetée-débarcadère de Royan.

M. Frédéric Garnier est officier d'Académie depuis 1885; il a été fait chevalier de la Légion d'honneur en 1886, à la demande de tous les maires de son canton.

SÉZILLE des ESSARTS (Auguste-Frédéric-Pierre)

Peintre, né à Noyon (Oise) le 12 mars 1867. Elève de MM. Bourgeois et Gervex, M. des Essarts s'est fait connaître par un certain nombre de toiles de genre, études, etc., exposées à la Société des Artistes français. Il y a lieu de mentionner particulièrement son envoi de 1898 : *Coquetterie de modèle*, qui attira l'attention sur cet artiste et qu'un critique autorisé, M. Roger Milès, décrivit ainsi dans l'*Eclair* :

Coquetterie de Modèle est une jeune femme un peu rosée, gracieuse et gracile, très parisienne, qui s'admire dans une glace et que nous goûtons sous tous ses aspects.

GOURD (Alphonse-Ramsay)

Avocat, député, né à New-York (Etats-Unis) le 7 septembre 1850, de parents français. Son père était chef d'une maison de commerce de Lyon, qui avait une succursale à New-York.

M. Alphonse Gourd fit ses études classiques à Lyon et y fut reçu bachelier ès-sciences et licencié ès-lettres. Il vint ensuite accomplir ses études de droit à la Faculté de Paris. Docteur en droit, stagiaire inscrit au barreau de Paris de 1872 à 1878, secrétaire de la Conférence des Avocats (1876-1877), M. Gourd s'est fait connaître dans de nombreuses causes civiles qui lui ont fait une réputation d'orateur.

Entré tard dans la politique, M. Alphonse Gourd a été nommé conseiller général du 1er canton de Lyon, en 1894, dans une élection partielle; il a été réélu à cette fonction en 1895, et a été, sans interruption, membre de la Commission du Budget du département du Rhône.

Candidat républicain libéral progressiste, aux élections législatives de 1893, dans la 2e circonscription de Lyon, M. Gourd échoua, avec 3,142 voix, contre 3,641 à l'élu, M. Clapot, député sortant, républicain radical; mais lors du renouvellement de mai 1898, il fut élu député de cette même circonscription, par 4,989 suffrages, contre 4,463 à son ancien adversaire.

Le député du Rhône est l'auteur d'un certain nombre de travaux sur le droit civil, le droit public, l'économie politique et sociale. Il a écrit, notamment, sur les *Chartes coloniales* et la *Constitution des Etats-Unis d'Amérique*, 2 volumes parus en 1885 (2 autres volumes à paraître); il a donné des articles au *Bulletin de Législation comparée* et à l'*Annuaire de Législation étrangère*, etc.

M. Alphonse Gourd est membre correspondant de l'Académie de législation de Toulouse, vice-président de la Société d'économie politique et sociale de Lyon.

Il est, en outre, l'un des membres du Comité des présidents des Sociétés de secours mutuels de Lyon, du Conseil de direction de la Caisse d'épargne et de Prévoyance de Lyon et du Rhône, etc.

BOUHY (Jacques)

ARTISTE lyrique, compositeur de musique et professeur de chant, né à Pepinster (Belgique) le 18 juin 1848.

Il fit d'excellentes études musicales au Conservatoire de Liège, puis vint à Paris, où il fut l'élève de MM. Charles Duvernoy, Moker et Masset. Il sortit en 1869 de notre Conservatoire national, avec les premiers prix de chant et d'opéra et le deuxième prix d'opéra-comique.

Engagé à l'Opéra de Paris, M. Bouhy fit de brillants débuts dans le rôle de Méphistophélès de *Faust* et parut dans divers autres rôle du répertoire. En 1871, il créa *Erostrate* à la salle de la rue Le Peletier; puis, passé à l'Opéra-Comique, il y créa notamment : *Don César de Bazan*, *Carmen* (Escamillo), et reprit les *Noces de Figaro*, *Roméo et Juliette*, le *Pardon de Ploermel*, *Philémon et Baucis*, *Galathée*, *Maître Wolfram* et *Joconde*, le délicieux ouvrage de Nicolo, que personne n'a plus chanté depuis.

En 1876, M. J. Bouhy quitta l'Opéra-Comique pour aller au Théâtre lyrique, et y débuta dans *Giralda*, le 12 octobre. Après avoir créé à ce théâtre le *Bravo*, *Paul et Virginie* (15 novembre 1876), la *Clef d'Or* (1877), il effectua sa rentrée à l'Opéra au moment de la fermeture du Théâtre lyrique et y interpréta *Hamlet*, *Don Juan*, la *Favorite*, etc.

Cet excellent artiste fut ensuite successivement engagé en Russie et en Angleterre, où il chanta les répertoires italien et français et créa le *Méphistophélès* de Boïto, et la *Reine de Saba* de Goldmark.

Appelé, en 1885, à New-York pour y fonder le Conservatoire National, il dirigea cet établissement d'instruction musicale jusqu'en 1889.

Rentré à Paris, il créa *Samson et Dalila* à l'Eden-Théâtre (1890) et fit une courte apparition à l'Opéra en 1892.

Possédant une voix étendue, au timbre expressif et pénétrant, chanteur de grand style et de haute culture musicale, ayant surtout l'intelligence du drame, « M. Bouhy est, comme talent, ce que je connais de meilleur, en fait de basse chantante, après Faure, » écrivait, à propos de ses débuts, Gounod à Mme Weldon. (Lettre publiée par le *Gaulois* au moment du procès Gounod-Weldon).

Compositeur plein de verve, il a publié un grand nombre de bluettes et de charmantes mélodies, dont les plus connues sont : *Ave Printemps*, *Mater Superba*, avec violon, violoncelle et orgue; le *Manoir bleu* de Rosemonde, *A vingt ans*, *Ce que j'aime en toi*, les *Papillons*, et quantité d'autres, publiées en Russie, en Italie et à Paris. Il est l'auteur de quelques chœurs pour voix d'hommes et s'est exercé dans le style religieux.

En 1885, M. Jacques Bouhy prit part au concours de composition organisé par le *Figaro* et, sur 617 concurrents, remporta une première mention avec un chœur pour voix d'hommes : la *Noce au Hameau*.

Professeur de chant depuis qu'il a abandonné le théâtre (1892), M. Bouhy ne fait que des élèves se destinant à la carrière artistique ou à l'enseignement musical.

Membre du Comité d'examen des classes de chant du Conservatoire de Paris, M. Jacques Bouhy est officier d'Académie et chevalier de l'ordre de Léopold de Belgique.

BOURGEAT (Jean-Marie-Louis)

SÉNATEUR, né à Agen (Lot-et-Garonne) le 9 novembre 1840. Après avoir fait de solides études classiques à Paris, au collège Sainte-Barbe, il suivit les cours des facultés de Droit de Paris et de Toulouse, fut reçu licencié en 1865, et s'inscrivit alors comme avocat à la Cour d'appel d'Agen.

Succédant à son père, maire depuis 1834 et conseiller général depuis 1855, M. Bourgeat débuta dans la politique en qualité de conseiller municipal et maire de la commune de La Magistère (Tarn-et-Garonne), le 15 août 1870; depuis cette époque, ce mandat lui a été sans cesse renouvelé par ses concitoyens. Successivement conseiller d'arrondissement de Moissac (1873) et conseiller général du canton de Valence d'Agen (1886), M. Bourgeat a été élu sénateur du département de Tarn-et-Garonne le 31 octobre 1897.

Inscrit aux groupes de la Gauche et de l'Union républicaine du Sénat, franchement protectionniste, l'honorable sénateur est président du Comice agricole de Valence d'Agen et vice-président de la Société d'agriculture de Tarn-et-Garonne.

M. Bourgeat a été nommé chevalier de la Légion d'honneur, au mois d'août 1875, pour sa belle conduite lors des terribles inondations qui ravagèrent, à cette époque, tous les départements du Sud-Ouest de la France.

DOMERGUE (Eugène-Frédérick)

ompositeur de musique, né à Belleville, commune depuis annexée à Paris, le 3 novembre 1859. Fils d'artistes, ses parents lui donnèrent bien eux-mêmes une première éducation musicale ; mais ils le destinaient aux affaires et lui firent faire ses études à l'Ecole Turgot, d'où il sortit bientôt pour entrer dans une maison de commerce. Il y resta tout au plus six mois.

Le jeune homme, qui n'avait jamais abandonné l'étude de la musique, prit alors, à l'insu de sa famille, des leçons de violon d'un ami de son père, M. Edouard Dumas (violoniste à l'Opéra et à la Société des Concerts) ; celui-ci le fit entrer au Conservatoire, où il eut pour professeurs, MM. Emile Gilette, Croharé, Emile Decombes, Emile Durand, Marmontel et Massenet.

Pendant le cours de ses études, M. Domergue tint les emplois de second violon et alto dans différents orchestres, entr'autres au Théâtre Lyrique (Théâtre de la Gaîté) en 1877 ; puis il se fit accompagnateur dans les concerts des Salles Erard, Pleyel, Henri Hertz, etc. Il sortit du Conservatoire après avoir été cinq fois lauréat.

Chef d'orchestre au Casino de Contrexeville depuis 1882, il occupa le même emploi dans divers petits théâtres de Paris, puis en 1886, prit la direction de l'orchestre au Théâtre du Palais-Royal.

A partir de ce moment, M. Domergue écrivit de la musique, et fut remarqué par la presse pour ses ouvertures et ses petits entr'actes symphoniques.

On doit à ce compositeur : deux grandes pantomimes, *Pierrot confesseur* et le *Discobole*, en collaboration avec MM. Galipaux, Pontsevrez, Paul Bilhaud et Maurice Lefèvre, jouées au Cercle funambulesque, où elles obtinrent un très joli succès ; *le Baiser d'Yvonne*, opérette en 3 actes, jouée 100 fois au Théâtre Déjazet ; *Maître Pierre*, *La foi jurée*, *Carte blanche*, opéras-comiques en 1 acte, en collaboration avec MM. Lenéka, Matrat et Dernay ; un *Recueil de Mélodies* sur des poésies de Lenéka ; des *Pièces* pour violon et violoncelle ; un grand nombre de morceaux d'orchestre ; un *Quatuor* pour piano et instruments à cordes, etc., etc...

Membre de la Société des Auteurs dramatiques, de la Société des Compositeurs et éditeurs et de la Société des Artistes musiciens, M. Domergue est officier d'Académie.

BAUDIN (Pierre)

vocat, député, né à Nantua (Ain), le 21 août 1863. Fils d'un maire de cette ville et conseiller général du département ; neveu du représentant du peuple de ce nom qui fut tué sur une barricade, lors du coup d'Etat de 1851, M. Pierre Baudin vint de bonne heure à Paris, où il fit ses études classiques et de droit.

Inscrit au barreau de Paris depuis 1885, il fut élu conseiller municipal, pour le quartier des Quinze-Vingt, le 4 mai 1890, comme candidat républicain socialiste, avec 4,107 voix, contre 2,727 à M. Elie May. Réélu en 1893 et en 1896 avec de fortes majorités, M. Pierre Baudin ne tarda pas à se créer une place considérable à l'Hôtel de Ville, où ses collègues lui confièrent le rapport général du Budget de 1893 à 1895. On peut encore rappeler ses travaux sur la comptabilité publique des ingénieurs, sur les emprunts municipaux, sur les questions d'enseignement, etc.

Vice-président du Conseil municipal en 1895, M. Pierre Baudin en fut nommé président la même année. C'est à dernier titre qu'il reçut l'empereur de Russie à l'Hôtel de Ville et la presse comme l'opinion reconnurent unanimement qu'il se tira à son honneur de cette tâche délicate.

Aux élections générales législatives de 1893, M. Pierre Baudin se présenta dans la 1re circonscription du xiie arrondissement ; il y obtint au premier tour de scrutin une assez forte minorité et se retira au deuxième tour.

Plus heureux, lors du renouvellement de 1898, M. Pierre Baudin fut élu député dans la 1re circonscription du xie arrondissement de Paris, au 2e tour de scrutin, avec 5,710 voix, contre 3,142 à M. Faberot, député sortant.

Au Parlement, le député de la Seine siège au groupe des radicaux socialistes.

Journaliste, M. Pierre Baudin, de qui la plume est appréciée, a collaboré ou collabore à la *Cité*, à la *France*, au *Soir*, au *Rapide*, à la *Lanterne*, à la *Volonté*, etc.

Il est l'auteur, avec M. Cadière, des *Grandes Journées populaires*, récit historique d'un grand intérêt.

LOUBET (François-Emile)

Ancien président du Conseil des ministres, président du Sénat, né à Marsanne (Drôme) le 31 décembre 1838. Après avoir accompli ses études classiques, il se fit recevoir docteur en droit et inscrire comme avocat au barreau de Montélimar. Il devint maire de cette ville et fut révoqué le 16 mai 1877, mais rétabli aussitôt en fonctions.

Membre du Conseil général du département de la Drôme depuis 1871 et, à diverses reprises, président de cette assemblée, il se présenta aux élections générales législatives du 20 février 1876, dans l'arrondissement de Montélimar, et fut élu député, par 13,295 voix, sans concurrent.

A la Chambre, M. Emile Loubet prit place sur les bancs de la Gauche républicaine et fut l'un des 363 députés qui refusèrent leur confiance au ministère de Broglie; il fut réélu le 14 octobre 1877, par 11,012 voix contre 7,006 à M. Lacroix-Saint-Pierre, bonapartiste et, le 21 août 1881, par 11,201 voix, sans concurrent. Il posa ensuite sa candidature, lors du renouvellement triennal du Sénat, le 25 janvier 1885, dans la Drôme, et fut nommé sénateur, le premier sur deux, par 407 voix sur 758 votants.

Le sénateur de la Drôme devint ministre des Travaux Publics dans le premier cabinet Tirard, du 12 décembre 1887 au 3 avril 1888. Son passage à ce ministère fut de trop courte durée pour être autrement signalé; le 29 février 1892, il fut chargé de former un cabinet, après la chute de celui présidé par M. de Freycinet. Président du Conseil avec le portefeuille de l'Intérieur, à une période particulièrement mouvementée, M. Loubet montra une attitude ferme et conciliante tout ensemble. Il eut à faire face à une situation politique rendue compliquée par de nombreuses interpellations, par les attentats de Ravachol, par le renouvellement des conseils municipaux (mai 1892), par le vote des crédits supplémentaires pour le Soudan et le Dahomey, la démission du ministre de la Marine, M. Cavaignac, que remplaça M. Burdeau; par le renouvellement de la moitié des conseils généraux (juillet-août), par la célébration du centenaire de la proclamation de la République en 1792, où M. Loubet prit la parole au nom du Gouvernement, etc. On doit mentionner aussi sa courageuse attitude lors de l'épidémie cholérique du Havre (août).

Dans cette période eurent lieu les congrès socialistes de Tours, Saint-Ouen et Marseille, les troubles des mines de Lens et de Liévin, ainsi que la grève de Carmaux qui, commencée le 15 août 1892, dura plus de deux mois, donna lieu à de nombreux incidents et se termina par une sentence arbitrale que M. Loubet, à la suite d'un préalable accord des deux parties, fut appelé à rendre, et qu'il signa le 27 octobre; après quelques résistances nouvelles, la grève se termina le 3 novembre. Cinq jours plus tard, une bombe était déposée à la porte des bureaux de la Cie de Carmaux, à Paris; transporté au commissariat de police, cet engin éclata et fit cinq victimes. Interpellé à ce sujet, le ministère, sur les déclarations de M. Loubet, obtint de la Chambre un ordre du jour de confiance voté par 359 voix contre 94.

A peine cette affaire était-elle terminée que le président du Conseil eut à faire face aux graves difficultés qui suivirent l'interpellation de M. Delahaye sur les scandales de Panama et qui amenèrent la démission du cabinet (28 novembre).

Dans la combinaison Ribot, qui suivit (7 décembre 1892), M. Loubet conserva le portefeuille de l'Intérieur jusqu'au 10 janvier 1893, époque à laquelle il donna sa démission et fut remplacé à ce département, comme il l'avait été à la présidence du Conseil, par M. Ribot lui-même.

Réélu sénateur de la Drôme, le 7 janvier 1894, par 588 voix, M. Emile Loubet fut nommé, au Luxembourg, président des commissions des Douanes et des Finances, qu'il avait déjà précédemment présidées. Il prononça à cette occasion, en avril 1895, un important discours pour lequel l'affichage fut ordonné.

Le 10 janvier 1896, M. Loubet fut élu président du Sénat; il a été réélu à ces hautes fonctions, depuis, chaque année.

PLANCHON (Gustave)

Botaniste et pharmacologiste, membre de l'Académie de Médecine, né à Ganges (Hérault) le 29 octobre 1833. Il étudia à Montpellier, dès 1849, les mathématiques, la médecine et les sciences naturelles. Reçu docteur en médecine en 1859, après avoir été, trois années consécutives, lauréat de la Faculté; puis agrégé à la Faculté de médecine en 1860, docteur ès-sciences et pharmacien de 1re classe en 1864, M. Planchon fut nommé, au concours, cette même année, professeur agrégé à l'Ecole supérieure de pharmacie de Montpellier; en 1866, il devint titulaire d'une chaire à l'Ecole supérieure de pharmacie de Paris et il a été choisi comme directeur de cette Ecole en 1886.

Depuis son entrée à l'Ecole supérieure de pharmacie de Paris, il s'est occupé de la collection, déjà très considérable, laissée par son prédécesseur, M. Guibourt, et l'a augmentée encore, surtout par l'adjonction de collections géographiques, donnant, pour nombre de pays, la physionomie générale de leur matière médicale indigène.

Membre de plusieurs sociétés savantes françaises et étrangères, membre de l'Académie de médecine depuis 1877, M. Planchon a reçu, en 1880, la médaille d'or Hanbury, récompense internationale décernée aux auteurs qui ont fait le plus progresser la matière médicale.

Parmi les travaux nombreux de M. Planchon, il convient de citer : *Sur les caractères et l'origine botanique des Jaborandi* ; *Des globulaires aux points de vue botanique et médical* (thèse de doctorat en médecine, 1859) ; le *Kermès du chêne aux points de vue zoologique, commercial et pharmaceutique* (thèse de pharmacie, 1864) ; *Des quinquinas* (thèse d'agrégation à l'Ecole de pharmacie, 1864) ; *Etude des tufs quaternaires de Montpellier, aux points de vue géologique et paléontologique* (1864) ; *Sur l'origine de l'elemi en pains* (1868) ; une édition refondue de l'*Histoire naturelle des drogues simples*, de Guibourt (1870) ; un *Traité pratique de la détermination des drogues simples d'origine végétale* (1871), ouvrage en deux volumes auquel l'Académie des Sciences accorda le prix Barbier; *Sur les ipecacuanas striés* (1872-1873) ; *Sur la structure anatomique des écorces qui portent le nom de cannelle* (1873) ; *Les Rhéum* (1874) ; *Des diverses sortes de Pareira Brava et de leur origine, d'après les recherches de D. Hamburg* (1875) ; *Sur les styrax* (1876) ; *Sur les caractères et les affinités de l'écorce de Hoang-Nan* (1877) ; *Etude sur les Strychnos et en particulier sur les plantes qui fournissent les curares* (1880) ; *Notes sur les Premières années de la Société de pharmacie à Paris* (1881) ; *Matière médicale des Etats-Unis* (1881) ; *Note sur le quinquina à cinchonomine* (1882) ; *Distribution géographique des médicaments de la région méditerranéenne* (1891) : le *Jardin des Apothicaires* et l'*Histoire des divers enseignements faits à l'Ecole de pharmacie, depuis leurs origines.*

M. Planchon a aussi publié, en collaboration avec son élève, M. Collin, un ouvrage en deux volumes, qui résume l'état actuel de la matière médicale.

Officier d'Académie en 1872, chevalier de la Légion d'honneur depuis 1881, ce savant a été promu officier de cet ordre en 1898.

MILLION (Louis)

JURISCONSULTE et député, né à Lyon le 18 septembre 1829. Il appartient à une ancienne famille du Beaujolais, fixée dans la commune de Quincié (Rhône), depuis plusieurs siècles. Ses études classiques accomplies au collège royal de Lyon, il vint à Paris, où il obtint la licence en droit, puis se fit inscrire au barreau de la Cour d'appel de Lyon dès 1851.

Appelé à la vie publique par ses opinions républicaines lors de la révolution du 4 septembre 1870, M. Million fut nommé conseiller municipal et maire de Quincié cette même année. En 1874, il était élu conseiller général du Rhône pour le canton de Beaujeu. Vice-président et président, en 1879 et 1880, de cette assemblée départementale, il démissionna de ces fonctions, en 1886, après avoir été maintes fois rapporteur d'importants travaux sur le budget, les asiles d'aliénés, les enfants assistés, etc.

Le 12 mars 1882, M. Million fut élu député de la première circonscription de Villefranche-sur-Saône, avec 7,703 voix, contre 5,883 à M. Edouard Thiers. Il a été depuis constamment réélu : en 1885, au scrutin de liste, par 86,736 voix sur 136,430 votants; en 1889, au scrutin uninominal, dans la première circonscription de Villefranche, par 11,550 voix contre 2,511 à M. Chervin, radical; en 1893, par 7,129 voix contre 6,158 à M. Marmonnier, radical, et en 1898, par 10,665 voix, contre 1,644 à M. Sylvestre, socialiste.

M. Louis Million a fait partie, au Palais-Bourbon, de nombreuses commissions, notamment de celle du règlement définitif des budgets précédents (1891), dont il fut choisi comme vice-président. Il fut aussi président de la commission chargée d'examiner le projet de loi sur l'assistance judiciaire et celui sur l'extension de la compétence des juges de paix, dont il est lui-même l'auteur, adopté une première fois par la Chambre et qui a reçu du Sénat quelques modifications.

L'honorable député du Rhône est aussi l'auteur de nombreux rapports, tels ceux sur l'élection Floquet, sur le contrat de métayage, sur la monnaie de nickel, sur le règlement des comptes de la Chambre et sur la préparation du Budget. Il n'est inscrit à aucun groupe politique, bien que radical de gouvernement, mais appartient au groupe viticole dont il est vice-président.

M. Louis Million, très compétent dans toutes les questions viticoles et agricoles, fut choisi comme président du comité de vigilance du département du Rhône pour la défense des vignes contre le phylloxera ; il fut désigné, en 1885, pour faire partie du Conseil supérieur d'Agriculture à Paris ; il a été président de la commission administrative de l'asile des aliénés de Bron et membre du conseil départemental du Rhône.

Il a publié plusieurs ouvrages de jurisprudence très estimés et d'une grande utilité pour l'étude des lois de procédure, parmi lesquels il faut citer : *Traité sur le contrat d'engagement des ouvriers* (1878); *Traité sur le contrat d'apprentissage* (1880) ; *Aide-Mémoire des Justices de Paix* et le *Traité des Greffes et Greffiers des Justices de Paix* (ces deux derniers ouvrages en collaboration avec son frère, ancien juge de paix à Paris).

M. Louis Million est officier d'Académie.

LAFON (Jacques-Louis-René)

AVOCAT, homme de lettres, né à Paris le 16 janvier 1860. Il y fit ses études classiques et de droit.

Avocat à la Cour d'appel depuis 1883, M. René Lafon s'occupe particulièrement, au Palais, des affaires littéraires et théâtrales ; c'est ainsi qu'il plaida, notamment, un procès Taylor-Commainville-Deslandes, dans lequel il soutint une intéressante discussion à propos d'une adaptation à la scène de *M*me *Bovary*. Il fut secrétaire de la Conférence des avocats de 1885 à 1886.

Écrivain, M. René Lafon a donné au théâtre des pièces applaudies : *La Lettre du Cardinal*, 1 acte en vers avec Georges Bertal (Odéon 1886) ; *Le Thapsia*, 1 acte (Déjazet) ; *Les deux font la paire*, 1 acte avec M. Michel Noirot (Déjazet 1889) ; *Un cousin de province*, 1 acte avec M. Taylor (Déjazet 1890) ; *Ces monstres d'hommes*, 3 actes, avec M. Darsay (Déjazet 1890) ; *Le troisième Larron*, 1 acte (Déjazet 1894), etc.

Il a publié en librairie : *Mémoires d'un Juge d'instruction*, en collaboration avec un ancien magistrat ; *Coquin d'Amour*, recueil de nouvelles, illustrées par Léandre et Lourdey, et en collaboration, sous le pseudonyme de « Louis Hérel » : *Un drôle de type au régiment*, scènes de la vie militaire. On annonce, en outre, de lui : *Pour être avocat*, étude pratique du barreau et de l'École de Droit, à paraître dans la Collection des Livres d'Or de la Science.

M. René Lafon a collaboré ou collabore à la *Quinzaine littéraire et politique*, à la *Chronique de Paris*, au *Monde Parisien*, à la *Famille*, à la *Chronique du Palais*, etc.

Il a en outre, de 1885 à 1890, fait des conférences écoutées à la Salle des Capucines, sur des sujets littéraires.

LECHEVALLIER (Ferdinand-Edmond)

DÉPUTÉ, né à Bolbec (Seine-Inférieure) le 26 janvier 1840. Entré de bonne heure dans l'industrie, il se trouva, à vingt ans, à la tête d'un établissement de tissage important et sut, dans ce milieu ouvrier, se créer une grande popularité.

Elu, en 1871, au conseil municipal d'Yvetot, où il habitait depuis quelques années, M. Lechevallier fut bientôt désigné comme adjoint. A ce titre, il créa une société de secours mutuels qui fonctionne toujours. Au 24 mai 1873, ne voulant pas recevoir l'investiture du ministère de Broglie, il démissionna de ses fonctions. Il a fait partie, de 1873 à 1880, du Tribunal de commerce d'Yvetot et de la Chambre de commerce de Rouen.

Choisi comme maire d'Yvetot en 1880, M. Lechevallier dota d'un service d'eaux potables cette ville qui, située à 152 mètres d'altitude, en était jusque-là privée ; il fit, en outre, construire des écoles et contribua à l'établissement de plusieurs œuvres de prévoyance et de solidarité. Il n'a pas cessé, depuis 1880, d'être réélu maire. Président de la Caisse d'épargne de cette ville, il a organisé un service téléphonique reliant Yvetot avec tous les cantons de l'arrondissement où fonctionne une succursale de la dite caisse d'épargne : c'est le seul arrondissement en France qui soit doté, dans tous ses cantons, de ce service.

Candidat républicain dans la 1re circonscription d'Yvetot, au renouvellement législatif de 1881, et élu député, par 6,084 voix, contre 5,142 à M. Anisson Duperron, conservateur, M. Lechevallier à été successivement réélu : en 1885, sur la liste républicaine, le deuxième du département de la Seine-Inférieure, par 80,584 voix sur 149,546 votants ; en 1889, dans son ancienne circonscription, par 6,306 voix contre 5,730 à M. Clément de Royer, plébiscitaire ; en 1893, par 6,325 voix, contre 5,145 au même adversaire et, en 1898, par 6,337 voix, contre 4,828 données encore au même concurrent.

A la Chambre, M. Lechevallier appartient au groupe des républicains progressistes. Protectionniste, il compte parmi les fondateurs du groupe agricole présidé par M. Méline ; membre d'un grand nombre de commissions, il a pris une part active aux discussions économiques ; rapporteur de plusieurs propositions, il a contribué à faire voter par la Chambre les lois de douane relatives à l'importation des mélasses étrangères et des chevaux étrangers (1897). Il est l'auteur d'un projet de loi sur la plus-value à accorder au fermier sortant. Président et rapporteur de la Commission de comptabilité de la Chambre pendant plusieurs années, il s'est fait remarquer par ses aptitudes administratives. Il a été nommé questeur de la Chambre des députés en 1898.

M. Lechevallier fait partie du Conseil supérieur de l'Agriculture et il est membre du Comité supérieur de l'Exposition de 1900 (classe d'économie sociale).

BISCHOFFSHEIM (Raphaël-Louis)

Membre de l'Institut, député, né à Amsterdam (Hollande) le 22 juillet 1823. Fils du banquier Louis Bischoffsheim, décédé en 1873, il vint de bonne heure à Paris pour y faire ses études classiques et scientifiques. En 1839, il entra à l'Ecole centrale des Arts et Manufactures, puis fut attaché comme ingénieur inspecteur aux chemins de fer de la Haute-Italie.

De retour en France et mis à la tête de la maison de banque paternelle, M. Bischoffsheim se signala par de fréquentes libéralités pour l'encouragement des sciences. Portant un intérêt particulier à l'astronomie, il fit les frais de la construction d'appareils fort coûteux pour les observatoires de Paris, de Montsouris, de Lyon et du Pic du Midi ; on lui doit aussi la fondation et l'élévation de l'observatoire de Nice. En même temps, protecteur des arts et des lettres, il se montra d'une générosité éclairée et discrète, qui lui attira d'unanimes sympathies.

M. Raphaël Bischoffsheim obtint, le 24 avril 1880, pour « services rendus au pays, » ses lettres de grande naturalisation et il a été admis à l'Académie des Sciences, comme membre libre, le 16 juin 1890, en remplacement de M. Cosson.

Candidat républicain dans la 2ᵉ circonscription de Nice, le 21 août 1881, à une élection législative partielle, M. Bischoffsheim fut élu député, par 8,691 voix sur 9,437 votants. Il siégea au centre gauche, sans se faire toutefois inscrire à aucun groupe politique, soutint les divers ministères modérés au pouvoir et s'abstint, en sa qualité d'israélite, de prendre part aux discussions d'un caractère religieux. Au renouvellement général de 1885, fait au scrutin plural, porté sur la liste républicaine des Alpes-Maritimes, il obtint 17,652 voix sans être élu, et se retira au deuxième tour devant M. Rouvier, assurant de la sorte le succès de celui-ci, qui, après avoir échoué dans les Bouches-du-Rhône et dans l'Inde française, avait été inscrit au 2ᵉ tour sur la liste des Alpes-Maritimes.

Aux élections législatives du 22 septembre 1889, rétablies par arrondissements, M. R. Bischoffsheim, candidat dans la 1ʳᵉ circonscription de Nice, fut élu par 5,062 voix contre 4,366 à M. Raiberti, boulangiste. Invalidé, il ne se représenta pas. Lors du renouvellement général de 1893, il se porta dans l'arrondissement de Puget-Théniers et fut élu par 2,867 voix contre 2,393 à M. Malausséna, député sortant. Il a été réélu, en 1898, par 4,754 voix sur 5,152 votants.

Républicain indépendant M. Bischoffsheim n'est inscrit à aucun groupe. Il vote cependant d'une façon générale avec les progressistes. Libre échangiste déclaré, il a été membre ou président d'un grand nombre de commissions parlementaires.

Chevalier de la Légion d'honneur depuis 1885, l'honorable député des Alpes-Maritimes a obtenu, à l'Exposition universelle de 1889, deux médailles d'or, l'une pour l'observatoire de Nice, auquel il a consacré plus de six millions de francs, l'autre pour l'Ecole professionnelle du boulevard Bourdon, à Paris, édifiée et entretenue à ses frais.

KLOTZ (Louis-Lucien)

Avocat, député, journaliste, né à Paris le 11 janvier 1868, de parents parisiens. Il est d'origine alsacienne-lorraine par ses grands pères paternel et maternel. Après avoir accompli ses études classiques et de droit, il se fit inscrire comme avocat à la Cour d'appel de Paris.

Attiré vers la politique, M. L.-L. Klotz débuta, tout jeune, dans le journalisme. Dès 1888, il fondait la *Vie Franco-Russe*, journal illustré, qui devait, dans sa pensée, contribuer à préconiser l'alliance franco-russe et à vulgariser parmi nous les mœurs, les coutumes, l'art et la littérature de ce peuple.

Le 27 janvier 1889, M. Maurice Barrès ayant publié, dans le *Gaulois*, une lettre d'adhésion au boulangisme, où il faisait appel aux étudiants, leur demandant de se prononcer en faveur du général, le jeune publiciste trouva là une occasion de renouveler avec éclat les déclarations qu'il avait déjà précédemment faites contre ce mouvement politique : le *Matin* publia de lui une *Réponse à Maurice Barrès*, dans laquelle il dénonçait les menées césaristes et adjurait les étudiants de Paris de rester avec le parti de la République contre le boulangisme.

Au mois d'avril, entré à l'*Estafette*, M. Klotz y donna une série d'articles remarqués sur la littérature et le droit ; mais en septembre 1892, un dissentiment politique le détermina à quitter le journal de Jules Ferry. Dès lors, il commença une vigoureuse campagne contre les ralliés, dans lesquels il voyait un nouveau syndicat de candidatures réactionnaires. C'est à ce moment que la direction du *Voltaire* lui confia la rédaction en chef de cet organe quotidien qui, grâce à lui, prit vite un nouvel essor. Sous ce titre : *Le fait politique*, il y traita chaque jour les questions d'actualité.

Aux élections législatives du 20 août 1893, M. Klotz se présenta à Paris, dans la 1re circonscription du IXe arrondissement, où il est né. Candidat unique, au second tour de scrutin, de tous les comités républicains, et soutenu à la fois par les *Débats*, le *Temps*, la *Lanterne* et la *Petite République*, il échoua, après une vigoureuse campagne, obtenant 2,193 voix, contre 3,343 à l'élu, M. Georges Berry.

En décembre 1893, M. Klotz abandonna le *Voltaire* pour collaborer à divers journaux républicains ; il fonda, le 1er février 1895, le *Français quotidien*, journal qui s'occupa spécialement des questions de défense nationale et d'enseignement ; cet organe fusionna quelque temps après avec le *Voltaire*, dont M. Klotz redevint rédacteur en chef.

Candidat à la députation dans la Somme, en 1895, lors d'une élection partielle, il échoua encore de quelques voix, mais fut élu, quelques jours après, conseiller général du canton de Rosières. Présenté à nouveau, au renouvellement général législatif de 1898, dans le même arrondissement de Montdidier (Somme), M. Klotz fut élu député, le 8 mai, au premier tour, par 8,123 voix, contre 7,898 obtenues par ses quatre concurrents. Inscrit aux groupes démocratique et radical socialiste du Palais-Bourbon, membre des commissions des Douanes et du Suffrage universel, il se déclare protectionniste, tout en défendant les intérêts industriels.

Comme avocat à la Cour d'appel, M. L.-L. Klotz s'est fait entendre dans d'importantes affaires. Il est avocat conseil de la Société des garçons de recette « la Fidélité ». Membre de la Société de défense des enfants traduits en justice, de la Société des prisons, du bureau de placement gratuit du IXe arrondissement, fondateur du Comité central des œuvres du travail, dont il devint le secrétaire, fondateur du Comité d'action pour les réformes républicaines, M. Klotz prête en outre son concours à de nombreuses œuvres de bienfaisance. Il a fait, au siège de diverses associations parisiennes, des conférences très suivies de législation sociale et politique.

MONIER (Joseph-Frédéric)

SÉNATEUR, industriel et agriculteur, né à Eyguières (Bouches-du-Rhône) le 24 avril 1842. Il appartient à une famille qui a acquis, dans l'agriculture et l'industrie de la région, une situation prépondérante : un monument, œuvre de l'architecte Faure et du sculpteur marseillais Aldebert, élevé par souscription sur une place publique d'Eyguières, à la mémoire de son père, M. Camille Monier, atteste, en même temps que les services rendus au pays, la sympathie qui s'attache à son nom.

Elevé dans les idées libérales, M. Frédéric Monier prit part aux premières luttes contre l'empire. En 1869, il était président de l'un des comités qui soutenaient, dans l'arrondissement d'Arles, la candidature de Eugène Pelletan, père du député actuel.

En 1870, nommé vice-président de la Commission municipale d'Eyguières, il se mit néanmoins à la disposition de l'autorité militaire, qui le nomma capitaine d'état-major, à titre provisoire.

L'année suivante, il fut élu conseiller général du canton d'Eyguières, puis conseiller municipal et, en 1877, maire de cette commune.

Au 16 mai 1877, M. Frédéric Monier fut le premier des maires du département des Bouches-du-Rhône révoqué par décret du 5 juillet 1877. Pendant cette période, il soutint Gambetta avec dévouement et, en compagnie d'Edmond Adam, il sauva la vie au grand tribun, lors de l'échauffourée de Cavaillon.

Redevenu maire après le 16 mai, ce mandat a été constamment renouvelé à M. Monier par le Conseil municipal d'Eyguières, qui, à cette date comme en 1884, 1888, 1892 et 1896, l'a réélu à l'unanimité des suffrages.

Comme maire d'Eyguières, M. Monier a doté cette ville d'un important groupe scolaire. Il y a fondé une caisse agricole coopérative. Il est aussi président d'honneur du Syndicat agricole d'Eyguières et président de la Caisse d'épargne.

M. Monier a représenté le canton d'Eyguières au Conseil général des Bouches-du-Rhône de 1871 à 1897. Il a été élu par trois fois vice-président, en 1884, 1889 et 1891, puis président en 1892, de cette assemblée. En 1897, il ne fut pas candidat au Conseil général pour faire élire M. le D' Bayol à sa place.

A la mort de M. Humbert, sénateur inamovible, son siège ayant été attribué aux Bouches-du-Rhône, M. Frédéric Monier fut élu sénateur de ce département, le 30 décembre 1894, contre M. Abram, alors maire d'Aix. Il siège, au Sénat, à la Gauche démocratique, et s'occupe particulièrement de toutes les questions agricoles et industrielles.

Il a fait partie de la Chambre de commerce de Marseille a été, jusqu'à son élection au Sénat, membre de la Commission départementale des Bouches-du-Rhône. Le Conseil général l'avait également délégué dans diverses commissions inter-départementales et s'était fait représenter par lui, en 1893, à l'inauguration du canal de la Goulette (Tunisie).

M. Monier a été nommé, en 1884, officier d'Académie ; en 1891, chevalier de la Légion d'honneur, et en 1893, grand'croix du Nicham-Iftikar.

LEROUX (Ange-Henri-Charles)

Médecin, né à Paris le 28 mars 1853. Il fit ses études classiques, prit ses inscriptions médicales, fut interne des hôpitaux, en médecine et en chirurgie, de 1876 à 1879, obtint en cette qualité une médaille en bronze, et fut reçu docteur et lauréat de la Faculté (médaille d'argent) en 1880, avec une thèse sur les *Résultats éloignés des amputations et des résections chez les phtisiques.*

Nommé, en 1886, médecin en chef du dispensaire Furtado-Heine et, quelques années après, médecin consultant de la crèche du même nom, M. le D' Leroux exerça, pendant quelque temps, les fonctions de médecin délégué du service des épidémies et reçut, à ce dernier titre, une médaille du ministère de l'Intérieur pour services rendus en temps de choléra. Attaché ensuite au service médical de l'Exposition de 1889, il a été choisi par le Conseil municipal de Paris comme secrétaire de l'Œuvre nationale des hôpitaux marins pour le traitement des enfants scrofuleux et tuberculeux. Il est, de plus, professeur à l'Union des Femmes de France (directeur de l'enseignement du IV° arrondissement de Paris), et membre de la Commission consultative de l'Asile national du Vésinet (ministère de l'Intérieur). En 1891, il fut envoyé en mission par le ministère de l'Intérieur pour étudier le fonctionnement et l'organisation des hôpitaux marins en France.

M. le D' Charles Leroux a publié les mémoires suivants : *Note sur deux cas de scorbut sporadique* (France médicale, 1878) ; *Mémoire sur l'oblitération de la veine-porte dans le cours de la cirrhose atrophique* (Gazette médicale de Paris, 1879) ; *De l'emphysème pulmonaire et de la phtisie fibreuse chronique* (revue critique : Journal des connaissances médicales, 1879) ; *Mémoire sur la cystocèle inguinale* (Revue de Médecine et de Chirurgie, 1880) ; *Note sur deux cas de pneumonie caséeuse* (Archives générales de Médecine, 1881) ; *Mémoire sur le paludisme congénital et sur le rôle de l'hérédité dans l'étiologie du paludisme infantile* (Revue de Médecine, 1882) ; *De la chorée de Sydenham, son étiologie, sa nature, d'après les faits observés au dispensaire Furtado-Heine* (mémoire in : Revue mensuelle des Maladies de l'Enfance, 1890) ; *De la colique appendiculaire dans ses rapports avec l'appendicite* (Revue mensuelle des Maladies de l'Enfance, 1891) ; *Alimentation de la première enfance* (note communiquée au Congrès international d'hygiène et de démographie de Paris, 1889) ; *L'antipyrine et la chorée de Sydenham ; quelques formes rares d'éruptions ; des récidives ; le tic post-choréique* (mémoire in : Revue mensuelle des Maladies de l'Enfance, 1891) ; *De l'assistance médicale dans les dispensaires d'enfants* (conférence, 1891) ; *Des résultats thérapeutiques obtenus dans les hôpitaux et sanatoriums marins récemment créés ; nécessité d'un séjour prolongé ; indication du traitement marin* (communication au Congrès de la tuberculose, 2° session, juillet 1891) ; *Rapport adressé à M. le ministre de l'Intérieur sur l'organisation et le fonctionnement des hôpitaux marins pour le traitement des Jeunes enfants scrofuleux et tuberculeux* (mission en date du 1" août 1891) ; *L'Assistance maritime des enfants et les hôpitaux marins : la scrofule, la tuberculose, le rachitisme et les hôpitaux marins* (1 vol. gr. in-8° avec dessins et plans, 1892, mention de l'Académie de médecine, prix Monbinne, 1893) ; *De l'action des injections de gaïacol iodoformé dans le traitement de* la tuberculose pulmonaire des enfants (communication au Congrès pour l'étude de la tuberculose, 3ᵉ session, 1893); l'*Impétigo des enfants* (recherches bactériologiques, note communiquée à l'Académie de Médecine octobre 1892); l'*Impétigo des enfants, affection contagieuse inoculable et microbienne, streptocoque de l'impétigo* (broch. avec fig., 1894, Bibliothèque du *Journal de Clinique et de Thérapeutique infantiles*); *Influence du traitement marin sur le rachitisme* (note communiquée au 1ᵉʳ Congrès de thalassothérapie, 15 juillet 1894; *Médecine infantile*, 15 octobre 1894); *Note sur un cas d'angine diphtérique, traité avec succès par le sérum thérapeutique (Médecine infantile*, décembre 1894); *La stomatite aphteuse doit être dénommée stomatite herpétique (Journal de clinique et de thérapeutique infantiles*, 25 mai 1895); *Pathogénie de la chorée, d'après les travaux récents (Presse médicale*, 1896); *Un cas d'hémiplégie par embolie d'origine cardiaque dans une angine diphtérique traitée par le sérum anti-diphtérique (Journal de clinique et de thérapeutique infantiles*, 1896); *De l'importance du service médical dans les crèches. — Purpura généralisé, Stomatite pemphygoïde hémorrhagique, Troubles trophiques des ongles consécutifs à l'ingestion d'un gramme d'antipyrine (Journal de clinique et thérapeutique infantiles*, 1897); *L'assistance maritime des enfants et l'œuvre des hôpitaux marins (Revue philanthropique*, 1897); *De la cure marine de la tuberculose pulmonaire (Médecine moderne*, 1897); *Chorée-Impétigo-Ecthyma* (in : *Traité des Maladies de l'Enfance*, de Grancher et Comby, t. IV et V); les *Paralysies de la coqueluche (Journal de clinique et de thérapeutique infantiles*, 1898).

M. le Dʳ Leroux est officier d'Académie depuis 1885 et chevalier de la Légion d'honneur depuis 1896.

PÉRILLIER (Jules)

Député et avocat, né à Nîmes le 29 novembre 1841. Il commença ses études classiques au lycée de sa ville natale et vint les terminer à Paris, où il suivit ensuite les cours de la Faculté de Droit. Reçu licencié, il se fit inscrire comme avocat au barreau de la Cour d'appel.

Engagé volontaire, au début de la guerre Franco-Allemande, M. Périllier conquit le grade de capitaine adjudant-major à la deuxième armée de la Loire. Nommé aide-de-camp du général Saussier, il fut chargé, à l'armistice, de réorganiser la justice militaire du corps d'armée, que la prolongation des hostilités et la difficulté de réunir devant l'ennemi les cours martiales et les conseils d'enquêtes avaient complètement désorganisée. L'ordre qu'il apporta dans les dossiers permit de rendre 300 jugements en moins de deux mois et de liquider une situation qui paraissait inextricable. Ses chefs tinrent à mentionner sur ses actes de services « le zèle, le dévouement et la grande habileté » dont il fit preuve dans cette circonstance.

La paix signée, M. Périllier reprit sa place au barreau de Paris. Peu après, il acheta une propriété à Varennes (Seine-et-Oise), où il se fit bientôt de nombreuses relations. Élu conseiller municipal et maire de cette ville en 1876, fonctions qu'il a conservées jusqu'en 1888, il fut l'un des fondateurs et le président du Comité radical de Seine-et-Oise, qui fit échouer, en 1881, les candidatures des républicains modérés.

Porté, à son tour, sur la liste radicale de ce département, le 18 octobre 1885, il fut élu député, au scrutin de ballottage, par 55,654 voix. À son arrivée à la Chambre M. Périllier alla siéger à l'extrême gauche et prit une part active aux travaux et aux discussions parlementaires.

Il interpella le gouvernement, au mois d'octobre 1886, sur l'interdiction faite par la Cⁱᵉ des chemins de fer P.-L.-M. à ses agents, d'accepter aucun mandat législatif; il vota pendant cette législature, notamment: pour l'expulsion des princes, contre le rétablissement du scrutin d'arrondissement, contre le projet de loi Lisbonne restrictif de la liberté de la Presse, pour les poursuites contre le général Boulanger; il fit invalider, sur son rapport, en 1885, les députés conservateurs du département des Landes, qui furent ensuite remplacés à la Chambre par les candidats de la liste républicaine; il fut rapporteur d'un projet de loi sur les médailles et récompenses industrielles qu'il fit adopter, etc.

Candidat aux élections générales législatives du 22 septembre 1889, dans la 2ᵉ circonscription de Pontoise, M. Périllier échoua, avec 5,576 voix, contre 6,933 à M. Brincard. Il revint à la Chambre au renouvellement du 8 mai 1898, comme député de la 1ʳᵉ circonscription, nouvellement créée, de l'arrondissement de Corbeil, élu par 5,618 suffrages, contre 4,313 donnés à M. le comte Treilhard. Il est inscrit au groupe radical-socialiste du Palais-Bourbon.

Rapporteur de la sous-commission chargée d'examiner la validité des opérations électorales de la 2ᵉ circonscription de Constantine, il décida la Chambre.

contrairement à l'avis du bureau, à ordonner une enquête sur l'élection de M. Thomson (1898).

Comme avocat, M. Périllier a plaidé un grand nombre de procès importants, civils et politiques. Citons notamment celui en faveur des victimes de la catastrophe des grands moulins de Corbeil et le procès intenté par 809 curés bretons au *Journal de Seine-et-Oise*.

LITVINNE (Félia)

ANTATRICE, née à Saint-Pétersbourg (Russie) le 20 mars 1865. Douée, dès l'enfance, d'une véritable vocation artistique, elle vint de bonne heure à Paris, où elle fit d'excellentes études musicales sous la direction de M*me* Barthe-Banderoli et de M. Victor Maurel.

Après avoir débuté brillamment au Théâtre-Italien, en 1884, dans *Simone Boccanegra* et *Hernani*, elle fut engagée par les directeurs du théâtre de la Monnaie de Bruxelles, pour créer la *Walkyrie*, qu'elle donna sur cette scène plus de cinquante fois, toujours avec un égal succès.

Revenue à Paris en 1889, M*me* Félia Litvinne entra comme soprano à l'Académie nationale de musique et y chanta les *Huguenots*, la *Juive*, l'*Africaine*, etc. Dès ce moment, la réputation de cette cantatrice fut définitivement établie.

Engagée en Italie, d'abord au théâtre Saint-Charles de Naples, puis à la Scala de Milan, M*me* Félia Litvinne recueillit, dans ces deux villes, une ample moisson de lauriers; elle se rendit ensuite à St-Pétersbourg et à Moscou pour interpréter, dans leur langue, les chefs-d'œuvres des maîtres de l'école italienne et française. Appelée au théâtre impérial de Saint-Pétersbourg, par ordre du tsar, elle se produisit avec éclat dans *Judith*, opéra du compositeur russe Séroff, ouvrage pour lequel on ne trouvait pas de soprano possédant un registre assez élevé.

A son retour en France, M*me* Félia Litvinne fut la pensionnaire des grands théâtres de Marseille et de Lyon. C'est dans cette dernière ville que l'impressario Grau vint la chercher, en payant un fort dédit, pour l'emmener en Amérique (1896), en compagnie de MM*mes* Emma Calvé, Melba, de MM. Jean et Edouard de Reszké, ses beaux-frères, Pol Plançon, Lubert, etc.

Au cours de cette longue tournée artistique, M*me* Litvinne chanta, pour la première fois en Amérique, *Tristan et Yseult* en allemand. Elle obtint un succès considérable, ainsi que dans les rôles de son répertoire.

Après un nouveau séjour à Saint-Pétersbourg avec les frères de Reszké, saison consacrée aux œuvres de Wagner, où elle reçut les plus chaudes félicitations de l'empereur de Russie, M*me* Litvinne se fit entendre à Breslau; elle y chanta : les *Huguenots* en français, *Aïda* en italien, *Tristan et Yseult* en allemand; du reste, elle interprète la plupart de ses rôles en ces trois langues avec une réelle perfection.

De Breslau, elle se rendit à Lisbonne, pour y jouer les rôles du grand opéra, en 1898. Au mois de novembre de la même année, elle se produisit aux Concerts Lamoureux, à Paris, dans le 1er acte de *Tristan et Yseult*, et la presse fut unanime à lui prodiguer les plus flatteurs éloges. Elle contracta ensuite un engagement avec le théâtre de Nice pour la saison 1898-99.

Douée d'une superbe voix de soprano dramatique, tragédienne lyrique remarquable, cette parfaite cantatrice, très aimée de M*me* Wagner, va tous les ans à Bayreuth auprès de la veuve de l'illustre compositeur.

DEVINS (Louis-Antonin)

ÉPUTÉ, né à Beaumont (Haute-Loire) le 28 décembre 1850. Ses classes faites au lycée de Clermont, il étudia la médecine à la Faculté de Paris et fut reçu docteur en 1876.

Il s'établit, pour exercer sa profession, à Brioude (Haute-Loire), où il ne tarda pas à acquérir une grande notoriété. Nommé médecin adjoint de l'hôpital de cette ville en 1878, puis médecin en chef en 1891, il se consacra à ces fonctions avec beaucoup de dévouement et de désintéressement. Il est en outre médecin des épidémies, membre du conseil d'hygiène de l'arrondissement, médecin expert près le Tribunal, etc.

Conseiller municipal en 1878, conseiller d'arrondissement en 1880, conseiller général du canton en 1887 et maire de Brioude en 1888, M. Louis Devins se présenta, au renouvellement général législatif de 1893, comme candidat radical dans son arrondissement et obtint 7,154 voix, contre M. Chantelauze, également radical, qui fut élu avec 10,017 suffrages.

Plus heureux aux élections pour le renouvellement de la Chambre du 8 mai 1898, il fut élu député de la circonscription de Brioude par 10,782 voix contre 8,712 obtenues par son ancien concurrent, M. Chantelauze, député sortant.

A la Chambre, l'honorable député de la Haute-Loire vote avec la fraction républicaine radicale.

DELOMBRE (Paul)

INISTRE, député, publiciste et économiste, né le 18 mars 1848, à Maubeuge (Nord). Après avoir accompli ses études classiques au lycée de Versailles, il vint à Paris suivre les cours de la Faculté de Droit et débuta en même temps dans la presse, en collaborant, dès 1868, à des journaux républicains tels que la *Cloche* et au *Journal des Travaux Publics.*

A la même époque, M. Paul Delombre participait à la fondation de la conférence Henrion de Pansey, qui compta bientôt parmi ses membres l'élite de la jeunesse du Palais ; il fut aussi membre de la conférence Molé-Tocqueville. Reçu licencié en droit en 1869, il prêta le serment d'avocat devant la Cour d'appel de Paris ; mais continua à se consacrer au journalisme et aux études d'économie sociale et politique.

M. Paul Delombre a publié, depuis cette époque, d'importants travaux sur les budgets, le crédit public, l'organisation des banques, l'industrie, le commerce, les chemins de fer, la mutualité, la coopération, les grèves, etc.; ces travaux ont paru notamment dans le journal le *Temps*, où, depuis 1878, il est chargé de la partie économique.

Candidat aux élections législatives du 22 septembre 1889, dans le v° arrondissement de Paris, contre M. Alfred Naquet, boulangiste, qui fut élu, M. Paul Delombre fut ensuite présenté, en 1893, à la députation, par les comités républicains de la circonscription de Barcelonnette (Basses-Alpes) et élu par 1,500 voix contre 1,435 à M. Liotard.

Au Palais-Bourbon, il prit place parmi les républicains progressistes et, précédé par sa haute réputation d'économiste, fut aussitôt choisi par ses collègues comme membre des plus importantes commissions de la Chambre. C'est ainsi qu'il a participé aux travaux des commissions : des crédits (1893), des finances (1894-1895), du budget (1896), des chemins de fer, des douanes, etc... Il a été nommé rapporteur du budget des Finances en 1894 et 1895, rapporteur général du budget de 1896, puis deux fois président de la Commission du budget. Entre autres rapports, on lui doit ceux sur la question des relations monétaires avec l'Italie, la Suisse, la Grèce, la Belgique et celui sur l'impôt sur le revenu. Lors de la discussion de cette dernière question, M. Paul Delombre prononça, à la tribune du Palais-Bourbon, un discours qui eut un grand retentissement (mars 1896).

Réélu député de l'arrondissement de Barcelonnette, le 8 mai 1898, par 2,507 suffrages sans concurrent, M. Paul Delombre accepta le portefeuille du Commerce, de l'Industrie, des Postes et Télégraphes, dans le cabinet de conciliation républicaine formé par M. Ch. Dupuy, le 3 novembre 1898.

L'un des fondateurs de l'Association nationale républicaine, qui a pour but principal de grouper et de transmettre au Parlement les vœux de réforme émanés des diverses régions de France et préparer les projets pouvant en assurer la réalisation, il est resté membre du comité de cette association jusqu'au jour de son arrivée au ministère. Il est encore membre du Conseil général de la Ligue nationale de la prévoyance et de la mutualité, à la création de laquelle il collabora avec M. Hyp. Maze ; membre de la société d'Economie politique de Paris et du « Cobden-Club » de Londres et conseiller général des Basses-Alpes.

M. Paul Delombre a été nommé chevalier de la Légion d'honneur en 1880 et promu officier en 1887.

DENORMANDIE (Louis-Jules-Ernest)

ÉNATEUR inamovible, né à Paris le 6 août 1821. Issu d'une vieille famille de robe, il prit ses inscriptions à la Faculté de Droit et entra ensuite dans l'étude d'avoué que possédait son père à Paris. Il succéda à celui-ci en 1851. La considération qu'il sut acquérir parmi ses confrères lui valut d'être choisi par eux, à trois reprises différentes, comme président de la Chambre des avoués.

Pendant le siège de Paris, en 1871, M. Ernest Denormandie fut nommé adjoint du VIII° arrondissement, dont Hippolyte Carnot était alors maire. Celui-ci professait une grande estime pour M. Denormandie et se plaisait à reconnaître le tact et le dévouement qu'il apporta dans les différents services de la mairie, principalement en ce qui touchait aux questions alimentaires, si importantes à cette époque ainsi qu'aux œuvres d'assistance et de charité. En 1875, M. Denormandie publia sous ce titre : *Le VIII° arrondissement et son administration pendant le siège*, une étude dans laquelle il expose en détail le fonctionnement de ces divers services pendant ces temps troublés.

Porté aux élections complémentaires de juillet 1871 pour l'Assemblée nationale, sur la liste de l'Union parisienne de la Presse, M. Denormandie fut élu, par 113,589 voix, représentant de Paris. Il siégea au centre gauche. Son éloquence lui valut de nombreux succès de tribune, notamment à l'occasion du vote de la loi dite des 140 millions. Il s'agissait d'une transaction entre la ville de Paris et l'Etat : M. Denormandie défendit, avec beaucoup de talent, les intérêts des habitants du département de la Seine, au sujet des indemnités qui leur étaient dûes pour les dommages éprouvés pendant la guerre.

Lors de l'élection des sénateurs inamovibles, en 1875, M. Denormandie fut envoyé par l'Assemblée nationale au Sénat. Il y a fait partie de nombreuses commissions, notamment de celle des Finances.

Nommé gouverneur de la Banque de France par décret du 18 janvier 1879, le choix de M. Denormandie à ce poste important fut bien accueilli dans le monde financier : mais en novembre 1881, à l'avènement du ministère Gambetta, il fut remplacé par M. Magnin, pour raison politique : il avait voté contre l'article 7. Durant sa gestion il s'était montré administrateur de premier ordre.

Président du conseil d'administration du Comptoir national d'escompte, depuis sa fondation en 1889, M. Denormandie a su, grâce à la confiance personnelle qu'il inspire et à une savante direction, faire, en quelques années, de cet établissement financier, l'un des plus importants et des plus florissants de la banque française.

M. Denormandie a publié un volume : *Notes et Souvenirs*, 1870-71 ; ses *Discours* et ses *Rapports* parlementaires. Parmi les principaux discours, il convient de citer : celui relatif à la loi des 140 millions, déjà mentionné ; celui par lequel il revendiquait, pour la Banque de France, la fixation de sa circulation fiduciaire ; ceux, non moins importants, sur l'exécution de la loi relative à la réforme de la magistrature et sur le divorce, etc.

M. Ernest Denormandie est chevalier de la Légion d'honneur depuis 1874.

DOMPIERRE d'HORNOY (Charles-Marius-Albert de)

VICE-AMIRAL, ancien ministre, né à Hornoy (Somme) le 24 février 1816. Entré, à douze ans, à l'Ecole navale, et successivement aspirant de marine, enseigne de vaisseau (1834), lieutenant (1841), capitaine de frégate (1849), il prit part au bombardement de St-Jean-d'Ulloa (1838), fit les campagnes d'Afrique, de Crimée, du Mexique et fut nommé capitaine de vaisseau, le 2 décembre 1854, pour avoir brillamment commandé, sous le feu des batteries de Sébastopol, le vaisseau-amiral qu'il montait, la *Ville-de-Paris*.

Commandant de la station d'Islande, chef d'Etat-major de celle du Levant, membre du conseil d'amirauté, M. de Dompierre d'Hornoy fut promu contre-amiral, le 13 août 1864, commanda le service d'honneur placé près de l'impératrice de Russie, pendant son séjour à Nice (1865) et fut appelé au poste de directeur du personnel au ministère de la Marine (1869). Après le 4 septembre, le gouvernement de la Défense Nationale lui confia l'intérim du ministère de la Marine, en remplacement de l'amiral Fourichon, qui avait suivi la délégation à Tours ; il conserva ce portefeuille pendant toute la durée du siège de Paris.

Elu représentant à l'Assemblée Nationale, le 8 février 1871, par le département de la Somme, le 2e sur 11, avec 102,072 voix sur 123,345 votants, M. de Dompierre d'Hornoy siégea sur les bancs de la droite légitimiste, se fit inscrire à la réunion Colbert et aux « Réservoirs » et vota constamment avec le groupe parlementaire monarchiste. Il prit souvent la parole, à l'Assemblée Nationale, notamment pour combattre le droit accordé aux colonies d'élire des députés.

Vice-amiral depuis le 4 juin 1871, il fut appelé, au lendemain de la chute de M. Thiers, à laquelle il avait contribué, au ministère de la Marine et des Colonies, dans le cabinet de Broglie (25 mai 1873), fut maintenu (26 novembre) dans le cabinet remanié après l'organisation du Septennat et démissionna avec lui, le 21 mai 1874.

Candidat conservateur aux élections sénatoriales du 30 janvier 1876, dans la Somme, il fut élu par 482 suffrages, prit place à la droite de la Chambre haute et vota la dissolution de la Chambre demandée par le cabinet de Broglie-Fourton après le 16 mai 1877. Non réélu au renouvellement du 8 janvier 1882, M. de Dompierre d'Hornoy fut nommé à la fois, lors des élections législatives du 4 octobre 1885, au scrutin plural, député de la Gironde et de la Somme : il opta pour la Somme. Au renouvellement de 1889, il fut élu dans la 2e circonscription d'Amiens, par 12,343 voix, contre 10,658 à M. Levecque, républicain.

Siégeant toujours à droite, il intervint dans les discussions intéressant la marine et fut l'adversaire des ministères républicains. Quand M. Michelin réclama une enquête sur les causes et les responsabilités de l'expédition du Tonkin, M. de Dompierre d'Hornoy se sépara de la droite qui vota pour et déclara s'abstenir, « pour ne pas affaiblir la portée du verdict rendu par les électeurs eux-mêmes contre les fauteurs de l'expédition ». Il ne se représenta pas à l'expiration de son mandat.

Admis à la retraite, comme vice-amiral, le 24 février 1881, M. de Dompierre d'Hornoy est grand officier de la Légion d'honneur depuis le 10 juillet 1869 et grand cordon de St-Stanislas de Russie.

DUMAS (Pierre-Paul-Julien)

ÉPUTÉ et avocat, né à Sèvres, près Paris, le 1er octobre 1857. Petit-fils du baron de Sibert de Cornillon, ancien conseiller d'Etat et secrétaire général au ministère de la Justice; fils d'un ancien premier président de la Cour d'appel d'Orléans, il fit ses études classiques au collège Stanislas, à Paris, où il suivit les cours de la Faculté de droit et s'inscrivit ensuite comme avocat aux barreaux d'Orléans et de Toulouse.

Dans cette dernière ville, M. Julien Dumas ne tarda pas à se faire une grande réputation d'éloquence. Des causes nombreuses qu'il a défendues, tant au civil qu'au criminel, on peut citer notamment : le procès Boland, qui, en 1re instance à Luxembourg et en appel à Liège, obtint un grand retentissement ; l'affaire Redier de la Villate, meurtre passionnel dont toute une région s'émut longtemps, etc.

Maire de Luzenac (Ariège), où il possède une grande industrie de talc, M. Julien Dumas fut présenté aux élections législatives de 1893, dans l'arrondissement de Pamiers et élu, au deuxième tour de scrutin, par 8,911 voix contre 6,765 à M. Wickersheimer, député sortant. Il fut réélu, le 22 mai 1898, par 9,841 voix, contre 8,360 à M. Albert Tournier, bibliothécaire au ministère de l'Instruction Publique.

A peine arrivé au Palais Bourbon, il débuta à la tribune pour combattre le projet Reinach sur la suppression de la publicité des exécutions capitales et contribua à assurer son rejet ; dans la discussion de la loi contre les menées anarchistes, il déposa un contre-projet laissant au jury l'appréciation de ces faits et le soutint avec une telle vigueur que sa proposition obtint, à la Chambre, l'imposante minorité de 238 voix; il intervint aussi dans la discussion relative à la pension accordée à la veuve de M. Burdeau et pour en demander la réduction, qu'il obtint ; il protesta contre l'envoi de notre flotte à Kiel, s'opposa à l'expédition de Madagascar, etc. A l'avènement du cabinet Bourgeois, en novembre 1895, il interpella le ministère sur le maintien des lois restrictives de la liberté individuelle et fut, en 1897, l'auteur d'une interpellation à M. Barthou, ministre de l'Intérieur dans le cabinet Méline au sujet de l'application hors de propos de la mensuration envers les prévenus. Cette interpellation eut pour conséquence une circulaire amendant les mesures en vigueur dans le sens indiqué par l'interpellateur.

M. Julien Dumas a été membre de diverses commissions telles que celles de la révision du code d'instruction criminelle, de l'organisation judiciaire et de la commission des 33 (mise en accusation de M. Raynal). Très libéral aux points de vue politique et religieux et partisan résolu des réformes sociales, il reste absolument indépendant, quoique inscrit à la gauche démocratique. Il a aussi fait partie du groupe colonial; mais s'en est retiré après l'affaire de Fashoda (novembre 1898).

M. Julien Dumas a publié des articles politiques très remarqués dans le *Jour* et la *Patrie*.

SERENDAT de BELZIM (Louis)

EINTRE, né le 26 juin 1854 à Port-Louis (Ile Maurice). Il apprit, dans sa ville natale, à l'atelier de son compatriote Delahogue, les premiers éléments du dessin et de la peinture ; puis, en 1880, il vint à Paris, où il fut d'abord élève de M. Carolus Duran, puis de Cabanel à l'Ecole des Beaux-Arts.

D'esprit très libéral, à tendance esthétique originale, M. Serendat de Belzim participa à la fondation de la Société des Artistes Indépendants, en 1884, et en devint par la suite le trésorier; en 1885, ce peintre envoya à la Société des Artistes français un *Portrait de Femme* qui fut refusé, peut-être à cause de la situation que son auteur occupait dans une société rivale. L'année suivante, il subit le même sort avec *Une Victime du Salon*, toile au titre ironique, et qui, en raison de ses réelles qualités d'exécution, fut très remarquée dans une salle de la rue de la Chaussée d'Antin, à Paris, où l'auteur l'exposa plus tard.

Il convient de mentionner, parmi les œuvres envoyées ensuite dans diverses expositions par M. Serendat de Belzim, qui s'est imposé par elles à l'attention publique: *Portrait de la Marquise de T...*, au Cercle artistique et *Une Parisienne*, à l'Exposition française de Tunis (1887); *Rêverie* et *Judith* au Cercle Volney (1888); *Portrait de femme* et *Portrait de jeune fille lisant*, aux Indépendants (1890) ; *Portrait du général Saussier*, fusain, au Blanc et Noir (1891); *Portrait du Dr Brown-Sequar* et la *Prière du Matin*, au Cercle Volney ; *Portrait du Dr Tholoçan*, au Cercle

Artistique, *Vœux à la Madone* et *Ste-Ursule*, aux Indépendants (1892); *Portraits de Carvalho* et du D[r] *Le Juge de Segrais* et *Prière à Ste-Anne d'Auray*, au Cercle Volney ; le *Mage*, *St-Elie* et la *Naissance de l'Amour*, panneau décoratif d'un très gracieux effet, aux Indépendants (1893).

En 1894, M. Serendat de Belzim fit, dans les Galeries Georges Petit, une exposition de ses œuvres principales, parmi lesquelles on remarqua surtout : *Miss Baby, Mignon et Lothario*, la *Misère, Fantaisie, Tendresse, Rêverie, Les Papillons, Souvenir*, toiles ; *Porthos et Mousquetaire*, fusain. On a vu encore de cet artiste: les portraits du *Général baron Faverot de Kerbrech*, de *Sir Eug. Leclezio*, etc, au Cercle de l'Union artistique (1896), un grand nombre de portraits aux seules initiales et le *Christ*, toile importante (1897), qui doit former, avec *St-Pierre dans sa barque* et *St-Paul*, un tryptique destiné à l'église de Carquefour.

M. Serendat de Belzim est président de l'Association syndicale professionnelle des peintres et sculpteurs français, fondée en 1897. Il est officier d'Académie et commandeur de divers ordres étrangers.

ANTHIME-MÉNARD (Pierre-Louis)

Député, né à Nantes le 31 juillet 1860. Fils d'un avocat, il fit toute son éducation à l'externat des Enfants nantais. En 1878, il fut l'un des fondateurs du journal l'*Observateur*; il devint licencié en droit en 1881 et docteur en droit en 1884, époque où il se fit inscrire pendant une année seulement au barreau de Paris et à la conférence Molé-Tocqueville.

Réinscrit, dès 1885, au barreau de Nantes, M. Anthime-Ménard fonda, en 1891, le *Nouvelliste de l'Ouest*, journal quotidien qui, complété par plusieurs organes hebdomadaires, est devenu, dans la région de l'Ouest, le grand facteur de l'adhésion des anciens partis d'opposition aux institutions républicaines. Directeur et seul propriétaire de cette importante œuvre de presse, il a lutté, depuis cette époque, à la fois contre l'opposition antirépublicaine de droite et contre la politique anticléricale de gauche.

A nouveau membre de la conférence Molé-Tocqueville et secrétaire de la gauche républicaine de cette réunion en 1897, M. Anthime-Ménard se présenta aux élections législatives dans la 1re circonscription de Saint-Nazaire, le 8 mai 1898, contre M. Gasnier, député sortant, représentant le parti de la concentration, et fut élu au premier tour de scrutin, par 9,158 suffrages, contre 8,156 obtenus par son concurrent.

M. Anthime-Ménard est membre du conseil de la Société des Bibliophiles bretons.

ALLÈGRE (Vincent-Gaëtan)

Sénateur, administrateur, avocat, né à Six-Fours (Var) le 7 août 1835. Après avoir fait ses études classiques et de droit à Aix, il s'inscrivit au barreau de Toulon, où, se mêlant de bonne heure aux luttes politiques, il défendit énergiquement la cause démocratique et combattit le régime impérial.

Nommé, dès 1865, conseiller municipal de Toulon, il fit preuve d'un tel dévouement civique pendant la cruelle épidémie qui ravagea cette ville, que le gouvernement, malgré son attitude d'opposition, lui accorda une médaille d'honneur. Successivement élu conseiller d'arrondissement et conseiller général du Var, pour le canton de la Seyne-sur-Mer, M. Allègre fut aussi le premier maire républicain de Toulon après le 4 septembre 1870. Révoqué de ces fonctions par le ministère du 24 mars 1873, il était si populaire qu'on ne put lui trouver un successeur pendant plus de six mois.

Élu député de la 2e circonscription de Toulon en 1876, par 7,361 voix sur 8,227 votants, il fut l'un des 363 et retrouva son siège, en 1877, après la dissolution. A la Chambre, M. Allègre fit partie de l'Union républicaine, prit une part importante aux discussions concernant les questions d'enseignement et fut l'un des rapporteurs de la loi actuellement en vigueur sur l'enseignement primaire. En politique étrangère, il signala, dès l'origine, l'évolution de l'Italie vers l'Allemagne.

En 1881, à l'échéance de la période législative, M. Allègre accepta les fonctions de gouverneur de la Martinique, poste qu'il avait refusé l'année précédente pour ne pas abandonner, durant son cours, le mandat législatif qu'il détenait. Dans cette situation, M. Allègre apporta un esprit de progrès réel et une grande science administrative. Le gouvernement de l'île de la Martinique, où l'esclavage n'avait été aboli qu'en 1848, était une œuvre laborieuse et délicate; il fallait organiser l'enseignement public et faciliter le développement de la petite propriété, alors complètement délaissée. Le nouveau gouverneur sut accomplir cette tâche et s'y concilier la sympathie générale, tout en conservant la confiance du pouvoir central.

A la mort de M. Demazes, sénateur de l'île, en 1883, M.Allègre fut choisi pour le remplacer, à l'unanimité moins une voix, par les délégués sénatoriaux ; il refusa de poser sa candidature ; mais, revenu en France pour raisons de santé en 1887, il fut élu, l'année suivante, sénateur de la Martinique, après une lutte assez vive, contre M. César Laîné. Il a été réélu en 1897, contre le même concurrent.

Au Palais du Luxembourg, M. Allègre prit bientôt une place en vue. Il est intervenu, à la tribune, dans toutes les questions intéressant la prospérité de la Martinique et des colonies en général. Membre de la Commission de la Marine et des Colonies, il a aussi fait partie de celle chargée d'examiner le projet de loi, adopté en 1896, qui déclare Madagascar colonie française et a participé à tous les travaux de la commission extra-parlementaire de la Marine. Inscrit à la gauche démocratique et aux groupes agricole et colonial, il est partisan des mesures protectionnistes.

Décoré de plusieurs ordres étrangers, M. Allègre est chevalier de la Légion d'honneur depuis 1881 et officier depuis 1886.

KAEMPFEN (Albert)

ADMINISTRATEUR et publiciste, né de parents suisses, à Versailles, le 15 avril 1826 et naturalisé français en 1849.

Il fit ses études classiques au collège Bourbon (aujourd'hui lycée Condorcet), suivit les cours de la Faculté de Droit et se fit inscrire au barreau de la Cour d'appel de Paris en 1849. M. Kaempfen fut secrétaire de la Conférence des Stagiaires sous le bâtonnat de Berryer.

Il débuta, en 1855, dans le journalisme, à la *Gazette des Tribunaux*, et ne tarda pas à se créer une place importante à l'*Illustration*, puis il collabora au *Courrier du Dimanche*, à la *Revue Moderne*, à la *Vie Parisienne*, à l'*Univers illustré*, à l'*Époque*, à la *Discussion*, de Lyon, au *Rappel*, au *Magasin d'éducation et de récréation*, au *Temps*, dont il fut, de 1866 à 1870, un des rédacteurs attitrés sous le pseudonyme, de X. Feyrnet.

Il a publié : la *Tasse à thé*, roman (1886) ; *Paris capitale du Monde* (1870) étude humoristique des mœurs de la fin de l'empire, en collaboration avec M. Edmond Texier ; des nouvelles dans plusieurs journaux de Paris ; une monographie du *Louvre*, dans la *France Artistique et monumentale*, etc.

M. Albert Kaempfen fit partie, en 1869, de la délégation des journalistes parisiens envoyés à l'inauguration de canal de Suez. Directeur du *Journal officiel* en 1871, il remplit ces fonctions jusqu'en 1874. Révoqué par le ministère de Broglie, il collabora régulièrement à l'*Univers illustré*, où, plusieurs années durant, il rédigea le courrier de Paris et des théâtres. Il a, pendant longtemps, envoyé des « Lettres parisiennes » au journal la *Gironde*, de Bordeaux.

Nommé inspecteur des Beaux-Arts en 1879 par Jules Ferry, M. Kaempfen fut délégué, en décembre 1882, dans les fonctions de directeur des Beaux-Arts. Par décret du 26 septembre 1887, il est devenu directeur des Musées nationaux et de l'Ecole du Louvre.

M. Kaempfen est officier de la Légion d'Honneur depuis le 31 décembre 1887. Il est aussi décoré des ordres de Léopold II de Belgique, St-Stanislas de Russie, de la Couronne d'Italie, Lion et Soleil de Perse, Soleil-Levant du Japon, et du Christ de Portugal.

GAUTHIER [de CLAGNY] (Albert)

DÉPUTÉ et avocat, né à Versailles le 14 septembre 1853. Il est fils d'un conseiller municipal de cette ville et propriétaire, qui construisit sur l'ancien parc de Clagny (domaine de M*me* de Montespan) tout un quartier nouveau. Il fit son service militaire dans la cavalerie, puis entra dans l'industrie, passant plusieurs années au milieu des ouvriers dans le Nord, aux Pyrénées et en Italie, s'occupant de l'exploitation de carrières de marbres durs. Les études juridiques l'attirèrent ensuite : il soutint brillamment sa thèse de doctorat en droit en 1882 et devint, en 1883, avocat au Conseil d'Etat et à la Cour de cassation. En cette qualité, il obtint, dans le procès de l'abbé Sterlin, un important arrêt qui établit la validité du mariage chez les ecclésiastiques, changeant ainsi la jurisprudence admise depuis le commencement du siècle. Il a aussi plaidé l'affaire Turpin et a été l'avocat de la famille dans le retentissant procès en cassation qui a abouti à la réhabilitation de la mémoire de Pierre Vaux.

Elu conseiller général du canton de Sèvres en 1886, mandat qui lui a toujours été renouvelé depuis cette époque, M. Gauthier de Clagny fut porté aux élections générales législatives de 1889, par le parti national et la fédération révisionniste, et nommé député de la 2*me* circonscription de Versailles, au 1*er* tour de scrutin, par 51,677 voix contre 2,161 à M. Ferdinand Dreyfus, ancien député, et 1,003 à M. Gaulier, député de la Seine sortant. Réélu successivement : au renouvellement général de 1893, par 6,007 suffrages, contre 2,715 à M. Lenoir, adjoint au maire de Versailles, et 564 à M. Cazalis, radical, et en 1898, par 5,644 sans concurrent, M. Gauthier de Clagny a été, pendant ces diverses législatures, membre de multiples commissions, telles que celles du Budget, de la réforme judiciaire et de la commission des " trente trois, " dans laquelle il s'est signalé par sa demande d'interpellation sur les poursuites exercées contre la Compagnie de Panama. Il a prononcé de nombreux discours, notamment contre l'impôt sur la rente ; il a présenté et défendu un projet relatif à la défense des ouvriers français contre la concurrence étrangère ; il prit une part importante à la discussion de la loi sur les opérations de bourse et parla à cette occasion des dangers de l'envahissement de notre pays par la finance cosmopolite ; il s'est occupé également de l'augmentation des pensions des sous-officiers et soldats ; il a aussi déposé un projet de loi rendant le vote obligatoire, s'est prononcé maintes fois contre le vote des articles restrictifs de la liberté de la presse et a défendu les intérêts du commerce dans la discussion de la loi sur les sociétés coopératives. Partisan du *referendum*, le député de Seine-et-Oise s'est particulièrement attaché à mettre en évidence les défauts et les lacunes du régime parlementaire et a proposé, à maintes reprises, la révision de la constitution de 1875.

M. Gauthier de Clagny n'est inscrit à aucun groupe du Palais-Bourbon ; il est républicain indépendant.

MÉRY (Henri)

ÉDECIN, né à Chartres (Eure-et-Loir) le 17 octobre 1862. Venu à Paris pour y suivre les cours de la Faculté de Médecine, il fut successivement interne à la Pitié, à Ivry, à l'Hôtel-Dieu et aux Enfants assistés, où il fut l'élève de MM. Proust et Sevestre ; puis il fut reçu docteur en médecine, avec une thèse très remarquée sur la *Sclérodermie* en 1889, agrégé et médecin des hôpitaux en 1898.

Comme chef de laboratoire du service de la diphtérie à l'hôpital des Enfants abandonnés, M. Méry a organisé, avec le Dr Sevestre, des conférences de démonstrations pratiques destinées à vulgariser les procédés du diagnostic bactériologique dans le monde médical.

Parmi les travaux publiés par M. le docteur H. Méry, il convient de citer : *Néphrite scarlatineuse*, *Perforation intestinale à la suite d'ulcérations urémiques*, *Péritonite* (1888) ; *Anatomie pathologique et naturelle de la Sclérodermie* (1889) ; *Recherches bactériologiques sur la salive des enfants atteints de la rougeole*, en collaboration avec le Dr P. Boulloche (1891) ; *Amyotrophies et polynévrites chez un enfant, paraissant pouvoir être rattachées à la lèpre*, en collaboration avec le Dr Sevestre (1893) ; *Sur la persistance du bacille de Laffler chez les enfants guéris de la diphtérie* (1895) ; *Étude expérimentale de l'action du sérum antidiphtérique sur la virulence du streptocoque* (1896) ; *Abcès à pneumocoques et streptocoques consécutifs à des injections sous-cutanées de caféine*, *Infection d'origine sanguine, Arthrites suppurées expérimentales à streptocoques* (1896) ; *Streptocoques et sérum de Marmorek* ; *Examen bactériologique de la strepto-diphtérie* ; *Gangrène pleuro-pulmonaire consécutive à la rougeole, étude bactériologique* (1897), *Recherches sur le séro-diagnostic de la morve*, avec le Dr Bourges (1898), etc.

Ces divers mémoires scientifiques ont été publiés dans les *Bulletins de la Société de Biologie*, de la *Société anatomique*, de la *Société clinique*, de la *Société médicale des hôpitaux*, dans la *Revue des maladies de l'enfance*, etc.

M. le docteur H. Méry est lauréat de la Faculté de médecine (1889) et membre de plusieurs sociétés savantes.

FOURNETS (Jean-Antoine-René)

RTISTE lyrique, né à Pau le 2 décembre 1858. Issu d'une très ancienne famille du Béarn, il commença, dans sa ville natale, des études classiques que des revers de fortune l'obligèrent à abandonner. Poussé par une véritable vocation artistique et doué dès l'enfance d'une voix superbe, il se présenta comme élève au Conservatoire de Paris et fut reçu, le premier sur 17 élèves admis et 163 concurrents, à l'unanimité du jury.

Après avoir suivi les classes d'Obin pour la déclamation lyrique et de M. Boulanger pour le chant, M. René Fournets sortit du Conservatoire avec deux premiers prix d'opéra et de chant (1884). Il s'était déjà brillamment produit aux Concerts Pasdeloup, à côté du célèbre baryton Faure.

Le jeune artiste débuta avec éclat dans les rôles de Frère Laurent (*Roméo et Juliette*) à l'Opéra-Comique et de Gritzenko (*l'Étoile du Nord*, décembre 1884). M. Fournets chanta ensuite tout le répertoire de basse sur cette scène lyrique et y fit de superbes créations, telles que celles de l'empereur Frédéric Barberousse du *Chevalier Jean*, d'Anton de *Maître Ambros*, de Saint-Corentin du *Roi d'Ys*, du duc d'Albe d'*Egmond*, du bûcheron d'*Enguerrande*, et du pope de *Dimitri*.

Engagé ensuite à l'Opéra comme chef d'emploi, au mois de décembre 1892, cet excellent artiste y fit de remarquables débuts dans le rôle de Méphistophélès de *Faust*. Depuis cette époque, il n'a cessé d'interpréter, avec une maîtrise peu commune, les œuvres du répertoire et sa réputation d'artiste et de chanteur s'est accrue de pair avec son beau talent. Parmi les créations, à l'Opéra, de M. Fournets, il convient de mentionner : ses rôles dans *Samson et Dalila*, *Frédégonde*, *Hellé*, etc.

M. Fournets s'est aussi fait entendre aux concerts Pasdeloup, Colonne, Lamoureux, de l'Opéra et du Conservatoire de Paris, aux concerts classiques de Liège, de Marseille, d'Angers et de Nantes et y a chanté notamment : *Le Paradis et la Péri*, de Schumann ; la *Nuit de Valpurgis*, de Mendelssohn ; *Manfred*, les *Symphonies* de Beethowen, les principaux fragments de tous les ouvrages de Wagner et surtout la *Damnation de Faust*. Dans ces villes diverses, ainsi qu'à Monte-Carlo, où il s'est rendu plusieurs fois, le jeu tragique et la belle voix de basse de cet artiste ont soulevé les acclamations du public.

M. Fournets a fondé, en 1894, une maison hospitalière destinée à recueillir les jeunes artistes dépourvus de ressources. Décoré de la médaille de sauvetage, en 1879, pour acte de dévouement, il est officier d'Académie depuis 1889.

FOURNETS-VERNAUD (Mme Maria)

PEINTRE, femme du précédent, née à Paris. Elle est la fille de M. Vernaud, ancien entrepreneur de travaux publics de la ville, qui fut le collaborateur de Viollet-Leduc exécuta de nombreux monuments, tels que la Banque de France, la Bibliothèque Nationale, les théâtres des Nations et du Châtelet et releva la colonne Vendôme, après les évènements de la Commune.

Mme Marie Vernaud apprit la peinture sous la direction de Diogène Maillard et exposa, pour la première fois, au Salon des Champs-Elysés, en 1885, une composition historique, intitulée : le *Chouan*.

Vinrent ensuite : *Enfant et Chien* (1888) ; *Frédégonde et Clotaire* (1889) ; l'*Enfant aux Cerises* (1892) ; *Distraction à l'Église* (1893), toile très bien venue ; *Petit homme* (1894) ; *Tête d'esclave révoltée*

(1895) ; *Faune et Bacchante* (1898), tableau de grande dimension, qui révèle chez cette artiste de réelles qualités de dessin et de coloris.

Il convient de mentionner aussi de Mme Fournets-Vernaud, toute une série de portraits, notamment ceux de MM^{mes} *Conta*, docteur en médecine ; *Deschamps-Jehin*, de l'Opéra ; *Fanny Thomas*, critique du *Musical Courrier*, de New-York, etc.

POINCARÉ (Raymond-Nicolas-Landry)

ANCIEN ministre, député, né à Bar-le-Duc (Meuse) le 20 août 1860. Fils d'un inspecteur général des ponts et chaussées, cousin germain du physicien de ce nom (1), il se fit recevoir docteur en droit, en 1882, devant la Faculté de Paris. Inscrit au barreau la même année, il devint premier secrétaire de la Conférence des avocats et prononça à cette occasion un *Eloge de Dufaure*, qui fut remarqué.

En même temps, M. Poincaré se révélait publiciste au journal le *Voltaire*, où il était chroniqueur, dès cette même année 1882 et jusqu'en 1887. En 1886, il fut nommé chef du cabinet du ministre de l'Agriculture. La même année, il était élu conseiller général de la Meuse, pour le canton de Pierrefitte.

La mort de M. Liouville ayant laissé vacant un siège législatif dans ce département, M. Poincaré fut élu député le 31 juillet 1887, au scrutin de liste, par 34,796 voix sur 46,944 votants. Alors un des plus jeunes membres de la Chambre, il fut rapporteur des projets de loi sur les acquits des chemins de fer et sur le contrat de louage et prit bientôt une place très en vue dans la majorité républicaine.

Réélu au renouvellement général de 1889, au scrutin uninominal, dans l'arrondissement de Commercy, par 9,648 voix, contre 7,993 à M. Gérardin monarchiste ; à celui de 1893, dans le même arrondissement, par 14,177 voix, sans concurrent, et à celui de 1898 par 14,476 voix, également sans concurrent, le député de la Meuse a été, au cours de ces diverses législatures, membre de la Commission du budget, rapporteur de celui des Finances pour les exercices 1891 et 1892, rapporteur général du budget de 1893 ; il a prononcé un grand nombre de discours, dont plusieurs eurent un grand retentissement, à la Chambre et au dehors.

Choisi, le 5 avril 1893, comme ministre de l'Instruction publique, des Cultes et des Beaux-Arts dans

(1) Notice page 135.

le premier cabinet Dupuy, M. Poincaré s'occupa, notamment, durant son passage à ce département, de la réforme des études médicales et de celle du doctorat en droit ; il déposa devant le parlement le projet de loi sur les universités, que son successeur, M. Combes reprit ensuite et dont, plus tard, il devint à la Chambre, le rapporteur naturellement désigné.

Démissionnaire, avec ses collègues, le 3 décembre de la même année, M. Poincaré eut le portefeuille des Finances, auquel ses études et sa compétence le portaient plus particulièrement, dans le deuxième cabinet Dupuy, du 31 mai 1894 au 20 janvier 1895. Il prépara à ce moment le projet de loi sur les successions, celui sur la péréquation de l'impôt foncier, tous deux votés par la Chambre, etc.

Républicain de gouvernement et protectionniste déclaré, M. Poincaré conserve à la Chambre une situation prépondérante. Il a collaboré, avec M. Waldeck-Rousseau et d'autres parlementaires éminents, à la fondation du grand Cercle républicain, et il a été élu membre de son conseil général.

Au barreau de Paris, où son grand talent de parole est des plus appréciés et son caractère très estimé, le député de la Meuse a plaidé dans un certain nombre d'affaires civiles importantes.

On connaît de M. Raymond Poincaré un ouvrage sur le *Droit de vente dans la propriété mobilière* (1883).

CLAMAGERAN (Jean-Jules)

Sénateur inamovible, ancien ministre, écrivain, né à la Nouvelle-Orléans (Etats-Unis d'Amérique) le 29 mars 1827. Issu de parents d'origine française, M. Clamageran vint de bonne heure en France et fit ses études classiques au collège Henri IV, à Paris, où il obtint plusieurs prix au concours général. Dès qu'il eut atteint sa majorité, c'est-à-dire quelques semaines après la révolution de 1848, il fit valoir ses droits à la nationalité française, en vertu de l'article 10 du code civil, et se fit recevoir docteur en droit, en 1851, avec une thèse remarquée sur les *Obligations Naturelles*. L'année suivante il obtenait la première médaille au concours de doctorat.

M. Clamageran se montra, dès le coup d'Etat, parmi les plus énergiques opposants à l'Empire. En 1864, il fut compris, avec Hérold, Jules Ferry, Floquet, Dréo, etc., dans le procès dit des « Treize » et condamné à cinq cents francs d'amende. Sa collaboration au *Manuel électoral* avait déjà attiré sur lui l'attention du pouvoir.

Après le 4 septembre 1870, nommé adjoint à la Mairie de Paris, il fut spécialement chargé de la surveillance des approvisionnements pendant le siège. Démissionnaire en février 1871, il se tint quelque temps à l'écart de la politique.

Protestant libéral, M. Clamageran prit, en 1872, une part active aux débats du Synode général des Eglises réformées de France.

En 1876, le quartier des Bassins, maintenant dénommé quartier de Chaillot (XVI° arrond'), par 1,327 voix contre 1,470 votants, l'envoya au Conseil municipal de Paris, dont il fut vice-président et où il occupa bientôt une situation prépondérante. Membre des plus importantes commissions de l'Hôtel de Ville, il fut rapporteur du règlement sur les dépenses de l'octroi.

Le 14 juillet 1879, M. Clamageran entra au Conseil d'Etat dans la section de la guerre, de la marine, des colonies, des postes et télégraphes et des finances.

Nommé, en décembre 1882, sénateur inamovible, après le décès de l'amiral Pothuau, M. Clamageran alla siéger à gauche. Il prit le portefeuille des Finances dans le cabinet formé par M. H. Brisson le 6 avril 1885, mais il dut donner sa démission, dix jours après, pour raison de santé.

Républicain progressiste M. Clamageran a prononcé au Sénat des discours notables, sur les questions de finances, sur la question des princes, sur les associations et les congrégations, sur le domaine public, sur le louage des services, sur la taxe des céréales, sur le régime fiscal en Algérie, etc.

Lors de la campagne menée pour obtenir la révision du procès intenté au capitaine Dreyfus en 1894, il prit parti en faveur de ce mouvement et se fit inscrire à la Ligue pour la défense des Droits de l'Homme et du Citoyen (1898).

L'honorable sénateur a publié, en outre de sa thèse, déjà citée : un mémoire sur le *Louage d'industrie, le mandat et la commission*, couronné par la Faculté de Droit (1856); *L'Etat actuel du protestantisme français* (1857); *Histoire de l'impôt en France* (3 vol. 1867 à 1876); *Le Matérialisme contemporain* (1869); *Cinq mois à l'Hôtel de Ville, Souvenirs du siège de 1870-71*; *La France républicaine* (1873); l'*Algérie* (1874-1884); *La Réaction économique et la démocratie* (1891); *la lutte contre le Mal* (1897) et un grand nombre d'articles dans la *Revue pratique du droit français*.

M. Clamageran est chevalier de la Légion d'honneur depuis 1882.

ROYBET (Ferdinand)

PEINTRE et graveur, né à Uzès (Gard) le 12 avril 1840. Il fit ses premières études à l'école de gravure de Lyon et vint, en 1864, à Paris, où il fréquenta assidûment le Louvre. Il envoya, dès 1865, au salon des Champs-Elysées une *Musicienne* et un *Intérieur de cuisine*, deux toiles qui furent très remarquées et deux eaux-fortes pour l'album de la Société des Aquafortistes, *Faneuse* et en *Retard pour la fête*; l'année suivante on vit de lui : *Un fou sous Henri III*, tableau qui eut un succès retentissant; médaillé et acheté par la princesse Mathilde, il décida la réputation du jeune artiste.

Vinrent ensuite : *Un duo*, « peint d'une brosse hardie, » dit M. Maxime Ducamp (1867) ; *Les joueurs de trictrac*, d'une habileté remarquable ; le *Concert* (1869), acquis par M. Vanderbilt ; l'*Amateur d'estampe* ; la *Femme au perroquet*, qui appartient au grand-duc Alexis ; la *Chanson à boire* et le *Jour des rois*, deux tableaux décoratifs pour M. Hériot (1870).

En 1871, M. Roybet alla visiter les musées de Hollande, se pénétra plus particulièrement de la manière de Rembrandt et de Hal, puis il resta plus de vingt années sans faire d'envois aux expositions. Il reparut au Salon des Champs-Elysées, en 1892, avec deux magnifiques portraits : *M. Louis Prétci* et *Mme Juana Romani*, une de ses élèves, et fut décoré pour cette exposition. Il donna ensuite : *Charles le Téméraire à Nesles* et *Propos galants*, deux œuvres magistrales qui lui valurent la médaille d'honneur ; la dernière fut vendue 100.000 francs à M. Mac-Léod pour sa galerie (1893) ; *La main chaude*, qui fit sensation (1894) ; *La sarabande* (1895) ; *L'œuvre* (1896) ; *Porte-étendard*, *Philippe-Cluvier* (1897) ; *L'astronomie* ; *Portrait de M. Vigneron* (1898). Il faut encore citer le portrait équestre du commandant Hériot ; ceux de Mme Hériot et de ses enfants ; de Mme Gibson ; de Mme la baronne de Berckhein ; de MM. Georges de Dramard, Antoine Guillemet, etc.

M. Roybet a conquis une grande renommée comme portraitiste ; artiste puissant et expressif, coloriste sobre et exact, dessinateur vigoureux, on le place au nombre des meilleurs maîtres contemporains.

Cet éminent artiste a obtenu une médaille de 3e classe en 1866, la médaille d'honneur au Salon de 1893, ainsi qu'à l'Exposition universelle d'Anvers (1894), à celles de Berlin et de Vienne. Il est chevalier de la Légion d'honneur depuis 1892.

COSTA de BEAUREGARD (Charles-Albert Marquis de)

HISTORIEN, membre de l'Académie Française, ancien député, né le 24 mai 1835 à Lamotte-Servolex (Savoie). Il appartient à une très ancienne famille savoyarde, dont plusieurs membres se sont distingués dans la politique, les armes et les lettres, notamment son grand-père, le marquis Henri Costa de Beauregard, qui fut quartier-maître général de l'armée Austro-Sarde en 1796.

Elevé en Belgique, le marquis Charles-Albert Costa de Beauregard, au moment de la guerre de 1870-71, fit la campagne en qualité de commandant des mobiles de la Savoie ; il se conduisit très brillamment, fut blessé à la bataille de Héricourt et emmené en Allemagne, comme prisonnier de guerre.

Il rentra en France pour siéger à l'Assemblée nationale. Très populaire en Savoie, il avait été, en effet, pendant sa captivité, élu, seul candidat de la liste conservatrice, député de Chambéry, par 19,339 voix. Il prit place à droite, s'inscrivit à la réunion Colbert et aux Réservoirs, signa l'adresse des députés syllabistes au Pape et la proposition de rétablissement de la monarchie. A la suite d'un discours séparatiste, prononcé dans un banquet par M. Piccon, député de Nice et qui produisit sur la France une émotion profonde, le député de Chambéry protesta, à la tribune de l'Assemblée, du patriotisme inaltérable de la Savoie:

> Il ne peut entrer, déclara-t-il, dans la pensée de personne, que la Savoie soit solidaire de ce qui a pu se passer à Nice. A ces aspirations anti-françaises, nous n'avons, nous, qu'à opposer l'affirmation de notre patriotisme. Nous pouvons, en Savoie, être divisés d'opinion ; mais devant Dieu et devant le pays, j'affirme que républicains et monarchistes se rallieront toujours, comme pendant la guerre, au cri de « Vive la France ! ».

En 1875, lors des élections générales législatives, le marquis Costa de Beauregard ne se représenta pas.

Ecrivain de race, doublé d'un perspicace et caustique historien, il se consacra dès lors tout entier à la littérature ; il a été élu membre de l'Académie Française le 21 janvier 1896, au fauteuil de Camille Doucet.

On doit à M. Costa de Beauregard des ouvrages d'un réel intérêt historique : *Un homme d'autrefois*, souvenirs recueillis par son arrière petit-fils (1877) ; *Prologue d'un règne, La jeunesse du roi Charles-Albert* (1889) ; *Epilogue d'un règne, Les dernières années du roi Charles-Albert* (1890) ; le *Roman d'un Royaliste* (1892) ; *Prédestiné* (1897). Il a donné, en outre, une longue suite d'études au *Correspondant* et a publié de nombreux opuscules. Il a fait aussi des conférences historiques, à Rome et à Florence.

Nommé chevalier de la Légion d'honneur, pour fait de guerre en 1871, M. le marquis Costa de Beauregard, est commandeur de l'ordre des Saints Maurice et Lazare.

DROUHET (Julien-Théodore)

ÉNATEUR, né à la Rochelle (Charente-Inférieure) le 4 avril 1817. Emmené très jeune par ses parents à l'île de la Réunion (alors île Bourbon), il fut un des plus brillants élèves du collège royal (aujourd'hui lycée) de St-Denis et il devint professeur dans cet établissement en 1833, n'ayant pas encore atteint sa dix-septième année. Il donna sa démission pour fonder, en 1841, l'institution devenue l'Ecole Joinville, qui contribua puissamment au progrès des études universitaires dans la colonie.

Le 1ᵉʳ mai 1848, M. Drouhet rentrait au lycée comme proviseur ; le 1ᵉʳ janvier 1866, il était nommé inspecteur, chef de l'Instruction publique, dans la colonie.

Le 8 mars 1867, M. Drouhet avait été élu membre du conseil municipal de St-Denis. En cette qualité, chargé d'un rapport sur un déficit de 212,000 francs constaté, dès le mois de mars 1867, dans la caisse du receveur municipal de St-Denis, il crut devoir conclure à la responsabilité du receveur général. Après avoir épuisé toutes les juridictions, l'agent comptable dût rembourser les deniers municipaux et la commune ne subit aucune perte. L'attitude indépendante de M. Drouhet en cette affaire déplut au pouvoir impérial, qui prononça prématurément sa mise à la retraite comme inspecteur de l'enseignement, le 31 juillet 1869.

Elu conseiller général, pour le canton de St-Denis, le 19 février 1871 et réélu conseiller municipal le 5 mars suivant, M. Drouhet fut choisi comme vice-président du Conseil général de la Réunion le 7 décembre 1871. Il fut appelé sept fois à la présidence de cette assemblée, de 1874 à 1880.

Nommé, en cette dernière année, directeur de l'Intérieur à la Guyane, huit mois après il passait dans l'Inde, en qualité de gouverneur des Etablissements français ; enfin le 21 juillet 1884, il était désigné pour les fonctions de trésorier payeur à la Réunion. Il refusa cette position et revint à St-Denis.

Réélu conseiller général le 13 septembre 1886, M. Drouhet reprit la présidence du Conseil et, le 28 septembre 1890, il était nommé sénateur de la Réunion, en remplacement de M. Milhei-Fontarabie, décédé, par 95 voix contre 72, obtenues par M. de la Serve. Réélu en 1894 contre le même concurrent, M. Drouhet a toujours siégé à la gauche républicaine du Sénat. Très indépendant, d'ailleurs, il vote souvent avec la gauche démocratique. Membre de la Commission de l'Armée, il s'est surtout attaché à l'étude des questions touchant l'organisation d'une armée coloniale et la réorganisation judiciaire des colonies. Il est libre échangiste déclaré.

L'honorable sénateur de la Réunion a été nommé officier d'Académie en 1866, par V. Duruy, alors ministre de l'Instruction publique, auprès duquel il avait été envoyé en mission. Le fait de ne posséder que cette seule distinction, après une aussi longue carrière administrative, témoigne d'une indépendance vis-à-vis du pouvoir assez rare pour devoir être mentionnée.

ROUJON (Henry-François-Joseph)

ITTÉRATEUR et administrateur, né le 1ᵉʳ septembre 1853 à Paris, où il fit ses études classiques aux lycées Henry IV et Saint-Louis. Après avoir suivi les cours de la Faculté de Droit et reçu le diplôme de licencié en 1874, M. Henry Roujon entra, deux ans plus tard, au ministère de l'Instruction publique et des Beaux-Arts et y conquit rapidement tous les grades administratifs. Secrétaire de Jules Ferry, alors président du Conseil et ministre de l'Instruction publique (1889), puis nommé chef de bureau au cabinet du ministre, par Paul Bert, il montra de telles aptitudes organisatrices que M. Léon Bourgeois, ministre de l'Instruction publique, l'appela, en 1891, à la direction des Beaux-Arts, en remplacement de M. Gustave Larroumet.

Dès son arrivée à la direction des Beaux-Arts, M. Henry Roujon donna les preuves d'une grande activité et d'un sens parfait des nécessités artistiques ; il concentra tout d'abord ses efforts en vue de la fusion de l'ancien service des Bâtiments civils avec cette administration et de la création d'une caisse des Musées nationaux, choses faites aujourd'hui, la première unifiant la direction de deux services analogues, et la seconde doublant les ressources destinées aux acquisitions de nos musées.

Ecrivain très apprécié dans les milieux artistiques et littéraires, il a fondé, avec M. Catulle Mendès, la *République des Lettres*, a collaboré à divers journaux et revues, notamment au *Voltaire*, à la *Revue* bleue, à la *Revue des Lettres, des Arts*, etc. Il a publié en librairie un roman illustré : *Miremonde*, qui lui assure une bonne place parmi les romanciers contemporains (1896).

M. Henry Roujon est officier de l'Instruction publique et, depuis 1895, officier de la Légion d'honneur.

DUPAIN (Edmond-Louis)

PEINTRE, né à Bordeaux le 13 janvier 1847. Fils de commerçants, il suivit les cours de dessin de l'Ecole municipale et obtint, de la ville de Bordeaux, une pension qui lui permit de venir étudier à Paris.

Admis à l'Ecole des Beaux-Arts dans l'atelier de Cabanel, M. Dupain exposa pour la première fois en 1870, au Salon des Champs-Elysées, la *Mort de la nymphe Espéric*, sujet mythologique ; puis, successivement : le *Vieux chasseur* (1873) ; *Thyoné chasseresse* (1874, depuis au musée de Narbonne) ; la *Jeunesse et la Mort*, 1875, 3ᵉ méd.) ; le *Bon Samaritain*, destiné à l'Eglise de Longwy (Moselle) et *St-Gervais et St-Protais conduits au martyre*, pour l'Eglise de Pierrefitte (Seine), ces deux dernières œuvres sont des pages magistrales, d'une couleur vigoureuse et d'un dessin châtié (1877, 1ʳᵉ méd.) ; le *Droit de sortie à Bordeaux au XVIᵉ siècle*, panneau décoratif, placé dans la salle du Tribunal de commerce de cette ville ; la *Mort de Pétion et Buzot* (1879), au musée de Libourne ; le *Choix d'une arme* (1880) ; *Le printemps chasse l'hiver* (1881) ; *A la dérive* (1882) ; *Le chemin difficile*, tableau de genre bien des fois reproduit par la gravure, qui fait partie de la galerie du grand-duc Alexis de Russie (1883) ; *Portrait de Mᵐᵉ Jung* ; *Passage de Vénus devant le Soleil*, plafond commandé pour la salle du musée astronomique de l'Observatoire de Paris (1886) ; le *Départ de l'enfant prodigue* ; *Portrait de l'amiral Mouchez* (1887) ; *Entre deux dangers* ; *Musique de rue, Biskra* (1888) ; la *Mort de Sauveur, le héros breton républicain* 1889, acheté par la ville de Bordeaux pour son musée, une des plus belles toiles de cet artiste) ; *Portrait de M. Haumesser* ; *Portrait de M. Jamin* (1890) ; *Portrait de M. Eugène Morin* ; *Jeunesse et Chimère* (1891) ; le *Passant*, toile inspirée par la pièce de François Coppée (1892) ; *Par dessus l'épaule* (1893) ; *Centenaire de l'Ecole Polytechnique*, grande composition renfermant les portraits de toutes les illustrations sorties de l'Ecole depuis cent ans (1895) ; *Pour le bal* ; *Portrait de l'Abbé Lacroix* (1897) ; *Doux propos* ; *Malice* (1898).

On doit aussi à M. Edmond Dupain de nombreux portraits, parmi lesquels il convient de citer : ceux de *Delaunay, de la Comédie Française*, pour le foyer de l'Odéon, du *Colonel de Rochas d'Aiglun*, administrateur de l'Ecole Polytechnique, du *Colonel Pistor*, du *Général André*, du *Général Borius*, du *Colonel Laussedat*, directeur du Conservatoire des Arts et Métiers ; de l'*Astronome F. Tisserand*, ancien directeur de l'Observatoire de Paris, commandé à M. Dupain par l'Observatoire de Pulkowa (Russie).

Cet excellent artiste a exécuté également de nombreux travaux décoratifs, tels que : *le Commerce protégeant les Arts*, plafond allégorique et l'*Apothéose d'une mère*, peinture également destinée au plafond d'un hôtel particulier.

Tour à tour peintre d'histoire, de genre, décorateur, portraitiste, paysagiste, M. Dupain se distingue par de réelles qualités de composition, une science approfondie de l'art du dessin et une coloration vigoureuse et délicate à la fois.

Titulaire d'une médaille de 3ᵉ classe en 1875, d'une de 1ʳᵉ classe en 1877 et de deux autres récompenses aux expositions universelles de 1878 et 1889, M. Dupain a été nommé maître de dessin à l'Ecole Polytechnique en 1879. Officier de l'Instruction publique depuis 1892, il a été décoré de la Légion d'honneur en 1894.

LEGOUX (Emile-Bernard-Jules Baron)

HOMME politique, publiciste, ancien magistrat, né à Saint-Amand (Cher) le 16 novembre 1836. Petit-fils du baron Legoux, procureur général près la cour de Paris sous le premier empire, il fit ses études classiques au lycée Bonaparte, prit la licence en droit, prêta serment d'avocat et fut attaché au parquet du procureur général à Paris. Successivement substitut à Sainte-Menehould (1863) et à Epernay, puis procureur impérial à Avallon et à Corbeil, M. le baron Legoux occupait ce dernier poste durant l'invasion allemande. Il refusa alors de remplir ses fonctions sous la pression des baïonnettes prussiennes, bien qu'on l'eût menacé d'internement en Allemagne.

Il était procureur de la République à Chartres depuis deux ans, lorsqu'il fut nommé, en novembre 1877, chef de cabinet de son ami, M. Lepelletier, garde des sceaux dans le ministère Rochebouet,

La chute de ce ministère amena sa retraite de la magistrature.

Elu, en 1880, conseiller municipal et maire des Chapelles-Bourbon (Seine-et-Marne), M. le baron Legoux fut, en 1887, candidat plébiscitaire aux élections municipales dans le xvi⁰ arrondissement de Paris; il se présenta aussi, lors des élections législatives de 1889, dans la 2⁰ circonscription de Troyes et échoua, avec de fortes minorités, les deux fois.

Membre du comité de législation impérialiste, du comité d'action, du comité national plébiscitaire, etc., M. le baron Legoux fut choisi, en 1888, par le prince Victor-Napoléon, comme son délégué général près les comités plébiscitaires de la Seine et, en 1890, comme président de ces comités, lors de la retraite du général du Barail. En mai 1894, il donna sa démission, mais il fut réélu en août de la même année, par tous les comités réunis. Cette présidence, à son expiration, lui a été renouvelée, le 18 décembre 1898, à la presque unanimité des voix et pour une nouvelle période de trois ans.

L'un des chefs les plus populaires du parti impérialiste et l'un des conseillers les plus écoutés du prince Napoléon, c'est surtout comme homme politique et entraîneur de foules que M. le baron Legoux est connu. Il a soutenu la cause de l'appel au peuple, qui lui est chère, avec beaucoup d'énergie et de conviction, en de nombreuses conférences et réunions publiques, ainsi que dans les journaux tels que le *Courrier du Pas-de-Calais*, l'*Ordre*, le *Peuple français*, le *Moniteur de la Semaine*, le *Révisionniste*, la *Patrie*, le *Petit Caporal*, l'*Aigle*, l'*Appel au Peuple*, le *Plébiscite*, qu'il a dirigé de 1894 à 1896, tous organes impérialistes.

Comme littérateur, M. le baron Legoux a publié des livres très documentés, notamment ; *Du droit de grâce en France comparé avec les législations étrangères*; *Histoire de la commune de Chapelles-Bourbon*, qui obtint, entre autres récompenses, une mention de l'Académie Française; d'intéressantes études de mœurs; les *Propos d'un Bourgeois de Paris*, *Hommes et Femmes* (1ʳᵉ série), les *Reflets* (2⁰ série), *Simples esquisses* (3⁰ série) ; *Pro Patria*, couronné par la Société nationale d'encouragement au bien ; le *Prétexte*, un acte en prose joué au Vaudeville ; *Cinq ans après*; *Par téléphone*; *Monsieur mon parrain*; *Lettre d'amour*; *Autour d'un chapeau*; *Où c'est bleu*; *Panoplie*; *Conférence sur le patriotisme des sapeurs-pompiers* (épuisé) ; *Une Patriote*, etc.

SAINT-MARCEAUX (Charles-René de PAUL de)

SCULPTEUR statuaire, né à Reims le 23 septembre 1845. Fils d'un négociant en vins de Champagne bien connu, ses parents le destinaient au commerce et c'est contre le gré de sa famille qu'après avoir fait ses études classiques dans sa ville natale et un voyage de courte durée en Allemagne, il entra, en 1869, dans l'atelier Jouffroy, qu'il ne quitta point lors de l'établissement des cours à l'Ecole des Beaux-Arts.

Le Salon de 1868 le vit exposer pour la première fois une statue en marbre : la *Jeunesse du Dante*, qui fut remarquée et a été acquise depuis par le musée du Luxembourg. Des raisons de santé éloignèrent, durant près de quatre années, le jeune artiste de toute exposition ; mais en 1872, il donna la statue en bronze de l'*Abbé Miroy* (prêtre fusillé à Reims par les Allemands), statue érigée par souscription publique, qui fut exclue du Salon à cause de son caractère même, et n'en n'obtint pas moins la seconde médaille.

Puis vinrent successivement: *Enfant* (1874); un *Florentin*, auquel la critique réserva les plus grands éloges (1875) ; *Génie gardant le secret de la Tombe*, statue en marbre qui est au Luxembourg et valut à son auteur la médaille d'honneur (1879) ; *Arlequin*, statue en plâtre d'une conception toute nouvelle (1880) ; *Danseuse arabe* (1886); *Faneuse*, terre cuite (à l'Exposition universelle de 1889); la *Dame de Pique*, statuette en pierre peinte (1890); *Première Communion*, acquise par le musée de Lyon ; *Jeanne d'Arc au Sacre*, projet de statue pour la cathédrale de Reims (1893); *La Faute*, femme couchée (1894, au musée de Bucharest); *Nos Destinées*, groupe plâtre (1898), etc.

M. de Saint-Marceaux a produit en outre une certaine quantité de bustes et de statues décoratives, parmi lesquels il convient de citer : les bustes de Mⁱˡᵉ *Blanche Baretta* de la Comédie Française (1875), de *Meissonnier*, (1882) du peintre *Dagnan-Bouveret*, acquis par l'Etat pour le musée du Luxembourg ; de *Renan*, (1893), de *Claudin*, de *Gabriel d'Annunzio* et d'*Edouard Detaille* (1898) et ses statues de la *Musique*, femme jouant de la harpe, qui décore le château de Ferrières ; la *Vigne*, composition destinée à décorer un bassin à l'Hôtel-de-Ville de Reims ; la *Danseuse*, acquise pour la galerie de M. Joseph Reinach; *Bailly au serment du Jeu de Paume*, placée à Versailles dans la salle du Jeu de Paume ; la *Dame*

— 237 —

de Pique et Wakien la japonaise, figurines d'une préparation et d'une technique particulières, qui révèlent un des côtés les moins connus, mais des plus appréciables du talent de cet artiste. Il a aussi exécuté quelques monuments funéraires, notamment : le tombeau d'*Alexandre Dumas fils*, au cimetière Montmartre, composition de grand caractère et celui de *M. Tirard* au Père-Lachaise, pour lequel il a donné une statue du *Devoir* vraiment admirable. On connait encore de lui, un projet de statue d'*Alphonse Daudet* et *Les destinées*, groupe décoratif pour couronner un monument dédié aux poètes lyriques (1899).

L'éminent sculpteur est officier de la Légion d'honneur depuis 1889.

LAFENESTRE (Georges)

MEMBRE de l'Institut, administrateur, poète et critique d'art, né le 5 mai 1837, à Orléans, où il commença ses études classiques, qu'il termina au lycée Charlemagne, à Paris.

Entré à la direction des Beaux-Arts en 1870, M. Georges Lafenestre devint chef de bureau six ans après et fut nommé inspecteur des Beaux-Arts et commissaire général des expositions des Beaux-Arts en 1879. En cette qualité, il fut délégué, de 1879 à 1885, aux expositions de Munich, de Vienne, d'Amsterdam et d'Anvers. Secrétaire du jury des Beaux-Arts à l'Exposition universelle de Paris (1878), il fut élu par les artistes comme secrétaire-rapporteur de la section de peinture à celle de 1889.

Nommé conservateur-adjoint des peintures, dessins et de la chalcographie au musée du Louvre et professeur de l'histoire de la peinture à l'école du Louvre en 1886, il devenait, deux ans après, conservateur titulaire de ce poste. Depuis 1889, M. Georges Lafenestre est aussi professeur suppléant du cours d'esthétique et d'histoire de l'art au Collège de France. Il a été élu membre libre de l'Académie des Beaux-Arts le 6 février 1892.

M. Lafenestre a publié les ouvrages suivants : les *Espérances* (1864) et *Idylles et chansons* (1874), deux volumes de vers appréciés; *l'Art vivant*, recueil de critiques sur les Salons annuels de 1868 à 1873 ; *Études artistiques et historiques* (1882) ; *Bartholoméa* (1883), roman de mœurs romaines ; les *Maîtres anciens*; *Description du Musée de Montpellier*, parue dans l'*Inventaire général des richesses d'art de la France*; le *Musée de Harlem* (1884); *La Peinture italienne depuis les origines jusqu'à la fin du XVᵉ siècle* (1885) ; *La vie et l'œuvre du Titien* (1886) ; en collaboration avec M. Richtenberger : *La Peinture en Europe*, dont cinq volumes ont paru sous les titres : *Le Louvre* (1893); *Florence* (1895); la *Belgique* (1896) ; *Venise* (1897); *La Hollande* (1898).

Cet érudit a aussi donné un livre très remarqué sur *Lafontaine*, dans la collection des grands écrivains de Hachette et *La tradition dans la peinture française*, études sur le XIXᵉ siècle (1898). Il a collaboré à la *Revue Contemporaine* (1859-70), au *Moniteur Universel* (1868 à 1879), à la *Gazette des Beaux-Arts*, depuis 1869, à la *Revue de l'Art ancien et moderne*, au *Figaro illustré* et à la *Revue des Deux Mondes* où, de 1886 à 1897, il a fait les comptes-rendus des Salons annuels. Il est en outre l'auteur du *Livre d'or du Salon de peinture et de sculpture*, magnifique publication artistique qui a paru tous les ans de 1879 à 1892, date à laquelle est mort son éditeur, Jouaust.

Commandeur des ordres de la couronne d'Italie, de François-Joseph d'Autriche, de St-Michel de Bavière, du Christ de Portugal, officier de Léopold II de Belgique, de St-Stanislas de Russie, M. Georges Lafenestre est chevalier de la Légion d'honneur depuis 1879.

MENDÈS (Catulle)

POÈTE, romancier, critique dramatique et musical, né à Bordeaux le 22 mai 1841, selon le *Dictionnaire Vapereau* et plusieurs biographes, et en 1843, d'après d'autres.

Venu à Paris à dix-huit ans, il se jeta dans la littérature et s'y fit assez rapidement une certaine notoriété par les nouveautés de la forme et les hardiesses très scabreuses de ses tableaux. Il fonda, en 1861, la *Revue fantaisiste*, où écrivirent Th. Gautier, Albert Glatigny, Paul Verlaine, Xavier de Ricard, etc., et publia ensuite un premier volume de vers, *Philomène* (1864). Puis, en société avec Xavier de Ricard, il créa le *Parnasse* ; de là le nom de « Parnassiens » donné à ce groupe de poètes, qu'on avait d'abord appelé les « Fantaisistes », d'après le titre de la *Revue*, et les « Impassibles », à cause d'un sonnet de Th. Gautier, d'un poème de L.-Xavier de Ricard et d'un autre sonnet de M. Catulle Mendès. Dans cette revue, il fit paraître le *Roman d'une nuit*, comédie non représentée, dont la publication le fit condamner à un mois de prison et 500 francs d'amende.

M. Catulle Mendès occupe dans les lettres une place des plus en vue ; il a écrit de nombreuses poésies, des romans, du théâtre, etc. Ses œuvres se font remarquer par les mêmes particularités qui signalèrent ses premières productions. Ses poésies se succèdent dans l'ordre suivant : *Odelettes guerrières* (1871); *La colère d'un franc-tireur* ; *Contes épiques* ; *Hespérus*, singulière épopée mystique, parfois incompréhensible, d'après Swendeborg (1872); *Le Soleil de Minuit* ; *Soirs moroses* (1876) ; *Nouveaux contes épiques* ; *Poésies* (1885) ; *Les vaines amours* ; *La grive des vignes* (1896).

Ses contes et nouvelles portent les titres suivants : *Histoires d'amour* (1868) ; *Les 73 journées de la Commune* (1871); *Les Folies amoureuses* (1877); *La divine aventure* (1881) ; *Les monstres parisiens*, où il dépeint les perversités que l'on peut observer à Paris (2 vol., 1882-1885) ; *L'amour qui pleure et l'amour qui rit* (1883) ; *Les boudoirs de verre* ; *Jeunes filles* ; *Jupe courte* ; *Pour lire au bain* ; *Tous les baisers* (1884); *Le rose et le noir* ; *Les îles d'amour* ; *Les Contes du rouet* ; *Le Fin du fin*, avec un sous-titre fort suggestif : *Conseils à un jeune homme qui se destine à l'amour* (1885) ; *Toutes les amoureuses* ; *Pour les belles personnes* ; *Tendrement* (1886); *Le Souper des pleureuses* ; *L'envers des feuilles* ; *Les Oiseaux bleus* (1888) ; *Le confessionnal*, « contes chuchotés » (1890), etc.

Comme romancier, on doit à M. Mendès: *La vie et la mort d'un clown* (1879) ; *Le roi Vierge* (1881) ; *Le crime du vieux Blas* (1882) ; *Zo'har* (1886) ; *L'homme tout nu* ; *La première maîtresse* 1887) ; *Grande Maguet* (1888) ; *La femme-enfant* (1889) ; *La maison de la vieille* (1890) ; *Rue des Filles-Dieu, 56* (1893) ; *Gog* (1894) ; *Le chercheur de tares* (1897). La plupart de ces romans ont atteint un tirage considérable.

Au théâtre, M. Catulle Mendès a donné : *La part du roi*, com., 2 a. en vers (1872) ; *Les frères d'armes*, drame, 4 a., au théâtre Cluny (1873) ; *Justice*, drame en 3 a., à l'Ambigu (1877) ; *Le capitaine Fracasse*, op.-com. en 3 tableaux, d'après Th. Gautier (Opéra-Com., 1878) ; *Les mères ennemies*, drame, 3 actes et 10 tableaux (Ambigu, 1882) ; *Le châtiment*, drame en vers, 1887) ; *Gwendoline*, opéra en 2 actes, musique d'Em. Chabrier, joué à Bruxelles, puis à l'Opéra (1886) ; *La Femme de Tabarin*, tragi-parade, donnée au Théâtre-Libre (1887) et à la Comédie-Française (1893) ; *Isoline*, féerie, 3 actes (Renaissance, 1888) ; *Fiammetta*, drame en 6 actes, en vers (Théâtre libre, 1889, remanié en 5 actes et donné à l'Odéon, sous le titre de *Reine Fiammette*, en 1899); *Chand d'habits*, pant. (Folies-Bergère, 1896) ; le *Docteur Blanc*, pant. (Folies-Bergère 1897) ; *Médée*, tragédie en 3 actes, en vers (Renaissance, 1898). Il est, en outre, l'auteur de *Briséis*, drame musical, avec Éphraïm Mikaël, musique d'Em. Chabrier.

M. Catulle Mendès a donné des chroniques à presque tous les journaux de ce temps. Il a fondé, avec M. Henry Roujon, la revue la *République des Lettres*. Critique dramatique et musical au *Journal*, il réunit en un volume annuel, depuis 1893, tous les articles publiés en cette qualité, sous le titre : *L'Art au théâtre*. Mentionnons aussi ses études d'art, notamment sur *Richard Wagner* et sa *Légende du Parnasse contemporain*.

Il a fondé, en 1897, avec M. Gustave Kahn, au théâtre de l'Odéon, les « Samedis populaires de poésies ancienne et moderne », et les « Jeudis populaires de musique de chambre ancienne et moderne », au théâtre de l'Ambigu.

M. Catulle Mendès avait épousé, en 1866, Mlle Judith Gauthier, dont il s'est, depuis, séparé avec éclat.

Cet écrivain est chevalier de la Légion d'honneur depuis 1894.

HALAIS (Charles-Emile)

ÉCRIVAIN militaire, administrateur, né à Béthune (Pas-de-Calais) le 28 mai 1846. Il fit ses études au collège de Cambrai et s'engagea ensuite dans l'infanterie de marine (4e régiment). Parvenu au grade de capitaine, il fut pris, en 1879, comme aide de camp par l'amiral Aube, alors gouverneur de la Martinique.

Parti au Tonkin en 1886, comme aide de camp de Paul Bert, gouverneur général, M. Halais fut chargé d'une mission auprès du roi d'Annam, démissionna ensuite et fut nommé résident maire d'Hanoï. En cette qualité, il transforma rapidement la ville indigène en cité européenne, en employant les seules ressources du travail local. Il fut également président du Tribunal, président de la Chambre de commerce et résident de la province d'Hanoï. Rentré en France en 1888, après avoir partagé ses fonctions entre plusieurs résidents, M. Halais retourna en Indo-Chine l'année suivante comme résident maire de Tourane, où il organisa les services municipaux, la voirie et construisit les quais. Nommé, en 1894, résident maire de Haïphong, il quitta ce poste en 1896 et prit sa retraite, après un séjour de plus de vingt ans dans les colonies.

De retour à Paris, M. Halais, que sa situation de fonctionnaire avait jusque-là empêché de signer de son nom des articles publiés dans l'*Avenir Militaire*, la *France militaire*, la *Marine française* et la *Liberté Coloniale*, reprit ouvertement sa plume de publiciste. Correspondant de l'*Indépendance Tonkinoise*, il collabore assidûment à l'importante *Revue des Colonies*; il est syndic de la Presse coloniale depuis 1897.

Candidat au Conseil supérieur des Colonies en 1898, contre M. de Lanessan, député, il échoua à peu de voix de différence. Il a été délégué de la Presse coloniale au Congrès international de Lisbonne et à d'autres congrès. Il fut, pendant deux années, président de la section de l'Indo-Chine à la Société de géographie commerciale de Paris, qui l'a élu membre de son comité.

M. Charles Halais est chevalier de la Légion d'honneur depuis 1885, médaillé du Tonkin, officier d'Académie et commandeur de plusieurs ordres étrangers.

HÉRISSON (Marie-Sylvestre)

SÉNATEUR et ancien député, né à Surgy (Nièvre) le 2 août 1835. Il est le frère de Charles Hérisson, qui fut ministre, député et conseiller à la Cour de cassation (1831-1893). Après avoir accompli ses études classiques au collège d'Auxerre, M. Sylvestre Hérisson se rendit à Paris pour suivre les cours de la Faculté de Droit; il fut reçu licencié en 1854 et s'établit ensuite à Clamecy avocat-avoué, profession qu'il a exercée de 1861 à 1878.

M. Sylvestre Hérisson débuta de bonne heure dans la politique, comme maire de Surgy; il devint, en 1879, conseiller général et maire de Clamecy et il a présidé le Conseil général de la Nièvre de 1881 à 1888.

Présenté par les comités républicains de l'arrondissement de Clamecy, lors des élections législatives du 21 août 1881, il fut élu député par 8,916 voix contre 8,040 à M. Le Pelletier d'Aunay, impérialiste. M. Sylvestre Hérisson prit place au groupe de la gauche radicale de la Chambre, dont il fut président à plusieurs reprises, et appuya de son vote et de ses efforts toutes les propositions ayant un caractère nettement progressiste. Porté en 1885, sur la liste républicaine radicale de la Nièvre, il fut réélu, le 2ᵉ sur cinq, par 43,025 voix sur 83,419 votants. Il suivit dans cette nouvelle législature la même attitude politique que dans la précédente et fut, notamment, rapporteur de la demande en autorisation de poursuites formée par M. Veil-Picard contre M. Wilson. (1888). Au renouvellement général de 1889, combattu dans l'arrondissement de Clamecy par les partis boulangiste et conservateur, il échoua, avec 5,965 suffrages, contre 10,390 à M. Jules Jaluzot.

Le 16 juin 1889, M. Hérisson se présenta au siège sénatorial rendu vacant dans la Nièvre par la mort de M. Decray et obtint 301 voix, contre 382 à M. de Moncorps, conservateur, élu; mais le choix des délégués sénatoriaux se porta sur son nom lorsqu'il s'agit de remplacer, au Luxembourg, M. de Laubespin, décédé. Élu, en 1896, sénateur de la Nièvre, par 476 voix contre 252 à M. de Lespinasse, candidat conservateur, il fut réélu au renouvellement de janvier 1897, par 376 voix, au 2ᵉ tour.

A la Chambre haute, M. Hérisson est inscrit au groupe de la gauche démocratique et participe activement aux travaux parlementaires.

PERRET (Hippolyte-Augustin-Paul)

ROMANCIER et critique dramatique, né le 12 février 1835 à Paimbœuf (Loire-Inférieure). Ses études classiques accomplies au collège de Nantes, M. Paul Perret vint à Paris suivre les cours de la Faculté de Droit, fut reçu licencié et se mêla aussitôt au mouvement littéraire. Il débuta en 1854, dans la *Revue de Paris* de Laurent Pichat et Maxime du Camp, par une traduction très remarquée des *Légendes Italiennes*, dont quelques-unes ont été empruntées par Shakespeare. Les *Légendes Italiennes* furent réunies en un volume devenu introuvable. M. Paul Perret donna aussi une *Histoire des Vaudois et des Albigeois*, et collabora, d'une façon assidue, à la *Revue Contemporaine*, où il publia: *l'Ame en voyage*, *Robert Stilfort*, *Avocats et Meuniers*, les *Verts galants de la Thulaye* et *Dame Fortune* (1857).

Parurent ensuite dans la *Revue Européenne*: le *Bourgeois de Campagne* (1859); dans le *Journal des Débats*: la *Pudeur* (1862); dans le *Temps*: le *Billet de Mille francs* (1863); dans la *Revue des Deux Mondes*: *Mademoiselle du Plessé*, la *Bague d'Argent*, le *Prieuré*, le *Parasite*, *Violante*, *l'Amour Eternel*, et en différents recueils: la *Parisienne*, les *Amours sauvages*, les *Bonnes Filles d'Eve*, la *Fin d'un viveur*, *Renée*, *Hors la loi*, etc.

A ces études, où l'imagination s'allie le plus souvent, et non sans agrément, à une observation très exacte du caractère et du temps, il faut ajouter les autres ouvrages de M. Paul Perret: *Mademoiselle de Saint-Ay* (1868 in-18); *Madame Valence* (1879 in-18); *Ni fille ni veuve* (1879 in-18); *l'Ame murée* 1879 in-18); *Ce que coûte l'amour* (1881 in-18); *Les Demi-mariages* (1881 in-18); les *Enervés* (1886 in-18); le *Roi Margot* 1887 in-18); *Sœur St-Agnès* (1888 in-18); *Après le Crime* (1888 in-18); *Mademoiselle de Bardclys* (1889 in-18); les *Derniers Rêveurs* (1890 in-18); le *Droit à l'Amour*

(1890 in-18); les *Filles Mauvoisin* (1891 in-18); *L'Amour et la Guerre* (1893 in-18); *Manette André*, scènes de la Révolution (1894 in-18); les *Demoiselles de Liré* (1895); la *Robe* (1896); *Madame Victor*, récit de 1813 (1897); *Thérèse Vaubecourt*, roman moderne paru dans la *Revue Hebdomadaire* en 1898.

On doit aussi mentionner du même auteur un grand ouvrage illustré sur les *Pyrénées Françaises* (1885-1886-1887) et presque toute la partie descriptive des *Châteaux historiques de France* (1879 à 1883).

M. Paul Perret a collaboré ou collabore encore à plusieurs journaux quotidiens, tels que *Paris-Journal* de Henri de Pène, la *Presse*, le *Moniteur Universel*, le *Gaulois*, etc.; il a rédigé pendant vingt années consécutives (1878-1898), avec une réelle autorité, la critique littéraire et dramatique à la *Liberté*.

En 1864, M. Paul Perret a épousé la fille du philosophe Théodore Jouffroy.

Cet excellent écrivain est lecteur-examinateur à la Comédie-Française, chevalier de l'ordre de François-Joseph d'Autriche, officier de l'Instruction publique et, depuis 1877, chevalier de la Légion d'honneur.

BARILLOT (Léon)

Peintre, né à Montigny-lès-Metz (Lorraine) le 11 octobre 1844. Il commença par dessiner des modèles de papiers peints chez son père, qui avait une importante fabrique à Metz, puis il suivit les cours de dessin de cette ville et vint à Paris en 1869. Dès cette même année, M. Léon Barillot envoya au Salon des Champs-Elysées plusieurs toiles représentant des *Fleurs* et un *Paysage*, qui furent reçus. Revenu à Metz et resté là pendant toute la durée du siège, il rentra à Paris après la Commune, travailla d'abord à l'atelier de Suisse, puis dans celui de Bonnat en 1872.

Parmi les nombreuses toiles dues à M.Léon Barillot, il convient de citer: *Cour de ferme dans la Haute-Marne; Herbage à Beuzeval*, Calvados(1873); *Animaux au pâturage sur les falaises de Cancale*; *La vieille Charlotte et sa vache*; *Vache cancalaise* (1874); la *Ferme Louëdin près d'Honfleur*; *Le vieux Jacques et ses bêtes* 1877); le *Gué de Las-Landies*; le *Jour du marché d'Aurillac* (1878); la *Ferme d'Onival* (Somme); *Marais d'Hautebut*, Somme (1879); *Troupeau dans un étang des Dombes*(Ain); *Les bêtes de Seurette*, Lorraine(1881); *Coup de vent sur les bords de la Manche*, placé au musée de Bourges; *Noiraud et sa mère* (1883); *Matinée d'été* (au musée de Lille); *Soirée d'Automne* (1886); le *Bac des Héritiers*; *Bords de rivière, matin* (1887); le *Port de Ouistreham*; *Matinée d'octobre à Luc-sur-Mer* (1888); *Les mauvaises herbes*, au palais de Fontainebleau; *Un bout de causette* (1889); *L'été en Normandie*; *L'automne en Lorraine* (1890); *V'la le garde...!*; la *Vallée de la Seulles* (1891); *Le train 47*; *Bergères lorraines*, tableau acquis par l'Etat, au musée du Luxembourg (1892); l'*Appel*, au musée du Havre; la *Vallée du Mouzon* (1893); *Bergère Saintongeaise*; *Labourage en Saintonge* (1894); *Embarquement de bestiaux dans le Marais Poitevin*, acheté par l'Etat, au musée de Nancy; *La bergère au trois moulins* (1895); la *Mare des Champs*, Normandie; la *Ferme Sautais* (1896); *Un gué en Lorraine*; la *Ferme de Grousset* (1897); *Herbage du Cotentin*; *Vache Normande* et un pastel: *Soleil levant sur la Sèvre Niortaise* (1898); la *Ferme de Théville* (1899).

On doit aussi à cet artiste: la *Barrière*, tableau qui est au musée de Rouen, et les *Etangs de Saint-Paul-de-Varx* (Ain), au musée d'Amiens. Il a, en outre, fait chaque année des envois aux expositions du cercle Volney ou des Mirlitons et a collaboré, comme aquafortiste, à l'*Art*, à l'*Album Cadart* et à la *Vie Moderne*.

Peintre d'une facture solide, qui donne à ses œuvres une allure de force et de vigueur étonnantes, excellent paysagiste et maître animalier, M. Léon Barillot, disait un critique, « aime les paysages aériens franchement ensoleillés, où la lumière va fouiller les moindres replis de terrain. Les animaux qu'il nous présente sont robustes, vigoureux et, sous le pelage épais et souple de ses bœufs, on sent une charpente solide, toujours bien observée et toujours bien décrite ».

Au Salon de 1880, M. Léon Barillot reçut une médaille de 3e classe; en 1884, une 2e médaille le mit hors concours. Il reçut la même année une des six médailles d'or attribuées à la peinture française à l'exposition du Cristal-Palace à Londres, une autre médaille lui fut attribuée à l'exposition de Melbourne en 1888; en 1889 une médaille d'or lui fut décernée à la suite de l'Exposition universelle; il obtint ensuite un grand prix à l'Exposition universelle de Lyon en 1894. Membre du jury de peinture au Salon des Champs-Elysées, membre du comité de l'Association des artistes peintres (société Taylor), il est chevalier de la Légion d'honneur depuis 1895.

BROGLIE (Jacques-Victor-Albert Duc de)

ÉCRIVAIN, membre de l'Académie française, homme politique, né à Paris, le 13 juin 1821. Fils aîné du duc Victor, qui fut membre de l'Institut, ministre, pair de France, et mourut en 1870, il fut élevé dans sa famille. A 19 ans, il entra au ministère des Affaires Etrangères et fut envoyé à Rome, puis à Madrid, comme secrétaire d'ambassade; mais la révolution de 1848 le fit revenir à Paris.

Le duc Albert de Broglie écrivit alors, dans la *Revue des Deux-Mondes*, des articles sur la politique étrangère qui firent grand bruit ; il collabora aussi au *Correspondant* et au *Français*. Adversaire, à la fois, des doctrines exclusives de l'*Univers religieux* et de la philosophie rationaliste, du pouvoir absolu comme de la démocratie, il défendit, en même temps, les intérêts catholiques et les principes du libéralisme constitutionnel modéré. Sous l'Empire, il devint célèbre et, lorsqu'en 1862, il se présenta à l'Académie, en remplacement du P. Lacordaire, il fut élu, par 22 voix sur 29.

Jusqu'alors, le duc de Broglie n'était pas entré en militant dans la lutte politique ; mais, en 1863, il organisa l'Union libérale, avec MM. Thiers, Dufaure, Buffet, Daru, Decazes, de Talouët, etc., pour combattre l'Empire. Candidat de l'opposition dans l'Eure, aux élections générales de 1869, pour le Corps législatif, il échoua avec 3,854 voix, contre 14,000 au candidat officiel, M. Philémon Fouqué.

Il entra à l'Assemblée nationale, comme représentant de l'Eure, le 8 février 1871, élu par 45,453 voix ; le 19 de ce même mois, il était nommé ambassadeur extraordinaire et ministre plénipotentiaire à Londres.

M. le duc de Broglie fut chargé, en mars 1872, de porter au gouvernement anglais la dénonciation des traités de commerce. Vivement attaqué par la presse républicaine, il demanda sa mise en disponibilité et fut remplacé par M. le comte d'Harcourt (1er mai). Le 20 juin suivant, il fit partie de la délégation de la droite chargée d'imposer à M. Thiers une politique conforme aux vues de la majorité monarchique et il justifia cette démarche dans une lettre-manifeste.

Choisi comme rapporteur de la commission des Trente, le duc de Broglie présenta à l'Assemblée nationale, le 21 février 1873, un projet de loi sur les relations du président de la République et des représentants. Dans ce rapport, il était stipulé que l'Assemblée ne se séparerait pas sans avoir statué sur l'organisation et le mode de transmission des pouvoirs exécutif et législatif, sur la création d'une seconde chambre et sur la loi électorale. Le 23 mai, il interpella le chef du pouvoir exécutif sur le nouveau ministère choisi dans le centre gauche. Cette interpellation, dont la discussion se termina le lendemain, amena la chute de M. Thiers, l'Assemblée ayant adopté, à 16 voix de majorité, l'ordre du jour de blâme proposé par M. Ernoul (24 mai 1873).

Chargé, par le maréchal de Mac-Mahon, élu président de la République le même jour, de former un cabinet, le duc de Broglie lutta avec énergie pour restaurer la monarchie. Cette période lui suscita de nombreux ennemis dans tous les partis : les républicains lui reprochant de nombreuses destitutions de fonctionnaires, la loi sur les maires attribuant exclusivement leur nomination au pouvoir central et aux préfets (20 nov. 1873), la tentative de fusion entre les deux branches de la maison de Bourbon (août-novembre 1873), etc., tandis que les royalistes ne lui pardonnaient pas la prorogation pour sept ans (septennat) des pouvoirs du maréchal, que M. de Broglie avait fait voter. Aussi, quant à propos du vote de la loi électorale, le ministère fut battu, le 16 mai 1874, par 381 voix contre 317, sa défaite fut-elle due à la défection de la droite. Démissionnaire, M. le duc de Broglie reprit sa place au centre droit et vota les lois constitutionnelles. L'hostilité du parti légitimiste le poursuivit encore lors de l'élection des 75 sénateurs inamovibles (décembre 1875 et fit échouer sa candidature.

Conseiller général de l'Eure, pour le canton dont il porte le nom, depuis le 8 octobre 1871, il devint sénateur de ce département par 486 voix sur 780 votants, lors des élections générales pour la Chambre haute (1876). Au Sénat comme à la Chambre, M. le duc de Broglie, fidèle à ses principes, combattit la République.

A la suite d'une lettre officielle du maréchal de Mac-Mahon reprochant au président du Conseil sa soumission aux volontés de la Chambre, le ministère Jules Simon démissionna le 16 mai 1877 et M. de Broglie, chargé de former un cabinet, prit pour lui le portefeuille de la Justice. En même temps, il fit proroger la Chambre qui, de suite, avait refusé sa confiance au ministère, en votant l'ordre du jour dit des 363. Le 16 juin, un vote du Sénat, sur la demande du gouvernement, prononçait la dissolution.

Après la dissolution, M. de Broglie, puissamment

secondé par son collègue, M. de Fourtou, ministre de l'Intérieur, mit tout en œuvre pour obtenir l'élection d'une Chambre disposée à faire triompher ses projets de restauration monarchique : révocations nombreuses de fonctionnaires, intervention des journaux officiels contre les 363, mesures administratives et judiciaires les plus propres à terroriser les républicains, candidatures officielles, pression de l'administration sur les électeurs, etc., rien ne fut épargné. Toute cette campagne voulue de violence et d'intimidation échoua devant la volonté du pays de conserver la forme républicaine de gouvernement qu'il venait à peine de conquérir. Le 14 octobre, une Chambre, comptant une forte majorité de députés républicains, était élue et, le 16 novembre, M. le duc de Broglie se retirait avec tous les membres du cabinet.

Depuis cette époque, l'ancien président du Conseil ne prit que rarement la parole à la tribune du Sénat; mais, chaque fois, avec une autorité incontestable. Il a été le plus redoutable adversaire de Jules Ferry et le discours qu'il prononça, en 1880, au sujet des projets relatifs à l'enseignement, reste comme un modèle d'éloquence parlementaire.

En 1881, il intervint dans la discussion sur les affaires de Crète et, en 1883, sur la réforme de la magistrature.

Lors du renouvellement triennal du Sénat, le 25 janvier 1885, M. le duc de Broglie ne fut pas réélu. Il échoua aussi, la même année, aux élections législatives générales du 4 octobre, sur la liste monarchiste du département de l'Eure et, depuis, se retira de la vie politique.

M. de Broglie a publié: *Etudes morales et littéraires* (1853); *L'Eglise et l'Empire romain au IIIe siècle* (1856), son œuvre principale, qui a eu cinq éditions; elle fut suivie de deux autres parties: *Julien l'Apostat et Théodose-le-Grand* (6 volumes); en 1876, il donna une traduction du *Système religieux*, de Leibnitz. Il a encore écrit : *Une réforme administrative en Algérie* (1860), brochure qui fit beaucoup de bruit; *Questions de religion et d'histoire* (2 vol., 1860); *La Souveraineté pontificale et la Liberté* (1861); *La Liberté divine et la Liberté humaine* (1865); *La Diplomatie et le droit nouveau* (1868); les *Candidatures officielles* (1868); le *Secret du roi*, correspondance secrète de Louis XV avec ses agents diplomatiques (2 vol., 2 édit., 1878-1879); *Discussion du projet de loi portant amnistie* (1878); *Le Libre-échange et l'impôt* (1879); les *Préliminaires de la guerre de Sept ans*; *Discours prononcés au Sénat* (1880-1881); *Deux discours : Sur l'enseignement obligatoire* et *Sur l'expédition de Tunisie* (1882); *Frédéric II et Marie-Thérèse, d'après des documents nouveaux* (1882, 2 vol., 2 édit.); *Le Ministère des Affaires Etrangères avant et après la Révolution* (1883); *Frédéric II et Louis XV, d'après les documents nouveaux* (2 vol., 2 édit., 1894); *Marie-Thérèse, impératrice* (1888, 2 vol.); *Histoire et Diplomatie* (1889); *Souvenirs du feu duc de Broglie*, 1785-1890, importante publication des mémoires de son père (4 vol., 1886-1887); les *Mémoires de Talleyrand* (1891, 5 vol.); *Maurice de Saxe et le marquis d'Argenson*; la *Paix d'Aix-la-Chapelle*; l'*Alliance autrichienne*; la *Mission de M. de Gontaut-Biron à Berlin* (1896).

Le style de M. le duc de Broglie est puissant, nerveux, classique ; c'est celui d'un érudit doublé d'un observateur. Une fine ironie lui donne souvent une souplesse et une saveur toutes particulières qui charment, tandis que ses fortes qualités procurent à la lecture de ses œuvres une très grande impression.

Marié, le 19 juin 1845, à Mme Pauline-Eléonore de Galard de Béarn, morte le 28 novembre 1860, M. le duc Albert de Broglie a eu quatre fils : l'aîné est député de la Mayenne et le dernier, Emmanuel, a publié plusieurs ouvrages, couronnés par l'Académie française.

M. le duc Albert de Broglie est chevalier de la Légion d'honneur depuis 1845. Il a été admis à l'Académie des Sciences morales et politiques en 1896.

BROGLIE (Louis-Alphonse-Victor Prince de)

Député, ancien diplomate, fils aîné du précédent, né à Rome le 11 octobre 1846. Il fit à Paris de brillantes études classiques, pendant lesquelles il fut lauréat du prix d'honneur de philosophie au grand concours de 1864. Elève ensuite des facultés des Lettres et de Droit, il fut reçu bi-licencié en 1867. En 1870, M. le prince de Broglie prit part à la campagne comme lieutenant de mobiles A la fin des hostilités, il fut nommé capitaine, puis chef de bataillon au 17e régiment territorial.

Entré, dès 1871, dans la carrière diplomatique, il fut attaché au secrétariat de l'ambassade française de Londres, puis rédacteur à la direction politique du ministère des Affaires étrangères et sous-chef du cabinet de M. le duc Decazes en 1874. Choisi, comme chef de cabinet au ministère de la Justice qu'occupait alors son père, le duc de Broglie, président du

Conseil (1877), il déploya dans ce poste une grande activité. Après la retraite du cabinet Broglie-Fourtou et la démission du maréchal de Mac-Mahon, président de la République, M. le prince de Broglie se retira dans la vie privée, avec le titre de secrétaire d'ambassade de première classe (1879).

Porté par les comités conservateurs, aux élections législatives de 1893, dans l'arrondissement de Château-Gontier (Mayenne), il fut élu député, au 1ᵉʳ tour de scrutin, par 8,352 voix, contre 7,574 à M. Foussier, républicain. Réélu le 8 mai 1898, par 11,825 suffrages, sans concurrent, M. le prince de Broglie est inscrit, depuis son arrivée à la Chambre, au groupe de la droite monarchiste et au groupe agricole. Très compétent dans les questions d'agriculture, il est membre de tous les comités agricoles de son arrondissement et fait partie du syndicat des éleveurs de Durham. Protectionniste, il a soutenu de ses votes la politique économique du ministère Méline (1896-1898), sans rien céder de ses opinions monarchistes.

L'honorable député de la Mayenne est membre actif de la Société des Bibliophiles de France. Il est chevalier de la Légion d'honneur depuis 1874.

CHANTAGREL (Jean)

ÉNATEUR, né à Sauxillanges (Puy-de-Dôme) le 14 avril 1822. Fils d'un républicain, qui fut poursuivi pour ses opinions lors du coup d'État de 1851 et mourut centenaire, il fit ses études de droit à Paris et prit part à la révolution de 1848. Devenu professeur libre de droit, il fit, à Paris, des cours très suivis pour l'auditorat au Conseil d'État.

En 1870, M. Chantagrel, bien que son âge le dispensât de tout service, s'engagea au 28ᵉ régiment de marche pour la durée de la guerre.

Porté, en 1885, sur la liste républicaine législative du Puy-de-Dôme, il fut élu député, au scrutin de ballottage, et par 75,933 voix sur 131,907 votants. Conseiller général pour le canton de Sauxillanges, et adversaire du cumul des fonctions électives, il donna sa démission à ce moment. A la Chambre, il siégea à l'extrême gauche, fit partie de diverses commissions, notamment de celle du Panama, et compta parmi les adversaires, déclarés de l'émission des obligations à lots de cette entreprise. Il fut même du nombre des membres du Parlement auxquels les agents de la compagnie firent des propositions d'argent et voici comment le *Moniteur du Puy-de-Dôme*, du 4 décembre 1892, apprécia l'attitude de l'honorable député en cette circonstance :

M. Chantagrel n'est pas des nôtres. Et nous ne pourrons pas être accusé de flatterie en rendant hommage à sa probité à l'occasion de la déposition qu'il vient de faire devant la commission de Panama. Cette déposition est celle du *vir probus*: Sans phrase, il a refusé la forte somme qui lui était offerte pour prix de son vote ; sans phrase, il a raconté comment des offres de plus en plus tentantes lui avaient été faites. Jusqu'à ce jour, M. Chantagrel, avait gardé le silence. C'est tout à son honneur. M. Chantagrel que nous avons combattu, voudra bien agréer l'expression de notre haute considération.

Au renouvellement législatif de 1889, M. Chantagrel ne se représenta pas; il resta dans la vie privée jusqu'au 2 octobre 1898 où, à une élection partielle, il fut nommé sénateur du Puy-de-Dôme, par 656 voix contre 510 à M. Goyon et au 2ᵉ tour de scrutin. Socialiste, il siège à la gauche démocratique de la haute assemblée.

On doit à l'honorable sénateur du Puy-de-Dôme des ouvrages importants dont voici les titres: *Traduction et explication des textes du Digeste* (1885); *Droit administratif théorique et pratique* (1856, supplément 1859, 2ᵉ édition 1869); *Commentaire du code Napoléon* (1861); *Manuel de Droit criminel* (2ᵉ édition 1865); *Précis d'instruction civique et d'administration commerciale* (1889); *Traité de Droit civil* (1890) et diverses brochures et études sur des points de droit.

OUVRÉ (André-Félix)

NDUSTRIEL et député, né à Paris le 23 mai 1852. Petit-fils, du côté maternel, de J.-B.-M. Moreau, qui fut maire de Paris et député de la Seine ; fils de M. Félix Ouvré, qui rendit à la population parisienne, éprouvée par les rigueurs du siège, en 1870-71, de réels services comme propriétaire d'un des plus importants chantiers de bois de charpente et de bois à brûler, M. André Ouvré accomplit ses études classiques au lycée Bonaparte (Condorcet) et devint, dès son retour du régiment, l'associé de son père. Resté seul, en 1874, à la tête de l'entreprise commune, il succéda, en 1888, à M. Félix Ouvré dans la direction d'une importante fabrique de sucre à Souppes (Seine-et-Marne).

Président de la Chambre syndicale des marchands de bois de Paris et de la banlieue, membre de la Chambre de commerce de Paris de 1884 à 1888, M. André Ouvré fut membre du jury de l'Exposition universelle de 1889. Depuis 1881, il fait aussi partie de la Commission des valeurs en douanes et du Conseil supérieur d'Agriculture.

Propriétaire du domaine de Chancepoix, situé dans le canton de Château-Landon, berceau de sa famille, M. André Ouvré fut, en 1882, nommé conseiller général de ce canton, en remplacement de son père qui avait conservé ce mandat pendant 29 années.

Candidat républicain aux élections législatives de 1889, dans l'arrondissement de Fontainebleau, il fut élu député, par 11,347 voix contre 2,217 à M. Renoult, radical. Il a été réélu successivement: au mois d'août 1893, par 10,742 voix contre 7,239 à M. Renoult et 487 à M. Fournière socialiste et en 1898, par 10,399 voix contre 8,827 à M. Hubbard, député de Pontoise sortant, radical socialiste et 439 à M. Tristan Lambert, ancien député conservateur.

M. Ouvré est inscrit au groupe progressiste du Palais-Bourbon. Membre de diverses commissions, notamment de celle du Travail et de celle relative aux prêts sur titres par les Monts-de-Piété, il fut désigné comme rapporteur de ce dernier projet de loi et le fit voter par le Parlement (1890). Il s'occupe plus spécialement des questions agricoles, industrielles et économiques, à l'étude desquelles il apporte une particulière compétence.

Président d'honneur de la Société d'agriculture, il est aussi président de la plupart des sociétés et associations de l'arrondissement de Fontainebleau.

M. André Ouvré a été nommé chevalier de la Légion d'honneur le 13 novembre 1889, à la demande unanime des jurys français et étrangers dont il fut rapporteur pour la classe 42, à l'Exposition universelle.

GRANDIDIER (Alfred)

GÉOGRAPHE, mathématicien et explorateur, membre de l'Institut, né à Paris le 20 décembre 1836.

Après avoir achevé dans sa famille ses études classiques, il suivit, de 1854 à 1857, les cours scientifiques du Collège de France et partit en mission, à vingt-un ans, avec son frère, Ernest-Louis-Marie, et M. Janssen. Celui-ci, forcé par une maladie inopinée de revenir en Europe, les deux frères, l'un comme naturaliste, l'autre (M. Alfred Grandidier) à la fois comme mathématicien et géographe — de 1857 à 1859 — franchirent plusieurs fois les Cordillières et explorèrent le Pérou, le Chili, la Bolivie et le Brésil, dont ils rapportèrent diverses collections intéressantes.

En 1862, M. Alfred Grandidier s'embarqua pour les Indes, visita l'Ile de Ceylan et le Dekkan; mais les fièvres paludéennes l'empêchèrent d'arriver jusqu'au Thibet, qui était le but de son voyage.

Après un séjour de plusieurs mois à Zanzibar et sur la côte orientale d'Afrique, puis à l'Ile de la Réunion, il descendit sur la côte orientale de Madagascar et comprit bientôt, comme il l'écrivit depuis, que cette contrée, sur laquelle existaient déjà tant de descriptions plus ou moins erronées, était une vraie « terre incognite ».

Depuis 1865, époque à laquelle M. Grandidier visita pour la première fois Madagascar, jusqu'en 1870, où la guerre franco-allemande l'engagea à rentrer en France, l'intrépide explorateur traversa trois fois la grande île dans toute sa largeur, parcourut la plus grande partie de ses côtes, fit de nombreuses excursions dans le Sud et dans l'Ouest, recueillant au cours de ses recherches des trésors d'observations et d'études. Bien que chargé de missions officielles, il faut mentionner que M. Alfred Grandidier accomplit tous ses voyages à ses frais.

M. Grandidier a entrepris depuis 1872, en collaboration avec MM. Milne-Edwards, Sauvage, Mabille, de Saussure, etc., une *Histoire physique, naturelle et politique de Madagascar*, qui doit comprendre environ 40 volumes et dont environ 1400 planches et 20 volumes ont paru en 1899, sous les titres suivants: *Histoire de la Géographie et Géographie mathématique* (1 vol.); *Histoire des mammifères* (3 vol.); *Histoire des oiseaux* (4 vol.); *Histoire des poissons* (1 vol.); *Histoire des lépidoptères* (1 vol.); *Histoire des hémenoptères* (1 vol.); *Histoire des coléoptères* (1 vol.); *Histoire des Mollusques* (1 vol.); *Histoire des Plantes* (3 vol.); *Ethnographie et Anthropologie* (2 vol.).

M. Alfred Grandidier qui, dès 1872, a dressé la première carte exacte de Madagascar, a aussi établi une carte de la province centrale de l'Imerina à 1/200,000 en collaboration avec les RR. PP. Roblet et Colin, carte très détaillée et très complète. Il a publié, en outre, un grand nombre de *Mémoires* et *Communications*, tant géographiques, qu'etnographiques et zoologiques, sur cette même île, dans les revues scientifiques spéciales.

On a encore de lui: *Voyage dans l'Inde*, récit paru dans le *Tour du Monde* de 1869; plusieurs notices sur l'*Ile de Ceylan*, sur *Zanzibar* et sur la *Côte orientale d'Afrique*; un *Rapport* sur les cartes et les appareils de géographie et de cosmographie, sur les cartes géologiques et sur les ouvrages de météreologie et de statistique, à l'occasion de l'exposition de 1878, ouvrage de 747 pages in 8°, qui donne l'histoire complète des progrès de ces diverses sciences pendant les dix dernières années (Paris 1882); un mémoire sur *Madagascar et ses Habitants*, lu devant les cinq Académies (1886) et un important discours sur le même sujet, prononcé à la séance générale du Congrès des Sociétés savantes, le 11 avril 1896, etc.

M. Alfred Grandidier, qui reçut en 1872 la grande médaille d'or de la Société de Géographie de Paris et celle du ministère de l'Instruction publique au Congrès des Sociétés savantes, fut nommé, en 1881, président honoraire de cette société et a été élu, le 6 juillet 1885, membre de l'Académie des Sciences, en remplacement de Dupuy de Lôme (section de géographie et de navigation).

Il est officier de la Légion d'honneur depuis 1896, commandeur de l'ordre de Léopold, de l'Etoile Polaire et de divers autres ordres européens. Il est membre d'honneur de nombreuses Sociétés de géographie françaises et étrangères.

TAILLIANDIER (Henri-André-Joseph)

Député, né à Fresnoy (Pas-de-Calais) le 23 juin 1847, d'une ancienne famille de l'Artois. Il commença au collège d'Arras et termina à Paris ses études secondaires; il suivit ensuite les cours de la Faculté de Droit et fut reçu docteur.

Nommé, en 1870, capitaine de la 2ᵉ compagnie du 5ᵉ bataillon du Pas-de-Calais, il fit, en cette qualité, toute la campagne du Nord, dans l'armée de Faidherbe; il assista aux batailles de Pont-Noyelles, de Bapaume, de Vermand et de St-Quentin. La guerre finie, il se consacra à d'importantes exploitations agricoles dans le Pas-de-Calais et se fit remarquer dans les principales sociétés d'agriculture.

En 1872, M. Tailliandier fut appelé à la mairie de Fresnoy, à l'unanimité des voix; il a, depuis, été maintenu à ce poste avec la même unanimité, à toutes les élections municipales. Depuis 1880, il représente au Conseil général du Pas-de-Calais, le canton de Vimy ; Au renouvellement de 1898, une très vive campagne fut menée contre lui; il n'en obtint pas moins, dès le premier tour, plus de 1,700 voix de majorité.

Dès le vote de la loi de 1884, M. Tailliandier créa le Syndicat agricole de Vimy, dont il est le président.

Elu député du Pas-de-Calais, en 1885, par 101,678 suffrages sur 179,777 votants, au scrutin de liste, M. Tailliandier a, depuis, constamment été réélu, dans la 2ᵉ circonscription d'Arras, successivement : en 1889, par 10,483 voix contre M. Camescasse, député sortant, ancien préfet de police ; en 1893, par 10,004 voix, contre 9,908 à M. Viseur, et en 1898, par 10,750 suffrages, contre 9,258 à M. Hary, conseiller d'arrondissement, radical.

Républicain indépendant, M. Tailliandier, à la Chambre, fait partie du groupe agricole et des grandes commissions de l'agriculture, de l'administration départementale et communale et de décentralisation administrative ; il a été plusieurs fois chargé de rapports dont les conclusions furent adoptées par le Parlement ; il a pris part à de nombreuses discussions au sein des commissions, notamment de la commission des Douanes, et a prononcé, à la tribune, d'importants discours sur l'établissement de droits sur les maïs et sur les budgets de l'Agriculture. Il a soutenu constamment le ministère Méline aux points de vue politique et économique (1896-1898).

Protectionniste convaincu, M. Tailliandier a formulé et soutenu de nombreuses propositions de loi en faveur de la production nationale. C'est ainsi qu'il a réclamé : la représentation officielle de l'agriculture par des chambres consultatives élues, à l'exemple des chambres de commerce, l'organisation du crédit agricole, la loi du cadenas, la réglementation des admissions temporaires, les droits sur les sucres coloniaux étrangers, sur les graines oléagineuses, les textiles ; des droits plus élevés sur les mélasses, l'entente monétaire entre les Etats-Unis, l'Angleterre, l'Allemagne et les peuples de l'union latine ; la diminution des impôts qui pèsent sur l'agriculture, etc.; il a insisté sur la nécessité d'une surveillance plus active du bétail arrivant en France à l'état de viande frigorifiée, demandant aussi la fermeture des frontières au bétail contaminé. Dans les questions sociales, il s'est proclamé le défenseur des classes ouvrières.

MARCÈRE (Emile-Louis-Gustave DESHAYES de)

Ancien ministre, sénateur, né à Domfront (Orne) le 16 mars 1828, d'une vieille famille de Normandie. Il étudia le droit à Caen et fut lauréat de la Faculté.

Attaché quelque temps au ministère de la Justice, M. de Marcère entra ensuite dans la magistrature et fut successivement substitut à Soissons (12 novembre 1853) et à Arras (1ᵉʳ janvier 1856), procureur à Saint-Pol (1861), président du Tribunal d'Avesnes (1863) et conseiller à la cour de Douai (1865).

En 1871, lors des élections pour l'Assemblée

nationale, M. de Marcère publia une *Lettre aux électeurs à l'occasion des élections pour la Constituante de 1871*, qui fut son entrée dans la vie politique. Élu le 8 février 1871, par 204,588 voix, représentant du Nord à l'Assemblée nationale, il siégea au centre gauche, groupe dont il fut l'un des fondateurs, vota pour la paix, soutint la politique de Thiers, prit souvent la parole au nom de son groupe, fut l'un des fervents protagonistes de la décentralisation et déclara que le maintien des institutions républicaines était indispensable dans l'état actuel de la France.

M. de Marcère prononça de remarquables discours sur les élections municipales, sur la mise à la retraite des magistrats, sur l'exercice du droit de grâce, sur l'organisation des conseils généraux, sur la fête des écoles à Lyon, sur l'élection des princes d'Orléans à l'Assemblée (1871), sur le projet de loi qui interdit aux députés des fonctions salariées, sur l'organisation de la magistrature, sur la loi contre l'ivrognerie, sur le budget de l'Instruction publique, sur les conclusions de la commission des Trente (1872-1873), etc.

Au mois de mai 1874, rapporteur du projet de loi relatif à la prorogation des conseils municipaux, M. de Marcère en attaqua très habilement les dispositions; son rapport, imprimé aux frais du groupe des gauches parlementaires, fut tiré à 100,000 exemplaires et répandu dans les départements. Adversaire du cabinet de Broglie, il contribua à son renversement, vota l'amendement Wallon et l'ensemble des lois constitutionnelles (1875) et fut alors nommé membre de la 3ᵉ commission des Trente, chargée d'élaborer les lois constitutionnelles complémentaires. Rapporteur de la loi électorale de la Chambre des Députés, il défendit, dans un discours remarquable, le scrutin de liste.

Élu député de la 2ᵉ circonscription d'Avesnes, le 20 février 1876, par 10,202 voix contre 7,619 à M. Bottiau, ancien représentant, il reprit sa place au centre gauche et, à la formation du premier ministère républicain, devint sous-secrétaire d'État à l'Intérieur, où M. Ricard était ministre. Il seconda activement celui-ci, rédigea plusieurs circulaires adressées aux fonctionnaires et se vit désigné pour remplacer le ministre lorsqu'il mourut (15 mai 1876). Malgré les difficultés créées en partie par l'entourage du maréchal de Mac-Mahon, M. de Marcère tenta quelques modifications dans le personnel administratif. Il aborda fréquemment la tribune, parla notamment pour faire maintenir la loi qui donnait au gouvernement la nomination des maires des chefs-lieux de canton, sur l'intention du gouvernement de laisser la plus grande liberté aux élections, etc. Au mois d'août, il se rendit à Domfront, où il prononça un discours qui eut du retentissement et dans lequel il renouvela ses déclarations en faveur de la République, le seul régime dit-il, qui « s'adapte exactement à l'état social, aux intérêts, aux idées issues de la Révolution française ». Ce langage produisit un grand effet dans le pays : les républicains furent satisfaits; mais les monarchistes s'en irritèrent et M. de Marcère se trouva dès lors en butte à de violentes attaques. Dans deux discours, à Maubeuge et au Quesnoy (octobre 1876), il répondit à ces attaques en confirmant ses précédentes déclarations. Bientôt, un incident relatif aux obsèques civiles de Félicien David, à qui l'autorité militaire avait refusé de rendre les honneurs, provoqua de la part de la gauche une interpellation et décida le ministère à présenter un projet de loi relatif aux honneurs militaires. M. Laussedat proposa à la Chambre un ordre du jour motivé, demandant que le principe de l'égalité de tous devant la loi fut rigoureusement maintenu. M. de Marcère retira alors son projet et se rallia à cet ordre du jour ; la droite se récria, et accusa le ministre de n'avoir pas consulté ses collègues, ce qui était inexact. Le Sénat ayant, à propos d'une loi sur l'enseignement public, voté un ordre du jour défavorable au ministère, M. Dufaure donna sa démission, qui entraîna celle du ministère tout entier et, à sa reconstitution, M. de Marcère fut remplacé par Jules Simon (12 décembre 1876).

Nommé, quelques jours plus tard, président du centre gauche, M. de Marcère soutint le gouvernement de ses votes, se prononça contre les menées cléricales, et fut l'adversaire de la politique du 16 mai. Le 17 mai 1877, il proposa à la Chambre, de concert avec les présidents des autres groupes républicains, le célèbre ordre du jour de défiance, voté par 363 députés. Après la dissolution, il fut réélu député d'Avesnes, le 14 octobre, par 9,536 voix, contre 8,945 à M. Bottiau, candidat officiel. Membre du comité des « Dix-huit » à la Chambre, il contribua, en cette qualité, à faire adopter la formation d'une commission d'enquête parlementaire sur les agissements de l'administration du 16 mai, interpella le cabinet Rochebouet et dit que « ce ministère représentait le pouvoir personnel, qu'il n'était pas une solution, mais une menace ». A la suite de cette interpellation, le ministère Rochebouet se retira et le maréchal-président se décida à modifier sa politique.

M. de Marcère reprit le portefeuille de l'Intérieur dans le cabinet Dufaure (13 décembre 1877). Il remplaça, dès le 18 décembre, 83 préfets, et ses instructions aux fonctionnaires placés sous ses ordres, relativement aux élections municipales et aux élections complémentaires de la Chambre, furent empreintes d'un esprit libéral. Il modifia le personnel des maires dans le sens républicain et appuya devant le Parlement les projets de loi sur les délits de presse, le colportage et sur les atténuations à apporter au régime de l'état de siège. Il conserva son portefeuille dans le cabinet Waddington (4 février 1879); mais il dut répondre à deux interpellations: l'une à propos de l'annulation d'un vote du conseil municipal de Paris de 100,000 francs pour les amnistiés ; l'autre au sujet de révélations faites par la *Lanterne* de certains actes de la Préfecture de police; un procès intenté à ce journal, quoique ayant abouti à une condamnation, donna lieu à de nouveaux débats. Une commission d'enquête fut nommée; mais elle ne put se livrer à aucun examen sérieux. A la suite d'une question de M. Lisbonne et d'une interpellation de M. Clémenceau, la Chambre vota l'ordre du jour pur et simple, que M. de Marcère interpréta comme un blâme et il démissionna (3 mars 1879).

Au mois de février 1881, M. de Marcère fut rapporteur favorable de la proposition relative au rétablissement du divorce. Réélu, le 21 août suivant, par 10,173 voix, contre 5,012 à M. Leconte radical, il vota avec les modérés, fut rapporteur du projet d'organisation municipale (1882) et, le 28 février 1883, fut nommé par le Sénat, sénateur inamovible, en remplacement de M. Gauthier de Rumilly, décédé, et par 130 voix contre 7 à M. Leroy-Beaulieu.

A la Chambre haute, M. de Marcère devint bientôt président du centre gauche. Il a été rapporteur du traité conclu avec la Chine (juin 1885), du projet Loustalot, sur l'augmentation du nombre des conseillers municipaux (juin 1886). Membre de la commission sénatoriale des « Neuf, » chargée de l'instruction et de la mise en accusation dans le procès Boulanger devant la Haute-Cour (1889), rapporteur de la Conférence de Berlin, il fait partie, au Palais du Luxembourg, de nombreuses commissions telles que celle des finances, et a prononcé des discours remarqués notamment sur l'enseignement et sur la loi des boissons (maintien du privilège des bouilleurs de cru).

En outre de sa collaboration à divers journaux et revues, comme le *Soir*, dont il a été le directeur, la *Revue Bleue*, la *Nouvelle Revue*, la *Revue du Palais*, la *Revue de Paris*, la *Quinzaine*, le *Parti national*, le *Journal des assemblées départementales*, qu'il a aussi dirigé, M. de Marcère a publié en librairie:

La politique d'un Provincial (1869) ; *Lettre aux électeurs* (1871); *La République et les conservateurs* (1871) ; *Lettre aux électeurs* (1873); *La République et les Républicains* (1884); *Le cardinal de Bonnechose et la Société contemporaine* (1887); *La Constitution de 1875* (1888) ; *Entretiens et souvenirs politiques* (2 vol. 1894).

Il est président, depuis sa fondation en 1876, de la Ligue de décentralisation, pour laquelle il a fait de nombreuses conférences. En 1898, il a organisé une campagne de conférences et de presse en faveur d'une révision de la Constitution.

M. de Marcère est officier de l'Instruction publique et grand-croix de l'ordre de Charles III d'Espagne.

BERTHELON (Eugène-Joseph)

Peintre, né à Paris le 16 novembre 1830. Après avoir successivement été l'élève de Lavieille et de Berne-Bellecour, il débuta en 1868 au Salon des Champs-Elysées par un *Paysage* qui obtint un certain succès. Vinrent ensuite : *Vue de la Vallée de la Chambre à Fontainebleau*; *Route de Laminière* (Seine-et-Oise, 1872) ; *Plateau de Bellecroix, au printemps, effet du soir* (1873); *les Bords de la Seine à Vernon* (Eure) *le matin*; *Un soir au rocher Besnard*; *Dans le bois de Meudon* (1874); *Près du Charlemagne, forêt de Fontainebleau* (1878) ; *les Bords de la Seine à Épones* (Seine-et-Oise); *Le soir après la pluie*; *Avant l'orage*, à *Saint-Pierre-Louvier* (Seine, 1879).

A partir de ce moment, sans délaisser complètement le paysage, M. Eugène Berthelon se tourna vers la marine, genre dans lequel il excella bientôt. Il exposa successivement : *Falaise de Mer*; *Vue prise du banc de galets au Tréport*; *Intérieur de falaise au Tréport* (1881); *La tempête du 14 octobre sur l'ancienne jetée du Tréport* (1880), au musée de Senlis: *Le calme après l'orage, au Tréport* (1887) ; *Gros temps pendant la construction du brise-lame au Tréport* 1888 ; *Bateau de pêche abandonné dans les rochers* (Musée de Roubaix, toile acquise par la ville de Paris, 1889 ; *Le dernier rentrant* (1889) ; *Calme plat* ; *Vue prise à Pougues-les-Eaux* (Nièvre, 1890) ; *Mer démontée* ; *Les derniers rayons aux étangs de Morfontaine* (1891 ; *Tempête du 21 août à Yport* ; *Vue prise à Yport* 1892 ; *Marine à Yport*, acheté par le prince Albert de Monaco; *Les bords de la Seine à Pont-de-l'Arche* 1893 ; *Marée basse* ; *Effet de soleil couchant* (1894) ; *Marée basse* et *Près des falaises au Tréport* (1895) ; *Bateau fuyant l'orage*, acquis par la ville de Lyon pour son musée : *Soleil couchant au Tréport* (1896) ; *Temps de* mer sur la jetée d'amont au Tréport ; *Forêt de Fontainebleau* (Mont Ussy) ; *Automne* (1897) ; *Grande marée au Tréport par un grand vent sud-Ouest; Marée basse au Tréport* (1898) ; *Vue de Paris prise de Garches; Mer démontée* (1899).

En outre de ses envois aux Salons, M. Eugène Berthelon a produit de nombreuses toiles non exposées, telles que la *Vue de l'île Saint-Denis*, commandée pour la décoration de l'Hôtel-de-Ville et placée dans le Salon des Arts. Il a aussi exécuté quelques travaux de décoration artistique, notamment, avec M. Carrier-Belleuse, les *Quatre Saisons*, pour un riche amateur de New-York.

Titulaire d'une mention honorable en 1879, d'une médaille de 3ᵉ classe en 1886 et d'une deuxième médaille en 1889, M. Eugène Berthelon a obtenu une médaille d'argent à l'Exposition universelle de 1889 et a été mis hors concours cette même année.

LÉVIS-MIREPOIX (Adrien-Charles-Félix-Marie Comte de)

Député, né à Paris le 1ᵉʳ mai 1846. Il appartient à l'une des familles les plus anciennes de France, qui a donné des maréchaux, des grands baillis, des ducs et pairs, un cardinal, des chevaliers du St-Esprit, des représentants aux assemblées législatives, etc. Une branche de cette famille tire son origine de Gui 1ᵉʳ de Lévis, célèbre par sa croisade contre les Albigeois, et qui reçut en récompense de sa valeur le château et la baronnie de Mirepoix et le titre unique et héréditaire de maréchal de la Foi. Descendant de celle-ci, le comte Félix de Lévis-Mirepoix se destina d'abord à la carrière des armes. Il entra à l'Ecole de St-Cyr en 1864, en sortit sous-lieutenant de cuirassiers et devint rapidement capitaine. C'est en cette qualité qu'il prit part à la guerre de 1870, d'abord au 13ᵉ, puis au 15ᵉ corps, qui fit partie des armées de la Loire et de l'Est.

La paix signée, le comte de Lévis-Mirepoix quitta le service et s'établit dans le département de l'Orne, où il se consacra aux travaux agricoles. Maire d'Origny-le-Roux depuis 1875, il se présenta à la députation, sur la liste conservatrice de l'Orne, aux élections législatives de 1885 et fut élu, par 45,479 voix sur 88,704 votants. Il a été successivement réélu, dans l'arrondissement d'Alençon : en 1889 par 8,164 voix, contre 3,973 à M. Marchand, opportuniste et 2,722 à M. Lherminier, radical ; en 1893 par 7,253 voix contre 7,060 à M. de Corcelle, républicain et en 1898 par 7,612 voix contre 6,969 au même adversaire.

D'abord membre de la Droite monarchiste, le comte de Lévis-Mirepoix, tout en faisant encore partie des « droites » de la Chambre, cessa, par la suite, de se faire inscrire à aucun groupe politique ; mais il est demeuré membre des groupes de la « Défense nationale » et agricole, comme protectionniste. Il s'occupe activement des questions agricoles et chevaline et a déposé, avec certains de ses collègues, divers projets de loi s'y rattachant.

Membre de la Société d'encouragement des chevaux de pur sang et de la Société des Agriculteurs de France, M. de Lévis-Mirepoix est commandeur de St-Grégoire le Grand.

SOLENIÈRE (Eugène de)

Compositeur de musique, conférencier et critique musical, né à Paris le 25 décembre 1872. Issu d'une famille aristocratique, fixée dans le midi de la France, M. de Solenière fit ses études en Allemagne. Il suivit d'abord, à Leipzig, les cours du Conservatoire, puis travailla, à Brunswick, sous la direction du célèbre musicien Apel.

Rentré en France, M. de Solenière vint à Paris, y fut élève de MM. Paul Vidal et Alfred Brun et écrivit en même temps des mélodies diverses, notamment: *Laisse-moi t'aimer*, *Désenchantement*, le *Rêve*, etc. ; quelques morceaux pour instruments, ainsi que des brochures sur l'art de la musique.

Parmi les ouvrages plus importants publiés par ce jeune compositeur, déjà bien connu, il convient de citer : *La femme compositeur* (1 vol. 1894) ; *Rose Caron* (album monographique, 1895) ; *Notes musicales* (1896) ; *Massenet et son œuvre* (1 vol.) ; *Musique et Religion* (1 vol. 1897) ; *Massenet*, étude sur l'œuvre de ce maître ; *Saint-Saens*, idem (1898) ; on annonce encore du même auteur : *Réflexions et impressions musicales*, articles et conférences.

M. de Solenière a fait un grand nombre de conférences aux Salles Pleyel, de la Société de Géographie, d'Athènes, etc., sur l'*Idéal dans la musique*, la *Femme et la musique*, *Musique et Religion*, la *Musique classique* ; il professe à l'Institut Rudy, depuis plusieurs années, un cours d'*Esthétique musicale* très suivi.

M. de Solenière est rédacteur musical à la revue la *Critique*, à la *Revue internationale de musique*, à la *Vie Moderne* et à divers journaux, où ses articles et ses études sur les productions musicales contemporaines sont remarqués.

GUILLEMET (Jean-Baptiste-Antoine)

Peintre, né à Chantilly (Oise) le 30 juin 1843. Issu d'une très ancienne famille d'armateurs de Rouen, il fit d'abord de sérieuses études classiques, puis se consacra à la peinture. Présenté à Corot, il connut bientôt toute la belle pléiade d'artistes du temps : Daubigny, Daumier, J. Dupré ; puis Courbet, Vollon, etc.

Le premier envoi de M. Guillemet au Salon date de 1865 : l'*Etang de Balz* (Isère), qui laissait pressentir déjà sa manière large, si personnelle. Il exposa ensuite, notamment : *Village au bord de la Seine* (1869) ; *Ruines d'un aqueduc romain* à Fréjus (1870) ; *Mer basse à Villerville* (mention honorable, tableau acquis par l'État pour le musée de Grenoble, 1872) ; le *Vieux Monaco* (1873) ; *Bercy en décembre*, toile magistrale, 2ᵉ médaille, qui fut placée au musée du Luxembourg, et est maintenant à la Chambre des députés (1874) ; le *Quai d'Orsay* (1875) ; *Villerville*, rappel de 2ᵉ médaille (1876) ; les *Falaises de Dieppe* ; les *Environs d'Artemare* (1877) ; la *Plage de Villers*, musée de Rouen (1878) ; le *Chaos de Villers*, musée de Mulhouse (1879) ; le *Vieux Bercy*, toile qui valut la croix à son auteur (1880) ; la *Plage de Saint-Vaast* (1881) ; *Morsalines* (1882) ; *Saint-Suliac*, musée d'Amiens (1883) ; *Villerville* ; *Mendon* (1884) ; *Paris*, vue prise de Meudon (1885) ; le *Hameau de Landemer*, musée de Bordeaux (1886) ; la *Chapelle des marins* ; la *Plaine de Cayeux* (1887) ; la *Baie de Morsalines* (1888) ; l'*Epave* ; la *Tour de la Hougue* (1889) ; le *Coup de vent* ; la *Baie de Saint-Vaast* (1890) ; le *Quai de Bercy-Charenton*, acquis par le Conseil municipal pour le musée de la ville de Paris (1891) ; la *Seine à Conflans-Charenton* (1892) ; *Carrières Charenton*, musée de Toulon (1893) ; le *Pont-Marie* (1894) ; le *Quai Henri IV*, appartenant à M. Ch. Bartholoni (1895) ; *Paris*, vue prise des Moulineaux, musée du Luxembourg (1896) ; *Paris*, vue des hauteurs de Belleville, musée de la ville de Paris (1897) ; *Au plateau de Châtillon*, musée de la ville de Paris (1898) ; les *Bords du Loing à Moret* ; l'*Eglise de Moret* (1899).

M. A. Guillemet est en outre l'auteur de la *Fontaine de Médicis*, qui décore, à l'Hôtel-de-Ville, le salon des Lettres.

Artiste sain et robuste, peintre et dessinateur de grand style, avec un tempérament très personnel, M. Guillemet peut être considéré comme l'un des maîtres de l'école française contemporaine. Très répandu dans le monde parisien, ayant dans celui des lettres de hautes relations, il est membre de la commission du Vieux-Paris et fait partie de tous les jurys et commissions de la Société des Artistes français depuis 1880. Officier de la Légion d'honneur depuis 1896, l'excellent peintre est aussi chevalier de l'ordre de Léopold de Belgique, etc.

CHRISTOPHLE (Albert-Silas-Médéric-Charles)

Député, ancien ministre, gouverneur honoraire du Crédit Foncier de France, né à Domfront (Orne) le 13 juillet 1830. Il fit son droit à Caen et devint lauréat de la faculté de cette ville en 1850. Reçu docteur deux ans après, il fut nommé avocat au Conseil d'État et à la Cour de cassation en 1856.

Le 6 septembre 1870, M. Albert Christophle fut investi des fonctions de préfet de l'Orne. En cette qualité, il prit l'initiative de faire nommer, dans son département, les maires et adjoints par les conseils municipaux et s'employa activement à l'équipement des bataillons de mobiles et de mobilisés de l'Orne. Le 23 décembre de la même année, en désaccord avec le Gouvernement de la Défense nationale, il donna sa démission.

Aux élections générales législatives du 8 février 1871, élu représentant de l'Orne à l'Assemblée nationale, par 53,618 voix sur 65,515 votants, il siégea au centre gauche, groupe qu'il présida bientôt. Il prit une part importante à l'élaboration des lois constitutionnelles et rédigea, notamment, le rapport sur la loi organique du Sénat. Membre des commissions relatives aux lois sur la magistrature, les conseils municipaux, la décentralisation, etc., il parla à plusieurs reprises dans les questions d'affaires et s'acquit la réputation d'un jurisconsulte avisé et pratique.

Partisan de la République, telle que la préconisait Adolphe Thiers, M. Christophle soutint la politique de celui-ci, et se prononça ouvertement contre toute tentative de restauration monarchique, par des lettres et des discours fort commentés à cette époque ; il fut, en outre, maintes fois chargé par son parti de présenter à la tribune des ordres du jour de confiance, en faveur du gouvernement de M. Thiers, et dont le vote assura le triomphe définitif des idées républicaines.

En 1876, M. Christophle fut élu député de la 1ʳᵉ circonscription de Domfront (Orne), par 8,681 voix, contre 1,883 au baron Houssin de St-Laurent, monarchiste. Appelé, le 9 mars de la même année, à faire partie du cabinet Dufaure, comme ministre des Travaux publics, il réalisa dans ce département d'importantes réformes, plaçant des hommes compétents à la tête de tous les services et admettant, pour la première fois, les conseils supérieurs des Ponts-et-Chaussées et des Mines à donner leur avis sur les titres à l'avancement. Il proposa aussi diverses améliorations au régime des chemins de fer et se fit particulièrement remarquer dans la discussion d'un amendement présenté par M. Allain-Targé, en défendant le système de la garantie d'intérêt, restée la base de l'organisation actuelle des chemins de fer. De nouveau titulaire des Travaux publics dans le cabinet Jules Simon (12 décembre 1876), il démissionna de ces fonctions lors de l'avènement du cabinet de Broglie, le 17 mai 1877.

M. Christophle fut de ceux qui, parmi les 363, combattirent très énergiquement le mouvement de réaction. Il fut, après la dissolution, le 14 octobre 1877, réélu par 9,117 voix contre 2,331 à M. Grippon, candidat officiel. Il continua de siéger parmi les modérés de la majorité républicaine et soutint le nouveau cabinet Dufaure. Réélu en 1881, dans la même circonscription, par 7,758 voix sur 9,215 votants, il fut porté sur la liste républicaine aux élections sénatoriales de 1882 et échoua, obtenant 251 voix sur 584 votants ; au renouvellement législatif de 1885, fait au scrutin plural, il eut le même sort avec toute la liste républicaine ; mais, le 16 octobre 1887, il retrouva son siège dans une élection partielle, élu par 47,283 voix sur 61,125 votants. Il fut successivement renvoyé à la Chambre, par la 1re circonscription de l'arrondissement de Domfront : en 1889, par 6,766 voix contre 5,246 à M. Cochet, conservateur ; en 1893, par 8,950 voix, sans concurrent, et, en 1898, par 6,335 voix, contre 3,222 au Dr Barrabé et 1,788 au Dr Poulain, radicaux.

M. Christophle n'a jamais cessé de soutenir de son influence et de ses votes les divers ministères modérés au pouvoir ; il a fait partie de nombreuses commissions, notamment de celles des Douanes, et a été élu, en 1898, président de la commission de législation fiscale, qui étudie toutes les réformes financières proposées à la Chambre.

Membre, depuis 1871, du Conseil général de l'Orne, l'honorable député en est le président depuis plusieurs années.

Le 13 février 1878, sous le deuxième cabinet Dufaure, M. Albert Christophle avait été nommé gouverneur du Crédit Foncier de France, en remplacement de M. Grivart, sénateur, et à un moment où la prospérité de cet important établissement financier n'était rien moins qu'assurée. Il fallait liquider les opérations malheureuses faites précédemment, telles que l'escompte des centaines de millions représentant les engagements d'Ismaïl-Pacha, la gestion du Crédit agricole, société annexe, et d'autres affaires. En un an, le Crédit Foncier prit, sous la direction de M. Christophle, un essor considérable, élevant de 800 millions à 3,600,000,000 de francs le chiffre de ses opérations. Des emprunts nouveaux, dits de conversion, en diminuant le taux d'intérêt dû aux obligataires, permirent, de plus, de réaliser des prêts fonciers et des prêts communaux à des taux inconnus jusqu'alors.

En dehors du Crédit Foncier, M. Christophle fut chargé, par l'Etat, d'un certain nombre d'opérations financières, telles que : les emprunts nécessités pour la constitution du capital des associations de la presse, par les dommages subis lors du tremblement de terre de Nice, l'invasion des sauterelles en Algérie, etc. C'est à lui, enfin, qu'est due la création des bons qui assurèrent le succès de l'Exposition de 1889.

En 1896, M. Christophle donna sa démission de gouverneur du Crédit Foncier, pour éviter le cumul de ces fonctions avec celles de député. Il a été nommé gouverneur honoraire par le décret même qui acceptait sa démission.

Il a fondé, en 1897, le Syndicat général des bouilleurs de crû, à la cause desquels il apporte les plus grands efforts.

Chevalier de la Légion d'honneur depuis 1886, M. Albert Christophle fut nommé officier du même ordre en 1889, quoique député en exercice, par le ministère Tirard.

MALHERBE (Aristide-Armand)

Médecin, né à Paris le 17 juillet 1862. Il fit ses classes au lycée Condorcet et se livra ensuite à l'étude de la médecine. Ses maitres furent les professeurs Tillaux, Millard, Segond et Terrier. Interne des hôpitaux en 1891, ses premiers travaux portèrent sur la gynécologie.

Il publia successivement : *Présentation d'un fibromyôme de l'utérus* (Bull. Soc. anat., 24 octobre 1890); *Abcès de la cloison vésico-vaginale; Absence de vagin et d'utérus; Dilatation de l'uréthre* (Tribune médicale, 30 avril 1891) ; *Kyste dermoïde huileux de l'ovaire* droit ; *Ovaire scléro-kystique avec petit kyste hématique à gauche*; *Salpingite double* (*Bull. Soc. anat.*, 13 mai 1892) ; *Kystes hématiques des deux ovaires* (*Bull. Soc. anat.*, 21 avril 1893) ; *Amputation supra-vaginale d'un gros fibrôme chez une femme de 70 ans* (*Bull. Soc. anat.*, 21 avril 1893) ; *Grossesse tubaire rompue dans le péritoine venant faire saillie au niveau du canal inguinal et présentant tous les signes d'une hernie inguinale étranglée ; Laparotomie latérale et ablation des annexes gauches* (*Bull. Soc. anat.*, 11 janvier 1895).

Reçu docteur en 1895, avec une thèse intitulée: *L'Évidement pétro-mastoïdien dans le traitement des suppurations de l'oreille moyenne*, M. Malherbe spécialisa complètement ses recherches vers les maladies de l'oreille. Dès 1892, il fut chargé de la consultation des maladies du larynx, du nez et des oreilles, à l'hôpital Bichat. Il a été aussi, durant plusieurs années, chef de consultation de chirurgie à l'hôpital Broussais.

On doit à M. le Dr Malherbe de nombreux travaux dans cette direction; certains ont obtenu un grand retentissement dans le monde savant. Citons: *Contribution à l'étude des tumeurs adénoïdes* (*Bull. médical*, 4 et 7 mars 1894) ; *Recherches sur la croissance post-opératoire dans les tumeurs adénoïdes* (*Presse médicale*, 31 mars 1894) ; *Otite moyenne droite purulente chronique avec poussées inflammatoires à répétition du côté de l'apophyse mastoïde ; Évidement pétro-mastoïdien avec ouverture large de la caisse* (*Arch. intern. de laryngologie*, avril 1896) ; *Otite moyenne gauche aiguë suppurée avec antro-mastoïdite ; Évidement pétro-mastoïdien* (*Bull. et Mémoires de la Soc. française d'Otologie*, mai 1896) ; *De l'Évidement pétro-mastoïdien appliqué au traitement chirurgical de l'otite moyenne chronique sèche* (*Académie de Médecine et Revue de Chirurgie*, 1897) ; *Chirurgie de la face* (avec les Drs F. Terrier et Guillemain, 1 vol. avec 214 grav., 1897) ; *L'Évidement pétro-mastoïdien, traitement chirurgical de l'otite moyenne chronique sèche* (*Mémoires de l'Assoc. fr. de Chirurgie*, 11e Congrès, octobre 1897) ; *Chirurgie du cou* (avec les Drs F. Terrier et Guillemain 1 vol. avec 101 grav., 1898) ; *L'Évidement pétro-mastoïdien, nouveau traitement chirurgical de l'otite moyenne chronique sèche ; De quelques considérations physiologiques de l'appareil tympano-mastoïdien et indications de l'intervention* (*Bull. et Mém. de la Soc. fr. d'Otologie*, mai 1898) ; *Le Catarrhe pharyngé postérieur chronique et son traitement par le curettage* (*Bull. et Mém. de la Soc. fr. d'Otologie*, mai 1898) ; *Système tympano-mastoïdien, anatomie et topographie* (*Bull. de Laryngologie, Otologie et Rhinologie*, sept. 1898) ; *Traitement chirurgical de l'otite chronique sèche par l'évidement pétro-mastoïdien avec tubage de l'oreille moyenne* (*Académie de Médecine*, octobre 1898) ; *Valeur sémiologique et anatomo-pathologique de la surdité dans l'otite moyenne chronique sèche* (*Bull. méd.*, 14 janv. 1899).

M. le Dr Malherbe a publié, en outre, dans divers organes médicaux et notamment dans le *Bulletin médical*, des articles remarqués sur la clinique otologique, l'otologie dans la pratique courante. *Un cas de Scalp complet traité par la réapplication du cuir chevelu*, etc.. Chirurgien, ses travaux ont eu pour objet principal les maladies de l'oreille au point de vue chirurgical ; il est l'auteur d'un procédé opératoire pour le traitement de la surdité qui a donné les meilleurs résultats. Son livre : *De l'Évidement pétro-mastoïdien, nouveau traitement chirurgical de l'otite moyenne chronique sèche*, a été récompensé par l'Académie de Médecine (Prix Meynot, 1898).

M. le Dr Malherbe est membre de la Société anatomique, des Sociétés de Laryngologie et d'Otologie française et de Paris, de l'Association française de Chirurgie, etc.

THOMSEN (Constant-Auguste)

SCULPTEUR, né à Paris le 5 février 1869. Il appartient à une famille danoise d'origine ; un de ses oncles fut ministre de la guerre en Danemark ; sa sœur, Mlle Thomsen, morte toute jeune, était pensionnaire de la Comédie-Française.

Elève de MM. Gauthier et Thomas, M. C.-A. Thomsen débuta aux Salons annuels de la Société des Artistes français en 1888, avec : *le Serment du jeune Annibal*, statue en plâtre, qui se trouve aujourd'hui, en marbre, dans une propriété à Reims : il y donna depuis : *Eros*, statue en marbre (1893), aujourd'hui à Reims ; le *Docteur Camescasse*, buste plâtre et *M. Duprez*, professeur au conservatoire, buste plâtre (1895) ; *M. Balthazard*, buste bronze, et *Mon Beau-Père*, buste marbre (1897) ; groupe de couronnement du *Monument de la défense de Bazeilles*, qui appartient au Comité de la défense de cette ville (1898).

Cet artiste est en outre l'auteur d'un certain nombre d'autres bustes estimés, exposés aux simples initiales ou non exposés, portraits, souvent remarquables, de plusieurs personnalités connues, françaises et étrangères. Il a encore exécuté : le *Temps*, la *Douleur* et l'*Immortalité*, bas-reliefs pour une chapelle funéraire de Bradfort; un *Monument*, pour un groupe scolaire à Plombières; une statue de *Notre-Dame de l'Usine*, à l'église St-Rémy à Reims, etc.

Lauréat de plusieurs concours, M. C.-A. Thomsen est officier d'Académie.

DEVÈS (Pierre-Paul)

SÉNATEUR et ancien ministre, né le 3 novembre 1837, à Aurillac (Cantal). Après avoir accompli ses études classiques au collège de sa ville natale et au lycée de Montpellier, il suivit les cours de la Faculté de Droit de Paris, s'inscrivit ensuite comme avocat au barreau de Béziers et fut bientôt élu conseiller général du canton de Servian (Hérault).

Nommé, en 1870, procureur de la République à Béziers, par le Gouvernement de la Défense nationale, M. Paul Devès donna sa démission et devint maire de Béziers, puis député de la 2me circonscription de Béziers, élu, le 20 février 1876, par 11,325 voix. Il siégea à la Gauche républicaine de la Chambre, groupe qu'il présida pendant deux ans, combattit le ministère de Broglie et fut l'un des 363. Réélu le 14 octobre 1877, par 11,347 voix, contre 9,552 à Mgr de Las Cases, ancien évêque de Constantine, et le 21 août 1881, par 10,599 voix, sans concurrent, il démissionna pour être candidat dans l'arrondissement de Bagnères-de-Bigorre (Hautes-Pyrénées), en remplacement de M. Constans, qui avait opté pour la 1re circonscription de Toulouse. Il y fut élu, le 18 décembre 1881, par 13,987 suffrages.

Le 14 novembre de cette même année, il avait été appelé au ministère de l'Agriculture dans le cabinet Gambetta, qu'il suivit dans sa retraite, le 26 janvier 1882. Le 7 août suivant, il devint ministre de la Justice et des Cultes dans le cabinet Duclerc et fut, par intérim. président du Conseil, en 1883, par suite de la maladie de M. Fallières.

Comme député et ministre, M. Paul Devès prit une part importante au mouvement parlementaire. Il a été membre de la commission du Budget pendant six années consécutives; il est intervenu notamment: dans la discussion de la loi de 1881, sur la presse; dans celle sur le nouveau serment judiciaire (1882); il défendit le cabinet Fallières contre une accusation d'arrestation arbitraire, à propos du manifeste du prince Jérôme Napoléon (1883) et exerça une action prépondérante dans les débats relatifs à la proposition de M. Joseph Fabre, tendant à interdire l'accès des fonctions publiques, électives ou autres, aux membres des familles ayant régné en France (1884).

Il a été vice-président de la Chambre à trois reprises différentes.

Aux élections législatives du 4 octobre 1885, M. Paul Devès échoua, au scrutin plural, avec toute la liste républicaine des Hautes-Pyrénées. Un siège de sénateur du Cantal étant devenu vacant par la mort de M. Léon Cabanes, il se présenta et fut élu, le 29 août 1886, par 306 voix contre 246 à M. Baduel, radical. Réélu en 1894, au 1er tour, par 331 voix, M Devès a toujours fait partie du groupe de l'Union républicaine, au Luxembourg, où il s'occupe surtout de législation et de jurisprudence.

Conseiller général pour le canton d'Aurillac (nord) depuis 1885, M. Devès est administrateur du Crédit Foncier de France et président de la Compagnie des Chemins de fer de Bône-Guelma-Tunis.

GRAUX (Georges-Edouard)

DÉPUTÉ, avocat, économiste et publiciste, né à Saint-Pol (Pas-de-Calais) le 15 février 1843. Son père fut maire de cette ville et conseiller général du canton pendant vingt-cinq ans.

Reçu avocat à Paris, M. Georges Graux devint secrétaire d'Ernest Picard. Secrétaire de la conférence des avocats (1868-1869), titulaire du prix Paillet, il eut de brillants succès au barreau. Durant la campagne franco-allemande, il servit comme officier dans les mobiles du Pas-de-Calais.

Attaché d'ambassade à la Légation de Belgique, en 1872, il donna sa démission au 24 mai 1873, et revint à Paris, où il collabora au *Temps*, à la *République Française*, au *National*, etc.

Elu conseiller général, pour le canton de Saint-Pol, le 7 mars 1875, il n'a pas cessé, depuis, de faire partie de l'Assemblée départementale du Pas-de-Calais, dont il est depuis longtemps vice-président. Chef du cabinet de M. Martel, ministre de la Justice, le 19 décembre 1876, il suivit ce dernier à la présidence du Sénat avec les mêmes fonctions.

Candidat républicain aux élections législatives du 14 octobre 1877, M. Georges Graux échoua; mais au renouvellement du 21 août 1881, il fut élu député de l'arrondissement de Saint-Pol, par 10,687 voix contre 8,595 au marquis de Pratz de Pressy, député sortant, conservateur. La liste conservatrice ayant passé toute entière dans le Pas-de-Calais en 1885, il ne rentra à la Chambre qu'en 1889, élu dans son ancienne circonscription par 11,816 voix, contre 6,713 à M. Delisse, député sortant. Il a été réélu en 1893 par 11,147 voix contre 3,917, à M. de Bizemont, monarchiste, ainsi qu'en 1898, par 16,828 voix, sans concurrent.

D'abord inscrit à la Gauche démocratique et à la Gauche radicale de la Chambre, le député du Pas-de-Calais conserva toujours une grande indépendance. Il proposa, en 1882, la nomination de commissions permanentes prises dans le Parlement et correspondant aux grands services publics. Il fut déjà, à cette époque, membre de commissions importantes : du Budget, des lois constitutionnelles, de la loi municipale; il prit fréquemment la parole, notamment comme rapporteur de la loi sur les céréales, sur les lois concernant les accidents dans les usines, l'inamovibilité de la magistrature, dont il demandait, en 1883, le recrutement par un corps électoral spécial, comme en Belgique; il déposa une proposition de loi relative aux congrégations religieuses.

Membre, plus tard, de la grande commission des Douanes, M. Georges Graux exerça dans l'élaboration, la discussion et l'adoption des tarifs douaniers, une action prépondérante (1890-92). En outre de nombreux rapports qu'il présenta au nom de cette commission, il a fait aboutir, comme rapporteur, plusieurs projets de loi, notamment ceux relatifs au crédit d'encouragement, à la culture du lin et autres cultures industrielles (1891), à la création d'une zone franche sur la frontière belge (1892), à l'imputation de la détention préventive sur la durée des peines (1892), etc.

Il est l'auteur d'un grand nombre de propositions, parmi lesquelles on doit citer : un projet de loi modifiant la loi sur les sociétés et facilitant la participation aux bénéfices; un autre attribuant un crédit pour encourager la culture des graines oléagineuses (1891); le projet de modification de la procédure du divorce, un autre ayant pour but d'assurer le secret des délibérations du jury (1892); la loi créant les actions de 25 fr. négociables sur le marché officiel, qui est une réforme fiscale, industrielle et sociale à la fois, des plus importantes pour la petite épargne (1895). Très protectionniste, il interpella, en 1895, le ministre des Travaux publics sur les tarifs de transport relatifs aux charbons étrangers. Il a encore déposé des propositions sur la chasse, sur les irrigations et, comme président de la commission du Code rural, il a fait aboutir plusieurs chapitres de ce code, en préparation depuis le commencement du siècle.

En 1898, M. Georges Graux a été choisi comme président de la commission des Douanes et rapporteur des projets de loi: sur le bail emphytéotique, sur le règlement de la Chambre et sur les arrangements commerciaux conclus entre la France et l'Italie.

L'honorable député a organisé dans le Pas-de-Calais d'importantes associations agricoles principalement l'Union des syndicats, dont il est président.

Il a publié diverses études sur les *Congrégations religieuses devant la loi*, la *Vérité sur les décrets du 29 mars*, les *Conventions avec les grandes compagnies*, *Les Commentaires du Code rural*, qui ont paru dans *Les lois nouvelles*, en collaboration avec M. Renard, docteur en droit (1898); il est l'un des principaux collaborateurs de la *Revue politique et parlementaire*.

Membre du Comité supérieur de l'Exposition internationale de Bruxelles de 1897, pour la section d'économie politique, M. Georges Graux a été nommé, à cette occasion, commandeur de l'ordre de Léopold.

GUYOT-DESSAIGNE (Jean-François-Edmond)

Député, ancien ministre, né à Brioude (Haute-Loire) le 26 décembre 1833. Fils de M. Guyot, ancien ingénieur en chef des Ponts et Chaussées du Puy-de-Dôme, gendre de M. Dessaigne, ancien député de Clermont-Ferrand sous la monarchie de juillet et frère de M. Guyot-Montpayroux, député de l'opposition sous l'Empire et l'un des 363 réélus en 1877, mort en 1884, M. Guyot-Dessaigne étudia le droit à la Faculté de Paris. Reçu licencié en 1856 et docteur trois ans après, il se fit inscrire d'abord au barreau de Paris, puis à celui de Clermont-Ferrand.

En 1863, il fut nommé substitut à Clermont-Ferrand; il devint successivement procureur impérial à Issoire (1866), avocat général près la Cour d'appel de Riom (1870) et juge au tribunal de la Seine (1876). Il démissionna en 1879 et se retira, avec le titre de juge honoraire, à Cunlhat (Puy-de-Dôme).

Quelques mois après (1880), M. Guyot-Dessaigne était élu conseiller général pour le canton de ce nom et, en 1881, maire de Cunlhat, fonctions auxquelles il a été constamment réélu.

Désigné par les comités républicains comme candidat à la députation, lors des élections législatives du 4 octobre 1885, M. Guyot-Dessaigne fut élu avec la liste républicaine, au 2° tour de scrutin, et par 77,550 voix sur 131,907 votants. Il a été réélu, dans la 2° circonscription de Clermont-Ferrand, successivement : en 1889, par 11,159 voix, contre 6,072 à M. Poupon, boulangiste; en 1893, par 13,588 voix, contre 6,409 à M. Colombin, républicain, et en 1898, par 16,010 suffrages, sans concurrent.

Chargé, peu après son arrivée au Parlement, du rapport sur la loi militaire, après la démission du major Labordère, M. Guyot-Dessaigne fut ensuite choisi comme président de la commission du Code d'instruction criminelle et comme vice-président de la commission de réforme du Code de procédure civile. Il fut chargé du portefeuille de la Justice, le 5 février 1889, dans le cabinet Floquet, en remplacement de M. Ferrouillat, démissionnaire. Le 23 du même mois, il se retira avec ses collègues.

Membre, puis vice-président de la commission de l'Armée ; membre, puis président de la commission des chemins de fer, il a été également président de la commission chargée d'examiner à la Chambre le projet de loi adopté par le Sénat sur l'atténuation des peines, sauf en cas de récidive. Il fut, en outre, membre des commissions extra-parlementaires sur la réforme du casier judiciaire et sur la réforme du Code pénal. Il a déposé un important projet de loi sur la revision des procès criminels et la réhabilitation des victimes d'erreurs judiciaires.

Après avoir refusé, pendant la législature de 1885 à 1889, de faire partie d'aucun groupe politique, M. Guyot-Dessaigne se fit inscrire à la gauche radicale, dont il fut président de 1894 à 1895.

Dans le cabinet Bourgeois, formé le 3 novembre 1895, M. Guyot-Dessaigne devint ministre des Travaux publics. Il dût, en cette qualité, répondre à diverses interpellations, notamment sur le tarif 107 à propos des charbons du Nord et des charbons anglais ; il substitua un agent responsable à la Commission administrative du réseau des chemins de fer de l'Etat, et fit voter les crédits nécessaires aux contrôleurs comptables chargés de vérifier la garantie d'intérêt des grandes compagnies de chemins de fer. Il donna sa démission, avec le cabinet tout entier le 21 avril 1896.

M. Guyot-Dessaigne est chevalier de la Légion d'honneur depuis 1879.

FAVRE (Jules)

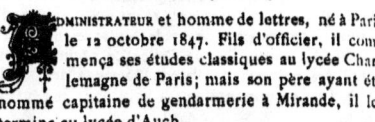

ADMINISTRATEUR et homme de lettres, né à Paris le 12 octobre 1847. Fils d'officier, il commença ses études classiques au lycée Charlemagne de Paris; mais son père ayant été nommé capitaine de gendarmerie à Mirande, il les termina au lycée d'Auch.

M. Jules Favre prit le diplôme de licencié ès-lettres en 1869, fut reçu agrégé en 1875 et docteur ès-lettres, en 1885. Entre temps, il avait été nommé professeur au lycée Charlemagne, au collège Stanislas, aux lycées Henri IV, Lakanal et Janson de Sailly, à Paris, puis censeur aux lycées Hoche (Versailles) et Janson de Sailly.

Il occupait ces fonctions quand le comité d'administration du collège Sainte-Barbe le pria de prendre la direction de cet important établissement.

En outre de ses deux thèses, française et latine, sur *Olivier de Magny, poète de la Brigade* et la *Langue d'Ovide dans les métamorphoses*, M. Jules Favre a publié des éditions classiques des *Œuvres de Corneille, Racine et Molière* et donné, pendant quatre années consécutives (1885-1889), en qualité de critique dramatique, des articles très remarqués aux *Annales politiques et littéraires*. Il a fait aussi des conférences très suivies sur le *Théâtre*, à l'Œuvre des familles.

Lauréat de l'Académie Française en 1886 (Prix Marcellin Guérin), M. Jules Favre est officier de l'Instruction publique depuis 1887.

FOLLEVILLE [de BIMOREL] (Louis-André-Daniel de)

ANCIEN député, avocat, doyen de Faculté de droit, né à Imbleville (Seine-Inférieure) le 9 janvier 1842. Après avoir fait ses études de droit à Paris, où il passa la licence en 1862 et à Caen, où il présenta sa thèse de doctorat en 1863, il fut reçu agrégé en 1865 et nommé professeur suppléant à Caen, le 16 janvier de la même année, professeur titulaire de Code civil à la Faculté de droit de Douai le 28 septembre 1865, et doyen de cette faculté le 1er décembre 1879.

A ce titre, et comme conseiller municipal de Douai, M. de Folleville se fit l'interprète de la vive émotion de la population de cette ville, lorsqu'en 1887 un projet de transfert à Lille des Facultés fut présenté par le gouvernement.

A l'occasion d'une élection partielle au Sénat, dans le Nord, son nom fut mis en avant pour une candidature de protestation contre le déplacement universitaire. Au scrutin, M. de Folleville obtint l'unanimité des suffrages de l'arrondissement de Douai ; mais il fut en minorité de 131 voix pour le département.

Continuant, non sans courage, sa lutte contre les projets du gouvernement, il envoya sa démission de doyen, que le ministre changea en un relèvement de fonctions (22 octobre 1887). Le transfert à Lille de la Faculté opéré, M. de Folleville demeura professeur de Code civil jusqu'au 1ᵉʳ juin 1898, où il fit liquider par anticipation sa pension de retraite.

En 1894, M. de Folleville avait été élu conseiller général du canton de Totes (Seine-Inférieure), d'où il est originaire ; il fut porté, le 31 mai 1896, après la mort de M. Legras, comme candidat du comité républicain de la 2ᵉ circonscription de Dieppe, et élu député au premier tour de scrutin, par 6,369 voix, contre 6,300 à M. Rouland.

Au Parlement, l'honorable député fit partie de nombreuses et importantes commissions, notamment de celle chargée d'étudier la proposition de loi tendant à la répression des violences, voies de faits, actes de cruauté, commis sur les enfants, projet dont il fut rapporteur, et qui fut adopté par la Chambre et le Sénat. Il a aussi rapporté le projet ayant trait à la légitimation des enfants naturels, incestueux ou adultères, et a collaboré à diverses autres propositions de loi, telles que celles sur la protection de la mère et de l'enfant, sur la création des warrants agricoles, le développement de la petite propriété rurale, sur les inscrits maritimes, sur les modifications aux articles 843, 844 et 919 du Code civil relatifs aux rapports à succession, etc.

M. de Folleville (de Bimorel) a souvent pris la parole à la tribune du Palais-Bourbon, notamment dans la discussion du budget de 1897-1898 ; il prononça, le 16 février 1898, un discours très remarqué sur l'agriculture, demandant l'augmentation du droit d'importation sur les chevaux étrangers, ainsi que la répression des marchés fictifs portant sur de simples différences de cours, en ce qui touche du moins, les denrées agricoles et de première nécessité ; il a aussi préconisé l'établissement des chambres d'agriculture et l'institution de banques de crédit agricole.

Aux élections générales de 1898, il échoua avec 5,369 voix contre 5,652 à l'élu, M. Rouland.

Parmi les travaux juridiques publiés par M. de Folleville [de Bimorel], il convient de citer : *Etudes sur les associations commerciales en participation* (1865) ; *Considérations générales sur l'acquisition ou la libération par l'effet du temps* ; *Traité de la possession des meubles et des titres au porteur* (1869) ; *Des caractères distinctifs du payement avec subrogation* ; *De l'interdiction considérée comme cause de séparation de biens judiciaire* (1870) ; *De la jonction des possessions; De la revendication des titres au porteur en matière de faillite; Programme sommaire du cours de droit civil* (1871); *De la publicité des contrats pécuniaires de mariage* (1872); *Sommaire des prolégomènes du cours de droit civil; Simple note à propos de la légitimation des enfants incestueux; Notion du droit et de l'obligation; Essai sur la vente de la chose d'autrui; De la délégation des fonctions de l'instruction aux juges suppléants* (1873) ; *Des clauses de remploi et de la société d'acquêts sous le régime dotal; Du payement du prix par l'acheteur en matière de vente; De la possession précaire* (1875) ; *De la promulgation et de l'application des lois et décrets; Introduction historique à l'étude du Code civil; Un mot sur le procès de Mᵐᵉ la princesse de Bauffremont* (1876); *De la propriété littéraire et artistique; De l'effet déclaratif de partage* (1877); *De l'incapacité complète de s'obliger, stipulée dans un contrat de mariage* (1878) ; *Des Français par droit de naissance et situation juridique des individus nés en France d'un étranger* (1879) ; *Traité théorique et pratique de la naturalisation; Etude de droit international privé; De la condition juridique des étrangers en France* (1880); *Leçons d'introduction à un cours de droit international privé; Recueil des règlements des Facultés de droit; Code manuel de MM. les professeurs et étudiants* (1881) ; *Traité du contrat pécuniaire du mariage et des droits respectifs des époux quant aux biens* (1882-83) ; *Etude sur le projet de loi relatif à la création des Universités régionales et sur les réformes inaugurées par M. Liard* (1890).

Signalons en outre de nombreuses notes et consultations publiées dans les divers recueils ou revues de droit et de jurisprudence.

M. de Folleville (de Bimorel) est officier d'Académie du 15 janvier 1877 et officier de l'Instruction Publique depuis 1882. On doit en outre mentionner qu'il a été proposé à six reprises différentes, avant son mandat de député, pour la croix de la Légion d'honneur.

MARCHESI (Marquise de La RAJATA de CASTRONE, née Mathilde GRAUMANN, dite Mme)

CANTATRICE, professeur de chant, née à Francfort sur le Mein (Allemagne) le 20 mai 1828. Sa famille, d'origine alsacienne, est alliée à celles du général Denzel et du baron Haussmann, préfet de la Seine, qui était son cousin.

Ayant travaillé le piano dès son enfance, elle commença à étudier le chant avec le compositeur des *Joyeuses Commères de Windsor*, Otto Nicolaï, à Vienne, où elle passa quelques temps auprès de sa tante, la baronne Dorothée d'Ertmann (femme du feld-maréchal de ce nom), célèbre pianiste-amateur, élève et amie de Beethoven, qui lui dédia sa sonate 110.

De retour à Francfort, Mme Mathilde Graumann suivit pendant plus d'un an les conseils de Mendelssohn, qui, en lui prédisant un brillant avenir, put vaincre les préjugés de sa famille contre la vie artistique.

Elle vint à Paris, où elle étudia pendant quatre ans le chant avec Manuel Garcia et la déclamation française avec Samson, en apprenant en même temps la composition, ainsi que plusieurs langues.

Douée d'une belle voix de mezzo-soprano et de beaucoup de sentiment, Mme Graumann obtint un succès éclatant lorsqu'elle se fit entendre pour la première fois à Paris, dans un grand concert qu'elle donna avant son départ pour l'Angleterre.

Après un séjour de trois ans à Londres, où elle chanta avec un grand succès tour à tour dans les salons et dans les grands concerts, Mme Graumann entreprit une tournée, qui fut triomphale, de concerts en Irlande, en Ecosse, en Suisse, en Hollande, en Allemagne, etc. ; elle fit pendant quelque temps les délices de la cour de Weimar, où Liszt était intendant de la musique. Ses plus grands succès sur la scène furent les rôles de Rosine et de Cendrillon de Rossini.

En 1852, elle épousa le marquis Salvator de la Rajata de Castrone, réfugié politique italien, élève de Garcia, qui avait adopté le pseudonyme de « Marchesi » et avec lequel elle donna, à Vienne, au printemps de 1854, quatre grands concerts à orchestre. Son succès fut si grand qu'on lui offrit la place de premier professeur de chant au Conservatoire. Elle resta là jusqu'en 1860 et forma de nombreuses élèves, dont les plus célèbres furent: Gabrielle Krauss, Irma de Murska, Antonietta Fricci, etc.

Rossini désirant l'attacher à notre Conservatoire, Mme Marchesi se rendit à Paris, où elle ne put s'entendre avec Auber, qui voulait lui faire adopter la méthode de la maison. Elle resta cependant à Paris jusqu'en 1864; sa santé, chancelante à cette époque, lui fit accepter le professorat au Conservatoire de Cologne, où elle demeura trois années.

Une députation envoyée de Vienne vint alors la trouver pour la prier d'aller ouvrir le Conservatoire construit pendant son absence. Elle y consentit et, pendant son nouveau séjour dans la capitale de l'Autriche, elle forma un grand nombre de chanteuses devenues célèbres depuis, notamment: Mmes Caroline Salla, Etelka Gerster, Clémentine Proska-Schuch, Ross Papier, Amélie Tremelli, Emma Nevada, Giselle Koppmoyer-Staudlig, Nadine Boulichoff, Anna d'Angeri, Amélie Stahl, etc.

Rentrée en 1880 à Paris, qu'elle n'a plus quitté depuis lors, Mme Marchesi y a formé une pléiade de cantatrices, parmi lesquelles il faut citer : Mmes Nellie Melba, Emma Eames, Emma Calvé, Sybil Sanderson, Frances Saville, Jeanne Horwitz, Suzanne Adams, Blanche Marchesi, sa fille, une diseuse incomparable, et bien d'autres.

Mme Marchesi a publié 35 ouvrages, formant son école complète. Ce sont des cahiers d'*Exercices élémentaires et de vocalises* pour les différentes voix de femmes, ainsi que deux *Méthodes de chant*, l'une en Allemand, publiée à Vienne, et l'autre en Français, amplifiée et agrandie, publiée à Paris, à Londres, à Milan et à Copenhague. Son intéressante *Autobiographie*, publiée en Allemagne et en Amérique, grandement appréciée par la presse des deux pays, a eu deux éditions (1898).

Cette célèbre artiste est décorée de l'ordre du Mérite de première classe de la médaille pour arts et sciences d'Autriche, de l'ordre « Virtuti et Ingenio » du grand-duc de Saxe-Weimar et de la même décoration du roi de Saxe. Elle a aussi les médailles pour arts et sciences de l'Italie et de l'Allemagne et les palmes académiques.

Mme Marchesi a été admise comme membre de l'Académie de Sainte-Cécile de Rome et de l'Académie musicale-royale de Florence ; elle est aussi sociétaire perpétuelle de l'Association des Artistes Musiciens de France.

BORRIGLIONE (Alfred-Ferdinand)

SÉNATEUR et avocat, né à Nice le 17 février 1843. Après avoir accompli ses études classiques au lycée d'Aix et suivi les cours de droit de la Faculté de cette ville, il se fit inscrire, en 1863, comme avocat au barreau de Nice, où il plaida pendant de longues années.

M. Ferdinand Borriglione débuta de bonne heure dans la politique et ne craignit pas de faire connaître son opinion républicaine sous l'Empire. Ancien président du comité anti-plébiscitaire, il fut élu en 1871, conseiller général du canton de Sospel, qu'il représente encore.

Nommé député de la 1re circonscription de Nice, le 20 février 1876, par 5,317 voix, sans concurrent, M. Borriglione siégea parmi la majorité républicaine de la Chambre et fut l'un des 363. Réélu le 14 octobre 1877, après la dissolution, toujours sans concurrent, et par 7,443 suffrages ; en 1881 par 8,096 voix sur 8,413 votants, il vota pour le ministère Dufaure, pour l'article 7 et pour l'application des lois existantes aux congrégations ; il se prononça contre l'amnistie plénière, pour les ministères Gambetta et Ferry, les crédits du Tonkin, etc.

Aux élections du 4 octobre 1885, faites au scrutin départemental, M. Borriglione se porta seul, en dehors de toute liste, et fut élu député des Alpes-Maritimes, au premier tour de scrutin et par 20,999 voix sur 38,200 votants. En 1889, candidat dans la 2e circonscription de Nice, il n'eut encore pas de concurrent et fut renvoyé à la Chambre par 8,640 voix ; mais après l'invalidation de M. Bischoffsheim, il donna sa démission, pour se présenter dans la 1re circonscription, où il échoua avec 5,385 voix, contre M. Raiberti, qui en obtint 5,942 (30 mars 1890). Il revint alors devant ses anciens électeurs, qui renouvelèrent son mandat par 9,082 voix sans concurrent (23 mai). En 1893, il fut encore réélu sans concurrent.

Maire de Nice de 1876 à 1886, époque à laquelle il se retira volontairement, M. Borriglione a présidé aux nombreux travaux d'embellissement et de transformation faits dans la cité méditerranéenne. Nice qui comptait, en effet, 40,000 âmes, il y a vingt ans, possède, en 1898, près de 100,000 habitants sédentaires et est devenue une ville admirable, la plus fréquentée du littoral.

M. Borriglione, à qui revient en grande partie le mérite de cette prospérité, fut élu sénateur des Alpes-Maritimes en 1894, au 1er tour de scrutin, sur la liste républicaine, et par 355 voix sur 392 votants.

Républicain indépendant, à tendances progressistes, il n'est inscrit à aucun groupe du Sénat. Il s'occupe beaucoup, au Palais du Luxembourg, de questions agricoles ; il y a pris assez souvent la parole, notamment à propos de la rectification de frontières du côté de l'Italie (affaire Romani).

En matière économique, il est partisan des théories du libre échange.

M. Borriglione est commandeur de St-Stanislas de Russie, chevalier de Charles III d'Espagne, grand croix de l'ordre du Brésil et, depuis 1878, chevalier de la Légion d'honneur.

BLANCHARD (Raphaël-Anatole-Émile)

MÉDECIN, professeur, membre de l'Académie de Médecine, né à Saint-Christophe (Indre-et-Loire) le 28 février 1857. Fils d'un écrivain distingué, il vint à Paris pour y suivre les cours de la Faculté de Médecine. Reçu docteur en 1880, avec une brillante thèse sur l'*Anesthésie par le Protoxyde d'azote*, il fut nommé professeur agrégé en 1883.

M. le Dr Raphaël Blanchard a occupé successivement la chaire d'histoire naturelle aux lycées Saint-Louis et Louis-le-Grand de 1881 à 1884. Il a été chargé des cours d'histoire naturelle médicale parasitologie à la Faculté de Médecine de Paris (1883-1892) et d'anthropologie biologique à l'École d'anthropologie (1884-1886).

Nommé professeur titulaire d'histoire naturelle à la Faculté de Médecine le 24 juillet 1897, M. le Dr Blanchard a totalement rénové l'enseignement de cette importante partie des sciences médicales : au lieu de se consacrer exclusivement à l'étude des végétaux, comme on l'avait fait jusque-là, il s'est adonné entièrement à celle des parasites, de ces êtres vivants, animaux ou plantes, qui produisent de terribles et nombreuses maladies.

Membre de plusieurs sociétés savantes françaises et étrangères, notamment de la Société zoologique de France, de la Société de biologie de Paris, de la Société d'anthropologie, M. le professeur R. Blanchard a été élu membre de l'Académie de Médecine le 13 février 1894.

En outre de sa thèse d'agrégation sur les *Coccidés utiles* (1883), il a publié un nombre considérable de travaux, parmi lesquels il convient de citer : *Traité de zoologie médicale* (2 volumes), ouvrage qui obtint le plus grand succès dans le monde scientifique (1885) ; *Éléments de zoologie*, en collaboration avec Paul Bert (1885) ; des études très nombreuses sur les *Vers parasites*, sur les *Sporozoaires*, les *Reptiles*, les *Hirudinées* (sangsues) ; plusieurs articles parus dans le *Dictionnaire Encyclopédique des Sciences médicales* ; des mémoires d'anthropologie, notamment sur l'*Atavisme chez l'homme* et sur la *Stéatopygie et le Tablier des femmes Boschimanes*, etc. Nous devons mentionner encore des rapports remarquables sur la *Nomenclature des êtres organisés* (1889-1892), dont les règles furent adoptées par les congrès internationaux de zoologie. Signalons aussi, entre beaucoup d'autres, un mémoire sur une *Matière colorante des Diaptomus* ; une série d'observations sur la *Physiologie des animaux à sang froid* et sur la *Puissance massétérienne chez les Crocodiles*, faites en collaboration avec M. le Dr Paul Regnard ; des mémoires ayant trait à l'*Anatomie pathologique* et à la *Tératologie*. Sous le titre de *Parasites animaux* et de *Parasites végétaux*, M. Blanchard a encore publié deux très importants articles dans le *Traité de pathologie générale* du professeur Bouchard. Les questions artistiques l'intéressent également, comme le prouve une curieuse brochure sur les *Cadrans solaires*, étude sur l'art populaire dans le Briançonnais (1895).

M. Blanchard a fondé, en 1898, les *Archives de parasitologie*, seule publication scientifique française qui donne des travaux scientifiques en plusieurs langues.

Décoré de plusieurs ordres français et étrangers, il est chevalier de la Légion d'honneur depuis le 14 juillet 1895.

RODRIGUEZ-ETCHART (Severo)

Peintre, né à Buenos-Ayres (République Argentine), le 26 septembre 1864.

Venu de bonne heure en Europe pour accomplir ses études artistiques, il eut pour professeur à Turin, Gastaldi, un peintre bien connu, et envoya, dès 1877, à l'exposition de Milan, une toile intitulée *Expectativa*, étude de marine qui fut très remarquée.

De retour à Buenos-Ayres, M. Severo Rodriguez-Etchard donna aux expositions annuelles de l'Athénée, où se retrouvent la plupart des bons artistes de l'Amérique du Sud, plusieurs toiles et notamment, en 1892, deux *Portraits de Femme*, qui imposèrent son nom au public américain et valurent à leur auteur de nombreuses commandes de portraits.

Encouragé par ses premiers succès, le jeune artiste voulut que Paris consacrât son talent. Il y vint en 1893.

Élève de Paul Langlois, M. Rodriguez-Etchart, tout en complétant son savoir, envoya aux Salons annuels des Champs-Elysées des œuvres d'une exécution probe et d'une conception originale. Citons : en 1895, une *Étude de Femme nue* ; en 1896, autre *Étude de Femme*, et *Luli*, aimable composition vendue à la Galerie continentale de Londres.

Cette dernière toile retint l'attention publique ; M. Henri Rochefort, dans son compte-rendu du Salon de 1896, au *New-York-Hérald*, en fit un éloge motivé. Un autre critique, parlant de cette figure, dit : « C'est de l'art et du vrai... Cet artiste a fait une « œuvre excellente, vivante et sincère (*Autorité* « 16 mai 1896.) »

M. Rodriguez-Etchart a exposé encore : *Coin de misère* (1897), étude de paysage animé à Samois, tableau envoyé à l'exposition de Munich et acheté par l'État ; une *Salomé*, œuvre essentiellement originale, vendue à la Galerie continentale de Londres ; *Après la pose* (1898), tableau de genre auquel la presse parisienne ne ménagea point les éloges ; *Une séance de Guzsla* et *Méditation*, pour le Salon de 1899.

PAPELIER (Pierre-Albert)

Député, économiste et négociant, né à Nancy le 5 décembre 1845. Il fit ses études au lycée de Nancy ; puis, admis à l'École militaire de Saint-Cyr, il fut contraint, à la suite d'une grave maladie, de renoncer à la carrière des armes.

M. Papelier terminait ses études de droit quand éclata la guerre de 1870 ; il assista au siège de Paris, puis revint à Nancy, où il partagea avec son père la direction d'une importante maison de graines fourragères et légumes secs. Il donna un grand développement à son commerce, ouvrit des débouchés nouveaux en Angleterre, en Écosse et en Irlande, fonda les « Docks nancéens » et publia, dès cette époque, un certain nombre de travaux sur l'agriculture et l'économie politique.

Administrateur du Mont-de-Piété et de la Caisse d'Épargne de Nancy, M. Papelier fut nommé conseiller municipal de cette ville en 1880.

Aux élections générales législatives du 22 septembre 1889, il se présenta dans la 2ᵉ circonscription de Nancy, comme républicain progressiste et protectionniste, et fut élu, au 2ᵉ tour de scrutin par 6,749 voix contre 4,138 à M. Paul Adam, boulangiste. Réélu le 20 août 1893, sans concurrent, par 8,285 suffrages, et une troisième fois, le 8 mai 1898 avec 8,170 voix contre 3,814 à M. le docteur Baraban, conservateur, M. Papelier a été membre de grandes commissions parlementaires, telles que celles des chemins de fer, de la navigation intérieure, des chambres d'agriculture (1890), des patentes (1893), des douanes, du commerce, de prévoyance, (1898), etc. Il a fait diverses propositions de loi ayant pour objet l'organisation d'une Caisse des retraites (1890) et d'une Caisse d'Epargne-retraite (1891); il a été chargé de nombreux rapports, notamment sur la proposition de loi de M. Laisant, tendant à instituer une Caisse nationale des retraites du travail (1890), sur le projet de M. Déandrèis, relatif à l'admission des syndicats d'ouvriers français aux marchés de travaux et de fournitures à passer pour le compte des communes (1893). Il prit part aux discussions sur le budget des Travaux publics et sur le tarif général des Douanes (1891 et 1893), sur le régime des boissons, en faveur des bouilleurs de crû (1893), sur la réforme de la législation, des patentes, la marine marchande, le budget des finances (1894); il a prononcé des discours remarqués en diverses circonstances, sur des sujets agricoles, de transports et de marine marchande. Il est vice-président de la commission de la Chambre chargée d'étudier les lois nécessaires au commerce et à l'industrie.

Partisan convaincu des sociétés de secours mutuels, de prévoyance et de retraite, l'honorable député a fondé : la « Prévoyance Nancéenne »; cette société, organisée d'une façon spéciale et unique en France, a pour but d'encourager à la mutualité, en majorant les retraites des vieux mutualistes et en donnant des subventions aux sociétés mutuelles en formation.

Nommé, en 1897, président de la Société centrale d'agriculture de Meurthe-et-Moselle, il créa l'assurance mutuelle contre la mortalité du bétail, le crédit agricole et une société mutuelle de retraite pour les travailleurs agricoles.

Il fit, en 1896 et 1897, une vigoureuse et longue campagne en faveur de la défense de Nancy, campagne qui aboutit à la création du 20ᵐᵉ corps d'armée.

Membre du Comité consultatif des Chemins de fer, rapporteur du comité du Syndicat agricole de l'Exposition universelle de 1900, M. Papelier est titulaire d'une médaille du ministère du Commerce,

pour ses travaux sur les retraites ouvrières. Il a été nommé officier de l'ordre de Léopold de Belgique, comme membre du Comité de l'Exposition internationale de Bruxelles en 1894.

BENGY-PUYVALLÉE (Comte Georges de)

INGÉNIEUR, sculpteur, peintre, né à Bourges le 25 mars 1851. Descendant d'une des plus anciennes familles du Berry, il fit ses études artistiques dans les ateliers de M. Albert Maignan pour la peinture et d'Aimé Millet pour la sculpture.

Au moment de la guerre de 1870, M. le comte Georges de Bengy-Puyvallée servit d'abord dans les ambulances de Bourges, puis s'engagea volontairement et prit part, à la répression de l'insurrection algérienne. Rentré à Paris, il se consacra définitivement à des travaux artistiques, qui lui valurent une rapide notoriété.

Il fit connaître pour la première fois sa peinture en envoyant un *Portrait* d'homme au Salon des Champs-Elysées de 1887. Vinrent ensuite un grand nombre de portraits de hautes personnalités aristocratiques de Paris, d'Amérique, de Belgique et d'Angleterre, notamment de Mᵐᵉ *la comtesse* *** (1888), et celui de Mᵐᵉ *la vicomtesse de* C***, qui fut un des succès du Salon 1889.

Comme peintre, M. Georges de Bengy semble s'inspirer de l'Ecole hollandaise, de Hulbein, par exemple, dit un de ses biographes; il a la vision nette des traits, de la couleur et des proportions. Ennemi des audaces, il rend tel qu'il voit, c'est-à-dire vrai, tout en rehaussant son réalisme d'une certaine pointe d'idéal. Dessinateur attentif et fin coloriste, rien chez lui n'est improvisé. Tout y est, au contraire, le résultat d'une observation lente et méticuleuse et d'efforts toujours savamment dissimulés.

Sculpteur-statuaire de talent, cet artiste a produit aussi, dans diverses expositions, des œuvres, parmi lesquelles il convient de citer: *Lady Lamb*, buste marbre (1887); le *Buste de M. le comte de Kératry* et *S. E. le cardinal Manning*, statue plâtre, qui obtint une récompense au Salon des Champs-Elysées (1892); la *Religieuse*, statue plâtre (1891), actuellement placée au musée de Bourges et qui fut appréciée dans les termes suivants:

Ce qui caractérise M. Georges de Bengy, outre le souci de la vraisemblance dans la poursuite de son idéal psychologique, c'est la préoccupation du fini des détails. Le costume de jeune nonne, qu'il a choisi entre cent autres, est une vêture complexe très agréable, qui fait le plus grand éloge d'aptitudes déjà reconnues en cet art si difficile de savoir habiller des modèles.

M. le comte de Bengy-Puyvallée est l'inventeur d'un dispositif avertisseur-contrôleur pour éviter les accidents sur les lignes de chemins de fer. Cet appareil a été breveté dans tous les pays d'Europe et du Nouveau-Monde.

Décoré de la médaille coloniale, M. de Bengy est aussi chevalier de l'ordre de St-Grégoire-le-Grand.

Le PROVOST de LAUNAY (Louis)

SÉNATEUR, avocat, né à Libourne (Gironde) le 8 juin 1850. Il est le fils d'un ancien préfet de l'Empire, député du Calvados à l'Assemblée nationale, député de Bayeux de 1877 à 1881, et qui mourut en 1886 sénateur des Côtes-du-Nord.

Dès le début de la guerre de 1870-71, M. Louis Le Provost de Launay s'engagea dans l'armée active et fit la campagne de l'Est comme sous-officier.

Docteur en droit en 1873, et avocat à la Cour d'appel de Paris, il plaida avec talent de nombreuses affaires civiles et des procès de presse. Nommé conseiller général du canton de La Roche en 1873 et député de l'arrondissement de Lannion l'année suivante, par 7,076 voix contre 4,226, il fut secrétaire du bureau de la Chambre, comme étant le plus jeune de l'Assemblée. Réélu sans concurrent, en 1877 et en 1881, M. Le Provost de Launay passa, en 1885, le 1ᵉʳ sur la liste conservatrice des Côtes-du-Nord et, en 1889, fut encore réélu député de la 2ᵉ circonscription de Lannion, sans concurrent.

Orateur éloquent, il est intervenu, au cours de ces dix-sept années législatives, dans presque tous les grands débats de politique ou d'affaires et dans les discussions des divers budgets.

Candidat au renouvellement général de 1893, M. Le Provost de Launay fut mis en minorité de quelques voix; en février 1896, il devint sénateur des Côtes-du-Nord, élu par 894 voix, contre 328 à M. de L'Angle-Beaumanier, républicain. Au Sénat comme à la Chambre, M. Le Provost de Launay siège sur les bancs de la droite.

Membre de diverses commissions, il a participé d'une manière active à tous les travaux de la Chambre haute et a interpellé souvent le gouvernement: sur l'emploi des subventions accordées aux communes pour les écoles (5 juin 1896), sur la situation de Madagascar et la politique suivie par le résident général, qui fut aussitôt rappelé (4 juillet), sur les fraudes commises à la Faculté de Lille (27 janvier 1897), sur l'affaire Dreyfus (novembre 1898), sur la façon dont le gouvernement entendait appliquer les termes de sa déclaration ministérielle (au sujet des outrages à l'armée), sur les fatigues imposées aux soldats pendant les grandes manœuvres et les cas mortels qui en étaient résultés (1898), etc.

M. Le Provost de Launay a prononcé au Sénat de nombreux discours sur maintes questions, notamment sur Madagascar et en général sur les expéditions coloniales, qu'il a toujours énergiquement combattues; sur le budget général de l'instruction publique, l'enseignement supérieur, secondaire et primaire aux points de vue budgétaire et de la direction qu'on leur donne. Il est aussi intervenu à la tribune dans l'affaire de Panama (1897); il demanda la mise à l'ordre du jour de la proposition de loi sur l'espionnage votée par la Chambre et, le 17 décembre 1897, posa une question au ministre de l'Intérieur au sujet de la distribution de mandats de secours accordés et distribués par un député et provenant de fonds départementaux destinés aux indigents des Côtes-du-Nord.

M. Le Provost de Launay est président du Conseil général des Côtes-du-Nord depuis 1894 et président des Syndicats agricoles de Tréguier et de La Roche-Derrieu, ainsi que des Comités agricoles de ces deux cantons.

Il a publié un *Manuel sur l'enseignement primaire* et collabore au journal l'*Indépendance Bretonne*.

KERJÉGU (James-Marie-Antoine MONJARET de)

DÉPUTÉ et ancien diplomate, né au château de Trévarez-Saint-Goazec (Finistère) le 27 février 1846. Issu d'une vieille famille bretonne, dont plusieurs membres ont fait partie des Etats de Bretagne, il est fils de François-Marie-Jacques Monjaret de Kerjégu, chevalier de la Légion d'honneur, député, puis sénateur et président du Conseil général du Finistère, décédé en février 1882; neveu de l'amiral de Kerjégu, qui, décoré à 16 ans pour faits de guerre, fut député et sénateur des Côtes-du-Nord et mourut en 1880; et neveu aussi de Louis de Kerjégu, agronome distingué, officier de la Légion d'honneur, député de Brest, mort en avril 1880.

Entré dans la diplomatie en 1867, M. James de Kerjégu fut attaché à la légation de Buenos-Ayres, puis envoyé au Paraguay, près du maréchal Lopez, pour obtenir la délivrance des français qui y étaient retenus ; ensuite à Vienne en 1869. En 1870, il rentra en France sur sa demande. Aussitôt nommé lieutenant aux mobiles du Finistère, il prit part aux principales opérations du Siège de Paris.

Après la guerre, M. de Kerjégu fut attaché à la direction politique, puis envoyé comme secrétaire de la mission française au quartier-général allemand, pendant l'occupation à Nancy et Verdun, sous les ordres de M. de St-Vallier. Pendant deux ans, il fut attaché au cabinet du duc Decazes, ministre des Affaires étrangères, puis envoyé, en 1875, en Serbie, comme chargé d'affaires et décoré à son retour. Il fut ensuite secrétaire à l'ambassade de Saint-Pétersbourg, puis à celle de Berne et mis en disponibilité sur sa demande en 1879.

M. de Kerjégu se consacra alors à l'étude des questions économiques ; il s'occupa d'agriculture et d'élevage. C'est sur l'une de ses propriétés qu'a été établie l'Ecole d'Agriculture du Finistère, établissement qui a remplacé la Ferme-Ecole de Trévarez, dirigée, pendant trente ans, par ses père et oncle et qui fournit dans le département un grand nombre d'agriculteurs et d'éleveurs distingués.

Candidat républicain dans l'arrondissement de Quimperlé, aux élections du 22 septembre 1889, M. de Kerjégu fut élu par 7,561 voix sans concurrent. Réélu successivement : en 1893, par 8,388 suffrages et en 1898 par 10,411 voix, toujours sans concurrent, il a fait constamment partie des commissions les plus importantes de la Chambre, notamment de celles du Budget et de la Marine. Chargé par la commission du Budget, de présenter des rapports en 1897, puis en 1898, il prit une part importante aux discussions qui eurent lieu devant la Chambre, signalant les réformes qu'il désirait voir introduire dans les services administratifs de la Marine, tout en insistant sur la nécessité de voter les crédits utiles pour le développement de notre flotte. « Nous n'avons par la flotte de notre politique, » avait-il écrit dès 1896 ; parole que les évènements ont justifiée depuis.

Il a présenté des rapports sur les courses et les paris mutuels, sur la militarisation des guetteurs électro-sémaphoriques, sur l'inscription maritime, sur le projet de loi relatif au permis de navigation maritime et sur l'élévation du service donnant droit à la demi-solde. Membre de la commission extra-parlementaire de décentralisation, il rédigea, au nom de la commission, qui fit siennes ses propositions et ses conclusions, deux rapports sur les ministères du Commerce et de l'Agriculture. Il s'est aussi très activement occupé de questions agricoles et les éleveurs et agriculteurs de la Bretagne ont en lui un défenseur énergique et toujours sur la brèche.

M. de Kerjégu est président de la Société hippique de l'arrondissement de Brest, président du comice agricole de Scair, vice-président du Herold-Book breton, président de la Société hippique de Saint-Thegonnec, conseiller général du canton de Scair depuis 1882 et président du Conseil général du Finistère. Il est chevalier de la Légion d'honneur depuis 1876.

PRACHE (Laurent-Denis)

Avocat et député, né à Combles (Somme, le 26 février 1856. Après avoir fait ses études classiques à Noyon (Oise), il prit ses inscriptions à la Faculté de Droit de Paris, fut reçu licencié en 1878, prêta serment comme avocat, la même année, et prit le grade de docteur en 1880. Depuis cette époque, M. Laurent Prache a plaidé dans de nombreuses et importantes affaires civiles et a été, pendant plus de huit ans, le secrétaire de M⁰ Huard, président du conseil judiciaire de la Société des gens de lettres. Il a collaboré, en cette qualité, à la défense de plusieurs procès de propriété industrielle, littéraire et artistique.

Membre, secrétaire, puis président de la Conférence Molé-Tocqueville (1889-90), secrétaire-adjoint de la Société des Agriculteurs de France, secrétaire du comité de l'Union libérale du VI⁰ arrondissement de Paris, M. Laurent Prache débuta dans la politique comme conseiller municipal du quartier St-Germain-des-Prés, en 1890, élu par 1,226 voix contre 1,121 à M. Hector Depasse, conseiller sortant. Il a été réélu successivement aux renouvellements généraux de 1893, par 1,366 voix, contre 1,080 à M. Paul Vivien, candidat radical, et de 1896, par 1,547 suffrages contre 921 à M. Charavay.

Dans sa profession de foi, M. Laurent Prache demandait :

Le respect absolu des lois et règlements ; par conséquent l'exclusion des questions politiques des délibérations du Conseil municipal ; une gestion économe des finances ; un emploi sage et réglé des fonds scolaires, des ressources de l'Assistance publique et des subsides que la ville lui accorde ;

La réintégration des sœurs dans les hôpitaux ;

La préoccupation constante de l'intérêt collectif dans l'organisation, le contrôle de nos grands services de voirie, de transport, d'éclairage, de distribution d'eau, de police, d'alimentation, d'hygiène, etc. ;

La protection éclairée et juste des intérêts économiques des contribuables, des petits commerçants, des ouvriers ;

Enfin la pacification religieuse et la solution de toutes les questions municipales intéressant les consciences dans le sens le plus large et le plus équitable.

M. Laurent Prache, durant son séjour à l'Hôtel-de-Ville, a fait partie des commissions du contentieux, des finances, des concessions du domaine municipal, des monopoles et services publics municipaux (1re commission), des fortifications et des adjudications militaires, etc. Rapporteur du projet tendant à la prolongation des conventions de la ville avec la Cie du Gaz, il conclut au rejet, et ses collègues le suivirent dans cette voie.

Lors des élections législatives du 8 mai 1898, on offrit à M. Laurent Prache la candidature dans la 2e circonscription du VIe arrondissement et il fut élu, au 2e tour de scrutin, par 4,817 voix, contre 4,290 données à M. Léveillé, député sortant, radical, et 288 à M. Boudin, industriel.

Républicain libéral et protectionniste, le député de Paris est inscrit au groupe progressiste du Palais-Bourbon.

VILLÉON (Emmanuel-Victor-Auguste-Marie de La)

PEINTRE, né à Fougères (Ille-et-Vilaine) le 30 mai 1858. Après avoir accompli de solides études classiques, reçu les leçons des peintres Roll et Damoye et fréquenté les ateliers de l'Académie Julian, il exposa, pour la première fois, aux « Indépendants », en 1888, des marines, des paysages et une série de mendiants.

M. de la Villéon envoya ensuite au Salon du Champ-de-Mars : *Bords de la Zaan* ; *Bords d'Etang en Sologne* (1890), deux paysages qui furent très remarqués ; *Dans l'Ile Fleury* (1891) ; *Sentier sous la neige* (1892) ; *Rivière du Berry, en automne* (1893) ; *Environs d'Yverdon* (Suisse) ; *Bords d'Etang en Bretagne* (1894) ; *Harmonies grises* (1895) ; *Clairières* (1896) ; *Printemps* ; *Hiver* (1897) ; *Automne*, sous bois ; le *Matin*, sous bois (1898) ; *Brume*, sous bois ; le *Lac de Neufchâtel* (1899).

Entre temps, M. de la Villéon organisa à la Bodinière et à la salle Petit diverses expositions de ses œuvres ; il y a produit une série de paysages et de marines qui ont confirmé sa réputation, déjà établie, d'artiste essentiellement original et puissant.

DÉRIBÉRÉE-DESGARDES (Paul-Marie-Stanislas)

DÉPUTÉ, ancien magistrat, né à Saint-Gaultier (Indre) le 28 octobre 1848. Après avoir accompli ses études classiques au petit séminaire de sa ville natale, il suivit les cours des Facultés de Droit de Poitiers, puis de Paris, fut reçu licencié en 1868, se fit inscrire comme avocat à la Cour d'appel de Paris et fut, pendant deux ans, clerc dans une étude d'avoué.

Au moment de la guerre de 1870, M. Déribérée-Desgardes fut incorporé dans les mobiles de l'Indre et fit la campagne avec le grade de lieutenant. Après la paix, il fut attaché au parquet du procureur de la République de la Seine, poste qu'il occupa de 1872 à 1874, et nommé ensuite juge suppléant à Beauvais, substitut à Loudun, Guéret, enfin procureur de la République à Château-Gontier, Mayenne et Laval.

M. Déribérée-Desgardes occupait encore ces fonctions lorsque les comités républicains de l'arrondissement de Laval présentèrent sa candidature à la députation. Il s'agissait d'une élection partielle pour pourvoir au remplacement de M. Chaulin-Servinière, député de cette circonscription, mort accidentellement en chemin de fer. Elu, le 18 septembre 1898, par 9,457 voix, contre 7,188 à M. Leblanc, monarchiste, il est inscrit au groupe progressiste de la Chambre.

L'honorable député de la Mayenne est officier d'Académie depuis 1898.

BEER (Frédéric)

SCULPTEUR-statuaire, né à Brünn (Moravie) le 2 septembre 1846, et naturalisé français en 1890. Il fit ses études artistiques à l'Ecole des Beaux-Arts de Vienne, puis fut pensionnaire du palais de Venise à Rome, où il exécuta divers travaux qui le classèrent dès cette époque parmi les artistes d'avenir.

Venu à Paris en 1875, M. Beer commença à exposer l'année suivante au Salon des Artistes français.

Depuis, il a envoyé régulièrement des œuvres pour la plupart remarquées, notamment : *Curbin*, buste marbre (1877) ; *Portrait de Mme Invernizzi*, buste terre cuite (1881) ; *Petits lutteurs*, groupe plâtre

(1885); Mᵐᵉ *Brown-Potter*, buste terre cuite (1887); *Fleur d'amour*, statue plâtre (1888); *Tête d'étude*, bronze (1889); *Panem propter Deum*, statue en marbre de Martin Luther enfant; *Réveil*, grande statue marbre acquise par M. D... H... de Vienne (1892); *Fragments d'un monument marbre*; *M. Courtois*, buste bronze (1893); *Amour maternel*, statuette terre cuite (1895). Cet artiste a donné aussi une grande quantité de portraits exposés sous initiales aux Salons de 1877, 1878, 1879, 1880, 1894; il a fait figurer à l'Exposition universelle de 1889 un *Groupe d'enfants* en bronze, plusieurs bustes et un *Albert Durer enfant*, marbre de haute valeur artistique, qui est devenu la propriété du musée national de Berlin.

M. Beer est encore l'auteur du *Monument funéraire de M. Spitzer*, le collectionneur célèbre (au cimetière de Passy), de celui du *Docteur Chapmann*, l'ancien directeur du *Westminster-Review* (au cimetière de Londres); *Christophe Colomb*, statue (au musée de Chicago); *Michel-Ange*, grand bas-relief en bronze (au musée de New-York); *Washington Irving* (Central-Park à New-York); la *Médaille des Sionistes*, frappée par l'Hôtel des Monnaies (1898-1899), etc.

M. Beer est l'inventeur d'une matière à mouler, destinée à remplacer la pierre et le marbre, qu'il a dénommée la « Beerite ». Ce produit est un mélange de matière calcaire avec des agents siliceux; il ne change pas sous l'influence de la chaleur et de l'humidité; il a l'avantage de se mouler très facilement et de donner à une figure toutes les finesses et les détails du plâtre. Cette composition, qui peut se teinter, ce qui permet d'imiter les marbres de couleur, a obtenu un très grand succès dans le monde des sculpteurs et des architectes.

On lui doit encore une autre matière plastique à modeler : la « Plasta », avec laquelle les sculpteurs peuvent exécuter tous les modèles dans la couleur même que l'œuvre définitive doit avoir, qu'il s'agisse de plâtre, de pierre, de terre cuite, de marbre, de bronze, de bois, d'étain, etc. La « Plasta » présente aussi cet avantage précieux pour les statuaires, de ne pas sécher.

Il est aussi l'inventeur d'un laboratoire portatif de photographie appelé le « Nocturnus », qui permet de charger les châssis, changer les plaques, développer les clichés, quel que soit l'endroit et les conditions où l'on se trouve.

M. F. Beer a, en outre, trouvé une matière « adhérente au verre »; ce produit, soumis à des expériences multiples dans les glaceries de Saint-Gobain, a donné de merveilleux résultats au point de vue industriel et surtout artistique.

M. Beer a reçu une mention honorable en 1880; il fut mis hors concours comme membre du Jury à l'Exposition universelle de 1889.

PUYMAIGRE (Théodore-Joseph BOUDET Comte de)

ÉCRIVAIN, né à Metz, le 17 mai 1816. Descendant d'une noble et ancienne famille bourbonnaise, établie en Lorraine depuis près de deux siècles, il se destina d'abord à la carrière militaire et devait entrer aux pages du roi Charles X; mais la révolution de juillet 1830 étant survenue, il se tourna vers la littérature. Après un voyage en Italie et un long séjour à Florence, il publia, en 1837, une série de nouvelles, *Il Bugiale* (1 vol. in-8), souvenirs de ce voyage et de cette ville.

L'année suivante, il fut l'un des fondateurs d'une revue qui, sous des titres différents, se prolongea à Metz jusqu'au moment où l'ancien département de la Moselle fut perdu pour la France. Tout en s'occupant activement de ce périodique, dont il fut pendant quelque temps le directeur, M. de Puymaigre, très attaché aux traditions royalistes, collabora activement à la *Gazette de Metz* (remplacée plus tard par le *Vœu National*) et la représenta au congrès pour la réforme électorale, que M. de Genoude avait provoqué à Paris en 1846.

Après avoir réuni des mélanges dans un volume intitulé les *Aquarelles*, il fit paraître une tragédie : *Jeanne d'Arc* (1843, 1 vol.), qui fit sensation et lui valut d'être nommé membre titulaire de l'Académie de Metz. Il ne présenta, du reste, à aucun théâtre cette pièce, écrite en dehors des traditions classiques. En 1848 parurent les *Poètes et Romanciers de la Lorraine* (1 vol.); puis, en 1863, les *Vieux auteurs castillans* (2ᵉ édition, 1890). Un éminent romaniste, M. Morel Fatio a dit de ce livre qu' « écrit dans un très bon esprit, il a sur certains points réellement fait avancer la science. (*Revue Critique* du 26 juillet 1873) »

Conduit vers le Folk-lore par les romances espagnoles, M. de Puymaigre réunit une grande quantité de *Chants Populaires du pays messin* (1 vol. 1865, 2ᵉ édition, 1881, 2 vol.); en 1866, il fit paraître un volume de poésies, *Heures perdues* (nouvelle édition 1894); ensuite M. de Puymaigre traduisit, avec le comte Albert de Circourt, d'après le manuscrit, un ouvrage fort curieux : le *Victorial Chronique de don Pero Nino*, et donna un complément aux *Vieux auteurs castillans* dans la *Cour littéraire de don Juan II* (1874, 2 vol.). Il publia ensuite le *Petit Romancero* (1881), puis le *Romanceiro*, choix de vieux chants portugais ; c'est la seule traduction que l'on ait des romances portugaises.

Membre de la Société des traditions populaires, M. de Puymaigre forma un volume de divers articles inspirés par ce genre de recherches (*Folk-lore*, 1885). La même année, il publia une œuvre posthume de son père, qui fut, sous la Restauration, gentilhomme de la chambre du roi et préfet : *Souvenirs sur l'émigration, l'empire et la restauration*. Il rassembla, en 1887, des récits de genres divers : *Vieilles nouvelles* (1 vol.) et fit paraître une *Notice généalogique sur la famille Boudet de Puymaigre* ; puis il publia en 1890 : *Jeanne d'Arc au théâtre*, examen des œuvres dramatiques inspirées par la Pucelle depuis le mystère représenté à Orléans en 1435 ou 1438. Il a, en outre, donné, avec le comte de Circourt, une Note d'introduction aux *Mémoires du Baron d'Haussez*, publiés par la duchesse d'Almazan (2 vol. 1896 et 1897).

On connaît aussi, de M. de Puymaigre, des études politiques ; en 1852, il avait réuni dans une brochure ses articles au *Vœu National*, sous le titre : *De la souveraineté nationale et de la souveraineté héréditaire*, et en 1864, il écrivit, avec M. Victor Vaillant, sur des notes du comte de Circourt, et d'après l'ordre de M. le comte de Chambord, un travail dont deux éditions enlevées en quelques jours attestèrent le succès : *Décentralisation administrative et régime représentatif*. Cette brochure précéda de près de deux ans les études analogues entreprises à Nancy. En 1872, il fit paraître sans nom d'auteur : *Les jours néfastes de la France*.

Outre de nombreux articles dans de grands journaux, M. de Puymaigre a collaboré ou collabore aux recueils suivants : la *Revue des Provinces*, la *Revue du Monde Latin*, la *Revue Britannique*, le *Contemporain*, le *Correspondant*, la *Revue Critique*, la *Romania*, le *Polybiblion*, la *Revue des questions historiques*, la *Revista sicula*, l'*Archivio per lo studio delle tradizioni popolari*, la *Revue des traditions populaires*, la *Revue hispanique*, etc.

En 1871, après l'annexion, M. de Puymaigre opta pour la nationalité française et quitta le département de la Moselle pour se fixer à Paris.

Membre honoraire de l'Académie de Metz, qu'il présida en 1865, de la Société des gens de lettres depuis 1853, associé des Antiquaires de France, membre du conseil d'administration de la Société de l'Histoire de France, membre correspondant de l'Académie de Stanislas, de l'Académie royale espagnole, de l'Académie de l'Histoire de Madrid, de celle des Belles-Lettres de Barcelone, de l'Académie de Palerme, de la *R. Commissione per i testi di lingua* de Bologne, le comte de Puymaigre est commandeur de l'ordre royal d'Isabelle-la-Catholique et chevalier de l'ordre royal de Charles III.

GATTI (Joseph-Jacques-Antoine)

Peintre, né à Marseille le 20 novembre 1852. Dès l'âge de 14 ans, M. Antoine Gatti peignait, sans avoir reçu aucune leçon et on cite de lui, à ce moment, une *Rangée de Pommiers* qui révéla son précoce talent au peintre du Motel ; celui-ci donna alors ses conseils au jeune artiste.

Engagé volontaire en 1870, M. Gatti fit la campagne en Franche-Comté et partit après la paix en Kabylie. Rentré en 1871, il dût, pour subvenir à ses besoins, entrer comme dessinateur dans une maison de broderie et il exposa pour la première fois, en 1880, au Salon des Champs-Elysées, une nature morte : *Pêches*.

Doué d'un talent souple et indépendant, M. Antoine Gatti, a depuis, traité tous les genres, paysages, portraits, etc. ; il ne s'est montré inférieur dans aucun et s'est acquis une belle réputation d'artiste. Parmi les toiles vues de lui, il convient de citer : les *Montagnes de Saint-Rambert en Bugey* (Ain), paysage très remarqué (1881) ; *Pivoines*, dessus de porte (1882) ; *Jardinière avec pivoines* (1883) ; *Portrait de M. X.*, qui obtint grand succès au Salon de 1884 ; *Pivoines dans un vase étrusque* (1886) ; *Brouette de Fleurs* (1887) ; la *Plage de Brignogan* (Finistère), marine plusieurs fois reproduite par la gravure (1889) ; la *Ferme de Brignogan* (1892) ; la *Ferme de la Tuilerie* à Rozay-en-Brie (Seine-et-Marne), « toile aux luminosités vibrantes, riches de couleurs et de lignes heureuses », dit un critique (1895), ces deux derniers tableaux, très remarqués, ont été aussi reproduits par l'éditeur Lecadre ; *Canards au bord de la mer* (1896) ; un grand tableau de *Fleurs* acquis par la ville de Saint-Etienne pour son musée (1897) ; le *Crapaud de Brignogan*, immense rocher situé dans la mer et qui a la forme d'un crapaud (1898), etc.

CHAMPSAUR (Félicien)

ÉCRIVAIN, né à Digne (Basses-Alpes) en 1859. Venu à Paris dès l'âge de dix-huit ans, il collabora tout d'abord à la *Lune Rousse*, journal satirique d'André Gill. A peu près dans le même temps, M. F. Champsaur donna le jour à diverses publications : les *Écoles*, l'*Hydropathe*, les *Hommes d'aujourd'hui* (1878) ; puis il devint chroniqueur attitré au *Gaulois*, au *Voltaire*, à l'*Événement*, à la *Vie Parisienne*, au *Figaro*.

M. Champsaur se fit remarquer dans ce dernier journal, dès 1878, par deux séries d'articles, pastiches athéniens, *Les Egéries de la République* et, en 1885, par une autre série très curieuse : la *Vie littéraire et artistique*, où, le premier, il parla de Rodin, de Besnard et de Chéret. Entre temps, il avait fondé encore un journal hebdomadaire qui vécut un an : le *Panurge*.

L'œuvre de M. Félicien Champsaur est considérable. Citons d'abord ses recueils de critiques et de portraits, pleins de vie et d'art : le *Massacre* (1885) ; le *Cerveau de Paris* (1886) ; le *Défilé* (1887) ; *Masques modernes*, avec frontispice par Félicien Rops (1890). — Livres de vers : *Parisiennes* (1887) ; la *Divine Aventure* (1889). — Pantomimes et ballets : les *Bohémiens*, remarquablement illustrés par des lithographies de Chéret (1887) ; *Lulu*, représentée au Nouveau Cirque et au Cercle Funambulesque (1887) ; les *Noces du Rêve*, dessins de Besnard (1888) ; les *Éreintés de la Vie*, pantomime très moderne, interprétée au cirque Molier, par MMmes Alice Lavigne, Rivolla et plusieurs mondains de très grand nom (1888) ; la *Gomme*, 3 actes (1892) ; *Liliane*, comédie en trois actes jouée au Vaudeville (1894) ; *Éclairs de chaleur* (1896) ; les *Trois Mousmés* (à la Roulotte) ; *Cher Ami*, au Grand Guignol (1898).

Journaliste, romancier, auteur dramatique aussi, M. Félicien Champsaur, en outre de *Soirées Parisiennes* très alertes données pendant 3 ans au *Journal*, sous le pseudonyme de *Un Monsieur en habit noir*, a publié en librairie des romans qui ont obtenu le plus vif succès, notamment : *Dinah Samuel*, dont l'héroïne est une tragédienne fameuse (1882) ; la *Glaneuse* (1884) ; le *Cœur* (1885) ; l'*Amant des danseuses* (1888) ; le *Mandarin*, étude sociale et contemporaine, puissante et dramatique, en 3 volumes, intitulés : *Marquisette*, *Un Maître*, *L'Épouvante* (1892) ; *Pierrot et sa conscience*, bijou littéraire, illustré par Gorguet (1893) ; *Régina Sandri* (1897) ; *Sa Fleur* ; *Un Nid détruit* (1898). On annonce encore de ce fécond et remarquable écrivain, trois romans : *Poupée Japonaise*, acquis par le *Journal* pour son feuilleton ; *Entrée de Clownesse* (*Lulu* et *Les Débuts* (1899).

SAL (Léonard-Honoré-Léonce CHAVEREBBIÈRE de)

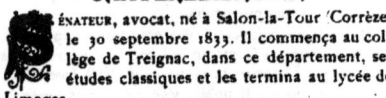

SÉNATEUR, avocat, né à Salon-la-Tour (Corrèze) le 30 septembre 1833. Il commença au collège de Treignac, dans ce département, ses études classiques et les termina au lycée de Limoges.

Inscrit au barreau de la Cour d'appel de Paris dès 1855, M. Léonce de Sal ne tarda pas à se faire connaître comme orateur. En 1858, il était choisi comme secrétaire de la Conférence des avocats. Cousin-germain de Lachaud, dont il dirigea le cabinet pendant plusieurs années, il plaida brillamment un grand nombre d'affaires civiles et criminelles.

Ami personnel de Gambetta, de qui il avait encouragé les débuts au Palais, M. de Sal fut chargé par celui-ci, en 1871, auprès des conseils de guerre de Paris et des environs, de la défense de plusieurs insurgés et notamment M. Paschal Grousset, membre de la commune. Dans ces circonstances, il déploya un talent fait tout ensemble d'éloquence et d'émotion, qui parvint à préserver beaucoup d'inculpés de la peine de mort.

Il faut mentionner, parmi les autres causes auxquelles M. de Sal prêta l'appui de sa parole toujours écoutée, celles du banquier Mirès, qu'il défendit de concert avec Jules Ferry ; de l'assassin Collignon ; de l'explosion de la rue Béranger ; de Monastério ; de Simon ; de Soulze et de Pillon de Thury, ex-directeur de la « Société de Pantographie voltaïque » et du journal le *Rosier de Marie* ; de Turpin, l'inventeur de la mélinite ; d'Aubert, l'assassin du philatéliste Delaheff, pour le père duquel il plaida partie civile ; de M. de C..., avocat à Alger, faussement accusé de complicité de banqueroute frauduleuse et dont il parvint à établir l'innocence avant les débats judiciaires ; de M. Razetti, directeur du *Courrier de l'Europe*, sur l'insaisissabilité des rentes françaises, etc.

Entré dans la vie publique en 1877, comme conseiller général de la Corrèze pour le canton d'Uzerche, M. de Sal a cessé depuis de faire partie de cette assemblée départementale.

Candidat républicain aux élections sénatoriales du 6 janvier 1885 dans ce même département, M. de

Sal obtint 255 voix sur 707 votants, sans être élu ; mais l'année suivante, à une élection partielle, il fut envoyé à la Chambre haute par 413 voix contre 271 à M. Pénières, également républicain. Il fut réélu en 1894 par 392 voix sur 712 votants.

L'honorable sénateur de la Corrèze siège à l'Union républicaine du Luxembourg et vote, le plus souvent, avec la majorité gouvernementale. Indépendant néanmoins, il s'est fait entendre avec une autorité et une compétence reconnues dans maintes discussions, telles que : à propos des deux projets de MM. Blavet et Marcel Barthe tendant à modifier le règlement du Sénat (1887) ; sur une proposition dont il est l'auteur tendant au relèvement des tarifs de chemins de fer de l'Etat, afin de ne pas établir une concurrence aux compagnies de chemins de fer, auxquelles l'Etat est obligé de payer une garantie d'intérêts ; sur divers amendements au projet de loi relatif à l'assainissement de la Seine et à la création d'un canal à la mer, qu'il présenta avec MM. Léon Say et Hipp. Maze (1888) ; sur le projet de loi ayant pour objet l'utilisation des eaux d'égout de la Seine ; sur une proposition relative à l'établissement, aux frais de la Ville de Paris, d'un canal conduisant vers la mer la totalité des eaux d'égout de Paris (également avec MM. Léon Say et Hippolyte Maze) ; sur la proposition réglant la procédure à suivre quand les Chambres ont à exercer leurs attributions judiciaires (1889) ; au sujet de la proposition de loi de M. Bérenger pour l'aggravation des peines en cas de récidive et leur atténuation en cas de premier délit ; sur la dérivation et l'adduction à Paris des eaux de source de la Vigne ; contre le projet d'élévation de la taxe à 4 % des valeurs mobilières (1890) ; sur le projet de loi relatif aux droits d'entrée sur les viandes salées d'Amérique ; sur la question du louage ; sur celle des rapports des agents de chemins de fer avec les compagnies (1891) ; sur la nécessité de l'intervention de la France auprès du gouvernement portugais en faveur des porteurs de titres dits « Dette intérieure du Portugal » (1892) ; contre la demande de poursuites à l'égard de M. Camparan, sénateur, relativement à la circulaire que celui-ci publia lors des élections au Conseil général de Saint-Gaudens (1893) ; sur les conditions accordées par le ministre de l'Instruction publique pour la conversion des inscriptions de l'officiat en inscriptions de doctorat aux jeunes gens pourvus de diplôme (1894) ; relativement au rapport sur le tarif général des notaires, question en débat depuis 1895 ; en faveur d'un amendement dont il est l'auteur sur la taxe militaire, amendement d'ailleurs adopté (1897) ; contre le projet de loi ayant pour objet la répression des attentats commis contre les enfants, l'honorable sénateur de la Corrèze estimant que les tribunaux étaient insuffisamment armés à cet égard (1898), etc.

M. Léonce de Sal est membre ou rapporteur de nombreuses commissions sénatoriales et notamment de celle des chemins de fer. Il est l'un des fondateurs et vice-président de l'Association Corrézienne, fondée à Paris pendant le siège de 1870-71, et dont les statuts ont servi de modèle à de nombreuses associations départementales également créées à Paris ; il fait partie du conseil de plusieurs sociétés, telles que l'Association des anciens élèves de l'Ecole des Arts et Métiers, etc.

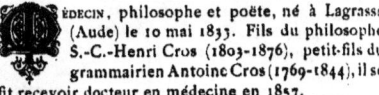

CROS (Antoine)

ÉDECIN, philosophe et poëte, né à Lagrasse (Aude) le 10 mai 1833. Fils du philosophe S.-C.-Henri Cros (1803-1876), petit-fils du grammairien Antoine Cros (1769-1844), il se fit recevoir docteur en médecine en 1857.

M. le docteur Antoine Cros s'est consacré à des travaux de diverses sortes, qui ont fourni la matière de nombreux ouvrages ; nous citerons d'abord ceux relatifs aux sciences médicales : *Les facultés de l'intelligence et les fonctions spéciales des lobules antérieurs du cerveau* (Thèse inaugurale 1857) ; *Etude sur la fièvre puerpérale* (Gazette des hôpitaux 1858) ; Deux mémoires présentés à la Société anatomique en 1859 : A. sur *Le muscle tenseur moyen de la valvule mitrale*, B. sur *Un cas de grossesse gémellaire avec placenta bilobé* ; Examen du livre de Lélut : *Physiologie de la pensée* (Gazette hebdomadaire de médecine et de chirurgie, tome IX, n°s 30, 31 et 32, 25 juillet, 1er et 8 août 1862) ; Mémoire sur l'*Hypertrophie du corps thyroïde accompagnée de névropathie du cœur et d'exophtalmie*, remarque sur quelques points de l'anatomie de la région précordiale et sur l'examen plessimétrique de cette région ; *Sur le goitre exophtalmique* (Gazette hebdomadaire, tome IX, n° 37, 6 septembre 1862) ; *Observations relatives aux maladies des centres nerveux* (France médicale, 27 janvier, 6 et 20 février et 5 mars 1863) ; *L'exophthalmie périodique* (France médicale, 4 juillet 1863) ; *De la valeur des signes diagnostiques fournis par l'inspection de la langue* (Gazette hebdomadaire, n° 52, et tome x, n°s 1er et 26 décembre 1862 et 3 janvier 1863) ; *Considération à propos d'un* cas de transposition des viscères et d'un autre fait relatif à la corrélation organique (1864) ; *Études nouvelles de médecine pratique et de pathologie générale* ; *les décoordinations organiques* (1866) ; *Les fonctions supérieures du système nerveux*, recherche des conditions organique et dynamique de la pensée (1874), etc.

Parmi les travaux de M. Cros sur l'organographie plessimétrique, il faut mentionner : *Un progrès réalisé dans la pratique de la percussion par une modification du plessimètre*, mémoire lu devant l'Académie de Médecine (1860) ; *Mémoire sur la plessimétrie*, premier tracé dermographique (1862) ; *Examen du cœur par la percussion* (1862) ; *De la délimitation organographique de la rate chez les enfants* (1863) ; *Tracés dermographiques* (1865) ; *Une expérience d'organographie* (1865) ; *Les diverses phases des états organographiques et les effets successifs des médicaments* (1879) ; *Les changements de situation et de volume des organes internes révélés par la délimitation organographique* (1879) ; *Délimitation des reins et des régions circonvoisines* (1879) ; *Causes organiques de la phtisie pulmonaire*, mémoire lu devant l'Académie de Médecine (1880).

A propos de la plessimétrie, nous devons rappeler qu'il en exposa la théorie et la technique en un mémoire lu à la Société médicale de Londres, qui l'y avait spécialement invité, le 9 avril 1883.

M. Antoine Cros fit encore, comme médecin, diverses communications au Congrès médical de Londres, sur *Les fonctions de la couche corticale des hémisphères cérébraux* et sur *Le mécanisme de la mémoire, de la sensation normale, de l'hallucination* ; puis au Congrès thérapeutique de Paris, en 1889, sur *Le traitement de la phtisie pulmonaire*, sur *Le mode d'action des substances vésicantes*, sur *L'emploi des préparations quiniques en général*. Enfin, au Congrès de la tuberculose, tenu à Paris en 1890, son travail sur *Le traitement prophylactique et curatif de la tuberculose*, fut fort apprécié de ses collègues.

Poète, M. Cros a composé : les *Belles Heures* (1882) ; une *Ode à Molière*, récitée à l'Odéon, pour le 260° anniversaire de la naissance de Molière (1882) ; *Prométhée enchaîné*, tragédie antique d'après Eschyle (1888).

On lui doit encore des ouvrages de philosophie : le *Problème*, nouvelles hypothèses, sur la destinée des êtres (1890) ; les *Méthodes scientifiques* (1891) ; *Las Ames, la Force, la Matière*, (Ermitage, 1891) ; la *Métaphysique de M. Taine* ; *L'Idéalisme transcendental et les quatre antinomies de la raison pure*

de Kant, étude critique (1890-1894) ; les *Nouvelles formules du Matérialisme* (1897). On annonce enfin de lui : la *Métaphysique scientifique* (1899).

Le D' Cros est l'inventeur de la modification du plessimètre (1859) ; d'une machine typographique, en collaboration avec Charles Cros, son frère (1859) ; d'un sténographe musical, aussi en collaboration avec Charles Cros (1859) et du *Téléplaste*, appareil destiné à transmettre la forme au loin par les courants électriques et sans transport de matière présenté à l'Académie des Sciences en 1891).

M. le docteur Antoine Cros est officier d'Académie, chevalier de la Rose du Brésil et de l'ordre de Vasa de Suède.

DABOT (Henri-Dieudonné)

Avocat et historien, né à Péronne (Somme), le 24 mai 1831. Venu à Paris dès la quatorzième année, il fit ses classes au lycée Louis-le-Grand, prit les grades de licencié et de docteur en droit à la Faculté de Paris, dont il fut lauréat. Après avoir, en qualité de maître clerc, dirigé une très importante étude parisienne d'avoué, il s'inscrivit au barreau de la Cour d'appel, où il ne tarda pas à se créer une bonne place parmi les avocats d'affaires civiles.

Avec ses amis, l'abbé Duquesnay, qui fut plus tard archevêque de Cambrai, M. Bonnier-Ortolan, professeur à la Faculté de Droit de Paris, et M. Gaillardin, professeur d'histoire à Louis-le-Grand, M. Henri Dabot s'occupa très activement, sous l'Empire, des sociétés de secours mutuels. Il fit, pendant de nombreuses années, des cours de droit aux ouvriers membres de ces sociétés et publia à leur intention quelques petits ouvrages de droit pratique.

M. Henri Dabot a fait paraître deux brochures dont les éditions sont entièrement épuisées ; les *Registres et notes d'une famille Péronnaise*, qui le firent admettre à la Société d'émulation d'Abbeville et à la Société des Antiquaires de Picardie ; les *Lettres d'un lycéen et d'un étudiant de 1847 à 1854* (1892), commentaire des événements au quartier Latin de cette époque troublée, ouvrage qui ouvrit à son auteur les portes de la Société des Études historiques de Paris et obtint un grand succès. On doit encore à cet écrivain : *Griffonnages*, notes écrites au jour le jour sur tout ce qui s'est passé au même quartier Latin pendant le siège de Paris et la Commune. Certains fragments de ce volume, édité en 1895, avaient déjà été donnés dans divers journaux et revues; Alphonse Daudet écrivit qu'il n'avait rien lu de plus émouvant que ces récits de la Commune et remercia l'auteur, en son nom et au nom de son ami Edmond de Goncourt, de les avoir cités dans son ouvrage. Mentionnons encore: *Souvenirs et impressions d'un bourgeois du quartier Latin de mai 1854 à mai 1869* (1899), livre que M. Furetières apprécie, dans le *Soleil* du 14 janvier 1899, en ces termes:

> Ecrits avec beaucoup de simplicité, ces souvenirs d'un vrai Parisien constituent pour l'histoire du second Empire un document précieux. Leur auteur surtout, en vrai compatriote de Brichanteau, témoigne à chaque page de sa sollicitude pour le vieux Paris. Quand on détruit la Pépinière du Luxembourg, des cris d'indignation et de douleur s'échappent de sa poitrine. Il veille sur les monuments, il s'intéresse à la restauration de la Sainte-Chapelle, à la disparition d'une rue, d'une maison. Il en conte l'histoire et ne laisse échapper aucun des faits, aucun des incidents qui amusent l'opinion et la chronique. Quelques-unes de ses mentions sont précieuses et permettent de fixer plus d'un point de l'histoire parisienne.....

M. Henri Dabot est membre de diverses sociétés savantes, littéraires et artistiques du Nord à Paris.

MAYMAC (Gabriel)

Avocat, député, né à Montredon (Tarn) le 20 novembre 1846. Il fit ses études à Bordeaux et à Tulle, suivit ensuite les cours de la Faculté de Droit de Paris et prêta le serment d'avocat devant la cour d'Orléans.

Inscrit au barreau de Blois, il y a plaidé avec succès dans diverses affaires d'assises, notamment dans celle des fourrages de La Motte (affaire de vol militaire); il défendit très chaleureusement et avec un grand désintéressement les intérêts de la fille Schmeltzer, jeune autrichienne, dont le cas tout particulier fit quelque bruit dans la presse: inculpée d'infanticide, elle avait été conduite au dépôt de la préfecture de police, incarcérée ensuite à la prison de Romorantin, puis une expertise médico-légale démontra sa virginité.

Avocat-avoué à Romorantin depuis 1875, M. Maymac sut acquérir une grande situation dans cette région. Elu conseiller municipal en 1882, puis, en 1895, maire de cette ville et conseiller d'arrondissement, son administration active, intelligente, a complètement modifié l'aspect de Romorantin. Il y a lieu de mentionner tout particulièrement l'exécution de grands travaux d'assainissement et d'embellissement et l'extension donnée aux services hospitaliers.

Au renouvellement général législatif de mai 1898, M. Maymac fut élu député de l'arrondissement de Romorantin par 8,877 voix contre 5,431 à M. Emile Julien, député sortant.

Républicain indépendant, il n'est inscrit à aucun groupe. Il s'est affirmé partisan de la réforme des lois de procédure.

L'honorable député de Loir-et-Cher avait fondé à Bordeaux, vers 1860, un journal littéraire la *Chronique Bordelaise*; il a collaboré, sous son nom ou anonymement, à diverses feuilles républicaines de Paris et des départements; il dirige un journal républicain de sa circonscription, le *Courrier de la Sologne*, et on annonce de lui une histoire très intéressante et très documentée de la Sologne, dont le *Guide Joanne* a déjà donné quelques extraits.

M. Gabriel Maymac est officier d'Académie.

MÉAULLE (Fortuné)

Peintre, graveur, illustrateur et homme de lettres, né à Angers le 11 avril 1844. Venu, dès l'enfance, à Paris, il y fit ses classes au lycée Bonaparte (Condorcet) et y suivait les cours préparatoires à l'Ecole Polytechnique lorsque la mort de son père le contraignit à délaisser ses études scientifiques pour subvenir aux besoins de sa famille.

M. Méaulle avait appris, de bonne heure, la peinture avec Isabey; aussi, Pointelle, alors directeur du *Monde Illustré*, le chargea-t-il de nombreuses copies de tableaux. A cette même époque, le jeune peintre fut l'élève du célèbre graveur Henry Linton.

Dans cette spécialité, M. Méaulle est devenu l'un des meilleurs artistes de ce temps. Comme graveur-dessinateur, il a collaboré au *Monde Illustré*, à l'*Illustration*, au *Tour du Monde*, au *Magasin Pittoresque*, à l'*Univers illustré*, etc.

Il a reproduit, par la gravure, quelques tableaux de Henri Regnault, tous les dessins de Victor Hugo, l'*Insecte* de Giacomelli et un grand nombre d'œuvres de peintres anciens et modernes. Il est aussi l'auteur de toutes les gravures ayant trait aux choses de Paris, parues dans le *Harper's Magazine* et le *Graphic*.

Cet artiste a illustré de nombreux livres; il a été le collaborateur de Gustave Doré, de Morin, de Vierge, de Luminais, de Bida, etc.; depuis de longues années, il dirige la partie artistique du *Petit Journal*, du *Journal Illustré*, du *Supplément Illustré*.

Entre temps, M. F. Méaulle a fondé le journal l'*Art* et a publié quelques romans, parmi lesquels il convient de citer ; *L'homme aux yeux de verre* ; *Perdus dans la grande ville* ; *Le petit amiral Naga* ; *Robinson des airs* ; *Robinson de Fontainebleau* ; *Délaissée !* etc.

M. F. Méaulle a entrepris, pour l'Exposition universelle de 1900, le *Panorama de l'Histoire de la Terre*, avec des procédés de peinture panoramique entièrement nouveaux. Il a fait, à la Bodinière, une exposition d'une grande partie de maquettes de ce projet, qui ont montré la possibilité d'une grande leçon de choses, en déduisant, par des tableaux saisissants, toutes les phases paléontologiques du globe.

ARMEZ (Louis)

ÉPUTÉ et ingénieur, né à Paris le 19 août 1838. Il est le fils de Charles Armez, qui fut député des Côtes-du-Nord de 1834 à 1848 et qui, possesseur du masque du cardinal de Richelieu, offrit ce souvenir historique à l'État, sur les instances de Victor Duruy, alors ministre de l'Instruction publique.

Après de brillantes études au lycée Louis-le-Grand, au cours desquelles il obtint plusieurs succès dans les concours généraux, M. Louis Armez entra, en 1857, à l'École centrale des Arts et Manufactures et en sortit, trois ans plus tard, avec le diplôme d'ingénieur civil.

Ce n'est que pendant la dernière année de l'Empire qu'il s'occupa de politique. Au mois de juin 1869, par 2,362 voix sur 2,970 votants, il fut envoyé au Conseil général des Côtes-du-Nord pour le canton de Paimpol ; ce mandat lui a toujours été renouvelé jusqu'à ce jour. Propriétaire à Plourivo, M. Louis Armez fut élu, en 1871, conseiller municipal et maire de cette commune. Révoqué par M. de Broglie en 1874, personne ne voulut accepter ses fonctions et M. Armez continua d'administrer sa commune.

Le 20 février 1876, il se présenta aux élections législatives, dans la 1re circonscription de St-Brieuc et fut élu, le 6 mars, par 8,460 voix contre 6,778 à son concurrent conservateur, M. Duval. Il siégea à l'Union républicaine, vota pour le projet de loi sur la collation des grades, pour celui relatif à l'élection des maires par les conseils municipaux et fut l'un des 363 députés qui refusèrent leur confiance au cabinet de Broglie-Fourtou.

Après la dissolution de la Chambre, M. Armez se représenta, le 14 octobre 1877; mais il échoua contre le candidat officiel, M. Garnier-Bodéléac, qui fut nommé à une faible majorité. L'élection ayant été annulée, les électeurs, convoqués à nouveau le 3 mars 1878, élurent M. Armez par 10,040 voix, contre 6,204 à son même concurrent. Dans cette nouvelle législature, il se prononça habituellement avec la majorité gouvernementale.

Le 21 août 1881, M. Armez vit renouveler son mandat, dans la 1re circonscription de Saint-Brieuc, par 8,632 voix, contre 5,682 à M. de Boisgelin, candidat conservateur. Il fut, pendant cette session, secrétaire de la Chambre, et il échoua aux élections générales du 4 octobre 1885, en tête de la liste républicaine des Côtes-du-Nord.

M. Armez retrouva son siège le 22 septembre 1889, élu, sans concurrent, député de la 1re circonscription de Saint-Brieuc, par 10,824 voix ; il fut successivement réélu, le 20 août 1893, par 9,015 suffrages, contre 6,020 à M. Joubert, armateur, conservateur ; et le 8 mai 1898, par 10,945 voix, sans concurrent.

M. Armez a fait partie de nombreuses commissions parlementaires, notamment de celles de la marine, du tarif général des douanes, de la réforme de l'impôt, de la marine marchande, de la commission relative au classement et au traitement du personnel de l'enseignement primaire (1878-1884), de la commission du budget et de la commission extra-parlementaire d'enquête sur la situation de notre flotte (1894). Il a présenté à la Chambre et défendu des rapports sur la marine de guerre, la marine marchande, sur son projet de loi tendant à la réorganisation du personnel des agents du commissariat maritime, sur un projet de loi portant prorogation des encouragements accordés aux grandes pêches maritimes ; et, au nom de la commission des douanes, les tarifs sur les résines et leurs dérivés, les baumes et sucs, les espèces médicinales, teintures et tanins et sur le budget des invalides de la marine (1898).

L'honorable député, à la Chambre comme à la commission de la marine et à celle des douanes dont il fait partie, s'applique à faire triompher les théories protectionnistes.

Ancien président de l'Association amicale des élèves de l'École centrale des Arts et Manufactures, président du Conseil général des Côtes-du-Nord depuis

1898, M. Armez a été nommé, en outre, membre de la Commission des câbles sous-marins par le ministre des Postes et Télégraphes, membre du Conseil supérieur de la marine marchande et du Comité consultatif des chemins de fer.

DOBY (Jean-Baptiste-Auguste)

ECCLÉSIASTIQUE, archéologue, publiciste et collectionneur, né le 26 novembre 1843 à Bourbonne-les-Bains. Venu à Paris de bonne heure, il accomplit ses études classiques au Petit Séminaire de Notre-Dame-des-Champs, où il se distingua par son goût pour les sciences naturelles et la géologie. Entré au séminaire d'Issy en 1861, il s'adonna plus particulièrement à la philosophie et à l'histoire naturelle et, deux ans après, devint élève au séminaire de Saint-Sulpice.

Ordonné prêtre le 18 décembre 1869, M. l'abbé Doby fut envoyé aussitôt à l'Ecole des Carmes pour y préparer sa licence ès-sciences naturelles ; mais la guerre ayant éclaté en 1870, le jeune ecclésiastique fut nommé sur sa demande aumônier de l'Hôpital militaire de Bourbonne. Pendant toute la durée des hostilités, il y prodigua ses soins et ses consolations aux blessés avec un zèle et un dévouement qui sont mis en évidence dans le document suivant, conservé dans les archives de l'Hôpital militaire :

M. l'officier d'administration comptable de l'Hôpital militaire de Bourbonne atteste et certifie que M. l'abbé Doby avait accompagné une évacuation de blessés ou malades sur l'hôpital de Langres, avec mission de revenir le jour même continuer son service au milieu des blessés et varioleux dont l'hôpital était rempli à cette époque. La statistique médicale accuse 434 cas de variole épidémique.

A son retour, M. l'abbé Doby tomba dans une embuscade prussienne, composée de près de 500 hommes, qui, au village de Bânes, près de Langres, surveillait les avant-postes de cette ville avec l'intention de s'en emparer, si la vigilance eût pu être mise en défaut. Par un hasard malheureux pour lui, les forts de la ville, ayant connu la présence de l'ennemi, firent tonner le canon au moment où M. l'abbé Doby, revenant de Langres, traversait le village de Bânes. Furieux de se voir découvert, le colonel prussien, qui avait reconnu dans le jour la présence à Bânes de deux ecclésiastiques venus de Langres, crut à une trahison et, sous l'influence de cette idée, fit arrêter M. l'abbé Doby, revêtu de sa robe de prêtre et porteur du brassard de Genève.

Grossièrement interrogé, et ne soupçonnant pas la terrible situation où il se trouvait, M. l'abbé Doby chercha en vain à s'expliquer. Colère, emporté, et d'une violence extrême, le colonel prussien le condamna à être passé par les armes. Saisi aussitôt, il fut traîné au milieu des boulets français qui pleuvaient sur le village, poussé le long d'un mur, et allait être fusillé, lorsque, par un miracle providentiel, les deux ecclésiastiques firent leur apparition amenés par le bruit de cet événement. M. l'abbé Doby, reconnu innocent, ne fut libre qu'après de longs pourparlers et arriva à Bourbonne encore tout ému de la scène où sa vie avait été si grandement en danger.

Pour compléter le compte-rendu de ce fait, où M. l'abbé Doby joua sa vie, il peut être ajouté que, dans l'exercice de ses fonctions d'aumônier, il contracta dans les salles de l'hôpital, la variole qui, très mortelle à cette époque, mit de nouveau ses jours en danger.

Le Sous-Intendant Militaire : H. LETANG. *Signé* : MOUSCADET.

Après la commune, au mois de juin 1871, M. l'abbé Doby rentra à Paris, à l'Ecole des Carmes, et fut chargé, l'année suivante, par Jules Simon, ministre de l'Instruction publique, d'accompagner dans les Basses-Alpes, la Société de Géologie de France. Au retour de cette mission, il fut nommé vicaire à Sainte-Marie des Batignolles.

Lors de la guerre carliste, il se rendit en Espagne, y suivit les opérations en qualité de correspondant de journaux français et rentra, en octobre 1875, à Paris.

Vicaire de Saint-Thomas d'Aquin quand fut décidée par une assemblée d'évêques la création d'une Université libre à Paris (après la promulgation de la loi sur la liberté de l'enseignement supérieur), M. Doby fut choisi par Mgr d'Hulst, recteur de l'Institut Catholique, pour organiser, dans cet établissement, les collections de minéralogie et de paléontologie.

Possesseur d'une très riche collection de roches et de fossiles, il en donna d'abord la moitié à l'Institut catholique et partagea l'autre entre la Sorbonne, le Muséum, et l'Ecole communale de Bourbonne-les-Bains. Les journaux ayant mentionné ces dons, d'autres collectionneurs suivirent l'exemple et c'est ainsi que, sur l'initiative de M. l'abbé Doby, les musées scolaires furent créés en France.

Jusqu'en 1878, M. l'abbé Doby demeura à l'Institut catholique ; puis il reprit son poste à Saint-Thomas-d'Aquin ; fut en 1893, nommé vicaire de Saint-François Xavier et, le 9 juin 1896, premier vicaire de la paroisse de Saint-Roch.

M. l'abbé Doby a publié d'intéressants travaux en librairie et des articles dans divers journaux, notamment, sous le titre général les *Mystères des Batignolles*, une série très remarquée (1874). A citer aussi : *Découvertes archéologiques*, parues avec gravures à l'*Illustration*, sur l'établissement des « Thermes civils » de l'époque gallo-romaine à Bourbonne et reproduite par le *Bulletin Français* et le *Journal officiel* (1876-1878) ; *Etudes épigraphiques sur Bourbonne-les-*

Bains (1890) ; un *Traité de Numismastique* (en préparation), etc.

Collectionneur, M. l'abbé Doby a composé un curieux et important musée de médailles et monnaies grecques, gauloises, romaines et françaises, d'assignats, de vases grecs, étrusques et gallo-romains, des émaux de Limoges, des documents sur la Révolution, etc.

Membre de nombreuses sociétés savantes, telles que celle de l'Histoire de Paris et de l'Ile de France, la Société française de Numismastique et d'Archéologie, la Société des Cent Bibliophiles, M. l'abbé Doby est chanoine du Mans depuis 1898.

BOULARD (Édouard)

UBLICISTE, sociologue, né le 24 décembre 1837 à Sillé-le-Guillaume (Sarthe). Sa famille, de condition modeste, lui fit apprendre le métier de monteur en bronze. A seize ans ouvrier, à dix-neuf ans maître d'études, à vingt-deux ans sous-officier, M. Boulard, à sa sortie du régiment fut ouvrier, employé, puis entrepreneur de travaux publics. Quand il put se retirer des affaires, il se consacra entièrement à la propagande socialiste.

Républicain et socialiste sous l'Empire, M. Boulard avait été secrétaire de divers groupes avancés qui firent de l'opposition au gouvernement impérial. Il fut l'un des promoteurs de la candidature Louis Blanc et de différentes candidatures socialistes à Paris ; il collabora à la fondation du parti ouvrier collectiviste révolutionnaire, puis s'en sépara lorsque ce parti lui sembla servir plutôt des ambitions particulières que la transformation sociale.

Il fit à ce moment de nombreuses conférences et brochures pour propager les principes « du collectivisme intégral », qu'il formula en outre dans différents ouvrages.

Après avoir refusé à plusieurs reprises les candidatures qui lui furent offertes par des comités socialistes, sous l'Empire et plus tard, il se présenta cependant, sur les instances de ses amis, et avec le programme collectiviste intégral révolutionnaire, aux élections législatives en 1881 dans la Creuse et en 1893 dans la Seine ; il échoua les deux fois.

M. Boulard a exposé ses théories en de nombreuses publications. Citons : *Un toast maçonnique* (1874) ; *Les droits et les devoirs actuels des socialistes* (1876) ; *Hostilités cachées des pseudo-socialistes contre la véritable solution socialiste* (1885) ; *Le jour et le lendemain de la révolution socialiste* (1886) ; *Devoirs et tactique des véritables socialistes devant les palinodies parlementaires* (1888) ; *Étude sur l'infini et les indéfinis* (1895) ; *Du rôle néfaste et anti-socialiste de la polémique d'invectives et de personnalités* (1896) ; *Philosophie et pratique du collectivisme intégral révolutionnaire* (1re éd., 1881, 21e mille en 1898). Cet ouvrage est divisé en quatre études: *Base Cosmologique, Organisations, Voies et moyens, Critiques et Répliques* ; son esprit général est indiqué par cet exposé :

Ont intérêt à la transformation radicale, la plus rapide possible, de l'état social individualiste, non seulement qui s'y trouve spolié et victime ; mais aussi qui en accapare tous les avantages : le meurt-de-faim et le milliardaire.

La solidarité est indispensable à l'harmonie sociale ; cette harmonie ne peut exister que par la justice égale pour tous ; mais la justice égale pour tous n'est possible que par l'égalité sociale, qui n'est ni le pareil, ni le semblable, ni l'uniformité, mais l'équivalence.

M. Édouard Boulard a collaboré au *Réveil Social*, à la *Semaine de Paris*, à l'*Idée Nouvelle*, au *Clairon socialiste*, au *Parti ouvrier*, etc.

SOLLIER (Paul)

ÉDECIN, né à Bléré (Indre-et-Loire), le 31 août 1861. Après avoir fait ses classes au lycée du Mans, il commença l'étude de la médecine à Paris en 1881. Externe des hôpitaux en 1883, interne provisoire en 1885, il se consacra à partir de ce moment exclusivement à l'études des maladies nerveuses et mentales. Reçu interne des hôpitaux, dans les premiers, au concours de 1886, il passa successivement par les services spéciaux de Bicêtre et de la Salpêtrière.

Marié, en 1886, avec une étudiante en médecine, Mlle Alice Mathieu-Dubois, M. Sollier prit avec elle, en 1888, la direction d'un établissement hydrothérapique pour le traitement des maladies nerveuses et de la morphinomanie.

Docteur en 1890, avec une thèse sur la *Psychologie de l'idiot et de l'imbécile*, qui a été traduite en plusieurs langues et est aujourd'hui presque classique. M. Paul Sollier fut, en 1891, nommé chef de clinique adjoint des maladies mentales à la Faculté. Lauréat de la Société médico-psychologique, en 1888, il en devint membre en 1891 et en est secrétaire-adjoint depuis 1892. Il est également secrétaire général de la Société française d'electrothérapie, dont il fut un des fondateurs.

M. le docteur Sollier est attaché à l'hospice de

Bicêtre au double titre de professeur d'hygiène et de l'Ecole d'infirmières et de conservateur du Musée pathologique.

Avec le concours d'un grand nombre de sommités médicales, il a fondé, en 1897, le Sanatorium de Boulogne, destiné au traitement des maladies nerveuses. Il a été nommé professeur de psychologie physiologique à l'Université de Bruxelles, en 1898.

M. Sollier a publié de nombreux mémoires dans les *Archives de neurologie*, le *Progrès médical*, la *Revue de Médecine*, les *Archives de physiologie*, la *Revue neurologique*, la *Revue philosophique*, etc. Ses travaux les plus importants ont trait aux maladies du système nerveux et à la morphinomanie. Parmi les ouvrages qu'il a fait paraître, nous citerons ceux portant les titres suivants : le *Sens musculaire* (1887), traduit en italien ; *Du rôle de l'hérédité dans l'alcoolisme* (1888), traduit en anglais ; *Psychologie de l'idiot et de l'imbécile* (1890), traduit en allemand, en italien et en polonais ; les *Troubles de la mémoire* (1892) ; *Manuel d'hygiène à l'usage des écoles d'infirmières* (5ᵉ édition, 1893) ; *Guide pratique des maladies mentales* (1893), traduit en russe ; *Traitement de la morphinomanie*, (dans le *Traité de Thérapeutique appliquée* du docteur Robin, 1896) ; l'*Idiocy*, publié en anglais (1897) ; *Genèse et nature de l'hystérie* (2 vol., 1897).

M. le Dʳ Sollier est officier de l'Instruction publique depuis 1896.

Mᵐᵉ SOLLIER (née Alice MATHIEU-DUBOIS)

ÉDECIN, femme du précédent, née le 3 avril 1861, à Compiègne, où son père, nègre de la Guyane marié à une française, était chirurgien-dentiste. Malgré les nombreuses difficultés créées à cette époque aux jeunes filles qui voulaient faire leurs études secondaires, Mˡˡᵉ Dubois, après avoir obtenu le brevet supérieur de l'enseignement des jeunes filles, se fit recevoir bachelière ès-lettres et ès-sciences. Elle commença ensuite ses études médicales, en 1881, à la Faculté de Paris.

Reçue externe des hôpitaux en 1883, docteur en 1887, avec une thèse importante sur l'*État de la dentition chez les idiots et les dégénérés*, faite dans le service du docteur Bourneville, à Bicêtre, elle abandonna l'idée qu'elle avait eue un moment de se livrer à l'art dentaire, pour se consacrer exclusivement à la direction d'un établissement médical avec son mari, M. le docteur Paul Sollier.

GUENEAU (Jean-Baptiste)

ÉPUTÉ, ancien professeur, né à Dezize, près Nolay (Côte-d'Or) le 11 février 1849. Frère de M. le docteur Gueneau, député de ce même département (1893-1894), il fit ses études classiques au collège de Châlons-sur-Saône. Elève de l'Ecole normale de Cluny de 1869 à 1872, il devint successivement professeur de mathématiques au collège de Tournus (1872), aux lycées de Sens (1874), de Limoges (1879), de Nancy (1881) et au lycée Michelet à Paris (1894). Il avait été reçu agrégé des sciences mathématiques en 1878.

Très connu dans le département de la Côte-d'Or, où son frère, maire de Nolay et conseiller général, a laissé d'excellents souvenirs, M. J.-B. Gueneau s'y occupa longtemps de politique militante sans cependant solliciter aucune fonction publique.

Lors des élections générales législatives de 1898, le député sortant de la 2ᵉ circonscription de Beaune, M. Ernest Carnot, fils du défunt président de la République, ne se représentant pas aux suffrages des électeurs, M. Gueneau fut désigné comme candidat par la réunion des comités radicaux et républicains, et élu député, au 2ᵉ tour de scrutin par 6,891 voix contre 4.791 à M. Bouzerand, rallié.

Radical de gouvernement, l'honorable député est inscrit au groupe de la Gauche démocratique et à la Fédération agricole et viticole qui s'occupe de la défense des intérêts de la Côte-d'Or. Il est membre des commissions des Colonies et de l'Enseignement.

Dans son programme, il s'est déclaré partisan de l'impôt progressif sur le revenu, de la défense de la petite propriété rurale, de la liberté de conscience et d'association, tout en s'élevant contre les empiétements des congrégations, et en prenant la défense de l'enseignement laïque. Il a demandé la suppression des prestations, des octrois et des fonctions inutiles ; la diminution des frais de justice, l'établissement d'hôpitaux cantonaux, etc. Esprit très libéral, il s'applique à obtenir la réalisation des réformes désirées par le parti démocratique.

M. J.-B. Guéneau est officier de l'Instruction publique depuis 1892.

FEYDEAU (Georges-Léon-Jules)

Auteur dramatique, né à Paris le 8 décembre 1863. Il fit ses études au lycée Saint-Louis. Tout jeune encore, il écrivit de spirituels monologues que dirent les Coquelin, St-Germain, Galipaux, Judic et dont le *Potache* est l'un des plus connus. Dans le même temps, il faisait jouer une comédie en un acte: *Amour et Piano* (Athénée, 18 janvier 1883).

M. Georges Feydeau a donné depuis, avec un succès chaque fois grandissant: *Gibier de potence*, comédie en 1 acte (Concert Parisien, février 1885); *Fiancés en herbe*, vaudeville en 1 acte (Salle Kriegelstein, mars 1886); *Tailleur pour dames*, vaudeville en 3 actes, qui fut représenté à plusieurs reprises (Renaissance, décembre 1886); *la Lycéenne*, pièce en 3 actes, musique de Serpette (Nouveautés, décembre 1887); *Chat en poche*, comédie en 3 actes (Déjazet, septembre 1888); les *Fiancés de Loche*, vaudeville en 3 actes avec Desvallières (Variétés, janvier 1889); *C'est une Femme du Monde*, comédie en 1 acte, et le *Mariage de Barillon*, comédie en 3 actes avec Desvallières (Renaissance, mars 1890); *Madame Sganarelle*, comédie en 1 acte (Poitiers, mars 1892); *Monsieur Chasse*, comédie en 3 actes, qui est restée au répertoire du Palais-Royal (Palais-Royal, mars 1892); *Champignol malgré lui*, vaudeville en 3 actes avec Desvallières, qui obtint près de 600 représentations (Nouveautés, novembre 1892); le *Système Ribadier*, comédie en 3 actes avec Hennequin (Palais-Royal, novembre 1892); *Un fil à la patte*, comédie en 3 actes (Palais-Royal, janvier 1894); *Notre Futur*, comédie en 1 acte (Salle de Géographie, février 1894); le *Ruban*, comédie en 3 actes avec Desvallières (Odéon, février 1894); l'*Hôtel du Libre-Echange*, comédie en 3 actes avec Desvallières, pièce qui fut jouée plus de 500 fois (Nouveautés, décembre 1894); le *Dindon*, pièce en 3 actes (Palais-Royal, février 1896); *Séance de Nuit*, comédie en 1 acte (Palais-Royal, 1897); *Dormez, je le veux*, comédie en 1 acte (Eldorado, décembre 1897); la *Bulle d'amour*, ballet à grand spectacle, musique de Francis Thomé (Folies-Marigny, 1898), la *Dame de chez Maxim*, comédie en 3 actes (Nouveautés, janvier 1899), etc.

Cet écrivain, qui jouit à juste titre d'une grande réputation d'auteur gai et spirituel, a produit de plus, divers monologues bien connus: *Un Monsieur qui n'aime pas les monologues*, les *Célèbres*, les *Réformes*, les *Enfants*, le *Juré*, l'*Homme intègre*, l'*Homme honnête*, *Trop vieux*, etc.

M. Georges Feydeau est chevalier de la Légion d'honneur depuis 1894, officier d'Académie et décoré de divers ordres étrangers.

AMOËDO (Oscar)

Médecin, professeur à l'École dentaire de France, né à Matanzas (île de Cuba) le 10 novembre 1863. Après avoir accompli ses études classiques dans son pays natal et y avoir appris les premières notions de son art sous la direction du docteur Normand, M. Amoedo se rendit à la Havane, pour suivre les cours de l'Université, où il obtint bientôt un premier prix et le grade de chirurgien-dentiste.

M. Oscar Amoedo étudia ensuite à l'Université de New-York, ne tarda pas à recevoir le titre de docteur en chirurgie dentaire et s'établit ensuite à la Havane. Là, il se fit rapidement une telle réputation scientifique que le gouvernement de ce pays, lors de l'Exposition universelle de Paris 1889, l'envoya comme délégué au premier Congrès dentaire international qui eut lieu à cette occasion. Le jeune docteur présenta à ce congrès, sur le *Traitement des dents mortes avec obturation immédiate des racines*, un mémoire original qui fut très remarqué.

Poursuivant encore ses études médicales, M. Amoedo prit ses inscriptions à la Faculté de Paris et ouvrit, en même temps, un cabinet dentaire dans un modeste hôtel du « Quartier Latin ». En peu de temps, sa clientèle devint considérable et, dès 1890, il dût transférer son cabinet de consultations et d'opérations, d'abord rue Laborde, puis s'installer définitivement au centre de Paris, avenue de l'Opéra.

A la même époque, M. Oscar Amoedo entrait, comme démonstrateur, à l'École dentaire de France, où il fut successivement nommé professeur suppléant et professeur titulaire. Le 7 juillet 1898, il présenta devant la Faculté de Médecine, une thèse que les examinateurs déclarèrent « parfaite ».

Ce professeur a publié un très grand nombre de travaux scientifiques, qui ont fait l'objet de communications à des congrès et sociétés savantes françaises ou étrangères ou ont paru dans les revues et journaux de médecine. Parmi les plus importants il convient de citer: *Étude sur la pathogénie des abcès du sinus maxillaire* (1888); *Nouveau manuel opératoire pour la quello-plastie de la lèvre inférieure* (1889); *Étude sur le chlorhydrate de cocaïne* (1889); *Les dents mortes et obturation immédiate de leurs racines*

(Congrès dentaire, Paris 1889); *L'action physiologique et thérapeutique de la cocaïne et critique des observations publiées sur ce sujet* (Congrès de Médecine de Cuba 1890); *Sur l'immédiate rootfilling* (Congrès international de Médecine, Berlin 1890); *L'Odontologie au Congrès médical de Berlin* (1890); *Biographie du docteur Poirier* (1891); *Précautions à prendre pour éviter les accidents généraux dans l'emploi de la cocaïne* (1892); *L'aristol comme succédané de l'iodoforme dans le traitement des dents mortes* (1893); *Du chlorure d'éthyle comme anesthésique local* (Congrès de Médecine, Madrid 1892); *Des implantations dentaires* (1891); *L'Europhen, nouveau succédané de l'iodoforme* (1891); *Implantation des dents décalcifiées* (Congrès international de Médecine, Rome 1894); *Etude sur la correction du Prognatisme* (Congrès dentaire, Bordeaux 1895); *Du mode de consolidation des dents implantées* (1895); *Sur la Prothèse immédiate du maxillaire inférieur* (Congrès de Bordeaux 1895); *Contribution à l'étude de l'implantation des dents* (1896); *Four Consolidated Dental Implantations* (Dental Cosmos 1896); *Le rôle des dentistes dans l'identification des victimes du Bazar de la Charité* (Congrès international de Médecine de Moscou 1897); *Traitement immédiat des dents mortes* (Congrès dentaire de Nancy, 1896); *Résultats éloignés des implantations dentaires* (Congrès dentaire de Paris 1897); *Notation dentaire* (1897); *The Expert Dentist* (Congrès dentaire Américain de Londres, 1898); *De l'Expertise médico-légale dans les cas d'infection post-opératoire* (Congrès dentaire de Lyon, 1898); *Sur l'Orthopédie Dentaire*, (Congrès des Médecins-Dentistes de Suède 1898); *Sur les Qualités du Dentiste-Expert* (Vienne 1898); *Sur la Radiographie en art dentaire* (1898); un grand ouvrage couronné par la Société Odontologique de France et intitulé : *L'art dentaire en médecine légale* (1898), connu dans le monde entier et que le doyen de la Faculté de Paris, M. Brouardel, professeur de médecine légale, a déclaré être « un livre scientifique très complet, dans lequel les médecins les plus compétents pourraient puiser les plus utiles renseignements. » Il est aussi chargé du chapitre concernant les *Dents* dans le *Traité d'Anatomie humaine* du docteur Poirier.

Le professeur Amoëdo a inventé et fait exécuter divers appareils spéciaux, notamment : la *Seringue* qui porte son nom, présentée au Congrès international de Médecine de Rome en 1894 ; la *Pointe cantère pour stériliser les dents mortes* (Congrès de Rome 1894) ; la *Seringue hypodermique stérilisable*, présentée au Congrès de Bordeaux en 1895 ; l'*Ecartelèvres* ; la *Seringue Collège* ; la *Nouvelle Presse à moufles*, présentée à la Société d'Odontologie de Paris en 1898, etc.

Membre de la Société Odontologique de la Havane et délégué par cette société au Congrès international dentaire de Paris (1889), ancien vice-président de la Société « América » de Paris et délégué par elle au Congrès des Américanistes de Huelva (1892), membre de la Société Odontologique de France, délégué par cette société au Congrès de Moscou (1897), président honoraire, pour la France, au Congrès international de Médecine de Rome, section d'Odontologie (1894), membre de l'Association générale des Dentistes de France et de la Société d'Odontologie de Paris, membre honoraire de la Société Odontologique d'Espagne, président honoraire pour la France au Congrès international de Médecine de Moscou, section d'Odontologie (1897), secrétaire du Congrès Dentaire national, de Paris (1897), membre correspondant de l'Académie des Médecins-Dentistes de Suède, membre de la Société de Stomatologie de Paris, M. le professeur Amoëdo est décoré de l'ordre de Charles III d'Espagne.

PIOT (Edme)

SÉNATEUR, né à Montbard (Côte-d'Or) le 6 juillet 1828. Issu d'une famille pauvre, il ne put fréquenter l'école et dût, encore tout enfant, travailler aux champs. Plus grand, il cassa des cailloux sur les routes, puis parcourut le centre de la France comme terrassier. Occupé ensuite aux études de la ligne Paris-Lyon, son activité et ses aptitudes lui firent bientôt obtenir un poste de piqueur de l'exploitation.

Tout en se livrant à sa rude besogne, le jeune homme apprit seul les éléments du savoir. Soucieux d'épargne en même temps que d'étude, il put, dès 1854, entreprendre de petits travaux pour son propre compte ; puis, en peu d'années, l'ancien manœuvre devint l'un des plus importants entrepreneurs de travaux publics de France.

M. Edme Piot a exécuté les travaux suivants : Réseau P.-L.-M. (1854 à 1860) : nombreux travaux entre Mâcon et Romanèche ; consolidation des remblais à Pontanevaux et Romanèche et entre Mâcon et Villefranche, avant la mise en exploitation de la ligne ; embranchements de Dijon à Besançon et d'Auxonne à Gray ; travaux de terrassements et bâtiments entre Montbard et Dijon. — *Réseau de l'Est* (1860-1863) : construction de la section de la ligne directe de Nancy à Gray, comprise entre Fresne-Saint-Mammès et Gray. — *Réseau P.-L.-M.* (1863-1865) : ligne de Roanne à Lyon, lot de Bully ; (1865-1868) : embranchement d'Aubagne aux mines de Fuveau et de Montbéliard à Delle ; (1868-1876) : ligne de Cannes à Grasse, et de la Pauline aux Salins-d'Hyères ; (1875-1877) : construction entre Dôle et Besançon de la deuxième voie de la ligne de Dijon à Belfort. — *Ville de Paris* (1866-1867) : partie des terrassements du Trocadéro, pour les travaux de l'Exposition, qui valurent à M. Piot une lettre très élogieuse de M. Alphand. — *Génie militaire* (1870) : terrassements du fort de la plaine de Gennevilliers et autres travaux pour la défense de Paris ; (1877-1878) : construction de l'arsenal de Dijon. — *Grande Ceinture de Paris* (1878-1884) : construction des deux sections de Versailles à Palaiseau et de Palaiseau à Savigny-sur-Orge. — *Réseau d'Orléans* (1883-1885) : gare de triage de Juvisy et agrandissement de la gare de Brétigny. — *Petite Ceinture de Paris* (1886-1889) : entreprise générale de tous les travaux, y compris ceux des gares, nécessités par l'exhaussement de la ligne et la réfection des ouvrages d'art pour la suppression des passages à niveau entre le tunnel de Charonne et la rue de Charenton (travaux d'une difficulté exceptionnelle, car, sans acquisition nouvelle de terrain, sans déplacer l'axe, il fallait, dans un petit espace, exhausser la voie sur place de 5 à 6 mètres, tandis que la circulation énorme de 172 trains n'était pas interrompue d'un seul jour ; déviation et construction, en 60 jours, par un hiver rigoureux, au milieu de complications sans nombre, entre l'avenue de Clichy et la Chapelle, d'une ligne provisoire, avec trois gares, un pont en fer sur la ligne des Docks de Saint-Ouen, des passages à niveau à chaque porte, poterne ou poste-caserne, etc. — *Réseau de l'Ouest* : construction des gares de la ligne d'Andrésy à Mantes (1889 à 1897). — *Réseau d'Orléans* : construction de l'embranchement de Bourg-la-Reine à Robinson et transformation de la gare de Sceaux (rue Gay-Lussac, à Paris). — *Ville de Paris* : entreprise des travaux en cours d'exécution au pont de l'Alma et à l'Esplanade des Invalides pour l'Exposition universelle de 1900, qu'il a dirigée jusqu'en 1898.

En 1871, M. Piot était entré dans la vie publique comme conseiller général de la Côte-d'Or pour le canton de Montbard ; confirmé dans son mandat sans interruption jusqu'ici, il a été nommé vice-président de l'Assemblée départementale. Il a fait décider que la création et l'entretien des chemins de grande communication et d'intérêt commun seraient désormais à la charge du département, a fait établir des bibliothèques scolaires dans les communes et hameaux de son canton et a obtenu l'agrandissement, à Dijon, de la maison d'asile pour les vieillards, les aveugles et les incurables.

Depuis 1876, il donne chaque année un grand nombre de livrets de caisse d'épargne destinés à récompenser les élèves des écoles communales de son canton ; il a doté et présidé les sociétés de secours mutuels de son département, il distribue sans distinction d'âge ni d'opinion, de larges libéralités à tous les indigents et les malades, et il s'est ainsi acquis une popularité peu commune.

Sollicité à plusieurs reprises de briguer le mandat législatif, notamment en 1885 et en 1889, M. Piot refusa ; mais en 1897, après la mort de M. Spuller, sénateur de la Côte-d'Or, il se présenta et fut envoyé au Sénat, par 672 voix, contre 271 à M. Levêque, ancien député, et 56 à M. Guénin.

Républicain indépendant, l'honorable sénateur n'appartient à aucun groupe, mais vote le plus souvent avec la gauche démocratique. Il s'intéresse spécialement à la protection des intérêts agricoles et viticoles et préconise le retour à la politique d'économies budgétaires.

M. Edme Piot a été décoré de la Légion d'honneur, le 15 décembre 1888, par le président Carnot lui-même, sur un chantier. Il est aussi officier d'Académie.

PIOU (Gustave-Jacques)

Député, avocat, publiciste, né à Angers (Maine-et-Loire) le 6 août 1838. Fils d'un premier président à la Cour d'appel de Toulouse, qui fut représentant à l'Assemblée nationale de 1871, il prit le grade de licencié en droit en 1868 et se fit inscrire comme avocat à Toulouse 1881. Après avoir paru avec honneur au barreau de cette ville, il fonda, dès 1867, avec Paul de Rémusat, de Malleville et autres, le *Progrès Libéral*, journal d'opposition à l'Empire, qui fut l'un des premiers organes libéraux de France.

Pendant la guerre Franco-Allemande, M. Jacques Piou commanda le bataillon des mobilisés de la Haute-Garonne.

Nommé conseiller général pour l'un des cantons

de Toulouse en 1878, il fut porté sur la liste conservatrice de la Haute-Garonne et élu député le 14 octobre 1885, au 1er tour de scrutin, par 54,406 voix sur 108,314 votants. Il prit part, à la Chambre, à de nombreuses discussions, avec un véritable talent de parole. Il attaqua notamment la loi d'exil, demanda des poursuites contre M. Wilson, au moment du procès Caffarel-Limousin, et combattit la loi sur l'enseignement primaire.

Elu député de la 1re circonscription de l'arrondissement de Saint-Gaudens, le 22 septembre 1889, et par 7,228 voix contre 6,229 à M. Cruppi, avocat général à la Cour d'appel de Paris, M. Jacques Piou inaugura, à la rentrée des Chambres, la politique d'opposition constitutionnelle, qu'il définit dans une interview retentissante parue au *Soleil*. Cette politique d'adhésion à la République, plus connue sous l'épithète de « politique des ralliés » et à laquelle le pape donna son approbation, provoqua, à son origine, de nombreuses et vives polémiques. M. Jacques Piou en exposa les grandes lignes à la tribune de façon magistrale, à propos d'une interpellation sur la politique générale adressée au ministère Ribot, en 1891. Dans cette même session, il se prononça pour la loi d'abrogation contre le droit d'accroissement et fit rejeter, avec M. Félix Faure, le projet de loi sur le droit de visite en mer, que l'Angleterre demandait et qui lui avait déjà été concédé par les chambres belges.

Membre de diverses commissions, notamment de celle du Budget, il fut chargé de nombreux rapports : sur la proposition de loi, adoptée par le Sénat, ayant pour objet de modifier les droits de l'époux sur la succession de son conjoint prédécédé; sur le projet de loi dont il était l'auteur relatif à la vente et au partage des biens de mineurs, etc. Il intervint dans presque toutes les discussions parlementaires et son discours du 20 janvier 1893, en faveur du maintien intégral du budget des cultes, très applaudi, rallia la majorité de la Chambre.

Lors du renouvellement général de 1893, M. Jacques Piou échoua avec 6,168 suffrages, contre M. Bepmale, qui fut élu par 6,959 voix.

Propriétaire de vastes domaines dans la Gironde, il se consacra à l'étude des questions agricoles, fit de nombreuses tournées de conférences et fonda la « Syndicat des Propriétaires de la Gironde », dont il est président.

Réélu député de la 1re circonscription de St-Gaudens, le 8 mai 1898, au 1er tour par 7,319 voix, contre 6,495 à M. Bepmale, député sortant. Il a été nommé membre des commissions du règlement de la Chambre, de la réforme judiciaire, de la marine et de l'enseignement.

Comme publiciste, M. Jacques Piou a donné un grand nombre d'articles à la *Démocratie*, à l'*Observateur*, à la *Revue des Deux Mondes*, au *Figaro*, sur divers sujets, notamment sur l'alliance Franco-Russe.

DELOBEAU (Louis-Arthur)

SÉNATEUR, né à Brest le 2 septembre 1834. Il fit son droit à Paris, puis exerça, dans sa ville natale, la profession d'avoué, jusqu'en 1894. Il est aujourd'hui avoué honoraire.

Sous l'empire, M. Delobeau compta parmi les plus actifs membres du comité anti-plébiscitaire de la ville de Brest, qui, au plébiscite du 8 mai 1870, se prononça contre le gouvernement impérial, par 5,597 non, contre 2,437 oui. Elu pour la première fois conseiller municipal en 1877, M. Delobeau fut nommé conseiller d'arrondissement du 3e canton de Brest la même année; il devint, en 1884, conseiller général du 1er canton et maire de cette ville. On doit à son administration municipale de nombreuses mesures d'hygiène, des améliorations notables au point de vue de la voierie, des constructions d'écoles, etc.; il a aussi contribué à la création de divers chemins de fer d'intérêt local.

En octobre 1891, pendant les brillantes fêtes données à Brest, en l'honneur de la visite des navires russes, et de l'amiral Gervais revenant de Cronstadt, fêtes auxquelles M. Delobeau présidait en sa qualité de maire de la ville, il fit décerner par le conseil municipal, le titre de citoyen brestois au commandant russe de Birileff, aujourd'hui amiral. En 1895, il présida la réception, par la ville de Brest, de l'amiral Kalogueras et des marins russes du *Rurik*, du *Dimitri-Donskoï* et de la canonnière *Graziatosky*, réception qui fut enthousiaste et rappela les manifestations inoubliables de Cronstadt et de Toulon.

L'amiral Kalogueras ayant exprimé le désir d'avoir à son bord le portrait du président de la République, M. Delobeau, « au nom de la ville de Brest, » lui fit remettre une magnifique photographie de M. Félix Faure, placée dans un cadre sculpté, orné de rubans aux couleurs nationales et accompagnée de cette lettre :

Amiral, la ville de Brest ne sera jamais aussi heureuse que lorsqu'elle pourra réaliser vos désirs. Je sais que vous avez cherché dans Brest le portrait du très aimé président de la République Française, M. Félix Faure; permettez-moi de vous offrir ce portrait au nom de notre cité. Vous pourrez le placer à votre bord auprès de celui de votre vénéré empereur, S. M. Nicolas II. Vous le conserverez comme souvenir de notre bonne amitié, de votre court séjour dans notre ville, et il vous rappellera les vrais amis que vous y laissez.

Le sénateur, maire de Brest: L. DELOBEAU.

Elu sénateur du Finistère, lors d'une élection partielle, le 23 juillet 1893, par 709 voix, contre 525 à M. Chancerelle, candidat de la droite, en remplacement de l'amiral du Frétay, décédé, et réélu le 7 janvier 1894, par 678 voix, M. Delobeau est membre de la commission sénatoriale et a été membre de la commission extraparlementaire de la marine (1894-1898).

Inscrit au groupe de la gauche républicaine et de l'union républicaine, l'honorable sénateur qui est républicain progressiste, a pris part aux discussions concernant la marine et a prononcé, en 1897, contre les menées cléricales dans l'Ouest, un important discours. Il est protectionniste.

M. Delobeau est vice-président du Conseil général du Finistère; il est chevalier de la Légion d'honneur depuis 1893 et commandeur de l'ordre de St-Stanislas de Russie; il a obtenu, en 1894, une médaille d'or de première classe, à l'occasion d'une épidémie qui s'était déclarée à Brest en 1893.

COCHIN (Denys-Marie-Pierre-Augustin)

DÉPUTÉ, né à Paris le 1ᵉʳ septembre 1851. Il appartient à une ancienne famille, dont l'histoire est liée à celle de la capitale. Parmi ses ascendants, on trouve plusieurs échevins et autres personnages connus : l'abbé Jean-Denys Cochin, fondateur de l'hôpital qui porte son nom; Jacques-Denys Cochin, maire et député du XIIᵉ arrondissement de Paris, créé baron en 1820, enfin le philantrophe Augustin Cochin, son père.

M. Denys Cochin, en 1870, s'engagea pour la durée de la guerre au 8ᵉ lanciers et, en qualité de porte-fanion du général Bourbaki, fit la campagne de la Loire et de l'Est ; à la bataille d'Héricourt, il fut décoré de la médaille militaire.

Après avoir fait son droit, il devint licencié ès lettres et s'intéressa aux recherches de savants tels que Schutzemberger et Pasteur, qui l'admirent à partager leur travaux.

Elu conseiller municipal, en 1881, par le quartier des Invalides (VIIIᵉ arrondissement), il fut réélu sans interruption jusqu'en 1893, époque à laquelle il donna sa démission. A l'Hôtel de Ville, M. Denys Cochin siégea parmi la minorité conservatrice ; il protesta contre la laïcisation des hôpitaux et entama contre la Ville, au sujet de la laïcisation de l'hôpital Cochin, une action qu'il perdit et dont les divers épisodes se retrouvent dans son livre : *L'Hôpital Cochin et la laïcisation, 1790-1885* (1890).

Candidat aux élections législatives de 1885, il échoua, le troisième sur la liste conservatrice, avec 109,000 voix ; en 1889, il fut aussi en minorité d'une centaine de suffrages contre M. Mermeix ; mais il parvint à se faire élire député en 1893, par 3,052 voix contre 2,512 à M. Frédéric Passy, dans la 1ʳᵉ circonscription du VIIIᵉ arrondissement de Paris, où il fut réélu, en 1898, par 4,176 voix contre 3,604 à M. Roger Allou, avocat, républicain.

A la Chambre, M. Denys Cochin siège à droite; il a obtenu la création d'un cours de chimie à la Sorbonne ; il a pris la parole en de nombreuses circonstances, et notamment contre l'impôt progressif (loi des successions), pour défendre la loi sur les menées anarchistes (1894), pour interpeller le ministère à propos de l'affaire Dreyfus (1899), etc.

M. Denys Cochin a donné des articles au *Correspondant* et à la *Revue des Deux-Mondes*. Il a publié, en plus du livre déjà cité : *Quatre années au Conseil municipal* (1885) ; l'*Evolution de la Vie*, ouvrage couronné par l'Institut (1895) ; le *Monde extérieur* (1895), etc.

COCHIN (Henry)

HOMME de lettres et député, frère du précédent, né à Paris le 31 janvier 1854. Il fit au lycée Louis-le-Grand ses études classiques, que la guerre Franco-Allemande interrompit en 1870. Engagé volontaire au 17ᵉ bataillon de la garde nationale, il prit part à la défense de Paris et contribua, pendant le siège, à la répression du mouvement communaliste.

Reçu licencié ès-lettres et licencié en droit en 1873, M. Henry Cochin suivit ensuite les cours de l'Ecole des Chartes, puis il fut attaché à la direction de la Presse au Ministère de l'Intérieur sous M. de Fourtou. Démissionnaire, à la chute du cabinet de Broglie-Fourtou (novembre 1877), il se consacra à des recherches historiques et littéraires et publia, entre autres, des études remarquées sur l'histoire et la littérature italienne de la Renaissance.

Propriétaire à Saint-Pierrebrouck (Nord), M. Henry Cochin fut sollicité de poser sa candidature dans la 2ᵉ circonscription de Dunkerque, aux élections législatives de 1893 et fut élu, au 1ᵉʳ tour de scrutin, par

6,563 voix contre 5,619 à M. Dantu, distillateur. Il fut réélu en 1898, par 9,876 voix contre 2,446 données à M. Vandenbroucque, brasseur, républicain radical.

Inscrit, à la Chambre, au groupe de la droite modérée et au groupe agricole, M. Henry Cochin est, au point de vue économique, nettement protectionniste.

Depuis son entrée au Palais-Bourbon, il s'est principalement adonné aux questions agricoles ; il a pris une part active à toutes les discussions sur le budget de l'agriculture et est l'auteur de plusieurs propositions utiles aux cultivateurs ; on peut citer entres autres un amendement déposé par lui en faveur de l'élévation des droits sur les blés (1893) et un projet de loi, transformé en amendement au budget de l'Agriculture, sur les indemnités à accorder aux propriétaires d'animaux tuberculeux (1898).

M. Henry Cochin fit voter, en 1898, une proposition de loi déposée par lui, tendant à l'aggravation des peines prononcées contre les parents coupables de mauvais traitements envers leurs enfants ; il contribua à l'institution d'une agrégation des langues méridionales par une question posée au ministre de l'Instruction publique en 1898.

Ecrivain distingué et historien autorisé de la littérature italienne de la Renaissance, il a publié sur cette période plusieurs ouvrages qui ont été remarqués : *Boccace* (Paris 1890) ; *Un ami de Pétrarque, Lettres de Francesco Nelli à Pétrarque* (Paris 1892) ; *La Chronologie du Canzoniere de Pétrarque* (Paris 1898) ; on cite encore de lui une *Etude sur les origines du drame de « Roméo et Juliette » de Shakespeare* (Paris 1881) et un volume sur les *Congrégations*.

M. Henry Cochin a collaboré au *Correspondant*, au *Français*, au *Paris-Journal*, à la *Revue des Lettres et des Arts* ; il a publié de nombreux articles sur des sujets historiques ou de critique dans les revues françaises et italiennes.

COCHIN (Jean-Baptiste-Amable)

Poète, né à Paris le 20 février 1833. Devenu aveugle à l'âge de cinq ans, mais bientôt guéri, il accomplit ses études classiques au lycée Henri IV, puis se mit dans le commerce et fut négociant pendant plusieurs années.

Doué d'heureuses dispositions artistiques, M. Amable Cochin s'adonna pendant quelque temps à la peinture et à la composition musicale. Attiré ensuite par la littérature, il donna à diverses revues de Paris et de la province, des poésies qui furent appréciées.

M. Amable Cochin a réuni ses nombreuses productions poétiques en quatre gros volumes, publiés successivement sous le titre de *Mes Pensées*, de 1880 à 1898.

Cet écrivain est membre de la Société libre des Beaux-Arts et de la Société Philotechnique.

LOTUS (Mme la Baronne PAINI, née Lotus GAZOTTI, dite)

Peintre, née à Ferrare (Italie) le 28 novembre 1866. Toute jeune encore, elle étudia la peinture sans maîtres et se forma elle-même. Elle envoya au Salon de 1888 un premier tableau, intitulé : *Théodora*.

Son mariage interrompit quelque temps ses travaux artistiques. Elle les reprit à partir de 1894, à Bucharest, où elle se trouvait alors et où elle produisit une série de portraits remarquables, et notamment celui de la *Reine Elisabeth* (Carmen Sylva), qui mirent son talent en pleine lumière.

En 1897, Mme la baronne Paini vint se fixer à Paris ; elle y a exposé, au Salon de la Société des Beaux-Arts, sous la signature « Lotus », les œuvres suivantes qui, tout de suite, attirèrent l'attention : *Portrait de Mme la Comtesse Tornielli*, ambassadrice d'Italie (1897) ; *Les Indiscrètes* (1898) ; *La Vie*, grand tableau symbolique, annoncé comme le premier d'une série inspirée par une pensée philosophique (1899).

Mme la baronne Paini est officier d'Académie depuis 1898.

ROSTOPTCHINE (Comtesse Lydie)

Ecrivain, née le 25 septembre 1838 dans la Grande Russie, près de Woronège (chef-lieu du gouvernement de ce nom). Issue d'une famille illustre par ses écrivains et ses soldats, elle est la fille du comte André, historien, et de la comtesse Eudoxie, née Souchkoff, qui fut l'un des meilleurs poètes lyriques de la Russie. Son grand-père, le comte Théodore Wassiliewitch Rostoptchine, le fameux gouverneur général de Moscou en 1812, est connu aussi comme historien et auteur dramatique. Sa grand'mère Catherine, née comtesse Protassof, a publié de nombreux livres religieux ; enfin sa tante Sophie, fille cadette du général Rostoptchine, devenue comtesse de Ségur par son mariage, en 1819, a laissé un nom universellement estimé dans le monde des lettres.

Fidèle aux traditions de sa famille, la comtesse

Lydie Rostoptchine débuta de bonne heure dans la littérature et s'y fit rapidement apprécier. Parmi les œuvres qu'elle a publiées, il convient de citer : *Belle, sage et bonne* (1880), paru dans la bibliothèque rose illustrée de la maison Hachette ; la *Filleule des Fées*, qui reçut, en 1885, le 1er prix au Concours littéraire organisé par la *Petite Revue*; *Yvonne Trois étoiles* ; l'*Étoile filante* (1886) ; *Une poignée de mariages*, roman donné d'abord en feuilleton, dans la *Nouvelle Revue* et réimprimé en un volume (1889) ; *Irina*, roman paru également dans la *Nouvelle Revue* (1894-1895) ; *Rastaquouéropolis*, grand roman satirique contre Monte-Carlo et Nice (1896).

Au théâtre, elle a fait représenter : le *Trait du Parthe*, pièce en 1 acte en prose (Théâtre Michel, à St-Pétersbourg, 1898) et le *Dévouement de Gontran*, pièce en 1 acte, donnée avec succès à Paris, aux Théâtres Pompadour et de la Bodinière (1898). Elle a en outre traduit plusieurs pièces d'auteurs dramatiques russes.

Membre de la Société des Auteurs dramatiques de France, de celle de St-Pétersbourg et de la Société des Gens de Lettres, la comtesse Rostoptchine a été nommée officier d'Académie en 1894.

LION (Jules-François)

INGÉNIEUR, architecte, archéologue et historien, né à Hesdin (Pas-de-Calais) le 14 janvier 1832. Il fit ses premières études au collège de sa ville natale et fut ensuite élève à l'Ecole nationale des Arts et Métiers de Châlons-sur-Marne.

A sa sortie, M. Lion entra comme conducteur dans les Ponts-et-Chaussées, corps dans lequel il devint sous-ingénieur. Dès 1861, il fut mis en service détaché et nommé inspecteur des promenades de la Ville de Paris. Dans ce poste, il a effectué d'importants travaux d'ingénieur et a collaboré à l'organisation de nombreuses fêtes. En 1870, pendant la guerre, il fut incorporé dans le génie militaire auxiliaire.

Nommé ingénieur chef de service, chargé de la préparation de projets et de l'exécution de multiples travaux à l'Exposition universelle de 1889, M. Lion garda en même temps son poste d'inspecteur des Promenades de Paris, fit aussi partie du conseil des travaux de l'Exposition et fut désigné comme ingénieur des fêtes du centenaire, et de celles de l'Exposition universelle. Depuis le 1er avril 1898, il est inspecteur honoraire des promenades de Paris.

M. Lion s'est occupé d'études historiques et archéologiques. En outre d'articles parus dans certains recueils périodiques ou dans les ouvrages spéciaux, il a publié différents mémoires ; citons : *Le Sinus Itius, le Portus Itius, les voies antiques du Nord de la Gaule* (lu à la Sorbonne en 1877, au Congrès des Sociétés Savantes) ; *La bataille de Crécy, le combat du Bois-Guillaume* (Renty); *l'Eglise d'Auchi* ; un ouvrage sur le diocèse de Boulogne ; les *Histoires des villes de Vieil-Hesdin et d'Hesdinfort* ; deux légendes publiées dans l'*Album* de la Société littéraire artistique et scientifique de Paris : *La Chartreuse de Gosnay et Raoul de Créqui*; *Plans et documents faisant suite à l'Histoire d'Hesdinfort* 1897, etc.

M. Lion est membre titulaire non résident de la Société des Antiquaires de la Picardie, de la Société académique de Boulogne-sur-Mer, de la Société Dunkerquoise pour l'encouragement des Lettres, des Sciences et des Arts, etc.

Il est chevalier de la Légion d'honneur, officier de l'Instruction publique et du Mérite agricole, commandeur des ordres du Lion et du Soleil de Perse, du Nicham Iftikar et du Dragon de l'Annam, officier de Saint-Marin, du Cambodge, d'Isabelle la Catholique et de l'Etoile Noire.

LAMI (Stanislas)

SCULPTEUR, écrivain, né à Paris le 30 novembre 1858. Arrière petit-fils de Joseph-Xavier Bidauld, membre de l'Institut, paysagiste de valeur, et fils du statuaire Lami, qui s'est surtout fait connaître par ses recherches et ses travaux sur l'anatomie artistique, M. Stanislas Lami fit d'abord ses études de droit, puis il s'adonna bientôt tout entier à la sculpture et exposa, dès 1882 presque régulièrement aux Salons annuels de la Société des Artistes français.

Il faut citer notamment, dans l'œuvre de cet artiste : *Mendiant aveugle*, plâtre 1882 ; *Une Charmeuse*, statue plâtre (1883) ; *Berlioz*, masque en bronze, placé à la bibliothèque de l'Opéra (1885) ; *Au Printemps*, statue plâtre et *La Russie* 1886 ; *l'Epave*, marbre qui obtint une mention honorable au Salon de 1887 et reparut à l'Exposition universelle de 1889, où il fut de nouveau récompensé ; *Caïn*, plâtre donné à la ville de Paris pour son musée (1888) ; *Echo*, plâtre (1889) ; la *Première Faute*, marbre qui valut à son auteur une médaille de 2e classe, et fut acquis par l'Etat (placé au Ministère des Beaux-Arts, 1891) ; *Chien danois*, marbre gris acheté par l'Etat, pour le musée du Luxembourg

(1892), et le *Silence de la tombe*, qui figure actuellement au cimetière de Montmartre, et dont un critique autorisé, M. Firmin Javel, écrivait dans l'*Art Français* :

Le Silence de la Tombe est l'affirmation d'un talent robuste en même temps que la traduction d'une vision personnelle et neuve. C'est une des œuvres malheureusement rares, où la technique impeccable est mise au service d'une haute aspiration.....

Il donna ensuite : *Danseuse*, statue marbre (1894); *Lady*, fox terrier, marbre incrusté (1895); *Rembrandt*, buste bronze (1896) ; *Jeune Femme aux Pigeons*, statue marbre (1897) ; *Portrait de Femme*, buste terre cuite et marbre (1898).

M. Stanislas Lami est en outre l'auteur d'un grand nombre de bustes et d'études diverses.

Écrivain, M. Stanislas Lami a publié un intéressant *Dictionnaire des sculpteurs de l'antiquité, jusqu'au VI⁰ siècle de notre ère* (1 vol. 1884), et un *Dictionnaire des sculpteurs de l'École française, du Moyen-âge au règne de Louis XIV*, avec préface de M. Larroumet de l'Institut (1 vol. 1898), importants et utiles ouvrages d'une vaste et sûre documentation.

Membre de la Société Taylor et de la Société libre des Artistes français, M. Stanislas Lami a pris part à de nombreuses expositions à l'étranger : à Vienne, à Munich (médaille d'or en 1892), à Chicago (exposition universelle 1893), à Bruxelles (exposition universelle 1897, 2ᵉ médaille), à Saint-Pétersbourg, à Londres, etc.

COPPÉE (Francis-Edouard-Joachim, dit François)

Écrivain, membre de l'Académie française, né à Paris le 12 janvier 1842. Il fit ses études au lycée Saint-Louis et entra au ministère de la Guerre, où son père avait lui-même occupé un emploi.

En 1866, M. François Coppée publia son premier volume de vers : le *Reliquaire*, dont plusieurs pièces avaient paru dans le *Parnasse contemporain;* en 1867, il donna les *Intimités*, ainsi que de nombreux morceaux dans le *Nain jaune*, l'*Artiste*, la *Revue Nationale*, la *Revue libérale*, la *Revue des Lettres et des Arts* ; il remporta, la même année, un prix dans un concours pour un *Hymne à la Paix*, et la célébrité lui vint tout d'un coup, brusquement, en pleine jeunesse, après la représentation du *Passant*, rêve rimé, qui eut un succès fou à l'Odéon, le 14 janvier 1869.

Depuis cette époque, M. François Coppée est un poète classé et presque classique. Ses œuvres sont acceptées de confiance et les honneurs lui sont venus avec l'aisance. Il a publié, comme recueils de poésies : les *Humbles* (1872); le *Cahier rouge* (1874); *Olivier* (1875); l'*Exilée* (1876); les *Mois* (1877); le *Naufragé* (1878); la *Marchande de journaux* (1880) ; *Contes en vers* (1881); l'*Enfant de la balle* (1883); *Poèmes et récits* (1886); *Arrière-saison* et *Une mauvaise soirée* (1887).

En prose, on lui doit : *Une Idylle pendant le siège* (1875) ; *Contes en prose* (1882); *Vingt contes nouveaux* (1883); *Contes et récits en prose* (1884); *Contes rapides* (1888) ; *Toute une jeunesse* (1890); le *Coupable* (1896); la *Bonne souffrance* (1898); un recueil d'articles parus dans le *Journal: Mon franc-parler*, 14 vol., de 1895 à 1899); *A voix haute*, recueil de discours et allocutions (1899). Collaborateur assidu du *Journal*, il a aussi donné des chroniques au *Figaro*, au *Gaulois*, à l'*Éclair*, à la *Revue des Deux-Mondes*, etc.

Il a fait représenter au théâtre, après le *Passant* : *Deux douleurs*, un acte au Théâtre-Français, qui eut peu de succès (1870) ; l'*Abandonnée*, 2 actes, aussi peu favorablement accueillis au Gymnase (1871) ; *Fais ce que dois* (Odéon, 1871); les *Bijoux de la délivrance* (Odéon, 1872); le *Luthier de Crémone* (Théâtre-Français, 1877); le *Petit Marquis* et la *Guerre de Cent ans* (en collaboration avec M. d'Artois, drames joués à l'Odéon en 1878); la *Korrigane*, ballet pour l'Opéra ; le *Trésor*, comédie en un acte, en vers; *Madame de Maintenon*, drame en 5 actes et un prologue en vers (1881) ; *Severo Torelli* (1883); les *Jacobites* (1885), ces deux derniers joués avec un très vif succès à l'Odéon ; le *Pater* (1886, qui fut interdit par le gouvernement); *Pour la Couronne* (Odéon, 1895).

Après avoir été attaché à la Bibliothèque du Sénat, M. Coppée fut nommé, en 1878, archiviste de la Comédie-Française ; il démissionna bruyamment de ces fonctions lorsqu'il fut élu membre de l'Académie française, en remplacement de V. de Laprade, le 21 février 1884.

Cet écrivain qui, jusqu'alors ne s'était occupé des choses de la politique, que pour en critiquer l'inutilité, dans ses chroniques de journaux, fonda en 1898, avec quelques autres personnalités connues du monde littéraire, une Ligue dite de la « Patrie française », instituée dans le but principal de faire obstacle à la révision du procès Dreyfus ; il est président de cette ligue.

M. François Coppée est commandeur de la Légion d'honneur depuis 1896.

MARTY (Jean-Antoine)

Avocat, ancien ministre, ancien député, né à Carcassonne (Aude) le 31 janvier 1838. Il fit de brillantes études classiques au lycée de sa ville natale. Venu ensuite à Paris, à la Faculté de Droit, il subit avec succès les examens de licence et de doctorat (1862) et se fit inscrire au barreau de Carcassonne, où il ne tarda pas à se créer une situation exceptionnelle. Il fut bâtonnier à plusieurs reprises et a d'ailleurs presque toujours été membre du Conseil de l'ordre.

Elu, sous l'Empire, comme candidat de l'opposition, conseiller municipal de la ville de Carcassonne, M. Marty fut, en 1869, l'un des plus actifs organisateurs de la campagne anti-plébiscitaire dans le département de l'Aude. Devenu maire, il exerça ces fonctions avec un tel dévouement qu'une médaille d'argent de première classe lui fut décernée pour sa belle conduite pendant l'épidémie cholérique de 1884.

Porté sur la liste républicaine aux élections législatives de 1885, il fut élu député de l'Aude, le premier sur cinq candidats, par 44,741 voix. Dès son arrivée à la Chambre, M. Marty fit partie de l'Union des gauches, groupe parlementaire dont il a été le vice-président.

Aux élections générales de 1889, il se prononça nettement pour la non-révision de la Constitution, toute modification, d'après lui, ne devant servir qu'à favoriser les aspirations monarchistes. Il fut nommé, le 22 septembre, au scrutin uninominal, dans la première circonscription de Carcassonne, par 5,831 voix, contre 4,696 à son concurrent monarchiste, M. Castel.

Le 30 août 1893, il fut réélu par 8,815 suffrages, contre 8,148 à M. Théron, candidat radical.

M. Marty a été membre des grandes commissions parlementaires, notamment de la commission des Douanes et de celle du Budget. En cette qualité, il a contribué à la confection des nouveaux tarifs douaniers.

Dans le cabinet formé par M. Casimir-Périer, le 3 décembre 1893, il prit le portefeuille du Commerce et de l'Industrie, des Postes et Télégraphes et des Colonies, avec M. Maurice Lebon, comme sous-secrétaire d'Etat aux Colonies. A la fin de mars 1894, M. Lebon ayant donné sa démission, un ministère des Colonies fut créé pour la première fois et confié à M. Ernest Boulanger, sénateur. Le cabinet dont faisait partie M. Marty démissionna en mai 1894. Il devint alors vice-président de la Commission du Budget, puis président du groupe dit des « Républicains de gouvernement » (1897-1898).

M. Marty échoua au renouvellement législatif de 1898, dans son ancienne circonscription, avec 6,872 voix, contre 11,185 à l'élu, M. Théron, radical socialiste, et 3,834 à M. Belfonès, conservateur.

Conseiller général pour le canton de Saussac, (Aude), M. Marty ne se représenta pas au renouvellement des conseils généraux en 1898.

TEISSERENC de BORT (Edmond)

Sénateur, né à Paris le 12 juillet 1840. Il est le fils de Pierre-Edmond, né en 1814, député en 1848, membre de l'Assemblée nationale de 1871, ministre des Travaux publics, trois fois ministre de l'Agriculture et du Commerce (1872-1878), ambassadeur de France à Vienne (1879), sénateur et vice-président du Sénat, décédé en 1892.

Après avoir été, à plusieurs reprises, chef du cabinet de son père, pendant les divers séjours de celui-ci au ministère de l'Agriculture et du Commerce, M. Edmond Tesserenc de Bort devint, en 1879, secrétaire de l'ambassade à Vienne et occupa ce poste jusqu'en 1880, époque à laquelle son père se retira pour reprendre sa place au Sénat.

Rentré dans la vie privée, M. Teisserenc de Bort s'établit dans ses propriétés de la Haute-Vienne et s'y consacra entièrement à l'exploitation de ses domaines agricoles.

Nommé conseiller municipal de la commune d'Ambazac en 1880 et conseiller d'arrondissement l'année suivante, il fut choisi comme candidat républicain progressiste dans son département par les délégués sénatoriaux, lors de l'élection partielle qui eut lieu le 24 février 1895, pour pourvoir au remplacement de M. le Dr Donnet, sénateur de la Haute-Vienne, décédé; il fut élu avec une majorité de 113 voix sur ses concurrents: M. le D^r d'Arsonval, membre de l'Institut, professeur au collège de France, et M. Leysenne, inspecteur général de l'enseignement primaire, tous deux républicains progressistes comme lui. Au Luxembourg, M. Teisserenc de Bort est inscrit au groupe de la gauche républicaine.

Membre titulaire de la Société nationale d'Agriculture, président de la Société d'Agriculture de la Haute-Vienne, de celle d'Horticulture et d'Arboriculture et du Syndicat des agriculteurs de la Haute-Vienne, il s'occupe surtout, au Parlement, des questions agricoles.

Lauréat des concours agricoles, où il a obtenu un nombre considérable de récompenses et de prix d'honneur, M. Teisserenc de Bort a publié de nombreux travaux et rapports sur la culture dans la Haute-Vienne, ainsi qu'une *Etu le sur la race Limousine* et un *Questionnaire agricole pour les écoles primaires*.

Propagateur zélé des méthodes de culture nouvelles, M. Teisserenc de Bort s'est acquis parmi les agriculteurs une place toute spéciale, en vulgarisant autour de lui l'enseignement technique agricole et en encourageant, par tous les moyens dont il dispose, la production et l'élevage de la belle race bovine limousine.

L'honorable sénateur de la Haute-Vienne est chevalier de la Légion d'honneur depuis 1879, officier du Mérite agricole, etc.

TRANCHANT (Louis-Charles-Marie)

ADMINISTRATEUR, né à Paris le 2 juin 1826. Fils de Charles-Marcel Tranchant, inspecteur général de l'Université, il fut successivement élève du collège municipal Rollin, de la Faculté de Droit, de l'Ecole Nationale des Chartes et de l'Ecole nationale d'administration.

Nommé auditeur au Conseil d'Etat en 1849, reçu avocat à la Cour d'appel de Paris, l'année suivante, M. Charles Tranchant devint, en 1852, secrétaire du Conseil d'administration du ministère de la Justice; en 1867, conseiller général du département de la Vienne; en 1869, chef de bataillon aux gardes nationales de la Seine, dont il était depuis longtemps officier et avec lesquelles il prit part à la défense de Paris, lors du siège; en 1871, conseiller municipal de Paris et conseiller général de la Seine. Il fut élu, en 1872, conseiller d'Etat par l'Assemblée nationale et est resté en fonctions jusqu'en 1879, à la section du Contentieux d'abord, puis à celle des Finances, Guerre, Marine et Colonies.

Dès 1855, M. Ch. Tranchant avait, abandonnant le barreau auquel il appartenait alors, été nommé sous-chef de la division administrative à l'administration des Messageries maritimes et attaché en même temps à l'inspection des services, dans lesquels il accomplit de longues et importantes missions. Il devint, en 1859, sous-directeur de l'exploitation et ensuite secrétaire général de cette compagnie. Démissionnaire en 1872, lors de son élection au Conseil d'Etat, il a été nommé, en 1881, membre du Conseil d'administration, dont il est, depuis 1896, vice-président.

M. Tranchant est aussi, depuis 1880, administrateur de la compagnie des Mines de la Loire. En 1888, il a été nommé membre du comité de perfectionnement de l'Ecole libre de Sciences politiques, en remplacement de M. Hipp. Carnot, décédé.

En terminant ses études à l'Ecole des Chartes, M. Tranchant avait présenté une thèse très développée, intitulée: *De la nature du pouvoir royal en France sous les Mérovingiens*, dont les sommaires seuls ont été imprimés. A l'époque où il était auditeur au Conseil d'Etat, mêlé très activement aux travaux de la section de législation, il rédigea, au nom d'une commission de cette section, une enquête sur les théâtres, qui a été publiée et a conservé une grande notoriété ; pour une autre commission, il fit un travail étendu sur les *Précédents de la question de l'emprisonnement cellulaire dans les divers pays*. Comme conseiller d'Etat, il eut la direction du *Compte-Rendu quinquennal* des travaux du Conseil de 1872 à 1878, et en écrivit le rapport préliminaire. Durant son séjour à la Chancellerie, il avait rédigé, conformément à des instructions du garde des Sceaux, un volumineux décret resté à l'état de projet et qui reprenait et codifiait toutes les dispositions relatives aux honneurs et préséances des autorités publiques.

Au Conseil municipal de Paris, comme au Conseil général de la Seine, M. Tranchant s'occupa surtout des questions de finances (rapports au Conseil municipal sur l'inspection financière des services de la Ville, anciens comptes, etc.); mais il s'est attaché aussi à des questions d'un autre ordre : rapports sur les publications historiques de la Ville, sur l'organisation de la garde républicaine, proposition relative à la reconstruction de l'Hôtel-de-Ville et aux établissements d'aliénés du département, etc.

Aux Messageries maritimes, M. Charles Tranchant a pris une part capitale à la rédaction du règlement général du service extérieur (navires et agences) et il composa, au nom de la compagnie, un mémoire sur ses œuvres patronales pour l'Exposition universelle de 1889.

Membre de la Commission supérieure des Archives en 1877, il fut, en 1883, nommé membre du Comité des travaux historiques et scientifiques et est demeuré vice-président de la section économique et sociale de ce comité ; il a composé de nombreux rapports imprimés dans le Bulletin de cette section et rédigé en son nom une enquête sur les communautés d'habitants de l'ancienne France, qui eut de fructueux résultats.

M. Ch. Tranchant a publié : *Notice sur M. Tranchant, inspecteur général de l'Université de France* (1848); *Des successions légitimes en droit romain et en droit français* (1848); *Les revenus de la France en 1789 et en 1848* (1849); *Chauvigny-sur-Vienne et les Chauvigny de Châteauroux* (1876); *De la préparation aux services publics en France* (1878); *Procès-verbal de remise de maisons diverses des Templiers aux chevaliers hospitaliers de Saint-Jean de Jérusalem dans le Poitou* (1882); *Note biographique sur M. Redet, archiviste du département de la Vienne*, (1882); *Notice sur Chauvigny de Poitou et ses monuments* (1884); *Notice sur l'Ecole nationale d'Administration de 1848 et sur les propositions ultérieures d'institutions analogues*(1884); *Allocution prononcée, le 10 mai 1887, à l'assemblée générale annuelle de la Société de l'Histoire de Paris et de l'Ile de France* (1887), contenant un exposé d'ensemble au sujet des différentes sociétés ou commissions historiques ou archéologiques de l'Ile de France); *Discours prononcé aux funérailles de M. Hipp. Carnot, sénateur, membre de l'Institut, ancien ministre de l'Instruction public* (1888).—M. Tranchant parlait comme président de l'Association des anciens élèves de l'Ecole d'administration) ; *Notice sur la loi du 7 juillet 1887 portant approbation de la convention passée, le 30 juin 1886, entre l'Etat et la Compagnie des Messageries maritimes* (1888); *Note sur les observations présentées par les concessionnaires et exploitants de mines et par les ouvriers mineurs au sujet de diverses propositions de loi concernant les ouvriers mineurs* (1888); *L'exposition d'économie sociale à l'Exposition universelle de 1889* (1890); *Allocution prononcée, le 7 février 1895, à la réunion Rollin* (1895, contenant un tableau résumé des anciens élèves qui ont le plus honoré cet établissement); *Allocution prononcée à l'ouverture des sessions de la Société de législation comparée de 1893 et 1896* (1896-1897); *Notice sur Mgr P.-M. Cottret, évêque de Beauvais* (1897). Il a pris en outre, une part importante à la rédaction du *Dictionnaire de l'Administration française* de M. Maurice Block.

M. Charles Tranchant a fait partie de l'une des commissions de l'Exposition de 1878 et a été vice-président d'un des plus importants congrès de cette exposition, celui de la propriété industrielle; il a été membre des commissions et du jury de l'exposition d'économie sociale à l'Exposition universelle de 1889 et y a présidé la section VIII (établissements d'épargne), et il fait partie des commissions d'admission de celle de 1900. Il a été président de la Société de législation comparée, de la Société de l'Ecole des Chartes, de la Société de l'Histoire de Paris et de l'Ile de France, de la Société des Amis des monuments parisiens. Il fait partie de la Société d'Enseignement supérieur, la Société d'Economie politique, la Société de Statistique de Paris, l'Alliance Française, la Société Franklin pour la propagation des bibliothèques populaires, la Société des Antiquaires de l'Ouest. Il a présidé à différentes reprises l'une des sections du Congrès annuel des sociétés savantes à la Sorbonne.

M. Tranchant est officier de la Légion d'honneur et de l'Instruction Publique et commandeur de l'ordre de N-D. de la Conception de Villa Viçoza de Portugal.

JALUZOT (Jules)

Député et administrateur, né à Corvol-l'Orgueilleux (Nièvre) le 3 mai 1834. Fils d'un notaire, il commença, au collège de Clamecy, ses études classiques qu'il termina au lycée d'Auxerre et à Paris, Il fut admissible à l'Ecole militaire de Saint-Cyr en 1854. Changeant alors de voie, M. Jules Jaluzot entra d'abord comme simple commis dans une maison de commerce de la rue Vivienne, « Aux Villes de France; » puis aux magasins du « Bon Marché ». Ayant acquis par son travail une assez belle situation, il fonda ensuite une nouvelle maison, celle du « Printemps, » qui devint rapidement un des trois plus importants magasins de Paris. Ce premier établissement commercial ayant été détruit par un incendie en 1881, M. Jaluzot le fit reconstruire avec le concours d'une société par actions dont il est le gérant et le principal intéressé. Depuis cette époque, grâce à son habile administration, les grands magasins du Printemps ont pris un développement considérable, tant en France qu'à l'Etranger.

Possesseur d'importantes propriétés dans le département de la Nièvre, M. Jaluzot est en outre président du conseil d'administration des Etablissements de la Société agricole « Jules Jaluzot et Cie », qui comprend une sucrerie et une distillerie à Origny-Sainte-Benolte et la raffinerie de la Biette, dans l'Aisne. Il a fondé aussi, en 1890, la « Cordonnerie Nivernaise », industrie aujourd'hui très florissante et occupant de nombreux ouvriers.

Devenu très populaire dans son département d'origine, où il a toujours fait beaucoup de bien, M. Jules Jaluzot fut présenté aux élections générales législatives du 22 septembre 1889, dans l'arrondissement de

Clamecy, comme candidat conservateur révisionniste et élu député, au premier tour de scrutin, par 11,314 voix contre 5,967 données à M. Hérisson, radical, député sortant. Successivement réélu : en 1893, par 10,122 suffrages contre 7,133 à M. Maringe, agriculteur, conseiller général ; et en 1898, au premier tour de scrutin, par 9,845 voix contre 4,562 à M. Ad. Gauthier, radical et 1,353 à M. Guénot, dit Leblond, socialiste, l'honorable député a participé d'une manière très active aux travaux parlementaires ; il a souvent pris la parole à la Chambre, notamment dans les discussions du Budget, des patentes et à propos d'un projet de loi tendant à imposer les petites lignes de chemins de fer et pour le timbre militaire.

Inscrit aux groupes agricole, colonial et progressiste du Palais-Bourbon, ainsi qu'au groupe de la Défense nationale, M. Jules Jaluzot est nettement protectionniste.

Il est chevalier du Mérite agricole depuis 1887.

MAILLÉ (Armand-Urbain-Louis de LATOUR-LANDRY Comte de)

Sénateur et ancien député, né à Paris le 1er juillet 1816. Il appartient à une des plus anciennes et des plus illustres maisons de la Touraine et de l'Anjou.

Grand propriétaire dans Maine-et-Loire, il commanda, pendant la guerre franco-allemande, un bataillon des mobilisés de ce département, qui fut sérieusement engagé au combat de Monai, le 20 décembre 1870.

Élu représentant à l'Assemblée Nationale le 8 février 1871, le septième sur onze de la liste conservatrice de Maine-et-Loire et par 99,338 voix, il siégea à droite, fut membre de la commission d'enquête sur les actes du gouvernement du 4 septembre, instituée le 13 juin 1871, de celle des Grâces et de celle du Budget en 1871 et 1872. Il vota constamment avec la majorité monarchiste, repoussa l'amendement Wallon et l'ensemble des lois constitutionnelles.

En avril 1871, il avait été chargé par plusieurs de ses collègues, avec MM. de Meaux et de Cumont, de voir à Dreux le prince de Joinville et le duc d'Aumale, afin de poser les premières bases d'une entente commune entre les princes de la maison de Bourbon. Le 5 juillet de la même année, il fut envoyé avec le vicomte de Gontaut-Biron (plus tard ambassadeur de France à Berlin) et Sosthène de la Rochefoucauld duc de Bisaccia (plus tard ambassadeur de France à Londres), par ses collègues royalistes de l'Assemblée nationale, afin de supplier le comte de Chambord, alors au château de Chambord, de renoncer au projet d'un manifeste sur le drapeau blanc et d'accepter le drapeau tricolore.

Le 11 novembre 1871, par une lettre à M. Casimir-Périer, il refusa l'ambassade d'Allemagne que celui-ci lui offrait par les ordres de M. Thiers et, le 13 novembre, l'offre de l'ambassade de Vienne ou de Constantinople. Quelques jours après, il désignait au choix de M. Thiers le vicomte de Gontaut-Biron pour le poste d'ambassadeur à Berlin.

Réélu le 20 février 1876, dans l'arrondissement de Cholet, par 7,180 voix sur 13,000 votants environ, il soutint, après l'acte du 16 mai, le cabinet présidé par le duc de Broglie. Il fut aussi réélu le 14 octobre suivant, par 9,176 voix contre 4,467 obtenues par le candidat républicain, ainsi que le 21 août 1881, dans la première circonscription de Cholet, par 9,283 voix contre 4,177 données au candidat de la gauche.

Inscrit sur la liste monarchiste du département de Maine-et-Loire, aux élections du 4 octobre 1885, et élu le 1er sur 8, par 73,280 voix sur 122,532 votants, M. de Maillé, aux élections du 22 septembre 1889, faites de nouveau au scrutin uninominal, retrouva son siège dans son ancienne circonscription de Cholet, avec 10,055 voix sans concurrent. Aux élections de 1893, il fut réélu par 9,400 voix, toujours sans concurrent.

Membre de la Commission du tarif général des douanes depuis sa création, vice-président de cette commission depuis le 13 juillet 1891, il en défendit toujours les tendances protectionnistes contre les principes libre-échangistes ; il fut président d'âge de la Chambre des députés lors de l'ouverture de la session de 1896.

Le comte de Maillé a été élu sénateur de Maine-et-Loire le 23 février 1896, par 619 voix sur 950, ce département ayant été appelé à nommer un sénateur en remplacement de Barthélemy Saint-Hilaire, sénateur inamovible, décédé. Il fut réélu le 3 janvier 1897 par 630 voix sur 965. Il a été choisi, en 1898, comme membre de la Commission sénatoriale de l'Armée ; il fait partie de la droite de la haute Chambre.

L'honorable sénateur représente, depuis 1871, le canton de Chemillé au Conseil général de Maine-et-Loire, dont il est, depuis 1885, le président.

M. de Maillé a été fait chevalier de la Légion d'honneur pour fait de guerre en 1871.

BALSAN (Charles)

Député et industriel, né à Paris le 16 août 1838. Il appartient à une vieille famille d'industriels, originaire de Lodève (Hérault), où elle possédait des fabriques de tissus de laine avant la Révolution. En 1818, son grand-père, M. Martin, vint à Paris fonder une maison de commerce qui existe encore dans sa forme du début et est actuellement le centre des opérations commerciales et industrielles d'une société dont fait partie M. Ch. Balsan.

Après avoir terminé ses études classiques au collège Rollin, M. Charles Balsan entra à l'Ecole Centrale des Arts et Manufactures et en sortit en 1860. Il coopéra ensuite avec son frère, M. Auguste Balsan, qui fut maire de Châteauroux et député à l'Assemblée nationale, à la direction d'une fabrique de draperie que venait d'acquérir son père à Châteauroux.

Cette manufacture, qui fut d'abord usine royale au siècle dernier, appartint, de 1815 à 1860, à la famille de M. Teisserenc de Bort (actuellement sénateur de la Haute-Vienne) ; elle fut reprise à cette époque par M. Balsan, père des propriétaires actuels, qui la réorganisa complètement.

La fabrique de Châteauroux prit alors un développement et une importance considérables. Elle comprend maintenant la teinturerie et la filature des laines, le tissage, la teinture et tous les apprêts nécessaires aux tissus. Elle occupe une population, presque entièrement masculine, de 1,000 ouvriers ; elle est, dans son genre, une des plus anciennes et des plus considérables de France.

M. Charles Balsan fonda, en 1891, à Châteauroux, toujours avec son frère, une sucrerie importante et qui a pris un très grand développement. Il a été longtemps président du Tribunal de Commerce de cette ville et vice-président de la Société d'Agriculture.

Nommé conseiller municipal de Châteauroux en 1888 et conseiller général de l'Indre, il se porta, en 1889, comme candidat conservateur, à la députation, dans la 1re circonscription de Châteauroux, après le premier tour de scrutin et fut élu par 9,101 suffrages, contre 8,241 à M. Ratier, avoué à Paris. Successivement réélu : en 1893 par 8,448 voix contre 8,012 à M. Patureau-Francœur ; en 1898 par 9,015 suffrages contre 8,355 au même concurrent, il s'est fait remarquer au Parlement par une grande activité. Membre de la commission des Douanes de 1889 à 1893, de celle du Travail de 1891 à 1898, président de la Commission relative à la suppression des octrois de 1893 à 1898, M. Charles Balsan a été nommé à nouveau (1898-1899) membre des commissions des Douanes et des Chemins de fer. Il a été rapporteur des projets de loi sur les tarifs de la soie manufacturée et de la bonneterie (soie, laine et coton) et a pris part aux débats concernant les livrets d'ouvriers, la réglementation du travail, la responsabilité des accidents, les tarifs douaniers, la loi d'exception votée lors des attentats anarchistes de 1894, etc.

Régent de la Banque de France depuis 1890, administrateur de la compagnie d'assurances « la France », M. Charles Balsan a été décoré de la Légion d'honneur, en même temps que son frère Auguste, au mois de mai 1871, par le ministère de la Guerre.

THOREL (Jules-Ernest)

Industriel, sénateur, né à Louviers (Eure) le 9 septembre 1842. Fils d'un modeste fabricant de vannerie, il travailla d'abord comme ouvrier chez son père, puis lui succéda dans la direction de sa maison de commerce.

Lors de la guerre de 1870-71, M. Ernest Thorel s'engagea et prit part à plusieurs affaires sérieuses, notamment à celle d'Etrepagny. Après la paix, il organisa le comité républicain de Louviers. Nommé conseiller municipal dès 1874, puis maire de cette ville en 1887, il y a créé successivement une bibliothèque populaire en 1878, la Société de Libre pensée en 1880, la Société républicaine d'instruction des écoles laïques en 1882. Dans cette même année il fonda l'Harmonie municipale, et l'année suivante, la Société de Gymnastique « la Jeune France ». Enfin, en 1889 il installait, dans son canton, une section des Prévoyants de l'avenir.

Elu conseiller d'arrondissement en 1883 et, en 1889, conseiller général pour le canton de Louviers, où il eut pour concurrent le général Boulanger, M. Thorel fut envoyé à la Chambre comme député de l'arrondissement de Louviers, au renouvellement général de la même année, par 7.406 voix contre 6,890 à M. Sevestre, conservateur. Il fut réélu : en 1893, dans la même circonscription, par 8,074 voix sans concurrent, et en 1898, par 7,549 voix contre 4,974 à différents candidats.

Républicain, M. Thorel se préoccupe surtout au Palais-Bourbon, de la protection des intérêts commerciaux et agricoles. Il fit partie de différentes commissions, notamment de celle des colonies et des commissions d'initiative parlementaire. C'est lui qui fit le rapport concluant à la création d'un ministère des Colonies (1894).

Le 18 décembre 1898, l'honorable député de l'Eure fut élu sénateur de ce département, en remplacement de M. Guindey, décédé, et par 677 voix, contre 356 à M. Ducy, radical.

Dans son programme sénatorial, M. Ernest Thorel s'est déclaré nettement protectionniste et opposé à l'impôt global et progressif sur le revenu.

BARADUC (Alexis-Armand)

MÉDECIN, né à la Tour-d'Auvergne (Puy-de-Dôme) le 2 avril 1848. Après avoir fait de solides études au lycée de Clermont-Ferrand, il vint à Paris, où il suivit les cours de la Faculté de Médecine. Aide-major auxilliaire lors de la guerre de 1870-71, au 15° de ligne, il reprit, à la paix, ses études médicales et fut reçu docteur en 1873, avec une thèse sur le *Traitement de la pneumonie*.

Sur les conseils du professeur Gubler, dont il était l'élève, le D' Baraduc se rendit, dès 1873, à Châtelguyon, station alors inconnue, où il fut inspecteur des eaux durant plusieurs années. Il se livra sur Châtelguyon et les diverses affections qui s'y traitent, à des travaux qui, publiés, attirèrent l'attention du monde savant et contribuèrent pour une large part au développement de cette ville d'eaux, qui lui doit sa notoriété et la place importante qu'elle a prise depuis parmi les stations françaises.

Les principales publications de M. le D' A. Baraduc, outre sa thèse, portent les titres suivants : *Châtelguyon et les eaux purgatives allemandes* (1876); *Observations sur les maladies de l'estomac et de l'intestin* (1882); *De la dyspepsie gastro-intestinale*; *De l'entérite chronique* (1883); *Traitements et indications thérapeutiques* (1891); *Entérite muco-membraneuse* (1894); *Sur l'appendicite et son traitement* (1899), etc.

Le D' Baraduc (de Châtelguyon) a collaboré à la *Gazette Médicale*, à la *Gazette des Hopitaux*, à la *Gazette des Eaux* et autres organes médicaux. Il est membre de la Société de Médecine pratique et d'hygiène professionnelle et vice-président de la Société d'Hydrologie (1898-1899) et du Syndicat des médecins des eaux minérales.

DABLIN (Paul-Victor)

ARCHÉOLOGUE, publiciste et collectionneur, né à Longjumeau (Seine-et-Oise) le 19 avril 1844. Fils d'un huissier de Paris, il fit ses études classiques au lycée Bonaparte (Condorcet), suivit les cours de la Faculté de Droit et succéda à son père en 1872. Il a conservé son étude jusqu'en février 1898.

Pendant la guerre de 1870, incorporé au 2° bataillon de guerre de la garde nationale de la Seine, il participa au siège de Paris.

Passionné de bonne heure pour les recherches historiques, M. Paul Dablin avait commencé, dès le collège, la réunion de collections de monnaies, médailles, autographes et documents istoriques. A l'Exposition universelle de 1889, il envoya une série d'objets de ferronnerie, couteaux et fourchettes du XVI° au XVIII° siècle et, la même année, à l'exposition du Centenaire de la Révolution Française, il produisit de curieux bibelots, placards, affiches, estampes, médailles et enseignes révolutionnaires.

En 1894, à l'Exposition du Livre et de l'Image, M. Paul Dablin donna des estampes, des lithographies, des gravures anciennes et, à l'Exposition rétrospective de 1895, des éventails, des objets de vitrine, des factures anciennes, concernant la mode sous la Révolution et le premier Empire.

Travaillant à une *Histoire de la corporation des huissiers depuis son origine*, il a formé une collection complète et qui est « unique » des médailles et jetons des huissiers de Paris depuis Louis XIV jusqu'à nos jours. Il possède aussi des documents très importants relatifs à la captivité de Napoléon 1er à Sainte-Hélène et des autographes provenant de maréchaux et généraux du premier Empire, de conventionnels, et, en général, de tous les grands hommes de la Révolution.

Collaborant, depuis 1891, à l'*Intermédiaire des chercheurs et des curieux*, M. Dablin y a publié des études sur les divers évènements intéressants de la Révolution Française, notamment sur le *Rôle de Hulin à la prise de la Bastille*, sur l'*Arrestation de Louis XVI à Varennes*, sur *Brissot de Warville*, sur *Lagrenée l'aîné*, etc.

M. Paul Dablin a fait partie de la Société d'Anthropologie, où il s'est occupé spécialement de l'époque de « l'âge de pierre », sur laquelle il possède une collection importante.

Bibliothécaire de la Chambre des huissiers, administrateur de la Caisse d'épargne de Paris (1881-1899), commissaire du bureau de bienfaisance du vm² arrondissement, membre de la Commission des bibliothèques municipales de la Ville de Paris et de la Société historique de la Révolution Française, membre du Comité des Jurisconsultes, de l'Association des journalistes parisiens et du journal le *Figaro*, M. Paul Dablin a été nommé officier d'Académie en janvier 1896.

MOULIÉRAT (Jean)

Artiste lyrique, né à Vers (Lot) en 1858. Il vint fort jeune à Paris et entra au Conservatoire, où il fut l'élève de MM. Bussine, Bouchard et Obin.

Sorti du Conservatoire après y avoir obtenu les trois premiers prix de chant, d'opéra-comique et d'opéra, il débuta, le 11 novembre 1881, à l'âge de 23 ans, à l'Opéra-Comique, dans le rôle de Nourreddin de *Lalla Roukh*.

Depuis cette époque, il a chanté : l'*Attaque du Moulin*, le *Roi d'Ys*, *Mignon*, *Mireille*, le *Domino noir*, le *Pré aux Clercs*, la *Traviata*, *Carmen*, la *Flûte enchantée*, *Richard Cœur de Lion*, la *Perle du Brésil* (reprise), *Roméo et Juliette*, la *Fille du Régiment*, les *Dragons de Villars*, *Haydée*, *Werther*, etc. — en un mot les nombreux rôles du répertoire. Il a créé : la *Nuit de St-Jean*, *Joli Gilles*, *Plutus*, etc., et il a, dans les fêtes populaires, chanté souvent la *Marseillaise*, qu'il a traduite en grand tragédien lyrique. Il fut l'un des interprètes choisis par Ambroise Thomas pour chanter la millième représentation de *Mignon*, qu'il a joué plus de 300 fois ; c'est lui aussi qui chanta le rôle de Nergy à la 1,500° du *Pré aux Clercs*.

En 1893, il fit apprécier son grand talent à Monte-Carlo, pendant la saison, en chantant la *Traviata*, la *Fille du Régiment*, le *Domino noir*.

Très aimé du public, dont il est un des ténors préférés, et certes le plus populaire de l'Opéra-Comique ; artiste parisien par excellence, connaissant à fond le répertoire ancien et moderne, M. Mouliérat est l'un des rares ténors qui puissent chanter tous les grands rôles du répertoire ; comédien habile, autant que brillant chanteur, doué d'une voix étendue, d'un charme et d'une sûreté extraordinaires, avec une vigueur d'expression non pareille, il n'a remporté que des succès dans sa carrière artistique.

Retiré momentanément de l'Opéra-Comique, M. J. Mouliérat s'est fait entendre dans quelques grandes villes et salons mondains, où il a retrouvé les applaudissements des dilettantes. Il serait désirable que cet artiste, d'un si personnel talent, reprit la place due à sa valeur dans la troupe de notre deuxième scène lyrique.

M. Mouliérat est officier d'Académie depuis 1889 et officier de l'Instruction publique depuis le 1ᵉʳ janvier 1896. Il a été décoré de la médaille de sauvetage de première classe pour actes de courage, notamment pour sa belle conduite dans l'incendie de l'Opéra-Comique.

BALNY d'AVRICOURT
(Léopold-Fernand Comte)

Diplomate, explorateur, né à Noyon, Oise, le 8 octobre 1844.

Il fit ses études au lycée Louis-le-Grand, suivit les cours de la Faculté de Droit de Paris, prêta serment d'avocat devant la Cour d'appel, puis entra, en 1867, dans la diplomatie.

Successivement attaché d'ambassade à Athènes, à Constantinople, à Berlin, à Florence, il prit part, en 1870-71, à la guerre franco-allemande comme officier à la garde mobile. La campagne terminée, il fut attaché à notre ambassade en Suisse et nommé, l'année suivante, 3ᵉ secrétaire à Lima, où il resta chargé d'affaires pendant plus de deux ans.

Rentré en Europe en 1875, M. Balny d'Avricourt fut envoyé à Washington comme secrétaire de 2ᵉ classe, puis en Suisse et en Belgique. Nommé à La Haye en 1882, il fut, peu après, promu au grade de premier secrétaire, puis envoyé à Rome, à l'ambassade près le roi d'Italie, en 1884. Consul général à Hambourg en 1885, il y reçut, au mois de novembre 1893, sa nomination de ministre plénipotentiaire.

Envoyé extraordinaire et ministre plénipotentiaire au Chili le 11 décembre 1893, M. Balny d'Avricourt y séjourna trois ans et signa avec cette puissance divers traités, entre autres une convention pour la protection des marques de fabrique et de commerce et un protocole d'arbitrage. Sa mission au Chili fut encore marquée par deux voyages en Araucanie et dans la partie australe du Chili jusqu'à Chiloé. Ayant débarqué à Puerto-Montt, il remonta la côte à travers les forêts vierges, visitant tout le pays situé entre cette ville et Temuco, les Cordillières et la mer.

Vingt ans auparavant, il avait déjà, étant au Pérou, parcouru, dans le haut Amazone, la vallée du Chanchamayo et contribué, par l'envoi de pionniers Français, à la fondation d'une colonie dans cette région; la *Revue des Deux Mondes* a publié de lui une étude où il rappelle ce voyage, dans un article consacré au premier chemin de fer transandin (janvier 1874).

Au retour de sa mission au Chili, en 1897, M. le comte Balny d'Avricourt fut promu au grade de ministre plénipotentiaire de première classe.

Elu, au cours de sa carrière diplomatique, membre du Conseil général de l'Oise, à la mort de son père, au siège duquel il succéda en 1879, M. Balny d'Avricourt fut aussi sollicité à différentes reprises de poser sa candidature aux élections législatives dans l'arrondissement de Compiègne ; il s'y est constamment refusé.

Chevalier de la Légion d'honneur en 1875, promu officier en 1892, à l'occasion de l'épidémie cholérique de Hambourg, où il était alors accrédité, le comte Balny d'Avricourt est, en outre, grand croix, grand officier, commandeur, etc., de divers ordres étrangers.

Le comte Balny d'Avricourt est le frère de l'officier de marine de ce nom, commandant de l'*Espingole*, qui s'illustra par la part importante qu'il eut dans la conquête du Tonkin et notamment par la prise de Haï-Dzuong, qu'il enleva d'assaut avec une poignée de braves et périt sous Hanoï, aux côtés de Francis Garnier, le 21 décembre 1873. Le gouvernement français, pour honorer sa mémoire, a donné le nom de *Balny* à l'un des bâtiments de la flotte.

DUCRETET (Eugène-Adrien)

MÉCANICIEN, électricien, né à Paris le 27 novembre 1844. Après de très bonnes études classiques, son père, négociant bonnetier, voulut le mettre dans une école spéciale commerciale ; mais le jeune homme, passionné pour le dessin et la mécanique, insista pour entrer dans la maison du constructeur Froment, dont il devint l'élève en 1857, et dans les ateliers duquel il apprit les premiers éléments de la mécanique et de l'électricité.

En 1864, il fonda à Paris la maison qu'il dirige depuis ce temps pour la construction des instruments de précision appliqués aux sciences et à l'industrie.

Ses premiers clients, ou plutôt ses maîtres, — M. Ducretet recherchant leurs conseils et suivant leurs cours, — furent les savants professeurs : Boutet de Monvel, Saint-Loup, Lissajous, d'Almeïda, Claude-Bernard, Pasteur, Mascart, Bertin, etc.

Devenu fournisseur du ministère de la Marine, de l'Instruction publique et de diverses universités françaises et étrangères, M. E. Ducretet a fait de constants efforts pour soutenir la suprématie de l'industrie scientifique française à l'étranger, malgré la redoutable concurrence qu'elle y rencontre ; il a vu ses tentatives couronnées de succès. Il s'est fait connaître surtout par la création et la construction d'appareils du plus grand intérêt pour la télégraphie hertzienne sans fil (ces appareils furent présentés, avec expériences à l'appui, en décembre 1897, à Félix Faure, alors président de la République). Ses appareils pour les courants à haute tension et à haute fréquence, ceux pour la radiographie et la fluoroscopie à l'aide des rayons X du professeur Rœntgen, etc., sont dans un grand nombre de laboratoires. Il faut mentionner encore parmi les autres créations de M. Ducretet : la sonde lumineuse pour l'examen et la vérification rapide en plein jour, au moyen des rayons X, des colis postaux ; le creuset électrique de laboratoire avec aimant directeur.

Quelques-uns des appareils de M. Ducretet sont réglementaires dans la Marine française ; celui, classique, de Cailletet, qu'il a créé, est universellement employé pour la démonstration de la liquéfaction des gaz. Un nouveau compteur d'électricité de M. le professeur Blondlot, doit par les soins de M. E. Ducretet, entrer dans la pratique industrielle.

M. E. Ducretet a, en outre, créé les divers modèles de «photothéodolites» du colonel Laussedat et il a rendu enregistreur le télégraphe optique de ce savant. Plusieurs de ces appareils, et notamment ceux concernant la télégraphie hertzienne sans fil ont été l'objet de communications à l'Académie des Sciences et aux sociétés savantes.

Ce constructeur, doublé d'un véritable savant, dont la maison est des plus importantes, et dont la réputation est universelle, a obtenu de nombreuses récompenses de 1er ordre et des grands prix aux expositions universelles de Sydney, Bruxelles, Melbourne, Amsterdam, Moscou, Paris, Chicago, Anvers, etc.

M. Eugène Ducretet a été ou est membre des comités d'admission des expositions universelles de Paris de 1889 et 1900. Il est vice-président de la Chambre Syndicale des Industries électriques, chevalier de la Légion d'honneur depuis 1885, officier de l'Instruction publique, de la Couronne de Roumanie, etc.

COCHERY (Louis-Adolphe)

SÉNATEUR, ancien ministre, né à Paris le 26 avril 1821. Après avoir fait de brillantes études au collège Bourbon et à la faculté de Droit, il fut reçu licencié à vingt ans, s'inscrivit au barreau de Paris et devint successivement secrétaire de Félix Liouville, bâtonnier de l'ordre et de Crémieux.

M. Cochery débuta dans la politique comme chef de cabinet du ministre de la Justice, le 24 février 1848, et reprit, à la chute du ministère, sa place au Palais, où il plaida de nombreux procès politiques et de presse pour des journaux tels que : la *Réforme*, la *Voix du peuple*, la *République*, etc.

En 1868, il fonda un journal d'opposition, l'*Indépendant de Montargis*, dans lequel il mena une très active campagne contre l'Empire et, dès l'année suivante, il entra au corps législatif, comme député du Loiret, obtenant, malgré les efforts du gouvernement, 11,643 voix, contre 8,831 données aux deux candidats officiels, MM. de Grouchy et de Chévigné.

Siégeant sur les bancs de la gauche, il interpella le gouvernement au sujet de la candidature Hohenzollern et fut l'un des 84 députés qui votèrent contre la déclaration de la guerre à la Prusse ; il se prononça en 1870 pour la déchéance de l'empire.

Nommé, par la délégation de Tours, commissaire général de la défense du Loiret, il se trouvait à Orléans quand cette ville fut prise par l'armée bavaroise ; plus tard il accompagna M. Thiers dans ses négociations relatives à l'armistice.

Retenu en captivité à Versailles par l'État-Major allemand, il donna diverses preuves de courage, notamment en venant quatre fois de Versailles à Paris, dans des circonstances particulières. Au lendemain des journées du 30 et du 31 octobre 1870, M. de Bismarck prétendant que le pouvoir exécutif était entre les seules mains de M. Dorian, M. Cochery demanda au chancelier un sauf conduit pour se rendre à Paris et, comme celui-ci lui faisait remarquer combien cette démarche était périlleuse, il lui répondit : « Oh ! monsieur le comte, nous n'en sommes plus à ménager notre vie. »

Accompagné de M. Bismarck de Bohlen, neveu du chancelier, M. Adolphe Cochery arriva en bateau, à la nuit tombante, au Point-du-Jour, où, bien que le passage des deux émissaires ait été signalé aux avants-postes, ils eurent à subir deux décharges successives d'une compagnie de l'armée prussienne ; sans perdre son sang-froid, M. Cochery se précipita sur le falot qui éclairait le bateau, l'éteignit et put ainsi entrer dans la capitale. Il n'est peut-être pas sans intérêt de rappeler que M. de Bismarck pouvait désirer qu'on crût, en France, Paris en état d'insurrection. Le soir même, M. Cochery rapportait à Versailles de rassurantes nouvelles sur l'état de Paris.

Réélu député du Loiret le 8 février 1871, le premier de la liste et par 51,341 voix, il fut rapporteur des propositions relatives aux échéances commerciales, à l'alimentation des troupes allemandes, à la réparation des dommages occasionnés par l'invasion, etc. Constamment membre de la Commission du Budget, il en fut, à trois reprises différentes, le rapporteur général et le vice-président pendant que Gambetta présidait ; il siégea dans la minorité républicaine de l'Assemblée nationale, soutint les propositions tendant à l'établissement définitif de la République et vota les lois constitutionnelles.

Nommé député de l'arrondissement de Montargis, aux élections générales du 20 février 1876, par 13,862 voix sans concurrent, il fut l'un des 363 et retrouva son siège après la dissolution, obtenant 14,042 voix contre 5,500 à M. Boyerval, candidat officiel. A la formation du ministère Dufaure, le 19 décembre 1877, M. Cochery fut nommé sous-secrétaire d'État aux Finances ; le 1er mars suivant il réunit en un seul service les administrations, jusque là séparées, des Postes et Télégraphes ; puis, en février 1879, un ministère spécial des Postes et Télégraphes fut créé et il devint titulaire de ce portefeuille dans le cabinet Waddington. Il conserva ces fonctions jusqu'à la chute du deuxième cabinet Ferry (avril 1885). Pendant son long séjour à la tête de cette importante administration, M. Cochery a accompli de nombreuses et importantes réformes, telles que la réunion des services postaux et télégraphiques, la création des services de recouvrements, des abonnements, des colis postaux, de la Caisse d'Épargne, l'amélioration des traitements des petits employés, le perfectionnement du matériel, la création de nombreux bureaux et de lignes électriques, la réorganisation des services maritimes subventionnés, la taxe des lettres simples abaissée de 25 à 15 centimes, celle des imprimés réduite de moitié, la taxe de 5 centimes par mot pour les télégrammes avec minimum de perception de 50 centimes, l'importation du service téléphonique en France avant que les autres nations européennes aient pensé à faire usage de ce moyen de correspondance, etc.

Entre temps, M. Cochery avait été réélu député de Montargis, le 21 août 1881, sans concurrent avec 15,370 voix. Au renouvellement d'octobre 1885, inscrit sur la liste républicaine progressiste, il avait aussi été élu, au scrutin de ballotage, par 48,476 voix sur 89,442 votants.

Le 5 janvier 1888, il fut envoyé à la Chambre haute, avec 473 voix, sur 766 votants, par le département du Loiret. Son mandat sénatorial fut renouvelé le 4 janvier 1897, par 521 suffrages sur 731 votants.

L'honorable sénateur n'a cessé d'appartenir à la commission des Finances du Luxembourg, il y est aussi président de la commission des Douanes, de celle des chemins de fer, du groupe agricole et membre de la commission du projet de loi Calvet pour la représentation de l'Agriculture.

Entré au Conseil général du Loiret, pour le canton de Montargis, en 1871, M. Cochery est président de cette assemblée départementale depuis 1875.

COCHERY (Georges)

Député, ancien ministre, fils du précédent, né à Paris le 20 mars 1855. Après de brillantes études au lycée Condorcet, il entra, en 1875, à l'Ecole polytechnique et en sortit officier d'artillerie. Bientôt il donna sa démission (1878), pour remplir auprès de son père les fonctions de chef de cabinet et ensuite celles de directeur du cabinet et du service central, véritable secrétariat général du ministère des Postes et des Télégraphes. En cette qualité, il prit une part active aux nombreuses réformes apportées dans le service des Postes et Télégraphes pendant les sept années que dura l'administration de M. Ad. Cochery. Il quitta le ministère en 1885.

Conseiller général du Loiret depuis 1883, M. Georges Cochery fut porté sur la liste républicaine de ce département lors des élections générales législatives de 1885, et élu au 2º tour de scrutin par 46,616 voix sur 83,675 votants. Son père et lui figuraient sur la même liste et furent élus en même temps. Aux élections de 1889, il fut élu député de l'arrondissement de Pithiviers, par 8,288 voix sur 15,283 votants, contre M. Brierre, bonapartiste. Il a été réélu, dans la même circonscription : en 1893, par 11,146 suffrages et en 1898 par 11,346 voix contre 2,716 à M. Gebauer, radical.

M. Georges Cochery sut se créer, dès son entrée à la Chambre, une place importante. Il fut, pendant la législature de 1885 à 1889, membre et souvent rapporteur des commissions des Chemins de fer, des voies navigables, de l'Exposition de 1889, du rachat des réseaux téléphoniques par l'Etat, des conventions de l'Union postale et de l'Union télégraphique, etc.

Membre de la Commission du Budget pendant la législature 1889-1893, il fut chargé, pendant ces quatre années, du rapport sur le budget de la Guerre et, en outre, pour l'exercice 1892, du rapport sur le budget de la Marine, après la démission de M. Brisson. Il fut donc pour cette année, le rapporteur de la Défense nationale.

Pendant la législature 1893-1898, M. Georges Cochery fut deux années rapporteur général (1894 et 1895) et deux années (1895 et 1896) président de la Commission du Budget. Il prit, en cette qualité, une part prépondérante à la lutte que le parti républicain progressiste soutint contre le projet d'impôt sur le revenu du cabinet Bourgeois.

A la chute de ce cabinet, M. Georges Cochery entra comme ministre des Finances dans le ministère Méline. Il prenait le pouvoir dans des conditions exceptionnellement difficiles ; cependant il fit voter, malgré une opposition ardente, les budgets de 1897 et 1898 ; il rétablit au budget de 1897 et renforça à celui de 1898, la dotation pour l'amortissement direct, qui avait disparu depuis longtemps ; il y fit incorporer, en outre, les dépenses du nouveau programme des constructions navales et assura, sans recourir à la réouverture d'un budget extraordinaire, les crédits nécessaires à la réfection de notre matériel d'artillerie ; son administration fit réapparaitre, en fin d'exercice, des excédents au lieu des déficits accoutumés ; pour 1897 et 1898, ces excédents dépassèrent 72 millions ; en même temps, les amortissements directs et indirects avaient fait diminuer de 260 millions l'ensemble de la dette publique.

Comme ministre des Finances, il fit voter le renouvellement du privilège de la Banque de France, obtenant, pour l'Etat et pour le public, d'importantes améliorations, parmi lesquelles la constitution d'une dotation de 40 millions pour l'organisation du crédit agricole. Le nouveau traité assure en outre les conditions de la coopération de la Banque à la défense nationale.

Parmi les autres questions essentielles que M. Georges Cochery a égalemement résolues, citons la réorganisation du marché financier, le dégrèvement des petites cotes foncières, le vote de la loi supprimant les droits d'octroi sur les boissons hygiéniques, la réforme de la taxe militaire, du régime des cautionnements, des droits de quai, le vote de la loi sur les alcools dénaturés, etc. Il a préparé les solutions d'un certain nombre d'autres questions : révision des évaluations du revenu des propriétés non bâties, réforme du timbre des récépissés, transformation en une taxe proportionnelle du droit fixe sur les formalités hypothécaires, dégrèvement des dettes hypothécaires, réforme de la contribution mobilière, de l'impôt des portes et fenêtres, etc. Dès son arrivée aux affaires, il avait présenté aux Chambres un vaste projet de réforme fiscale, basé sur l'organisation d'un impôt atteignant les diverses sources de revenus d'après le système anglais. Il entreprit, par l'institution d'une grande Commission, l'étude de l'importante question du monopole de l'alcool ; le projet d'organisation du contrôle hygiènique et fiscal de l'alcool fut un premier résultat de cette étude. Il résolut la grave question de la nécrose des ouvriers allumettiers, par la substitution aux allumettes anciennes d'un type nouveau.

Ajoutons enfin que c'est de son administration que date l'adoption des nouvelles pièces de monnaies dûes aux graveurs Chaplain, Roty et Daniel Dupuis.

Démissionnaire avec le cabinet Méline le 14 juin 1898, M. Georges Cochery fut élu la même année vice-président de la Chambre et membre de la Commission du Budget.

L'honorable député du Loiret a été nommé chevalier de la Légion d'honneur en 1881, sur la proposition du ministère des Affaires Etrangères, à raison de services rendus dans la négociation des conventions télégraphiques internationales.

BONNET (Léon)

Médecin, né au Puy (Haute-Loire) le 26 avril 1860. Après avoir fait de solides études au lycée de sa ville natale, il vint à Paris pour y suivre les cours de la Faculté de Médecine et fut reçu docteur en 1887.

M. le docteur Bonnet fut nommé, en 1892, médecin de l'asile de Montredon, au Puy, où il se consacra au traitement des maladies nerveuses et mentales. Rentré à Paris en 1893, il prit la direction de l'important établissement électrothérapique fondé, en 1879, rue Saint-Lazare, par les docteurs Charcot et Vigouroux.

Chef du service d'électrothérapie à l'hôpital international (Péan) jusqu'en 1898, il fut, à cette époque, chargé de créer le laboratoire de radiographie à l'Hôtel-Dieu (services des Drs Polaillon et Duplay).

Les recherches de M. le Dr Léon Bonnet sur la médication électrique, et notamment sur les effets de l'effluve à haute tension, dite statique, recherches entreprises dès 1889 et communiquées à l'Académie de Médecine et à l'Académie des Sciences, en font un véritable précurseur du Rœntgen ; elles lui ont permis de créer une méthode nouvelle d'électrisation qui combat efficacement la neurasthénie, l'arthritisme, les adénites scrofuleuses, quelques tumeurs et certains états morbides jusqu'ici difficilement curables.

Il fait, depuis 1897, à l'Ecole pratique de la Faculté de Médecine, des conférences très suivies et très écoutées. Il y traite des applications médicales de découvertes récentes, comme les rayons X de Rœntgen, le cinématographe ou chronophotographe de Marey. Le premier, il a démontré officiellement, dans ces cours, par des projections animées, médicales et chirurgicales, la réelle valeur du chronophotographe comme instrument d'enseignement et même d'investigation, principalement dans les affections du système nerveux.

Collaborateur à l'*Indépendant médical*, à la *Radiographie*, au *Dictionnaire de Thérapeutique* de Jalancourt, à la *Revue encyclopédique* de St-Pétersbourg, et autres organes scientifiques, M. le docteur Léon Bonnet a, en outre, fondé et dirige, depuis mai 1879, la *Revue des découvertes modernes et de leurs applications aux sciences médicales*.

DURET (Théodore)

Historien et homme politique, né à Saintes (Charente-Inférieure) le 19 janvier 1838. Après avoir accompli ses études classiques au lycée de la Rochelle, il fit un premier voyage, en 1855, en Allemagne et séjourna à Gottingen, où il apprit l'allemand ; plus tard, avec Cernuschi, il fit le tour du monde et, au cours de leur voyage (1871-1872), ils recueillirent la collection de bronzes artistiques, chinois et japonais, qui forme aujourd'hui le musée Cernuschi à Paris, devenu propriété de la ville.

M. Th. Duret publia, en 1874, la relation de ses pérégrinations en Asie sous le titre : *Voyage en Asie* : *le Japon, la Chine, la Mongolie, Java, Ceylan, l'Inde*.

M. Théodore Duret avait à ce moment, depuis longtemps déjà, abordé la politique militante, en se prononçant contre l'Empire ; il s'était porté, en 1863, puis en 1869, comme candidat républicain, dans la

Charente-Inférieure, aux élections législatives ; mais ne put triompher des candidats officiels. Il fut compris avec Delescluze, Weiss, Hébrard, Challemel-Lacour, dans le fameux procès Baudin. Il collabora à la *Tribune*, avec Pelletan et Glais Bizoin, au *Globe*, au *Siècle*, à la *Gazette des Beaux-Arts*, etc.

Critique d'art, il devança le sentiment général en exaltant l'un des premiers le talent, peu apprécié alors, des peintres Manet, Claude Monet, Renoir, Pissarro et Whistler. Dans un livre paru en 1885 : *Critique d'avant-garde*, l'auteur célébra, lui premier, les peintres impressionnistes, ainsi que Hokousaï, le dessinateur et peintre japonais, qu'Edmond de Goncourt et d'autres ont, depuis, achevé de mettre en lumière. Son ouvrage le plus important est l'*Histoire de France de 1870 à 1873* (1893), publiée en deux volumes comprenant, l'un *la Chute de l'Empire et la Défense nationale*, l'autre *la Commune et les présidences de M. Thiers et du Maréchal Mac-Mahon*. Cet ouvrage est le résumé impartial de tout ce qui a été écrit sur ces questions depuis les évènements.

M. Théodore Duret publie, en outre, dans la *Revue Blanche*, une série d'articles sous le titre général de *Essais de critique sur l'Histoire militaire des Gaulois et des Français* (1899) et on annonce encore de lui une œuvre sur Napoléon et l'ère Napoléonienne.

GASQ (Paul)

SCULPTEUR-STATUAIRE, né à Dijon le 31 mars 1860. Venu de bonne heure à Paris, il entra à l'Ecole des Beaux-Arts et fut élève de Jouffroy, Falguière et Antonin Mercié. Il débuta en 1881 au salon des Champs-Elysées par un buste et exposa tous les ans depuis cette époque.

Lauréat, pour la sculpture, du grand prix de Rome en 1890, M. Paul Gasq continua, pendant son séjour à la villa Médicis, ses envois aux Salons annuels.

Parmi les principales œuvres de cet artiste, il convient de signaler surtout ses nombreux portraits qui ont fait sa réputation artistique.

Il a exposé depuis son retour de Rome, notamment : *Héro et Léandre*, bas-relief acquis par l'Etat et placé au musée du Luxembourg (1893) ; *Orphée*, statue plâtre (1894) ; un *Portrait*, médaillon marbre (1895) ; un *Bas relief*, marbre ; un *Groupe* marbre (1896) ; *Portrait de M. Magnin, sénateur, gouverneur de la Banque de France* ; *Portrait de M. Joliet, conservateur du musée de Dijon*, buste marbre (1897) ; *Statue ailée représentant la gloire*, bronze ; *Portrait de M. Mazeau, sénateur, premier président de la Cour de Cassation* (1898), etc.

M. Paul Gasq a produit en outre : la *Douleur* et la *Gloire*, deux statues, destinées au monument élevé à Dijon à la mémoire du président Carnot (1899) ; le *Chant* et la *Musique*, placées au foyer du nouvel Opéra-Comique (1899) ; un grand motif de la *Poésie*, pour le théâtre d'Aix-les-Bains ; le tombeau de *Mgr Rivet*, pour la cathédrale de Dijon et de magnifiques *Cariatides* à l'Hôtel particulier de M. Dehaynin (1899).

Il est chargé du *Monument de Spuller* (au cimetière du Père Lachaise) et de l'un des *groupes* de la porte d'entrée du grand palais de l'Exposition universelle de 1900.

Titulaire d'une médaille de 2ᵉ classe en 1893, d'une médaille de 1ʳᵉ classe en 1896, M. Paul Gasq a été nommé chevalier de la Légion d'honneur au mois de juillet 1898.

ARNOUS
(Marie-Gustave-Louis-Eugène)

DÉPUTÉ, né à Toulouse (Haute-Garonne) le 30 juin 1846. Fils du général d'artillerie Arnous (1803-1865) et petit-neveu de l'amiral Arnous, ancien gouverneur de la Martinique, il prit part aux opérations de guerre en 1870-71, notamment au combat de Buzenval, comme capitaine des gardes mobiles du Loiret.

Après la conclusion de la paix, M. Arnous se présenta au concours du Conseil d'Etat, y fut admis comme auditeur et occupa ces fonctions jusqu'en 1879. A cette date il se jeta dans la politique militante conservatrice. Son mariage avec Mᵐᵉ André, fille du sénateur et sœur du député de ce nom, lui ayant créé une situation importante dans la Charente, il fut appelé, le 20 janvier 1884, à succéder à son beau-frère, M. Jules André, député de la circonscription de Barbézieux, et élu par 7,080 voix contre 5,027 à M. Trarieux, aujourd'hui sénateur. La même année, M. Arnous fut élu conseiller général de la Charente pour le canton de Brossac. Il a été réélu député : aux élections générales du 4 octobre 1885, sur la liste conservatrice du département de la Charente, par 48,577 voix sur 88,972 votants ; en 1889, dans son ancienne circonscription, par 7,351 voix ; en 1893, par 6,386 voix contre 5,400 à M. Meslier, maire de Barbézieux ; en 1898, par 6,571 contre 5,381 à M. Laroche, ancien résident de France à Madagascar.

M. Arnous a toujours appartenu au groupe de la Droite parlementaire. Il a attaqué à différentes reprises la politique financière des ministères républicains, défendu à la tribune des amendements à la loi électorale du Sénat (1885) et s'est occupé surtout des questions viticoles et agricoles intéressant son département. Il parla aussi sur le contrôle de la Cour des Comptes, l'exercice du budget de 1893, les octrois, les pensions, l'Algérie, etc. Il a été secrétaire de la Chambre des députés en 1886 et 1887.

Secrétaire de l'Union des Droites, dont le président a été M. de Mackau de 1887 à 1893, M. Arnous fait partie des groupes agricole et viticole de la Chambre. Il a été nommé conseiller général pour le canton de Barbézieux (Charente) en 1898.

HUGOT (Louis-Anatole)

SÉNATEUR, né à Montbard (Côte-d'Or) le 3 avril 1836. Fils d'un négociant, il vint étudier le droit à Paris, s'y fit recevoir licencié en 1856 et retourna dans sa ville natale, où il épousa, quelques années plus tard, Mlle Maire, fille d'un représentant du peuple en 1848, qui fut proscrit au Coup d'Etat.

Républicain sous l'Empire, M. Louis-Anatole Hugot fut l'un des plus fermes soutiens de la candidature Floquet, en 1863, à Châtillon-Semur. Elu maire de Montbard en 1871, il fut révoqué de ses fonctions par le ministère de Broglie en 1873. Il devint alors conseiller d'arrondissement pour le canton de ce nom (1873-1879).

Le 20 février 1876, M. Hugot fut élu député de l'arrondissement de Semur, par 8,336 voix, contre 6,673 à M. Beleurgey et 1,043 à M. Muteau. Inscrit à la gauche républicaine, il combattit le gouvernement de l'ordre moral, fut des 363, et, réélu le 14 octobre 1877 dans la même circonscription, par 11,016 voix sur 17,185 votants, il appuya, avec son compatriote et ami Spuller, la politique de Gambetta.

Réélu encore au renouvellement général de 1881, par 11,311 voix contre 1,055 à M. Lévy, M. Hugot fit partie de la Commission du Budget, déposa en son nom (1884) le rapport sur le projet de loi portant fixation du budget général de l'exercice 1885 (ministère de l'Agriculture) et prit part à la discussion de ce budget.

Elu sénateur de la Côte-d'Or, le 6 janvier 1885, par 524 suffrages sur 998 votants, il fut réélu, en 1894, le premier de la liste républicaine et par 831 voix sur 1,021 votants.

M. Hugot est intervenu fréquemment dans les débats de la Chambre haute, notamment à propos de la discussion sur la proposition de loi portant modification du tarif général des douanes, en ce qui concerne les céréales et les laines (1886), dans la discussion générale des budgets de 1888 et de 1895, où il critiqua la gestion financière et dans celle du projet de loi sur les octrois, dont il fut rapporteur et qu'il défendit à la tribune (1897). Il a été membre des commissions des Finances, des Douanes et Octrois, etc. Il siège à la gauche républicaine du Sénat, dont il est le secrétaire depuis 1888 et il est nettement protectionniste.

L'honorable sénateur a été conseiller général de la Côte-d'Or, pour le canton de Flavigny, de 1879 à 1885. Il est vice-président du « Souvenir français » depuis plusieurs années.

L'ESTOURBEILLON de La GARNACHE (Régis-Marie-Joseph Marquis de)

ÉCRIVAIN, député, né à Nantes le 10 février 1858. Fils du marquis Amand-Marie et de la marquise, née Marie-Caroline Pépin de Bellisle, il appartient à une ancienne famille de la Bretagne.

Il fit ses études au collège des Eudistes de Redon, puis au lycée de Nantes et contracta ensuite un engagement d'un an au 118e de ligne, à Quimper, à la suite duquel il fut nommé officier de réserve ; puis il se consacra à des travaux historiques et archéologiques qu'il n'a plus cessé de cultiver.

D'abord secrétaire général de la Société archéologique de Nantes pendant six années, il en devint vice-président en 1886 et, cette année-là, organisa, à Nantes, le congrès de la Société française d'Archéologie, dont il avait été nommé inspecteur en 1884 et qui eut un plein succès.

Marié en 1888, à Clermond-Ferrand, avec la fille du colonel d'artillerie Le Bourg, commandeur de la Légion d'honneur, le marquis de L'Estourbeillon vint se fixer à Vannes, où il ne tarda pas à acquérir une grande notoriété.

Elu conseiller municipal de cette ville en 1896, administrateur des hospices, président du syndicat agricole des deux cantons de Vannes et d'une société de gymnastique qu'il avait fondée, il fut choisi comme candidat des comités conservateurs de la 1re circonscription pour remplacer M. du Bodan, député, décédé ; élu le 16 janvier 1898, par 6,159 voix, contre

5,150 à M. Martine, radical, il fut, au renouvellement législatif du 8 mai de la même année, réélu par 6,973 suffrages contre 6,175 au même concurrent.

A la Chambre, l'honorable député siège à droite et parmis les nationalistes indépendants; membre de la commission de l'Armée et de celle des réformes administratives, il fait partie du groupe agricole et professe en économie des opinions protectionnistes.

On doit à M. le marquis de L'Estourbeillon les ouvrages suivants: *Groupement des populations de l'Armorique d'après les terminaisons des noms de lieux*; *Notice sur le prieuré de la Papillaye, en Anjou* (1880); *Ensuyt la description du cabinet de travail de messire Samuel d'Avaugour, seigneur de Saffré en 1625* (1881); *Saint-Benoît de Macerac*; *Une institution d'autrefois*; *les Frairies ou corporations rurales*; *les Frairies de la paroisse d'Avessac* (1883); *les Anciens vitraux du Comté nantais*, en collaboration avec M. de Kersauson (1884); *Documents pour servir à l'histoire des anciens seigneurs de La Garnache*; *Une maison d'Angers au XVIe siècle* (1885); *Un cadeau de noces du duc Pierre II* (1886); *Les Familles françaises à Jersey pendant la Révolution* (1886, médaille de vermeil de la Société académique de Nantes en 1887); le *Château de la Courbejollière*, épisode des guerres de la ligue aux pays de Clisson et de Montaigu (2 éditions, 1886 et 1887); les *Légendes bretonnes du pays d'Avessac* (3 éditions 1881, 1883, 1886); *Deux Mariages nantais au XVIIIe siècle*; *Un voyage d'agrément en 1618* (1887); *Itinéraire des moines de Landevenec fuyant les invasions normandes* (1889); la *Confrérie du Saint-Esprit de Machecoul* (1893); les *Revenus de la forêt de Brocéliande*, d'après des comptes inédits des XVe et XVIe siècles (1894); *Une montre à Vannes en 1492*; la *Noblesse de Bretagne* (1895); *Notes et documents inédits sur les opérations des armées républicaines au pays de Retz en 1793* (1896).

A cette liste des travaux de M. le marquis de L'Estourbeillon, il faut ajouter la collection très importante des *Inventaires des Archives des châteaux bretons*, travail considérable et d'un haut intérêt scientifique, dont les premiers volumes ont paru en 1893, 1894 et 1895. Il est encore l'auteur du *Nobiliaire de la Bretagne*, dont les deux premiers volumes ont été publiés en 1893 et 1895.

Il a fondé en 1885, à Nantes, la *Revue historique de l'Ouest*, l'un des plus importants recueils historiques publiés dans la région.

Parmi les nombreux journaux et revues auxquels il a collaboré ou collabore, nous citerons: le *Bulletin de l'Association catholique*; le *Bulletin de la Société archéologique de Nantes*; la *Revue de Bretagne et de Vendée*; les *Bulletins de l'Association bretonne*; la *Revue des traditions populaires*; la *Revue historique de l'Ouest*; sous le pseudonyme de «Jehan de La Savinaye» le *Bulletin de la Société Bibliographique*; le *Bulletin de la Société des Bibliophiles bretons*; l'*Espérance du peuple*; le *Petit Breton*; le *Nouvelliste de l'Ouest*; l'*Arvor*; les *Semaine religieuse* de Nantes et de Limoges, etc.

Partisan fervent de la décentralisation et des traditions bretonnes, M. le marquis de L'Estourbeillon de la Garnache est l'un des présidents de section de de l'Union régionaliste bretonne, il a été président de la Société polymathique du Morbihan; il est secrétaire de la Société des bibliophiles bretons, correspondant de la Société nationale des antiquaires de France et membre de nombreuses autres sociétés savantes.

Il a reçu, en 1886, une médaille d'argent grand module et en 1896 la grande médaille de vermeil du congrès de la Société française d'Archéologie; en 1884, la Société archéologique de Nantes lui avait décerné sa médaille d'or triennale. Il est officier d'Académie depuis 1894.

THOMPSON (Mlle Fanchon)

CANTATRICE, née à Chicago (Amérique) le 2 février 1879. Issue d'une famille très riche, elle eut à lutter contre ses parents qui contrarièrent d'abord sa vocation artistique; elle put cependant venir à Paris pour y accomplir son éducation musicale.

Mlle Thompson eut pour professeur Sbriglia, Bachelot et Lhérie. Elle parut pour la première fois en public à l'âge de quatorze ans et sa belle voix, déjà formée, produisit une excellente impression.

Cette artiste se fit ensuite entendre dans les grands concerts des principales villes d'Amérique, telles que New-York, Boston, Chicago, où elle chanta avec maestria tous les morceaux écrits pour contralto, et tirés du *Prophète*, de la *Favorite*, d'*Orphée aux Enfers*, de *Carmen*, de *Samson et Dalila*, ainsi qu'une quantité considérable de compositions classiques de Beethoven, de Mozart, etc.

M⁽ˡˡᵉ⁾ Thompson fut appelée, en juillet 1898, à chanter devant la reine d'Angleterre, qui lui remit, en la félicitant chaleureusement, un superbe bijou à son chiffre. Engagée la même année à l'Opéra-Comique, à Paris, elle y débuta dans le rôle de *Carmen*, le 28 décembre, et la presse parisienne fut unanime à constater le succès qu'elle obtint.

CHIPIEZ (Charles)

ARCHITECTE, écrivain, né à Ecully, près Lyon, le 12 janvier 1835. Venu à Paris en 1855, il fut successivement l'élève de Chenavard, Constant Dufeux, Viollet-le-Duc et Daujoy. M. Charles Chipiez est l'auteur du monument commémoratif du combat de Buzenval, élevé dans cette commune en 1873, et de l'Ecole Nationale d'Armentières (1885), vaste établissement professionnel qui occupe une surface de quatre hectares et pour l'entretien duquel il a été désigné, comme architecte du gouvernement, quelques années après. Il a aussi édifié les remarquables monuments funéraires de Eugène Piot, au cimetière du Nord; de J. Guérin et de la famille Sudre, au Père-Lachaise, à Paris.

On doit à la science de M. Chipiez d'intéressantes reconstitutions, savoir : la salle hypostyle de Karnak (Thèbes); le Parthénon et le Panthéon de Rome, modèles en relief, au 20ᵉ de la grandeur, exécutés pour le Métropolitan Museum of Art de New-York et aussi les restaurations des édifices du plateau de Persepolis (Perse), neuf châssis; la restauration des monuments de l'Assyrie, quatre châssis ; de la porte intérieure de Khorsabah (Assyrie), un châssis ; la vue de la grande salle de Karnak (Egypte), un châssis; le temple de Jérusalem (Judée), onze châssis ; la Cella du Parthénon, trois châssis, etc.

Professeur à l'Ecole spéciale d'architecture de Paris de 1867 à 1887, M. Chipiez est attaché au ministère de l'Instruction publique en qualité de membre de la commission des lycées et des collèges. Il est en outre, membre du comité de souscription aux ouvrages d'art, du comité des Beaux-Arts des départements, du comité d'admission de la classe 4 (Enseignement spécial artistique) à l'Exposition universelle de 1900 et il a été chargé de l'organisation de cette dernière section.

M. Charles Chipiez a écrit dans la plupart des organes techniques de ce temps : la *Revue Archéologique*, la *Revue Générale d'Architecture*, la *Revue Bleue*, le *Journal d'Architecture*, etc.

Il a publié en outre d'importants ouvrages: *Histoire critique des origines et de la formation des ordres grecs* (1876 1 vol.); *Mémoire sur le temple Hipæthre* (1878), *Le Temple de Jérusalem et la Maison du Bois-Liban restitués d'après Ezéchiel*, avec M. G. Perrot, de l'Institut (1889, 1 vol. avec grav.) : *Le système modulaire et les proportions dans l'Architecture grecque* (1891 1 vol.); *Histoire de l'Art dans l'antiquité*, avec M. G. Perrot, important ouvrage commencé en 1377 et qui compte, en 1899, sept volumes parus sur neuf annoncés.

Titulaire d'une médaille de 2ᵉ classe au Salon de 1878 et du grand prix à l'Exposition universelle de 1889, M. Charles Chipiez est officier de la Légion d'honneur et de l'Instruction publique.

DEMELIN (Lucien)

MÉDECIN, né à Amiens le 17 février 1861. Il fit, à Cambrai, puis à Lille, ses études classiques, et à Paris ses études médicales. Interne en médecine et en chirurgie des hôpitaux de Paris depuis 1883, aide d'anatomie provisoire à la Faculté de Médecine, interne à la maternité de l'hôpital Tenon, puis de la Pitié, il fut reçu docteur en médecine en 1888.

Suppléant du chef de clinique dans le service du professeur Tarnier de 1889 à 1891, chef de clinique d'accouchements dans le service du même professeur de 1892 à 1895, M. le docteur Demelin a été nommé accoucheur des hôpitaux de Paris en 1897.

Ce médecin a publié plusieurs ouvrages et mémoires relatifs à ses travaux. Citons ceux sur l'anatomie obstétricale : *Documents pour servir à l'histoire du segment inférieur de l'utérus pendant la grossesse, l'accouchement et les suites de couches* (thèse de doctorat, 1888).—Sur la physiologie et la pathologie obstétricales: le *Bassin coxo-tuberculeux (Journal des Praticiens* 1890) ; *De l'insertion vicieuse du placenta, variété complète (Journal des Praticiens,* 1891); *De la Dystocie causée par la rétraction de l'anneau de Bandl* (Société obstétricale de France, 1892) ; *Les infections du liquide amniotique (Journal des Praticiens,* 1895); *Les infections intra-utérines du fœtus, la syphilis exceptée* (Mémoire couronné par la Société de Médecine de Toulouse, 1896); *De l'ictère grave chez la femme enceinte* (Congrès de Bordeaux, 1896);

Contribution à l'étude des rapports de l'utérus avec l'intestin en clinique obstétricale (l'*Obstétrique*, 1897) ; *Sur la Séméiologie obstétricale* (*Guide pratique des Sciences médicales*, 1893). — Sur les opérations obstétricales : *Des applications du forceps sur la face* (*Journal des Praticiens*, 1890) ; *Des applications du forceps sur le sommet dans l'excavation* (*Journal des Praticiens*, 1892) ; *Des moyens d'accélérer la dilatation pendant le travail de l'accouchement* (*Journal des Praticiens*, 1893); *Des infections broncho-pulmonaires et hépatiques chez le nouveau-né*, en collaboration avec le Dr Letienne (*Médecine Moderne*, 1894); *De la mort apparente du nouveau-né* (Mémoire couronné par l'Académie de Médecine, 1894); *De la main-guide dans les applications du forceps* (1896); *Sur l'hygiène et la pathologie du nouveau-né ; De l'ictère des nouveaux-nés*, en collaboration avec le Dr Lesage (*Revue de Médecine*, 1898).

M. le Dr Demelin a collaboré au *Journal des Praticiens*, à la *Médecine Moderne*, à la *Revue de Thérapeutique*, à l'*Obstétrique*, etc. Il est membre du comité de rédaction des *Archives de thérapeutique clinique*.

M. le Dr Demelin fit partie, en 1887, de la mission sanitaire qui, sous la direction du professeur Brouardel, alla étudier l'épidémie de suette dans le Poitou. Lauréat de la Faculté et de l'Académie de Médecine, il est membre fondateur de la Société d'Obstétrique de Paris.

DIDIER (Adrien)

GRAVEUR, né à Gigors (Drôme) le 19 janvier 1838. Fils de cultivateurs modestes, il dût lui-même s'occuper dans sa jeunesse des travaux des champs. Cependant, poussé par une vocation irrésistible vers l'art de la gravure, le jeune homme, après s'être confectionné une presse, des burins et jusqu'à de l'encre d'imprimerie, produisit à ses moments de loisir des essais intéressants.

Un sous-préfet de Die, M. de Courcelles, frappé de ses aptitudes, fit obtenir au jeune artiste, en 1856, du Conseil général de la Drôme, une subvention permettant de le faire entrer à l'Ecole des Beaux-Arts de Lyon. M. Adrien Didier y eut pour premier maître M. Victor Vibert. En 1860, il vint à Paris, y reçut les conseils d'Henriquel Dupont et de Flandrin et exposa pour la première fois au Salon de 1865, 'le *Jugement de Midas*, d'après Rubens.

Depuis lors, chaque année, une œuvre de M. Adrien Didier, dont la réputation s'accrut rapidement, parut aux Salons annuels, ainsi qu'aux expositions. Citons : *Femmes gallo-romaines*, d'après Alma-Tadema (1866) ; *Portrait d'Anne de Clèves*, d'après Holbein et *Françoise de Rimini*, d'après le dessin de Ingres, qui lui valurent une médaille (1869) ; *Constantia*, d'après Chevignard (1870) ; *Pastorella*, d'après Hébert (1872) ; l'*Abondance*, d'après une grisaille attribuée à Raphaël, qui obtint une première médaille (1873) ; l'*Ame*, d'après Prud'hon (1874) ; la *Poésie*, d'après Raphaël (1878 ; à l'Exposition universelle de cette même année, une médaille d'or lui fut accordée pour quelques unes des gravures que nous venons de citer); *Madeleine*, d'après Henner (1879) ; *Portrait de M. Thiers*, d'après Bonnat (1880); la *Vierge à l'églantine*, d'après Ghirlandajo (1882) ; la *Justice*, d'après Raphaël (1883) ; le *Jour*, la *Nuit*, d'après Bouguereau (1887) ; *La Vierge et l'Enfant Jésus*, d'après Paul Véronèse, pour la Chalcographie du Louvre (1888) ; à l'Exposition universelle de 1889, le *Portrait de M. Thiers*, le *Jour*, la *Nuit*, d'après Bouguereau, la *Justice* d'après Raphaël, valurent à leur auteur une médaille d'or. Vinrent après : les *Trois Grâces*, d'après Raphaël ; *Lady Godiva* et l'*Orpheline*, d'après Lefebvre (1891) ; Mme *Romani*, d'après Roybet (1893) ; *La Sagesse ramenant la Vérité sur la terre*, d'après Prud'hon, pour la ville de Paris et *Portrait de Gounod*, d'après E. Delaunay (1895) ; la *Musique guerrière*, d'après Baudry, pour le ministère des Beaux-Arts (1898) ; la *Justice*, la *Vigilance*, d'après Flandrin (1899).

En outre des principales œuvres dont nous venons de donner les titres, cet artiste a produit aussi une série de plus de 100 planches faisant suite aux *Costumes historiques* du célèbre graveur Mercuri.

A la Société des Artistes français dont il est l'un des 90 membres fondateurs, M. Didier fit, dès 1878 et pendant près de 20 ans, partie du jury de la gravure ; plusieurs fois président de ce jury et de la section de gravure, l'éminent artiste fut aussi pendant longtemps président de la Société des Graveurs au burin, fondée par F. Gaillard.

M. Adrien Didier a été conseiller général de la Drôme, pour le canton de Crest-Nord, de 1883 à 1889.

Ce maître graveur est chevalier de la Légion d'honneur depuis 1880.

La FERRONNAYS (Henri-Marie-Auguste FERRON Marquis de)

ÉPUTÉ, né à Paris le 15 septembre 1842. D'une famille de vieille noblesse bretonne, il s'engagea, en 1861, au 9ᵉ d'artillerie, pour passer bientôt à l'artillerie de la Garde. Entré à Saint-Cyr en 1863, avec le n° 25, il en sortit, deux ans après, sous-lieutenant au 7ᵉ cuirassiers et fut admis à l'école d'application d'état-major; sur sa demande il entra dans la Légion romaine formée, à Antibes, d'officiers et de soldats français détachés de leurs régiments, pour remplacer dans les états pontificaux le corps français d'occupation. Lieutenant, puis capitaine adjudant-major à ce corps, il fit, en Italie, toute la campagne de 1867.

Lorsque la guerre de 1870 éclata, M. de la Ferronnays donna sa démission d'officier de la Légion romaine et rejoignit son régiment, le 7ᵉ cuirassiers. Il se distingua à Rezonville, notamment, par une action d'éclat qui lui valut une citation à l'ordre de la division et une proposition pour la croix, qui n'aboutit pas. Prisonnier de guerre après la capitulation de Metz, il fut, à son retour en France, nommé lieutenant en 1872 et envoyé à Berlin comme deuxième attaché militaire. Rentré en France en 1875, il fut promu capitaine au 3ᵉ dragons; il passa ensuite au 15ᵉ régiment de la même arme.

Élu conseiller général en 1876, par le canton de Saint-Mars-la-Jaille, dans la Loire-Inférieure, il fut envoyé comme attaché militaire à Berne, puis à Londres. En 1880, il fut délégué comme commissaire technique à la conférence de Berlin pour la délimitation des frontières gréco-turques. Le tracé dont il était l'auteur fut adopté (à une variante près dans le massif de l'Olympe). Il allait passer chef d'escadron, quand son intervention, lors de l'expulsion des trappistes de la Meilleraye, l'amena à donner sa démission.

Maire de Saint-Mars-la-Jaille, le marquis de la Ferronnays fut élu député, aux élections générales du 4 octobre 1885, sur la liste conservatrice de la Loire-Inférieure, le 8ᵉ sur neuf, et par 70,144 voix sur 121,059 votants. Au renouvellement de 1889, il se présenta dans l'arrondissement d'Ancenis et fut élu par 8,918 voix sans concurrent. Il a été réélu en 1893, par 8,360 voix et en 1898, par 6,613 suffrages contre 5,720 à M. Maës, rallié.

A la Chambre, le marquis de la Ferronnays siège à droite et s'intéresse aux questions militaires, maritimes et budgétaires.

Le député de la Loire-Inférieure a été décoré de la Légion d'honneur en 1873 comme officier. Il est en outre commandeur des ordres de Pie IX, du Christ de Portugal avec plaque, du Danebrog, chevalier de Saint-Grégoire-le-Grand et décoré de la médaille de Mentana.

BRAU de SAINT-POL de LIAS (Xavier)

EXPLORATEUR, écrivain, né à Seix (Ariège) le 4 juillet 1840, d'une ancienne famille française (branche des Saint-Pol, établie dans l'Albigeois au XIIIᵉ siècle). Il prit ses grades universitaires à Toulouse et y fit son droit. Reçu licencié, il vint faire un stage d'avocat au barreau de Paris, puis entra, en 1868, à la Banque de France. Lors de la guerre de 1870, il fut désigné au ministère de la Guerre, par le marquis de Plœuc, gouverneur de la Banque, comme l'un des agents qui devaient assurer le service de cette institution indispensable à la Défense nationale.

M. de Saint-Pol de Lias, plus communément appelé de Saint-Pol-Lias, quitta l'administration en 1873, pour se vouer à l'étude des questions de conquête coloniale, où il entrevoyait, avec quelques hommes très peu nombreux à cette époque, le relèvement de la patrie, « la plus grande France » de l'avenir, qu'il n'a cessé de poursuivre depuis, par ses voyages, ses conférences et ses écrits; soutenu par les encouragements d'hommes éminents, parmi lesquels l'amiral de la Roncière le Nourry, Michel Chevalier et autres. Il contribua dès lors à la fondation de la Société des études coloniales et maritimes (1873) et de la Société de Géographie commerciale de Paris (1874). En 1875, il fut l'un des représentants de la presse au Congrès de Géographie de Paris. Il s'occupa, la même année, de la création d'une société de colons-explorateurs, dont le programme excita l'intérêt de la presse en France et à l'étranger.

En 1876, M. de Saint-Pol-Lias entreprit son premier voyage à Sumatra et Java. De retour à Paris, il fut, en 1878, l'initiateur du premier Congrès international de géographie commerciale, devenu depuis une institution permanente. L'année suivante, il proposait la fondation d'une grande compagnie de colonisation, dont le Parlement fut saisi par une pétition qu'il renvoya aux ministres compétents.

38

Chargé, en 1880, par le ministre de l'Instruction publique, d'une mission pour laquelle il se fit adjoindre M. de la Croix, ingénieur civil, M. de Saint-Pol-Lias parcourut à nouveau Sumatra, Java et Malacca. En 1884, il entreprit une troisième exploration, avec une nouvelle mission du ministère de l'Instruction publique, en même temps qu'il était chargé de diriger une autre mission confiée à MM. le vicomte de Chabannes la Palisse, Charles de Llanby, le vicomte d'Osmoy, Edouard de la Croix et Marcel Monnier ; il visita alors la Malaisie et l'Indo-Chine.

M. de Saint-Pol-Lias a rapporté, de ses lointains voyages, de précieux documents anthropologiques, zoologiques, géologiques, botaniques, archéologiques, ethnographiques, etc. On lui doit aussi l'importation en France d'animaux rares ou inconnus (tels que le *calloula-pulchra*), dont plusieurs figurent au Muséum, la découverte de plusieurs espèces entomologiques et botaniques, notamment une variété d'arbres à gutta-percha, et des collections d'objets divers qui ornent le musée du Trocadéro et le musée Guimet. Il a fait, de plus, connaître en France la matière première des laques dont les Asiatiques avaient gardé le secret et a, le premier, exporté du Tonkin, l'arbre qui la produit, le *kay-son*.

Les renseignements sur Déli, qu'il donna dans ses ouvrages et conférences, ont suscité la Société française des tabacs de Déli ; son exploration dans la presqu'île de Malacca occasionna l'établissement de la Société des mines d'étain de Pérak et Kinta (1882); enfin, ses conférences et son exposition au Palais du Trocadéro, par lesquelles il révélait les détails de fabrications et l'origine des laques, provoquèrent la création de la « Société française des laques du Tonkin, » qui produisit à l'Exposition universelle de 1889 des « laques de Paris », les premiers objets laqués en Europe avec la vraie laque de l'Extrême-Orient.

M. Brau de Saint-Pol-Lias a publié : *Pérak et les Orangs-Sakès, Voyage dans l'intérieur de la presqu'île malaise* (1 vol. illustré) ; *Atché, Sumatra, conférence faite à Amsterdam* (1883) ; *Chez les Atchés, Lohong, île de Sumatra* (1 vol. illustré) ; *De France à Sumatra par Java, Singapour et Pinang, les Anthropophages* (1 vol. illust., 1884) ; la *Côte du Poivre, voyage à Sumatra* (1 vol. illustré, 1891) ; *Ayora*, roman océanien (1 vol. 1891, ouvrage couronné par l'Académie française en 1892); *Amour sauvage*, roman battack (1 vol., publié en feuilleton par le journal le *Temps*, octobre-novembre 1896). Il a aussi donné de nombreux articles dans les *Bulletins des Sociétés de Géographie*, la *Revue Scientifique*, la *Nouvelle Revue*, le *Figaro illustré*, le *Petit Journal*, le *Monde Moderne*, etc.

M. de Saint-Pol-Lias a été membre du jury international de l'Exposition coloniale d'Amsterdam (1883), membre de la Commission consultative des colonies, des comités d'admission et de classement et du jury des récompenses de l'Exposition universelle de Paris (1889). Il est membre de la Société des Gens de lettres, des Sociétés de Géographie et de Géographie commerciale de Paris, d'Ethnographie, etc., membre élu de l'Institut royal des Indes Néerlandaises, membre correspondant des Sociétés de Géographie d'Amsterdam, de Rome, de Lisbonne et de nombreuses autres sociétés savantes.

CROUSLÉ (François-Léon)

PROFESSEUR et littérateur, né à Paris le 29 mai 1830. Après avoir accompli de brillantes études classiques au lycée Charlemagne, il entra, avec le numéro deux, à l'Ecole Normale supérieure (section des lettres), en 1850 ; il fut reçu licencié en 1851, sortit de l'Ecole le premier de sa promotion en 1853, et devint agrégé de lettres en 1856. Successivement professeur de rhétorique aux lycées de Tarbes, de Laval, de Limoges, d'Angoulême, de Rouen (1853 à 1858), professeur de troisième au lycée Louis-le-Grand (1858-1859), de seconde au lycée Charlemagne (1859-1861), de rhétorique au lycée Henri IV (1861-1873); maître de conférences de littérature française à l'Ecole normale supérieure (1873-1878), professeur suppléant d'éloquence française à la Faculté des Lettres de Paris (1876-1877) et titulaire de la chaire d'éloquence française en remplacement de M. Saint-René Taillandier (1878), M. Crouslé, de 1870 à 1892, a été, en outre, professeur à l'Association pour l'Enseignement secondaire des jeunes filles.

Ce professeur a publié de nombreux ouvrages. Citons : *De L. Annæi Senecæ naturalibus quæstionibus*, thèse de doctorat ès-lettres (1863) ; *Lessing et le goût français en Allemagne* (1863, ouvrage honoré d'une médaille par l'Académie française en 1874) ; la *Dramaturgie de Hambourg*, de Lessing, traduction nouvelle publiée sous le nom d'Édouard de Suckau ; une nouvelle édition de la traduction de l'*Iliade* et de l'*Odyssée* d'Homère, par Mme Dacier ; des *Morceaux choisis de Plaute* (texte latin et traduction française) ;

Morceaux choisis de Lucrèce ; l'*Aulullaire* de Plaute, édition classique ; Lucrèce : *De la Nature*, texte latin et traduction française (1871) ; *Grammaire de la langue française*, cours gradués avec exercices (6 volumes, nombreuses éditions) ; *Fénelon et Bossuet*, études morales et littéraires, très important ouvrage en 2 volumes, qui a obtenu un prix Monthyon de l'Académie française (1895) ; de nombreuses brochures, telles que : *Discours sur M. Désiré Nisard*, sur *M. Saint-René Taillandier* ; l'article *Voltaire* (100 pages environ) dans la grande *Histoire de la Littérature Française*, d'Armand Colin ; *La Vie et les œuvres de Voltaire*, 2 gros volumes (sous presse 1899).

M. Crouslé, a collaboré ou collabore à la *Revue de Instruction Publique*, à la *Ligue contre l'Athéisme*, au *Féminisme Chrétien*, aux *Annales de philosophie chrétienne* et à plusieurs autres journaux et revues.

Membre du comité de la *Revue de l'Histoire de la Littérature Française*, président d'honneur du *Féminisme Chrétien*, membre du comité de la Ligue de la Patrie Française, M. Crouslé est officier de l'Instruction publique et, depuis 1895, officier de la Légion d'honneur.

COURIOT (Charles-Henri-Gustave)

INGÉNIEUR, né à Paris le 21 décembre 1851. Sorti de l'Ecole centrale en 1874, il fut attaché successivement à diverses exploitations minières et chargé de nombreuses études et missions géologiques en France et à l'Etranger. Il débuta dans l'enseignement en faisant des cours gratuits et des conférences aux ouvriers dans l'Association polytechnique.

Nommé, en 1881, professeur à l'Ecole des Hautes Études commerciales ; en 1883, professeur à l'Ecole spéciale d'Architecture et en 1893, professeur à l'Ecole Centrale des Arts et Manufactures, M. Couriot a contribué à répandre, dans ces milieux très différents, les connaissances professionnelles les plus variées.

Sa compétence en matière d'enseignement le fit désigner, en 1893, par le ministre du Commerce, pour remplir les fonctions d'inspecteur régional de l'Enseignement technique, titre auquel il a dû de présider les jurys d'admission et de sortie des Ecoles supérieures du Commerce.

M. Couriot a été nommé, en 1898, membre du Conseil supérieur de l'Enseignement technique et il fait partie de sa commission permanente ; il est en outre membre du comité des Travaux publics au ministère des Colonies, membre du comité de la Société des Ingénieurs civils de France et il a fait partie de plusieurs comités des Expositions universelles de 1889 et de 1900.

On lui doit d'importants travaux scientifiques, parmi lesquels il faut citer : l'étude et la détermination des lois de l'explosion des mélanges de grisou et d'air, sous l'influence des courants électriques, travail qui a exigé plus de deux mille explosions, obtenues au laboratoire de l'Ecole Centrale, et qui a été fait en collaboration avec M. Meunier. On doit également à M. Couriot d'avoir basé une méthode d'étude et d'analyse de la pureté des combustibles minéraux sur la découverte qu'il fit de leur perméabilité aux rayons X ; il exposa sa méthode d'investigation au président Félix Faure, lors d'une visite faite par celui-ci à la Société des Ingénieurs civils, le 11 juin 1898, à l'occasion du cinquantenaire de sa fondation ; la récente découverte de M. Couriot ayant été choisie comme le sujet de nouveauté et d'intérêt le plus digne d'être présenté au chef de l'Etat pour lui montrer les services rendus par le génie civil à l'industrie française.

M. Couriot est l'auteur de nombreuses publications ; citons : *L'Industrie des Mines devant le Parlement* (1884) ; *La Législation des Mines* (1887) ; *La Mobilisation et les houillères* (1887) ; l'*Enseignement commercial* (1887) ; *L'Industrie des Mines en France et à l'Etranger* (1889) ; *Percement des tunnels dans les terrains mous, fluents ou très ébouleux* (1894) ; *Exploitation des Mines*, 1848-1898 (1898) ; *Recherches sur l'explosion des mélanges grisouteux par les courants électriques* (1898) ; *Examen et analyse des combustibles minéraux par les rayons X* (1899) ; *Albums de planches de ses Cours* à l'Ecole Centrale, à l'Ecole des Hautes Etudes commerciales et à l'Ecole spéciale d'Architecture.

M. Couriot a fait paraître ses travaux dans les *Comptes-Rendus de l'Académie des Sciences*, les *Mémoires de la Société des Ingénieurs civils*, le *Génie civil*, etc.

La publication parue sous le titre : *La Mobilisation et les houillères* (1887) émut fortement le monde militaire et l'opinion publique, en révélant la situation critique dans laquelle se trouverait le pays, le jour d'une déclaration de guerre, par suite du départ sous les drapeaux de la plus grande quantité des ouvriers mineurs et de l'impossibilité, faute de charbon, de transporter les locomotives aux frontières, de mobiliser la flotte et d'alimenter les arsenaux. Ce cri d'alarme fut entendu par les ministres de la Guerre et de la Marine, qui prirent les dispositions indispensables pour remédier à cette redoutable éventualité, en ajournant l'appel sous les drapeaux des ouvriers mineurs et en constituant des stocks importants en des points déterminés du territoire.

M. Couriot a été nommé officier de l'Instruction publique en 1888 et, le 31 décembre 1898, chevalier de la Légion d'honneur.

ESPEUILLES (Marie—Louis—Antonin VIEL de LUNAS Marquis d')

GÉNÉRAL, ancien sénateur, né le 19 mai 1831. Il est fils du sénateur de l'Empire de ce nom, décédé en 1871, et appartient à une vieille famille du Nivernais ; il compte parmi ses ancêtres Vauban et le marquis de Montcalm, le héros des guerres du Canada.

Entré en 1850 à l'école de St-Cyr, il en sortit avec le grade de sous-lieutenant au 6° régiment de hussards ; il fut promu lieutenant en 1856, capitaine en 1859 et chef d'escadron en 1865.

Nommé officier d'ordonnance du maréchal de Mac-Mahon, le marquis d'Espeuilles fit avec lui les guerres de Crimée et d'Italie, ainsi que l'expédition de la Grande Kabylie et fut fait chevalier de la Légion d'honneur sur le champ de bataille de Magenta.

Il prit part à l'expédition du Mexique, où il commandait les escadrons détachés du 5° régiment de hussards ; mis deux fois à l'ordre du jour pour brillants faits d'arme, et promu officier de la Légion d'honneur à la suite du combat de Cerro Blanco, il fut, rentré en France, fait aide de camp du prince impérial.

La guerre de 1870 trouva M. d'Espeuilles colonel du 3° hussards ; à la tête de ce régiment, il prit part aux batailles de Wissembourg, de Reischoffen et de Sedan. Après le désastre, il rallia les débris de son régiment, le reforma rapidement et fut envoyé en Normandie. Là, il livra le combat de Formeries, où il remporta un succès. Nommé général à la suite de cette affaire et placé à la tête de la cavalerie du 17° corps d'armée (armée de la Loire), il combattit à Beaugency, Vendôme, au Mans. Après la guerre, il commanda successivement les 2° et 3° brigades de chasseurs.

M. le marquis d'Espeuilles se présenta aux élections sénatoriales du 20 janvier 1876, dans la Nièvre, comme candidat conservateur et fut élu par 199 voix sur 375 votants. Au renouvellement triennal de 1879, il échoua avec 180 voix sur 378 votants.

Promu général de division en 1878, il fut d'abord envoyé en Algérie comme inspecteur de la cavalerie, puis nommé au commandement de la 4° division de cavalerie indépendante à la frontière. En 1893, il fut appelé au commandement du 13° corps d'armée, à Clermont-Ferrand.

M. le marquis d'Espeuilles a été conseiller général de la Nièvre. Il est commandeur de la Légion d'honneur depuis le 1ᵉʳ janvier 1888.

ESPEUILLES (Albéric VIEL de LUNAS Comte d')

ANCIEN député, frère du précédent, né à Paris le 12 septembre 1840, il entra dans la diplomatie après avoir accompli de sérieuses études et fut secrétaire d'ambassade successivement à Vienne, à Londres et à Rome ; il occupait ce dernier poste quand éclata la guerre de 1870.

Rentré en France et nommé lieutenant des mobiles de la Nièvre, dans le bataillon commandé par M. de Pracomtal, le comte d'Espeuilles fit les campagnes de la Loire et de l'Est, se signalant par sa bravoure et son énergie. Après le combat de Nancray, près d'Orléans, où il fut cité à l'ordre du jour de l'armée, il refusa le grade de capitaine afin de rester avec les hommes de sa compagnie.

Sa carrière diplomatique ayant été brisée par les évènements du 4 septembre, M. le comte d'Espeuilles se consacra à l'administration de la commune de Montapas (Nièvre), dont il fut élu maire en 1871. Il y fit exécuter, souvent de ses propres deniers, d'importants et utiles travaux ; de plus, il concourut activement à donner de l'extension à la station thermale voisine de Saint-Honoré-les-Bains.

Lors des élections législatives de 1877, les conservateurs posèrent sa candidature dans l'arrondissement de Château-Chinon ; il fut élu, malgré l'intervention de Gambetta lui-même dans la lutte électorale, par 8,256 voix contre 7,185 à M. Gudin, député sortant républicain. Invalidé peu de temps après, M. le comte d'Espeuilles vit son mandat confirmé par 6,945 voix et, au renouvellement général de 1881, par 7,372 voix. Dans ces législatures, il s'éleva, avec la minorité conservatrice, contre la gestion financière de la majorité républicaine, contre les persécutions religieuses, contre l'expédition du Tonkin. Il vota toutes les mesures proposées pour venir en aide à l'agriculture. Il présenta, avec son collègue, M. le comte Lepelletier d'Aunay, un amendement au budget tendant à dégrever de 40 millions l'impôt foncier portant sur les propriétés non bâties. Malgré les efforts des deux députés du Morvan et de leurs amis, cette proposition fut repoussée par la majorité.

Battu avec la liste conservatrice de la Nièvre, au 2ᵉ tour de scrutin, en 1885, M. le comte d'Espeuilles rentra au Palais Bourbon, en 1889, comme député de l'arrondissement de Château-Chinon, avec 8,147 voix, contre 7,781 à M. Berger, républicain.

Nommé secrétaire de la Chambre, il s'occupa particulièrement, durant cette législature, des questions agricoles intéressant sa région. Il déposa une proposition de loi sur la tuberculose bovine, qui fut ensuite reprise par M. Viger, ministre de l'Agriculture, loi instamment réclamée par le monde des éleveurs ; il présenta aussi, avec plusieurs de ses collègues, un autre projet de loi pour exempter de l'impôt foncier les agriculteurs cultivant eux-mêmes leurs terres (1893), etc.

Au renouvellement général législatif de 1893, le comte Albéric d'Espeuilles échoua dans le même arrondissement, obtenant 7,580 voix, contre 8,241 à l'élu, M. Chandiou, radical-socialiste. Il a été élu, en 1895, conseiller général de la Nièvre pour le canton de Moulins-Engelbert.

REGNAULT de PRÉMESNIL
(Charles)

VICE-AMIRAL, né à Montpellier le 6 août 1837. Entré à l'Ecole navale en 1853, nommé aspirant le 21 juillet 1854, aspirant de 1ʳᵉ classe le 22 juin 1855, enseigne de vaisseau le 10 juin 1857, lieutenant de vaisseau le 26 avril 1861, capitaine de frégate le 16 août 1870, capitaine de vaisseau le 1ᵉʳ octobre 1879, contre-amiral le 2 décembre 1886, il fut promu vice-amiral le 10 février 1893.

Durant les quarante années de sa carrière, l'amiral Regnault de Prémesnil a pris part aux campagnes de Crimée, de Chine, où il se distingua à la prise des forts de Ta-Kou, de Cochinchine et du Sénégal. Dans cette dernière, il fut l'aide de camp du général Faidherbe (1862 à 1865). Aide de camp de l'amiral Rigault de Genouilly de 1868 à 1869, il servit en 1870, dans l'escadre de l'Extrême-Orient comme capitaine du *Coëtlogon*, puis de la frégate la *Vénus*.

Successivement chef d'état-major de l'escadre d'évolutions en 1882, membre du Conseil des travaux de la Marine en 1885, commandant en chef, en 1889, de la division de l'Océan Pacifique, fonction qu'il dût abandonner pour cause de santé en avril 1891, le 11 décembre de la même année le gouvernement lui donnait le commandement d'une division de réserve dans l'escadre du Nord. Le 28 mars 1892, le contre-amiral Regnault de Prémesnil fut nommé commandant en sous-ordre dans l'escadre de réserve de la Méditerranée occidentale ; puis, devenu vice-amiral, envoyé comme préfet maritime à Lorient ; occupa ce poste de mars 1893 à octobre 1894.

Nommé, en 1894, membre du Conseil des travaux de la Marine, l'amiral Regnault de Prémesnil prit le commandement de l'escadre du Nord, le 15 octobre 1895. Le 25 octobre 1896, il fut chargé, en cette qualité, d'aller chercher le tzar, qui, lui, était conduit par l'escadre anglaise, et de l'escorter à Cherbourg.

Rappelé, en 1896, au Conseil des travaux de la Marine, M. Regnault de Prémesnil a été promu le 8 février 1899, inspecteur général de la Marine.

Chevalier de la Légion d'honneur en 1859, officier en 1868, commandeur en 1888, grand officier en 1897, l'amiral Regnault de Prémesnil a été décoré de l'Aigle Blanc, par l'empereur de Russie, en 1896.

SAINT-MARTIN-VALOGNE
(Marie-Etienne-Aimé VAISSIÈRE de)

DÉPUTÉ, né à Guéret (Creuse) le 14 septembre 1831. Issu d'une ancienne famille du Rouergue, il est petit-fils de Charles Vaissière de Saint-Martin-Valogne, membre de la Convention et député de l'Aveyron au Conseil des Cinq-Cents, et petit-neveu de M. de Boëry, député du Berry aux États Généraux. M. de Saint-Martin fit ses études de droit à Paris, puis vint se fixer dans le département de l'Indre, où il se livra à l'agriculture.

Membre du Conseil municipal de Cluis (Indre) en 1860, maire de cette ville en 1864, M. de Saint-Martin occupe encore ces fonctions, après quelques années d'interruption. Il est, depuis 1866, président de l Société de secours mutuels qu'il a fondée dans cette commune. Elu, en 1869, conseiller d'arrondissement et, en 1870, conseiller général de l'Indre pour le canton de Neuvy-St-Sépulcre, qu'il a représenté sans discontinuer jusqu'en 1895, il s'est occupé spécialement, dans l'assemblée départementale, des questions de travaux publics et de chemins de fer ; il fut rapporteur des budgets départementaux et membre de la commission départementale.

Après le 4 septembre 1870, M. de Saint-Martin fut révoqué de ses fonctions de maire, pour avoir déclaré ne pas vouloir tenir son mandat « d'un gouvernement d'aventure et d'aventuriers ».

Nommé, en 1872, membre du Conseil départemental de l'Instruction publique, il fut, le 20 février 1876, élu député de l'arrondissement de la Châtre par 7,355 voix, contre 3,336 à M. Pissavy et 2,220 à M. le Dʳ Vergne, républicain. Conservateur, M. de Saint-Martin alla siéger à la droite bonapartiste, vota toujours avec ce groupe et défendit, au 16 mai, le ministère de Broglie-Fourtou, ainsi que la politique du maréchal de Mac-Mahon.

Réélu, le 14 octobre 1877, par 10,576 voix contre 3,178 à M. de Talleyrand-Périgord, le député de l'Indre combattit 'es ministères républicains et se prononça énergiquement contre la réforme de l'enseignement et la politique coloniale. Renvoyé à la Chambre le 21 août 1881, par 8,093 voix contre 5,400 à M. Pouradier-Duteil, il protesta contre le projet de loi réclamant la construction obligatoire dans les départements d'écoles normales de filles et contre l'obligation imposée aux communes de construire de nouvelles écoles, demanda la mise en discussion du service militaire de 3 ans, et fit voter un crédit supplémentaire de 5 millions pour les chemins vicinaux.

Au renouvellement général législatif du 4 octobre 1885, fait au scrutin de liste, M. de Saint-Martin fut élu le premier sur la liste conservatrice de l'Indre, avec 35,717 voix sur 69,748 votants. Il alla siéger à l'Union des droites, fit partie de la grande commission chargée de l'examen des affaires du Tonkin, et vota pour l'abandon de cette colonie, pour laquelle il avait toujours rejeté les crédits demandés ; il réclama pour l'inscription régulière au budget des subventions destinées à l'amélioration et à la construction des chemins vicinaux, fit rétablir le crédit destiné aux bureaux de bienfaisance, demanda le maintien des dispenses de droit dans la loi militaire et combattit, comme non conforme à l'égalité, plusieurs articles de cette loi, notamment la taxe militaire.

Le 22 septembre 1889, il se présenta dans son ancienne circonscription et fut élu par 10,415 voix contre 3,232 à M. Alizard ; il y a été successivement réélu : en 1893 par 8,357 voix contre 6,162 à M. Périgois, ingénieur des mines, et en 1898, par 8,680 voix contre 7,594 au même concurrent.

M. de Saint-Martin, dans ces dernières législatures prit part d'une manière active à la discussion annuelle du budget. Entr'autres mesures, il a obtenu le rétablissement de la mention de la date sur les télégrammes, etc. Il soutint la même politique que précédemment jusqu'à l'avènement du ministère Méline (1896), auquel il prêta l'appui de ses votes et de son influence. Il a fait partie de nombreuses commissions, entr'autres de celles des crédits (1898), des comptes de 1894 à 1898, et de celle du règlement de la Chambre.

Protectionniste modéré, il appartient au groupe parlementaire de la Défense Nationale et au groupe agricole.

GAY (Joseph)

ADMINISTRATEUR, ancien conseiller d'Etat, né à Paris le 14 juillet 1839. Fils d'un administrateur de l'Enregistrement, des Domaines et du Timbre, il fit ses études classiques dans divers établissements de l'Instruction publique et suivit ensuite les cours de la Faculté de Droit de Paris, où il fut reçu licencié en 1858.

M. Joseph Gay entra alors dans l'Enregistrement et concourut pour les fonctions d'inspecteur des Finances. Nommé chef de bureau au ministère des Finances en 1875, il devint successivement sous-directeur et directeur du mouvement général des fonds à ce même ministère dès 1883 et conseiller d'Etat en service extraordinaire, peu de temps après.

Commissaire du gouvernement auprès du Sénat et de la Chambre des députés, M. Joseph Gay a pris part à de nombreuses discussions parlementaires relatives aux lois financières et a traité à la tribune les questions les plus difficiles du Budget général.

Mis en disponibilité sur sa demande, pour raison de santé en 1885, M. J. Gay, s'est depuis cette époque exclusivement consacré à l'administration de sociétés privées et à l'étude de l'économie politique.

Administrateur du Crédit Industriel et Commercial en 1886, puis vice-président et président du conseil d'administration de cette société, il prit sa retraite en 1893, après avoir fait partie de plusieurs autres conseils d'administration.

Administrateur du Crédit Foncier de France et de la Compagnie des chemins de fer de l'Ouest, membre de la Société d'Economie politique de Paris, où il a fait plusieurs conférences, membre de l'Académie d'Economie politique de Philadelphie, M. Joseph Gay est dignitaire de divers ordres étrangers, notamment grand officier du Nicham-Iftikar, de l'Annam et de Stanislas de Russie. Il est officier de l'Instruction publique et commandeur de la Légion d'honneur depuis 1884.

COLIN (Paul-Alfred)

PEINTRE, né à Nîmes en octobre 1838. Élève de son père, de M. Jean-Paul Laurens et de l'Ecole des Beaux-Arts, il débuta aux Salons annuels vers 1865.

Professeur à l'Ecole polytechnique, inspecteur principal de l'enseignement du dessin à la direction des Beaux-Arts, M. Paul Colin est encore sous-directeur de l'Ecole nationale des Arts décoratifs (section des jeunes filles) et membre honoraire de l'Union centrale des Arts décoratifs.

Il a été rapporteur de l'Enseignement des Arts à l'Exposition universelle de 1889; il est secrétaire de la classe IV (Beaux-Arts et Enseignement supérieur des Arts) à l'Exposition de 1900 et président du Comité d'organisation du Congrès de l'Enseignement du dessin en 1900.

Mentionnons, dans un autre ordre de faits, que M. Paul Colin a été adjoint au maire du vi^e arrondissement de Paris de 1892 à 1896 et qu'il a fait la campagne de 1870 dans le 84e de marche, en qualité de lieutenant.

Comme peintre, il est l'auteur d'une œuvre très intéressante et assez considérable, où se manifeste un art bien personnel. Citons parmi les envois de cet artiste aux Salons annuels de la Société des Artistes français, les tableaux suivants : *Vue prise à Yport* (Seine-Inférieure), *Soleil couchant* et *Marée basse à Yport* (1872); *A la Chapelle Saint-Jean* ,Seine-et-Oise (1873) ; *Habitations de pêcheurs à Yport* (1874); *Ferme de Criquebœuf*, qui se trouve aujourd'hui au musée de Lisieux et valut à son auteur une médaille de 3e classe au Salon, puis à l'Exposition universelle de 1889 (1875); la *Route d'Yport au clair de Lune* (1877, musée de Carcassonne); la *Maison du charron à Yport* (musée en Belgique, 1878); l'*Allée du Vivier à Valmont* (1879); *Une rue à Tolède* (1881); la *Marée de Gueville* et les *Pommiers de la ferme Loysel* (1883); *Yport vu d'une fenêtre* (1886, musée de Nancy); l'*Entrée de la ferme de maître Emile à Criquebœuf* et *Vue prise d'Evreux* (1887); le *Fossé de la ferme Loysel* (1888), etc.

On peut encore mentionner de ce peintre le *Portrait d'un doge de Florence*, peinture à l'huile qui figure au Palais de Versailles ; *Une cour de ferme*, à la mairie de Nîmes ; *Une ferme*, au ministère de l'Agriculture, etc.

Depuis plusieurs années, M. Colin s'est consacré à la composition de cartons reproduits par la tapisserie ; citons parmi ceux-là : l'*Est*, souvenir de la guerre de 1870, tapisserie dont il existe deux exemplaires : l'un a été envoyé à l'ambassade française à Constantinople et l'autre orne l'ambassade de France à Washington; le *Palais de Versailles*, tapisserie placée à l'Odéon: les *Hérons*, autre tapisserie au Palais du Sénat.

M. Paul Colin a obtenu de nombreuses récompenses aux expositions étrangères et deux diplômes d'honneur aux expositions universelles. Il est officier de l'ordre de Charles III d'Espagne, officier de l'Instruction publique et chevalier de la Légion d'honneur.

BLOWITZ (Henri-Georges-Stéphan-Adolphe OPPER de)

JOURNALISTE et littérateur, né le 25 octobre 1833, au château de Blowitz (Autriche-Hongrie).

En séance solennelle du 12 mars 1860 et sur le rapport de l'archiviste de la ville et du château de Blowitz, nommé à cet effet, il a obtenu la déclaration, confirmée par les trois ordres religieux, civil et administratif, qu'il avait le droit de porter le nom de Blowitz ou celui d'Opper de Blowitz suivant sa volonté, cette prérogative n'appartenant qu'à lui. Il a été naturalisé français par décret du 5 octobre 1870.

Parti fort jeune de son pays pour faire ses études dans les Universités étrangères, il se trouvait à Angers lorsque M. de Falloux, alors ministre de l'Instruction publique, le nomma professeur d'allemand au lycée de Tours (1850). Il occupa ces fonctions tour à tour à Limoges (1853), à Poitiers (1854-1855), à Marseille (1856), tout en organisant, indépendamment de son enseignement officiel, des cours de littérature étrangère comparée, auxquels ses voyages à travers l'Europe l'avaient préalablement préparé.

En 1860, quittant l'Université, M. de Blowitz se tourna vers la politique, collabora à la *Gazette du Midi* et au *Correspondant* et envoya à la *Décentralisation*, de Lyon, une correspondance suivie.

Aux élections législatives de 1869, il combattit vivement à Marseille, où il résidait, la candidature officielle de M. Ferdinand de Lesseps et soutint celle de M. Thiers, qu'il connaissait de longue date.

En 1870-71, durant la guerre franco-allemande, M. de Blowitz fit partie du bataillon de marche de la Drôme. De retour à Marseille, il organisa dans cette ville la résistance de la garde nationale contre l'insurrection communaliste et prêta un concours actif au général Espivent de la Villeboisnet, pour aider au rétablissement du gouvernement légal. C'est ainsi, qu'à l'insu de tout le monde, comme il le déclare dans ses souvenirs, M. de Blowitz put rester en communication télégraphique avec M. Thiers et tenir celui-ci au courant des événements.

Envoyé ensuite à Versailles, pour exposer de vive voix la situation de Marseille au chef du pouvoir exécutif, M. Thiers, en récompense des services rendus, le décora de la Légion d'honneur et lui promit le poste de consul général à Riga. En attendant cette nomination — qui d'ailleurs ne vint jamais, — M. de Blowitz eut à remplacer provisoirement, comme correspondant à Paris du *Times*, de Londres, M. Hardmann, puis M. Oliphan, auquel il succéda bientôt définitivement.

Ses lettres et dépêches au *Times* furent tout de suite l'objet des commentaires du monde entier. Père de l'interview, qu'il a pour ainsi dire créée et abandonnée d'ailleurs à de nombreux continuateurs, M. de Blowitz fut le porte-parole des personnages politiques les plus considérables de l'Europe. Sa première entrevue, qui fit un bruit immense, eut lieu en 1872, à Anvers, avec le comte de Chambord ; il interrogea successivement avec succès le prince de Bismarck, M. Thiers, Gambetta, Alphonse XII, le Sultan, le comte de Paris, le roi de Roumanie, le marquis de Tseng, Jules Ferry, Duclerc, Léon XIII, le cardinal Jacobini, M. Constans et enfin le prince de Lobanoff.

Les communiqués à sensation de M. de Blowitz eurent un aussi grand retentissement que ses interview ; on doit signaler dans cet ordre, entre autres : sa lettre de 1874, racontant dans tous ses détails la tentative de restauration monarchique de 1873 et révélant pour la première fois, par cette publication, que le *Journal des Débats* qualifia de « page désormais historique, » la fameuse phrase du maréchal de Mac-Mahon : « Si l'on osait arborer le drapeau blanc, les chassepots partiraient tout seuls ; » la lettre du mois de mai 1875, dans laquelle M. de Blowitz dévoila publiquement les projets et les plans du parti militaire allemand, méditant une agression nouvelle contre la France désarmée (cette lettre, par la sensation universelle qu'elle produisit, contribua puissamment à faire échouer la combinaison militaire allemande et à provoquer l'intervention pacificatrice de l'Angleterre et de la Russie) ; sa lettre du 31 décembre 1881, révélant la double note anglo-française adressée au vice-roi d'Egypte et le condominium des deux puissances sur les bords du Nil ; ensuite, sa lettre faisant connaître les engagements pris par lord Salisbury avec M. Waddington, donnant à la France carte blanche en Tunisie, révélation qui arrêta l'opposition anglaise, malgré les efforts de Zadoc-Bey, et permit à la France de continuer sa conquête sans obstacle.

Ce fut M. de Blowitz aussi qui révéla les conditions du traité de protectorat franco-tunisien ; ce fut encore lui qui, au milieu de la crise qui venait d'éclater à propos de l'affaire de Schnaebelé, prononça le premier, en parlant de la lettre de convocation, le mot de sauf-conduit, que le prince de Bismarck déclara vouloir adopter et qui lui permit de mettre fin à l'incident ; ce fut lui enfin qui communiqua à son journal, — fait sans précédent dans les annales du journalisme — le texte même du traité de Berlin, que le *Times* put publier à l'instant précis où il se signait.

Auteur d'une volumineuse correspondance quotidienne à cet important organe de la cité, M. de Blowitz n'a fait paraître qu'un petit nombre de volumes ; on doit citer de lui : *Feuilles volantes* (1885) ; *L'Allemagne et la Provence*, ouvrage paru d'abord dans le *Correspondant* en 1869 et qui fut couronné par le Congrès scientifique d'Aix ; le *Mariage royal* (1878); *Une Course à Constantinople* (1884); *Souvenirs* (1890), qui relatent l'histoire de sa vie jusqu'à cette époque.

On annonce comme prochaine la publication d'un choix de sa correspondance au *Times* (1871 à 1897), ouvrage préparé en vue de répondre aux nombreuses critiques dont ce publiciste a été l'objet durant sa longue et active carrière.

Promu officier de la Légion d'honneur en 1878, M. de Blowitz est en outre officier de l'Instruction publique. grand'croix d'Isabelle la Catholique, grand officier des Saints Maurice et Lazare d'Italie, du Medjidié, de Pie IX, de l'Eléphant de Siam, du Lion et du Soleil de Perse, etc.

MASCART (Eleuthère-Élie-Nicolas)

PHYSICIEN, membre de l'Institut, né à Quarouble (Nord) le 20 février 1837. Il fit ses études classiques au lycée de Valenciennes.

Ses diplômes obtenus, M. Mascart devint répétiteur aux lycées de Lille (1856) et de Douai (1857-1858). Admis, en cette même année 1858, à l'Ecole Normale supérieure, il en sortit, avec le numéro un, agrégé des sciences physiques en 1861 ; tout en restant attaché à l'Ecole en qualité de préparateur d'histoire naturelle, il prit le grade de docteur (1864), avec une thèse intitulée : *Recherches sur le spectre solaire ultra-violet et la détermination des longueurs d'onde.*

Devenu professeur au lycée de Metz (1864), puis au collège Chaptal, à Paris, et enfin au lycée de Versailles, M. Mascart fut appelé, en 1868, à suppléer le professeur V. Regnault dans la chaire de physique au collège de France. Le 25 mai 1873, il devenait titulaire de cette chaire ; c'était, à ce moment, le plus jeune des professeurs de cette institution.

Sous-directeur de la fabrique de capsules de chassepots de Bayonne pendant la guerre franco-allemande, il reçut, pour cet objet, la croix de chevalier de la Légion d'honneur le 12 mars 1871.

En 1878, lors de la création du Bureau central Météorologique, M. Mascart fut nommé directeur de cet établissement, qu'il n'a point quitté depuis cette époque.

Elu membre de l'Académie des Sciences, le 15 décembre 1884, en remplacement de Jamin devenu secrétaire perpétuel, il a été nommé membre de plusieurs sociétés étrangères, en particulier de l'Académie des Sciences de Saint-Pétersbourg, d'Upsal et de la Société royale de Londres.

Il a présidé, à l'Exposition universelle de 1889, le comité technique d'électricité, le jury de la classe 62 (Electricité) et le Congrès international d'électricité ; il préside le groupe 5 (Electricité) de l'Exposition universelle de 1900.

A plusieurs reprises, M. Mascart a été président de la Société française de physique, de la Société internationale des électriciens, de la Société Météorologique de France, de la Société d'Encouragement à l'Industrie nationale. Il est actuellement président du Comité consultatif des Arts et Manufactures et de la Commission des inventions intéressant les armées de terre et de mer.

Les travaux scientifiques de M. Mascart ont eu surtout pour objet des questions d'optique, d'électricité et de magnétisme terrestre. C'est sous sa direction qu'ont été installés, à l'Observatoire du parc Saint-Maur, les appareils enregistreurs de l'électricité, du magnétisme et des courants telluriques.

A citer, parmi les ouvrages de M. Mascart, et en dehors des ouvrages classiques et des mémoires insérés dans divers recueils : *Traité d'Electricité statique* (2 vol., 1876, traduit en allemand) ; *Leçons sur l'Electricité et le Magnétisme terrestre*, en collaboration avec M. Joubert (2 vol., 1882, traduit en anglais) ; une seconde édition de M. Mascart (2 vol., 1896-1897) ; *Traité d'Optique* (3 vol., 1889-1897), etc.

M. Mascart est commandeur de la Légion d'honneur depuis 1889 ; il est officier de l'Instruction publique, grand-croix de la Couronne d'Italie, etc.

HAULON (Séraphin-Henri)

SÉNATEUR, né à Charlas (Haute-Garonne) le 29 octobre 1822. Ses études faites au collège de Saint-Gaudens, il seconda son père, négociant-commissionnaire, dans la direction d'une maison de commerce à Bayonne, lui succéda en 1850 et se retira des affaires en 1876.

M. Haulon a été successivement conseiller municipal (1870-1897), puis maire de Bayonne (1880-1884), année où, réélu à ce poste, il en démissionna ; conseiller général des Basses-Pyrénées pour le canton nord-est de Bayonne (1880-1892), il fut, dans l'assemblée départementale, à plusieurs reprises, président et rapporteur de la Commission des finances. Il a été, d'autre part, administrateur de la Banque de France à Bayonne, du lycée et de l'hôpital et directeur de la Caisse d'épargne de cette ville ; membre et président de la Commission départementale ; juge, puis président du Tribunal de commerce pendant 18 ans.

Sollicité par les comités républicains de la 1re circonscription de Bayonne de poser sa candidature aux élections générales législatives de 1889, il fut élu député par 4,883 voix contre 3,828 à M. de Laborde-Noguez, conservateur.

M. Haulon siégea peu de temps au Palais-Bourbon ; à la mort de M. Plantié, sénateur des Basses-Pyrénées, en 1890, il se vit attribuer le siège de ce dernier, par 727 voix contre 272 à M. Goyanèche, candidat conservateur ; il fut réélu en 1891, par 725 voix sur 1,008 votants.

Républicain progressiste et libre-échangiste, M. Haulon appartient à la Gauche républicaine et à l'Union républicaine de la Haute-Assemblée. Il est membre des commissions permanentes des Chemins de fer et de la Marine et s'occupe surtout des questions d'intérêt local ou agricole.

L'honorable sénateur a été fait chevalier de la Légion d'honneur en 1885.

THIVIER (Eugène)

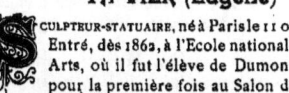

CULPTEUR-STATUAIRE, né à Paris le 11 octobre 1845. Entré, dès 1862, à l'Ecole nationale des Beaux-Arts, où il fut l'élève de Dumont, il envoya pour la première fois au Salon des Champs-Elysées, en 1867, une œuvre qui fut très remarquée : *Méléagre mourant*.

M. Eugène Thivier a exposé par la suite au Salon des Artistes français : *Seila célébrant la victoire de son père Josué*, figure égyptienne pleine de mouvement et de caractère ; la *Jeunesse de Bacchus* (1867); *Paris* (1869); *Danseuse du ballet de « Faust »* (1870); *Pierrot musicien*, qui eut un grand succès (1875) ; *Chienne race Saint-Germain*, d'une anatomie scrupuleusement étudiée (1876) ; *Locuste préparant le poison qui fit périr Claude et Germanicus* (1878); *Marguerite de Navarre*, buste d'un grand caractère (1879) ; *Arabe*, buste (1883); l'*Oracle d'amour* (1885); *Un croyant* (Russie), statue plâtre (1886) ; *Psyché sommeille*, gracieux groupe plâtre (1887); *Serment d'amour*, groupe plâtre (1888); *Amphitrite*, statue d'une exécution parfaite (au musée d'Orléans, 1889); la *Délaissée*, statue plâtre (1890) ; le *Passant*, personnification d'une œuvre de M. François Coppée, exécuté en plâtre (1891), puis en marbre (1892), médaillé au Salon des Champs-Elysées, acquis par l'Etat et placé au théâtre de l'Odéon ; *Un chien*, statue bronze, trois fois médaillée en province; le *Cauchemar*, statue plâtre (1893), d'une saisissante puissance, au musée de Pont-de-Vaux; la précédente *statue* exécutée en marbre (1894); l'*Espoir de la Patrie*, statue plâtre ; *Buste de femme* (1895); *Madame Val... Th....*, buste marbre (1896); le *Printemps de la Vie*, groupe plâtre de quatre personnages (1897); *M. Julien Lavollée*, buste marbre ; *Charmeuse égyptienne* (1898); *Cendrillon*, statue plâtre et la *Charmeuse égyptienne* en marbre (1899). Il est aussi l'auteur de nombreux bustes et de jolies statuettes en différentes matières.

Artiste très éclectique, doué d'un talent fort et souple à la fois, il a traité avec un égal bonheur, les sujets mythologiques et les sujets modernes.

Titulaire de nombreuses récompenses, notamment à Amiens, Angers, Rennes, etc. et à Paris, d'une mention honorable en 1887 et d'une médaille de 3ᵉ classe en 1892, M. Eugène Thivier est sociétaire de la Société des Artistes français et ancien membre de la Commission des richesses d'art de Seine-et-Oise.

ALLOMBERT (Francisque)

ITTÉRATEUR, publiciste, député, né à Cerdon (Ain) le 11 mars 1860. Appartenant à une famille originaire de ce département, il fit ses études classiques à Bourg et à Lyon, puis il vint à Paris pour faire ses études de droit.

Tourné de bonne heure vers les lettres, M. Francisque Allombert collabora, dès 1882, à l'*Electeur Républicain*, où il rédigea les articles de fond. Il écrivit aussi à la *Nouvelle Presse*, sous le pseudonyme de Paul Armand, et au *Supplément littéraire* du *Figaro*.

En 1885, M. Allombert donna au *Radical* un roman : le *Crime des Pères* ; puis il publia au *Petit Parisien* : *Laure Chastel*, étude qui parut ensuite en librairie sous ce titre : l'*Amant de sa femme*. On connaît encore de lui : *Colibri*, au *Petit Parisien* (1890), roman qui obtint alors un grand succès et, dans le même journal, la *Dette d'une Morte* (1892), émouvant drame populaire. Entre temps, M. Allombert, en collaboration avec son ami Tony Révillon, écrivit un drame qui s'appela d'abord *Madame Tallien* et puis *Robespierre*. Il en fut question dans les journaux, qui en annoncèrent la lecture ; mais les incidents de *Thermidor* en empêchèrent la représentation.

Appelé, en 1893, à Bourg, pour prendre la direction politique du *Courrier de l'Ain*, organe quotidien, auquel il sut donner une grande extension, M. Allombert devint, en 1896, propriétaire de l'imprimerie de ce journal, une des plus importantes de la région et dont la création remonte à 1820.

Sollicité, à la mort de M. Carrier, député de l'Ain, de se porter à la succession de ce dernier, dans l'arrondissement de Nantua, il fut élu au 2ᵉ tour de scrutin, contre M. Philippon, ancien député, le 13 novembre 1898.

Républicain indépendant, mais nettement progressiste, M. Allombert demandait dans son programme : la refonte du système administratif, le rétablissement du scrutin de liste avec diminution du nombre des députés, une décentralisation aussi large que possible, une politique d'économie, etc.

LABICHE (Emile-Charles-Didier)

Sénateur, né à Béville-le-Comte (Eure-et-Loir) le 25 novembre 1827. Il fit à Paris ses études de droit et fut reçu docteur en 1852. Il s'inscrivit alors au barreau et fut secrétaire de Marie, l'ancien membre du Gouvernement provisoire.

Propriétaire en Eure-et-Loir, M. Emile Labiche délaissa bientôt sa profession d'avocat pour s'occuper de politique dans ce département. Candidat de l'opposition républicaine aux élections législatives, en 1863, il échoua contre le candidat du gouvernement. En 1869, il se présenta de nouveau dans les mêmes conditions et fut battu de même. Cependant, il avait été nommé en 1864, conseiller général pour le canton d'Auneau. Il fut l'un des signataires du programme de Nancy qui réunissait les adhésions de tous les adversaires libéraux du régime impérial.

Après le 4 septembre 1870, le gouvernement de la défense nationale nomma M. Labiche préfet d'Eure-et-Loir. Malgré qu'il ne fut point éligible, puisqu'il était préfet du département, il crut devoir se porter candidat à l'Assemblée nationale le 8 février 1871 ; mais il n'obtint que 21,797 voix sur 54,301 votants.

Lorsque M. Thiers eut formé son premier ministère, M. Labiche fut appelé, par Ernest Picard, aux fonctions de secrétaire général du ministère de l'Intérieur, qu'il remplit d'abord à Paris, puis à Versailles ; il donna sa démission lors de la retraite de Picard.

En 1872, M. Labiche était inscrit sur la liste des candidats au Conseil d'Etat que l'Assemblée nationale était appelée à élire ; mais il ne fut pas nommé.

L'année précédente, il avait été élu à nouveau membre du Conseil général d'Eure-et-Loir. Il s'était déclaré favorable à l'établissement définitif de la République et ses collègues l'avaient choisi comme président. Demeuré, depuis cette époque, à ce poste, il est le plus ancien président des conseils généraux de France.

En 1876, M. Emile Labiche fut élu sénateur par 309 voix sur 487. Il siégea à la Gauche républicaine, vota contre la dissolution de la Chambre (1877), fut membre et rapporteur de plusieurs commissions, notamment de celle relative au projet de nouveau code rural, dont il est l'auteur et prit part à de nombreuses discussions, principalement dans les questions de travaux publics, de finances et agricoles. Il fit insérer dans la loi municipale le principe de la publicité des séances des Conseils municipaux (1884). En 1881 et 1882, il avait été secrétaire du Sénat.

Réélu, le 25 janvier 1885, par 502 voix sur 723 votants; puis, le 7 janvier 1894, par 652 sur 733, l'honorable sénateur d'Eure-et-Loir vota, en 1886, contre l'expulsion des princes; proposa, en 1888, une loi sur les chemins départementaux et vicinaux, s'intéressa aux mêmes discussions que par le passé, déposa et soutint encore de nombreux rapports sur les mêmes questions ; il demanda, en 1889, au gouvernement d'ajourner dans certains cas la laïcisation des écoles et combattit à plusieurs reprises la politique d'expansion coloniale.

M. E. Labiche a été président du groupe parlementaire français aux Congrès de la paix de Rome en 1891, et de Berne en 1892. Il est membre du Conseil supérieur de l'Agriculture, du Conseil supérieur de l'Assistance publique, président de la Commission administrative de l'Institution des jeunes aveugles, membre du Conseil académique de Paris et officier de l'Instruction publique.

LEYGUE (Raymond-Emile)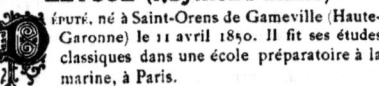

Député, né à Saint-Orens de Gameville (Haute-Garonne) le 11 avril 1850. Il fit ses études classiques dans une école préparatoire à la marine, à Paris.

Reçu capitaine au long cours, en 1875, après avoir navigué comme pilotin, lieutenant, etc., pendant cinq ans, M. Raymond Leygue abandonna, en 1878, la carrière maritime pour se consacrer entièrement à la politique.

Nommé conseiller municipal de Toulouse, en 1880, il fut adjoint au maire en 1882 et quitta l'assemblée communale en 1890. Il avait été nommé, en 1881, conseiller général du département de la Haute-Garonne, pour le canton de Toulouse-Sud.

Porté comme candidat radical socialiste, à l'élection partielle législative du 9 mars 1890, dans la 1re circonscription de Toulouse et pour le remplacement de M. Constans, nommé sénateur, M. Raymond Leygue avait, comme concurrent, M. Rességuier, opportuniste, directeur de la verrerie de Carmaux. Élu au 2e tour de scrutin, il fut, lors des élections générales du 20 août 1893, de nouveau investi du mandat de député, au 1er tour, par 6.746 suffrages, contre 4,355 donnés à M. Latapie, républicain modéré, publiciste. Les élections de Toulouse donnèrent lieu à de nombreuses réclamations ; mais celle de la 1re circonscription ne fut pas contestée.

Il fut encore réélu en 1898 par 9,693 voix, contre 6,223 à deux concurrents.

Au Palais-Bourbon, M. Raymond Leygue a été membre de diverses commissions, notamment de celle des contrats de louage dont il fut nommé rapporteur en 1893 et de la Commission de la Marine. Il appartient au groupe radical socialiste.

LEYGUE (Honoré-Marie-Casimir)

ÉPUTÉ, frère du précédent, né à Toulouse le 9 juillet 1856. Il fit ses études au lycée de sa ville natale, puis entra à l'Ecole polytechnique en 1875 et en sortit sous-lieutenant, à Fontainebleau, en 1877. Envoyé en cette qualité au 14ᵉ régiment d'artillerie à Tarbes en 1879, il démissionna l'année suivante et se consacra, comme ingénieur civil, à des travaux divers.

En 1881, M. Honoré Leygue entra dans l'administration, comme sous-préfet de Bourganeuf (Creuse). Il occupa successivement la même fonction à Sisteron (Basses-Alpes) en 1886, à Moissac (Tarn-et-Garonne) en 1888 et fut mis en disponibilité sur sa demande en 1894.

M. Honoré Leygue se retira dès lors dans la Haute-Garonne, au Fauga, où il s'occupa d'agriculture et de viticulture. Conseiller municipal, puis maire de cette commune depuis 1896, il fut porté sur la liste radicale de ce département au renouvellement sénatorial du 1ᵉʳ janvier 1897; au 3ᵉ tour de scrutin, il se désista en faveur de M. de Rémusat père, qui fut proclamé élu, empêchant ainsi la nomination de M. Constans, que le Sénat admit cependant au Luxembourg, après le décès de son concurrent, comme ayant eu, au 2ᵉ tour, un nombre suffisant de voix.

Au renouvellement général législatif du 8 mai 1898, M. Honoré Leygue fut élu député de la circonscription de Muret (Haute-Garonne), par 12,500 voix contre 9,800 à M. Pierre de Rémusat, fils du précédent et député sortant. Radical socialiste en politique et protectionniste en économie sociale, l'honorable député de la Haute-Garonne fait partie des groupes radical-socialiste, démocratique et agricole de la Chambre. Très versé et compétent dans les questions juridiques, financières et administratives, il est membre des commissions relatives à l'agiotage, à la modification de l'article 419 du Code pénal, au règlement des budgets et de celle de la Marine.

Il a été nommé conseiller général pour le canton de Muret (Haute-Garonne) en 1898, battant le conseiller sortant conservateur, M. Niel, petit-neveu du maréchal.

La PORTE (Jean-Roger-Amédée de)

ÉPUTÉ, ancien sous-secrétaire d'Etat, né à Niort (Deux-Sèvres) le 20 juin 1848. Fils du directeur de l'Enregistrement de cette ville, il y fit de brillantes études et obtint, en 1865, le premier prix de philosophie au concours académique. Après avoir fait son droit à la Faculté de Paris, il fut inscrit au barreau de la capitale de 1869 à 1873. Pendant la guerre de 1870, capitaine des mobiles des Deux-Sèvres, il prit part aux campagnes des Vosges et de la Loire.

Nommé auditeur au Conseil d'Etat dans le courant de 1873, M. de la Porte fut choisi comme chef de cabinet par M. Christophle, ministre des Travaux publics (mars 1876). Il fut élu, la même année, conseiller général des Deux-Sèvres pour le 2ᵉ canton de Niort et conserva ce mandat jusqu'en 1889. Elu député de la 2ᵉ circonscription de Niort, le 14 octobre 1877, par 6,999 voix contre 6,483 au baron Petiet, conservateur, M. de la Porte se fit inscrire aux groupes de la Gauche et de l'Union républicaines. Auteur et rapporteur de la proposition de loi sur le rachat des ponts à péage, qui fut votée à l'unanimité à la Chambre et au Sénat, il s'adonna tout particulièrement aux questions relatives aux grands travaux publics, aux chemins de fer, aux voies de navigation. Pendant cette période il vota la mise en accusation des ministres du 16 mai, la loi contre les congrégations, l'amnistie des condamnés politiques, les lois Ferry sur l'enseignement, etc.

Aux élections du 21 août 1881, il fut de nouveau élu contre M. A. Petiet, par 7,828 voix sur 12,981 votants. Il fut choisi, en 1883, comme secrétaire du groupe de l'Union républicaine.

Nommé en 1882, administrateur des Chemins de fer de l'Etat, il donna sa démission l'année suivante, pour combattre les conventions avec les grandes compagnies de chemins de fer, dans la commission et à la tribune. Rapporteur de plusieurs projets de loi sur les travaux publics, il se montra opposé aux expéditions coloniales et vota l'expulsion des princes, ainsi que le rétablissement du divorce.

Candidat de la concentration républicaine en 1885, M. de la Porte vint en tête de la liste des Deux-Sèvres, avec 42,772 voix sur 85,385 votants; il prit place à la Gauche radicale. Appelé au sous-secrétariat d'Etat de la Marine et des Colonies, le 7 janvier 1886, il suivit dans leur retraite ses collègues devenus démissionnaires à la suite du vote de la Chambre sur le traitement du sous-secrétaire d'Etat des Finances, qui n'avait été maintenu qu'à une majorité jugée insuffisante par le titulaire de ce sous-secrétariat.

Le cabinet de Freycinet ayant, sur ces entrefaites, donné sa démission, M. de la Porte reprit ses fonctions dans le cabinet nouveau, présidé par M. René Goblet (11 décembre 1886) et les conserva jusqu'à la chute de ce ministère (17 mai 1887).

Lors de la discussion provoquée par l'attitude du Conseil municipal de Paris, au moment de l'élection du président de la République (séance du 16 janvier 1888), M. de la Porte, de concert avec les radicaux, fit voter un ordre du jour par lequel la Chambre déclarait attendre la discussion du projet de loi spécial sur l'organisation municipale de Paris et accorder, en attendant, sa confiance au gouvernement.

Dans le courant de février 1888, M. Félix Faure ayant démissionné de ses fonctions de sous-secrétaire d'Etat aux Colonies, à la suite d'un vote sur les crédits pour le Tonkin, M. de la Porte reprit pour la troisième fois le même poste et s'y maintint lorsque fut formé le ministère Floquet. On lui doit deux décrets fort importants : le premier réduisant les cadres du personnel de l'administration supérieure; le second faisant cesser la confusion des budgets de nos colonies d'Indo-Chine. Divers conflits entre le sous-secrétaire aux Colonies et M. Constans, alors gouverneur de l'Indo-Chine, s'élevèrent pendant cette période, notamment à propos de l'autorisation accordée au « Jeu de 36 bêtes ». M. de la Porte démissionna le 4 mars 1889.

Comme député, il se montra l'adversaire de l'ajournement indéfini de la révision de la Constitution ; il s'abstint au vote sur le rétablissement du scrutin de liste et sur les poursuites contre le général Boulanger. Au renouvellement général législatif de 1889, il échoua dans la 2ᵉ circonscription de Niort avec 5,618 voix contre 6,861, à M. Pontois, boulangiste.

Réélu en 1893, par 6,137 voix contre 3,845 à M. de Vallée, révisionniste, et 2,222 à M. Pontois député sortant, il prit une part active aux discussions de la Chambre, notamment, en 1894, pour combattre la thèse de M. Jonnart, ministre des Travaux publics, qui contestait aux employés des Chemins de fer de l'Etat le droit d'user de la loi de 1884 sur les syndicats professionnels; cette intervention fut suivie d'un vote qui amena la chute du cabinet Casimir-Périer.

Il rédigea et lut à la tribune la protestation d'un grand nombre de députés de la gauche contre le projet de loi présenté par le cabinet Dupuy à la suite de l'attentat de Lyon (juin 1894) et présenta (mars 1896) une motion de blâme contre le ministre, auteur des conventions de 1883 avec les compagnies de chemins de fer. Il fut, durant cette législature, membre et vice-président du groupe de la Gauche démocratique, rapporteur du budget de la Guerre en novembre 1895 et membre des commissions de la Marine et des Colonies.

Réélu, le 8 mai 1898, dans la même circonscription, par 7,292 voix contre 3,218 à M. Toutant, opportuniste et 2,200 à M. Spronck, M. de la Porte fut appelé à la présidence du groupe de la Gauche démocratique. Membre et vice-président de la Commission du Budget, il fut l'un des quinze signataires de la protestation contre le projet de loi de désaisissement de la Chambre criminelle présenté par M. Lebret, garde des Sceaux, en février 1899 et voté par les Chambres.

M. de La Porte fut élu, cette même année, conseiller général des Deux-Sèvres pour le canton de Frontenay.

Il est gendre de M. Allain Targé, ancien ministre.

THOMASSET (René-Edmond)

VICE-AMIRAL, né à Rennes (Ille-et-Vilaine) le 2 novembre 1819. Il accomplit ses études dans sa ville natale. Entré à l'école navale en 1835, il fut nommé aspirant de seconde classe en 1837, aspirant de première classe en 1839 et enseigne de vaisseau en 1841.

La campagne de guerre de Tahiti, à laquelle M. Thomasset prit une part valeureuse, lui valut d'être promu chevalier de la Légion d'honneur en 1847.

En 1848, le jeune officier devint lieutenant de vaisseau. Il suivit, en 1855, la campagne de Crimée et fut nommé, pour faits d'armes, capitaine de frégate, second de l'Ecole navale. Lorsque survint l'expédition du Mexique, il y participa et passa capitaine de vaisseau (1862). De retour en France, le capitaine Thomasset reçut, en 1866, le commandement du *Borda*, le vaisseau-école où il avait été jadis élève.

Au siège de Paris, où la marine dût prêter son concours à l'armée, M. Thomasset commanda la flottille de la Seine. Nommé contre-amiral en 1871, il commanda la station du Nord-Amérique aux Antilles (1873-1875) et devint vice-amiral en 1877. Après avoir, avec ce grade, administré la préfecture maritime de Rochefort, appartenu au Conseil de l'amirauté (1878) et commandé en chef l'escadre du Nord (1880), il fut mis à la retraite en 1884.

M. l'amiral Thomasset a été, pendant plus de douze années, président de la Société des études coloniales et maritimes ; il est président de la Société civile de « Paris port de mer », à laquelle sa science et son activité prêtent un précieux concours.

Nommé grand officier de la Légion d'honneur en 1886, il devint grand croix en 1890 et fut membre du Conseil de l'ordre pendant plusieurs années ; il est, en outre, officier de l'Instruction publique depuis 1882.

LÉOUZON-LE-DUC (Claude-Henry)

ÉCRIVAIN, homme politique et avocat, né à Paris le 11 octobre 1860.

Fils de Louis-Antoine Léouzon-le-Duc, écrivain et voyageur, qui publia des ouvrages remarqués sur la Russie et traduisit pour la première fois en français le *Kalevala*, épopée finnoise (1815-1889), il fit ses études de droit à Paris, suivit les cours de l'Ecole des Sciences politiques, se fit inscrire au barreau de la Cour d'appel en 1885, puis au stage de la Cour de cassation et du Conseil d'Etat, et fut secrétaire de MM. Brugnon et Arbelet, avocats au Conseil. Il est devenu l'avocat de diverses sociétés.

Ecrivain, M. Léouzon-le-Duc, de très bonne heure, appela sur lui l'attention. Dès 1880, M. Jules Simon présentait à l'Académie des Sciences morales et politiques une étude de lui sur la *Fortune du clergé au XVIIIe siècle*. Ensuite il publia dans le *Figaro*, sur diverses questions, des articles appréciés. Il collabora encore au *Journal des Economistes*, à la *Revue historique du droit français* (avec l'*Origine de l'hospitalité sous les Burgundes au Ve siècle*), aux *Annales de l'Ecole des Sciences politiques*, où il donna un important travail sur les *Origines du Budget des Cultes*, en 1888, et à la *Revue de Paris*.

M. Claude Léouzon-le-Duc se présenta, en 1889, comme candidat révisionniste, à la députation, dans l'arrondissement de Rochechouart (Haute-Vienne) et fut élu par 5,766 voix contre 5,167 à M. Godet, député sortant. Invalidé, après avoir prononcé à la tribune parlementaire un retentissant discours, il échoua aux élections suivantes contre un nouveau candidat, M. Puyboyer.

En 1893, désigné par le comité républicain de Saint-Malo, il posa une nouvelle candidature dans la première circonscription de cet arrondissement contre M. Brune, également républicain ; il obtint, après dix jours de campagne électorale, 3,277 voix contre 7,513 à son concurrent élu.

Depuis, M. Léouzon-le-Duc, qui avait collaboré à la *Presse* en 1890, donna des articles politiques au *Figaro*. En 1896, il prit la direction du *Paris*, grand organe républicain du soir et y réunit une élite d'écrivains littéraires et politiques, tels que MM. Ranc, Descubes, Millerand, Lenglé, Pelletan, Fournière, Georges Poignant, Henri Céard, Montorgueil, Talmeyr, Clovis Hugues, Bernard Lazare, Escudier, etc. Il a un organe dans le département d'Ille-et-Villaine, le *Démocrate Malouin*, journal républicain. Il a collaboré aussi au *Gil Blas*.

Il est membre de la Société d'Economie politique.

BEAUVAIS (Léontine)

ARTISTE chorégraphique, née à Paris. Elle entra, dès l'âge de six ans et sur les conseils des médecins qui lui ordonnaient la gymnastique, dans la classe de danse de l'Opéra et y eut successivement pour professeurs, Mlle et Mme Théodore, Mme et M. Vasquez.

Mlle Léontine Beauvais concourut ensuite aux examens d'entrée au Conservatoire pour le piano et fut reçue. Élève de Mme Cheni, d'abord, puis de M. Duvernois, elle y remporta une première médaille et un premier accessit ; mais, à sa sortie, elle se consacra définitivement à l'art chorégraphique et elle est devenue l'un des premiers sujets de l'Académie nationale de musique.

Mlle Beauvais, à l'Opéra a dansé dans tous les ballets du répertoire ; elle s'est surtout faite remarquer dans le *Prophète*, *Faust*, *Don Juan*, *Roméo et Juliette*, *Tannhaüser*, la *Burgonde*, etc.

Cette artiste a créé les danses anciennes aux Concerts de l'Opéra ; elle fut appelée à les interpréter, à Versailles, devant l'empereur de Russie, lors de son séjour en France (1896). Elle fit partie, en 1898, de l'excursion aux gorges du Tarn et de la tournée des fêtes entreprises et réalisées par les « Cadets de Gascogne. »

WICKHAM (Georges-Philippe-Johnson)

PHILANTHROPE, administrateur, né à Paris le 11 juin 1831. Fils d'un anglais, John Wickham, mécanicien-inventeur de grand mérite, qui vint à Paris fonder en 1814 un cabinet de chirurgie herniaire, M. Georges Wickham se destina à la même carrière et mena de front les études de médecine et de mécanique spéciales. Sous sa direction, son cabinet prit une importance considérable et, après avoir obtenu de nombreuses récompenses aux diverses expositions, il devint membre des différents jurys depuis 1889. Il est aussi membre du comité d'admission à l'Exposition universelle de 1900.

M. Wickham prit une part active à la création de la Chambre syndicale des instruments et appareils de l'art médical, dont il est depuis longtemps le président et dont il a écrit d'ailleurs l'historique. Depuis 1892, sous son impulsion, un enseignement professionnel de prothèse et d'orthopédie, qui manquait absolument, a été créé de toutes pièces.

En 1851, M. Wickham se fit naturaliser français et se montra, dès lors, l'adversaire ardent de l'Empire. Il fut, en 1879, nommé adjoint au maire du deuxième arrondissement.

Préoccupé des questions d'enseignement, à une époque où cette cause n'était guère en faveur, il créa avec Jean Macé, le Cercle Parisien, puis la Ligue Française de l'enseignement, dont il fut trésorier dès l'origine. Il fonda ensuite, avec M. Froger, ancien gouverneur de Diégo-Suarez, la Société française de colonisation, qui rendit à son heure de grands services.

Les questions d'assistance le préoccupant également, M. Wickham fut choisi comme président de la Société Protestante du Travail ou placement gratuit sans distinction de culte, vice-président de la Société protestante de Prévoyance et de Secours Mutuels de Paris, président du conseil d'administration de la caisse d'assurances mutuelles des Chambres syndicales contre les accidents du travail, etc. Son activité est bien connue et les œuvres philanthropiques auxquelles il consacre son temps et son concours généreux sont fort nombreuses.

M. Wickham est titulaire de la grande médaille d'or du ministère de l'Intérieur, chevalier de la Légion d'honneur depuis 1887, officier de l'Instruction publique, commandeur ou grand croix de divers ordres étrangers, etc.

DEMESSE (Henri)

ROMANCIER, publiciste, né à Dijon (Côte-d'Or) le 14 août 1854. Il commença ses études à Dijon et les termina à Paris. Il fut d'abord employé de banque; mais ses goûts le portant vers les lettres, il entra bientôt à la *Gazette*, journal fondé par Alfred d'Aunay, qui avait été l'un des meilleurs collaborateurs de Villemessant au *Figaro*. Il collabora ensuite à la *Liberté*, au *Nain jaune*, au *Vrai*, à l'*Eclipse*, à l'*Estafette* où il fut chargé de la chronique quotidienne de l'Exposition de 1878, puis à différentes revues d'art, telles que la *Galerie contemporaine*, les *Grands peintres Français et Etrangers*, le *Musée pour tous*, l'*Exposition des Beaux-Arts*, et les *Chefs-d'œuvre d'Art au Luxembourg*. Dans l'ouvrage intitulé : *les Animaux chez eux*, illustré d'eaux-fortes d'Auguste Lançon, il publia deux importantes études : le *Lion* et l'*Orang-Outang*. Sous le pseudonyme de *Monocle*, il publia des chroniques au *Clairon*; il collabora aussi au *Gaulois* et au *Matin* et donna des nouvelles au *Journal Illustré*.

Dès 1879, M. Henri Demesse avait publié des romans; à partir de 1884, il renonça au journalisme pour s'adonner exclusivement à cette forme de production littéraire. On cite de lui : *Le Vin, le jeu, les Femmes* (1879); les *Récits du père Lalouette* (1880); *Gant de Fer* (1883); *Un Martyre* et les *Vices de Monsieur Benoît*, remarquable étude de mœurs, 1884 : la *Petite Dufresnoy* (1885).

A ce moment, M. Demesse se consacra entièrement au genre populaire. Il fit paraître ainsi : le *Drame des Charmettes*; la *Fiancée du condamné*; *Monsieur Octave* et le *Stigmate rouge*, roman en deux épisodes; la *Vénus de bronze*; les *Mères rivales*, l'*Affaire Lebel*; les *Trois Duchesses* et *Titi Carabi*, roman en deux épisodes; la *Vicomtesse Marguerite* et *Margot la Bouquetière*, roman en deux épisodes; le *Collier de la Morte*; le *Maréchal Ferrant*; *Fille Pauvre*; le *Trèfle d'Or*; la *Petite Orpheline*, l'*Oncle Joséf*; le *Vicomte de Cerny*, roman en trois épisodes; *Petite Fifi*; la *Jeune Veuve*; la *Dame Blonde*; la *Fleuriste des Halles*; *Marguerite de Bourgogne*, intéressante reconstitution du XIIIᵉ siècle, dans laquelle cet écrivain anime les figures de Philippe le Bel, Enguerrand de Marigny, etc. M. Henri Demesse a publié encore deux volumes destinés à la jeunesse : la *Journée d'un Enfant*, illustré par Adrien Marie, et *Zizi*, histoire d'un moineau de Paris, illustré par Albert Bertrand ; il a fait jouer trois drames tirés de ses romans et portant les mêmes titres : le *Drame des*

Charmettes, les *Mères Rivales*, et le *Maréchal-Ferrant*, pièce dont l'acteur Taillade créa le principal rôle.

En faisant du journalisme, écrit un critique de ce romancier, il arriva à cette précision du style qui fait le charme de ses romans. A une sensibilité émue, M. Demesse joint le don de l'observation. Ses personnages sont sympathiques ou antipathiques, mais bien campés, bien en vie dans le développement de l'affabulation, car l'imagination, dans ses romans, est admirablement secondée par une vue très nette de l'existence et, par conséquent, éloignée de toute exagération.

Membre suppléant du comité de la Société des Gens de Lettres en 1888, puis membre titulaire en 1889, pour trois ans, et réélu pour d'autres périodes de trois ans en 1893 et en 1897, M. Demesse a été nommé vice-président de cette société (1898-1899).

Cet écrivain est officier de l'Instruction publique et décoré de divers ordres étrangers.

DESCHANEL
(Emile-Auguste-Etienne).

SÉNATEUR, littérateur et professeur, né à Paris le 14 novembre 1819. Il fut un brillant élève du lycée Louis-le-Grand, entra en 1839 à l'Ecole normale supérieure et en sortit en 1842.

Nommé professeur de rhétorique à Bourges, il revint bientôt en la même qualité à Paris, et devint maitre de conférences à l'Ecole normale. Il collabora à la *Revue des Deux-Mondes*, à la *Revue indépendante*, au *National*, à la *Liberté de penser*. Une série d'articles de philosophie sociale, parue en 1850 dans cette dernière publication, en réponse à un discours de Montalembert et intitulée : *Catholicisme et Socialisme* le fit citer devant le Conseil de l'Instruction publique, et il fut suspendu de ses fonctions.

Sa résistance, dans la presse républicaine, au coup d'Etat, valut, en 1851, à M. Emile Deschanel, la prison et l'exil. Réfugié à Bruxelles, il y fonda, ainsi que dans les principales villes de la Belgique, des conférences publiques qui donnèrent une vive impulsion au mouvement intellectuel dans ce pays. Victor Hugo, qui avait été le premier à applaudir à l'initiative du proscrit, a écrit dans son *Histoire d'un Crime* :

L'éloquent et courageux proscrit, Emile Deschanel, a créé à Bruxelles, avec un rare talent de parole, une nouvelle forme d'enseignement public, les conférences. C'est à lui que revient l'honneur de cette fondation si féconde et si utile.

D'autre part, il dit encore :

La parole éloquente, sincère et ardente de Deschanel ranimait le courage des proscrits et leur apportait le souvenir de la patrie, de la R'publique.

Rentré en France en 1859, à l'amnistie, il prit au *Journal des Débats* la place d'Hippolyte Rigault. Il contribua à la fondation des conférences de la rue de la Paix, transportées plus tard à l'Athénée et boulevard des Capucines, et poursuivit, en France et à l'étranger, l'œuvre de propagande littéraire et libérale qu'il avait inaugurée durant ses neuf années d'exil.

Entré au *National* en 1869, il y resta jusqu'à ce qu'il fut élu député de la circonscription de Courbevoie, le 20 février 1876, au 2e tour, et par 3,911 voix sur 8,000 votants. A la Chambre, M. Emile Deschanel prit place à gauche; il fut réélu avec les 363, le 14 octobre 1877. La discussion de la loi sur l'enseignement supérieur, en 1879, lui donna l'occasion de prononcer l'un de ses discours les plus applaudis.

Nommé, le 25 janvier 1881, professeur de littérature française moderne au Collège de France, M. Deschanel dût se démettre de son mandat législatif pour se représenter devant ses électeurs ; il échoua, le 27 février suivant, obtenant 3,288 voix contre 3,530 à M. Roque de Fillol, élu. Le 23 juin de la même année, il était nommé sénateur inamovible par les trois groupes de gauche du Sénat, obtenant 130 voix contre 113 à son ancien maître, M. Vacherot.

Les principaux ouvrages de M. Emile Deschanel portent les titres suivants : les *Courtisanes grecques* (1854), des études sur *Le bien et le mal qu'on a dit des femmes, Le bien et le mal qu'on a dit de l'amour, Le bien et le mal qu'on a dit des enfants* (1855 à 1858); *Histoire de la conversation* (1858); la *Vie des comédiens* (1863) ; *Causeries de quinzaine* ; *Christophe Colomb* (1861) ; *A pied et en wagon* (1862) ; *Physiologie des écrivains et des artistes* (1864) ; *Etudes sur Aristophane* (1867); *A bâtons rompus*, *Mélanges moraux et littéraires* (1868); *Annuaire des conférences* (1869) ; *La question des femmes et la morale laïque* (1876); *Le peuple et la bourgeoisie* (1881) ; *Benjamin Franklin* (1882) ; le *Romantisme des classiques* : *Corneille, Molière* (1882) ; *Racine* (2 volumes 1884) ; *Pascal, Larochefoucault, Bossuet* (1885) ; *Théâtre de Voltaire* (1886) ; *Boileau, Perrault* (1888). Il a donné en outre un grand nombre d'articles dans divers journaux, notamment l'*Indépendance belge*, sous le pseudonyme de ΔΕΣ.

L'éminent professeur du Collège de France a refusé, assure-t-on, trois fois, la croix de la Légion d'honneur.

DESCHANEL (Paul-Eugène-Louis)

RÉSIDENT de la Chambre des députés, écrivain, fils du précédent, né le 13 février 1856, à Bruxelles, pendant l'exil de son père. Il fit de brillantes études classiques à Sainte-Barbe et à Condorcet, à Paris, fut reçu licencié ès lettres (1873), en droit (1875) et devint secrétaire de M. de Marcère, ministre de l'Intérieur (1876), puis de Jules Simon, président du Conseil (1876-1877).

Sous-préfet de Dreux après le 16 mai, secrétaire général de Seine-et-Marne (3 mai 1879), sous-préfet de Brest (3 décembre), de Meaux (4 avril 1881), M. Paul Deschanel démissionna pour se porter candidat, dans l'arrondissement de Dreux, aux élections du 21 août 1881. Soutenu par Gambetta, il obtint 7,469 voix, contre 8,684 à M. Gadineau, radical, député sortant.

Au renouvellement général législatif du 4 octobre 1885, porté sur la liste républicaine d'Eure-et-Loir, il fut renvoyé à la Chambre par 37,605 voix sur 63,940 votants. Il a été successivement réélu, dans l'arrondissement de Nogent-le-Rotrou, sans concurrent : le 22 septembre 1889, par 6,458 suffrages; le 20 août 1893, avec 6,662; et le 8 mai 1898, par 6,682 voix.

Dès son premier discours à la Chambre, en 1886, le jeune député obtint un brillant succès de tribune, en défendant le droit de 5 francs sur les céréales. Il traita de nouveau le même sujet le 17 février 1887. Le 29 février 1888, il prononça, sur les intérêts de la France en Orient, un autre magnifique discours, qui le plaça au premier rang de nos orateurs parlementaires et fut répandu à des milliers d'exemplaires dans la Turquie d'Asie, la Syrie et la Palestine. Le sultan, à cette occasion, le nomma grand-croix du Medjidié et grand officier de l'Osmanié.

Lors de la discussion du budget de la Marine, en 1888, M. Paul Deschanel critiqua vivement les abus de cette administration et démontra l'insuffisance de notre flotte en croiseurs, éclaireurs et torpilleurs; au moment où le général Boulanger était ministre de la Guerre, il ne vota pas l'affichage des discours de celui-ci et, l'un des premiers, signala les dangers de sa popularité.

Le 20 mai 1890, M. Deschanel combattit le projet de loi adopté par le Sénat et tendant à substituer la juridiction des tribunaux correctionnels à celle du jury, dans la répression des délits d'injure et d'outrage commis par la presse envers les fonctionnaires publics. Au mois de mai 1891, il prononça dans la discussion générale du tarif des douanes, un discours où il exposa la politique économique de la France et, le 19 octobre suivant, dans la discussion générale du budget, il proposa tout un ensemble de réformes pour donner au budget plus d'unité et de clarté. Au mois de décembre de la même année, le gouvernement lui confia une mission officielle aux Etats-Unis.

Pendant la grève de Carmaux et après l'attentat commis au siège de la Compagnie, à Paris, M. Paul Deschanel demanda au ministère Loubet plus d'énergie dans l'application des lois et somma les radicaux de s'expliquer sur le caractère de leur alliance avec les socialistes (16 novembre 1892). Peu de temps après, M. Delahaye, député d'Indre-et-Loire, ayant dit, devant la commission d'enquête du Panama, qu'il avait eu sous les yeux une liste de 150 noms de parlementaires compromis, M. Paul Deschanel, le 26 janvier 1893, le mit en demeure de parler, aux acclamations de la Chambre et, le 8 février suivant, il s'associa à la protestation de M. Godefroy Cavaignac en l'honneur de la probité politique. Au cours de l'interpellation Leydet sur la politique générale (16 février), il intervint pour prier instamment le cabinet Ribot de gouverner avec la majorité des 300 républicains qui le soutenaient de leur confiance, et non avec l'extrême gauche. Il prit aussi la parole dans l'interpellation Jaurès et Millerand (23 novembre 1893) sur la politique générale et se fit chaleureusement applaudir par les membres de la gauche et du centre, en exposant le programme des républicains progressistes.

Dans une réponse à M. Goblet, à propos de la révision de la Constitution, le député d'Eure-et-Loir se déclara partisan de la réforme parlementaire (12 mars 1894). Lors de la discussion de la loi contre les anarchistes, M. Millerand ayant accusé la majorité républicaine de voter « sous les injonctions d'une coterie installée dans la République comme dans sa chose, pour s'y enrichir, » et M. Jaurès ayant essayé de faire rejaillir sur la majorité le souvenir de certains scandales, M. Deschanel apporta à la tribune un réquisitoire enflammé contre la politique radicale et les menées révolutionnaires. Ce discours fut suivi d'un duel avec M. Clémenceau.

M. Paul Deschanel prononça d'autres discours aussi retentissants : contre le collectivisme (20 novembre 1894, au sujet de l'interpellation Jules Guesde sur l'annulation de délibérations du conseil municipal de Roubaix), et contre les théories socialistes, en réplique à M. Jaurès (29 juin 1895). Prié par M. Millerand de s'expliquer sur sa future attitude à l'égard du cabinet radical Bourgeois, dès la formation de ce ministère (novembre 1895), il répondit qu' « il ne ferait pas au nouveau ministère une guerre d'embuscades, que l'épreuve, tentée pour la première fois, devait se poursuivre, car elle serait décisive ».

Nommé vice-président de la Chambre en janvier 1896, M. Paul Deschanel, lors de la formation du ministère Méline (19 avril 1896), refusa le portefeuille des Colonies et, le jour même de son avènement, il monta à la tribune pour défendre énergiquement le nouveau cabinet, attaqué par M. Goblet. Le 23 juin 1896, dans le débat relatif à la loi sur le travail des femmes et des enfants dans les manufactures, à propos d'un amendement de MM. Jules Guesde et Vaillant en faveur de la journée de huit heures, M. Paul Deschanel, répondant à la fois à M. le comte de Mun et aux socialistes et développant les idées qu'il avait émises à la tribune dès 1892, déclara qu'il n'était « ni avec le collectivisme, ni avec le socialisme chrétien, ni avec l'école du laissez faire ».

En octobre de la même année 1896, il entreprit une active campagne, dans le Parlement même et au dehors, contre les théories politiques ou sociales des partis avancés. Parcourant diverses régions de la France, il exposa, à Marseille, le programme des républicains progressistes (26 octobre) ; il se rendit ensuite à Carmaux (27 décembre), pour y combattre le socialisme, puis à Roubaix (10 avril 1897).

A la suite de l'interpellation de M. Jaurès sur la crise agricole, il fit entendre, le 10 juillet 1897, un célèbre discours contre les théories socialistes, dont la Chambre vota, par acclamation, l'affichage. Le 2 mars 1898, au banquet de l'Association du Commerce et de l'Industrie à Paris, ainsi que le 1er mai à Lyon, il défendit le programme des progressistes. Au banquet des associations coopératives ouvrières de production, qui eut lieu peu après au Salon des Familles à Saint-Mandé, il développa leur programme social.

L'éminent député d'Eure-et-Loir fut élu président de la Chambre, le 9 juin 1898, par 287 voix, contre 277 données à M. Henri Brisson et réélu, le 10 janvier 1899, par 323 voix, contre 187 au même M. Brisson.

M. Paul Deschanel a collaboré à de nombreux journaux et revues de Paris, notamment au *Journal des Débats*, où il a produit une longue série d'articles de critique et d'histoire; à la *Revue bleue*, au *Journal Officiel*, à la *Nouvelle Revue*, à la *Revue de Paris*, à la *Revue politique et parlementaire*, au *Temps* (études en faveur de la décentralisation, 1894); etc. Il a publié en librairie: la *Question du Tonkin* (1883); la *Politique française en Océanie* (1884); les *Intérêts français dans l'Océan Pacifique* (1886), ouvrages couronnés par la Société de géographie commerciale de Paris; *Orateurs et Hommes d'Etat* (1888, couronné par l'Académie Française); *Figures de femmes* (1889, couronné par l'Académie Française); *Figures littéraires* (1889) ; *Questions actuelles* (1890) ; la *Décentralisation* (1895); la *Question Sociale* (1898); la *République nouvelle* (1898), etc.

BERNSTAMM (Léopold-Bernard)

SCULPTEUR-STATUAIRE, né à Riga (Russie) le 20 avril 1859. Il apprit d'abord le dessin à l'Ecole de Saint-Pétersbourg et entra, à 14 ans, malgré la volonté de son père, qui le destinait au commerce, à l'Académie impériale des Beaux-Arts de cette ville, où il remporta les plus hautes récompenses.

Après un séjour à Rome, pendant lequel il dût dessiner, pour vivre, des portraits d'après photographies, il se rendit à Florence et y travailla sous la direction de l'éminent sculpteur italien Rivalta. A cette époque, il exposa à Rome un *David*, un *Pêcheur napolitain* et une *Tête de moine*, qui obtinrent un grand succès. Désormais sûr de lui, M. Léopold Bernstamm vint à Paris, nanti d'une recommandation pour le docteur Labadie-Lagrave, qui le prit sous sa protection.

Dès lors, défilèrent sous l'ébauchoir de l'artiste, toutes les célébrités contemporaines : Renan, *Jules Claretie*, *Halévy*, *François Coppée*, *Déroulède*, *Pailleron*, le *général Pittié*, *Brazza*, *Eiffel*, *Sardou*, *Albert Wolff*, *Richepin*, *Zola*, *Sardou*, l'*abbé Faure*, *Chevreuil*, le *colonel Lichtenstein*, *Flaubert*, *Katkoff*, *Rubinstein*, *Sophie Menter*, le *docteur de Cyon*, *Pouschkin*, *Voisin*, *Bogoluboff*, *Atavasowsky*, *Ambroise Thomas*, le *Dr Labadie-Lagrave*, *Gérôme*, *Edouard Detaille*, *J.-P. Laurens*, *Clairin*, *Cabanel*, *Chapu*, *Falguière*, *Bouguereau*, *Carolus Duran*, *Antonin Mercié*, *Paul Dubois*, *Dostojewski*, *Goutcharoff*, *Grigorowitch*, *Ostrowski*, *Potekine*, *Saltikoff*, *Dauphin*, *Sarrien*, *Granet*, *Goblet*, *Millaud*, de *Freycinet*, l'*Amiral Aube*, *Constans*, *Baron*, l'artiste des Variétés, *Gailhard*, de l'Opéra (Gailhard, Rose Caron et Ambroise Thomas sont placés à la bibliothèque de l'Opéra), MMmes *Adam*, la *vicomtesse de*

Trédern, Rose Caron, Mounet-Sully, Maria Legault, etc.

En 1890, M. Léopold Bernstamm fit, chez Georges Petit, une exposition de ses œuvres qui eut un grand retentissement et reçut la visite du président Carnot. Il y avait là tout un monde de statuettes exquises, reproduisant, en une incomparable variété de costumes, toute l'éthnicité exotique amenée dans la capitale par la colossale manifestation économique de 1889. Ce fut pour l'artiste l'occasion d'un triomphe.

Depuis 1891, M. Bernstamm a donné les bustes des grands ducs *Wladimir, Alexis, Serge,* de Russie et ceux de MM. *Dupuy, de Laboulaye, Jules Simon, Sarcey, Puvis de Chavanes, Coquelin, le général de Boisdeffre, le comte de Paris, le duc d'Orléans,* etc.

Il a exposé aux Salons annuels des Champs-Elysées, dès 1887, où il produisit une *Femme nue* très remarquée et *Au Pilori,* qui lui valut une mention honorable. Vinrent ensuite : un *Bourreau de Saint-Jean-Baptiste* (1888), une *Nymphe lançant sa première flèche* et plusieurs groupes et bustes (Exposition universelle de 1889), qui lui firent décerner, par le jury, une médaille d'argent. Puis : *Floquet*, buste plâtre; la *Modestie*, buste marbre, acheté par le comte Torelli, chambellan du roi d'Italie (1890) ; *S. E. le baron de Mohrenheim* ; *M. Gailhard*, bronze (1893) ; *Le Christ et la Femme adultère* (1894) ; *Jules Chéret*, buste bronze (1895) ; *Brisson*, président de la Chambre des députés ; *Ambroise Thomas*, marbre (1896) ; *Casimir Périer* (1897), etc.

Appelé, en 1896, à Tsarkoë-Selo, pour exécuter les bustes d'après nature de *l'empereur Nicolas* et *l'impératrice de Russie,* M. Bernstamm a fait aussi les bustes de *S. M. l'empereur Alexandre III,* de *Félix Faure,* de *l'amiral Avellan,* de *Li-Hung-Tchang* (1896), de *M. Jules Lemaître* et de *M. Hanotaux* (1897), de *Mme la duchesse de Leuchtenberg* ; de *Cléo de Mérode,* de l'Opéra ; de *M. Rodin* ; du peintre *Weerts*; de *M. Edmond Rostand* ; de *Coquelin,* dans le rôle de *Cyrano de Bergerac* ; de *M. Deschanel,* de l'Institut; de *M. Paul Deschanel,* président de la Chambre des députés ; du peintre *Gérome* (1898) ; du *Prince Victor Napoléon,* à Bruxelles ; de *Frédéric Masson* (1899). Il a terminé, pour l'Exposition universelle de 1900, un groupe destiné, au tsar : *Pierre le Grand embrassant Louis XV.*

Deux de ses œuvres : *Le Christ et la Femme adultère* (bronze) et la *Charmeuse de serpents* (statue marbre), ont été achetées par le défunt empereur de Russie, Alexandre III ; une autre, *Renan* (buste marbre),

acquise par le gouvernement italien, est placée au Musée National de Rome.

Chevalier de la Légion d'honneur depuis 1891, l'éminent artiste a été promu officier le 1er janvier 1897.

PAULIAT (Louis)

ÉNATEUR, écrivain, né à Nevers (Nièvre) le 13 janvier 1847. Il fit à Paris de très brillantes études et collabora tout d'abord au *Journal de Paris,* où parurent, en 1869 et 1870, sous sa signature des articles très remarqués sur la question monétaire, sur le libre-échange, sur un projet de code rural, etc. Il écrivit ensuite, après la guerre, au *Rappel,* au *Peuple souverain,* à la *Tribune,* feuille dans laquelle il organisa le premier Congrès national ouvrier ; au *Journal des Economistes,* à la *Revue politique et littéraire,* à la *Nouvelle Revue,* etc.

Les études littéraires, économiques et sociales données par M. Pauliat dans ces publications lui firent rapidement une réputation de savant et d'érudit ; citons les plus répandues : *Le Mandat impératif; Les Prud'hommes, associations syndicales et ouvrières,* brochure tirée à près de trente mille exemplaires : *La Société au temps d'Homère,* qui lui valut les félicitations de Gladstone, le grand helléniste : *La situation politique* ; *Louis XIV et la Compagnie des Indes* ; *La politique coloniale sous l'ancien régime* ; *Madagascar* ; *La classe populaire de Paris,* etc.; plusieurs de ces études ont obtenu, en librairie, un réel succès.

M. Pauliat fut, en outre, rédacteur en chef de la *République démocratique et sociale,* organe hebdomadaire, en 1878.

Le 15 mai 1887, les délégués sénatoriaux du Cher ayant à élire un sénateur en remplacement de M. Corne, inamovible, décédé, choisirent M. Pauliat pour les représenter au Luxembourg, par 348 voix contre 334 à M. de Vogüé, conservateur. Au renouvellement de 1894, il fut réélu, au 2e tour de scrutin, par 409 voix, sur la liste républicaine. M. Pauliat est inscrit à la gauche démocratique de la haute Assemblée.

Chargé, en 1892, par la Commission sénatoriale de l'Algérie, d'une importante mission en Tunisie, il présenta un très intéressant rapport sur l'administration intérieure de ce pays.

Le 9 juillet 1895, à propos des gisements de phosphate de chaux d'Algérie, il développa, au Sénat, une interpellation qui eut un grand retentissement et à la suite de laquelle des mesures furent prises par le gouvernement.

Notre colonie africaine possède, en effet, des gisements d'engrais minéraux qui dépassent en richesse tout ce que l'on peut imaginer et, grâce à elle, l'agriculteur français pourra, dans quelques années, se procurer en Algérie des phosphates de chaux qui, tout en étant de meilleure qualité, lui coûteront *dix fois* moins cher qu'il ne les paie aujourd'hui.

Il suffit pour cela, dit M. Pauliat, de placer les phosphates de chaux algériens sous un régime spécial, en les frappant de droits de sortie énormes, chaque fois qu'ils devront être exportés à l'étranger. Ce sera seulement une fois que des dépôts de ces phosphates auront été établis dans tous les cantons de la France et dans toutes les gares de chemins de fer, et que nos agriculteurs français les auront sur place à discrétion, que les droits de sortie pourront être abaissés.

L'honorable sénateur est, en outre, l'auteur de divers rapports parlementaires, sur les trésoriers-payeurs généraux qui constitue un véritable traité sur cette matière, et de plusieurs autres sur les compagnies de colonisation et différents sujets.

M. Pauliat, dont le nom fut prononcé quand il s'agit de nommer un successeur à M. Lépine au gouvernement général de l'Algérie (1898), a été fait chevalier de la Légion d'honneur à la fin de 1886, à la suite de missions heureuses accomplies à la demande du ministère des Affaires étrangères.

ASTRUC (Zacharie)

SCULPTEUR, peintre, écrivain, né à Angers le 8 février 1837. Il débuta d'abord dans les lettres, en donnant des articles à l'*Echo du Nord*, au *Mascarille*, fondé par lui à Lille ; puis il publia, avec Arsène Houssaye, Valery Vernier et Arthur Louvet, un recueil littéraire : le *Quart d'heure*, «gazette des gens à demi-sérieux». Il collabora ensuite successivement au *Pays*, où il donna une nouvelle chinoise très intéressante, *Fo-Kiel* ; à l'*Etendard*, dont il fut le critique artistique ; à l'*Echo des Beau-Arts*, au *Nain jaune*, au *Peuple souverain* ; il fit paraître, ensuite : *Sœur Marie-Jésus*, nouvelle, dans la *Revue Germanique* ; *Larmes de femme*, comédie, dans la *Revue Internationale* et *Bugg-Mugg*, nouvelle, dans l'*Opinion Nationale*. En 1863 il créa, à Paris, un journal d'art, le *Salon*, avec la collaboration de grands écrivains de l'époque et, en 1872, à Madrid, le journal l'*Espagne nouvelle*.

M. Zacharie Astruc a aussi publié : l'*Histoire funèbre de Faubert* (1859) ; les *Onze lamentations d'Eliacin* (psychologie comique du caractère de Mario-Proth); le *Romancero de l'Escorial* (1884); *Les Dieux en voyage*, revue philosophique (1887); Le *Généralife*, suite au *Romancero de l'Escorial* (1898), illustré par Checa ; on annonce encore de lui : *Les Alhambras*, poésies, et plusieurs volumes de théâtre, de nouvelles et d'études musicales, artistiques et autres.

Comme sculpteur, M. Astruc est l'auteur de nombreuses œuvres, pour la plupart très appréciées, notamment les suivantes, exposées aux Salons annuels des Artistes français : *Bazile*, bas-relief plâtre (1871); l'*Aurore*, bas-relief bronze, à Saint-Cyr (1878); *Portrait de M. Pons*, bas-relief plâtre ; *Edouard Manet*, buste bronze (1881) ; le *Marchand de Masques*, statue bronze d'un jeune marchand portant les faces de d'Aurevilly, Balzac, Théodore de Banville, Berlioz, Carpeaux, Corot, Delacroix, Dumas, Faure, Gambetta, Gounod, Hugo, Rothschild; cette œuvre remarquable est dans le jardin du Luxembourg (1883) ; *Mars et Vénus*, groupe (1886); *Hamlet* (scène des comédiens), s'inspirant de l'acteur Mounet-Sully (1887) ; le *Roi Midas*, statue en bronze : *Portrait du comte Fabre* (de l'Aude), buste bronze (1888) ; *Perce-neige*, statue plâtre ; *Portraits masques* (1889) ; le *Repos de Prométhée*, statue plâtre (1891); le *Moine* (l'extase dans le sommeil), statue marbre (1893), acquise par l'Etat; *Ma fille Isabelle*, buste bronze (1898) ; *Sâr Peladan* (1899), etc. On peut ajouter à cette nomenclature : l'*Enfant aux jouets*, bas-relief plâtre ; Mlle *Zacharie Astruc*, buste ; *Rabelais*, buste ; portait du musicien *Louis Lacombe* ; des médailles très grandes et petites; *Première blessure d'Amour*, statuette; *Carmen*, buste bronze ; le *Petit Moine*, statuette plâtre ; la *Plaque tumulaire d'Antoine-Eustache d'Osmond* ; *Puget*, médaille du célèbre ténor, au cimetière Montmartre; *Figures décoratives* pour l'Exposition de Nice; *Petite fille au Polichinelle*, le *Vieillard qui lit*, *Baroilhet*, *Léon Cladel*, *Barbey d'Aurevilly*, médaillons ; *Saint François d'Assise*, statue au Sacré-Cœur ; *Blanche de Castille*, statue marbre qui figure à la maison de la Légion d'honneur de Saint-Denis ; *Un Moine agenouillé*, au musée de Laval ; bustes de Mme *Astruc*, de *Ludwig Wihl*, etc.

M. Astruc a fait, en outre, de nombreux tableaux à l'huile et des séries d'aquarelles, où la souplesse de son talent se manifeste, et dont plusieurs figurent actuellement dans les musées de France, notamment à Saint-Etienne, au musée d'Evreux, au musée Galiera à Paris, etc. Il convient de relever ici : *Place de l'Hôtel de Ville à Bruxelles*, *Vue des environs de Bruxelles*, *Souvenirs du Languedoc*, *Répétition pour un ballet*, *Poupées japonaises*, *Poupées* blanches, les *Balcons roses*, *Saint François d'Assise*, reproduction peinte d'une sculpture en bois d'Alonto Cano ; une immense production de *Fleurs*, etc.

M. Zacharie Astruc est chevalier de la Légion d'honneur depuis 1890.

PONSCARME
(François-Joseph-Hubert)

SCULPTEUR-STATUAIRE et médailleur, né à Belmont (Vosges) le 20 mai 1827. Après avoir accompli ses études classiques au séminaire de Châtel-sur-Moselle, il vint à Paris, où il fut l'élève de Oudiné, Vauthier-Galle et Augustin Dumont. Après avoir eu des débuts très difficiles, il fut lauréat du 2ᵉ grand prix de Rome, pour la médaille, en 1855, avec un *Soldat blessé mourant sur l'autel de la Patrie* ; il exposa pour la première fois, au Salon des Champs-Élysées, en 1857, une série de camées et de médaillons, qui furent récompensés.

Depuis cet époque, M. Ponscarme a produit un nombre considérable de bustes et de médaillons, parmi lesquels il faut citer : les bustes de *Léon F...*, bronze ; du *Docteur Bernutz*, marbre ; du *Maréchal Forey*, marbre (au musée de Versailles) ; de *M. Victor Duruy*, plâtre et marbre ; de *M. Alphonse Lavallée*, marbre, pour l'École centrale ; de *M. et Mme Cotté*, marbre ; de *Mme Ponscarme*, plâtre ; de *Lui-même*, etc. Portraits médaillons de *V. Schœlcher*, *Louis Blanc*, *Alphonse Lavallée*, *E. Durier*, *J. Brame*, *Jules Simon*, *Dumont*, de l'Académie des Inscriptions, portrait aujourd'hui historique, car il fut toute une révolution dans l'art de médaille ; *Rameau*, maire de Versailles ; *Beulé*, *Edgard Quinet*, *Maire*, *Charles III*, prince régnant de Monaco (monnaie de la principauté : 20 francs et 100 francs) ; *Jules Méline*, depuis président du Conseil des ministres ; *J. Joumar*, *Tirard*, *Edmond Turquet*, *Gavet*, *J.-M.-H. Parkers*, *M.-G. Villedieu*, *J. de Dunin*, *Dʳ Oulmont*, *de Lesseps*, *Jules Ferry*, *Barbe*, *Tisserand*, *Lucas*, *Buffet*, *Marquiset*, *Viette*, *Dʳ Haxo*, *Général Riu*, *Charles Blanc*, *Mᵉ Demange*, *Viger*, *Henry Boucher*, ministre du Commerce ; de *MMᵐᵉˢ de Bénazet*, *de Longueville* ; de *MMˡˡᵉˢ Madeleine et Jeanne Méline* ; *MM. Constans*, *Paul Deschanel*, président de la Chambre des députés ; *Dʳ Walter* ; *Mme Foucher de Careil*. Médailles commémoratives et de récompense de l'*Exposition universelle de 1867*, de l'*Érection de la statue de Napoléon Iᵉʳ sur la colonne Vendôme*, des *Grands percements* et de l'*Agrandissement de Paris*, de l'*Érection par Charles III d'une église à Monaco*, des *Instituteurs de France à Napoléon III* ; de la *République*, pour les ministères du Commerce, de l'Industrie et de l'Agriculture, les Administrations des Forêts, des Contributions indirectes et des Douanes ; les médailles du *Prince impérial*, de *Turgot*, pour la Société d'économie politique ; d'*Adam Smith et Turgot*, médaille bicéphale en bronze ; de l'*Élection de F. Faure à la présidence de la République par l'Assemblée nationale* ; de la *Paix*, destinée au ministère de l'Agriculture ; de la *Guerre*, médaille appartenant à la Ligue de la Patrie Française (1899), etc.

Innovateur, au point de vue de l'exécution et de la conception de la médaille, ce maître a appliqué à son art la technique du bas-relief ; matant d'abord de fond pour obtenir l'unité et l'harmonie, il atténue la dureté des contours et l'exagération des saillies par la délicate souplesse du modelé, et rend ornementale la légende, en employant des lettres conformes au style et destinées à rendre pittoresque l'ensemble de son œuvre.

Mis hors concours en 1863, titulaire d'une médaille de 1ʳᵉ classe à l'Exposition universelle de 1878, l'un appel de 1ʳᵉ médaille à celle de 1878, et de diverses autres médailles de la Société des Artistes Français, nommé professeur à l'École des Beaux-Arts en 1871, M. Ponscarme est chevalier de la Légion d'honneur depuis 1867, et décoré du Mérite Agricole depuis 1890, pour sa superbe médaille de récompense aux agriculteurs.

ROULAND (André-Gustave)

AVOCAT, député, né à Paris le 27 juin 1860. Il est le petit-fils de Gustave Rouland, ministre sous l'Empire, puis gouverneur de la Banque de France et sénateur de la Seine-Inférieure (1806-1878) et le fils d'Hippolyte-Gustave, qui fut sénateur du même département (1821-1897).

Ses études classiques accomplies au lycée d'Évreux, M. Rouland vint faire son droit à Paris. Reçu licencié en 1882, il se fit inscrire au barreau et devint secrétaire de Mᵉ Limbourg, avocat à la Cour d'appel, et de Mᵉ Renault-Morlière, avocat à la Cour de cassation.

Depuis, maire de Bertreville-Saint-Ouen Seine-Inférieure, M. Rouland fut élu conseiller général du canton de Bacqueville en 1892 et réélu en 1896. Il s'est surtout occupé, dans l'assemblée départementale, des questions agricoles et y a été rapporteur de la Commission des chemins de fer.

Candidat à la députation dans la 2ᵉ circonscription de Dieppe (Seine-Inférieure), à une élection nécessitée par le décès de M. Legras, en 1896, il obtint 6,300 voix, contre 6,369 à son adversaire ; il se représenta, lors des élections générales législatives du 8 mai 1898, et fut élu député de cette même circonscription, par 5,359 voix, contre 5,369 à M. de Folleville, député sortant, son ancien concurrent.

M. Rouland appartient au groupe progressiste et au groupe agricole de la Chambre. Il est protectionniste déclaré.

DESCHAMPS (Philippe)

Publiciste, explorateur, collectionneur, né à Sèvres le 1ᵉʳ mai 1848.

Engagé volontaire en 1870 dans les mobiles de Seine-et-Oise, il prit part avec ceux-ci aux combats de Bagneux, de Champigny et de Buzenval ; sa conduite lui valut d'être proposé pour la médaille militaire. Il accomplit ensuite des voyages en Europe, en Amérique, en Afrique et en Asie, qui lui ont fourni la matière d'intéressants ouvrages.

M. Philippe Deschamps, depuis les premiers symptômes de l'alliance Franco-Russe, s'est occupé de réunir tous les documents pouvant servir à l'histoire rétrospective de cet événement. Tant à Paris qu'en province et à l'étranger, il a réuni plus de 70,000 pièces, médailles, bijoux, tableaux, portraits, gravures, livres, affiches, objets de toute sorte, ayant trait aux relations de la France et de la Russie et en créa, à Paris, un musée unique en son genre, le « Musée Nicolas II » ; son fondateur en a d'ores et déjà destiné la plus belle partie au Musée Carnavalet de la ville de Paris.

Mû toujours par la même idée de faire servir ses recherches à perpétuer la mémoire de ces événements historiques, M. Philippe Deschamps a offert au maire de Fontainebleau, pour une salle de l'Hôtel de Ville, une collection très importante destinée à former le « Musée Carnot », en souvenir du regretté président et des faits notoires accomplis sous sa magistrature. Au maire de Cherbourg, lieu d'arrivée des marins russes en 1896, et d'où partit notre flotte allant à Cronstadt, il a fait don d'une autre collection recueillie à ce propos, pour créer le « Musée de l'Alliance », et au maire de Dunkerque, ville d'où partit le président Félix Faure pour aller sceller l'alliance Franco-Russe, le « Musée Félix Faure » ; à Toulon, Lyon, Marseille, que visitèrent les marins de l'amiral Avellan, d'autres collections se rapportant à ces faits, pour créer les « Musées Cronstadt-Toulon » ; il a fait également don au Musée impérial historique de Moscou de plus de 8,000 pièces, ainsi qu'au Musée de Reims ; il a à Chatellerault, décidé la fondation d'un « Musée Alexandre-Nicolas, » avec tous les documents et objets relatifs au baptême de la cloche qui fut offerte par le Tzar. A Châlons, il a donné la collection nécessaire pour faire le « Musée de l'Armée » ; Rambouillet, en souvenir du président, doit aussi avoir son musée ; enfin, avec toute la partie militaire de ses collections, ce généreux donateur a créé une « Salle de l'Alliance, » dans le Musée historique de l'Armée, à l'hôtel des Invalides.

M. Philippe Deschamps voulait aussi créer au Havre le « Musée Félix Faure », afin de perpétuer la mémoire du Président de la République, qui avait habité la ville ; mais le maire n'a pu accepter cette offre.

Avec les volumes franco-russes qui faisaient partie du « Musée Nicolas II » et ceux de sa bibliothèque personnelle ajoutés, M. Philippe Deschamps a fait des sélections très heureuses pour diverses bibliothèques, donnant à chacune ce qui lui convenait le mieux ; au « Musée Condé » de Chantilly, il a offert l'*Histoire de France* d'Anquetil aux chiffres du duc d'Aumale ; la bibliothèque de l'Institut a reçu une très belle collection d'ouvrages choisis de nos grands maîtres ; la bibliothèque Nationale des estampes et volumes anciens, des gravures franco-russes, etc. Les bibliothèques Carnavalet, Mazarine, de l'Arsenal, Sainte-Geneviève, ont aussi profité de ses libéralités : des collections de volumes, d'estampes, d'affiches leur ont été remises. Le menu impérial du couronnement du tzar Nicolas II ; la proclamation du couronnement, ainsi que les croquis de Gervex, Redon, Luigi Loir, H. Toussaint, etc., une collection incomparable de médailles et de plaquettes et autres rarissimes pièces, que seul M. Philippe Deschamps avait pu obtenir, ont été partagées entre les musées du Luxembourg, Carnavalet, des Arts et Métiers, la Bibliothèque Nationale et Cluny pour les costumes anciens.

M. Philippe Deschamps a publié : *De Saint-Pétersbourg à Constantinople*, notes sur le voyage qu'il accomplit comme délégué aux funérailles du tzar Alexandre III (1894) ; *Le Touriste en Égypte et en Syrie* (1895) ; *A travers les États-Unis et le Canada* (1896) ; *De Paris au Soleil de Minuit* (1897) ; *Vingt mille lieux à travers le monde*, récit des voyages accomplis par l'auteur au point de vue éducatif et de vulgarisation, dédié à la jeunesse studieuse. Il faut mentionner à part la publication du *Livre d'Or de l'Alliance Franco-Russe*, avec préface de M. Mézières de l'Institut, et postface de M◌ᵉ Juliette Adam, ouvrage offert à M. Félix Faure et à l'empereur de Russie et agréés par eux, ainsi qu'aux souverains d'Europe ; parmi ceux-ci, le tzar Nicolas II, l'impératrice douairière de Russie, le sultan, le souverain pontife, le roi Georges de Grèce, le roi Léopold de Belgique, le prince Albert de Monaco, la reine régente d'Espagne, ont adressé leurs remerciements à l'auteur.

M. Philippe Deschamps, officier d'Académie et chevalier de St-Stanislas de Russie, a été nommé membre du Musée impérial historique de Moscou.

HOUDAILLE (Octave)

Poète, auteur dramatique, né à Mirecourt (Vosges) le 17 octobre 1860. Il fit ses études classiques à Lunéville et à Nancy, son droit à la Faculté de cette dernière ville et fut reçu licencié en 1879.

Après un long séjour en Allemagne, d'où il fut expulsé, en 1882, à la suite d'un duel avec un officier prussien, M. Houdaille s'inscrivit comme avocat à la Cour d'appel de Paris (1884). Il plaida alors quelques procès retentissants, notamment devant la Cour d'assises des Vosges, dans la cause célèbre des empoisonneurs d'Hennezel (1884) et, devant la Cour d'assises de la Seine, pour M. Jules Guérin dans l'affaire du duel du marquis de Morès avec le capitaine Meyer, duel où ce dernier trouva la mort (1892). Depuis il s'est consacré principalement à la littérature.

Avec les journaux le *Républicain de l'Est* et l'*Abeille des Vosges*, où il avait donné, de 1884 à 1890, des articles politiques, M. Octave Houdaille organisa les syndicats ouvriers dans les Vosges, avec M. Julien Goujon, député de Rouen, et combattit énergiquement, par la parole et par la plume, la politique de Jules Ferry. En 1889, il se présenta à la députation dans la circonscription d'Épinal. Tant à Paris qu'en province, il accompagna et seconda activement le marquis de Morès, dont il fut l'ami intime, dans ses campagnes de propagande politique et patriotique.

S'intéressant beaucoup aux questions d'occultisme et de télépathie, il alla, en 1891, avec M. Charles Richet, recueillir des documents sur l'occultisme en Suède, Norwège et Danemarck.

M. Octave Houdaille a collaboré ou collabore aux *Annales des Sciences psychiques*, à la *Revue des Beaux-Arts et des Lettres*, à la *Grande Revue*, à la *Revue Bleue*, etc. Il a publié : *Les Possessions*, volume de poésies (1895) ; *Une femme libre*, roman d'étude contemporaine (1896); puis, en collaboration avec M. Charles Richet : *Possession*, drame sur l'occultisme (joué à la Bodinière le 16 avril 1895); *Sœur Marthe*, drame lyrique fantastique en trois actes, musique de Le Rey (joué au Théâtre lyrique le 1ᵉʳ juillet 1898) ; *Judith*, pièce en un acte (à la Bodinière, 1898). On annonce encore de lui et de son collaborateur ordinaire : *Adultère d'âme*, drame en vers (1899) et, avec MM. de Pitray et Pierre Achard : *Le monde où l'on flirte*, comédie en 3 actes (1899).

CHAPOTON (Grégoire)

Peintre et dessinateur, né à Saint-Rambert (Loire) le 21 décembre 1845. Il fit ses classes à Saint-Etienne, commença ses études artistiques à l'Ecole municipale de cette ville, sous la direction de M. Soulary, élève du baron Gros, puis entra à l'Ecole des beaux-arts de Lyon en 1863, où il resta jusqu'en 1865. Il y eut pour maîtres le peintre Regnier et l'ornemaniste Jourdeuil et reçut les premières médailles dans les différentes divisions. En même temps, il obtenait deux premiers prix pour le concours de fleurs de la Société des Amis des Arts.

Sorti de l'Ecole en 1865, M. Chapoton vint, l'année suivante, à Paris, où il entra à la Compagnie des Indes, comme dessinateur industriel. Il y resta trois ans environ, puis il fonda, avec un collaborateur, un atelier de dessin de dentelles : il suivait en même temps, de façon assidue, les cours de peinture de M. Léon Bonnat.

M. Chapoton retourna, en 1877, à la Compagnie des Indes et participa avec succès à l'Exposition universelle de 1878, où il obtint, avec cette maison, une médaille d'argent, pour ses dessins de dentelles.

A partir de 1878, il s'occupa plus spécialement de la décoration des tissus, dentelles et guipures d'ameublement et créa un atelier qui devint rapidement prospère. Il obtint, à l'Exposition de 1889, une médaille de bronze.

Ces travaux n'empêchaient pas M. Chapoton de faire de la peinture artistique et il en exposait depuis 1869. Voici ses principaux envois, d'après l'ordre chronologique : *Nature morte* (1870); *Œufs et oignons, Oranges et aubépine* (1872); *Pommes cuites et confitures* (1873); *Oseille en fleurs et roses* (1874); *Préparatifs du baptême* (1875, au musée de Laval); *Fleurs et fruits, Couronne de roses*, gouache (1876); *Razzia faite au Jardin* (musée de Saint-Etienne;

Roses et sureau (1880); *Visite au verger; Tortues indiscrètes* (1881); *Sans permission* (1882); *Fleurs d'automne* (1883); *Fleurs et fruits des bois* (1884).

Depuis cette époque, M. Chapoton a envoyé au Salon des Indépendants des fleurs, des portraits et des éventails ; il a reçu à maintes reprises les éloges de la critique et des amateurs pour ses intéressants travaux. En 1886, il fit, à St-Etienne, une exposition de ses œuvres qui eut beaucoup de succès.

Cet artiste a participé à l'illustration de la *Terre Noire*, recueil de poésies de M. Frédéric Marty, paru en 1886.

M. Chapoton, en collaboration avec le peintre Renout — à qui en revient l'initiative, — M. Delarue, homme de lettres, et un certain nombre d'artistes, s'occupe de fonder un nouveau groupement artistique, sous le titre de « Salon de France ». Le programme de ce nouveau Salon comprend deux expositions annuelles à Paris et des expositions en province. A ce salon doit être annexée une « Ecole d'art » avec conférences.

M. Chapoton a obtenu une médaille de bronze à Montpellier en 1873, une médaille de bronze à Lyon en 1881, des médailles d'argent à l'Exposition nationale de Tours en 1882 et à Niort en 1883, et une première médaille à une autre exposition nationale de Tours en 1892, pour un tableau qui a été placé au musée de cette ville.

FABRE d'ENVIEU (Jules)

Ecclésiastique, philosophe et linguiste, né à Castres (Tarn) le 25 mars 1821. Il fit ses études classiques au collège de sa ville natale et entra chez les Pères Jésuites en 1840, avec le dessein d'aller en Chine, comme évangéliste. Envoyé plus tard en mission à Inspruck, dans le Tyrol, puis à Dublin, M. l'abbé Fabre d'Envieu rentra en France en 1848 et fut nommé professeur au collège Sainte-Marie de Toulouse. Pendant son séjour dans cette dernière ville, il fut remarqué par Mgr Maret, doyen de la Faculté de Théologie à la Sorbonne, qui le demanda comme suppléant et obtint sa nomination (1866).

Deux ans plus tard, M. l'abbé Fabre d'Envieu devint titulaire de la chaire d'écriture sainte, qu'il a conservée jusqu'en 1885, époque à laquelle furent fermés les cours de la Faculté de Théologie.

Philosophe de l'école des Saint-Augustin, Saint-Bonaventure, Fénelon et Bossuet, il n'a pas été d'accord avec les partisans de la Scolastique péripatéticienne, et il a publié sur cette matière : *Défense de l'ontologisme ou de la Philosophie spiritualiste* (Platonisme augustinien) (1 vol. 1862); *Réponse aux lettres d'un sensualiste contre l'ontologisme* (1 vol. 1864); *Cours de philosophie* ou *Nouvelle exposition des principes de cette science* (2 vol. 1863-65); *Sancti Augustini* (Philosophia); *Andreæ Martin, congregationis Oratorii D. N. Jésu-Christi presbitero collectore Novam hanc editionem recognovit at que in pluribus emendavit Julius Fabre d'Envieu* (1 fort vol. 1863); *Les origines de la Terre et de l'Homme d'après la Bible et d'après la science, ou l'Hexameron Genesiaque*, considéré dans ses rapports avec les enseignements de la Philosophie, de la Géologie, de la Paléontologie et de l'Archéologie préhistorique (1 gros vol. 1873); *Solis intelligentiæ lumen indeficiens seu immediatum Dei ut Entis summi internum magisterium, per F. Juvenalem Annaniensem editio altera contractior cui præfationem adjecit Julius Fabre d'Envieu* (1 vol. 1882); *Le livre du prophète Daniel*, traduction et commentaire (4 vol. 1890).

M. l'abbé Fabre d'Envieu a produit en outre un nombre considérable de travaux remarquables de philologie et de linguistique, parmi lesquels il convient de citer : *Méthode pour apprendre le Dictionnaire de la langue Grecque et les mots primitifs de plusieurs autres langues anciennes et modernes*, ou l'art d'apprendre par l'étymologie des noms géographiques, ethniques, mythologiques, historiques ou personnels le Grec, l'Allemand, l'Anglais, le Russe, l'Arabe, l'Hébreu, le Chinois, etc. (1870); *Onomatologie de la Géographie Grecque* (1 vol. 1874); *Le Dictionnaire allemand enseigné par l'analyse étymologique des noms propres* : premier volume, *Prénoms*; deuxième volume, *Noms de famille* ; troisième volume, *Noms locaux tudesques*, onomatologie géographique des contrées occupées par les Allemands, avec des appendices et des aperçus nouveaux relatifs à la Toponomastique des Celtes (1885).

M. l'abbé Fabre d'Envieu connaît à fond l'Allemand, l'Anglais, l'Italien, l'Espagnol, l'Hébreu, le Syriaque, l'Arabe et le Chinois.

Chanoine honoraire du chapitre de Saint-Denis, ce savant est chevalier de la Légion d'honneur depuis le 28 août 1878.

MERSON (Luc-Olivier)

Peintre, membre de l'Institut, né à Paris le 21 mai 1846. Il est le neveu de M. Charles-Victor-Ernest Merson, publiciste catholique et royaliste, né en 1819 à Fontenay-le-Comte, président du Syndicat de la presse départementale, officier de la Légion d'honneur depuis 1868; et le fils de M. Olivier Merson, critique d'art, né en 1822 à Nantes.

Ses études classiques faites dans cette ville, M. Luc-Olivier Merson vint à Paris, à l'Ecole des Beaux-Arts, apprendre la peinture; il reçut aussi les leçons de Chassevent et de Pils. Il exposa, dès 1867, une première toile : *Leucothoë et Anaxandre*; en 1868, il donna une *Pénélope*; en 1869, un *Apollon exterminateur* et il remporta, la même année, le prix de Rome, avec un *Soldat de Marathon*.

Après son retour d'Italie, M. Luc-Olivier Merson envoya successivement aux Salons annuels de la Société des Artistes français, des peintures, parmi lesquelles il convient de citer : *Saint Edmond, roi d'Angleterre, martyr* (1872) ; *Vision, légende du* xiv* siècle* (1873) ; *Sacrifice à la Patrie* ; *Saint Michel*, modèle d'une tapisserie exécutée aux Gobelins (1875) ; le *Loup d'Aggubio* (1878) ; *Saint Isidore laboureur* (1879) ; *Saint François d'Assise prêche aux poissons* (1881) ; *Angelo pittore* ; *Jugement de Paris* (1884) ; l'*Arrivée à Béthléem* ; la *Danse de Kerbeagh* (1885) ; l'*Homme et la Fortune* ; l'*Annonciation* (1892), etc.

Il a, en outre, exposé aux Salons un certain nombre de dessins, entre autres : les *Pèlerins d'Emmaüs*, *Danse de fiançailles* (1886) ; dix dessins pour l'*Imagier de M. Jules Lemaître* (1890) ; *Représentation du mystère de Noël, France*, xv* siècle*, neuf dessins pour le *Harpers Magazine* (1892).

En outre de ses expositions, M. L.-O. Merson a produit beaucoup d'autres sujets de peinture religieuse, qui sont dans diverses églises. Le genre religieux, qu'il a le plus souvent abordé, est, en somme, la partie la plus connue et la meilleure de son œuvre, selon l'avis général.

Cet artiste a exécuté aussi des peintures décoratives pour l'escalier de l'Hôtel-de-Ville, pour le cabinet du recteur à la Sorbonne ; on lui doit aussi *La Musique et la Poésie*, plafond de l'escalier Marivaux, à l'Opéra-Comique, terminé en 1899.

Il a produit des *Modèles de Mosaïque* pour l'Exposition universelle de 1889, des *Modèles de Tapisserie* pour les Gobelins (avec M. Lavastre), des *Cartes de vitraux*, pour divers artistes ; un modèle de *Tombeau de Pasteur*, dessins, etc.

Il a illustré plusieurs ouvrages : le *Paroissien de Jeanne d'Arc* ; le *Paroissien des Catacombes* ; *Dix contes de M. Jules Lemaître* ; *Notre-Dame de Paris* de V. Hugo; *Saint-Julien l'Hospitalier* de Flaubert ; les *Trophées* de M. de Hérédia ; il a donné des dessins à la *Revue illustrée*, et il est chargé d'exécuter une composition pour un nouveau billet de banque de 100 francs (1899).

M. Luc-Olivier Merson a obtenu une médaille de première classe en 1873, au Salon, et une médaille d'or à l'Exposition universelle de 1889. Il a été décoré de la Légion d'honneur en 1881, et reçu membre de l'Académie des Beaux-Arts, en remplacement de Signol, le 3 décembre 1892.

PUECH (Denys-Pierre)

Sculpteur, né le 16 décembre 1854 à Gavernac (Aveyron). Il vint à Paris en 1873, pour entrer dans l'atelier Jouffroy, à l'Ecole des Beaux-Arts, où il remporta successivement, pour la sculpture, le deuxième (1883) et le premier prix de Rome (1884).

Après ses quatre années de séjour à Rome, le jeune artiste accomplit de fréquents voyages en Europe et en Afrique.

Depuis 1884, M. Denys Puech a exposé tous les ans à la Société des Artistes français. Ses œuvres se font remarquer tant par l'inspiration que par l'exécution. Il faut citer notamment : l'*Enfant au poisson* (1884), groupe marbre qui obtint une 3° médaille ; *Monument commémoratif de la Marine Chilienne* (1885), inauguré à Valparaiso l'année suivante ; la *Seine* (1887), bas-relief plâtre envoyé de Rome et exécuté en marbre pour le musée du Luxembourg en 1894 ; la *Muse d'André Chénier* (1888), statue plâtre qui reparut en marbre l'année suivante, obtint une médaille de 2° classe, et fut acquise par l'État pour le musée du Luxembourg ; *Léon Boyer*, buste bronze pour son monument à Florac (Lozère) (1889) ; la *Sirène*, groupe marbre qui valut à son auteur une médaille de 1" classe et figure au musée de Luxembourg, et *M. Constans*, sénateur, buste plâtre (1890), envoyé en bronze l'année suivante ; *Etoile du soir*, statue plâtre (1891) ; *L'Amour écrasé par un sac d'écus*, statue plâtre donnée à l'Institut, et *M. Méline*, buste marbre (1892) ; *Buste de femme*, étude achetée par l'État pour le musée du Luxembourg ; l'*Amiral Olry*, statue bronze (1894); *Vision de Saint Antoine de Padoue*, bas-relief marbre et *M. Chaplain*, buste bronze (1895); *Bas-relief* marbre pour le *tombeau de Ch. Chaplin* (1896); *Groupe* marbre pour le monument élevé depuis à Leconte de Lisle, au Jardin du Luxembourg; *Jules Ferry*, buste marbre, aujourd'hui au Sénat (1897) ; *Groupe* plâtre, destiné au monument élevé depuis à Francis Garnier, place de l'Observatoire de Paris, et l'*Enfant au poisson*, groupe plâtre (1898), etc.

On doit, de plus, à cet excellent artiste de nombreux ouvrages qui n'ont pas figuré aux Salons annuels; citons : le *Monument de Sainte-Beuve*, dans le jardin du Luxembourg; le *Monument* élevé à Menton pour la célébration de la réunion de cette ville à la France; le *Monument* élevé à Millau (Aveyron) en l'honneur des soldats morts en 1870 ; un *bas-relief* pour la statue de Clément Marot à Cahors ; les statues: d'*Alexis Monteil* érigée à Rodez (Aveyron), du *R. P. Fourier* à Mirecourt, de *M. Léon Boyer* à Florac (Lozère) ; un *fronton* à la préfecture de Niort et de nombreux bustes, parmi lesquels ceux de M*mes* *Jules Favre*, à l'Ecole normale de Sèvres ; de MM*mes* la *marquise de Beauvoir*, la *baronne A. Seillères*, *Edouard André* (Nelly Jacquemart), *Hébert*, *Rita Sangalli*, la *comtesse de Laincel*, *Bartet*, de la Comédie Française, *Emma Calvé*, la *comtesse de Montalivet*, la *princesse Mathilde*, M*me* *Lebret*, M*me* *Rosita Mauri*, et de MM. *Paul Mantz*, de l'Institut ; le *cardinal Bourret*, évêque de Rodez ; le *professeur Peter*, à l'Académie de Médecine ; *J.-M. de Hérédia*, de l'Académie française ; *Auguste Dorchain*, *Chaplain*, *François Fabié*, *Jean Rameau*, *Poubelle*, *Le Myre de Villers*, le *professeur Brouardel*, doyen de la Faculté; le *général Des Garets*, *M. Bardoux*, ancien ministre, pour l'Académie des Inscriptions et Belles-Lettres ; *Zévort*, pour le ministère des Beaux-Arts ; *François Chabas*, pour son monument à Chalon-sur-Saône.

Voici, sur la *Seine*, une des plus importantes œuvres de M. Denys Puech, comment s'exprimait M. Armand Sylvestre, dans l'*Echo de Paris* en 1894.

D'abord le bas-relief de marbre, la *Seine*, qui est une vraie merveille. Le beau fleuve s'y déroule en un corps féminin d'une grâce exquise, tout éclairé du sourire d'une tête d'un délicieux caractère ; Je le répète, peu de jolies choses que nous ayions vues depuis longtemps et d'un sentiment décoratif, chaste et voluptueux tout ensemble, exquis.

M. Denys Puech, chevalier de la Légion d'honneur depuis 1892 a été fait officier en 1898.

MONNIER
(Jean-Marie-Marcel-Albert)

XPLORATEUR, écrivain, né à Paris le 8 février 1853. Il fit ses études classiques au lycée Condorcet et obtint la licence en droit en 1881.

Après avoir voyagé à travers l'Europe, M. Marcel Monnier visita les Antilles, le Mexique, les Etats-Unis, le Canada et l'archipel d'Hawaï (1883-1884).

En 1884-1885, il parcourut les Indes Anglaises, la Birmanie, le sud de la Chine, le Japon, Java, l'Australie. Franchissant le Pacifique, il employa les années 1886-87 à explorer les Andes de l'Equateur et du Pérou, complétant ses itinéraires Sud-Américains par une reconnaissance du bassin Amazonien et la traversée du Continent, de Lima au Para. Au retour de cette expédition de trois années, la carrière du voyageur faillit se terminer de façon tragique par un naufrage au port, lors de la collision entre le transatlantique la *Champagne* et la *Ville de Rio-Janeiro*. Ce dernier steamer, qui le ramenait en France, coula à pic; mais les passagers furent heureusement recueillis, bientôt après, par un autre vapeur, la *Ville de Bordeaux*.

En 1891-92, M. Monnier fit partie de la mission du capitaine Binger, à la Côte d'Ivoire et au pays de Kong.

En 1893, correspondant spécial du *Temps*, à l'Exposition universelle de Chicago, il passa des Grands Lacs à la Californie, par le Colorado, le Nouveau Mexique et l'Arizona ; puis il visita la Colombie britannique et le littoral de l'Alaska.

En 1894, M. Marcel Monnier entreprit, à la demande du *Temps*, un grand voyage en Asie, dont le récit a été publié par ce journal sous ce titre : *Le Tour d'Asie*. Ce « tour » ne dura pas moins de 45 mois, pendant lesquels le voyageur parcourut l'Indo-Chine française et une grande partie de la Chine, effectuant notamment la traversée du Céleste-Empire, de Pékin au Tonkin, par le bassin du Fleuve-Bleu, le Sé-Tchouen et le Yunnan (1894-97). Il regagna enfin (1897-98) l'Europe, après avoir coupé, dans sa grande diagonale, le continent Asiatique, de la Corée à l'Asie Mineure, de Séoul à Bagdad, par les hauts plateaux de Mongolie, les passes de l'Altaï et les sources de l'Obi, les steppes Kirghizes, le Turkestan et la Perse.

M. Marcel Monnier a publié plusieurs relations de ses voyages chez les éditeurs Plon, Nourrit et C*ie*:

Un Printemps sur le Pacifique, Iles Hawaï (1 vol. illustré 1885); *Des Andes au Para*, Equateur, Pérou, Amazone (1 vol. illustré 1890), ces deux ouvrages couronnés par l'Académie française ; *France noire (Côte d'Ivoire et Soudan), Mission Binger* (1893).

On annonce encore de lui, chez les mêmes éditeurs, la relation complète du *Tour d'Asie*, qui doit former 3 volumes (1899).

Membre de la Société de Géographie et de la Société de Géographie commerciale de Paris, M. Marcel Monnier a reçu de cette dernière, en 1890, la médaille Crevaux, réservée aux explorateurs de l'Amérique du Sud. La Société de Géographie lui a aussi décerné deux médailles d'or, l'une en 1893 pour ses voyages et publications relatifs à l'Amérique et à l'Afrique, l'autre en 1899 pour sa traversée de l'Asie. Il est chevalier de la Légion d'honneur, officier d'Académie et décoré de divers ordres coloniaux et étrangers.

LOLIÉE (Frédéric-Auguste)

ÉCRIVAIN, historien et critique, né à Paris le 14 octobre 1856. Ses études accomplies, il collabora pour une grande part à l'*Histoire de la Littérature française*, publiée sous le nom de F. Godefroy, important ouvrage en dix volumes in-8°, plusieurs fois récompensé par l'Académie française et dont il se révéla fortuitement le principal auteur.

M. Frédéric Loliée, ensuite, collabora à la plupart des grands périodiques de France et de l'étranger : la *Nouvelle Revue*, la *Revue Bleue*, le *Correspondant*, le *Contemporain*, la *Revue illustrée*, la *Revue de Paris*; l'*Auf der Höhe*, la *Nation*, la *Deutsche Revue*, de Berlin ; *The Times*, de Londres ; *The Century* et le *Bookman*, de New-York et la *Revue Internationale* de Rome. Il y a lieu de mentionner spécialement ses articles, fort discutés, sur les questions contemporaines, à la *Revue des Revues ;* telles ses études sur le mouvement féministe : *Comment elles nous jugent*, qui firent couler des flots d'encre et que l'on doit retrouver dans les *Cérébrales* (volume en préparation) ; une retentissante campagne contre les *Fabricants de littérature populaire* et une étude sur le *Parler fin de siècle (Parisianismes)*, qui fut très commentée avant même de paraître en volume chez l'éditeur Flammarion (1899), etc. Il a écrit une remarquable introduction encyclopédique au *Dictionnaire des Dictionnaires* de P. Guérin et prêté son concours à la rédaction du présent *Dictionnaire national des Contemporains*.

M. Frédéric Loliée est l'auteur de : *Nos Gens de Lettres, leur vie intérieure, leurs rivalités, leur condition* (1887, Calmann-Lévy, éditeur), étude « bien plutôt sociale que littéraire », comme le constate M. Edmond Schérer, et qui suggéra dans le journalisme international des commentaires très animés : MM. Paul Bourget aux *Débats*, Schérer au *Temps*, Deluns-Montaud dans le *National*, Champsaur dans le *Figaro* et l'*Evénement* et de nombreux écrivains à l'étranger, s'accordèrent à en reconnaître la haute valeur et les utiles leçons. Ce livre valut à son auteur une récompense de l'Institut.

Quelques lignes, empruntées à l'appréciation-préface de M. Paul Bourget, caractérisent bien l'allure et les tendances de cet ouvrage :

Beaucoup, même parmi les maîtres, trouveront de quoi faire un retour triste sur eux-mêmes en lisant les pages, d'une éloquence à la fois ardente et positive, consacrées par Frédéric Loliée aux déviations forcées du talent, sous l'influence du labeur vénal, aux cruels abus de la production propre à notre âge, aux âpretés du combat pour la vie dans ce monde littéraire encombré d'ouvriers — et aussi de parasites. Sur combien de tombeaux d'écrivains célèbres pourrait-on graver, comme sur la stèle antique : un encrier, une plume et ces mots : « Témoignages d'une dure vie ! »

On cite encore de lui : le *Paradoxe*, essai sur les excentricités de l'esprit humain dans tous les siècles (1888), que Jules Simon présenta à l'Institut, dans la séance du 27 octobre 1888, comme « un des plus attrayants ouvrages qu'ait pu produire une érudition hors ligne »; les *Immoraux* (1894), études physiologiques de névrose et d'hystérie, qui « sont un peu, a dit un critique, les *Caractères de la Bruyère* de M. Loliée »; le *Dictionnaire des Ecrivains et des Littératures* (1897, 912 pages à 2 col. et 300 grav., Armand Colin), — sorte de petit Larousse, plus littéraire et surtout plus raisonné, dont le mérite est de présenter le caractère des œuvres sous une forme concise, animée et vivifiée par l'image. Adopté par le ministère de l'Instruction publique et par la ville de Paris, cet ouvrage est devenu classique.

Les notices consacrées dans le *Dictionnaire des Ecrivains et des Littératures*, a dit, en son rapport, M. Fr. Lhomue, membre du Conseil supérieur de l'Instruction publique, sont de vrais portraits où revivent tous les traits essentiels de chaque physionomie. Ces notices, en effet, ne sont pas des abrégés, mais des études personnelles faites pour le cadre auquel elles s'adaptent. Il faut signaler aussi les aperçus d'ensemble sur l'histoire des littératures et des langues, d'une synthèse vraiment puissante, où rien d'utile n'est omis.

Il faut ajouter à la série de ces travaux : un *Tableau*

de *l'histoire littéraire du monde* (1899, Schleicher édit.), offrant une vue panoramique et philosophique en même temps du travail simultané de l'esprit humain, à travers tous les temps et tous les pays ; une *Évolution comparée des littératures* (Bibliothèque des Sciences contemporaines, Reinwald, édition annoncée pour 1900), visant à grouper, pour la première fois, en une seule vue, tous les éléments d'inspiration, les idées génératrices, les principes fondamentaux et les grandes lignes historiques du labeur littéraire universel.

Au point de vue critique, l'ensemble des œuvres de M. Frédéric Loliée atteste en particulier un rare esprit de synthèse, le portant à dégager d'une multitude d'idées et de faits, rapprochés ou opposés entre eux, des sensations nettes, frappées de façon à ne plus sortir de la mémoire.

ROSTAND (Joseph-Eugène-Hubert)

Économiste, littérateur, membre de l'Institut, né à Marseille le 23 juin 1843. Il accomplit, au lycée de la cité natale, de brillantes études classiques, couronnées par le prix d'honneur de la ville de Marseille, et se fit recevoir licencié ès-lettres et en droit par les Facultés d'Aix.

Adjoint au maire de Marseille après le 16 mai 1877, M. Eugène Rostand fut candidat, sur le terrain de la « République conservatrice et libérale », à l'élection législative du 27 janvier 1848, dans l'arrondissement de Castellane (Basses-Alpes), où il obtint 1,653 voix contre 2,529 à M. Arthur Picard, élu. Il se représenta dans la même circonscription, au renouvellement général de 1881 et obtint 1.720 suffrages contre 2,309 donnés au même concurrent. En 1893, il fut, à Marseille, avec un programme de républicain progressiste et de « réformes sociales pratiques », l'adversaire de M. Antide Boyer et eut une minorité considérable; mais M. Boyer, socialiste, fut élu.

M. Eugène Rostand a publié d'abord des poésies : *Ébauches* (1865) ; la *Seconde page* (Scheuring, 1866) ; *Poésies simples* (Sandoz et Fischbacher, 1874) ; *Sentiers unis* (1876, Hachette) ; les *Poésies de Catulle* (1880, Hachette 2 vol.) traduites en vers français (vers à vers) avec un commentaire philologique d'Eug. Benoist, de l'Institut; ce dernier ouvrage valut à la traduction le prix Jules Janin, décerné alors pour la première fois à l'Académie française. Il a écrit aussi des études dispersées, notamment, dans le *Figaro*, sur les causes du suicide de Prévost-Paradol et sur Henri Heine; dans la *Revue de France*, dans la *Revue politique et parlementaire*, la *Réforme sociale*, etc.

Depuis 1885 environ, M. Eug. Rostand s'est voué tout entier à l'étude et à l'essai de solution pratique de divers problèmes d'économie sociale. C'est la partie la plus importante de son œuvre.

Il a publié dans cette voie de nombreux travaux, parmi lesquels il faut citer : les *Questions d'économie sociale dans une grande ville populaire* (Guillaumin, 1889), qui reçurent la médaille d'or du prix Audéoud à l'Académie des Sciences morales et politiques; la *Réforme des Caisses d'épargne françaises* (ib. 2 vol. 1890-1891), où il posait, pour la première fois en France, la question d'élargissement et de déconcentration du régime d'emploi étatiste des caisses d'épargne ; *Une visite à quelques institutions de prévoyance en Italie* (ib. 1891); *L'Action sociale par l'initiative privée* (2 vol. 1893-1897), qui reçut le prix décennal Bigot de Morogues; *Le concours des Caisses d'épargne au Crédit agricole* (1897), couronné au concours Blaise des Vosges ; les *Comptes-rendus du Congrès du crédit populaire et agricole*, publiés sous sa direction (10 vol. 1889-1898).

Comme action sociale, M. E. Rostand a mené dans toute la France une campagne de conférences pour propager les idées d'affranchissement et de décentralisation de l'épargne, les principes exacts et les méthodes du crédit populaire urbain et rural, de l'assistance par le travail, de la défense contre l'alcoolisme, etc. Il a été le promoteur ou le fondateur de 24 établissements d'épargne, de deux sociétés d'habitations ouvrières à bon marché, des Congrès et du Centre fédératif du crédit populaire en France, de nombreuses caisses coopératives agricoles, d'une institution d'assistance par le travail, signalée comme type par l'Office du travail, etc.

M. E. Rostand a été directeur politique du *Journal de Marseille* et a collaboré, comme nous l'avons vu, à divers journaux de Paris et de la province. Il donne mensuellement au *Journal des Débats* des études remarquées sur le *Mouvement social* (1899).

Membre du Conseil supérieur des habitations à bon marché, de la Commission supérieure des caisses d'épargne, du Comité international permanent des accidents du travail et des assurances sociales, du Comité de l'Alliance coopérative internationale, président, depuis 1886, de la Caisse d'épargne des Bouches-du-Rhône; depuis leur fondation, de la Société d'habitations à bon marché et de l'Assistance par le travail de Marseille, il a reçu une médaille d'or de collaborateur à l'Exposition d'économie sociale en 1889 et le grand prix de la section d'économie sociale à l'Exposition universelle de Lyon en 1894.

Membre du comité des travaux historiques et scientifiques au ministère de l'Instruction publique, ancien président de l'Académie des Sciences, Lettres et Arts de Marseille, M. Eugène Rostand a été élu comme membre libre à l'Académie des Sciences morales et politiques le 24 décembre 1898. Il a été nommé chevalier de la Légion d'honneur à la suite de la réunion, à Paris, des Sociétés savantes, le 31 mai 1890 ; il est officier de l'Instruction publique, commandeur de la Couronne d'Italie, etc.

ROSTAND (Alexis-Jean)

ADMINISTRATEUR, frère du précédent, né à Marseille le 22 décembre 1844. Dès ses études terminées, et après un apprentissage de plusieurs années dans une maison de banque, il fut engagé, vers la fin de 1868, au Comptoir d'Escompte de Paris, comme sous-directeur de l'agence que cet établissement fondait à Marseille. Devenu, en 1876, directeur de cette agence, il lui donna rapidement une importance qui excédait celle d'une simple succursale : le montant des dépôts s'y éleva jusqu'à 35 millions et il fut signalé nominativement dans les rapports aux assemblées générales des actionnaires de 1884, 1887 et 1888.

Lorsque survint, en 1889, la crise qui amena la liquidation du Comptoir ancien, les titres antérieurs de M. Rostand et la façon même dont il conduisit son agence pendant ses moments difficiles le firent appeler au poste de directeur général, à Paris, du Comptoir National d'Escompte reconstitué. Par son esprit d'initiative et de méthode, comme par sa ténacité, il a porté cet établissement à un haut degré de prospérité, et lui a donné un développement considérable.

M. Rostand s'était fait connaître, pendant sa jeunesse, par des productions musicales, surtout pour les voix et l'orchestre. La notoriété de ces travaux, qui lui valurent plusieurs distinctions flatteuses, fut assez sérieuse pour qu'une notice étendue lui fut consacrée dans le supplément à la *Biographie universelle des Musiciens*, de Fétis. On lui doit aussi des études, — pour la plupart anonymes ou parues sous divers pseudonymes — d'histoire, de bibliographie ou de didactique musicale. Depuis longtemps, d'ailleurs, le nom de M. Rostand n'a plus été associé à aucune publication de cet ordre.

M. A. Rostand, chevalier depuis 1885, a été promu officier de la Légion d'honneur en 1896.

ROSTAND (Eugène-Alexis-Edmond)

POÈTE, auteur dramatique, né à Marseille le 1er avril 1869. Fils et neveu des précédents, il commença ses études au lycée de Marseille et vint les terminer au collège Stanislas à Paris. En 1888, il prit ses premières inscriptions de droit et obtint la licence en 1891.

M. Edmond Rostand débuta dans la littérature par les *Musardises*, poésies, chez Alph. Lemerre ; puis il écrivit les *Romanesques*, comédie en 3 actes, en vers, déposée à la Comédie française en 1891 et représentée seulement en 1894 ; cette pièce fut très favorablement accueillie par la presse et le public. Vinrent ensuite : la *Princesse lointaine*, pièce en 4 actes en vers, musique de G. Pierné (Renaissance 1895, où triomphèrent, avec l'auteur, Mme Sarah Bernhard et M. de Max ; la *Samaritaine*, pièce biblique, 3 actes en vers (Renaissance 1897), qui, dit un critique, « restera un incomparable régal poétique et un triomphe pour les beaux vers qui signifient quelque chose » ; *Cyrano de Bergerac*, drame en 5 actes, en vers (Porte Saint-Martin 1897-1899), un des plus grands succès du théâtre moderne, qui eut à Paris plus de 400 représentations consécutives et fut mis à la scène partout, en province et à l'étranger.

On connaît en outre de M. Edmond Rostand un *Sonnet* dédié à Mme Sarah Bernhard et qu'il dit lui-même à la fête donnée par la presse parisienne à la grande tragédienne (février 1897) ; *Pour la Grèce*, poème dit aussi par l'auteur à la matinée organisée à la Renaissance au profit des blessés grecs et crétois (4 avril 1897) et diverses autres poésies parues dans la *Revue de Paris*. Il est enfin l'auteur de l'*Aiglon*, pièce en 5 actes destinée au théâtre Sarah Bernhard (ancien théâtre des Nations) et de la *Maison des amants*, pièce en vers, pour la Comédie française.

Poète d'une prestigieuse virtuosité, écrivain superbement doué et excellent dramaturge, M. Edmond Rostand a pris, jeune encore, une place très importante dans les lettres françaises.

Il a été fait chevalier de la Légion d'honneur en 1898, le soir de la première de *Cyrano de Bergerac*.

PIMODAN (Gabriel Duc de RARÉCOURT de La VALLÉE, Marquis et Duc de)

Littérateur, né à Paris le 16 décembre 1856. Il appartient à une très ancienne famille originaire de l'Argonne, qui figura aux Croisades et soutint toujours le parti français dans les luttes d'autrefois sur la frontière de l'Est, où Rarécourt fut jadis une sorte de petit territoire neutre. Plus tard, les Rarécourt de La Vallée contribuèrent puissamment à la réunion définitive de Toul à la France. L'un d'eux (1587-1607) fut le dernier évêque souverain de la cité, et le titre de grand-bailli d'épée des ville et pays de Toul devint héréditaire dans cette maison, qui a fourni beaucoup d'autres personnages remarquables.

Au moment de la Révolution, le chef de la famille était Charles-Jean de Rarécourt de La Vallée, marquis de Pimodan, comte d'Echénay, etc., brigadier des armées du roi. Il fit ses « preuves de cour, » qui se trouvent aux Archives Nationales (MM. 812, p. 79-86. — 1766), et épousa Rose de Gouffier.

Son arrière petit-fils, Georges, marquis de Pimodan, général au service du Saint-Siège en 1860, remporta la victoire des Grottes contre les troupes irrégulières envahissant les Etats de l'Eglise et succomba héroïquement, le 18 septembre 1860, à la bataille de Castelfidardo, devant l'armée piémontaise. Il avait épousé Emma de Couronnel, dame de la Croix-Etoilée d'Autriche, fille de Raoul, marquis de Couronnel et d'une des deux dernières princesses de Montmorency-Laval.

Au mois d'octobre 1860, le Pape Pie IX conféra le titre de duc aux deux fils du général et à tous leurs descendants mâles et son successeur, Léon XIII, a adressé un bref confirmatif aux ducs de Rarécourt de La Vallée de Pimodan.

M. Gabriel de Pimodan, fils de Georges, sentit très jeune se développer en lui le goût des lettres et de la poésie ; mais, destiné à l'état militaire par les traditions de sa race, il entra à Saint-Cyr en 1875, dans un fort bon rang. Nommé sous-lieutenant en 1877, il se rendit à Rome « pour faire bénir son épée » par le pape Pie IX, peu avant la mort du pontife, qui l'accueillit comme un fils.

Sous-lieutenant au 89° régiment d'infanterie, M. de Pimodan s'intéressa vivement aux choses militaires ; mais il ne tarda pas à donner sa démission pour pouvoir se consacrer entièrement aux lettres.

Le *Dictionnaire Larousse (supplément)* cite M. de Pimodan comme un « poète distingué à la forme personnelle et un historien qui a publié des monographies intéressantes sur des sujets peu connus. »

Son premier volume de poésies, *Lyres et Clairons*, où de nombreuses pièces sont inspirées par le métier des armes, parut en 1881, sous le pseudonyme de « Raoul Fortunat » et fut remarqué. Depuis, ont été publiées de lui plusieurs volumes de vers : le *Coffret de perles noires* (1883) ; les *Soirs de défaites* (1887) ; *Poésies* (1892) ; son plus récent : les *Sonnets de Pimodan* (1897), fut l'objet de nombreux articles élogieux dans la presse française et étrangère.

A côté de ces œuvres poétiques, leur auteur a fait paraître, en s'aidant souvent des archives de sa famille et de nombreux documents inédits, des études historiques fort curieuses sur des sujets peu connus. Nous citerons : *Histoire d'une vieille maison ;* le *Château d'Echénay* (1882) ; *La réunion de Toul à la France et les derniers évêques-comtes souverains*, avec planches (1885) ; la *Mère des Guises*, avec portrait (1889) ; la *Première étape de Jeanne d'Arc*, avec une carte (1891).

Après ses débuts, cet écrivain fut nommé à l'unanimité membre de la Société des Gens de Lettres.

En 1898, M. de Pimodan, qui était depuis longtemps maire d'Echénay (Haute-Marne), vieille résidence de sa famille, fut élu conseiller général du canton de Poissons, sans concurrent et presque à l'unanimité des électeurs présents, sur un programme nettement patriotique, protectionniste et favorable aux « bouilleurs de crû. »

Pimodan (Claude, Duc de Rarécourt de La Vallée, Comte et Duc de), son frère, né à Paris le 20 juin 1859, entré à l'Ecole de Saint-Cyr en 1877, a suivi la carrière des armes. Il a épousé, en 1885, Mme Georgina de Mercy-Argenteau, dame de l'ordre de Thérèse de Bavière, dont il a trois fils et deux filles (Voir l'Almanach de Gotha : Maisons princières non souveraines).

Ancien élève de l'Ecole supérieure de guerre et breveté d'Etat-Major, il a été attaché militaire de la République française au Japon.

On a de lui un volume de voyage fort intéressant et d'un grand charme : *De Goritz à Sofia* (1892).

GUERNE
(Marie-Thérèse de SÉGUR Comtesse de)

ANTATRICE mondaine, née à Paris. Issue d'une illustre famille qui a fourni à la France des ambassadeurs, des évêques, des maréchaux, des ministres, des généraux, elle est la petite-fille de la comtesse de Ségur, née Rostopchine, auteur de nombreux livres pour la jeunesse.

A peine âgée de onze ans, Mlle de Ségur se révéla artiste en interprétant, devant Gounod, qui était venu passer quelques jours à la campagne chez ses parents, l'air « des bijoux » de *Faust*, qu'elle avait entendu chanter dans une fête de bienfaisance. Le compositeur, ayant reconnu les plus remarquables qualités artistiques chez la jeune fille, en fit son élève; ensuite, Mlle de Ségur prit des leçons de chant de Pagans et devint rapidement une excellente cantatrice.

Douée d'une magnifique voix de soprano, d'une étendue de plus de deux octaves, chaude, vibrante et bien timbrée, admirable dans la vocalise, elle a obtenu, toutes les fois qu'elle s'est produite, le plus chaleureux accueil, aussi bien dans les salons que dans les concerts de charité.

« Si elle voulait débuter au théâtre, disait Gounod, je composerais pour elle un opéra, et je lui assurerais un engagement de 100,000 francs par an ».

Divers impresarii ont offert à cette cantatrice des sommes considérables qu'elle a toujours refusées, à cause de sa naissance et de sa situation dans le monde.

Mlle de Ségur a épousé, en 1883, le comte de Guerne, d'une très ancienne famille du Nord, où il a conservé des propriétés.

Mme la comtesse de Guerne a chanté les œuvres de tous les maîtres anciens et modernes; mais elle a une prédilection pour l'école italienne.

Parmi les ouvrages qu'elle a interprétés avec le plus de succès, nous citerons *Faust* et *Mireille*, chez Mme la baronne Hély d'Oissel; *Philémon et Baucis*, chez Mme la marquise de Jaucourt; le *Pardon de Ploërmel*, donné au profit de la Société Philanthropique, avec les chœurs et l'orchestre de l'Opéra-Comique, sous la direction de M. Danbé; le premier acte de *Sapho*, à Douai, avec chœurs et orchestre de 150 musiciens, dirigé par Gounod; l'oratorio *Mors et Vita*, de Gounod, exécuté à la salle d'Harcourt, à Paris, et à Douai, etc. Mme la comtesse de Guerne a paru aussi avec éclat dans diverses solennités mondaines, à côté de Faure, des frères de Reszké, de Maurel, de Emma Calvé, Gabrielle Krauss, Christine Nilsson, Van Zandt, Albani, Rose Caron et autres célébrités artistiques.

MOISSON (Marcel-Armand)

EINTRE, né à Champigny-sur-Marne le 6 octobre 1865. Entré, dès l'âge de treize ans, dans l'atelier du décorateur Rubé, qu'il n'a plus quitté depuis cette époque, M. Moisson devint l'associé de son maître et conquit rapidement une grande notoriété comme artiste.

En dehors des œuvres qu'il a exposées aux Salons annuels, il convient de citer, parmi ses productions pour le théâtre, dont le nombre est considérable, les décors suivants : pour les Variétés : *Venise la nuit*, qui fit sensation par sa vérité et sa grande difficulté d'installation; le *Carnet du Diable*, la *Revue de Spitaed*, l'*Œil crevé*, le *Pompier de service*; pour l'Opéra-Comique : *Sapho*, *Don Juan*, *Cendrillon*, *Cavalleria rusticana*, *Guernica*, la *Vivandière*, *Orphée aux enfers*, *Chevalier Jean*, *Ninon de Lenclos*, *Paul et Virginie*, *Fervaal*, le *Chevalier d'Harmental*, *Werther*, le *Rêve*, *Manon*, *Phryné*, *Philémon et Baucis*; pour la Comédie Française : les *Catacombes de Rome*, dans la *Martyre*, les *Ruines*, dans *Struensée* (effet de clair de lune); *Par le glaive*, le *Flibustier*, *Frédégonde*; l'*Arrivée à Chypre*, admirable effet de soleil couchant après l'orage et le *Jardin d'Othello*, avec ses palais, effet de plein soleil éblouissant, pour l'*Othello*, de M. J. Aicard; pour l'Odéon : le *Roman d'un jeune homme pauvre*, l'*Arlésienne*, les *Jacobites*, *Macbeth*, les *Fils de Japhet*, la *Reine Fiammette*; pour l'Athénée-Comique : *Paris-sur-scène*, *Gentil crampon*, *Cocher, rue Boudreau!* *Madame Putiphar*, pièce dans laquelle furent très remarqués les décors du *Désert* et du *Nil dans sa vallée* (effets de clair de lune); pour la Comédie Parisienne : l'*Amour mouillé*, *Mademoiselle Eve*; pour les Folies-Dramatiques : la *Cocarde tricolore* (vue d'Alger), *Rivoli*, la *Fille de Paillasse*; pour l'Olympia : *Barbe-Bleue* etc.

M. Moisson a exécuté aussi des travaux de décoration en province, notamment au théâtre d'Elbeuf et a collaboré à l'immense plafond de l'*Hôtel des Ducs de Bourgogne*, à Dijon. Il a aussi décoré de nombreux palais et hôtels particuliers en France et à l'Étranger.

Cet excellent artiste exécute, pour l'Exposition universelle de 1900, un projet gigantesque qui occupera un emplacement de plusieurs milliers de mètres carrés dans le *Palais de la Mer*. Combinant les effets de son art avec ceux de la lumière électrique, il doit faire assister le public à une *Eruption du Vésuve*, engloutissant, sous la lave et le soufre, Herculanum et Pompéï. Aussitôt après, on verrait la ville de Naples, calme, avec ses barques et ses gondoles évoluant sur la mer lumineuse.

DUFEUILLE (François-Eugène)

Homme politique et journaliste, né le 16 novembre 1842, à Rouen. Venu à Paris, au lycée Napoléon, pour se préparer au concours de l'Ecole Normale supérieure, il dût, pour des raisons personnelles, se consacrer d'abord à l'enseignement libre ; il fut le précepteur des enfants de M. Buffet et devint bientôt secrétaire de cet homme d'Etat.

En 1869, M. Dufeuille entra, sur la recommandation de Prévost-Paradol, dont il était le disciple et l'ami, au *Journal des Débats*, qui, bientôt après, lui confia la succession du même Prévost-Paradol, nommé ministre plénipotentiaire. Il quitta les *Débats* en 1872, en compagnie de MM. Saint-Marc-Girardin et Auguste Léo, à la suite de dissentiments provoqués par la politique de M. Thiers.

Accueilli au *Journal de Paris* par M. Hervé, M. Dufeuille y demeura jusqu'en mars 1873, époque à laquelle M. Buffet le prit comme chef de cabinet, à la présidence de l'Assemblée nationale. Il conserva ces fonctions lorsque M. Buffet fut président du Conseil et ministre de l'Intérieur.

Au commencement de 1877, M. Dufeuille entra au *Français*, avec MM. François Beslay, Thureau-Dangin et Auguste Boucher, pour y défendre le principe monarchique qu'il a toujours soutenu. Il publia dans cette feuille, sous son nom et sous le pseudonyme de E. X..., un grand nombre d'articles des plus catégoriques et principalement le tableau de la politique annuelle qui fut très commenté dans le moment. Dès 1884, M. Eugène Dufeuille fut appelé dans les conseils du comte de Paris et dirigea avec une haute compétence la *Correspondance nationale*, lien véritable entre tous les organes royalistes de province.

Serviteur dévoué du comte de Paris, qui le tenait en estime particulière, M. Eugène Dufeuille resta auprès du duc d'Orléans l'homme de confiance jusqu'au mois de décembre 1897. A cette date il donna sa démission.

Entre temps, M. Eugène Dufeuille a collaboré au *Correspondant* et à la *Revue de Paris*, dans lesquels il a publié des études très brillantes et très remarquées sur la politique et notamment une étude sur son ancien maître et ami Prévost-Paradol.

DAYNAUD (Ferdinand)

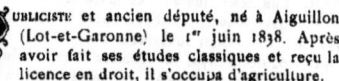

Publiciste et ancien député, né à Aiguillon (Lot-et-Garonne) le 1er juin 1838. Après avoir fait ses études classiques et reçu la licence en droit, il s'occupa d'agriculture.

Choisi pour représenter le canton de Vic-Fezensac au Conseil général du Gers, en 1874, M. Daynaud fut candidat bonapartiste aux élections législatives du 21 août 1881, pour l'arrondissement de Condom et élu, au 2e tour de scrutin, le 4 septembre, par 9,797 voix, contre 9,498 au docteur Lannelongue, républicain. Il prit place dans le groupe des impérialistes de la Chambre et vota en toutes circonstances avec la Droite, notamment contre la séparation de l'Eglise et de l'Etat, contre le ministère Ferry, contre les crédits du Tonkin, etc. Très versé dans les questions financières, M. Daynaud prononça plusieurs discours sur la situation budgétaire et critiqua fréquemment la politique gouvernementale.

Aux élections générales du 4 octobre 1885, porté sur la liste conservatrice, il fut élu député du Gers, le 2e sur 4, par 45,539 suffrages et reprit sa place à la Droite du Parlement. Il vota encore contre les ministères républicains et se prononça contre le rétablissement du scrutin d'arrondissement, pour l'ajournement indéfini de la révision de la Constitution, contre les poursuites dirigées contre trois députés membres de la Ligue des Patriotes, contre le projet de la loi Lisbonne restrictif de la liberté de la Presse, contre la mise en accusation du général Boulanger, etc.

Réélu le 22 septembre 1889, député de l'arrondissement de Condom, au 1er tour de scrutin et par 9,695 voix, contre 8,250 à M. de Ferrabouc, candidat républicain, M. Daynaud échoua, en 1893, contre M. le docteur Lannelongue, un de ses anciens concurrents.

Retiré de la vie publique depuis cette époque, M. Daynaud s'est voué à l'étude des questions économiques et financières, qu'il traite avec talent dans l'*Autorité*, journal qu'il a fondé avec son ami, M. Paul de Cassagnac, et dont il est l'administrateur. En 1872, il avait aussi fondé l'*Appel au Peuple*, à Auch, journal plébiscitaire.

FERRY (Charles-Emile-Léon)

ÉPUTÉ et ancien sénateur, né à Saint-Dié (Vosges) le 23 mai 1834. Frère de Jules Ferry, l'un des fondateurs de la troisième République (1832-1893), il fut, après le 4 septembre 1870, chef du cabinet de Gambetta.

Au 31 octobre 1870, M. Charles Ferry, à la tête du 106ᵉ bataillon de la garde nationale, délivra ceux des membres du gouvernement, que les insurgés retenaient prisonniers à l'Hôtel-de-Ville.

Nommé préfet de Saône-et-Loire, le 20 mars 1871, par M. Thiers, il parvint, avec un bataillon de passage à Mâcon, à arrêter, sans effusion de sang, l'insurrection du Creusot. Le 15 octobre suivant, il fut envoyé en Corse, à titre de commissaire extraordinaire, lors de la session du Conseil général, que la candidature et la présence dans l'île du prince Napoléon menaçaient de troubler.

Devenu préfet de la Haute-Garonne au mois de décembre, en remplacement de M. de Kératry, il démissionna après le renversement de M. Thiers, au 24 mai 1873, et rentra dans la vie privée.

Au renouvellement législatif du 20 août 1881, candidat républicain dans la 2ᵉ circonscription d'Epinal, M. Charles Ferry fut élu député par 6,580 voix, sans concurrent. Inscrit à l'Union républicaine, il prit bientôt une place importante à la Chambre. Il ne se représenta pas en 1885; mais une élection sénatoriale ayant eu lieu dans les Vosges, le 29 avril 1888, l'ancien député fut envoyé au Luxembourg par 526 suffrages, contre 361 à M. Figarol, conservateur et 112 à M. Morlot, radical. Au renouvellement triennal du 5 janvier 1891, il céda la place à son frère Jules, qui fut élu à son siège.

En 1891, M. Charles Ferry accomplit le tour du monde et fit un séjour assez prolongé au Tonkin, qu'il visita entièrement.

Aux élections générales législatives de 1893, il fut élu député de la première circonscription de Saint-Dié, par 7,743 voix, contre 4,127 à M. Claudel, monarchiste. Inscrit au groupe des « républicains de gouvernement », M. Charles Ferry fut, au Palais-Bourbon, vice-président de la Commission du travail. Durant cette législature, il intervint dans les discussions relatives : à l'autorité paternelle dans le mariage (projet de loi Lemire), à l'impôt sur les boissons et au privilège des bouilleurs de cru, débat au cours duquel il a fait voter un amendement qui fixe la provision réservée aux intéressés; à la suppression de la décoration de la Légion d'honneur pour les civils, etc. Il fit rejeter, comme rapporteur, la proposition Goblet en faveur du rétablissement du scrutin de liste et prononça un important discours contre la nomination du Sénat par le suffrage universel.

Réélu le 8 mai 1898, au premier tour de scrutin, dans la même circonscription et par 6,933 voix, contre 5,169 à M. Bouvier, radical, M. Charles Ferry se fit inscrire au groupe progressiste de la Chambre.

L'honorable député est vice-président de l'Association Philothechnique.

ISAAC (Pierre-Alexandre)

ÉNATEUR et avocat, né à La Pointe-à-Pitre (Guadeloupe) le 9 janvier 1845. Il fit ses études classiques au lycée de Rochefort (Charente-Inférieure), suivit les cours de la Faculté de Droit de Paris et, une fois licencié, entra dans l'administration de l'Enseignement. Il y parvint au grade de sous-inspecteur et fut mis en disponibilité en 1879, pour être nommé directeur de l'Intérieur à la Guadeloupe.

M. Isaac se signala, dans ces dernières fonctions, par de nombreuses réformes, notamment par la réorganisation de l'instruction publique dans la colonie et la création du lycée de La Pointe-à-Pitre.

Au renouvellement senatorial du 1ᵉʳ mars 1885, il venait à peine d'atteindre l'âge exigé par la loi, lorsqu'il posa sa candidature républicaine, en remplacement du général vicomte de la Jaille, sénateur monarchiste sortant et non rééligible. Il fut élu, au premier tour, sans concurrent, par 232 voix sur 272 votants.

M. Isaac participa aussitôt, d'une manière très active, aux travaux du Sénat : il prit part à un grand nombre de discussions, notamment à celles relatives à la loi sur l'organisation de l'Enseignement primaire, dont il obtint l'application aux colonies; aux lois sur les sucres, sur les aliénés; au projet Batbie, tendant à rendre la naturalisation plus facile et moins coûteuse (1886); au budget, à propos des traités et conventions entre la France et la République Dominicaine (1887); à la réorganisation administrative de l'Indo-Chine (1887); à la loi militaire, à son interpellation au sujet de l'abandon et de la mort de trois indigènes, gardiens du drapeau français dans l'île Alcatras (Sénégal) (1888) ; à la proposition Bozérian, sur la nationalité et la naturalisation ; à la situation de la République d'Haïti vis-à-vis des Etats-Unis (1891), etc.

Sur la proposition de M. Isaac, le Sénat nomma, en 1890, une commission de dix-huit membres, chargée de l'examen des modifications à introduire dans le régime des colonies françaises. Choisi, à diverses reprises, comme rapporteur de cette commission, l'honorable sénateur fut appelé à défendre ses conclusions à la tribune.

Il est l'auteur du projet de loi sur l'organisation judiciaire de la Guadeloupe, de la Martinique et de la Réunion et a réclamé, avec M. Allègre, l'assimilation des colonies de la Guadeloupe et de la Martinique aux départements français, sauf quelques réserves de détail.

M. Isaac fut, en 1892, l'un des délégués du Parlement chargé de se rendre en Algérie pour étudier sur place les questions intéressant cette colonie. A son retour, il déposa un rapport sur l'organisation judiciaire de l'Algérie. Précédemment, il avait présenté une proposition tendant à faire participer les indigènes musulmans, sous certaines conditions de sélection, à l'exercice des droits politiques.

Réélu sénateur de la Guadeloupe, le 4 février 1894, M. Isaac fut l'un des fondateurs du groupe de la Gauche démocratique. Membre de diverses commissions importantes du Sénat, comme celles de l'Armée, de la Marine, de l'Algérie, des compagnies de colonisation, des douanes, de la haute-cour de justice, de la réforme de l'instruction criminelle, etc., il a rédigé et soutenu une série de rapports ayant trait aux questions coloniales et judiciaires.

C'est M. Isaac qui prit l'initiative, en 1890, de la réunion du Congrès colonial national, qui a fait suite au Congrès colonial international tenu pendant l'Exposition universelle de 1889.

Vice-président du Comité de protection des indigènes à Paris, vice-président de la Société d'études coloniales et maritimes, l'honorable sénateur est intervenu fréquemment, dans la presse, pour la défense des intérêts coloniaux. Il a aussi publié plusieurs brochures sur les questions coloniales d'un haut intérêt.

GUILBERT (Mme SCHILLER, née Yvette)

Artiste lyrique, née à Paris le 30 janvier 1867. Issue d'une famille bourgeoise aisée, elle reçut une excellente éducation ; mais après des revers de fortune elle entra comme vendeuse aux « Magasins du Printemps ».

Présentée à M. Sari, alors directeur des Folies-Bergères, celui-ci, reconnaissant en elle de véritables qualités artistiques, la recommanda au critique Edmond Stoullig. Devenue l'élève de Landrol, du Gymnase, Mlle Yvette Guilbert fit de si rapides progrès, sous la direction de ce comédien, qu'elle put, au bout de six mois à peine d'études, débuter au théâtre des Bouffes du Nord, dans le rôle de Mme de Nevers, de la *Reine Margot* (1886). Engagée au théâtre de Cluny pour y jouer le principal rôle de *Rigobert*, elle passa de là aux Nouveautés, puis aux Variétés, où elle parut dans *Décoré*, *Barbe-Bleue*, *La Japonaise*, *Mam'zelle Nitouche* (1886-1888).

Mlle Yvette Guilbert s'orienta ensuite vers le café-concert, où, dès les premiers soirs, elle obtint le plus grand succès, grâce à son originalité, à sa bonne humeur et à son intelligence. Encouragée par les éloges des journalistes et les applaudissements du public, elle persista dans cette voie et ne tarda pas à conquérir la célébrité dans un genre lyrique dramatique bien personnel, qu'elle a créé. Successivement pensionnaire du Divan Japonais, de l'Eden-Concert, du Concert-Parisien, du Nouveau-Cirque, des Ambassadeurs, où la fantaisie, la diction nette, martelée, impeccable, la voix claire et mordante de la jeune artiste, reçurent un accueil triomphal, Mlle Yvette Guilbert vit, en février 1891, sa réputation consacrée dans une conférence faite au Théâtre d'application par M. Hugues Le Roux. Quelque temps après, elle signait, avec M. Marchand, un traité l'engageant pour l'hiver à la Scala, et l'été au Concert des Ambassadeurs.

Mlle Yvette Guilbert a fait de nombreuses tournées en France et dans toute l'Europe, notamment en Angleterre, en Autriche, en Russie et en Allemagne. Partout elle a été l'objet des plus enthousiastes acclamations. Elle est devenue aujourd'hui, par l'originalité particulière de son talent, une personnalité unique, bien à part, dans l'art lyrique.

Pendant une tournée en Amérique, en 1896, Mlle Yvette Guilbert connut M. Schiller, chimiste distingué, qu'elle épousa à Paris, le 22 juin 1897.

Son mari appartient à une riche famille et a pour frères et neveux des avocats, des ingénieurs et des architectes.

Le répertoire de Mᵐᵉ Yvette Guilbert est considérable et renferme des centaines de chansons et de morceaux, des genres les plus divers, depuis les *Chansons sans gêne*, de Xanrof, le *Chemineux*, les *Confessions d'une Femme du Monde*, les *Bonnes grosses Dames*, le *Coq rouge*, les *Souvenirs d'Yvette en 1899*, *Vive la Liberté*, jusqu'aux *Soliloques du Pauvre*, de Jehan Rictus, et *Pessima*, du poète Redelsperger. La fine diseuse, qui a créé tout son répertoire, est aussi la collaboratrice de ses chansonniers, avec lesquels elle travaille sans cesse.

Mᵐᵉ Yvette Guilbert, abandonnant un peu la chanson dite « rosse », que la mode lui imposa longtemps, tenta, en 1899, une évolution vers un genre nouveau pour elle, en interprétant plusieurs récitatifs dramatiques, que le public accueillit favorablement.

MANAUT (Frédéric-Victor-Adolphe)

INGÉNIEUR et littérateur, né le 8 mai 1868, de parents français, à Reus (Espagne), où son père était alors ingénieur en chef des chemins de fer du Nord de l'Espagne. Il fit ses études classiques à Perpignan et au lycée de Toulouse ; puis il entra, comme élève, à l'Ecole centrale des Arts et Manufactures, en 1888.

Sorti de cette école en 1894, avec le diplôme d'ingénieur-mécanicien, M. Frédéric Manaut s'occupa pendant quelques années d'expertises industrielles; suivant en même temps les cours de la Faculté de Droit de Paris, il prit la licence en 1895.

Au mois de juillet de l'année suivante M. Frédéric Manaut était appelé à la direction de la « Société générale des Industries économiques », qui, sous son administration, a pris un très grand développement pour l'installation des moteurs « Charon » à gaz ou à pétrole, destinés à produire de la force motrice ou de l'éclairage électrique. Cette société exploite également les gazogènes au bois « riche, » appareils d'invention récente, qui peuvent permettre dans tous les pays boisés et principalement dans nos colonies et pays de protectorat (Annam, Tonkin, Tunisie, Madagascar, etc.), où le pétrole et le charbon sont d'un prix inabordable, de créer une force motrice constante, aussi importante qu'on le désire, par la seule utilisation des déchets de bois.

M. Manaut est aussi administrateur de diverses autres sociétés industrielles françaises; il a fait, avec succès, des conférences sur des sujets scientifiques et industriels, à Paris et en province, notamment à la Société des Ingénieurs civils de France, et à l'Athénée de Bordeaux. Il a donné des articles scientifiques au journal la *Nature*, et des nouvelles à plusieurs revues et journaux quotidiens.

Il est l'auteur d'une très jolie pantomime : *Ce que femme veut*, créée par Mˡˡᵉ Diéterle et reprise en 1898 par Mˡˡᵉˢ Jane Henriot et M. Veyret, de la Comédie-Française.

OGÉ (Pierre-François-Marie)

SCULPTEUR, né à Saint-Brieuc (Côtes-du-Nord) le 24 mars 1849. Fils d'un artiste de mérite, sculpteur lui-même, Pierre-Marie Ogé, dont les œuvres décorent les principaux monuments de Bretagne, M. Pierre Ogé reçut de son père les premières leçons artistiques. Il apprit tout ensemble la sculpture sur pierre et sur bois et vint à Paris, en 1867, pour entrer dans l'atelier de Carpeaux, qui avait été, lui aussi, l'élève de Pierre-Marie Ogé. Sous la direction de ce maître, le jeune statuaire monta la fontaine du Luxembourg, travailla au fronton de l'Hôtel-de-Ville de Valenciennes et à la statue de Watteau. Il reçut aussi les conseils de M. Eude.

Lors de la guerre de 1870, M. Pierre Ogé s'engagea comme volontaire dans l'armée de la Loire. Après la paix, il revint auprès de Carpeaux, qui l'associa de nouveau à ses travaux.

M. Pierre Ogé exposa pour la première fois au Salon de 1873, où il envoya un *Buste* aux initiales. Il a produit depuis, notamment: *Portraits d'André et de Maurice; M. G. P....*, médaillons terre cuite (1878); *Bustes* sous initiales (1879); *Pilleur de Mer*, statue bronze, aujourd'hui érigée aux Buttes-Chaumont (1880); *Virginie*, statue plâtre, qui obtint une mention (1882); le *Baptême Gaulois*, groupe plâtre (1883); le *Roi de Mer*, statue acquise par le musée de Lorient (1886); *Brizeux*, statue inaugurée à Lorient et dont le plâtre figura au Salon de 1888 ; *Poulain-Corbion*, statue du maire de St-Brieuc tué en 1799 par les royalistes (1889); *Mᵐᵉ Boucher*, statue pour la cathédrale de St-Brieuc (1891); *Monument des mobiles des Côtes-du-Nord* tués pendant la campagne de 1870 (1892); *Monument de Gounod*, une des plus belles œuvres de cet artiste (1894); *Ahez*, statue en plâtre (1896); *Paul Sébillot*, buste bronze et *Gyp*, médaillon bronze (1897;

A. *Rousseau*, buste plâtre (1898); *Dupuy de Lôme*, statue qui doit être élevée à Lorient (1899).

M. Pierre Ogé est, de plus, l'auteur de nombreux bustes non exposés, parmi lesquels il faut mentionner ceux de *M. Christophle*, député, ancien gouverneur du Crédit Foncier de France; de *Merlin de Douai*, qui figure aujourd'hui à la Salle du Jeu de Paume de Versailles; de *Desaux*, à l'Ecole de Médecine de Paris; de *Fustel de Coulange*, qui est à l'Institut et dont une reproduction se trouve à l'Ecole Normale supérieure; de Mme *de Chasseloup-Laubat*, etc.

On lui doit encore une figure allégorique de la *Bretagne*, placée à l'Hôtel-de-Ville de Vannes, un œil-de-bœuf à l'Hôtel-de-Ville de Paris, les statues du *Chauffage* et de l'*Eclairage* pour la Compagnie du Gaz, à Paris; *Marguerite*, de Faust, statuette très populaire, éditée par Suze et dont le succès fut considérable, etc.

Cet excellent artiste a été médaillé à l'Exposition universelle de 1889; il est officier d'Académie depuis 1890.

ROCH (Gustave)

Député et avocat, né à Aigrefeuille (Loire-Inférieure) le 10 mars 1844. Ses études classiques terminées dans sa ville natale, M. Roch vint faire son droit à Paris où, après avoir obtenu ses divers diplômes, il se fit inscrire comme avocat. Peu de temps après il rentra à Nantes, et il ne tarda pas à occuper une place distinguée au barreau de cette ville. Lorsque survinrent les événements de 1870, il s'engagea dans une compagnie de volontaires formée à Nantes et fit la campagne comme sergent dans l'armée de la Loire.

M. Roch avait pris une part active aux luttes politiques qui signalèrent les dernières années de l'Empire et notamment à la campagne anti-plébiscitaire de 1870. En 1873, il fut élu conseiller général par le quatrième canton de Nantes, et aux élections législatives successives de 1876, de 1877 et de 1881, sur les instances de ses amis, il accepta la candidature dans la troisième circonscription de Nantes; mais il échoua chaque fois contre le candidat conservateur.

Aux élections municipales du 1er mai 1892, il fut élu avec la liste républicaine et désigné comme premier adjoint de Nantes.

Candidat dans la deuxième circonscription de Nantes, présenté par les comités de l'alliance républicaine, au renouvellement législatif de 1893, il fut élu député par 7,163 voix contre 5,433 données à M. Le Cour de Grandmaison, conservateur. Dans son programme, M. Roch admettait le principe de révision de la constitution dans un sens républicain et démocratique, l'extension des libertés communales, la création d'habitations ouvrières, la réduction des frais de justice, etc.

Réélu, en 1898, par 7,978 voix contre 5,492 à M. Giraudeau, avocat, monarchiste, l'honorable député a été, à la Chambre, membre de diverses commissions, notamment de celle relative au projet de monopole de l'alcool par l'Etat (1893-1898), de celles du Commerce et de l'Industrie et des Sociétés coopératives. Il a pris part à la discussion des divers budgets annuels.

Secrétaire du groupe de l'Union progressiste, M. Roch fait aussi partie du groupe de défense des intérêts des ouvriers et employés de l'Etat, des chemins de fer, des ports de guerre, de la marine marchande, etc.

CASPARI (Chrétien-Edouard)

Ingénieur hydrographe et professeur, né à Sainte-Marie-aux-Mines (Haut-Rhin) le 13 septembre 1840. Entré, en 1860, comme élève, à l'Ecole Polytechnique, il fut reçu ingénieur hydrographe en 1862.

De cette époque à 1867, M. Caspari séjourna au Dépôt de la Marine, faisant chaque année cependant des travaux hydrographiques sur les côtes de la France. De 1867 à 1869, il opéra la reconnaissance hydrographique de la Guadeloupe; de 1869 à 1875, il fut adjoint au service des chronomètres et instruments scientifiques au Dépôt de la Marine; il accomplit de nombreux travaux sur ces instruments et, en 1872, fut chargé de l'hydrographie du bassin d'Arcachon; en 1874 de celle de la Gironde; en 1875 de celle de l'embouchure de la Seine et, de 1877 à 1879, d'une mission hydrographique en Cochinchine, du levé des côtes du golfe de Siam, de l'Annam et du Tonkin.

Depuis lors, M. Caspari s'est livré à un grand nombre de travaux d'astronomie et d'hydrographie, au Dépôt de la Marine et aux Commissions nautiques du littoral. En 1883, il fut chargé de travaux hydrographiques dans la Rance et se rendit, en 1885, en mission à Obock et Cheik-Saïd, puis il fit une remarquable reconnaissance des abords de Brest en 1887.

M. Caspari a publié de nombreuses œuvres, cartes et livres, notamment: *Météorologie nautique* (1873;

Etudes sur le mécanisme et la marche des chronomètres (1870); *Travaux sur les chronomètres; la Boussole; Rapports sur les ports de mer* (1879-86); *Discussion de positions géographiques* (1886); *Cours d'astronomie pratique* (2 vol. 1888-1889); *Aide-mémoire sur les chronomètres de la Marine*, paru dans l'*Encyclopédie Scientifique* de Léauté.

Ce savant, entr'autres récompenses, a obtenu : en 1877, le prix de mécanique pour les chronomètres ; en 1890, le prix de la marine militaire pour le cours d'astronomie, décernés tous les deux par l'Académie des Sciences. De 1892 à 1894, M. Caspari a été vice-président, puis président de la Commission centrale de la Société de Géographie.

Délégué cantonal du v⁰ arrondissement de Paris, président du Comité national des « Unions chrétiennes de jeunes gens, » et de la Commission exécutive du Synode de la Confession d'Augsbourg, M. Caspari est officier de l'ordre du Cambodge (1878), officier de l'Instruction publique (1888) et officier de la Légion d'honneur depuis 1884.

RAMEL
(Augustin-Fernand Comte de)

ÉPUTÉ, né à Alais (Gard) le 27 mars 1847. Issu d'une ancienne famille de la région, il fit ses études à Paris. Lors de la campagne de 1870-71, il s'engagea dès les premières hostilités, fut promu sous-lieutenant, puis lieutenant de mobiles et fait chevalier de la Légion d'honneur pour fait de guerre.

A la paix, le comte Fernand de Ramel se fit recevoir docteur en droit et suivit la carrière administrative. Il fut successivement sous-préfet d'Apt (1873), de Castelnaudary (1875) et secrétaire général de la préfecture d'Ille-et-Vilaine en 1877. Démissionnaire deux ans après, il se fit inscrire au barreau de Paris et fut nommé, en 1881, avocat à la Cour de cassation et au Conseil d'Etat, où il s'est créé une situation importante.

Conseiller général pour le canton Est d'Alais dès 1886, M. Fernand de Ramel fut élu député de la deuxième circonscription d'Alais, aux élections générales de 1889, par 9,389 voix, contre 6,130 à M. Silhol, ancien député républicain, et 1,954 à M. Audibert, socialiste.

Réélu dans la même circonscription en 1893, par 11,150 voix sans concurrent et en 1898 par 9,471 voix contre 7,888 à M. Rouquette, socialiste, le comte de Ramel a été, à la Chambre, membre, puis vice-président et président du groupe de la Droite. Monarchiste déclaré, « il veut la monarchie comme les républicains libéraux pourraient l'accepter et ne comprend la république que comme les monarchistes libéraux pourraient la servir. » Protectionniste, il appartient aussi au groupe agricole.

L'honorable député du Gard a pris part à un grand nombre de discussions parlementaires, notamment sur les tarifs douaniers, en faveur de l'industrie séricicole, de la liberté de la presse, etc. Il a déposé d'importants projets de loi : l'un, sur la caisse des retraites, s'appliquant aux travailleurs industriels et agricoles, pris en considération par la Chambre et mis à l'étude par la Commission du travail ; d'autres sur les conseils permanents d'arbitrage et de conciliation, sur les indemnités en cas d'erreurs judiciaires et d'arrestations arbitraires, sur la garantie de la liberté individuelle, etc. Il a déposé également un contre-projet sur l'assurance obligatoire contre les accidents dont les ouvriers sont victimes dans l'exercice de leur profession, qui fut voté en 1893. Il a fait partie de nombreuses commissions, notamment de celles des réformes judiciaires, du Panama, du Travail, etc.

M. Fernand de Ramel, jurisconsulte estimé, a publié divers ouvrages de droit, notamment un *Commentaire de la loi sur l'organisation municipale* (de 1884 à 1886, cinq éditions) ; un *Commentaire de la loi sur la contribution des propriétés bâties* (Paris 1890) ; un *Commentaire de la loi sur les dommages résultant des travaux publics* (Paris 1893). En outre, il est le fondateur et le directeur d'une revue considérable de jurisprudence, la *Revue du contentieux des Travaux publics* et a été, à ce titre, fait officier d'Académie.

SIROT (César-Henri-Hector)

ÉPUTÉ, né à Valenciennes (Nord) le 27 octobre 1844. Frère de M. Sirot-Mallez (1848-1898), qui fut député du Nord de 1892 jusqu'à sa mort, il fit ses études à l'Ecole de Commerce de Paris et rentra, en 1863, dans sa ville natale, où son père, maître de forges, l'associa à ses travaux.

Au 4 septembre 1870, M. César Sirot s'engagea dans le 3⁰ zouaves, qui prit part, avec l'armée de l'Est et celle de la Loire, aux actions de Châtillon-Cusset près Besançon, de Beaune-la-Rollande, de Villersexel, etc.

Rentré à Valenciennes, où il succéda à son père

dans son industrie, M. César Sirot devint maire de Trith-Saint-Léger en 1878 ; il a conservé cette fonction sans interruption depuis ce temps. Il a été en outre conseiller d'arrondissement et est devenu conseiller général du Nord, pour le canton sud de Valenciennes, depuis plusieurs années.

Après la mort de son frère, sollicité par les comités républicains de se porter à la succession de celui-ci, M. César Sirot se présenta à l'élection législative partielle du 22 janvier 1899, dans la 3ᵉ circonscription de Valenciennes, et fut élu député par 8,974 voix, contre 7,760 à M. Selle et 520 à M. Remy, socialiste.

Républicain indépendant, M. César Sirot, qui s'est présenté avec le programme des progressistes, n'est inscrit à aucun groupe politique de la Chambre. Libre-échangiste, il est partisan des traités de commerce en économie politique.

AIGOIN (Marie-Charles-Louis)

ADMINISTRATEUR, écrivain, né à Paris le 14 juin 1817. Fils de Joseph-Philibert Aigoin, ancien payeur du Trésor public, originaire du Gard, il est petit-fils, par sa mère, née Boïeldieu, du célèbre compositeur.

Après avoir fait ses études classiques dans les collèges ou lycées de Besançon, Toulouse et Bordeaux, il fut reçu licencié à la Faculté de Droit de Paris et entra, en 1836, dans l'administration de l'Enregistrement et des Domaines, où il devint employé supérieur et conservateur des hypothèques. Il a été admis à la retraite en 1884.

Rédacteur au *Journal des Conservateurs des hypothèques*, M. Louis Aigoin a aussi collaboré à diverses revues administratives. Depuis 1879, il fait partie du comité de l'Association amicale des membres de l'administration de l'Enregistrement, dont il a été président pendant neuf ans, et dont il est resté président honoraire. Sous sa direction, cette association, reconnue d'utilité publique par décret du 5 juillet 1880, a fait des progrès considérables. Elle compte près de 4,000 sociétaires et distribue d'importants secours.

Après sa mise à la retraite, M. Louis Aigoin s'adonna à des travaux littéraires. Il est administrateur de la Société historique et archéologique du Vexin et membre de la Société historique d'Auteuil et de Passy. Il est membre et ancien président de la Société philotechnique, fondée en 1795. Il a publié divers ouvrages ; citons : *Discussion relative au Dicton sur Pontoise* (1884) ; *Rêveries et Réalités*, poésies (1886) ; *Réalités de la vie*, pensées, avec préface de Paul Perret (1895) ; *Notice sur Félix Arvers et variations sur les rimes de son sonnet* (1897) ; le *Mystère du sonnet d'Arvers* (1898) ; l'*Ange de la Charité*, légende symbolique dédiée aux œuvres de bienfaisance (1899).

Les *Réalités de la Vie* font partie de la « Collection des moralistes » éditée par Ollendorff. Les pensées que renferme ce recueil avaient été déjà publiées dans la *Revue de la France Moderne*, la *Revue hebdomadaire*, l'*Illustration*, le *Gaulois*, etc. Elles révèlent un esprit original, observateur, connaissant par le menu le cœur humain, et un caractère indulgent qui voit de haut les hommes et les choses. Ce livre a obtenu un grand succès en France et à l'étranger ; il a été présenté, dans les termes les plus flatteurs, à l'Académie des Sciences morales et politiques, par le sénateur Bérenger.

La presse a fait également le meilleur accueil à la *Notice sur Arvers* et aux deux réponses au fameux sonnet, construites sur les mêmes rimes. Ces deux réponses, fort applaudies dans maintes réunions littéraires, rattachent le nom de M. Louis Aigoin à celui de Félix Arvers.

SIRBAIN (Hélène)

ARTISTE lyrique, née à Agen (Lot-et-Garonne) le 16 novembre 1874. Fille d'un entrepreneur de serrurerie, elle manifesta, dès la plus extrême jeunesse, d'heureuses dispositions artistiques. Après avoir, dans sa ville natale, sérieusement étudié la musique et le piano, Mˡˡᵉ Hélène Sirbain vint à Paris pour y faire son éducation vocale (1890). L'année suivante, elle entra comme élève au Conservatoire, où elle eut pour maîtres MM. Crosti pour le chant et Melchissédec pour la déclamation lyrique. Lauréate dans ces deux classes au concours de sortie, en 1895, elle chanta d'abord dans les grands concerts, notamment à Gand (1895), avec son professeur Melchissédec, puis elle fit une saison au théâtre de Cauterets (1896), et à Monte-Carlo.

Devenue pensionnaire de l'Opéra-Comique sous la direction Carvalho, Mˡˡᵉ Sirbain effectua ses débuts dans le rôle de *Santuzza*, de *Cavalleria Rusticana*, au mois de septembre 1897. Chaleureusement accueillie par le public et la critique, cette cantatrice se produisit encore avec éclat dans *Lalla-Roukh*, puis partit en tournée dans le Midi de la France, où elle obtint un très grand succès, notamment à Agen, dans *Carmen* et *Faust* (juin 1898).

Rengagée au théâtre national de l'Opéra-Comique en novembre 1898, Mlle Sirbain a obtenu, sur notre deuxième scène lyrique, des succès particulièrement brillants dans *Cavalleria Rusticana* et *Zampa*.

Cette artiste a créé au théâtre des Mathurins, les « *chansons populaires gasconnes*, » qu'elle a ensuite chantées dans de nombreux salons parisiens.

Douée d'une voix très étendue, harmonieuse et souple, Mlle Sirbain, est devenue, très jeune, l'un des meilleurs sujets de la troupe de l'Opéra-Comique.

WICKERSHEIMER (Charles-Émile)

INGÉNIEUR, écrivain, ancien député, né à Strasbourg le 22 février 1849. Élève de l'Ecole polytechnique de 1868 à 1870, il s'engagea pour la durée de la guerre, entra ensuite à l'Ecole supérieure des Mines, fut nommé en 1874 ingénieur des mines et promu en 1890 ingénieur en chef. Il est, depuis cette même année, membre du Conseil d'administration des Chemins de fer de l'État et, depuis 1896, ingénieur en chef de l'arrondissement minéralogique et inspecteur général des carrières de la Seine.

M. Wickersheimer s'est fait apprécier, comme ingénieur, par ses travaux et ses publications. Il a pris des brevets pour la perforation des galeries de mines (1883) et pour un projet d'écluses des grands canaux de navigation (1886). Il a obtenu deux médailles de bronze à l'Exposition universelle de 1878 pour ses analyses des eaux minérales et des minéraux de l'Aude et des Pyrénées-Orientales.

Il est l'auteur de mémoires importants sur l'*Etude du baromètre* (1876), la *Législation des Mines* (1877), le *Terrain glacier des Pyrénées-Orientales* (1885), le *Canal des Deux-Mers*, le *Rachat des chemins de fer*, etc. Il a écrit l'article *Aluminium* dans l'*Encyclopédie chimique* de Fremy et fourni de nombreux articles scientifiques aux *Annales des Mines* et d'autres, dans la *Nouvelle Revue*, sur la *Politique coloniale*; il a donné, dans la *Justice*, une importante et intéressante relation de *Voyage en Alsace-Lorraine* et publié en volumes: l'*Europe en 1890*; l'*Alliance franco-russe* (1892).

M. Wickersheimer, inscrit sur les deux listes républicaines de l'Aude, aux élections législatives de 1885, fut élu député, au scrutin de ballottage, le 18 octobre, par 43,700 voix sur 73,917 votants. A la Chambre, il se créa très vite une place prépondérante dans les débats où sa compétence pouvait se manifester. Il s'éleva, le 17 avril 1886, contre le projet de loi sur les valeurs à lots pour la Compagnie de Panama. Il s'occupa, dans cette législature, surtout de questions de chemins de fer, de finances et de défense nationale. Rapporteur du budget de la Guerre, membre de la Commission du Budget en 1889, il prit la parole dans les débats concernant la marine (interpellation sur les torpilleurs et travaux du fort de Cherbourg, etc.). Plusieurs fois rapporteur de la Commission des chemins de fer et de la Commission de sécurité y relative (1887-1889), il fit adopter ses conclusions, malgré l'opposition du ministre des travaux publics d'alors, M. Yves Guyot.

Au renouvellement général de 1889, M. Wickersheimer se présenta comme candidat radical dans la 2e circonscription de Carcassonne et échoua, le 22 septembre, obtenant 5,885 voix, contre 6,558 à l'élu, M. Théron, boulangiste.

Propriétaire dans l'Ariège, il posa sa candidature dans ce département, à Pamiers, à l'occasion d'une élection partielle, quelques mois avant la fin de la législature. Elu par 10,600 voix contre 7,485 à M. Julien Dumas, le 8 mai 1893, M. Wickersheimer eut le temps de prendre part à diverses discussions à la Chambre et notamment à celle du Budget.

Aux élections générales de 1893, candidat dans la même circonscription, il obtint 8,765 voix, tandis que son concurrent, M. Julien Dumas, était élu avec 8,870.

M. Wickersheimer est chevalier de la Légion d'honneur depuis 1890.

GAYRARD-PACINI (Mme Paule)

PROFESSEUR de piano et de chant, née à Vienne (Autriche), d'un père français et d'une mère italienne. Petite-fille du côté maternel de Jean Pacini, le célèbre éditeur de Rossini ; nièce d'Emilien Pacini, poète de talent, qui fut l'un des trois censeurs du ministère des Beaux-Arts sous l'Empire, elle est, du côté paternel, la petite-fille du statuaire et graveur en médailles, Raymond Gayrard, mort en 1858, et la fille de Paul Gayrard, sculpteur, dont plusieurs œuvres ornent l'une des cours du Louvre.

Dès la plus tendre enfance, elle montra de remarquables dispositions pour la musique et entra au Conservatoire de Paris, où elle remporta un 1er prix de piano. Elle se produisit ensuite comme virtuose et son succès fut tel que, après s'être fait entendre au

Saint-James-Hall et au Cristal Palace de Londres, elle fut nommée professeur des trois princesses de Galles, petites-filles de la reine Victoria.

Mᵐᵉ Paule Gayrard-Pacini habita pendant dix années l'Angleterre, où elle pratiqua et fit adopter l'enseignement du Conservatoire de Paris. Durant son séjour à Londres, elle eut souvent l'occasion de faire de la musique avec les professeurs de chant Garcia et Lamparti, qui lui demandèrent sa collaboration.

Rentrée à Paris en 1890, cette éminente artiste y a fondé un cours de chant et de piano d'où sont sorties de brillantes élèves, aujourd'hui pensionnaires de divers théâtres d'Europe et d'Amérique.

Mᵐᵉ Paule Gayrard-Pacini est officier d'Académie depuis 1891.

VINCENT (Max)

Avocat, conseiller municipal de Paris, né à Saint-Benoist-sur-Loire (Loiret) le 21 avril 1860.

Venu, dès son enfance, avec sa famille, à Paris, il fit ses études classiques au lycée Saint-Louis et suivit les cours de la Faculté de Droit, où il prit successivement les grades de licencié et de docteur. Pour obtenir ce dernier diplôme, M. Max Vincent soutint une thèse très intéressante sur les *Exécuteurs testamentaires*. Inscrit au barreau de Paris en novembre 1881, il ne tarda pas à devenir secrétaire de la Conférence des avocats et acquit au Palais une importante situation. Il joint à une grande facilité oratoire une science approfondie des lois.

En 1890, M. Max Vincent se présenta, comme candidat républicain, aux élections municipales, dans le IXᵉ arrondissement de Paris, contre M. G. Berry, qui fut élu avec 1,500 voix de majorité ; mais les élections de 1893 l'envoyèrent au Conseil municipal. Après une lutte des plus vives, il obtint une majorité de 940 voix contre MM. de La Barre, René d'Hubert et Nicoullaud. Réélu, en 1897, par 1,650 suffrages, contre 850 à M. Charles Boullay, royaliste, et 310 à M. Piétri, républicain, M. Max Vincent appartient au groupe des républicains modérés du Conseil.

Chargé de rapports importants pour les budgets successifs de 1895 à 1898, notamment sur la reconstitution des actes de l'état civil, les dépenses des mairies d'arrondissements, sur les promenades, etc., M. Max Vincent est membre de la Commission des travaux de Paris, du Conseil d'administration du collège Rollin, de la Commission de révision des concessions dans les promenades ; de la Commission mixte des omnibus et des tramways et de celle du Métropolitain. Il a pris la parole dans un grand nombre de discussions.

Président du comité de contentieux du Touring-Club de France, M. Max Vincent est, depuis 1892, vice-président de cette société, qui compte 71,000 membres.

Mᵐᵉ Tola DORIAN (née Princesse MESTCHERSKI)

Poète et auteur dramatique, née à Saint-Pétersbourg (Russie). Elle débuta dans la littérature, de bonne heure, en publiant des vers dans sa langue maternelle, puis s'adonna à l'étude des divers idiomes européens et travailla plus spécialement le français.

Admise dans l'intimité de Victor Hugo, Mᵐᵉ Tola Dorian donna au *Voltaire* sa première poésie, qu'elle dédia à l'illustre poète (1885) celui-ci rendit hommage en termes flatteurs.

Excellant, dans la force, l'harmonie du rythme et du nombre français, cet écrivain a publié des recueils de vers intitulés : *Poèmes lyriques*, *Vespérale*, *Ode à Victor Hugo*, *Roses remontantes*, tous d'une grâce exquise et où s'affirme en même temps un souffle puissant.

Mᵐᵉ Tola Dorian a fait paraître aussi des traductions appréciés de Schelley : *Les Cenci*, *Prométhée délivré*, *Hellas* et la *Reine Mabb*, qui appelèrent leur auteur à faire partie de la Société Schelleyenne de Londres. Sous le pseudonyme de « Fromont », elle a fait œuvre d'auteur dramatique avec : *Virginité fin de siècle*, *Mineur et Soldat*, au Théâtre Libre ; *Tamara*, représentée avec succès au Théâtre d'application.

Elle a terminé plusieurs autres pièces, notamment : *Filialement*, drame en 4 actes, reçue aux « Escholiers »; le *Droit de la Mère*, drame en 5 actes ; *Georges Carrel*, 1 acte en vers, destiné au Théâtre Libre.

Mᵐᵉ Tola Dorian a donné en librairie : *Félicie Ariescalghiera*, roman qui fut très bien accueilli par le public lettré ; l'*Invincible race*, un volume sur le cheval, avec gravures, luxueusement édité (1899).

Cet écrivain a collaboré aux principaux journaux et revues de Paris, tels que le *Supplément littéraire du Figaro* et a fondé la *Revue d'Aujourd'hui*, où se sont fait connaître beaucoup de jeunes littérateurs de talent.

BERNARD (Jean-Gustave)

SÉNATEUR, né à Beaume-les-Dames (Doubs) le 11 novembre 1836. Il fit ses études classiques au lycée de Saint-Omer et celles de droit à Paris. Inscrit au barreau de sa ville natale, il devint maire de Beaume en 1875 et conseiller général du Doubs pour le canton en 1876; il est devenu depuis président de l'assemblée départementale.

Pendant la guerre de 1870-71, M. Gustave Bernard avait commandé d'abord le 2ᵉ bataillon des mobilisés du Doubs, puis avait été nommé, par le gouvernement de la Défense nationale, lieutenant-colonel de la 2ᵉ légion; il fit, en cette qualité, la campagne de l'Est, sous les ordres de Bourbaki.

Candidat républicain aux élections législatives du 4 octobre 1877, qui suivirent la dissolution de la Chambre par le gouvernement du 16 mai, M. Gustave Bernard échoua contre M. Estignard, candidat officiel. Cette élection ayant été invalidée, il battit alors son concurrent avec 7,479 voix, contre 7,070. Il siégea à la gauche républicaine et fut réélu, le 21 août 1881, par 8,545 suffrages, contre 6,136 au même adversaire. Il prit part à diverses discussions, notamment à celles ayant un caractère agricole ou économique, dans le sens protectionniste; sur l'enseignement primaire, demandant, sans l'obtenir, que les conseils municipaux fussent appelés à donner leur avis sur les déplacements des instituteurs par les préfets; sur le budget de 1886, pour la remise en vigueur d'une loi tombée en désuétude, qui accordait au père de sept enfants le droit d'en faire élever un aux frais de l'Etat; la Chambre vota sur cette demande 40,000 francs pour la création de bourses destinées aux familles nombreuses; il demanda aussi et obtint, lors de la discussion de la loi militaire, la dispense de service pour l'aîné de sept enfants.

Réélu, le 4 octobre 1885, sur la liste républicaine du Doubs, par 37,166 voix sur 64,794 votants, M. Bernard fut nommé, dans le cabinet de Freycinet, sous-secrétaire d'Etat au ministère de l'Intérieur (26 janvier 1886). Le 6 décembre 1886, la Chambre n'ayant pas approuvé le ministère dans la question de la suppression des sous-préfets, le cabinet démissionna. Vice-président, pendant cette législature, de la Gauche radicale, qu'il avait contribué d'ailleurs à fonder, M. Bernard prit encore une part active aux débats de la Chambre.

Le département du Doubs ayant été désigné par le sort pour nommer un sénateur, en remplacement de M. Scherer, inamovible, décédé, M. Bernard fut élu, le 26 mai 1889, par 555 voix contre 343 à M. de Mérode, conservateur. Il a été réélu, au renouvellement de janvier 1897, par 745 voix sans concurrent.

Fondateur, au Sénat, de la Gauche démocratique, dont il fut le président, M. G. Bernard s'est fait maintes fois entendre à la tribune de la Haute-Assemblée, notamment contre la loi Marcel Barthe attribuant aux tribunaux correctionnels le jugement des délits de presse, contre la loi sur les sucres, en faveur de la loi sur les accidents du travail déjà votée par la Chambre, pour l'obligation de l'indemnité en cas d'erreur judiciaire tandis que la loi adoptée par les Chambres n'en comporte que la faculté, pour soutenir un amendement à la loi de dessaisissement de la Chambre criminelle tendant à accorder aux Chambres réunies de la Cour de cassation le droit de juger sur le fond des procès en révision : cet amendement à la loi votée par le Sénat n'a pas été adopté (1899), etc.

DESBROSSES (Jean-Alfred)

PEINTRE, né à Paris le 28 mai 1835. Artiste dès l'enfance, mais contrarié dans ses goûts par sa famille, il suivit quand même sa voie avec l'appui de son ami Chintreuil et les conseils d'Ary Scheffer.

En 1861, après des difficultés sans nombre que lui suscita sa pauvreté, M. Jean Desbrosses débuta au Salon des Champs-Elysées par une toile très remarquée : les *Porteuses d'herbes*, depuis acquise par l'Etat.

Refusé par le comité d'examen, en compagnie de Chintreuil et de plusieurs autres peintres, au Salon de 1863, M. Desbrosses s'insurgea contre cette exclusion ; c'est à ces efforts et à l'idée d'une contre-exposition des *Refusés*, où brillèrent les *Embrasseux* et le *Berger* (effet de soir), que l'on doit la substitution du jury élu au jury restreint qui fonctionnait alors.

On a vu de ce peintre, à partir de ce moment : la *Fileuse au rouet* (1863) ; *Intérieur de cabaret* ; les *Convalescents* (1864) ; la *Brouille* et l'*Enfant malade*, aujourd'hui au musée de Pont-de-Vaux (Ain) (1865) ; la *Belle Rougeaude*, toile fort discutée (1866) ; la *Maison au Lierre* et la *Chaumière* (1867) ; le *Repos des Moissonneurs* et le *Secret du Moissonneur* (1868) ; la *Femme du Maître d'Ecole* et la *Femme au scarabée* (1869) ; *Intérieur campagnard* et la *Convalescence* (musée d'Abbeville, 1870) ; le *Bonsoir au berger* et la *Faneuse au repos* (1872).

Après la mort de son maître et ami Chintreuil, M. Desbrosses parvint à faire admettre à l'Ecole des Beaux-Arts une exposition posthume de cet artiste, la première qui y fut reçue en dehors de l'Institut. Dans le même temps, il donnait les dessins de *La Vie et l'Œuvre de Chintreuil*, ouvrage publié en 1872, et faisait don au musée du Louvre de : *Pluie et Soleil*, son dernier tableau.

En 1873 et en 1874 les envois de M. Desbrosses furent encore refusés au Salon ; mais, dès l'année suivante, justice fut enfin rendue au talent de cet artiste, auquel on ne conteste plus aujourd'hui une des meilleures places parmi les peintres de sujets rustiques. Citons parmi ses envois successifs : les *Bords de la Semoie*(1875); le *Rocher des Commères*(1876); le *Mont Noir* (1877) ; la *Vallée du Chatelard* et les *Bords du Chéran* (1878); les *Bords de la Bourboule* et la *Côte du Tartaret*, musée de Tarrare (1879); *Dans les Montagnes* (musée de Valenciennes) et le *Mont-Dore* (1880) ; le *Lac Chambon* (musée de Lille) et les *Gorges du Chaix* (musée de Clermont, 1881) ; *Monistrol d'Allier* (musée de Riom) et la *Montée du Petit Saint-Bernard* (3° médaille, musée du Luxembourg, 1882) ; le *Bout du Lac d'Annecy* et le *Val de Pralognan* (musée d'Agen, 1883) ; les *Aiguilles de Warens* et le *Mont-Blanc* (1884) ; le *Servin* et le *Val d'Illiers* (musée d'Annecy, 1885) ; la *Dent du Marais* et la *Roche Béranger Champrousse* (1886) ; les *Fonds de la Limagne*, et le *Mont-Dore* (2° médaille, tableau placé au musée de Clermont, 1887) ; le *Pas de la Cère* (musée de Chartres) et le *Plateau de Badaillac*, effet d'orage (1888) ; les *Roches Thuillières* et la *Vallée de Monistrol* (1889) ; la *Vallée aux Roches* et la *Plaine au temps des Moissons* (1890) ; la *Plaine de la demoiselle* (Vosges) et l'*Emondeur* (1891) ; le *Chemin des Artistes*, au Mont-Dore (musée de Clermont) et le *Plateau de Tortebesse*, Auvergne (1892) ; le *Chêne de l'Étang de Blampain* (musée de Pont-de-Vaux) et le *Plateau du Moineau*, Vosges (1893) ; *Soleil couchant dans les Vosges* et la *Plaine au temps des Moissons* (1894) ; la *Vallée de Fontana* (Auvergne) ; *Soleil couchant* ; *Cascade de la Fraîche*, à Pralognan (Savoie) (1895) ; *Glacier de la grande Casse* (Savoie) ; le *Vieux Pont Romain*, à St-Germain-de-Goux (Ain) (1896) ; le *Gué de l'Épine*, effet d'automne (Manche) ; le *Village de Ruaux*, effet du soir (1897) ; *Le Soir* ; *Tombeau de Marie Joly*, à la Roche-au-Diable (Calvados); *La Bruine en forêt* (Vosges) (1898) ; *Ruisseau sous bois*, effet d'automne ; le *Chemin de la carrière bordé de genêts en fleurs* (1899).

Quelques-unes de ces toiles et d'autres ont figuré aux différentes expositions internationales de Paris et d'ailleurs. L'artiste a fait, en outre, du 5 au 21 avril 1899, au Cercle de la Librairie, une exposition générale de ses œuvres, qui a obtenu le plus grand succès et lui a valu les éloges unanimes de la Presse parisienne.

Fondateur et président honoraire des « Parisiens de Paris » (1880), M. Desbrosses a organisé, à Pont-de-Vaux, ville natale de Chintreuil, un petit musée, dont il est aujourd'hui conservateur honoraire, où l'on remarque notamment le portrait de celui-ci par Desbrosses et plusieurs autres de ses tableaux.

Hors concours depuis 1897, M. Jean Desbrosses est chevalier de la Légion d'honneur depuis 1898.

PASTRE (Ulysse)

DÉPUTÉ, né à Gallargues-le-Grand (Gard) le 19 janvier 1864. Elève à l'Ecole normale primaire de Nîmes en 1879, il en sortit quatre ans après et fut nommé instituteur dans cette ville (1883). Il occupa ces fonctions jusqu'en 1886, époque à laquelle il devint professeur à l'Ecole préparatoire d'infanterie de Saint-Hippolyte-du-Fort (Gard).

Accusé par le chef de bataillon commandant ce groupe scolaire de s'occuper activement de politique et mis dans l'obligation de permuter d'office avec un de ses collègues de l'Ecole de Rambouillet, M. Pastre refusa ce poste et demanda au général Billot, alors ministre de la guerre, un supplément d'enquête. Au même moment, tous les conseillers généraux républicains du Gard firent une démarche collective, en sa faveur, auprès du ministre, et le maintien de ce professeur à l'Ecole de Saint-Hippolyte-du-Fort leur avait été accordé quand, par décision ministérielle du 2 août 1897, M. Pastre vit son emploi supprimé et fut mis à la disposition du ministère de l'Instruction publique ; il demanda alors un congé.

Porté, comme candidat à la députation, par les groupes socialistes du Vigan, il fut élu, le 22 mai 1898, au second tour de scrutin, par 8,093 voix contre 5,563 à M. Gaussorgues, député sortant, républicain, et 4,076 à M. Laurès, radical.

Inscrit au groupe socialiste du Palais-Bourbon, M. Pastre est membre de la commission parlementaire du suffrage universel et de diverses autres.

Il a déposé plusieurs propositions, notamment : un projet tendant à assurer le secret et la liberté du vote ; un autre, relatif à la suppression des conseils de guerre en temps de paix et à leur réorganisation en temps de guerre sur la base des conseils militaires de l'an III ; un troisième, sur les réglements d'atelier et l'inspection du travail dans les usines, manufactures et chantiers ; un autre, demandant, par voie d'amendement, la diminution des traitements des préfets, etc.

M. Pastre a fait de nombreuses conférences socialistes dans les centres ouvriers et collabore assidûment au *Socialiste*, journal de doctrine.

RIVOIRE (François)

Peintre, aquarelliste et pastelliste, né à Lyon le 16 avril 1842. Entré comme élève à l'Ecole des Beaux-Arts de Lyon, et obligé de suffire aux exigences de la vie quotidienne, il dût, en même temps que ses études se poursuivaient, faire du dessin pour l'industrie.

Venu à Paris, M. François Rivoire débuta aux Salons des Champs-Elysées en 1866, avec des gouaches qui furent très remarquées ; puis il aborda l'aquarelle et le pastel, où il excelle.

M. François Rivoire a exposé aux Salons annuels un nombre considérable de tableaux, où il a étudié et présenté, d'une façon parfaite, la fleur, sous ses multiples aspects et dans ses infinies variétés, depuis la plus belle jusqu'à la plus humble ; il les a reproduites avec une richesse de coloris, une poésie, une sincérité qui forcent et retiennent l'admiration.

Les compositions de cet excellent artiste portant toutes les noms des fleurs qu'elles reproduisent, il n'y a pas lieu d'en énumérer les titres ; un grand nombre d'entr'elles figurent dans les musées du Luxembourg, à Paris ; de Lyon, Saint-Etienne, Amiens, Valenciennes et dans les principales collections d'Angleterre et d'Amérique.

M. François Rivoire a obtenu une première mention aux Salons de Paris (1883), une médaille en 1886, une médaille de bronze à l'Exposition universelle de 1889, une médaille d'or à l'Exposition internationale de Lyon en 1894, etc. Il est membre de la Société des Aquarellistes français depuis 1892.

CHAPOY (Henri)

Avocat, conférencier, écrivain. né à Besançon (Doubs) le 17 mars 1848. Il fit de brillantes études classiques au collège Saint-François-Xavier de sa ville natale. Après avoir été maître répétiteur au lycée de Lons-le-Saulnier et professeur de rhétorique au collège d'Arbois (1869), M. Henri Chapoy vint à Paris à l'Ecole supérieure des Carmes et suivit en même temps les cours de la Faculté de Droit.

Lors de la guerre de 1870-71, il s'engagea comme volontaire dans la garde mobilisée du Doubs. Il reprit ses études de droit à la cessation des hostilités et fut précepteur dans deux familles jusqu'en 1880.

Inscrit au barreau de Paris, dès l'année qui suivit l'expiration de son engagement décennal (1881), M. Henri Chapoy, encore stagiaire, plaida un grand nombre d'affaires qui mirent son nom en évidence. En 1884, il épousa une nièce de M° Barboux, ancien bâtonnier de l'Ordre et se consacra, dès ce moment, aux procès civils et commerciaux, pour lesquels sa compétence est très recherchée.

M. Henri Chapoy, qui s'occupe beaucoup d'érudition historique, littéraire ou artistique, a publié d'intéressants travaux. Citons : *Cours de versions latines*, 3 vol. (1875-1876) ; *Anne d'Autriche et la Fronde*, d'après les mémoires de M°° de Motteville (1 vol. 1881) ; les *Compagnons de Jeanne d'Arc* (1 vol. 1897), le premier d'une série sur le même sujet et qui fut bien accueilli par la critique et le public.

Il a écrit, en outre, un grand nombre d'articles sur diverses matières dans la *Revue Franc-Comtoise* notamment des remarquables *biographies de M°° Besson*, évêque de Nimes, de l'ambassadeur *Victor Tissot*, du musicien *Emile Rateç* ; dans la *Revue d'Art dramatique*, où il fit longtemps la critique de quinzaine ; dans le *Téléphone*, devenu depuis la *Revue Idéaliste*, où il a donné des séries intitulées : *Scènes de la Vie Moderne*, le *Dossier des Paysans*, *Simples Nouvelles*, *Impressions de Palais* et des notes sur l'art et les Salons annuels ; dans le *Bulletin de la Société de Législation comparée*, où il fit beaucoup de bibliographie ; dans la *Paix Sociale*, organe de la Ligue française contre l'athéisme et dans le *Peuple Français*, journal quotidien, où paraît de lui, chaque semaine, un « Premier Paris » depuis 1896.

De 1881 à 1883, M. Henri Chapoy enseigna le droit commercial aux cours du soir organisés par M°° Malemanche, pour l'enseignement supérieur des femmes à Paris.

Conférencier, M. Henri Chapoy « débuta à la Maison du Peuple français » à Paris, fondée par M. l'abbé Garnier et à la demande de celui-ci. Il est devenu l'un des orateurs recherchés de « l'Union nationale, » dont il est le vice-président. Ses discours sur la *Papauté et la France au XIX° siècle*, sur l'*Histoire contemporaine au Palais de Justice*, les *Aumôniers militaires*, la *Liberté d'association*, etc., très applaudis, à Paris comme en province, ont été fort commentés par la presse.

M. Henri Chapoy est membre de la Société d'émulation du Doubs, de la Société historique, de la Société de Législation comparée, etc., et membre correspondant de l'Académie de Besançon.

La GANDARA (Antonio de)

PEINTRE, né à Paris le 5 mai 1862, d'origine espagnole. Il entra, en 1876, à l'Ecole des Beaux-Arts dans l'atelier de M. Gérôme, où il resta jusqu'en 1881. Deux ans plus tard, il exposait à la Société des Artistes français un *Saint-Sébastien percé de flèches*, qui lui valut une mention honorable et les félicitations de la presse artistique.

En 1891, M. de La Gandara débuta aux Salons annuels de la Société nationale des Beaux-Arts avec un *Sous bois*, étude d'après nature, et le *Portait de M™ de La G...* Il y a donné depuis, successivement : *Etude dans un parc* ; *Portrait de M™ la comtesse de M...* (1892) ; *Dame en vert et Portrait d'une petite fille en jaune* (1893) ; *Portrait de la princesse de Chimay et Natures mortes* (1894) ; *Portrait de M™ Sarah Bernhardt* (1895) ; *Un coin des Tuileries et divers portraits* (1896) ; le *Jet d'eau du Luxembourg*, la *Terrasse du Luxembourg* et divers portraits (1897), etc.

On cite, parmi ses meilleurs portraits, ceux de MM™ la marquise d'Eyragues, la *Comtesse Greffulhe*, la *Comtesse de Montebello*, la *Baronne Deslandes*, *Guillaume Beer*, *Mathieu de Noailles*, *Miss Talbot* et *Jay*, MM™ *Bartholoni* et *Fouquier*; de MM. le *Prince Borghèse*, le *Prince de Sagan*, le *Comte Robert de Montesquiou-Fezensac*, le *Prince Wilkowski*, M. *Paderewski*, etc.

Cet artiste, qui a acquis une réputation d'excellent portraitiste, s'est également fait remarquer par une série de pastels intitulée : *Effets de nuit sur le boulevard*.

Médaillé à l'Exposition universelle de 1889, M. de La Gandara est sociétaire de la Société nationale des Beaux-Arts. Il est chevalier d'Isabelle la Catholique depuis 1892 et de la Légion d'honneur depuis 1895.

ANDRÉ (Edouard-François)

ARCHITECTE-PAYSAGISTE, né à Bourges (Cher) le 17 juillet 1840. Après avoir fait ses études universitaires, puis résidé à l'établissement d'horticulture de M. Leroy, à Angers, pour y apprendre la science des arbres, il vint à Paris en 1859, étudia la botanique et la culture au Muséum d'histoire naturelle, sous la direction de M. J. Decaisne, et entra, en 1860, au service municipal des Promenades et Plantations de la Ville de Paris, dont Alphand était le chef.

Chargé, de 1860 à 1864, de la direction des serres et de l'établissement fleuriste municipal de la Muette, M. Ed. André devint ensuite attaché aux plantations des squares et parcs publics de 1864 à 1868, secondant Alphand dans ses projets de transformation de Paris ; il prit notamment une large part à la création du Parc des Buttes-Chaumont, l'un des plus pittoresques du monde.

En 1867, la ville de Liverpool (Angleterre) ouvrit un concours international pour la création d'un parc public de 150 hectares de superficie, avec toutes les constructions d'ornement et d'utilité en dépendant. Encouragé par Alphand, qui lui permit d'aller étudier la situation à Liverpool, M. André présenta un projet qui fut classé premier par le jury, obtint un prix de 7,875 francs (300 guinées) et fut chargé de la direction des travaux du « Sefton-Park » qui ne fut terminé qu'en 1872 et inauguré solennellement par le prince Arthur d'Angleterre.

Dès 1869, M. André avait quitté le service de la Ville de Paris, pour se consacrer à des travaux publics et privés concernant l'art des jardins et l'architecture qui s'y rattache. Il a créé, depuis lors, de nombreux parcs et jardins (et constructions annexes) en France, en Angleterre, à Guernesey, à Jersey, en Hollande (où il reconstruisit dans le style français du XVII° siècle les domaines de Weldam et d'Amerongen) ; en Danemark, à Friesenborg ; en Russie, en Autriche, en Bulgarie, à Madère, en Suisse, en Italie (notamment plusieurs des squares et parcs publics de Rome, la villa San-Pancrazio près de Lucques), etc.

Une des œuvres les plus originales de M. André est la transformation en parc paysager, avenues et boulevards, de la citadelle de Luxembourg, travail dont le gouvernement grand-ducal le chargea en 1871 et qui ne reçut sa complète exécution qu'en 1892, après plus de vingt années de travail persévérant. Mentionnons encore, dans le grand-duché du

Luxembourg, les parcs de la Fondation hospitalière Pescatore, de l'établissement thermal de Mondorf, de Walferdange, au grand-duc régnant, etc.

Pendant ce temps, M. Edouard André ne négligeait pas la science des plantes. Chargé, en 1875, par le ministère de l'Instruction publique, d'une mission scientifique dans l'Amérique du Sud, il parcourut le Vénézuela, la Colombie, l'Ecuador et une partie du Pérou ; il rapporta de vastes collections d'objets d'histoire naturelle et surtout de plantes vivantes, parmi lesquelles on compte de nombreuses orchidées, broméliacées, et une superbe et étrange aroïdée écarlate qui eut un grand succès et porte son nom : l'*Anthurium Andreanum*. M. André n'a pas publié complètement les résultats scientifiques de ce grand voyage d'exploration, d'où il a rapporté plus de 4,300 espèces de plantes, sans compter les animaux et les minéraux ; il a cependant donné, dans un ouvrage illustré, sous le nom de *Bromeliaceæ Andreanæ*, les descriptions des 91 espèces nouvelles de Broméliacées qu'il a récoltées et a publié, en 25 livraisons du *Tour du Monde*, la relation de son voyage, illustrée par Riou, Em. Bayard, Maillart, Sirouy, Weber, etc.

On lui doit aussi l'importation et l'acclimatation d'une grande quantité de plantes nouvelles, parmi lesquelles un fruit comestible pour le midi de la France : le *Feijoa Sellowiana* et un précieux arbre d'alignement : le *Nertandra angustifolia*.

En 1890, le gouvernement de l'Uruguay appela M. André à Montevideo, pour préparer sur place un projet complet de transformation de cette ville, en rapport avec le rapide développement de la population et les exigences des goûts modernes. Cette grande entreprise, comprenant la création de trois grands parcs de 50, 60 et 80 hectares, de 10 squares intérieurs, le percement de nouvelles avenues, etc., est en cours d'exécution.

En outre d'un grand nombre de jardins et parcs très importants, appartenant à diverses personnalités françaises, il faut mentionner enfin les célèbres jardins du Casino de Monte-Carlo, créés entièrement par M. André et dont la réputation est universelle.

Cet architecte-paysagiste a publié de nombreux ouvrages scientifiques et pratiques, notamment : *Traité des Plantes de terre de bruyère* (1864) ; *le Mouvement horticole* (3 vol. 1865-1866-1867) ; *Traité des Plantes à feuillage ornemental* (1866) ; *Les Fougères*, en collaboration avec MM. Roze et Rivière (1867) ; *Un mois en Russie* (1869). En 1879, il donna un *Traité général des Parcs et des Jardins* (grand in-8 de 888 pages, 520 gravures et 11 planches coloriées), résumant *ex-professo* les principes artistiques, la théorie et la pratique de son art, traité devenu classique en France et à l'étranger et servant de base à l'enseignement dont il a été chargé par le ministère de l'Instruction publique.

De 1870 à 1880, M. André a été rédacteur en chef de l'*Illustration horticole*. Il est, depuis 1882, rédacteur en chef de la *Revue horticole*, le principal organe de l'horticulture française.

Rapporteur, secrétaire de classe à l'Exposition universelle de 1878, vice-président des jurys d'admission, d'installation et de récompenses à celle de 1889, M. André fait également partie des comités d'admission à celle de 1900. Il est professeur chargé du cours d'architecture des jardins et des terres à l'Ecole nationale d'Horticulture de Versailles depuis 1894. La Société nationale d'Agriculture de France l'a nommé membre titulaire en 1889 et il est membre honoraire ou correspondant d'un grand nombre de sociétés savantes, françaises et étrangères.

M. Ed. André est chevalier de la Légion d'honneur, officier d'Académie, officier des ordres de la Couronne d'Italie, de la Couronne de Chêne, etc.

POZZI (Samuel-Jean)

CHIRURGIEN, professeur, membre de l'Académie de médecine et sénateur, né à Bergerac (Dordogne) le 3 novembre 1846. Après avoir accompli ses classes aux lycées de Pau et de Bordeaux, il vint étudier la médecine à Paris, où il fut l'élève de Broca ; interne des hôpitaux en 1869, il obtint, en cette qualité, la médaille d'or (1872).

Reçu docteur en médecine, en 1873, avec une thèse sur les *Fistules de l'espace pelvirectal supérieur*, M. Pozzi concourut avec succès, pour l'agrégation, deux ans après ; fut nommé chirurgien des hôpitaux en 1877 et professeur agrégé à la Faculté la même année ; en 1883, il devint chirurgien en chef de l'hôpital de Lourcine appelé plus tard hôpital Broca.

M. le docteur Pozzi a été chargé, à diverses reprises, par le ministère de l'Instruction publique, de missions à l'étranger, pour y étudier les progrès de la chirurgie et de la gynécologie. Il a visité, dans ce même but, l'Allemagne, l'Angleterre, l'Autriche, l'Italie, les Etats-Unis, etc. De 1884 à 1894, il a été secrétaire général du Congrès français de chirurgie, dont il fut le principal organisateur et le véritable fondateur (1899). Il est président de la Société de chirurgie de Paris.

L'éminent chirurgien a entrepris et réalisé l'installation, à l'hôpital Broca, d'un nouveau service de gynécologie qui peut être considéré comme un modèle du genre et marque une étape importante dans l'histoire des hôpitaux parisiens. Ce service inauguré, le 21 décembre 1898, par Félix Faure, président de la République, comprend trois parties principales : la consultation, les salles de malades hospitalisées, l'amphithéâtre et la salle d'opérations. Les salles de malades hospitalisées sont au nombre de quatre, dont trois pour la gynécologie ; la quatrième est réservée aux accouchements pour syphilitiques. Il y a, en outre, des chambres d'isolement à un et à deux lits, plus une salle d'isolement spéciale pour infectées. La partie réservée aux cours et opérations se compose d'un grand amphithéâtre d'enseignement, d'une salle d'opérations aseptiques, très pratiquement installée d'après les plans de M. le docteur Pozzi ; d'une salle de stérilisation, d'un cabinet pour les instruments, et d'une pièce pour la chloroformisation. Il y a, en outre, un musée, un laboratoire, une salle de photographie ; le service tout entier est éclairé à l'électricité et chauffé à l'eau chaude ; la ventilation en a été spécialement soignée, ce qui constitue un notable progrès.

Dans une généreuse pensée et pour rendre moins triste le séjour des malades, M. le docteur Pozzi a fait appel à certains de nos meilleurs artistes, qui ont bien voulu gratuitement décorer les murs et les plafonds du nouvel hôpital. C'est ainsi que des peintures de maîtres tels que : Clairin, Dubufe, Desfontaines, Guérin, Kœnig, Biais, Eugène Giraud (de Marseille), Lauzet et autres, éclairent d'un rayon de gaîté cet asile du pauvre.

Aidé aussi par l'administration de l'Assistance publique et par le Conseil municipal, qui a affecté une somme de 410,000 francs à la construction et à l'aménagement de ce nouveau service, M. le docteur Pozzi a pu combler une lacune. Paris possède désormais une Clinique gynécologique « type » et un modèle d'hospitalisation, où pourront venir s'instruire les étudiants et les docteurs français et étrangers.

M. le docteur Pozzi a créé, en 1893, une caisse de secours, alimentée par les dons, dirigée par un comité de dames parisiennes et destinée à parer aux premiers besoins des malades sortant de l'hôpital Broca. Cette œuvre, grâce à laquelle d'importants secours ont pu être déjà distribués, due à l'initiative personnelle, donne un exemple qui pourrait être utilement suivi.

Les premiers travaux du docteur Pozzi ont porté plus spécialement sur l'anatomie comparée et l'anthropologie. Il a écrit, sur ces sujets, d'importants mémoires dans le *Bulletin de la Société d'Anthropologie*, la *Revue d'Anthropologie* et les *Archives générales de Médecine* ; il a donné dans le *Dictionnaire encyclopédique des sciences médicales* des articles très originaux sur les *Circonvolutions cérébrales* et sur le *Crâne*. Il a traduit, en collaboration avec le docteur R. Benoit, l'*Expression des émotions chez l'homme et chez les animaux* de Darwin (1873), ouvrage qui a eu plusieurs éditions.

Se consacrant ensuite définitivement à la gynécologie, branche de la science médicale à laquelle il a fait, personnellement, effectuer de grands progrès, M. le docteur Pozzi a produit, en outre de sa brillante thèse d'agrégation, *Sur la valeur de l'hystérectomie dans le traitement des tumeurs fibreuses de l'utérus* (1875), une longue série de travaux et de livres scientifiques, parmi lesquels il convient de citer : *Sur le pansement de Lister* (1876) ; *Suture de la vessie* (1882) ; *De la ligature élastique du pédicule utérin dans l'hystérotomie abdominale* (1883) ; *De la valeur des altérations du rein dans l'hystérectomie* (1884) ; *Etude sur les énormes polypes de l'utérus* (1884) ; *De la laparotomie sous-péritonéale* (1886) ; *De l'antisepsie en gynécologie* (1887) ; *La suture perdue à étages superposés au catgut* (1888) ; *Du drainage capillaire et du tamponnement antiseptique du péritoine* (1888) ; *Traitement des suppurations pelviennes* (1890) ; *Traité de gynécologie clinique et opératoire* (1 vol. grand in-8° de 1150 pages avec 491 figures. 1890, grand ouvrage, devenu classique, dans le monde entier, qui a eu trois éditions françaises et a été traduit en allemand, en anglais (3 éditions), en espagnol, en italien et en russe) ; *Des opérations conservatrices de l'ovaire, résection, ignipuncture* (1893) ; *Traitement des déchirures complètes du périnée* (1893) ; *Traitement chirurgical de certaines causes de stérilité* (1894) ; *Sur un nouveau mode de suture de la peau* (Suture intra dermique, 1894) ; *Sur l'appendicite* (1896) ; *Traitement chirurgical des rétrodéviations de l'utérus* (1897), etc.

Après le décès de M. Gadaud, sénateur de la Dordogne, M. le docteur Pozzi posa sa candidature au siège sénatorial rendu vacant dans son département d'origine. Il fut élu, le 9 janvier 1898, par 575 voix contre 546 à M. Theulier, député radical. A la

Chambre haute, l'honorable sénateur de la Dordogne, inscrit aux groupes de la Gauche et de l'Union républicaines, s'occupe particulièrement des questions d'enseignement, d'hygiène, d'agriculture et de colonies.

Lauréat de l'Institut et de l'Académie de Médecine, où il est entré en 1886, M. le docteur Pozzi est officier de la Légion d'honneur depuis 1894.

CHARPIN (Albert)

PEINTRE, né à Grasse (Alpes-Maritimes) le 30 janvier 1842. Fils de fonctionnaire, il fit ses classes au lycée de Versailles et se préparait à l'Ecole Navale, lorsqu'il fut atteint d'une grave maladie qui le força d'abandonner ses études. Après sa guérison, il fit un voyage au long cours dans les Indes. A son retour, on le fit entrer, contre son gré, dans l'administration des Fnances. Trouvant ensuite sa véritable voie, il se tourna vers la peinture, pour laquelle il avait toujours eu beaucoup de goût et entra dans l'atelier Daubigny.

M. Charpin exposa pour la première fois, aux Champs-Elysées, en 1875, un *Paysage* qui fut très loué. Depuis cette époque, il a envoyé, tous les ans, sans exception, ses tableaux aux Salons. Il convient de citer, parmi ceux-ci: *Troupeau dans les Alpes-Maritimes* (1877); *Troupeau sur les Falaises* (1878); *Labourage dans les Alpes-Maritimes; Moutons aux champs* (1879); *Troupeau en marche dans la Camargue* (1881); *Fin d'automne; Bords du Rhône* (1883); *Le matin, Paysage des Alpes-Maritimes; L'auxilliaire du berger* (1886); *Rappel du troupeau, Sologne* (1887); *Les moutons; Soir d'automne, La Sologne* (1888); *A Malavaux; Environs de Vichy* (1889); *A la Source, Alpes-Maritimes* (1890); *Dans les chaumes de Guéherville (Seine-et-Oise)* (1891); *Les moutons aux environs de Cayeux (Somme)*; *Le gué, Souvenir de Sologne* (1892); *Premières gouttes de pluie au moulin Jacob; Cayeux-sur-Mer* (1893); *Fin de journée* (1894); *Les chèvres; Le soir, Alpes-Maritimes* (1895); *Sur la grève, Somme* (1896); *Sur le versant des Alpes - Maritimes (Provence)*, tableau acheté par l'Etat et placé au musée de Nice (1897); *Retour des champs; Clair de lune; Souvenir de Sologne* (1898); *Troupeau fuyant devant l'orage; Lever de lune* (1899).

M. Albert Charpin a obtenu une mention honorable en 1885, une médaille de 3ᵉ classe en 1893 et une médaille de 2ᵉ classe, qui l'a mis hors concours, en 1897.

EMELEN (Mlle Marie-Louise)

ARTISTE lyrique, née à Louvain (Belgique). Fille de commerçants, elle montra, de bonne heure, d'excellentes dispositions artistiques et entra, comme élève, au Conservatoire de musique de Bruxelles, où elle obtint un prix de piano.

Douée d'une jolie voix de soprano, Mlle Emelen étudia aussi le chant au même conservatoire et prit pour professeur M. Warnots. Elle débuta ensuite brillamment au théâtre de La Haye, dans le rôle de la Reine des *Huguenots* (1894) et se produisit sur cette scène dans les ouvrages du répertoire, notamment dans *Hamlet* (Ophélie), *Faust* (Marguerite), *Roméo et Juliette* (Juliette). En 1896, cette cantatrice créa à Nice *Thaïs*, à la demande de M. Massenet. Elle eut beaucoup de succès et fut appelée, plus tard, a Vichy, pour y interpréter le même rôle.

Engagée ensuite par M. Carvalho, directeur de l'Opéra-Comique de Paris, pour créer le rôle du Prince Charmant, dans *Cendrillon*, Mlle Emelen débuta d'abord dans *Phryné*. Comédienne parfaite, chanteuse à la voix pure, pleine de finesse et de charme, au timbre harmonieux, elle devint de suite l'une des artistes appréciées de notre deuxième scène lyrique.

FABIUS de CHAMPVILLE (Gustave)

ECRIVAIN, publiciste, ingénieur agronome, né à Paris le 4 juillet 1865, d'une famille d'origine normande. Il se préparait pour l'Ecole centrale lorsque la mort de son père le contraignit à entrer dans le haut commerce. En même temps, il écrivait dans divers journaux: l'*Avenir de l'Orne et de la Mayenne*, l'*Opinion*, l'*Echo de l'Ouest*, où il traita tour à tour les questions scientifiques, agricoles, d'enseignement, etc.

Sur le point de partir comme secrétaire de M. Allègre, gouverneur de la Martinique, il fut appelé à remplir successivement cette même fonction auprès de M. Savorgnan de Brazza, alors gouverneur du Congo, puis de MM. Poupin, député du Jura, et Louis Jourdan, député de la Lozère.

Secrétaire du Syndicat des Sociétés lyriques et dramatiques de Paris, professeur, vice-président de la Commission de propagande à l'Union française de la Jeunesse, puis maitre de conférences de l'Enseignement supérieur libre, il a fait de nombreuses conférences, entr'autres sociétés, à l'Union du commerce, aux bibliothèques d'enseignement, etc.

M. G. Fabius de Champville a collaboré à un grand nombre de journaux de Paris et des départements. Citons entr'autres : le *Réveil du Dauphiné*, l'*Avenir des Campagnes*, la *Science universelle*, le *Bulletin scientifique* de Flammarion, les *Echos de l'Ouest*, le *Réveil de Vimoutiers*, la *Dépêche de l'Orne*, le *Courrier de Biarritz*, l'*Avenir d'Arcachon*, le *Journal de l'Orne*, le *Granvillais*, le *Rappel*, l'*Alceste*, la *Revue parisienne*, la *Jeune Revue*, la *Critique*, le *Fermier*, le *Messager des halles et marchés*, le *Soldat laboureur*, l'*Echo de la Montagne*, le *Bon Citoyen*, l'*Est-Banlieue*, le *Moniteur des loteries*, le *Journal d'Argentan*, le *Paysan franc-comtois*, le *Tireur de l'Est*, le *Gaulois*, le *Moniteur du Cantal*, l'*Auvergne thermale et pittoresque*, l'*Indépendant du Cantal*, l'*Initiation*, la *Revendication*, le *Voltaire*, le *Rapide*, le *National*, la *Patrie*, la *Presse*, la *Médecine française*, le *Bulletin quotidien*, le *Normand de Paris*, etc., où il a publié des articles politiques, ainsi que des chroniques scientifiques et agricoles de vulgarisation.

Directeur de la grande administration des journaux provinciaux et départementaux de Paris, dont seuls quelques-uns paraissent régulièrement : le *Breton de Paris*, le *Picard de Paris*, le *Normand de Paris*, le *Languedoc à Paris*, etc., il dirige aussi la *Gazette économique* et le *Bon Financier*, l'*Echo de Chaudesaignes* et l'*Echo de Santenay*, journaux thermaux qui paraissent en saison ; l'*Echo du IXe arrondissement*, l'*Audition*, les *Dessous féminins*, le *Bulletin quotidien de la Bourse du Commerce*. Il est en outre rédacteur en chef de la *Revue scientifique de l'Occultisme*, de la *Gazette critique* et de l'*Avenir social* ; enfin, il collabore à plusieurs annuaires et dictionnaires.

On cite de M. de Champville des publications sur divers sujets : les *Ennemis du blé* 1886, étude d'entomologie pratique ; la *Science psychique*, d'après l'œuvre de M. A.-H. Simonin ; la *Transmission de la pensée* (1888) ; la *Liberté de tuer* (1890) ; la *Liberté de guérir* (1890) ; le *Magnétisme et l'Alcoolisme* (1890) ;

Comment s'obtient le bon cidre (1891) ; *Comment s'obtient le bon beurre* (1899) ; *La Tuberculose et l'Agriculture* (1899). Il a écrit en outre des romans et nouvelles : *Simple histoire* (1884) ; *Gâteau des Rois* (1884) ; *Misère* (1886) ; *Noël* (1886) ; *Parisiana* (1886) ; *Triste souvenir* (1887) ; *Evanouie* (1888 ; *En troïka* (1889) ; *Amour et Congo* (1889) ; l'*Anneau de Gygès* (1889) ; *Suggestion* (1889) ; *Triste roman* (1889) ; le *Lézard enchanté* (1890) ; la *Vie d'un lutteur* (1892) et, en collaboration, *Ginevra* et *Idylle russe*. Certains de ces romans ont été traduits en langues étrangères.

Au théâtre, M. Fabius de Champville, seul ou en collaboration, a donné plusieurs comédies, vaudevilles, ballets, opérettes et pantomimes Citons : la *Nuit terrible* (1885) ; l'*Essieu brisé* (1886) ; *Un amour d'oncle* (1886), comédies ; le *Sorcier de la Reine* (1887) ; *Pas de politique* (1893) ; *René le Florentin* (1894) ; l'*Amoureux de Marinette* (1895) ; *Pour être noble* (1896) ; le *Roi Ouistiti* (1896), opérettes ; *Paradis terrestre* (1895) ; l'*Abeille du Bosphore* (1896) ; *Rêve d'Orient* (1896), ballets pantomimes ; la *Cocarde* (1892 ; la *Première bouteille* (1892) ; la *Terreur de Pierrot ou la Lecture interrompue* (1893) ; l'*Enfant et le Maître d'école* (1893) ; le *Chat, la Belette et le petit Lapin* (1894) ; la *Vengeance de Colombinette* (1895) ; le *Soleil et le Vent* (1896) ; l'*Huître et les Plaideurs* 1897 ; l'*Amoureux de la Diva* 1897, pantomimes.

Fondateur de l'Union amicale universelle des journalistes, syndic de la Presse, membre des Associations de la Presse parlementaire, de la Presse agricole, de la Presse de l'Orne, etc., secrétaire général de l'Avenir social, ancien président de la Société magnétique de France, membre d'honneur de plusieurs académies étrangères, fondateur de l'Union des spiritualistes, M. G. Fabius de Champville, dont la compétence est connue, a été souvent membre du jury dans les Concours agricoles de Paris et dans les concours régionaux.

M. G. Fabius de Champville est officier d'Académie et officier du Mérite agricole.

FIN DU PREMIER VOLUME